Klaus Wyborny

Elementare Schnitt-Theorie des Spielfilms

D1670371

Ästhetik und Kulturphilosophie

herausgegeben von

Thomas Friedrich (Mannheim)
und
Gerhard Schweppenhäuser (Würzburg)

Band 8

LIT

Klaus Wyborny

Elementare Schnitt-Theorie des Spielfilms

Filmtheoretische Schriften
Band 1

LIT

mit freundlicher Unterstützung des Filmmuseums München,
der Fakultät für Gestaltung an der Hochschule Mannheim
und der Karl-Völker-Stiftung Mannheim

Bibliografische Information der Deutschen Nationalbibliothek
Die Deutsche Nationalbibliothek verzeichnet diese Publikation in der
Deutschen Nationalbibliografie; detaillierte bibliografische Daten sind
im Internet über http://dnb.d-nb.de abrufbar.

ISBN 978-3-643-11053-4

© LIT VERLAG Dr. W. Hopf Berlin 2012
Verlagskontakt:
Fresnostr. 2   D-48159 Münster
Tel. +49 (0) 2 51-620 320   Fax +49 (0) 2 51-23 19 72
e-Mail: lit@lit-verlag.de   http://www.lit-verlag.de

Auslieferung:
Deutschland: LIT Verlag Fresnostr. 2, D-48159 Münster
Tel. +49 (0) 2 51-620 32 22, Fax +49 (0) 2 51-922 60 99, e-Mail: vertrieb@lit-verlag.de
Österreich: Medienlogistik Pichler-ÖBZ, e-Mail: mlo@medien-logistik.at
Schweiz: B + M Buch- und Medienvertrieb, e-Mail: order@buch-medien.ch

Inhalt

Über den Autor:

Klaus Wyborny, geb. 1945 bei Magdeburg. Studium der theoretischen Physik an der Universität Hamburg und der Yeshiva University New York. Seit 1968 eigene Filme, die auf der Documenta 5 und 6, sowie auf zahlreichen internationalen Filmfestivals liefen - u. a. *Dämonische Leinwand* (1969), *Die Geburt der Nation* (1973), *Bilder vom verlorenen Wort* (1975), *Das szenische Opfer* (Preis der deutschen Filmkritik 1980), *Das offene Universum* (1991), *Sulla* (Großer Preis des Filmfestivals Split 2002), *Studien zum Untergang des Abendlands* (2010). Etliche seiner Filme sind in Museen wie dem Museum of Modern Art New York, dem Deutschen Filmmuseum Frankfurt, dem Filmmuseum München oder der Hamburger Kunsthalle aufbewahrt. Seit 1974 unterrichtete er auch an zahlreichen renommierten Universitäten, Kunst- und Filmhochschulen insbesondere Filmgeschichte und die Theorie des Filmschnitts. Seit 2009 ist er Professor an der Hochschule Mannheim.

Thomas Friedrich

Einleitung

Was hat eine Schnitt-Theorie des Spielfilms in der Buchreihe *Ästhetik und Kulturphilosophie* zu suchen? Wäre diese Theorie bloß ein Kurs zur Klärung der filmpraktischen Frage, wie man professionell Filme schneidet, hätte das Buch hier nichts verloren. Stattdessen hat Klaus Wyborny ein im besten Sinne eigenartiges philosophisches Werk geschaffen.

Zum Inhalt hat es die Konstitution des filmischen Raums durch Blicke und Schnitte. Das wird von zweierlei Bezugspersonen angegangen: einmal vom Filmemacher, der mannigfaltige Erfahrungen in Regie, Kameraführung und Schnitt gemacht hat, und zum anderen vom Filmbetrachter. Wybornys Schnitt-Theorie ist Produktions- und Rezeptionsästhetik zugleich, und das muss sie sein, denn dem filmischen Raum ist eine sonderbare Uneindeutigkeit zu Eigen. Einerseits wird er durch das auf der Leinwand Sichtbare ermöglicht, andererseits ist sein eigentlicher Ort im Betrachter. Denn dieser muss den filmischen Raum durch spezifische aktive und passive Synthesisleistungen erst realisieren, indem er das vom Filmemacher Gezeigte durch Nichtgezeigtes ergänzt. Da sich der filmische Raum nur in der Zeit verwirklicht, kann darüber gar nicht gesprochen werden, ohne dass man die Zeit mitthematisiert.

Die Filmherstellung erfolgt in weiten Teilen intuitiv. Die Beteiligten „wissen" aus Erfahrung und dem Lernen aus Fehlern, was sie tun bzw. unterlassen müssen, um erwünschten Ergebnissen nahe zu kommen. Die wenigsten mit der Filmherstellung Beschäftigten sind aber in der Lage dieses implizite Wissen explizit zu machen. Dies ist schon deswegen schwierig, weil es für elementare Fragen der Filmraumkonstitution, z. B. die Rolle der Blicke oder für gewisse Grundfragen des Schnitts bislang nur rudimentäre Notationssysteme gibt. Zwar wurde mit den Methoden der Filmsemiotik Einiges versucht, das in diese Richtung weist. Damit wurden aber nur die prädikativen Elemente des Films erfasst und nicht die unbewusst verlaufenden vorprädikativen Grundelemente der Wirklichkeitskonstitution beim Betrachten eines Leinwandgeschehens. Die Filmsemiotik zielt deshalb in wesentlichen Bereichen am Medium Film vorbei.

Wyborny setzt genau bei diesen zwei Mängeln an: Er macht implizites Filmmacher-Wissen explizit, und er tut dies durch die Verwendung naturwissenschaftlicher Notationssysteme. Diese beruhen zum einen auf den beim klassischen Filmschnitt beobachtbaren Transformationen von Koordinatensystemen, zum anderen stammen sie aus der Teilchenphysik. Als ausgebildeter Physiker kennt der Autor diese Beschreibungssysteme bestens, und es ist verblüffend zu sehen, wie gut diese

Übertragung zur Verdeutlichung hochkomplexer vorprädikativer Phänomene des Films funktioniert.

Bei der elementaren Schnitt-Theorie geht es um weit mehr als bloß um Beschreibungssysteme eines Mediums. Weil man die Filmraumkonstitution nur verstehen kann, indem man Gemeinsamkeiten und Differenzen mit den Realraumkonstitutionen der Lebenswelt herausarbeitet, und weil sich die Filmnarration nur durch das Verstehen der Basiselemente lebensweltlicher Erfahrung begreifen lässt, die ohne eine Theorie der Erzählung nicht auskommt, sind Wybornys Schriften im besten Sinne philosophisch zu nennen. Dabei setzt er auf dem elementarsten Niveau an und versucht herauszufinden, wie es dem menschlichen Gehirn überhaupt gelingt, sich in Filmen zurechtzufinden. Erstaunlicherweise wurde das bislang so gut wie gar nicht untersucht, weil man meist unhinterfragt annimmt, dies sei, da Filme oft ein Massenpublikum erreichen, eine Selbstverständlichkeit. Zu unserem Staunen weist Prof. Wyborny darauf hin, dass das Betrachten von Filmen und die dazu nötige Zusammenhangsanstrengung etwas völlig Neuartiges sind, auf das uns die Evolution eigentlich nicht vorbereitet haben kann.

Daher fragt er ganz radikal, inwieweit man unseren sich in der Wirklichkeit entfaltenden Orientierungssinn nutzen kann, um die in Filmen dargebotenen raumzeitlichen Gebilde zu begreifen. Denn er hat richtig erkannt, dass ohne ein Verständnis der Modi, mithilfe derer wir Menschen uns in der Wirklichkeit orientieren, auch kein Verständnis der Orientierung in Filmen möglich ist. Genau an diesem Punkt wird seine Arbeit philosophisch. Wyborny benutzt seine Erfahrung im Umgang mit Filmen wiederum, um unser anthropologisches Verständnis von der Art, in der wir uns in der Wirklichkeit zurechtfinden, zugleich zu modifizieren und zu vertiefen. Mit anderen Worten: Er benutzt unser fraglos vorhandenes Verstehen von Filmen dazu, unsere Orientierungsleistungen in der Wirklichkeit besser zu verstehen.

Zu diesem Zweck hat Wyborny einen Minimal-Formalismus entwickelt: Er versucht ein Bild so abstrakt wie möglich zu beschreiben, damit sich aus dessen Parametern die Schnittfiguren erklären lassen, die das narrative System konstituieren. Das wurde meines Wissens bislang nur äußerst kleinteilig versucht, nie jedenfalls in dem Ausmaß, dass sich daraus ein narratives Zusammenhangssystem ergibt. Üblicherweise benutzt man bereits hochkomplexe Beispiele, wie etwa Eisensteins berühmte Treppe, um die Wirkung gewisser Schnitt-Methoden zu erklären, nie ging man jedoch axiomatisch vor, nie entkleidete man die Filmbilder so sehr ihres emotionalen Ballastes. Indem er seine neuen Begriffe strikt daran orientierte, inwiefern sie eine morphologische Durchdringung der Schnittverhältnisse ermöglichen, hat Wyborny auf dem Gebiet des Films ganz nebenbei etwas Ähnliches zustande gebracht wie der in seinem Vorwort (S. 32) erwähnte Carl von Linné für die biologische Taxonomie. Denn die von ihm entwickelte Terminologie, in der sich peu à peu eine Morphologie der narrativen Schnitte entfaltet, verhält sich zur bisherigen, wie bereits ein flüchtiger Blick über den angefügten Fachindex verrät, tatsächlich in etwa wie das Ordnungssystem Linnés zum antiken des älteren Plinius, dessen Klassifikationen z. B. der Pflanzenwelt sich noch überwiegend an geografischem Vorkommen und der praktischen Verwendbarkeit der daraus, insbesondere für Heilzwecke, gewinnbaren Substanzen orientierten.

Wer Wybornys Schnitt-Theorie als Phänomenologe liest, dem fallen sofort Parallelen zu Husserls „Analysen zur passiven Synthesis" auf.[1] Denn die Phänomenologie setzt den Fokus auf die Rolle der Bewusstseinsleistungen bei der Konstitution von Welt. Methodisch macht sie das durch die sogenannte Epoché. Husserlsche Phänomenologie ist in erster Linie Erkenntnistheorie. Allgemein formuliert, geht es bei Husserl vor allem um die Klärung der Frage: „Wie erkennt der Mensch die Welt?" Und genau diese Frage stellt Wyborny in Bezug auf Film, wobei er konstatiert, dass sie sich aus dem Leinwandgeschehen allein nicht beantworten lässt. Denn weil wir im Lauf eines Kinoereignisses der Illusion anhängen, das Leinwandgeschehen sei real, haben wir als Zuschauer die Aufgabe, dieses „Real-Geschehen" zu erkennen und zu beurteilen, und damit sehen wir uns auf die Grundfrage Husserls - „Wie erkennt der Mensch die Welt" - zurückgeworfen.

Nun sind uns im alltäglichen Normalfall der Wahrnehmung die Bewusstseinsleistungen nicht thematisch, sie sind uns vielmehr so selbstverständlich, dass sie uns gar nicht bewusst sind. Lediglich wenn die Wahrnehmung „missglückt", empfinden wir kurz deutlich, welch zentrale Rolle Bewusstseinsvorgänge, die die Welt als sinnhaft konstituieren, beim Erkennen spielen. Um sie freizulegen, schlägt Husserl einen Denkweg ein, der sich von der Art, wie wir im Alltag unsere Umgebung wahrnehmen, grundlegend unterscheidet. Husserl spricht in diesem Zusammenhang von zwei verschiedenen Einstellungen. Bei all unserer Alltagswahrnehmung von Dingen in der Außenwelt - er nennt das transzendente Wahrnehmung - gehen wir davon aus, dass es die wahrgenommenen Dinge auch real gibt. Diese Annahme einer Seins- oder Existenzsetzung schaltet Husserl aus. Und an exakt dieser Stelle gibt es eine Parallele zum Film. Dort ist das Geschehen a priori nicht real und tritt trotzdem als eine Art Realität in unser Bewusstsein.

Den Phänomenologen interessiert es erst einmal nicht, ob ein Ding außerhalb des Bewusstseins existent ist oder nicht, und in genau diesem Absehen von der Existenz der Dinge besteht der erste methodische Schritt, den Husserl Epoché nennt. Die Epoché ist eine Einstellungsänderung des Menschen der Welt gegenüber - aus dem Blick des Alltagsmenschen wird der wissenschaftliche Blick des Phänomenologen. Diese Einstellungsänderung ermöglicht es ihm, die Bewusstseinsleistungen, die uns die Welt als sinnhafte erscheinen lassen, zu thematisieren

---

1 Edmund Husserl, *Husserliana* Band XI, 1918 - 1926

und zu rekonstruieren. Dabei darf man aber nicht aus den Augen verlieren, dass wir beim Wahrnehmen der Welt die per Epoché erkennbar gemachten Bewusstseinsleistungen auch dann stets anwenden, wenn wir nicht methodisch die Perspektive des Phänomenologen einnehmen. Allerdings geschieht das dann vorbewusst und ohne sie explizit zu kennen oder gar methodisch erlernt zu haben. Ebensowenig kennt ein normaler Filmbetrachter die für die Epoché notwendigen Erkenntnismuster; er wendet sie einfach richtig an.

Anders als der Filmbetrachter hat ein Filmemacher nun insofern beträchtliche Ähnlichkeit mit dem Phänomenologen, als beide die im Alltag selbstverständlich gegebene Wirklichkeit in Raum und Zeit problematisieren. Der Philosoph hat dabei ein erkenntnistheoretisches Interesse, und die Filmemacher merkten eben sehr schnell, dass mit dem bloßen Draufhalten einer Kamera auf einen Realraum, zum Beispiel auf eine belebte Straßenkreuzung, der dabei entstehende Film zwar dokumentarisch, aber zugleich sonderbar belanglos wirkt und den Betrachter kaum dazu veranlasst, sich damit auseinanderzusetzen. Soll eine derartige Szene glaubwürdig als Abbild einer Alltagssituation ankommen, muss der Filmemacher die Straßenszene durch eine Reihe von Regieanweisungen für Schauspieler und vor allem die Kameraleute inszenieren und durch anschließende Schnitte für den Film regelrecht neu erfinden. Nichts ist künstlicher im Film als scheinbar einfache Alltagsszenen.

Und noch eine weitere Ähnlichkeit sticht ins Auge. Husserl fasst das Bewusstsein als Bewusstseinsstrom auf - oder anders gesagt: wie einen Film. Bewusstseinsstrom meint, dass ich gleichzeitig verschiedene Bewusstseinserlebnisse habe, die sich ablösen, sich aber auch überschneiden; sie können mir schwachbewusst sein, halbbewusst oder vollbewusst. Die Übergänge sind stufenlos, aber das meiste ist vorbewusst. Laufend haben wir visuelle und akustische Erlebnisse, doch auch Hoffnungen, Wünsche, Phantasien, Absichten, Erinnerungen. Bei Husserl heißen sie Bewusstseinserlebnisse. Da diese zum täglichen Brot unserer Wahrnehmung gehören (und letztlich die Wahrnehmung selbst sind!), nehmen wir natürlich auch Filme in dieser Art wahr. Als einzelne gefasst sind die Bewusstseinserlebnisse letztlich abstrakt, konkret sind sie als Teil des Bewusstseinsstroms gegeben. Wenn in der Phänomenologie davon die Rede ist, darf allerdings nicht der Fehler gemacht werden, den Begriff „Bewusstsein" psychologisch bzw. wörtlich zu verstehen. Ein Großteil der Bewusstseinsleistungen ist uns ja in einem psychologischen Sinne gar nicht bewusst. Gerade deswegen bedarf es der Epoché als Methode.

Doch man muss noch weiter differenzieren. Wie schon gesagt, hat ein Film selbst bereits Ähnlichkeit mit einem Bewusstseinsstrom, doch realisiert wird er ja nur als wahrgenommener. Denn der Filmraum entsteht erst im Kopf des Betrachters, indem er die vom Filmemacher vorgegeben visuellen Angaben durch aktive und passive Bewusstseinsleistungen ergänzt. Insofern muss der Filmemacher zumindest implizit wissen, welche Leistungen des Betrachters hinzukommen und was er ihm zutrauen darf. Am wichtigsten sind dabei eben die passiven, das heißt die unbewussten Synthesis-Leistungen, und diese sind vorprädikativ.

Was unterscheidet nun grundsätzlich die Filmraumkonstitution von der des euklidischen Raumes? In husserlscher Terminologie könnte man sagen, der Filmraum ist ein euklidischer Als-ob-Raum, bei dem die Leibspontaneität des „ich kann" nahezu ausgeschaltet ist. Was bedeutet das? - Der zentrale Text zu diesem Thema erschien erst 1952 aus Husserls Nachlass in den Gesammelten Werken.[2] Husserl erweitert dort die Wahrnehmungstheorie zu einer Theorie der Bewegungsempfindungen, der sogenannten Kinästhesen. Dem Leib wird darin eine zentrale Rolle zugewiesen. Im Zusammenhang mit der Ding- und Raumkonstitution bestimmt Husserl den Leib dreifach: erstens als Mittel aller Wahrnehmung, zweitens als freibewegtes Ganzes der Sinnesorgane und drittens als Orientierungszentrum.

Als freibewegtes Ganzes drückt sich durch den Leib die Funktion der Spontaneität, das „ich kann", aus. „Ich" bin es, der entscheidet, ob ich mich im Raum jetzt nach links wende, nach rechts, nach vorne oder hinten. „Ich" entscheide, ob ich jetzt mit meiner Hand über den Tisch streife um zu spüren, ob ein gesehener glänzender Fleck auf dem Schreibtisch klebrig ist oder nicht. „Ich" bin es, der den Kopf wendet, um besser hören zu können, ob die Katze gerade miaut hat usw. Neben dieser Funktion der Spontaneität gehören zur Konstitution von Raumdinglichkeit notwendig zwei korrelierende Arten von Rezeptivitäten: nämlich erstens die Empfindungen, die Merkmale des Dinges konstituieren, zum Beispiel Farbempfindungen oder Empfindungen von Oberflächenbeschaffenheiten, und zweitens die kinästhetischen Empfindungen, das heißt die Leibempfindungen der verschiedenen Organe, die Augenbewegungsempfindungen beim Sehen etwa oder die Armbewegungsempfindungen beim Berühren. In der Tat lässt sich keine Wahrnehmung, egal welches Sinnesfeld gerade im Vordergrund steht, ohne gleichzeitige Leibempfindung vorstellen. Fast ständig ist der Leib leicht in Bewegung, auch wenn man sitzt - man blinzelt mit den Augen, dreht den Kopf, schlägt die Beine übereinander usw. Freilich ist man die meiste Zeit weniger auf die kinästhetischen Leibempfindungen konzentriert, als auf die Merkmalsempfindungen der wahrgenommenen Dinge.

Wendet man die Leibphänomenologie nun auf die Filmrezeption an, fällt zuerst auf, dass die Spontaneität des „ich kann" stark eingeschränkt ist. Man sitzt auf seinem Platz und sollte diesen während der Filmvorführung nicht ändern oder verlassen. Weil die im Film gezeigten Personen und Gegenstände in bildhafter Form gezeigt werden, hätte es auch keinen Sinn, sie zu umgehen, um sie genauer zu bestimmen; man käme eben irgendwann hinter der Leinwand zu stehen. Weil wir es mit abgebildeten Gegenständen und Personen zu tun haben und nicht mit realen,

---

2 Edmund Husserl, *Ideen zu einer reinen Phänomenologie und phänomenologischen Philosophie*, Zweites Buch, S. 143 ff.

können wir also ruhig sitzen bleiben. Die Bewegung des Leibes wird uns abgenommen und vorgegeben durch die Kameraführung und den Schnitt. Die Kamerabewegung ersetzt die Positionswechsel unseres Leibes im euklidischen Raum, und die Kamera, die wir ja nicht sehen, erleben wir als blickend. Wir fühlen uns also quasi in die Kamera ein und blicken durch sie in die fiktive Welt des jeweiligen Films. Genauer gesagt sehen wir einerseits durch die Augen des Kameramanns, andererseits bilden wir uns ein, wir sähen das Geschehen in etwa aus der Perspektive der im Film auftretenden Personen. Insofern sind die im Film gezeigten Blicke und bestimmte Prozesse der Einfühlung in die dargestellten Personen bei der Filmraumkonstitution von zentraler Bedeutung. Während wir all dies beobachten, reduziert sich die Leibspontaneität des „ich kann" vor allem auf Augen- und leichte Kopfbewegungen und ab und zu setzt man sich leise etwas anders hin, wenn das Sitzen unbequem wird. Dabei bekommen die Merkmalsempfindungen der im Film abgebildeten Gegenstände und Personen und die Konstitution des Filmraums den phänomenologischen Status des „als ob". Wir nehmen sie wahr „als ob" sie reale Gegenstände in einem euklidischen Raum wären - real freilich ist die Leinwand.

Der Filmbetrachter wird nun für die stark eingeschränkte Spontaneität des „ich kann" quasi entschädigt durch ein spezifisches „ich darf". Gerade durch die vorgegebene Kameraführung erhält er das Privileg immer wieder in Blickpositionen eines Voyeurs geraten zu dürfen. Durch die Nahaufnahme kommt er gleichsam auf Tuchfühlung an die Körper und vor allem an die Gesichter anderer Menschen heran; sonderbar mitfühlend sieht er Verbotenes wie Diebstähle und Morde, aber auch Intimes wie Liebesszenen. So wird er zum Mitwisser von Begebenheiten oder sogar zum unfreiwilligen Akteur von Gegebenheiten, die im Alltagsleben in der Regel verpönt oder verboten sind. Dem Körper einer schönen Frau allzu nahe zu kommen, kann auf den rechtlichen Tatbestand der sexuellen Belästigung hinauslaufen. Wer Zeuge eines Mordes oder einer Vergewaltigung wird, müsste dies der Polizei melden. Beobachtete man Menschen durch ein Schlüsselloch, wäre es sehr peinlich, dabei erwischt zu werden usw.

Im Film wird man also ständig in Situationen gebracht, die im Alltagsleben rechtlich oder sittlich nicht erlaubt und gerade deswegen lustbetont sind. Sartre beschreibt in *Das Sein und das Nichts* mit phänomenologischer Präzision die quälende Scham eines ertappten Voyeurs, der aus Eifersucht andere Menschen durch ein Schlüsselloch beobachtet hat. Der Ertappte erlebt sich nicht mehr als Subjekt, sondern als nacktes, quasi totes Objekt, das nun vollkommen wehrlos dem Blick eines Dritten ausgesetzt ist. Ein Subjekt ist man ja gerade durch das von Husserl beschriebene „ich kann", und genau diese Spontaneität geht dem Voyeur verloren, wenn er ertappt wird.[3]

---

3 Jean Paul Sartre, *Das Sein und das Nichts* (Paris 1943), dt. Übersetzung: Reinbek 1991, S. 471

Die Entsubjektivierung, die im Kino durch das stark eingeschränkte „ich kann"
ebenfalls geschieht, wird deswegen nicht als Tod durch die eigene Objektwerdung
erlebt, weil der Filmbetrachter als Gegenleistung ein Voyeur sein darf, ohne dabei
in die Gefahr zu geraten, erwischt zu werden. Der in der Disziplinargesellschaft mit
ihrer von Freud bloßgelegten neurotischen Grundstruktur sozialisierte Betrachter
(so gut wie alles, was Lust bereitet, ist verboten, also muss man die Triebverdrän-
gung in Kulturleistung überführen) hat hier die Möglichkeit, seine vom Über-Ich
ausgebremsten Es-Wünsche ausleben zu können, ohne in Gewissenskonflikte zu
geraten oder gar ins Gefängnis zu kommen. Sein eigenes „ich kann" gibt er zwar
an der Kinokasse an die Kamera- und die Schnittführung ab, doch als Gegenleistung gibt es verbotene Blicke. Jeder Kinobesuch wird so zum Pakt mit dem Teufel
und der im Kopf des Betrachters konstituierte Filmraum ist damit zugleich auch
Wunsch- und Lustraum.

Wybornys Verdienst ist es, uns vorzuführen, wie der Leinwand-Raum beschaffen sein muss, damit unsere voyeuristischen Instinkte befriedigt werden können.
Denn es muss eine gewisse Lebensähnlichkeit mit der Wirklichkeit geben, damit
die Epoché auch bezüglich des Leinwandgeschehens funktioniert. Wyborny hat die
Konstituenten dieses Erzählraums herausgearbeitet, in dem für den Filmzuschauer
das „ich darf" möglich wird. Denn nicht bei jedem Leinwandgeschehen fühlt sich
dieses „ich darf" genug gekitzelt, um wirklich teilnehmen zu wollen. Zwar ist bei
jedem Leinwandgeschehen die Teilhabe ein Privileg, aber oft führt das „ich darf"
nur in die Langeweile. Für wirkliche Teilnahme ist mehr erforderlich als eine filmische Eins-zu-Eins-Abbildung. Das Bild allein reicht nicht aus, keiner bekommt
mehr einen Schrecken, wenn Lumières Zug auf ihn zufährt. Wyborny hat nun mi-
nutiös herausgearbeitet, welches die strukturelle conditio sine qua non dafür ist,
dass der mit dem Schrecken verbundene Genuss zu wirken vermag. Denn vor der
voyeuristischen Belohnung muss erst ein Raum entstehen, in dem der Voyeur sich
aufhalten kann. Und dessen Koordinaten werden in diesem Buch mit mathematischer Präzision angegeben.

Am Ende dieser Einleitung muss wenigstens noch, ohne es im Detail auszu-
führen, auf das problematische Verhältnis eingegangen werden, das manche Gei-
steswissenschaftler und Philosophen zu mathematisch-naturwissenschaftlichen
Methoden haben. Diese werden häufig abgelehnt, denn „etwas in Formeln bringen", und nichts anderes macht Wyborny hier über weite Strecken, klingt für viele
verdächtig. Wenn das Unbehagen nur durch die eigene mathematisch-naturwissenschaftlichen Ungebildetheit begründet ist, lohnte es nicht, darauf einzugehen.
Die psychologische Angst vor dem Fremden hat dann den Sieg über das Erkennt-
nisinteresse davongetragen, Philosophie wäre damit am Ende. Ernst zu nehmen ist
dagegen eine Kritik der Identitätslogik und des Positivismus, wie sie von der Kritischen Theorie geprägt wurde. In der „Dialektik der Aufklärung" von Horkheimer

und Adorno erscheint die mathematisch-naturwissenschaftliche Methodik im speziellen und die Identitätslogik im allgemeinen als potentielle oder auch reale Gewalt gegenüber dem Besonderen. In den Wissenschaften werden allgemeingültige Sätze angestrebt, und dies gelingt nur über die Zurichtung des ursprünglich Besonderen. Das ist der Preis der Erkenntnis, so funktioniert Aufklärung schon seit Thales von Milet und Anaximander, so funktioniert Denken überhaupt, eben als Subsumptionslogik: Richtig denken können heißt demnach, in der Lage zu sein, ein Besonderes korrekt unter einen Allgemeinbegriff zu subsumieren.

Adorno und Horkheimer reduzieren indessen die Mathematik und das Denken allzusehr auf diese Funktion. Denken ist jedoch auch als logisch-naturwissenschaftliches mehr als nur Identifizieren und beinhaltet immer auch die Reflexion. Und diese führt auf bestimmte Probleme des Selbstbewusstseins, die zu einem anderen Verständnis von Mathematik führen können, einem zum Teil geradezu romantischen, wie wir es zum Beispiel von Novalis in „Philosophie und Physik" und von Alfred North Whitehead kennen.[4]

Eine der zentralen Komponenten romantischer Ästhetik bei Novalis ist die Aufwertung des Gefühls und die Zeitlichkeit des Denkens. In seinen Fichte-Studien von 1795/96 wird deutlich, dass die Reflexion und die damit verbundene Identifizierung eines Selbst mit sich selbst seiner Ansicht nach eine logisch vorgelagerte Einheit verlangen, die nicht erkannt werden kann. Durch diese Einheit, dieses vorreflexive Gefühl, wie Novalis es nennt, ergibt sich eine „Lücke" in der intellektuellen Anschauung, die nur von der unendlichen Fülle der Poesie mit Substanz versehen werden kann. Dabei wird das Selbst des Gefühls von Novalis als Gedächtnis und Erinnerung und insofern ausdrücklich als Zeitphänomen begriffen. Das heißt, das Selbst wird von einer Vergangenheit her verstanden, die dann seine Zukunft konstituiert. Die Gegenwart selbst kann jedoch nicht erfasst werden, so wie sie sonderbarerweise auch im Moment der Filmbetrachtung einen „blinden Fleck" bildet, dessen Konturen man erst mit dem bereits Gesehenen korrelieren muss.

Dass Novalis ausgerechnet in der Mathematik, die den meisten von uns als Verhinderer der unmittelbaren Anschauung gilt, als Feind also gewissermaßen der Gegenwart, einen Verbündeten der Poesie beim Kampf mit der flüchtigen Zeitlichkeit des Denkens entdeckt, mag erstaunen. Aber Person und Poesie, mit Novalis als unerschöpflich und pluralistisch verstanden, führen bei ihm zu einem Mathematikverständnis, das ganz anders angelegt ist, als jenes, das Adorno und Horkheimer kritisieren. Es ist genau nicht der euklidischen Axiomatik verpflichtet, welche die Linie einzig als kürzeste Verbindung zweier Punkte kennt, sondern der Unendlichkeit der Poesie. Deswegen fallen bei Novalis auch Mathematik und Religion

---

4 „*Die romantische Reaktion*", in Alfred North Whitehead: *Wissenschaft und moderne Welt* (1925), deutsch: Frankfurt am Main 1988, S. 93 - 115

14

zusammen, was die folgenden Zitate aus „Philosophie und Physik" belegen mögen:

„Die reine Mathematik ist die Anschauung des Verstandes, als Universum ... Ihre Verhältnisse sind Weltverhältnisse ... Aechte Mathematik ist das eigentliche Element des Magiers ... In der Musik erscheint sie förmlich als Offenbarung, als schaffender Idealismus ... Hier legitimiert sie sich als himmliche Gesandtin ... Aller Genuss ist musikalisch, mithin mathematisch ... Der ächte Mathematiker ist Enthusiast per se. Ohne Enthusiasmus keine Mathematik ... Alle göttlichen Gesandten müssen Mathematiker sein ... Das Leben der Götter ist Mathematik ... Reine Mathematik ist Religion".[5]

Das alles mag für uns Heutige ein wenig zu enthusiastisch klingen. Aber gerade deshalb entbehrt es nicht einer gewissen, wenn man so will sogar prophetischen Komik, dass das Film-Leben der Film-Stars, die für uns ja längst die klassischen Götter ersetzt haben, in Wybornys Schnitt-Theorie tatsächlich weitgehend in Mathematik verwandelt wurde. Dass ihre Namen hier vor allem in Fußnoten erscheinen, in denen sich, ganz nebenbei, unauffällig auch das Pantheon der großen Regisseure entfaltet und Stück um Stück sogar die Filmgeschichte, von der Wyborny durch mannigfaltige Vortrags- und Unterrichtstätigkeit ein erwiesener Kenner ist, kann man insofern als poetische Gerechtigkeit begreifen.

Wer die Filme von Klaus Wyborny kennt, weiß, dass er letztlich Romantiker ist und sein Mathematikverständnis mehr mit dem von Novalis zu tun hat als mit dem der Identitätslogiker. Das verrät klar auch sein Vorwort, in dem er das über dreißig Jahre organisch Gewachsene, immer gegenwärtig Gebliebene seines Unternehmens betont. Und in seinen Filmen ist er gerade kein Dokumentarfilmer, da ihm das Gegenwärtige flieht und seine Elemente die Erinnerung, das Gedächtnis, die Phantasie, der Traum, der Untergang, der Abgrund, das Gewesene und das Zukünftige sind.

Dem Zukünftigen ist auch der zweite Band seiner filmtheoretischen Arbeiten gewidmet, zu dem der letzte Teil der hier nun vorliegenden Schnitt-Theorie, die Einführung in die Topologie des Spielfilms, überleitet. Im zweiten Band entwickelt Wyborny eine allgemeine Theorie des Narrativen, von der die Schnitt-Theorie nur einen winzigen Bestandteil ausmacht, eine nonverbale und nicht-räumliche Theorie, von der der Autor vermutet, dass sie allem Leben, also nicht nur unserem oder dem unserer Götter, einbeschrieben sein könnte.

***

---

5 Novalis, *Philosophie und Physik*, Novalis Schriften, herausgeg. von Ludwig Tieck und Fr. Schlegel, Paris 1840, S.276 f

Danksagung:

Für das Redigieren der Einleitung danken wir Prof. Gerhard Schweppenhäuser. Die Grafiken wurden von Nils Merkel angefertigt. Wertvolle Unterstützung bei der Erstellung der Druckvorlage leistete Marek Slipek. Für kostbare zusätzliche Hinweise gilt unserer besonderer Dank Prof. Kai Beiderwellen, Prof. Jürgen Berger, Prof. Veruschka Götz, Prof. Armin Lindauer und Volker Keipp. Für Beiträge zur am Schluß von Band 3 angefügten englischen Übersetzung der Kernbegriffe danken wir außer Hanns Zischler und Christopher Zimmerman vor allem Prof. P. Adams Sitney von der Princeton University. Hervorzuheben sind auch die Karl-Völker-Stiftung an der Hochschule Mannheim, sowie das Filmmuseum München und dessen Leiter Stefan Drößler, ohne deren großzügige Unterstützung diese Publikation nicht hätte realisiert werden können.

Vorwort des Autors zur provisorischen CD-Ausgabe (1993)

Diese Arbeit ist das Ergebnis dreier Anstrengungen. Die den ersten Band bildende Einführung entstand 1974, als wesentliche Teile in den Zeitschriften BOA VISTA, FILMKRITIK und AFTERIMAGE veröffentlicht und übersetzt wurden.[6] Die Kapitel über lineare Schnitte und Blicke, die den zweiten Band ausmachen, erhielten ihre Gestalt, während ich diese Gebiete 1978 an diversen Hochschulen unterrichtete. Und der dritte Band über Rückschnitte und Topologie, der zum Teil nur aus fragmentarischen Vorlesungsnotizen besteht, wurde erst kürzlich geschrieben, als sich mir endlich ein Formalismus auftat, mit dem auch diese komplizierteren Schnitte zu fassen sind.

Dem Ganzen liegt aber doch der Ansatz der ersten Arbeit zugrunde. In ihrer Entstehungszeit verundeutlichten - zumindest in Deutschland - semiotische und mehr noch aufs Medial-Soziologische zielende Beschreibungsversuche die Filmtheorie in einem Ausmaß, dass ich ein nüchternes, sich klar an den Naturwissenschaften orientierendes Modell dagegen setzen wollte. Das erklärt den unpoetischen Stil, in welchem Filmschauspieler, ihrer gern gefeierten Magie beraubt, zu Bewegungsträgern und Filmbilder auf Bildvektoren reduziert werden. In jener gern am Klassenkampf sich ausrichtenden Umgebung gab es für Filmmacher meines Typs, die eher künstlerische Zugänge zum Film suchten, erheblichen Legitimierungszwang. Uns wurde vorgeworfen, wir bildeten bloß ‚Formeln' ab, kaltes intellektuelles Zeug, das am ‚Volk' vorbeiliefe und, bestenfalls den Müllhaufen der Geschichte vervollständigend, von Grund auf uninteressant sei. Daraus wollte ich einen Gegenangriff machen und zeigen, dass gerade das erfolgreiche Erzählkino ein solches mathematisches Modell repräsentiert, das sich aus relativ wenigen gut begründeten Axiomen systematisch entwickeln lässt.

Tatsächlich entdeckte ich ein mathematisches Modell, das die Verhältnisse - gemessen an der Gereiztheit, aus der es entstand, erstaunlich - einigermaßen beschreibt. Erstaunlicher indes fand ich, dass dem narrativen System offenbar eine Reihe von Prinzipien zugrunde liegt, die Bildern generell zu Zusammenhang verhelfen, dass dieses System also weniger dem Erzählvorgang und dessen magischem Sog verbunden ist, als man gemeinhin denkt, und dass es überdies sogar jenseits der Spielfilmform Bestand haben könnte.

---

6 K. Wyborny, *Nicht geordnete Notizen zum konventionellen narrativen Film*, Boa Vista 2, Hamburg 1974; Filmkritik 10, München 1979; engl. Übersetzung: Afterimage 8, London 1981

Trotzdem bleibt dies Zeigen-Wollen ein Manko, besonders wenn es sich zu Zukunftsprognosen versteigt. Dort wird der Wunsch nach einem Katastrophenszenario erkennbar, das sich an dem des tendenziellen Falls der Profitrate orientiert und, in der Art des derzeit sehr populären Marx, die bei der Entfaltung der Produktivität anfallenden Erneuerungskräfte jämmerlich unterschätzt. Ich weiß nicht, warum die sogenannten ‚heilenden Kräfte des Markts‘ so gern ignoriert werden, in meinem Fall lag dem wohl nicht einmal eine Einschätzung zugrunde - die Kräfte des Markts interessierten mich schlicht nicht. Für Erneuerung relevant fand ich allein Äußerungen der eher in Verben als Substantiven (oder gar in Tauschwert produzierenden Waren) sich äußernden einigermaßen autonomen Existenz, deren Bezug zum aktuellen Markt bekanntlich oft marginal ist.

Dazu vielleicht eine Bemerkung zum im Text immer wiederkehrenden „wir“, das häufig in Formen wie „wir erkennen, dass“, „wir können sehen“ oder „uns wird klar“ erscheint. Dies bewusst gesetzte „wir“ will sich vom passiven „wird sichtbar“ unterscheiden. Der sokratischen Gesprächstechnik entlehnt, worin es den Konsens einer Gelehrtengruppe ausdrückt, wird damit indirekt gewöhnlich die Frage impliziert, ob es Widerspruch innerhalb dieses „wir“ gebe: Ist dies nicht der Fall, besitzt das Beschriebene nach Maßgabe des den Menschen Verstehbaren den Rang vorläufiger Wahrheit. Dieses auf dem Gelehrten-Konsens basierende „wir“ hat sich u.a. in der heutigen Physik recht gut erhalten. In der Mathematik verwandelte es sich dagegen in etwas dem Religiösen Verwandtes, das Wahrheit schlechthin zu verkörpern vorgibt und Widerspruch auf alle Ewigkeit ausgeräumt zu haben meint. Insofern ähnelt das mathematische „wir“ dem *Pluralis Majestatis* in dem Sinne, dass oberste Majestät die keine Ausnahmen zulassende Göttin der Wahrheit ist. Ein Irrtum dieses „wir“ verlangt den Göttersturz, verlangt eine radikale Neudefinition der Wahrheit. Daher ist das elegante, die Finger sich nicht schmutzig machende *„Nous laissons les détails au lecteur“* - das Herausarbeiten der Details überlassen wir dem Leser - aus der bewundernswerten Kollektivanstrengung des anonym publizierenden *N. Bourbaki*-Kollektivs, das seit den späten dreißiger Jahren eine auf der Mengenlehre basierende, von Anwendungen ganz losgelöste axiomatische Mathematik (die *„Éléments de mathématique“*) zu formulieren versuchte, die Quintessenz dieser Herablassung.[7]

Parallel zu naturwissenschaftlichem Gelehrtenkonsens - zweifellos wissen es man-

---

7 1939 erschien der erste der insgesamt 40 Bände, die in sechs Büchern zusammengefasst sind: I. *Théorie des ensembles*; II *Algèbre*; III *Topologie générale*; IV *Fonctions d'une variable réelle*; V *Espaces vectoriels topologiques*; VI *Intégration*. Danach kam die Arbeit weitgehend zum Erliegen. Später erschienen noch VII *Algèbre commutative* (fascicule 10 erst 1998); VIII *Groupes et algèbres de Lie*; IX *Théories spectrales* (1983).

cherlei Spezialisten kompetenter darzustellen - und dem mathematisch göttlichen „*wir*" entwickelte die nach ähnlicher Unanfechtbarkeit strebende modernere Philosophie ihr „*man*" und ihr „*man kann sehen*", deren Ableger, das soziologische „*wir*", sich auf dem Gebiet soziologischer Erfahrungen dieselbe Wahrheitsfindung wie die Mathematik zutraut und leicht zum Kampfverband der Beleidigten wird, wenn es seine Ansichten mehr oder weniger rabiat in Politik umzusetzen sich traut. Das in diesem Text benutzte „*wir*" ist, wenigstens von der Idee her, anders angelegt - es setzt sich aus dem „*wir*" der Kinozuschauer zusammen, denen in einem dunklen Raum etwas vorgegaukelt wird, wovon eigentlich jeder weiß, dass es sich um Betrug handelt. „*Fröhlich*" nannte Fuentes das Kino, doch „*letzten Endes trügerisch, einfach ein Katalog von Gesichtern, Gebärden und Dingen*", die „*absolut individuell, niemals allgemein*" wären. Dass alle dem gleichen Betrug unterliegen, gibt aber dem, was in der Tat nur ein Katalog sein könnte, so etwas wie Realität, eine Kinorealität, die nicht auf der Leinwand, sondern im Kino stattfindet. Das Kinoerlebnis kann nur durch das „*wir*"-Erleben in der Gemeinschaft die physische Realität angenommen haben, die es erhalten hat - wäre ihm nur der Einzelne begegnet, wäre es Betrug, wäre es Jahrmarktstäuschung geblieben. Erst, dass viele bei diesem Betrug das Gleiche erkennen, macht es zu einer Art Realität. Extremer stellt sich dies noch beim Fernsehen dar: Wir sitzen zwar nicht selten allein vorm Apparat, doch das Bewusstsein, dass Millionen das Gleiche sehen (oder sehen könnten) und es als wirklich nehmen, gibt uns das trügerische Vertrauen, dass es sich bei dem Abgebildeten nicht um Betrug oder um eine fixe Idee handelt.

Unser „*wir*" ist also das „*wir*" aller vom Kino gleichartig Betrogenen, und wenn wir Muster in dem Betrug erkennen, tun wir es stellvertretend für alle, die sich darüber wundern, dass das Kino auch bei ihnen funktioniert. Es repräsentiert beinah den genauen Gegensatz zu Bourbakis „*wir*"; und im Gegensatz zu diesem werden wir uns ganz bewusst in den Wirren der Details verirren: weil, könnte man sagen, Irrtum die Quintessenz der Kinoerfahrung ist. Gelegentlich werde ich allerdings - wie in diesem Vorwort - zum „*Ich*" überwechseln, wenn sich nämlich das Gefühl einstellt, das Beschriebene ginge wesentlich auf meine private Sichtweise der Welt zurück. Dass dieses „*Ich*" sich nach einem „*wir*" streckt, nach Menschen, die ähnlich spüren oder gespürt haben, ist - wie wir alle wissen - die Ironie ich-gestützter Mitteilungen. Zuweilen taucht indes doch das polemische „*wir*" auf, das den Gang der Geschichte beeinflussen möchte. Es entstammt der bereits gedruckten Einführung und entspricht so gar nicht mehr meinem Sinnenstand. Einiges habe ich abgeschwächt, trotzdem ist vom Rechthaberischen dieser Polemik noch manches enthalten: auch, weil es „*mir*" dazuzugehören scheint. Ich versichere aber, dass es weniger rechthaberisch gemeint ist, als es zuweilen klingt. Warum habe ich es nicht milder formuliert? Vielleicht macht das Folgende dies verständlicher.

Vor Kurzem las ich Erstaunliches über den Versuch der Kirche, das geozentristische Weltbild (des Ptolemäus etwa) gegen Kopernikus und Galilei zu verteidigen. In der Studie wurde behauptet, Galilei habe damals auf einer Wahrheit bestanden, in deren Besitz er sich gar nicht befand - daher sei die Kirche in ihrer Ablehnung der galileischen Interpretation des kopernikanischen Weltmodells weit weniger im Unrecht gewesen, als man jahrhundertelang glaubte. Nun: Ich habe selbst einiges an Naturwissenschaft studiert und bin nicht nur mit den Grundzügen der Entwicklung des naturwissenschaftlichen Denkens von Aristoteles bis Newton (und darüber hinaus) einigermaßen vertraut. Trotzdem hatte mir nicht zuletzt Brechts Galileistück ein festes Grundgefühl für die Ignoranz der Kirche, die den Weg in die Zukunft verstellte, mitgegeben. Darum legte ich die Studie bereits weg, als mir der Name des Verfassers, *Pascual Jordan*, auffiel.

Ich kannte Professor Jordan. Mit zweiundzwanzig hatte ich Vorlesungen - Allgemeine Relativitätstheorie - von ihm besucht und vermochte nur zu erkennen, dass da an einem die Zeit vorbeigelaufen war: jemand kurz vor der Emeritierung, altmodisch mit Weste und rot gemustertem Schlips in schmuddelig graufarbenem Anzug. Ein Kloß geworden unfreiwilliger Junggeselle (so meine äußerst beschränkte Sichtweise) mit stammelnder Sprache, dessen fahrige Bewegungen nicht ins Bild technikorientierter Wissenschaft passen wollten, wovon ich mich derzeit geleitet fühlte. Trotz der dickbebrillt hochflinken Augen schien er derart senil, dass er kaum in verständliche Sprache zu verwandeln wusste, was er sich da zusammenrechnete - so wenigstens fasste ich meinen Eindruck zusammen, als ich dem, was er zur Allgemeinen Relativitätstheorie vortrug, zu meinem Erstaunen nicht zu folgen verstand. Ich begriff nichts, absolut nichts, von dem, was da gesagt wurde. Mag sein, dass ich deshalb körperlich Anstoß nahm.

In der Physik war mir so etwas nie begegnet. Physik war das, was man ,*verstehen*' konnte - jedenfalls wenn man nicht zu den dümmeren Zeitgenossen gehörte, und ich hielt mich für ein, zumindest verglichen mit meinen Mitstudenten, recht helles Köpfchen. Daher hätte ich diese Vorlesungen als Entäußerungen eines Verwirrten weggesteckt, hätte nicht Dr. Kundt, ein anderer meiner Lehrer, von jenem Jordan im Ton größter Achtung gesprochen: Er gehöre zu den Großen im Bereich des Weltverständnisses. Dr. Kundt, bei dem ich seinerzeit mit Respekt „*Statistische Mechanik III*" hörte, war als Kenner dieses Gebiets den vielen Teilchen zugewandt, aus denen die Welt nun einmal besteht - ich hielt ihn deshalb für einen vernünftigen Menschen. Wolle man sich über etwa Entropie informieren, erklärte er (das Dilemma der Statistischen Mechanik bestand damals ja - besteht wahrscheinlich noch immer - darin, das grauenhafte, letztlich unbegriffene Entropiegesetz kausal aus der klassischen Mechanik ableiten zu müssen, deren Grundlagen dafür keinen

Platz bieten), könne einem in Deutschland allein Jordan einigermaßen zuverlässig vermitteln, was bezüglich der Entropie helle Behauptung und was wirklich erwiesen sei.[8]

Solche Einschätzung passte nicht in meine physikalische Welt - Weltverständnis und ‚Größe‘ gehörten nicht zusammen. Ersteres hatte ja jeder; ich zumindest glaubte, über genug davon zu verfügen, um schon mal das Zweite anpeilen zu können, wirkliche Größe, schließlich verstand ich die Welt doch recht gut! Nun, Prof. Jordans imposante Körperlichkeit, die so extrem dem elegant-schönen Schein widersprach, von dem wir - auch und ach, gerade im Kino! - die Welt so gern eingehüllt sehen, hat uns Lebende inzwischen verlassen - seine weltverstehende Gestalt hat sich jedoch mit meinem vergeblichen Versuch, seiner Allgemeinen Relativitätstheorie zu folgen, und der Hochachtung Dr. Kundts (dem ich für das Yeshiva-University-Stipendium danke, das mich paradoxerweise der Welt der Physik endgültig den Rücken zukehren ließ) zu einer undurchsichtigen Gewebelage verknüpft, vor der ich mir bis heute Respekt bewahre. Die Kopernikus-Galilei-Studie schrieb Jordan einige Jahre, nachdem ich ihn schon so weggedämmert habe wahrnehmen wollen. Sie verrät mir heute ungebremste Geisteskraft und erst jetzt, da ich selbst ganz gern einer honorierten Emeritierung entgegenhoffen würde, beginnen sich in meinem Respekt Konturen eines vagen Begreifens abzuzeichnen.

Kopernikus (1473-1543) habe sein Werk aus Angst vor der *„Verachtung, welche ich wegen der Neuheit und der scheinbaren Widersinnigkeit meiner Meinung zu befürchten hatte"* gar nicht erst veröffentlichen wollen - zu Recht: Vor der Entdeckung der Gravitation erschien geradezu wahnhaft, die Erde als um ihr Zentrum real sich drehenden Körper zu begreifen. *Tycho Brahe*, aus dessen präzisen astronomischen Messungen *Kepler* später seine Planetengesetze ableitete, wies damals darauf hin, dass solche Rotation die Erde zerreißen würde, die *„träge dicke Erde"* sei zu solcher Bewegung *„viel zu ungeschickt"*. Deshalb hat er die kopernikanische These als wohl

8 Pascual Jordan, 1902-1980, in den zwanziger Jahren mit Werner Heisenberg, Max Born und Wolfgang Pauli einer der Begründer der mathematisch ausgefeilten Quantentheorien, interessiert aber auch an metaphysischen Problemen von Biologie und Psychologie, z. B. in *„Der Naturwissenschaftler vor der religiösen Frage"* oder *„Verdrängung und Komplementarität"*, Hamburg 1947. - Eine mit meiner Wahrnehmung in etwa korrespondierende Charakterisierung Jordans ist in einem Brief Wolfgang Paulis (Nobelpreis 1946) an den Psychoanalytiker C.G. Jung enthalten: *„Was zunächst den Autor, P. Jordan betrifft, so ist er mir persönlich bekannt. Er ist ein sehr intelligenter u. begabter u. unbedingt ernst zu nehmender theoretischer Physiker. ... Seine Beschäftigung mit psychischen Phänomenen u. dem Unbewussten im allgemeinen ist wohl auf seine persönlichen Schwierigkeiten zurückzuführen. Diese äußern sich insbesondere in dem Symptom einer Sprachstörung (Stottern), das seine Carriere beinahe verunmöglicht hätte; sodann mit einer gewissen Zersplitterung seiner geistigen Tätigkeit (er meint sogar, auf dem engeren Fachgebiet von nun an ,kein Glück mehr zu haben')."* - Brief vom 26.10.1934 in: Wolfgang Pauli und C.G. Jung, *Ein Briefwechsel*, Springer Verlag Berlin Heidelberg New York 1992

anregend, im Endeffekt jedoch nicht haltbar abgelehnt, weil ohne Erdrotation mit der Erdbewegung um die Sonne wohl die Planetenbewegungen, nicht aber mehr die weit offensichtlicheren allnächtlichen Bewegungen der Sterne zu erklären waren. Erst der Wittenberger Mathematiker Georg Joachim *Rheticus* gab die kopernikanische Theorie für die Öffentlichkeit heraus, gemeinsam mit dem katholischen Gelehrten *Osiander* - dieser betreute den Druck und gab dem Buch ein Vorwort, worin er die kopernikanische Vorstellung vom Umlauf der Planeten um die Sonne als bloße Hypothese darstellt.[9] Das stand in entsetzlichem Gegensatz zur Ansicht des eigentlichen Verfassers, zur Ansicht des Kopernikus, für den unmissverständlich feststand: *„Alle Kreisbahnen* (der Planeten) *umgeben die Sonne, als stünde sie in aller Mitte, und deshalb befindet sich der Mittelpunkt der Welt in der Gegend der Sonne."*

Osiander hielt dagegen für relativ belanglos, ob die kopernikanischen Hypothesen nun wahr oder auch bloß wahrscheinlich seien, *„sondern es reicht allein schon hin, wenn sie eine mit den Beobachtungen übereinstimmende Rechnung ergeben."* Infolge dieser vorsichtigen Deutung sah die Kirche fünfzig Jahre lang keinen Grund, das Werk zu beanstanden. Bis schließlich *Giordano Bruno* (1548-1600) und *Galilei* (1564-1642) mit zum Teil - Prof. Jordan führt dies genüsslich aus - aberwitzigen Begründungen die kopernikanische Interpretation (bei der die Planeten, nach antikem Muster, weiterhin an sich drehenden Sphären befestigt waren!) in aller Konsequenz durchzusetzen versuchten. Galilei bekämpfte damals vehement eine Theorie von Ebbe und Flut, welche eine (vom heutigen Standpunkt richtige, durch Gravitationskraft verursachte) Fernwirkung des Monds postulierte. Solche Fernwirkung lehnte Galilei als alchimistisch ab und erklärte statt dessen die Gezeiten aufgrund des kopernikanischen Modells als allein durch die tägliche Erdrotation bewirkt: schlicht übersehend, dass mit der Fernwirkung des Monds auch die Gravitationskraft verschwand, die der durch Rotation auseinander strebenden Erdmaterie zu Halt verhilft. Nun, Bruno wurde verbrannt, Galilei gerügt; Osiander und die Kirche dagegen bekamen die bekannt jahrhundertelangen Prügel für ihre - allzu gut begründete - Vorsicht, während des Kopernikus' Ansichten durch die newtonschen Begründungen hundert Jahre später den Rang einer unbezweifelbaren Wahrheit erhielten und Galilei als ihr Durchsetzer gefeiert wurde.

Obwohl aber - und darin liegt die Ironie dieses Kapitels der Wissenschaftsgeschichte - Osianders Beweggründe und Zielsetzung ganz anders ausgerichtet waren, so Prof. Jordan: Seine Betrachtungsweise läge dem heutigen physikalischen Denkstil näher als die leidenschaftlich betonte kopernikanische Unterscheidung von ‚*wahrer*' und

---

9 Georg Joachim Rheticus (1514-1574), *Narratio prima de libris revolutionum Copernici*, Danzig 1540; Andreas Osiander (1498-1552) und Georg Joachim Rheticus (Herausgeber): *De revolutionibus orbium coelestium*, Nürnberg 1543

„*scheinbarer*‘ Bewegung. Denn ob die Bewegungsvorgänge im Planetensystem nun heliozentrisch oder geozentrisch betrachtet werden, bedeute, in den Worten Max Borns, für die „*in der Allgemeinen Relativitätstheorie erreichte Erkenntnishöhe gar keine Veränderung*“, sind in ihr beide Betrachtungsweisen doch peinlicherweise gleichberechtigt. Und schlimmer noch: Es mute wie eine Vorwegnahme entscheidender Gedankengänge aus der Physik des 20. Jahrhunderts an, dass Rheticus im durch die Auseinandersetzung mit Osiander entfachten Gedankenaustausch (in - wie Prof. Jordan bemerkt[10] - „*Heisenbergschen Formulierungen, könnte man sagen*“) den Plan eines Werkes fasste, „*durch das ich die Astronomie von Hypothesen befreie, indem ich mich ausschließlich an Beobachtungen halte.*“

„*Wirtschaftliche Notwendigkeiten*“, fährt Jordan fort, und als ich das las, stieg mein Respekt für seine feine Ironie ins Unermessliche (und ich verfluchte das Kino, das einen glauben macht, die Stimme der Wahrheit müsse so geschliffen aussehen und sprechen wie Gregory Peck) - „*die ihn zum Überwechseln von der Mathematik in die Medizin nötigten, haben die Verwirklichung dieses kühnen Planes verhindert.*“ Sodass sich mit einigem Recht argumentieren ließe, gerade die rechthaberische Plumpheit Galileis hätte dem vorsichtig die wirkliche Moderne anpeilenden Abwägen eines Rheticus die Butter vom Brot genommen, ihn in die Medizin gedrängt und den Fortschritt der Physik um 300 Jahre verzögert.

Unter dem Eindruck solcher Umbewertungen weit größerer Errungenschaften möchte ich in diesem Manuskript gar nicht erst versuchen, recht zu haben, auch wenn es manchmal so klingt und beim ersten Schreiben auch gemeint war. Stattdessen möchte ich der Kirche um den erzählenden Film - und dazu zählen viele, die sich heute lautstark zum narrativen Film, man muss es so sagen, *bekennen*! - ein Angebot machen. Diese Arbeit will vor allem ein Vorschlag sein, mit dem gewisse Erscheinungsformen bei Spielfilmen *auch!* beschrieben werden können. Oder in den Worten Osianders: Es reicht, wenn sich aus meinen Überlegungen und mitunter wohl exzentrisch anmutenden Begründungen eine einigermaßen mit den Beobachtungen übereinstimmende Rechnung ergibt. Nicht mehr, nicht weniger.

Denn ich verstehe die Allgemeine Relativitätstheorie noch immer nicht und werde sie wohl nicht mehr verstehen, bin aber - und war es in mich heute überraschender Weise eigentlich immer - durchaus bereit, ihr in meiner künstlerischen Arbeit darin zu folgen, dass in einer Welt, worin alle Koordinaten ihre referentielle Stabilität eingebüßt haben (und dieser Prozess ist längst nicht zu Ende), die subjektive

---

10 Alle Zitate aus Pascual Jordan, *Kopernikus*, in Kurt Fassman (Herausgeber): *Die Großen der Weltgeschichte*, Band IV, S.673-685, Zürich 1974

Wahrnehmung und die sich daraus ergebenden Tätigkeiten vielleicht nicht als einzige, aber doch als einzig noch zuverlässige, einigermaßen stabil in sich ruhende Referenzsysteme übrig bleiben. Dass die Wirklichkeit insofern also genau das ist, was „*wir*" in den Augenblicken der stärksten Intensität davon empfinden. Und dass es daher wesentlich darum geht, diese subjektive menschliche Wahrnehmung (samt den sich daraus ergebenden Konsequenzen) ohne Zweck und ideologische Obertöne wiederzugeben - ansonsten fühle ich mich zufrieden als biederer Geometer, der Freude daran hat, die Welt zu befahren und sie mit seiner beschränkten Vernunft zu ermessen.

Und dennoch: warum so viel Mühe? Wohl habe ich einiges dieser Schnitt-Theorie unterrichtet, aber im Grunde erkenne ich keine Notwendigkeit, sie so ausführlich darzustellen. Es mag ein Bedürfnis nach einer Schrift über den Filmschnitt in Form eines knappen Kompendiums für Praktiker geben - dem verdanke ich ja die Gelegenheit, zu unterrichten; zur Herstellung eines solchen Kompendiums fehlt mir jedoch das Interesse. Was also ist es, was mich zu dieser absonderlichen Form führt, worin ich, ganz nebenbei, viele meiner Ansichten zum Film einfließen lasse? Ich weiß es nicht. Warum mache ich nicht stattdessen mit mehr Energie Filme? Vielleicht habe ich schon so viele gemacht, dass es auf einen mehr oder weniger nicht ankommt. Und vielleicht auch, weil ich meine, mich bereits *perfekt* darin ausgedrückt zu haben - auf zwei, drei weitere kann ich verzichten. Dennoch: Ich tue zwar, als arbeitete ich auf eine Veröffentlichung hin, bemerke aber zugleich, wie dieses Buch mit jedem neu eingefügten Absatz ausufernder und unlesbarer wird. Zu etwas, wobei es seine handhabbare Dingartigkeit Schlag um Schlag einbüßt, fast Belletristischem. Mit freilich einem so seltsamen Helden, dass allmählich niemand mehr das Resultat entziffern kann. Der Held dieser seltsamen Anstrengung (der sich offenbar weigert, sich als Substantiv fixieren zu lassen und sich nur als *Verb* festschreiben will), ist natürlich ein Teil von mir, ist Teil meines Ichs; und dieses Ich landet allmählich bei der Erkenntnis des Heiligen Augustinus: „*So ist der Geist zu eng, sich selbst zu fassen. Wo aber ist es, was er an Eigenem nicht fassen kann? Ist es etwas außer ihm, nicht in ihm selbst? Wie also fasst er's nicht? Ein groß Verwundern überkommt mich da, Staunen ergreift mich über diese Dinge*" und kann nicht glauben, dass sich das, selbst nach 1500 Jahren naturwissenschaftlicher Entwicklung, kaum geändert hat.

Manchmal denke ich aber auch, dass in der Verankerung einer Theorie in Person und Werk eine größere Wahrheit angelegt ist, als sie ein bloßes Kompendium, dessen greifbare Dinghaftigkeit Vollständigkeit suggeriert, zu bieten vermag. So habe ich von allen Harmonielehren nur einen Zugang zu der Schönbergs gefunden.[11] Obwohl andere im Großen und Ganzen das Gleiche enthielten, schienen sie trotz ihrer relativen Kürze bloß aus Aneinanderreihungen willkürlicher Regeln zu bestehen - bei Schönberg, dessen Ansatz so angelegt war, dass sich daraus Konsequenzen für eine Weiterentwicklung der Tonalität ergeben könnten, bildete ich mir ein, wirklich etwas zu verstehen. Keine Ahnung, womit das zusammenhängt, vielleicht ist es eine fixe Idee. Verblüfft hat mich freilich, dass neuere Darstellungen der Harmonielehre die Arbeit Schönbergs nicht einmal in den Quellenangaben meinen erwähnen zu müssen. Weil er als Überwinder der Tonalität gilt, wird getan, als habe es seine den Rahmen dafür setzende Anstrengung nie gegeben. Man liebt eben - auch dazu liefert der Heilige Augustinus einen Kommentar - an der Wahrheit das Licht, hasst aber an ihr das Gericht.

Prof. Jordan lässt seinen Kopernikus-Aufsatz freilich vorsichtiger enden: *„Dem besinnlichen Betrachter fällt der Eifer auf, mit welchem - in weiter Verbreitung - altmodische Neigungen gepflegt werden, naturwissenschaftliche Entscheidungen aufgrund apriorischer Urteile statt aus Erfahrungstatsachen ableiten zu wollen. Zwar scheint die Meinung, dass auch das organische Leben dieses Planeten Beispiel einer in einer Fülle von Beispielen vorhandenen Erscheinung sei, in geradliniger Fortsetzung des kopernikanischen Gedankengangs zu liegen. Aber nicht immer ist die geradlinige Fortsetzung eines Weges auch die richtige.“*

Auch darin liegt mehr Wahrheit, als ich einst vermutete, gerade in Bezug auf die Schönberg'sche Anstrengung. Zum Beispiel hielt ich Film lange für eine Sprache und wähnte mich auf dem Weg zu ihrer Grammatik; bis ich zufällig einem gewissen Grahame Weinbren gegenübersaß, der mir erklärte, dass das kaum angehen könne. Wieso? Es gäbe im Film nämlich nicht einmal *die Negation*, und das sei das Mindeste, was eine Sprache aufweisen müsse, wenn sie als solche gelten wolle. Und in der Tat: Wie eigentlich will man Worte wie ‚kein‘, ‚nicht‘ oder ‚nein‘ im Film darstellen? Ich zumindest weiß es nicht. Ja, es stimmt, mein Gesprächspartner hatte recht, jede Sprache enthält, wie wir zu unserer Verblüffung irgendwann feststellen, ganz entschieden das Wort „Nein!“. Insofern scheint der Begriff ‚Filmsprache‘ ähnlich vage zu sein wie ‚die Sprache der Augen‘ oder gar ‚die Sprache des Winds‘. Und wenn sich im Film keine Sprache artikuliert[12], daran zweifle ich inzwischen nicht

---

11 Arnold Schönberg (1874-1951), *Harmonielehre*, Universal Edition 1922

12 Ähnlich übrigens bereits bei Jean Cocteau zu lesen (*Écran français*, 18.5.1948; zitiert in Claude-Jean Philippe, *Jean Cocteau*, Paris 1989, S. 164): *„Ce qu'il y a de passionant au cinéma, c'est qu'il n'y a pas de syntaxe. On est obligé de l'inventer au fur et à mesure que les problèmes se posent. Quelle liberté pour l'artiste et quels résultats on peut obtenir!“* - „Das Erregende am Kino ist, dass es keine Syntax hat. Man ist gezwungen, sie zu erfinden, sobald sich Probleme ergeben. Welche Freiheit für den Künstler, und welche Resultate, die man erzielen kann!“

mehr, verfügt er auch über keine Grammatik. Daher habe ich mir erlaubt, im 1974 bereits veröffentlichten Teil dieser Arbeit Begriffe wie ‚Filmsprache', ‚Grammatik' oder ‚Filmgrammatik' durch den schlichteren Ausdruck *narratives System* zu ersetzen, denn dass ein System dahinter steckt, werden wir rasch begreifen. Und das ist vielleicht das Hauptmanko dieses ‚narrativen Systems': dass es überaffirmativ ist und (nicht einmal den Konjunktiv kennend, der in Freiheit über das Mögliche spekuliert) weder „Nein!" sagen kann noch will - und sich allem und jedem zur Verfügung stellt. Darin ähnelt es ironischerweise wieder wirklicher Sprache.

Mag sein, dass vieles des hier Dargestellten nicht des Darstellens wert ist - ich teile diese Meinung nicht, doch vielleicht bilde ich mir nur ein, dass das meiste, was hier ausgebreitet wird, von manchem vielleicht gedacht, von kaum jemandem aber schriftlich auch nur angedeutet wurde. Bestimmt ist es von niemandem so zusammenhängend dargestellt worden. Eine Zeitlang - das wiederum war gewiss zu verwegen - befand ich mich im Glauben, diese Arbeit könne für das narrative System so etwas wie die Harmonielehre für die Musik darstellen. Auch von einer ‚Sprache der Musik' wird ja häufig geredet, ohne dass man es in ihr zu einer Grammatik brachte. Ich wollte also eine ‚Harmonielehre' des Films entwickeln, worin sich die elementaren Zusammenhänge des uns schon Vertrauten so klar darstellen, dass man danach zum Wesentlichen und Neuen, auch anschließend noch Möglichen zu gelangen imstande ist.

Wenn Film aber nicht einmal Sprache werden kann, warum so viel Aufhebens um etwas, das - da braucht man sich nichts vorzumachen - künstlerische Leistungen vom Range des Spätwerks Beethovens (oder der symphonischen Dichtungen Mahlers) bisher wohl noch nicht hervorbrachte. Insofern wären unsere Betrachtungen über Rheticus und Osiander gegenstandslos, beziehen diese ihren Wert doch aus der objektiv erstaunlichen Leistung des Kopernikus. Ich habe trotzdem den Eindruck, dass das narrative System unterschätzt wird - vielleicht weil es bisher von den Menschen, die es einigermaßen beherrschen, vor allem als Verfahren angesehen wurde, womit man berühmt werden und Geld verdienen kann - ähnlich wie man die numerische Mathematik unterschätzte, solange sie als Buchhalterkunst nur zur Geldverwaltung diente.

Das narrative System ist erstaunlicher als man denkt. Es ist keinesfalls selbstverständlich, dass Einstellungen, die man zu verschiedenen Zeitpunkten an verschiedenen Stellen der Welt aufnimmt, vom Zuschauer in der Projektion als zeitlich und räumlich zusammenhängend begreifbar werden. Das stellt etwas sehr Sonderbares, um nicht zu sagen Ungeheures, dar. Etwas, wovon die Erfinder von Fotografie und Film nicht haben träumen können und dessen Tragweite meiner Ansicht nach bis jetzt nicht richtig gewürdigt ist. Möglicherweise kam es in Spielfilmen nur zufällig zum Vorschein und könnte auch unabhängig davon existieren.

Gewiss handelt es sich bei diesem System um mehr als bloß eine Serie jener Sinnestäuschungen, wie man sie in Büchern über Physiologie beschreibt. In diesen geht man von einer intakten Welt aus, worin Sinnestäuschungen als solche begreifbar werden. Das narrative System ist aber zu komplex, um auf diese Weise fassbar zu sein: Im Kino täuschen *„wir"* uns zu zuverlässig und bereits zu lange, als dass es als Täuschung weggeredet werden kann. Die Sinnestäuschung im Kino scheint vielmehr unsere Wahrnehmung von Zeit und Welt selbst zu betreffen, die, wies aussieht, ebenfalls, und zwar prinzipiell, nur über eine Art Sinnestäuschung stattfindet. In anderen Worten: *Die Sinnestäuschung ist die Wahrnehmung selbst*, und zwar aus dem einfachen Grund, weil es keine andere gibt.

So vage das klingt, hat es doch aktuelle Brisanz. Wenn sich das menschliche Gehirn schon von einem so simplen System wie dem narrativen zu einer solchen Zusammenhangsanstrengung veranlassen lässt, mit welchem Vertrauen nehmen wir eigentlich die Welt um uns herum als zeitlich zusammenhängend wahr? *„Groß ist die Macht meines Gedächtnisses, gewaltig groß, O Gott, ein Inneres, so weit, so grenzenlos"*, schreibt Augustinus im fünften Jahrhundert zu seinem Bemühen, die Arbeitsweise unseres Gedächtnisses zu verstehen[13], und in der Tat stellen wir offenbar erst durch unsere Gedächtnisleistungen, ja: man könnte sagen in Form einer *Tätigkeit*, so etwas wie Kontinuität in der Wirklichkeit her. Nicht, dass ich meine, die Analyse des narrativen Systems liefere auf derlei erkenntnistheoretische Fragen gültige Antwort, im Gegenteil: Irgendwann wird sich das Verständnis des narrativen Systems wohl auf eine Theorie der *Zeit* stützen können, von der wir, geblendet vom Raum und den darin erhaltenen Dingen, bislang, wie die neuere Physik zu ihrer Verblüffung feststellen musste, ja nur allerjämmerlichste, Pindars vorklassisches Wort von der Herrschaft der Zeit kaum übersteigende, Vorstellungen haben. Bis dahin lohnt, jede mithilfe unseres Gedächtnisses erfassbare Zeitstruktur genauer zu untersuchen, so genau, wie es eben geht. Es gibt nämlich - das mag überraschen - erstaunlich wenige solcher Systeme. Ein anderes ist, neben dem von Sprache und Tanz, bekanntlich die Musik. Jedes stellt, wenn nicht ein Wunder, so doch ein erstaunliches Geschenk dar - das im Schöpfungsplan unseres Universums, wie ihn uns die Naturwissenschaften gern überzeugt offenbaren, eigentlich kaum vorgesehen sein kann.

Dank also an Professor Jordan und seine schärfsten Verstand reflektierende Beschei-

---

13 Zitate aus Aurelius Augustinus (354-430), *Confessiones*, Hippo Regia ca. 398

denheit. Dank aber auch an Filmmacher wie Jack Smith, David Larcher und Jonas Mekas, die gerade aus der Abwesenheit einer verbindlichen Filmsyntax die Kraft schöpften, nie gesehene Werke in die Welt zu setzen, Dank an die Professoren Ken Jacobs, Larry Gottheim, Ernie Gehr, Paul Sharits und Tony Conrad, deren verstehende Intuition Ähnliches und ähnlich Großartiges zustande brachte und mich in meiner frühen Filmarbeit freundlich ermutigte. Und Dank schließlich an den verstorbenen Hollis Frampton[14], ohne dessen Aufsatz „*A Pentagram for Conjuring the Narrative*" ich das Interesse an Film wohl bald wieder verloren hätte, um mich eher versicherungstechnischen Problemen zuzuwenden.

Dank an die Studenten der HfBK Hamburg, HBK Braunschweig, SUNY Binghamton, Ohio State University, wieder der HfBK Hamburg und schließlich der Fachhochschule Dortmund, die vor allen das frühe Stadium meiner Überlegungen erdulden mussten, speziell auf dem Gebiet der offenen Schnitte und Rückschnitte, das ich eigentlich erst im letzten Jahr zu beschreiben lernte. Dank aber auch Institutionen wie dem Whitney Museum, dem Millenium Filmworkshop New York, dem Literaturhaus Hamburg, der Akademie der Künste Berlin und dem Filmmuseum Frankfurt, wo ich habe Vorträge halten dürfen, deren Überlegungen in diesen Text einflossen, und - *last not least* - an Heinz Emigholz, dessen Arbeit die meine seit inzwischen über zwei Jahrzehnten irgendwie begleitet und ohne den ich jede Orientierung darin verloren hätte.

Hamburg, im Sommer 1993
K. Wyborny

*

---

14 Hollis Frampton (1936-84), amerikanischer Filmmacher, *A Pentagram for Conjuring the Narrative*, zuerst erschienen in *Form and Structure in Recent Film* (Catalogue), Vancouver Art Gallery, Vancouver 1972; sein Hauptwerk ist der unvollständig gebliebene, auf etwa 36 Stunden angelegte *Magellan Cycle* (1971-1984), der an 371 aufeinander folgenden Tage projiziert werden sollte; fertiggestellt sind davon etwa 6 Stunden, u.a. *The Birth of Magellan, The Straits of Magellan Part I* und *Part II, Magellan at the Gates of Death Part I: The Green Gate* (64 Min 1976) und *Part II: The Red Gate* (52 Min 1976), die beiden letzten u. a. aufgeführt auf dem Edinburgh Filmfestival 1979

Vorwort zur Buchveröffentlichung im Lit - Verlag (2012)

Nachdem diese Arbeit länger beiseite gelegt war und nur gelegentlich an Interessenten in PDF-Form auf einer CD abgegeben wurde, erhielt sie erneut Aktualität, als ich in Mannheim mit meinem Kollegen Professor Thomas Friedrich in Kontakt trat. Denn bei der Lektüre des von ihm herausgegebenen Sammelbands „*Einfühlung und Phänomenologische Reduktion*" stieß ich auf Husserls Aufsatz „*Analyse der Wahrnehmung*" aus dem Jahre 1928, worin mich etliche Formulierungen überraschten, deren Grundgedanken sich in meinen Analysen der Wahrnehmung von Filmgefügen wiederfanden.[15] Da Professor Friedrich über Husserl promoviert wurde, entwickelte sich daraus ein Gedankenaustausch, im Verlauf dessen er die Schnitt-Theorie Stück um Stück las und mich dabei wiederholt auf interessante Bezüge zu Husserl und andere Wahrnehmungsphilosophen hinweisen konnte. Das alles kulminierte in seinem Wunsch, das nun vorliegende Buch (von dem ich nur den ersten Band für publizierbar hielt) im Rahmen der von ihm herausgegebenen Reihe „Ästhetik und Kulturphilosophie" zu veröffentlichen. Nachdem er auch für die Finanzierung gesorgt hatte, konnte ich dem nicht widerstehen, und staune nun, dass es offenbar tatsächlich zu einer Publikation kommt.

Da der „*Elementare Topologie und das narrative System*" genannte dritte Band der Schnitt-Theorie in einem sehr vorläufigen Zustand war und nur aus extrem verkürzten Vorlesungsnotizen bestand, die helfen sollten, beim Unterricht in diesem komplexen Terrain die Übersicht zu behalten, habe ich mich entschlossen, ihn - anders als die ersten beiden Bände, die nur stilistisch und im Fußnotenteil modifiziert wurden - noch einmal stark zu überarbeiten. Nunmehr bietet er die kompakte Einführung in ein mögliches Forschungsgebiet, das meines Wissens noch nie betastet wurde, die Topologie ganzer Filme. Dass ohne deren Verständnis recht häufig auftauchende Schnitte wie die retardierten und offenen nur schwer begreifbar sind, macht die Inklusion in eine Schnitt-Theorie zwingend. Andererseits tut sich mit der im Bewusstsein von uns Zuschauern entstehenden Verbundenheit filmischer Gefüge ein derart kompliziertes Terrain auf, dass mein Versuch nur einen verschlankten Abklatsch dessen darstellt, was eigentlich leistbar wäre. Da dieser Abklatsch indes bis auf Weiteres wohl das Einzige sein wird, worin man etwas über dieses erkenntnis- und wahrnehmungstheoretisch hochinteressante Gebiet erfahren kann, soll er hier als dritter Band der Schnitt-Theorie - trotz aller Unzulänglichkeit - angefügt sein. Dass das Vorläufige vielerorts darin erkennbar wird, möge als

---

15 *Einfühlung und phänomenologische Reduktion, Grundlagentexte zu Architektur, Design und Kunst*, herausgegeben von Thomas Friedrich und Jörg H. Gleiter, Berlin 2007

Aufforderung dienen, die Phänomenologie dieser Regionen mathematisch kompetenter und gründlicher zu erkunden.

Durch die Ausweitung dieses Bandes, der, trotz seiner Schwächen, nun fraglos den Erkenntnis-Höhepunkt dieser Arbeit darstellt, hat sich die Balance des Ganzen entscheidend verschoben. Band 1, die Einführung, dient nun als Tour de force durch das Thema, in der etliche Voraussetzungen für das Funktionieren von Filmen, die Raumorientierung des Zuschauers etwa und damit verbundene anthropologische Fragen ebenso andiskutiert werden, wie schnittrelevante Aspekte der Filmgeschichte oder Anbindungen an das romanhafte Erzählen. Insofern geht es darin gewissermaßen um das Ding an sich, den Film also und was man in Filmbildern so alles sieht, bzw. darum, was seine Oberfläche von uns Zuschauern verlangt. In der Summe erhält man dadurch einen gut lesbaren Eindruck davon, worauf die danach sich entfaltende eigentliche Schnitt-Theorie real fußt, welches Terrain sie zu beakkern und zu beschreiben versucht. Im Rahmen des Ganzen ist daran nicht zuletzt interessant, dass die Annäherung zunächst verbal erfolgt und sich in Stufen an ein mathematisches Vokabular herantastet, mit dem eine Beschreibung der Schnitt-Phänomene erfolgreicher sein könnte als in der bislang üblichen Filmliteratur.

Der zweite „*Einfache Lineare Schnitte*" betitelte Band vermittelt zwischen der Einführung und der Komplexität von Band 3, indem er sich mit der Verbindung von zunächst bloß zwei aufeinanderfolgender Einstellungen befasst, oder, genauer genommen, mit dem, was der Zuschauer daraus macht. Nachdem die Einführung schon darauf vorbereitet hatte, dass bereits dafür einfache Sprache nicht auszureichen scheint, jedenfalls nicht, wenn man in der Phänomenologie eine bestimmte Präzision anstrebt, wird zunächst ein mathematisches Vokabular entwickelt, das eine Art Minimalbeschreibung von Bildern ermöglicht. Und diese Minimalbeschreibungen werden wiederum dazu benutzt, um das im Zuschauer beim Betrachten dieser beiden Einstellungen entstehende Gesamtkonstrukt zu erfassen und die Regeln für dessen Konstruktion zu entwickeln. Dies Unternehmen, das auf der mathematischen Darstellung von Koordinaten-Transformationen beruht, mutet so simpel an, dass man staunt, dass es sich über fast zweihundert Seiten hinzieht, was indes verrät, dass das Thema bei sorgfältiger Analyse weitaus komplexer ist, als es bisherige Film-Theorien, die allesamt darüber nur recht pauschal hinweghuschen, ahnen lassen.

Dabei ist die erste Hälfte konventionellen linearen Schnitten gewidmet, bei denen reale Personen (bzw. sogenannte *Bewegungsträger*) zwischen den Einstellungen ausgetauscht werden. Der darauf wiederum aufbauende zweite Teil analysiert dann die zahlreichen in einem Spielfilm auftauchenden Blicke, aus denen - das Spektrum reicht vom einfachen Blick über die Blickinteraktion bis zu hochkomplizierten Kollisionsschnitten - die Mehrzahl der in einem Spielfilm vorkommenden Schnitte besteht. Obwohl der für die Analyse benötigte mathematische Apparat nicht kompliziert ist, benötigt man bei der Lektüre doch eine gewisse Konzentration, um die handwerklichen Nuancen all dieser Blickkonstrukte nachzuvollziehen.

Und der dritte Band widmet sich schließlich der Untersuchung beliebig komplizierter Schnittgefüge, bei denen Schnitte also innerhalb eines Gesamtverbunds beliebig vieler Einstellungen zur Geltung kommen. Waren Zwei-Einstellungs-Systeme noch relativ einfach mit Koordinaten-Transformationen zu erfassen, so musste für Viel-Einstellungs-Gefüge ein neuer Formalismus entwickelt werden, der sich an der Beschreibung von Vielteilchen-Systemen in der Physik orientiert. Denn etliche der in diesem Band erfassten Schnitt-Typen werden nur begreifbar, wenn man die Filmform als Ganzes schon einigermaßen im Griff hat oder sie, selbst wenn Hunderte von eigenwilligen Darstellern darin auftauchen und zeitweilig wieder verschwinden, zumindest zu formulieren versteht. Vom philosophischen Standpunkt ist dies eine ziemliche Herausforderung, zumal man dabei an die Grenzen dessen gehen muss, was normale Sprache in der Wirklichkeit überhaupt erfassen kann, insbesondere wenn es sich um miteinander verschränkte Zeit-Strukturen handelt, wie sie im Spielfilm nun einmal üblich geworden sind.

Dass sauberen Definitionen (die großteils sogar nur in Klassifikationen münden) dabei so ausgiebig Platz eingeräumt wird, mag manche überraschen. Aber in komplexem Terrain werden die Zusammenhänge in vielen Fällen bereits durch ein sauberes Herausarbeiten der Definitionen evident, während unklare Definitionen Verhältnisse so weitgehend verundeutlichen können, dass sie undurchdringbar werden. Oder anders herum: Nur wenn man die Zusammenhänge bereits weitgehend begriffen hat, ist man überhaupt in der Lage, vernünftige Definitionen zu etablieren. Dass darauf verzichtet wird, auf die im deutschen Filmwesen übliche Terminologie zu verweisen, hängt mit der Beschränktheit des dort vorhandenen Vokabulars zusammen, das sich mit z. T. sehr kruden und konfusen Definitionen zufrieden gibt. Zwar bietet die angelsächsische Literatur ein vielfältigeres Vokabular, dieses ist aber so stark von der historisch gewachsenen Praxis der Cutter-Arbeit bestimmt (von der Art etwa, wie man die Filmstreifen mechanisch zusammenfügte), dass die Phänomenologie der kausal logischen Bezüge dadurch eher verwischt wird.[16]

Die Grundentscheidung dieser Arbeit bestand daher nicht zuletzt darin, ob man diese, trotz ihrer Praxistauglichkeit, in logischer Hinsicht verschwommenen englischen Definitionen benutzt, um in verschachtelten Wortgebilden dann spezifische

---

16 Einen brauchbaren Einstieg zur Übertragung der hier entwickelten Neudefinitionen ins Englische bietet die vom Autor begleitete Übersetzung der ersten Fassung der Einführung: K. Wyborny, *Random Notes on the Conventional Narrative Film*, Afterimage 8, London 1981, translation by Philip Drummond, edited by Barrie Ellis-Jones with additional material by Elizabeth Reddish. - Darauf baut die am Ende von Band 3 (als Anhang 2) für eine Vorlesungsreihe am California Institute of the Arts, Los Angeles, angefertigte Liste mit Übertragungen der neu entwickelten Fachausdrücke auf, die auch deutschen Teilnehmern die qualifizierte Teilnahme an einem englischsprachigen Diskurs ermöglichen und den angerissenen Themen dabei zu mehr begrifflicher Kohärenz verhelfen soll. - T. F.

Relationen zu entwickeln, die immer wieder an erhebliche Einschränkungen ge-koppelt sind. Oder ob man Tabula rasa macht und zunächst relativ komplizierte Neudefinitionen entwickelt, mit denen sich - jedenfalls wenn man die Definitionen begriffen hat - gewisse Aussagen dann in klarer Form treffen lassen. Das Dilemma stellt sich ja in allen Gebieten, die nicht so ohne Weiteres überblickbar sind. In der Mathematik geht man selbstverständlich den zweiten Weg, weil Aussagen beweis-bar sein müssen und komplizierte Satzkonstruktionen stets linguistische Unwäg-barkeiten enthalten, die sich der strikten Beweisbarkeit entziehen. Dass ausufernde Klassifikationen nicht schaden können, wenn sich darin ein gut durchdachtes Sys-tem offenbart, hat uns nicht zuletzt Linné bewiesen, ohne dessen taxonomische Leistung die relativ einfach formulierbaren Hypothesen Darwins kaum möglich gewesen wären.[17]

Von auch für reine Praktiker oder sogar Laien einem gewissen Interesse dürf-ten dabei die ganz neu entstandenen Kapitel des dritten Bands *„Verbundenheit: Brük-ken und Wege"*, *„Kanonische Schnitte"*, sowie *„Gefüge und Geflechte"* sein, worin die in diesem Buch untersuchten Schnittformen dazu benutzt werden, einige Film-sequenzen Stück um Stück beispielhaft zu konstruieren. Dadurch erhält man so-wohl Anschauungsmaterial dafür, wie man als Regisseur Szenen auflöst und in ein Nacheinander verwandelt, als auch ein Gefühl für die narrative Topologie, die man aufzubauen hat, um seinen Filmen Zusammenhang zu verleihen. Wegen der Viel-falt der ineinander fassenden Neu-Definitionen, die dort endlich zur Anwendung kommen, ist dabei der den Schluß von Band 3 bildende Index der Kernbegriffe äu-ßerst nützlich, mit dem sich die Passagen finden lassen, in denen sie eingeführt und erläutert wurden. Dass dieser Index darüber hinaus nun ermöglicht, dieses Buch so-gar als Handbuch zum Nachschlagen zu benutzen, wenn man als Regisseur, Schau-spieler oder Kameramann beim Inszenieren gewissen Problemen begegnet, ist ein begrüßenswerter Nebeneffekt.

K.W. - Mannheim, 18. 2. 2012

---

17 Carl von Linné (1707-1778) schuf in mehreren Publikationen eine weitgehend noch benutzte Taxonomie in sowohl der Botanik als auch der Zoologie. Charles Darwins *On the origin of species by means of natural selection, or the preservation of favoured races in the struggle for life* (1859) gilt wiederum noch heute als unantastbare Bibel der Evolutionslehre.

ELEMENTARE SCHNITT-THEORIE DES SPIELFILMS

Band 1

EINFÜHRUNG

ZUM SCHNITT IM KONVENTIONELLEN SPIELFILM
(1974/1993/2011)

INHALT VON BAND 1 - EINFÜHRUNG

A. DIE WIRKLICHKEIT DES STARREN BLICKS

Ließe man in einem Zeitrafferprozess alle Spielfilme der Welt in ein paar Tagen an sich vorüberziehen, um das Gemeinsame zu entdecken[18], würde dreierlei sofort auffallen: Zunächst würde überraschen, wie erstaunlich gleich strukturiert die Filme einer jeweiligen filmgeschichtlichen Periode sind; dann, in welch umfassendem Maß Bilder mit Menschen dominieren; und drittens staunte man bei diesen wiederum darüber, in welchem Umfang gerichtete Blicke darin erscheinen.

Unabhängig von solchen Statistiken haben wir alle Vorstellungen von dem, was einen Film ausmacht. Gewiss gehören Großaufnahmen von Schauspielern dazu, die ein wenig an der Kamera vorbeiblicken. Solche Blicke sind nicht auf Film beschränkt, spätestens seit der Renaissance erschienen sie bereits in der Malerei, obwohl, nicht nur bei Christusbildern (oder der Mona Lisa), dort auch der frontale Blick keine Seltenheit ist. Seltsam am Filmschauspieler-Blick ist insofern weniger sein an-der-Kamera-Vorbeisehen, vielmehr ist es die Art, wie er gehalten wird. Am überzogensten stellt sich dies vielleicht im Blick Iwans des Schrecklichen[19] aus Eisensteins gleichnamigem Film dar, ein in die Leere der Unendlichkeit gerichtetes,

Abb. 1: Nikolai Tscherkassov als „Iwan der Schreckliche"

entschlossen grübelndes Starren, das für die Konfrontation einer Führerpersönlichkeit mit dem unendlichen Raum der Geschichte steht. So starr erscheint der Blick gern in Filmen, deren Menschenverständnis totalitär geprägt ist. In dem Iwans lässt sich der inszenierte Blick Stalins und ähnlicher Figuren erkennen. Er wirkt, als träte aus dem Auge etwas geradezu Materielles, ein Speer oder eine lange Stange, die zu einer Art Reck werden kann, woran die Untertanen sich orientieren und zu ihrem Vergnügen Klimmzüge und Aufschwünge üben, um für ihr Land eine möglichst große Zahl von Goldmedaillen zu erringen.
*

---

18 Anschaulich gemacht in *Elementare Filmgeschichte* und *Histoire du Cinéma* von K. Wyborny, 80 und 25 Min (Deutschland 1974 und 2005)

19 *Iwan der Schreckliche*, Teil 1 und 2, von Sergei Eisenstein (1898-1948), mit Nikolai Tscherkassov (UdSSR 1943 und 1946)

Diese Art göttlichen Blicks entstammt dem Theater, wo er den tragischen Mono-log begleitet. Entfernt mag man darin ein Echo der Masken entdecken, die Schau-spieler auf antiken Bühnen trugen, wenn sie ihre vom Chor unterbrochenen Texte deklamierten. Der Filmschauspieler-Blick ist dem des Bühnenschauspielers inso-fern verwandt. Während im Theater die Blickrichtung erst durch längeres Halten erkennbar wird, sollte dies beim Film, schon wegen der Möglichkeit der Großauf-nahme, eigentlich weniger nötig sein. Kinofreunden sind Theaterverfilmungen je-denfalls schwer anzudienen, statisch sich inszenierende Theaterschauspieler wirken im Film entsetzlich.

*

Auf der Bühne sind blickender Schauspieler und das von ihm Angeblickte meist gleichzeitig sichtbar. Beim Film werden sie dagegen häufig getrennt, indem man den Blickenden und das Erblickte nacheinander zeigt, wenn man sie also durch ei-nen ,Schnitt' verbindet. Vielleicht erfolgt diese Trennung, um uns, handelt es sich etwa um eine schöne Frau, die Illusion zu geben, sie als Zuschauer selbst ungestört anblicken zu können. Sind blickende Person und Angeblicktes nicht gleichzeitig sichtbar, müssen die räumlichen Verhältnisse zwischen ihnen indes geklärt werden. Dies bewerkstelligt der deutlich gehaltene Blick, der uns die Blickrichtung unmis-sverständlich klarmacht. Er ist verantwortlich für eine zweite Art Starrheit. Im Ver-gleich zum Theaterschauspieler ist der Blick des Filmschauspielers zugleich starrer und weniger starr.

*

Während nicht weiter erstaunt, dass Charaktere wie Stalin den Theaterschmieren-blick für sich vereinnahmen, wundert doch (in den uns begegnenden Filmen treffen wir ja nur wenige seines Schlags an), dass wir ähnliche Blicke entdecken, wenn im Kino gar nicht ins Leere gesehen wird. Der Grund liegt in dieser zweiten, eigent-lich nur die räumlichen Verhältnisse klärenden Starrheit, aufgrund derer Menschen in Filmen ganz triviale Gegenstände wie Bäume, Autos, Kühlschränke und vor al-lem: andere Menschen wohl nicht mit der gleichen Inbrunst anblicken wie Stalin die Ewigkeit, aber wir spüren davon doch eine gewisse Resonanz.

*

Das Menschenbild im Kino sieht daher leicht so aus, dass Menschen mit kaum sich bewegenden Augen Objekte, Landschaften und vor allem: *andere Menschen* betrach-ten. Dass sie ihnen lange in die Augen blicken und jedem Blick standhalten - tun sie es nicht, haben sie etwas zu verbergen. Denker starren gern ins Leere (genauer: auf einen vom Regisseur angegebenen fiktiven Punkt im Raum), ohne die Au-gen zu bewegen - denn dies soll ihre Denkfähigkeit demonstrieren. Als Zuschauer

scheinen wir uns nicht daran zu stören, dass solch Menschenbild in einer Wirklichkeit eigentlich absurd wirkt, worin Augäpfel (Blicksprünge sind die schnellsten Bewegungen, zu denen unsere Körper fähig ist) in nicht enden wollenden Sakkaden hin und her zucken, wenn etwas aufmerksam betrachtet wird. Wo Personen sich nur gelegentlich - tut man es unterbrechungslos länger als zwei drei Sekunden, wird es in unserem Kulturkreis als unangenehm empfunden - in die Augen blicken. Und nur im Traum daran denken, dem Blick von jemandem standzuhalten, den sie nicht mögen. Wo die Denktätigkeit derartig innig mit unkontrollierten Blicksprüngen verbunden zu sein scheint, dass vermutet wird, gerade dieses die-Augen-Bewegen wische die zum Denken notwendigen Speicher und Nervenzellen immer wieder von den Informationsresten vergangener Denkanstrengungen frei, um neues Denken zu ermöglichen. Aber nicht nur das Denken, auch das Erkennen, das Urteilen und das Erinnern schlagen sich in den Mustern der Augenbewegung nieder.
*

Richtig ist, dass viele Leute, die interviewt werden, bei ihren Antworten flink die Augen bewegen. Tun sie es nicht, ist von ihnen, besonders betrifft dies Politiker, die vorgefertigte Schablone zu erwarten. Wenn jemand, mit dem ich spreche, die Augen völlig stillhält, kann ich mit Grund vermuten, dass er mir kaum zuhört. Wenn ich Gesprächspartner mit komplizierten Fragen herausfordere, müssen sie ihren Blick sogar immer wieder seitlich abwenden. Sage ich ein Gedicht auf, kann ich meine Augen solange auf einen Punkt fixieren, wie ich den Text sicher erinnere. Muss ich bei der Fortsetzung überlegen, dann muss ich die Augen bewegen, manchmal unkontrolliert sogar Körperteile. Schauspieler, die ihren Text auswendig kennen, haben die Augenbewegung dagegen nicht nötig, sodass die ihre bewusst an Gegenständen, an Blumen etwa, an Aschenbechern, Schreibtischkanten entlangläuft. Peinlich wird dies, wenn sie bei gelerntem Text den Eindruck erwecken wollen, sie seien gerade dabei, ihn zu entwickeln. Die Augenbewegung denkender Person orientiert sich nämlich nicht an Gegenständlichkeit. Sie ist meist defokussiert. Wenn ich denke, kann ich nicht gleichzeitig scharf sehen. Blicke ich starr auf einen Punkt im Raum, verschwindet mein Blickfeld. Um sehen und wahrnehmen zu können, braucht man offenbar irgendeine Bewegung. Wird diese nicht von der Umwelt geliefert, muss ich sie durch Augenbewegen auf der Retina erzeugen. Personen, die ihre Augen im Film flink und wie in der Wirklichkeit bewegen, sind seltsamerweise aber häufig diejenigen, die etwas zu verbergen haben, die Kriminellen, die Neurotiker, die Verrückten. Das narrative Kino verwandelt die Denktätigkeit häufig in eine Eigenschaft halbkrimineller Anomalie.
*

Die erste Form der Starrheit ist im Film leicht zu überwinden. Als rein technische, dem Theater entstammende Beschränkung ist sie durch Spiel-Technik korrigierbar. Gute Schauspieler bewegen ihre Augen in Filmen mittlerweile daher oft mit lebensnaher Flinkheit und lassen sie erst starr werden, wenn der Regisseur sie auffordert, einen Blick zu *setzen*. Und der meist neurotische Persönlichkeiten verkörpernde Peter Lorre blickt im Gegensatz zu den erwähnten Verrückten wiederum mit dem Phlegma wirklicher Zombies.[20] Manche Regisseure wissen zwischen den beiden Formen der Starrheit jedoch nicht recht zu unterscheiden. Bei ihnen entsteht leicht eine seltsame Mischung von richtig und falsch, woraus man schwer nur sich einen Reim machen kann. Dass der Zusammenhalt ihrer Filme trotzdem funktioniert, mag daran liegen, dass wir auch in der Wirklichkeit die meisten Blicke schlicht ignorieren.

*

Dennoch ist uns allen klar, dass sich Menschen im Film anders bewegen als im wirklichen Leben, dass sie andere Haltungen zueinander einnehmen. Das verdichtet sich in einer unterbewusst uns allen gemeinsamen Vorstellung vom starren Blick. Dass ihn Regieanfänger oft gedankenlos überdeutlich reproduzieren, trägt noch mehr zu dieser seltsamen Mischung von richtig und falsch bei.

*

Manche Schauspieler (und Regisseure) wissen indes gut zwischen den beiden Arten der Starre zu unterscheiden, und so ist der Blick in vielen Filmen weniger starr, als unsere summierende Vorstellung vermuten lässt. Seit Mitte der vierziger Jahre demonstriert das amerikanische Kino einen durchaus vernünftigen Umgang mit Blicken. Deren Aufgabe ist indes auch immer, durch ein leicht verlängertes Halten eine Richtung in den Raum zu stellen, an der sich ein Gegenüber orientiert. Obschon anders beschaffen als der Blick zwischen wirklichen Menschen, ist er deutlich menschenähnlicher als der bühnenübliche. Insofern hätte sich dieser weichere Umgang mit dem starren Blick im Lauf der Jahre eigentlich verstärken müssen.

*

Das ist nur zum Teil geschehen. Vielleicht, weil die Starrheit auch Ausdruck einer dritten Blickqualität ist, die sich in schwächeren Arbeiten nur als Karikatur äußert und die wir in gelungeneren Filmen, obwohl vorhanden, leicht übersehen. Sie

---

20 Peter Lorre (1904-1964), deutscher Schauspieler, z. B. in „M" von Fritz Lang (Deutschland 1931), *The Maltese Falcon* oder *Beat the Devil* von John Huston (USA, 1941 und 1953), aber auch in seinem eigenen Film *Der Verlorene* (Deutschland 1951). Einen differenzierten Einblick in Lorres Schaffen vermittelt der Film *Das doppelte Gesicht* von Harun Farocki (Deutschland 1984)

hängt mit der Ökonomie der in einem Film verteilten Gesten zusammen, von denen wahrgenommene Blicke nur einen, allerdings wesentlichen, Teil bilden. Beim Inszenieren versucht man nämlich instinktiv, möglichst viel von dem zu eliminieren, was bezuglos zur Handlung ist. Wenn ein Schauspieler etwa durch ein Bild gehen soll, verlangt man als Regisseur von ihm gewöhnlich eine gewisse Geradlinigkeit, die in Gegensatz zu der seltsamen Ambiguität steht, mit welcher wirkliche Menschen oft ihrer Wege gehen. Deren Ambiguität ist einerseits nicht unbegründet, weil sich die Wirklichkeit ja jeden Moment in alle möglichen Richtungen entwickeln könnte und man darauf vorbereitet sein möchte. Zum anderen ist sie aber auch Ausdruck einer gewissen Freiheit, ist sie im philosophischen Sinn sogar Ausdruck unserer Menschlichkeit, die sich daran misst, in jedem Moment nicht nur entscheiden zu dürfen, was man im nächsten Augenblick tut, sondern man ist im Inneren überzeugt davon, dass man dies auch kann.

Im Film existiert diese Freiheit, existiert die Vielzahl dieser Möglichkeiten dagegen nur als gesetzte Geste: Das Drehbuch und der Regisseur sagen, wo es langgeht. Wird vom Schauspieler ein ambivalentes Zögern verlangt, drückt sich mit dieser Verzögerung eine Idee aus. Das verleiht dem Vorgeführten in der Summe eine zügig wirkende Funktionalität, die auch bei intelligenten Inszenierungen des Blicks leicht den Eindruck von Starrheit entstehen lässt. Der Blick des Schauspielers gehorcht dann mehr dem Bedürfnis nach bedeutungsvoller Inszenierung als eigener Logik. Selbst wenn es nicht direkt auffällt und uns das Geschehen vital und lebendig erscheint,[21] ist doch in allen Kinofilmen, im erhabensten Sinne und im schlechten, immer noch etwas von der verbohrten Starrheit der griechischen Tragödie enthalten, in der Masken das menschliche Antlitz ersetzten.
*

These:
Im Prinzip versucht das narrative Kino, die Interaktion von Personen möglichst als sichtbare Interaktion *starrer Körper* zu behandeln, mit, wenn man so will, wohldefiniertem *Impuls*, wohldefinierter *Bewegungsrichtung* und wohldefinierter *Gestalt*. Änderungen von Impuls, Bewegungsrichtung und Gestalt sollten möglichst wohldefinierte Gründe in wohldefinierten Interaktionen mit anderen wohldefinierten starren Körpern haben.
*

---

21 Wirkungsvoll dargestellt z. B. im Film *Die amerikanische Nacht* (La nuit américaine) von Francois Truffaut (1932-1984), mit Jean-Pierre Léaud und Jacqueline Bisset (Frankreich 1973), worin man an einer Stelle erst eine lebendig wirkende Massenszene an einem Metroeingang sieht, und dann das gleiche noch einmal mit Regieanweisungen, wobei die Lebendigkeit sonderbar zusammenbricht

Eine der Hauptaufgaben des narrativen Systems wäre insofern das Verbinden von (bei den Dreharbeiten in Wirklichkeit oft nicht direkt miteinander verbundenen) *Raumzeit-Segmenten*. Wobei Maßstab für das Gelingen solcher Verbindungen ist, dass im Bewusstsein des Zuschauers *Raumzeit-Gefüge* entstehen, welche auf den ersten Blick widerspruchsfrei erscheinen und dies im Rahmen des sich weiter entwickelnden Filmgeschehens auch bleiben. Dies betrifft vor allem die verallgemeinerten geografischen und zeitlichen *Koordinaten*, die man als Zuschauer den registrierten Raumzeit-Bausteinen beim Betrachten verleiht. Diese reflexhaft entstehenden Koordinaten dürfen sich nicht widersprechen. Als widersprüchlich begreifen wir z. B. den Aufenthalt desselben starren Körpers an verschiedenen Orten zur gleichen Zeit.[22]

*

Die *Raumzeit-Konstruktionen* des narrativen Systems verdanken ihre Stabilität im Wesentlichen einem einzigen Operationsprinzip, dem Austausch von *Bewegungsträgern* zwischen verschiedenen Raumzeit-Segmenten. Die Bewegungsträger sind meist vom Typ des starren Körpers, wobei unser Weltinteresse starre Körper vom Typ ‚Darsteller‘ dominieren lässt. Häufig werden Raumzeit-Verbindungen auch durch *virtuelle Bewegungsträger* erzeugt, die wir uns von den gerade erörterten starren Blicken ausgesandt vorstellen können. Im narrativen System bildet der starre Blick eine gut aufeinander abgestimmte Einheit mit dem zum starren Körper degenerierten Träger der Bewegung, dem Darsteller vom starren Typ.

*

Basis dieser Konstruktion ist eine kaum hinterfragte, unverrückbare Identität zwischen dem Bild und dem, was es abbildet. Das Bild eines Raums wird vom Zuschauer als identisch mit dem Raum begriffen, der abgebildet wird. Das Bild, das einen Raum repräsentiert, *ist* dieser Raum. Dabei werden Maßstabsverzerrungen der Abbildung ähnlich großzügig übersehen wie erhebliche Verzerrungen im Bereich der Farbverteilung bis hin zur überraschenden Pointe der Identifikation von Schwarz-Weiß-Film mit besonders ausgeprägtem Realismus.

*

---

22 Das gilt natürlich auch für den umgekehrten Fall, wenn sich also zwei starre Körper zur gleichen Zeit am exakt gleichen Ort befinden, was wir a priori für unmöglich halten. 1925 wies Wolfgang Pauli (1900-1958) jedoch nach, dass dieses Verbotsprinzip nur für sogenannte *Fermionen* gilt, Teilchen mit halbzahligem Spin, aus denen, das versöhnt die Quantentheorie mit dem gesunden Menschenverstand, die Materie „Gott" sei Dank nun einmal zusammengesetzt ist. Im Gegensatz dazu können sich von den sogenannten *Bosonen*, zu denen auch die Lichtteilchen - die *Photonen* - gehören, durchaus etliche zum selben Zeitpunkt am gleichen Ort aufhalten. .

Andere Abbildungsirritationen werden weniger leicht akzeptiert. Als Beispiel möge die ständige Nutzung eines Rotfilters dienen. Bräunlich eingefärbtes Schwarz-Weiß-Material gilt indes oft als Dokument aus vergangener Zeit, vermutlich weil bräunliche Viragierung einst Teil des chemischen Produktionsprozesses waren. Doch wer weiß das schon? Wie entstehen solche Interpretationen? Abbildungsfehler wie extreme Überbelichtung oder Weitwinkelverzerrung scheinen die Einheit von Abbildung und Abgebildeten wiederum derart zu gefährden, dass das narrative System sie bevorzugt im Bereich psychotischer und halbkrimineller Anomalie ansiedelt. Stark unterbelichtete Bilder versehen wir dagegen gern mit der Zeitkoordinate ‚Nacht‘, selbst wenn näheres Hinsehen diese Interpretation als reichlich verwegen erscheinen lässt. Aber irgendwie sehen wir nicht immer so genau hin.
*

Das Zufällige daran legt nahe, dass es sich hier um Konventionen handelt und dass es beim narrativen System im Wesentlichen um eine Versammlung von Verabredungen und Tricks geht, auf die wir als Betrachter nach längerer Dressur mit pawlowscher Sicherheit reagieren. Daran mag einiges richtig sein. Übersehen wird dabei, dass Abbildungsfehler im narrativen System einen Randbereich bilden. Mit dem Rückgrat des Systems, als welches wir das Verständnis der Raumzeit-Konstruktionen begreifen lernen werden, haben sie nur marginal zu tun. Daher können Annäherungen an Film, bei denen man die Ebene der Abbildungsdeformationen kaum verlässt, nicht zu einem Verständnis des narrativen Prinzips vordringen.
*

Basis des narrativen Systems ist die Erzeugung einer Identität von Abbildung und Abgebildetem.
*

Das systematische Nichtbeachten der Fragwürdigkeit einer solchen Identität führt zu einem eigenartigen Realitätsverständnis im Umfeld narrativer Filme. Als besonders ‚realistisch‘ empfinden wir Filme, die eindeutige Raumzeit-Konstruktionen ermöglichen, ohne dass man ihnen das Synthetische ihres Herstellungsprozesses auf den ersten Blick ansieht. Gerade Filme aber, die diese Eindeutigkeit erzeugen, sind in hohem Grade synthetisch, und das müssen sie sein. Sie verlangen zum Beispiel den zeitweise starren Blick.
*

Muss man eine Gesellschaft, deren Abbildungsverständnis Abbildungen mit Wirklichkeit verwechseln möchte, obwohl zahlreiche Indizien gegen die Möglichkeit solcher Verwechslung sprechen, als schizophren bezeichnen? Fraglos kann

man so argumentieren. Denn wie soll der Einzelne darin Wirklichkeit begreifen, wenn er ihrer systematischen Deformation ebensolche (vielleicht sogar größere) Wirklichkeit zubilligt? Was geschieht, wenn man Wirklichkeit nach dem Maßstab der deformierten Wirklichkeit zu bewerten beginnt? Wie soll jemand mit anderen Menschen interagieren, wenn sein Wirklichkeitsverständnis von der Wirklichkeit des starren Blicks geprägt ist? Als was[23] und wie deutlich nimmt man in solcher Gesellschaft seine Mitmenschen wahr? Als was und wie deutlich nimmt man überhaupt seine Mitmenschen wahr?
*

Solche Argumentation, deren Ziel die Verbesserung sozialer Zusammenhänge sein könnte, übersieht indes leicht, dass bislang noch jede Gesellschaft einen gemeingefährlichen Kampfverband darstellte - für die Personen wenigstens, die ihr nicht angehören. Und es ist sehr die Frage, ob dies durch das narrative System notwendig verschärft wird. Vielleicht ist sogar das Gegenteil der Fall. Die amerikanische Gesellschaft, in ihr wurzelt das Kino schließlich am stärksten, kann mit einigem Recht als eine der wenigen gelten, die es mit demokratischer Toleranz auch gegenüber erheblichen Minderheiten ernst meinen. Sollte das narrative System Deformationen im Bewusstsein von uns Rezipienten auslösen, scheinen freie Gesellschaften doch Gegenkräfte zu beherbergen, die dies auszugleichen vermögen und dies auch wollen. Eine Beschreibung des narrativen Systems sollte sich daher nicht vom Moralisieren, so naheliegend es sein mag, leiten lassen, sondern, das ist freilich leichter gesagt als getan, sich mit einer möglichst nüchternen Aufnahme dessen begnügen, was es ist.

***

---

23 Als Beispiel solch eingeschränkter Wahrnehmungsfähigkeit mag die im Vorwort skizzierte Begegnung mit Professor Jordan dienen: Sein professoraler Tafel-Auftritt war derart *kinoungemäß*, dass ich meinte, ihn dort einordnen zu müssen, wo fahrige Charaktere seines Typs im Kino sich aufzuhalten pflegen, bei den irrelevanten Psychotikern, weshalb ich seinerzeit keinen Zugang zu seiner kreativen Intelligenz fand.

B. NORMALISIERUNG ZUR REPRÄSENTATIVEN EINSTELLUNG

Der Wunsch nach dem Herstellen einer Identität von Abbildung und Abgebildeten schränkt das technisch und künstlerisch Mögliche bei Filmaufnahmen ein. Als wir die Beschränkungen auf Normalobjektive, richtige Belichtung oder plausibles Farbgleichgewicht ansprachen, entdeckten wir allerdings, dass, z. B. im Fall der Unterbelichtung, auch erhebliche Abweichungen Platz im narrativen System finden. Bei anderen Abbildungsfehlern funktioniert dies nicht. Dann entstehen zwar immer noch Bilder, sie passen jedoch nicht mehr in das System. Wohl wollen auch sie etwas erzählen, aber ihnen fehlt eine bestimmte Qualität. Sie wirken nicht mehr im eigentlichen Sinne narrativ, sie sind nicht präzise genug für Erzählung. In Ermangelung eines genaueren Begriffs bezeichnen wir diese eingeschränkte Wirkung provisorisch als ‚bloß atmosphärisch'. Zum Beispiel wirken Mehrfachbelichtungen und zusammengesetzte Bilder nur narrativ, wenn der Charakter ihrer Zusammensetzung durch Spezialeffekte verschleiert wird. Werden sie als zusammengesetzte Bilder erkennbar, wirken sie ‚bloß atmosphärisch'. Kurze Überblendungen zwischen aufeinanderfolgenden Einstellungen werden dagegen mühelos Teil der Erzählung, sie deuten einen sanfteren Zeitübergang an, als er durch die üblichen harten Schnitte erreichbar ist. Trivial scheint die Forderung nach maximaler Bildschärfe, andererseits staunt man bei Dreharbeiten immer wieder, wie häufig sich Kameramann und Regisseur darüber streiten, welche Bildbereiche scharf sein müssen. Instabile Lichtverhältnisse gefährden jedenfalls die Identifizierung des Bildraums mit einem wirklichen, auch darum wird bei Spielfilmen viel Arbeit in die Ausleuchtung investiert. Trotzdem ist auch hier wiederum fast alles möglich, wenn man es durch explizites Zeigen variabler oder sich bewegender Lichtquellen begründet. Die Forderung nach Gleichheit von Bildzeit und abgebildeter Zeit führte zu einander gleichen Aufnahme- und Wiedergabe-Geschwindigkeiten. Dabei hat sich der seit der Einführung des Tonfilms etablierte Kinostandard von 24 Bildern pro Sekunde durch das Fernsehen auf 25 Bilder pro Sekunde verschoben. Abweichungen dieser Größenordnung werden freilich nur bei Musikdarbietungen und von Zuschauern mit feinem Gehör bemerkt.

*

Die wohl entscheidendste Beschränkung besteht aber im Benutzen der Stativkamera. Die Identifikation von Abbildung und Abgebildetem lässt für außerhalb des Abbildungsraums sich aufhaltende Personen, die die Abbildung erst in Gang setzen, gewöhnlich keinen Platz. Stattdessen wird angenommen, die Abbildung werde von einer objektiv existierenden *anonymen Maschinerie* produziert. Der

Kameramann bleibt unsichtbar. Viele Schwenks oder Fahrten finden statt, weil sie durch im abgebildeten Raum beobachtbare Bewegungen motiviert werden. Andere wiederum geben einem den Eindruck, man sei als Zuschauer der Liebe Gott, der sich das Geschehen aus jeder Perspektive anschauen darf. Fast nie aber, außer er tritt selbst als Darsteller auf, denkt man dabei an einen diese Perspektivwechsel verursachenden realen Kameramann. Versuche mit hyperaktiven Handkameras betonen die Zweifelhaftigkeit der Identifikation von Bild und Abgebildetem. Sie werden, sind sie nicht in ein solideres System eingebaut, nur von gutartigem Publikum als narrativ begriffen. Denn Einstellungen von Handkameras erhalten von uns zwar das Attribut ‚besonders dokumentarisch‘, wirken aber bei längerem Einsatz leicht ‚bloß atmosphärisch‘. Nach einiger Zeit wird das Bild nicht mehr mit dem Abgebildeten identifiziert, sondern als Arbeitsprodukt eines Kameramanns gesehen. Dabei gibt es gewisse, möglicherweise stark erweiterbare Toleranzen, wenn etwa die Hand des Kameramanns ruhig genug wirkt, um vom Zuschauer bei dramatischen Geschehnissen übersehen zu werden.[24]

*

Man kann sich der Identität von Bild und Abgebildetem durch den Begriff der repräsentativen Einstellung nähern. Als solche bezeichnen wir Einstellungen, die so normalisiert sind, dass sie klar definierte objektive Räume repräsentieren und für uns Zuschauer auf gewisse Weise mit ihnen identisch werden. Repräsentative Einstellungen sind also solche, bei denen eine einfache Identifizierung des Abbilds mit dem Abgebildeten unproblematisch erscheint, wobei es Ziel der Normalisierung ist, genau dies zu ermöglichen.

*

In diesem Zusammenhang lohnt eine Bemerkung über Kamerafahrten, die nicht durch Darstellerbewegungen motiviert sind, in denen einem also der Raum, den wir sonst im Film wegen des Schnitts nur häppchenweise zu sehen bekommen, auf einmal in ungeteilter Großartigkeit begegnet. Gelegentlich fühlt man sich bei solch unmotivierten langsamen Kamera- und Kranbewegungen in einer mit Staunen wahrgenommenen Wirklichkeit, deren Erhabenheit ganz in die Nähe einer eigenen Traumvorstellung richtigen filmischen Erzählens gelangt. Man bekommt dabei ein derart eindeutiges Gefühl für die Großartigkeit des Gezeigten, dass man sich wundert, warum es überhaupt etwas anderes im Kino gibt. Dies Gefühl scheint indes nicht lange zu halten, denn Kinofilme greifen nach solchen Fahrten schnell wieder aufs Stativ zurück, und das wohl nicht, weil die Stativnutzung billiger ist als

---

24 Gut überprüfbar in *Breaking the Waves* von Lars von Trier, mit Emily Watson und Stellan Skarsgard (Dänemark 1996), von dem es heißt, er sei ganz mit Handkameras gedreht.

die von Dollys oder Kränen. Dass diese Fahrten bei uns Wahrnehmenden etwas Tiefes ansprechen, erkennt man am Bedürfnis vieler Regieanfänger, immer wenn sie nicht weiter wissen, Schienen legen zu lassen, um darauf in einer Fahrt den Anschluss an die tieferen Inspirationsmöglichkeiten der Filmkunst wiederzugewinnen. Da haben wir es dann mit der Trivialform dessen zu tun, was die Kritik in einer Verkennung der tatsächlichen Verhältnisse beim Spielfilm gern als das ‚besonders Filmische' bezeichnet.
*

Ich weiß nicht, wieso das an die unaufhaltsam vorwärtsdrängend nach Auflösung irgendwann schreienden verminderten Septakkorde des frühen Wagner erinnert, welche ja bei vielen Musik-Empfindern als Quintessenz des Musikalischen gelten. Vielleicht ist es das Gefühl für die dabei auf geheimnisvoll flüssige Art sich erschließende scheinbare Unendlichkeit, das da so beseligend wirkt und, gerade weil man nicht wirklich zu einem Ziel kommt, fast erlösend. Das hebt sie deutlich von allem anderen auf der Welt ab, das in der Regel einem qualvoll unruhigen Willen unterworfen ist. Geradezu unwiderstehlich gerät jedenfalls die Filmkunst, wenn raumöffnende Kamera- und Kranfahrten sich zum Funkeln immer neuer Tristan-Akkorde mit den ins Leere gleitenden Emotionen professioneller Wagner-Adepten paaren.
*

Das Stativbild hat nicht diese vorwärtsdrängende Unwiderstehlichkeit. Es schenkt uns vor allem das Gefühl, die abgebildete Welt ähnele der wirklichen insofern, als sie auch ohne Beobachter existieren könnte, einfach weil sie vorhanden ist. Das Menschenunabhängige des Abbildungsprozesses auf so einem Stativ, also das Anonyme daran, stützt dieses einfache Vorhanden-Sein. Kein Mensch wundert sich, wenn im Kino abgebildet wird, was eigentlich niemand sehen kann. Man betrachtet es, als sei *der Raum selbst Zeuge*. Eigentlich, und es lohnt, sich das gründlich klar zu machen, ist eine Person, die allein ist, prinzipiell unbeobachtbar.
*

Und es stimmt: Man würde sich sehr wundern, wenn die objektive Welt um einen herum plötzlich zu wackeln begänne, weil der göttliche Kameramann, dem wir unser Wahrnehmen der Welt verdanken, angesichts dessen, was er da angerichtet hat, plötzlich ins Zittern käme. In Wirklichkeit wackelt die Welt natürlich auf eine Weise, dass sie, wären unsere Stabilitätsvorstellungen korrekt, aus den Fugen krachen müsste. Seit der kopernikanischen Wende ignorieren wir das jedoch höflich, als ginge es uns nichts mehr an, als sei es jetzt eine Angelegenheit der Sonne. Und wir bemerken es ja auch nicht. Schon weil unser Hirn unser Wahrnehmen permanent auf radikale Weise reduziert.

*

Da andererseits inzwischen begreifbar wird, dass die Sonne selbst nur hilflos in ihrer Galaxis herumtaumelt, die ihrerseits so unbeschreibbaren Bewegungen unterworfen ist, dass der Begriff Koordinatensystem nur noch als Witz benutzbar bleibt, kann man auch ruhig wieder zur Erde (die wir, wie es aussieht, und das ist vielleicht die bitterste Erkenntnis unseres Jahrhunderts, ohnehin nicht werden verlassen können) als dem Zentrum der Welt zurückkehren.

Und weiter noch, bis weit vor Kopernikus, zurück zum Individuum, das die Welt wahrnimmt und sie, wie der Heilige Augustinus, seinen Interpretationen unterwirft. Dort, im Individuum, befindet sich das einzige Koordinatensystem, das wir letztlich wirklich noch akzeptieren. Der Raum, der große Raum, dem unsere Kultur so lange verpflichtet war (und unsere Vorliebe für lange Kamerafahrten ist davon womöglich ein letzter Ausdruck), ist nur noch eine unseren Anstrengungen Hohn sprechende Schimäre.

*

Jedenfalls wackelt die Welt, wenn man mit einem Stativ auf einem Segelboot bei Seegang dreht, so stark, dass nur eine ausbalancierende Handkamera Stabilität erzeugen kann. Es geht also bei der repräsentativen Einstellung nicht um das Stativ, es geht um den Anschein von objektiver Stabilität. In Filmstudios wird übrigens bei Marine-Aufnahmen oft eine andere Lösung vorgezogen: Aus alter Gewohnheit bleibt die Kamera auf dem Stativ, und vor ihr wird das Boot per Hand zum Wakkeln gebracht.[25]

*

Das konventionelle Kino bekommt Probleme bei der Aufgabe der Stativkamera, die seinen Aufstieg ermöglichte, denn die ersten Filmkameras konnten ja nur als Stativkameras benutzt werden. Und zwar nicht nur wegen ihrer Schwere, zu Beginn des Kinos gab es keine Möglichkeit, das Bild zu beobachten, während die Kamera lief. Es musste daher vor Aufnahmebeginn fest eingestellt werden, oder man schwenkte spekulierend ins Ungefähr. Beliebt waren daher Eisenbahnbahnfahrten, bei denen Stativ und Bewegung sich ja nicht widersprechen.[26]

---

25 z. B. in *Captain Horatio Hornblower* von Raoul Walsh (1887-1981), mit Gregory Peck und Virginia Mayo (USA / Großbritannien 1951)

26 In der Paper Print Collection der Library of Congress findet sich - allesamt nun von der Website der Library kostenfrei herunterladbar - eine erstaunliche Anzahl früher Kamerafahrten auf für den

Hand in Hand mit dem Ruf nach der Stativkamera geht die Forderung nach *Horizontalität* des abgebildeten Horizonts. Abweichungen davon müssen stark inhaltlich motiviert sein, um nicht als Willkürakt eines höchst realen Kameramanns interpretiert zu werden. Dessen Anwesenheit arbeitet, wie wir inzwischen begriffen, tendenziell gegen das Identifikationsprinzip.

*

Die Horizontalität des Horizonts erzeugt auch in horizontlosen Räumen eine vertikale Orientierung der Vertikalen. Die Vertikale ist die bestimmende Struktur des narrativen Bilds. Während erdoberflächenparallele Strukturen durch die Wahl des Bildwinkels perspektivisch verzeichnet und oft zu fluchtenden Diagonalen werden, bleiben die kürzeren Vertikalen relativ stabil. Konfusion entsteht nur bei direkten Blicken nach oben oder unten, weil dann auch manche Vertikalen diagonal im Bild liegen. Die Dominanz der Vertikalen ist vermutlich auch verantwortlich für die Wahl des Filmformats. In breiten Formaten lassen sich die Vertikalen (und dazu gehören auch Schauspieler) leichter zur Bildung von Unterausschnitten nutzen und ermöglichen so eine abwechslungsreichere Bildgestaltung als Hochformate.

*

Stanley Kubrick hat in „*2001*" vielleicht als bisher Einziger diese Gedanken zu Ende gedacht. Entstanden unter dem Elan der unmittelbar bevorstehenden realen Mondlandung, versuchte er eine Ästhetik zu entwickeln, worin die Horizontalität der Horizontlinie kein Axiom mehr ist. Im Weltraum gibt es ja keinen Horizont und darum auch keine ausgezeichneten Vertikalen. So beeindruckend dieser Film ist, fand er doch keine Nachfolger. Als lebten wir noch immer in der Renaissance, wo es eine letztendlich überschaubare Welt zu erobern gilt, träumen die späteren Weltraumopern weiter vom Raum, ohne seine brutale Unendlichkeit, seine, fast ist man versucht zu sagen: *gottlose* Richtungslosigkeit wahrzunehmen. Piloten sitzen in ihren Kabinen wie in Flugzeugen, während die Sterne, als seien es wenige Kilometer entfernte Wolken, horizontal an ihnen vorbeigleiten und sich die Besatzungen in U-Boot-artigen Verschlägen an Tischen versammeln, um bei solidem Kantinenessen ihre täglichen Probleme zu beschnattern, die sich von unseren kaum unterscheiden. Aber nur so lässt sich das narrative System im Weltraum offenbar

---

öffentlichen Verkehr verlegten Schienen. Etliche bleiben beeindruckend. Etwa *Mount Taw R.R. 3* vom 15.3.1898, *Brooklyn-Bridge 2* vom 22.9.1899, *Panorama of Niagara Gorge Railway* vom 26.5.1900 (alle Edison); *N. Y. Subway 14th St. to 42nd Street*, Mutoscope 5.6.1905 (mit künstlicher Beleuchtung!); spektakuläres Dokument von unschätzbarem Rang ist *A Trip down Market Street before the Fire*, eine 10-Minuten- Trolleyfahrt durch das San Francisco von 1905; verwandt ist *Scene from the Elevator Ascending Eiffel Tower*, Edison 9.8.1900

retten, nur so lässt sich Spannung erzeugen. Selbst „*2001*" benötigte außerirdische Intelligenz[27], um uns als Zuschauer bei Laune zu halten.

*

Gemessen an der Stringenz der Stativkameranutzung und ihren Konsequenzen wirken andere Bedingungen, die eine Identifizierung des Bilds mit dem Abgebildeten erleichtern, wie zufällig zusammengelesen. Man könnte erwähnen, dass man Aufnahmen von extrem kleinen Objekten oder Mikroskop-Aufnahmen im narrativen Kontext gut vorbereiten muss. Oder dass es fast nie Platz für Einstellungen gibt, deren räumliche Verhältnisse so unklar sind, dass wir sie nur wie abstrakte Bilder lesen können. Oder dass nicht nur Schwenks, sondern auch Schärfe-Fahrten durch einen Vorgang motiviert sein müssen. Unter speziellen Umständen und mit der nötigen Erläuterung findet sich indes für fast jedes Bild im narrativen System ein Örtchen. Dagegen scheint nur eine äußerst kleine Untermenge der theoretisch möglichen Bilder ohne Erläuterung Platz zu finden. Die meisten müssen ‚*normalisiert*' werden, bevor sie benutzbar sind. Die Strategien, die hinter diesem Prozess stehen, bezeichnen wir deshalb pauschal als *Normalisierung*.

*

Man muss sich klar machen, dass diese Normalisierung nicht notwendig mit der getreuen Wiedergabe des Abgebildeten einhergeht. Spielt ein Geschehen bei minimalster Beleuchtung in einer finsteren Höhle, so erwarten wir von einer normalisierten Totale dennoch, dass uns die Räumlichkeit, zumindest als Schemen, so klar vor Augen geführt wird, dass wir uns als Zuschauer darin zu orientieren wissen. Das gilt auch für das Mienenspiel der Darsteller, von dem wir erwarten, dass man es uns auch in extremlichtigen Situationen in seinen Nuancen offenbart, selbst wenn die verfügbaren Lichtquellen das nicht hergeben. Dadurch wird die Aufhellung zu einer der wichtigsten Funktionen der Beleuchtung und ihr Stil zu einem entscheidenden Charakteristikum von mitunter sogar Filmgenres, wie etwa der ‚Schwarzen Serie', wo das sogenannte ‚*Low-Key*'-Licht ganz andere atmosphärische Qualität hat als die Aufhellungs-Verfahren der dreißiger Jahre.

*

Weichen Bilder zu stark von diesen Normalisierungen ab, wirken sie *bloß noch atmosphärisch*. Viele dieser Abweichungen haben, wie bereits erwähnt, im narrativen Kontext eine auffällige Tendenz zum Bereich des Irrealen, Psychotischen und Halbkriminellen (oder den zerklüfteten Wahrnehmungsuniversen der Drogen).

---

27 Stanley Kubrick (1928-1999) "*2001: A Space Odyssee*", mit Keir Dullea, Gary Lockwood und William Sylvester (England 1968)

Die Halbkriminellen und Psychopathen sind eben diejenigen, für welche die Welt nicht mehr in Ordnung ist. Und im narrativen Kino heißt dies, dass das Postulat von der unverrückbaren Identität von Bild und Abgebildeten erschüttert ist.

*

Wir begreifen die repräsentative Einstellung als Grundzelle des narrativen Systems. Dieses besteht aber aus mehr als der Aneinanderreihung solcher repräsentativer Einstellungen. Und genau dieses Mehr, das über bloßes Aneinanderreihen hinausgeht, wollen wir als eigentliche narrative Struktur bezeichnen, wobei wir die Voraussetzungen für ihr Zustandekommen im Folgenden untersuchen werden.

*

Auch nichtnarrative Systeme wie der Dokumentarfilm benutzen repräsentative Einstellungen. Wird ihre Aufeinanderfolge nicht narrativ strukturiert, wirken sie indes leicht zusammenhangslos und können nur noch von einem rigiden Kommentar zusammengehalten werden, den sie dann atmosphärisch begleiten.[28] Das gilt z. B. für Nachrichtensendungen mit eingespieltem Bildmaterial. Ist der Kommentar kräftig genug, stört auch die Handkamera nicht.

*

Repräsentative Einstellungen verlangen eine gewisse Mindestlänge, damit wir erkennen (und vermutlich auch *benennen*) können, was auf den Bildern repräsentiert werden soll. Diese Mindestlänge liegt, je nach Motiv, zwischen einer und fünf Sekunden. Kürzere Einstellungen wirken nur atmosphärisch.

*

Das Gesichtsfeld, das ein fiktiver Beobachter von einem Geschehen hat, weist, entgegen einer oft geäußerten Meinung, kaum Ähnlichkeit mit dem Bildfeld einer repräsentativen Einstellung auf. Tatsächlich hat nur die Art, wie wir als Kinozuschauer ein Bild auf der Leinwand betrachten (mathematisch ließe sich sagen: in Form eines *statistisch* organisierten, über eine gewisse Zeit laufenden, nie ganz vollständigen *Integrals*, für das winzige Unterausschnitte zusammengefügt werden und so das ‚Gesamtbild‘ ergeben), eine gewisse Ähnlichkeit mit der Art, wie wir das abgebildete Ereignis in der Wirklichkeit betrachten würden (wenn uns keiner dabei beobachtete).

*

---

28 Überzeugend dargestellt in z. B. *Sans Soleil* von Chris Marker (Frankreich 1983) oder *Lost Lost Lost* von Jonas Mekas (USA 1976)

Das Auge sieht anders als eine Kamera. Bilder, die ein Kameraschwenk liefert, sind grundverschieden vom sich in ruckartigen Sakkaden ändernden Blickfeld einer Person, die den Kopf zur Seite dreht, um etwas am Rand ihrer Wahrnehmung besser sehen zu können. Ab und an gibt es in narrativen Filmen eine scheinbare Identität von Kamera- und sich veränderndem Beobachterstandpunkt, die als *subjektive Kamera* bezeichnet wird. Diese Identität ist künstlich und existiert nur als summierende Konvention.

*

Im narrativen System benutzte Einstellungen bedürfen keiner Motivation durch Betrachter. Die für mögliche Beobachter unzulänglichsten Kamerastandpunkte (etwa der Blick aus dem Inneren eines Safes auf eine Person, die voller Geldgier hineinschaut) schließen den repräsentativen Charakter einer Einstellung nicht aus, im Gegenteil, häufig ermöglichen sie ihn erst.

*

Es ist nicht leicht, sich dem Eindruck zu entziehen, dass die fortwährende Anwendung dieser Normalisierungsprinzipien das Bildmaterial narrativer Filme so erschöpft haben könnte, dass es schwer nur noch in der Lage ist, Inhalte originell und zeitgerecht zu tragen. Dies bildet im modernen narrativen Film fraglos einen äußerst kritischen Punkt. Man beobachtet daher gehäuft Versuche, nichtrepräsentative Bildsysteme in narrative Zusammenhänge zu integrieren.[29] Bislang wurden solche Bilder in nennenswertem Ausmaß nur im Avantgardefilm benutzt. Und, in ihrer plattesten atmosphärischen Form (und geradezu als Karikatur), natürlich in Werbespots oder Videoclips. Da solche Integrationsbemühungen das narrative Korsett weiterhin akzeptieren, begegnen wir, weil sich das formal vom Normativen Abweichende oft an psychologisch abnorme Personen koppelt, in den interessanteren neueren Filmen immer häufiger einer seltsamen Kategorie von Kino-Psychopathen. Die mit wirklichen Psychopathen - und das sage ich mit gewissem Bedauern, denn die Abbildung sogenannten psychopathischen Verhaltens ist eine der interessanteren Möglichkeiten des Films - leider absolut nichts gemein haben.

***

---

29 Als Klassiker mag *Easy Rider* von Dennis Hopper (1936-2010) gelten, mit Peter Fonda und Dennis Hopper (USA 1969)

C. VON DER SPEKULATIVEN FORTSETZUNG ZUR MÖGLICHEN NACHBARSCHAFT

Werden Teile einer repräsentativen Einstellung abgedeckt, geht ihr repräsentativer Charakter nicht notwendig verloren. Der Zuschauer rekonstruiert aus dem Vorhandenen einen Großteil der abgedeckten Bestandteile. Jeder narrative Film trainiert dazu, denn jeder Darsteller verdeckt einen Teil des ihn enthaltenden Raums. Bewegt er sich, gibt er den verdeckten Teil wieder preis. In jedem Film machen wir die Erfahrung der *Fortsetzung eines Bilds nach innen.*[30]

*

Ebenso kommt es zur Fortsetzung einer repräsentativen Einstellung *nach außen*. Evident ist dabei eine relativ abgesicherte Raumerweiterung, die sich aus der Fortsetzung architektonischer und perspektivischer Linien, von Vegetationsstrukturen und Ähnlichem, sowie aus der Beobachtung das Bild verlassender Bewegungsträger, z. B. Autos, ergibt. Darüber hinaus gibt es eine *spekulative Fortsetzung nach außen*, die den Bildausschnitt als Teil eines Ganzen begreift und aus dem angebotenen Ausschnitt eine geografische und soziale Umgebung konstruiert. Das Bild einer bäuerlichen Stube evoziert sofort eine bäuerliche Umgebung von beträchtlicher Ausdehnung, mit z. B. größeren Städten am Rand, eine Reihe sozialer Strukturen usw.

*

Die Existenz dieser reflexartig entstehenden spekulativen Fortsetzung nach außen ist die Voraussetzung für die verschiedenen Schnittmodelle, mit denen *disjunkte*, das heißt im Bildfeld nicht überlappende, Einstellungen im narrativen Raum verbunden werden. Diese Verbindungen schärfen ihrerseits das Bewusstsein von der spekulativen Fortsetzung nach außen.

*

---

30 Man kann diese „*Fortsetzung nach innen*" als Teil des allgemeinen menschlichen Wahrnehmungsprozesses begreifen, wie ihn etwa Edmund Husserl dargestellt hat. In seiner Vorlesung „*Grundprobleme der Logik*" aus dem Jahr 1925/26 (*Husserliana* Band XI) legt er ausführlich dar, wie die perspektivische Abschattung der Gegenstände in unserem Bewusstsein stets eine allgemeine Vorstellung ihrer Ganzheit evoziert, obwohl wir prinzipiell nur Teile davon zu sehen vermögen. Dass Husserl in seiner phänomenologischen Sicht der Welt durch den Aufstieg des Kinos und die Möglichkeiten des Filmschnitts bestärkt wurde, mag als Spekulation gelten. Es ist jedoch kaum Zufall, dass seine ersten, aus dem Jahr 1911 stammenden Formulierungen (wie das derzeitige filmisch-narrative System) noch etwas konfus Tastendes hatten, das erst in seinen Arbeiten aus den zwanziger Jahren zwanglos verständlich wird.

Ein isolierter Film ist in einer Umgebung, die keine narrativen Filme kennt, kaum begreifbar. Unerlässlich für das adäquate Verstehen des narrativen Systems ist die kontinuierliche Konfrontation mit seinen Produkten. Das narrative Kino ist prinzipiell seriell. Sein System konstituiert sich durch das kontinuierliche Sehen vieler Filme, die den gleichen Gesetzmäßigkeiten gehorchen. Diese haben meistens eine gewisse Plausibilität, gelegentlich basieren sie aber auch bloß auf zufällig gewählten Konventionen, die erlernt werden müssen. Als *Das Narrative* begreifen wir dies allen narrativen Filmen Gemeinsame. Narrativ wiederum sind die Filme, die wir in Kinos sehen können. Wobei wir mit Kinos nicht solche meinen, die sich einem wie immer gearteten Filmkunstbegriff verschrieben haben, sondern die gewöhnlichen Kinos, die Kinos der, wie Kracauer[31] einst sagte, *„kleinen Ladenmädchen"*. Dass auch in Filmkunstkinos durchweg narrative Filme laufen, macht vielleicht klar, von wie feiner Art die strukturellen Unterschiede zwischen dem Kino der kleinen Ladenmädchen und dem der ein wenig Anspruchsvolleren, zu denen Kracauer wohl auch sich selbst zählte, eigentlich sind.

*

Während sich die direkte Fortsetzung einer Einstellung am Bildrand orientiert, ist die spekulative Fortsetzung nach außen das Resultat einer Einschätzung der räumlichen Eigenschaften des Bildganzen. Daher wird das Verständnis narrativer Filme kaum eingeschränkt, wenn in der Projektion mehr oder minder große Teile des Bildrands abgeschnitten sind. In der Tat beobachtet man ja, dass das Projektionsrechteck in den Kinos (und natürlich auch im Fernsehen) auf geradezu brutale Art reduziert wird, ohne dass es das Verständnis der Filme auch nur im Geringsten beeinträchtigt. Die spekulative Fortsetzung nach außen orientiert sich im Bildzentrum.

*

Bei sich bewegender Kamera wendet sich die Aufmerksamkeit eines Betrachters automatisch der Bildkante zu, an der bis dahin noch nicht Sichtbares ins Bild kommt. Diese Art Aufmerksamkeit reduziert die zentrums-orientierte spekulative Fortsetzung. Auch deswegen wird eine sich bewegende Kamera bei den üblichen Schnittfiguren nur ungern genutzt, und wenn, fast nur, wenn die Bewegung eines Bewegungsträgers im Zentrum die Bewegung am Rand überspielt.

*

---

31 Siegfried Kracauer (1889-1966), *Theorie des Films. Die Errettung der äußeren Wirklichkeit*, Frankfurt/Main 1964

Bei zwei *disjunkten* repräsentativen Einstellungen gibt es von jeder eine spekulative Fortsetzung nach außen. Je nach Überschneidung der beiden bildet sich der Betrachter ein Urteil über die *mögliche Nachbarschaft* der beiden Abbildungsräume. Sehen wir sie im Film nacheinander, schiebt sich die Fortsetzung der zweiten Einstellung im Bewusstsein des Zuschauers über die Fortsetzung der ersten und erzeugt so ein beinahe physisch präsentes Urteil über ihren Zusammenhang. Die Bildung dieses Urteils ist der Beginn des Verständnisses narrativer Filme.

*

Wegen des Spekulativen der Fortsetzungen nach außen ist auch dieses Urteil nur spekulativ. Da wir es im Lauf einer Filmvorführung andererseits schnell fällen müssen, lässt es sich als grob hierarchisiert postulieren. Als Hierarchisierungsparameter der Beziehungen zwischen disjunkten Einstellungen bieten sich die Begriffe ‚unmittelbare‘ und ‚nur entfernte‘ Nachbarschaft an. In dieser Terminologie nennen wir zwei Einstellungen *möglicherweise unmittelbar benachbart*, wenn sich ihre Bildräume unmittelbar aneinander anschließen könnten. *Wahrscheinlich nicht unmittelbar benachbart* wären dann zwei Einstellungen, zwischen denen solche unmittelbare Nachbarschaft ausgeschlossen erscheint. Das Urteil über mögliche unmittelbare Nachbarschaft muss wegen der Direktheit des Anschlusses selbstverständlich die direkte Fortsetzung der beiden Einstellungen berücksichtigen.

*

Um auch bei *wahrscheinlich nicht unmittelbar benachbarten* Einstellungen eine Art Ordnung einzuführen, könnte man sie in solche mit ‚*möglicherweise naher*‘ und solche mit ‚*wahrscheinlich nur entfernter*‘ Nachbarschaft zerlegen, je nachdem ob wir den beiden Bildräumen eine gewisse Nähe zubilligen oder ob man sie in doch erheblicher Entfernung voneinander vermutet. Die Trennungslinie zwischen diesen Nachbarschaftskategorien sollte fließend angelegt sein, weil der Nähe-Begriff relativ ist und oft Zeitkomponenten enthält. Filme, deren Hauptverkehrsmittel das Auto ist, lassen ein in Kilometern ausgedrücktes Nähe-Konzept plausibel erscheinen, welches gegenüber solchen, worin Darsteller ihre Wege zu Fuß zurücklegen müssen, gestreckt erscheint.

*

In diesem Sinne bezeichnen wir als *möglicherweise nah benachbart* solche Einstellungen, die zum einen für nicht unmittelbar benachbart gehalten werden, von denen wir aber andererseits vermuten, dass die Distanz zwischen ihren Bildräumen durch die zur Verfügung stehenden Transportmittel in relativ geringer Zeit überbrückbar sei. Alles dahinter Gelegene fiele in die Kategorie des *Wahrscheinlich-nur-Entfernten*.

Sieht man sich eine Reihe narrativer Filme ausschließlich auf ihren Schnitt hin an, fällt schnell auf, dass die Zahl der an Blicke gekoppelten Schnitte alle anderen zahlenmäßig weit übertrifft. Daher bietet sich ein Nähe-Konzept an, welches als *möglicherweise nah benachbart* genau das Areal bezeichnet, das ein Beobachter überblicken könnte, wenn Wände und Ähnliches den Blick nicht behinderten. Mit einem Fernrohr ließe sich dann in den Bereichsbeginn des *Wahrscheinlich-nur-Entfernten* blicken, für dessen Erreichen, sollen unsere beiden Definitionen einigermaßen übereinstimmen, eine Zeit von der Größenordnung zehn Minuten anzusetzen wäre.
*

Die mögliche Nachbarschaft zweier Einstellungen wird bei der Projektion durch eine Reihe von Hinweisen, die wir den Bildern zusätzlich entnehmen - gewöhnlich durch genaues Beobachten der Bewegungsträger -, in *tatsächliche* Nachbarschaft überführt. Dabei können sich mögliche unmittelbare Nachbarschaften in *tatsächlich unmittelbare*, *tatsächlich nahe* oder *tatsächlich nur entfernte* verwandeln. Zwei Zimmer z. B., die *unmittelbar benachbart* sein könnten, können sich ja als in zwei verschiedenen Städten befindlich herausstellen, als also tatsächlich *nur entfernt benachbart*.
*

Mögliche nahe Nachbarschaft schließt *tatsächlich unmittelbare* aus, sie kann sich aber in *tatsächlich nur entfernte* Nachbarschaft verwandeln. *Wahrscheinlich nur entfernte* Nachbarschaft wiederum schließt *tatsächlich unmittelbare* oder *tatsächlich nahe* aus: Ein Pariser Zimmer und ein Haus in den Schweizer Alpen, die als solche erkannt sind, können nicht mehr *tatsächlich unmittelbar* auch nur nah *benachbart* sein.
*

So wie man repräsentativen Einstellungen wirkliche Räume zuschreibt, für die sie stehen, lässt sich ihnen auch eine Zeit zuschreiben. Diese hat mit der Filmzeit zwar das Vergehen während der Projektion gemein, ansonsten aber kann sie durchaus glaubwürdig ein Zeitsegment aus, sagen wir, dem Jahre 1850, repräsentieren, obwohl es 1950 hergestellt wurde und wir es 1980 betrachten.
*

Das ist etwas sehr Eigenartiges, dessen Bedeutung meinem Gefühl nach noch nicht richtig gewürdigt wurde. Schon bei schnittfreien Filmen entsteht im Betrachter ein Kontinuum aus vergangener, mitunter aber zugleich auch sonderbar gegenwärtig empfundener Zeit. Auf jeden Fall verliert das wahrnehmende Zuschauer-Ich dabei leicht an physischer Jetzt-Zeit-Körperlichkeit. Etwas Ähnliches stellt sich bereits beim sorgfältigen Betrachten von Fotos oder Gemälden ein, wenn man gewissermaßen ins Bild *eintaucht* und mitunter sogar darin *versinkt*. Weil narrative Filme Schnitte enthalten, werden sie zu Folgen von Zeitsprüngen zwischen längst vergangenen Zeitsegmenten. Dass das Vergangene trotzdem als gegenwärtig empfunden wird, als also unmissverständlich gegenwärtige Zeit, und zwar in weit stärkerem Ausmaß, als dies beim Betrachten einzelner Einstellungen geschieht, klingt in Verbindung mit der Idee des Zeitsprungs paradox. Das Paradoxe besteht dabei darin, dass wir etwas als gegenwärtig wahrnehmen, obwohl wir zugleich sichtbare Zeitsprünge registrieren. Das ist wirklich erstaunlich und geht über die das körperliche Ich vergessende „Versunkenheit" (in der man, das grenzt jedoch an wilde Spekulation, sein eigentliches, sein inneres „Ich" vielleicht sogar erst *findet*[32]) beim Betrachten etwa eines Gemäldes weit hinaus.

*

Die Zeitsprünge lassen sich den räumlichen Beziehungen zweier Einstellungen entsprechend hierarchisieren. Zwei Einstellungen können also entweder zeitlich kontinuierlich ineinander übergehen; oder es kann ein relativ geringer Zeitraum dazwischen vergangen sein; oder es kann sich ein erheblicher Zeitsprung zwischen ihnen ereignet haben. Dabei ist die Trennlinie zwischen den letzteren zwar fließend, nach unseren bisherigen Überlegungen mit der Größenordnung von mindestens zehn Minuten aber auch wieder recht präzise angebbar.

*

Auch auf der zeitlichen Ebene fällt man zunächst ein spekulatives Urteil, von dem man hofft, es werde sich im Projektionsverlauf aufgrund einer Reihe von Hinweisen konkretisieren. Folgt einer Nacht- eine Tagaufnahme, wissen wir, es muss eine Reihe von Stunden vergangen sein (wobei der neu erschienene Tag freilich nicht der nächste zu sein braucht). Die plausible Logik dieser Beispiele vereinfacht jedoch zu stark. Denn meistens hat man als Zuschauer in narrativen Filmen bei der Mehrzahl der Schnitte zunächst das Gefühl, es sei gar keine Zeit vergangen, weil den meisten Filmmachern offenbar ein Hauptanliegen ist, genau dieses Gefühl zu erzeugen. Erst nach diesem ersten Eindruck stellen wir fest, dass er oft nicht stimmt. In den meisten Fällen geht es also darum, *möglicherweise unmittelbare* zeitliche Nachbarschaft in *tatsächlich unmittelbare, tatsächlich nur nahe* oder *bloß entfernte* zu verwandeln.

*

---

32 Mehr zur bei der klassischen Bildbetrachtung entstehenden *Versunkenheit* in etwa Lambert Wiesing, *Das Mich der Wahrnehmung - Eine Autopsie*, Frankfurt/Main, 2009

Beim Wahrnehmen der Schnitte eines Films, so ließe sich all dies vorläufig zusammenfassen, beginnt man mit einer Analyse der per Schnitt verbundenen Einstellungen, gelangt über ihre Fortsetzungen zu Urteilen über mögliche räumliche und zeitliche Nachbarschaft, um diese wiederum durch weitere Hinweise in tatsächliche Nachbarschaften zu verwandeln. Einen narrativen Film verstehen heißt zunächst einmal, die Raumzeit-Beziehungen zwischen den einzelnen Einstellungen verstehen. Bei manchen Filmen mag dies das Einzige sein, worüber wir uns als Zuschauer zuverlässig verständigen können.

*

Eine Beschreibung des narrativen Systems ist daher weitgehend identisch mit einer Beschreibung seiner Raumzeit-Konstruktionen. Die jedenfalls sind es, die jeder Zuschauer als verbindlich begreift. Das meiste andere ist mehr oder weniger - was dem Medium ja auch praktisch entspricht - *Ansichtssache*. Untersuchungen dieses Anderen sind nur im konkreten Detail und auf empirischer Basis nichtspekulativ. Wäre Film eine Sprache, hätte man im Bereich der Raumzeit-Konstruktionen nach einer Grammatik zu suchen, denn dieses Andere, welches geheimnisvoll jenseits bloßer geometrischer Vorstellungen liegt, hat auf keinen Fall die wesentliche Eigenschaft einer Grammatik, die nämlich, von sehr vielen Leuten gleich begriffen zu werden. Das betrifft auch die psychoanalytischen Resonanzen, die in dieser Richtung noch am meisten herzugeben scheinen. Aber dann ist, wie wir im Vorwort bereits erfuhren, Film ja gar keine Sprache. Das Einzige, was im Film spricht, sind die Darsteller.

*

Ziel dieser Arbeit ist es nicht, dieses System als etwas Unflexibles, nicht mehr Veränderbares zu begreifen. Und ich halte es auch nicht - selbst wenn manche Textstellen vielleicht so klingen - für eine eher minderwertige Art, Bilder zu organisieren. Ich glaube vielmehr, dass es sich um das Resultat einer bewundernswerten, intuitiven Anstrengung handelt, der es gelang, aus etwas eigentlich Unbegreifbarem etwas zu machen, was irgendwie verständlich ist. Und das nicht aufgrund irgendeines logischen Plans, den sich jemand entlang der hier entwickelten Linien zurechtlegte, sondern in Form einer merkwürdigen Kollektivanstrengung, die Erstaunliches und zudem noch erstaunlich Logisches produzierte. Unser Text soll vor allem Bewunderung für diese Leistung ausdrücken.

*

Andererseits aber, und das wiegt nicht weniger schwer, handelt es sich offenbar um ein System, das derart kritische Bereiche enthält, dass es sich selbst geradezu zielstrebig zerstört. Darin ähnelt es manchem lebendigen System. Je mehr Filme

pro Zeiteinheit damit hergestellt werden, desto mehr lebt es zwar, desto schneller scheint es aber auch, man könnte sagen: zu sterben. Oder vorsichtiger gesagt - und das Banale daran unterscheidet es vom wirklich Lebendigen - desto mehr funktioniert es nicht länger. Oder vorsichtiger noch: desto langweiliger werden die Filme. Und die Erzeugung von Langeweile, selbst die vehementesten Anhänger konventionellsten Erzählens werden dies kaum bestreiten, ist nun einmal nicht das Ziel der narrativen Anstrengung. Will man die Filmform nicht solch langweiligem Verkümmern überlassen, sollte man sie daher anderen Ordnungssystemen öffnen, die das narrative System weiterhin, vielleicht als Unterbereich, zu integrieren wissen.
*

Das klingt freilich zu überzeugend, um wahr werden zu können. Wer schließlich ist schon ‚der Film‘? Und wird ‚das Publikum‘ da mitmachen? Ich weiß es nicht, glaube es merkwürdigerweise auch nicht. Das primär raumgestützte Erzählen mit halbwegs intakten Psychologien scheint es aber immer weniger zu tun. So schnell sich die Welt ändert, versteht sie anscheinend nicht, das mit jedem Film leerer werdende Reservoir des noch Erzählbaren schnell genug wieder zu füllen. Früher - gestatten Sie mir den Einschub - ging ich mitunter dreimal täglich ins Kino, so groß war mein Bedürfnis, alles, was es auf der Leinwand gab, zu registrieren. Heute muss ich mich zwingen, es wenigstens einmal im Monat zu tun. Oder sagt so etwas nichts? Sind derlei pauschal ins Düstere führende Zukunftseinschätzungen nicht Wunschvorstellungen, die auch anderen Dingen ein dem eigenen Tod entsprechendes Schicksal aufprägen wollen? Denn auch heute gibt es gewiss Jugendliche, die gelegentlich dreimal täglich ins Kino gehen. Und obwohl ich mir heute die meiste Zeit reifer vorkomme, fühlte ich mich damals gewiss nicht schlechter. Vielleicht ist das Kino ja nur etwas für junge Menschen, die möglichst schnell etwas über die Welt erfahren möchten, was in der Realität nicht so ohne Weiteres zugänglich ist. Denn eins der Privilegien des Kinobesuches besteht ja daran, dass wir im Dunkeln in aller Ruhe an Sachen teilhaben *dürfen*, die uns im täglichen Leben versagt, wenn nicht sogar verboten sind. - Also, was soll‘s! In der sich ändernden Welt werden die Menschen ja auch klüger. Die kleinen Ladenmädchen Kracauers, so selbstverständlich ihre Existenz einst erschien, gibt es womöglich nicht mehr, vielleicht hat es sie nie gegeben.

Wobei ich hier wohl auch im eigenen Interesse spreche, mit dem also eines Filmmachers, der, gemessen am Üblichen, seltsame Filme produziert. Wenngleich mir immer schwerer fällt, die eigenen Interessen überhaupt zu fassen. Andererseits liegt im Sprechen selbst bereits ein Interesse. *„Die Zukunft ist Propaganda"* hat Joseph Brodsky über die vielen in diesem Jahrhundert so vehement und rücksichtslos vorgetragenen Prophezeiungen zur Zukunft der Menschheit geurteilt. Und die Vorhersagen dazu seien so häufig, banal und billig wie Gras.

Bei den wenigen Filmen, in die ich noch gehe, weiß ich meist bereits im Vornherein, gestatten Sie ein letztes Mal die dogmatisch klingende Heftigkeit eines nur subjektiv gemeinten Verdikts, dass es nur selten noch darum geht, dass ich mir etwas ansehen „darf". Stattdessen ist mir unmissverständlich bewusst, dass ich mich darin vermutlich, häufig fast in Form einer akustisch-visuellen Folter, mit katastrophalen Deformationen auseinandersetzen „muss". Und zwar nicht nur bei den Personen, die mir im Film vorgestellt werden, sondern auch auf Seiten derer, die ihn hergestellt haben, den in der Filmindustrie erfolgreichen Filmmachern. Denn deren Menschenbild weist oft so entscheidende Defekte und Defizite auf, dass sie über den Menschen eigentlich kaum etwas auszusagen vermögen, jedenfalls nichts, was mich noch interessiert. Und nicht, weil es niemanden gäbe, der zu mehr in der Lage wäre, aber irgendwie bringen die dazu Fähigen immer seltener Filme auf den Weg oder versuchen es mittlerweile nicht mehr.
*

Aber was heißt das schon - vielleicht gibt es ja doch noch ‚das Publikum', das vielleicht ewige Publikum, das sich das ewig Gleiche in immer neuen Kleidern wünscht. Das traurige Schicksal der Kinos jedenfalls schien mir immer gewiss. Zum einen würden sie die Funktion von Museen übernehmen. Und im Übrigen auf den Jahrmarkt zurückkehren, von dem sie gekommen sind. Ich fand das eigentlich nicht einmal traurig, waren doch die meisten der vielen Kinos, in denen ich gewesen bin, eher schäbig und deprimierend als schön.
*

Und inzwischen werden Filme zum Teil so stark subventioniert, dass es zu den seltsamsten Überraschungen kommt: Länder wie Portugal, Kanada und Iran stellen jetzt die interessantesten Filme her - wer hätte das gedacht? Es ist Zufall, dass man mit dem Fernsehen einen Schuldigen für den Verfall des Kinos fand. Er wäre, meine ich, auch ohne das Fernsehen geschehen, das ja seinerseits nun in Erschöpftheit verfällt. Leider haben die Repertoire-Kinos als Erste dran glauben müssen - ein Doppelprogramm von „African Queen" und „Wind Across the Everglades", das mich als jungen Mann im *Bleeker Street Cinema* begeisterte[33], wird es im Kino nie wieder geben. So etwas kommt jetzt im Fernsehen. Aber auch da hat man die guten

---

33 *African Queen* von John Huston (1906-1987), mit Humphrey Bogart und Katherine Hepburn (Großbritannien 1951); *Wind Across the Everglades* von Nicholas Ray (1911-1979), mit Christopher Plummer (USA 1958) - das *Bleeker Street Cinema* war ein legendäres Programmkino im New York der sechziger und siebziger Jahre

Filme schon ein paar Mal gesehen - so gut, dass man sich das zehnmal antun mag, sind sie nun auch nicht. Immerhin geht dabei nichts verloren - sollten Filme früher besser gewesen sein, wird man sie wieder entdecken. Ja, der Verfall des Kinos wiederholt sich im Fernsehen. Es ist schwer geworden, sich einen Film im Fernsehen zu Ende anzusehen, die Fernbedienung kam da gerade recht.

***

D. FILMGESCHICHTE

Am 20. Mai 1909 fand die Premiere von „*Resurrection*" statt, eines Stummfilms von D.W. Griffith mit Florence Lawrence und Arthur Johnson in den Hauptrollen, der Tolstois Roman „*Auferstehung*" zu folgen versucht. Er ist etwa zehn Minuten lang und liegt uns heute in folgender Struktur vor:

$$T_1 : T_2 : x_1 : T_3 : x_1 : T_4 : x_2 : T_5 : x_2 : T_6 : x_3 : T_7 : x_4 : T_8 : x_4 : T_9 : x_4 : T_{10} : x_5 : T_{11} : x_5 : T_{12} : x_5 : T_{13} : T_{14} : x_5 : T_{15} : x_6 : x_7 : T_{16} : x_7 : T_{17} : x_7 : T_{18}$$

wobei x_1, x_2, x_3 usw. die Bildräume verschiedener repräsentativer Einstellungen bezeichnen und T_1, T_2, T_3 usw. verschiedene Titel. Das Symbol ‚:' steht für einen Schnitt. Die Titel lesen sich wie folgt:

T_1 : RESURRECTION

T_2 : HERE THE TITLED LADY PREPARES TO RECEIVE PRINCE DIMITRI AT A GALA HOME COMING RECEPTION

T_3 : A NEW FLOWER GIRL, KATUSCHA, IS SERVING AT COURT: YOUNG, ARTLESS AND INNOCENT; SHE UNWITTINGLY FASCINATES THE PRINCE

T_4 : TO KATUSCHA, THE TOSSED-OFF BLOSSOM REPRESENTS THE FUTILITY OF DIMITRI'S ADMIRATION

T_5 : HE RETURNS, BUT SHE PLEADS THAT SHE IS NOT OF HIS STATION

T_6 : FIVE YEARS LATER - IN A LOW TAVERN

T_7 : LOVED AND LEFT, HUMILIATED BY THE DISGRACE, SHE HAS SOLD HER SOUL AND IS PICKED UP BY THE AUTHORITIES

T_8 : DIMITRI REALIZES THAT HER PLIGHT IS HIS FAULT: AT THE TRIAL. HE PROTESTS, WEAKLY. THE PROCEEDINGS ARE A PARODY

T_9 : SHE DOES NOT RECOGNIZE HIM AND HE IS TOO SHAMED TO SHOW HIMSELF

T_{10} : IN JAIL, HE COMES TO HER

T_{11} : "I AM TO BLAME AND WILL SEE THAT YOU ARE PARDONED"

T_{12} : AS HER FURY AND HYSTERIA ABATE, GRADUALLY THE MESSAGE OF GOD REACHES HER

T_{13} : (Katuschas Finger folgt der Schrift in einer Bibel:) JESUS SAID TO HER: I AM THE RESURRECTION AND THE LIFE: HE THAT BELIEVETH IN ME, THOUGH WE WERE DEATH, YET SHALL BE LIVE

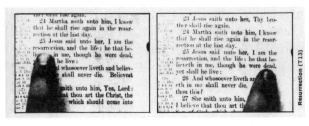

Abb. 2: Bibelinsert aus „Resurrection"

T_{14} : BUT NOW, THE POLICE ARE READY TO TAKE HER TO A LIFE OF HARD LABOR IN SIBERIA

T_{15} : KATUSCHA TRIES TO HELP THE POOR UNFORTUNATES WHO SHARE HER FATE

T_{16} : DIMITRI HAS FOLLOWED HER. HE HAS A PARDON FROM THE AUTHORITIES

T_{17} : SHE REFUSES TO RETURN, PREFERRING TO WORK OUT HER SALVATION BY RENOUNCING THE WORLD FOR THE PATH OF DUTY

T_{18} : THE END

Abb. 3a: Szenen aus „Resurrection" (1909) – von links nach rechts: x_1, x_2 und x_3

Die Schauplätze sind:

x_1 : ein Salon (erscheint zweimal)

x_2 : Katuschas Zimmer (zweimal)

x_3 : eine Kneipe (einmal)

x_4 : eine Polizeiwache, die gleichzeitig Gerichtssaal ist (erscheint dreimal)

x_5 : das Gefängnis (viermal)

x_6 : eine Schneelandschaft mit Häuschen (= „SIBERIA") (einmal)

x_7 : eine andere Schneelandschaft mit Kreuz und Kirche (einmal)

*

Interessant ist die Erzählform von „*Resurrection*". Bis auf den Übergang x_6 : x_7 sind alle Einstellungen durch Titel voneinander getrennt. Oder, anders herum gesagt: Die Standardverbindung zwischen zwei Einstellungen x_i und x_j hat die Form x_i : T_{ij} : x_j wobei T_{ij} den Titel bezeichnet, der zwischen x_i und x_j steht.

*

Die Einstellungen sind alle in der *Totale* gedreht, der repräsentativen Einstellung par excellence. Eine Totale „ist" tatsächlich der Raum, den sie abbildet, während bei Nahaufnahmen das Gesicht so dominiert, dass der Raum häufig nur in der Unschärfe wahrnehmbar ist, wo er aber auf geheimnisvolle Art präsent bleibt. Bis 1910 war die Totale die fast ausschließlich benutzte Abbildungsform in narrativen Systemen. Erst entwickeltere Filmformen wiesen anderen Einstellungstypen, der Nahaufnahme etwa, einen zwanglos einzunehmenden Platz zu[34]. Die Anekdote vom Produzenten, der dem Regisseur verbot, die Großaufnahme eines Stars zu machen, weil er für die ganze Person bezahlt habe, ist vielleicht wahr, sie enthält aber ebenso wenig Wahrheit wie die inzwischen einer Unzahl von Regisseuren in den Mund gelegte Antwort auf die Frage nach der Botschaft ihrer Filme, der sogenannten *Message*: „Wenn ich eine *Message* aufgeben möchte, gehe ich zum Telegrafenamt." Diese Personen sind nie etwas von dem sie Drängenden am Telegrafenamt losgeworden.

*

Auffällig an „*Resurrection*" ist, dass fast alle Titel das Geschehen der folgenden Einstellung beschreiben und nicht das der gerade vergangenen. Man scheint sich der Fähigkeiten des Mediums derart unsicher gewesen zu sein, dass man für nötig hielt, die Information im Voraus anzukündigen, um sie so zu verdoppeln. Dadurch werden die Bilder leicht zur Illustration einer Textvorlage. Die Handlung wird per literarischer Inhaltsangabe geführt und entwickelt sich kaum aus den raumzeitlichen Beziehungen der Filmbilder. Insofern operiert die Bildfolge als atmosphärischer auf einem literarischen Code. Das hat sich inzwischen erheblich geändert. Dennoch hat der literarische Code, speziell seit der Einführung des Tonfilms, der ihm zu neuer Geltung verhalf, seine Führungsrolle nie wirklich verloren: In allen narrativen Filmen haben die Bilder auch die Qualität einer beiläufigen Dialog-Illustration.

*

Die Heldin Katuscha erscheint in allen Einstellungen. Der Film ist *ihr* Film. Die entstehenden räumlichen Verbindungen orientieren sich an ihrem Erscheinen. Sie werden durch Titel wie „IN A LOW TAVERN" und „TO A LIFE OF HARD LABOR IN SIBERIA" gestützt. Das Erzählmodell von „*Resurrection*" beobachtet eine Person zu verschiedenen Zeitpunkten. Der sich aus den Titeln ergebende

---

34 Das heißt nicht, dass es vorher keine Großaufnahmen gab. In G.A. Smith's *Grandma's Reading Glass* wird 1900 bereits sehr gefällig in den Blick durch ein Vergrößerungsglas geschnitten. Und in Edwin S. Porter's *The Gay Shoe Clerk* (vergl. Abschnitt G: *Der starre Blick und die Politik*, wo drei Stills aus diesem Film abgebildet sind) konnte man 1903 einen wohl als frivol empfundenen, wenn man so will sogar „*voyeuristischen*" Ranschnitt an den Schuh einer Dame beobachten. Dies waren aber Einzelfälle.

parallele Handlungsstrang Dimitris wird nur sichtbar, wenn er Katuschas Lebenslinie berührt. Dieses Erzählmodell blieb die wesentliche makroskopische Erzähleinheit des narrativen Films. Narrative Filme verfolgen das Schicksal von ein, zwei, manchmal ein paar mehr Personen an sogenannten wesentlichen Zeitpunkten. Diese Hauptpersonen halten die Filme zusammen. Werden zu viele Schicksale zu ausführlich beschrieben, verlieren die narrativen Filme eine Qualität, die sie sonst in die Kinos kommen lässt. Die Existenz von Haupt- und Nebendarstellern scheint ein der Form zugrunde liegendes Prinzip zu sein. Vielleicht, weil die Räume von Filmen ohne Hauptdarsteller so kompliziert konstruiert sind, dass wir sie als Betrachter nicht mehr eindeutig genug begreifen oder erinnern können. Und wenn man die Raumzeit-Konstruktionen eines narrativen Films nicht mehr versteht, versteht man auch den Film nicht.

*

Das Heldenprinzip bedeutet eine stärkere Einschränkung der Filmform, als man zunächst denkt. Denn es scheint nicht zu reichen, etwas zu sehen, interessant zu finden und zeigen zu wollen: Man muss dazu einen Helden erfinden, der es wahrnimmt, und das ist etwas sehr Schwieriges. Denn ein Held muss etwas Originelles an sich haben, und das Originelle ist selten. Das Heldenprinzip schließt daher interessante Bildbereiche von der narrativen Form aus oder versieht es, so in manchem Tierfilm, mit grotesken Pseudohelden, die uns Zuschauern das Material nahebringen sollen. Im Fernsehen ist der *Anchorman* einer Magazinsendung dieser Held, der alles und jedes zusammenhält, wobei die Programmverantwortlichen mittlerweile wissen, wie schwierig es ist, einen einigermaßen originellen *Anchorman* aufzubauen, der die Sendungen, die er moderiert, auch plausibel vertreten kann.

*

Der Vorrang des Heldenprinzips klingt banal, weil es uns aus Romanen bekannt ist. In der Literatur herrschen indes andere Produktionsbedingungen. Das Hervorbringen eines wirklichen Helden kosteten Musil, Proust und Joyce ein Leben. Letztlich muss dafür ein neues Menschenbild entworfen werden. Das aber übersteigt die Fähigkeiten der meisten am Kino Beteiligten. Daher haben Filmhelden häufig etwas Minderwertiges, sie sind Helden von der Stange. Was die Dominanz des Heldenprinzips im Kino zu etwas Traurigem macht, weil vieles des gegenüber dem Roman im Film Möglichen, besonders betrifft es das Unmittelbare der Bilder, sich dem Heldenprinzip unterordnen muss, um ins Kino zu kommen. Das gilt auch für Dokumentarisches, sobald ihm das narrative System per einem dominanten Helden („*Nanook of the North*") aufgeprägt wird. Und auch für Lyrisches: es reicht ja nicht, die lyrische Empfindung wiederzugeben, es muss ein Held darin herumstapfen. Übrig bleibt da leicht bloß Kitsch.

Prinzipielle Bedeutung hat im narrativen System die Zeitverkürzung. „*Resurrection*" beschreibt, bei einer Projektionszeit von etwa zehn Minuten, einen Zeitraum von sechs Jahren. Wo ist diese Zeit geblieben? Gemessen an den beschriebenen Zeiträumen ist die Projektionszeit eines Films meist lächerlich kurz. Das verleiht den Einstellungen eines Films enorme Wichtigkeit, müssen sie uns doch begründen, dass ausgerechnet sie es sind, welche die wichtigsten Stationen eines menschlichen Schicksals beschreiben. Das macht sie doppelt repräsentativ. Sie repräsentieren nicht nur den abgebildeten Raum, sondern auf geheimnisvolle Weise auch den *nicht abgebildeten,* sie repräsentieren die entscheidenden Stationen so eines Schicksals. Diese inhaltliche Repräsentanz wird in heutigen Filmen nicht mehr der einzelnen Einstellung aufgebürdet, die so eine Last gar nicht zu tragen vermag, sondern Einstellungsfolgen, den sogenannten *Sequenzen,* in deren jeder sich eine wichtige Station im Leben eines Helden darzustellen hat. Im Vergleich zu „*Resurrection*" hat die einzelne Einstellung an Autonomie und Bedeutung verloren.
*

Konsequent ist an diesem Film die Benutzung des Präsens in den Titeln. Sie ist die klarste Folge der Idee der räumlich repräsentativen Einstellung. Ein abgebildeter Raum soll im Moment der Projektion als ‚Ist'-Raum begriffen werden und nicht als ‚*War*'-Raum der Vergangenheit. Dies steht in einem gewissen Gegensatz zur inhaltlichen Repräsentativität, von der ja jedermann weiß, dass wir sie zuverlässig erst im Nachhinein beurteilen können. Häufig wird einem Film daher ein Erzähler überlagert (manchmal in Form von Titeln), der zu Beginn eines Films vom folgenden Geschehen als etwas Vergangenem spricht und dann - bis auf ein Echo im Schlusstitel „ENDE" - auf Nimmerwiedersehen verschwindet (über den Sinn dieses „ENDE"-Titels würde ich übrigens gern mal etwas lesen). Ansonsten sollen oder möchten wir als Zuschauer alles, was sich in den Bildern ereignet, als gegenwärtig begreifen, nur so scheint sich die Identität von Bild und Abgebildetem zuverlässig gewährleisten zu lassen. In der Vergangenheit spielende Filme sind darauf angelegt, dass man sich in die Vergangenheit zurückversetzt, in etwa so, als würde man dabei sein; man sieht sie jedenfalls nicht aus historischer Distanz.
*

Dies führt häufig zu unerträglichen Torsionen, müssen doch die Hersteller eines Films sich bemühen, Authentizität in historischen Umgebungen weit über das Maß dessen hinaus zu liefern, was über die jeweilige Zeit noch bekannt und vor allem herstellbar ist. Kennern der Verhältnisse und Personen, die das in einem Film Beschriebene früher selbst erlebt haben, sträuben sich oft die Haare. Doch wenn das Publikum nicht aus solchen Kennern besteht, reicht eine gewisse Plausibilität zum Funktionieren. Vielleicht gibt es darüber hinaus aufseiten des Publikums sogar so etwas wie ein Bedürfnis, die Situation *nicht* ‚realistisch' dargestellt zu sehen, vielleicht entsprechen gerade nichtrealistische Deformationen einem Bedürfnis nach Verklärung des Vergangenen und einer in diesem Sinne wirkenden erzählerischen Verdichtung.

*

Ein System, das Helden benötigt, muss Geschichte aus der Perspektive dieser Helden beschreiben. Versuche, Geschichte anders zu fassen, als Resultat etwa einer Bewegung von sozialen Feldern und Massen, scheitern spätestens im Kino. Geschichtsfilme werden dadurch zu der einstigen Wirklichkeit gegenüber indifferenten Kostümdramen. Dass solche Bemühungen ein verquastes Verständnis von Geschichte zur Folge haben, ist offensichtlich. Andererseits sind (wie gerade die jüngere Geschichte lehrt) andere Geschichtsverständnisse oft nicht weniger absurd. Trotz klar ersichtlicher Widersprüche funktioniert das narrative System jedenfalls auch bei Geschichtsfilmen. Warum das so ist, erfahren wir u.a. bei der Analyse systematischer Parallelmontagen.[35] Ein Film wie „*Resurrection*" führt uns heute allerdings nicht mehr in das zaristische Russland, sondern ins Amerika des Jahres 1910. Die naive lineare Erzählweise dieses Films schränkt den repräsentativen Charakter der Einstellungen inzwischen derart ein, dass sie wieder zu dem werden, was sie gewesen sind: eigenartige Hervorbringungen einer eigenartig experimentierfreudigen Gruppe von Menschen im New York des Jahres 1910.

*

Auffällig an diesem Film ist, dass zu einmal verlassenen Schauplätzen nicht mehr zurückgekehrt wird. Wir werden erkennen, dass das in der sich sozusagen *von allein erzählenden Form* ganz anders ist. In ihr wird genau das hier noch nicht auftauchende Zurückspringen in schon Bekanntes exzessiv genutzt, um dem Ganzen Halt zu geben.

*

Sieht man diesen Film, ist schwer zu entscheiden, was unverschämter ist: Griffiths Versuch, Tolstoi zu verkürzen oder Tolstois Unternehmen, eine Geschichte, die sich in einem Zehn-Minuten-Stummfilm erzählen lässt, tausendseitig auszubreiten. Die Chuzpe Griffiths haben Literaturverfilmungen bis heute. Aber die stellt eigentlich nicht das Unverschämte dar, Literatur ist ja nichts Heiliges. Unverschämt ist die Chuzpe, etwas ziemlich Erstaunliches in etwas deutlich Minderwertigeres zu verwandeln und zu hoffen, damit durchzukommen, obwohl der Schritt in die Minderwertigkeit allen am Produktionsprozess Beteiligten von vornherein klar ist. Zu

---

35 In Band 3, *Verschränkte Geflechte,* sowie *Die Phänomenologie von Parallelmontagen*

Beginn der Filmgeschichte gab es gewiss die Hoffnung, bei dem so Hergestellten könne es sich um Prototypen handeln, die - Griffiths Werk[36] ist von dieser Anstrengung ja sympathisch gezeichnet - irgendwann zu richtigen Kunstwerken führen würden. Selbst in einem so simpel zusammengehauenen Film wie „Resurrection" ist in Titeln wie

T_4 : TO KATUSCHA, THE TOSSED-OFF BLOSSOM REPRESENTS THE FUTILITY OF DIMITRI'S ADMIRATION

etwas von der Hoffnung auf das, was Film sein einmal könnte, zu entdecken: Eine gerichtete, Allegorien umfassende Raffinesse, von der Lumière zehn Jahre zuvor sich nichts hatte träumen lassen, und von der in Schlöndorffs Proust-Verfilmung[37] nicht einmal mehr geträumt wird. Tatsächlich hat Film dieses Versprechen bis heute nur in ein paar hohen Momenten einzulösen verstanden. Dafür hat er manches andere übererfüllt.

*

Gerade an „Resurrection" lässt sich der erstaunliche Weg ermessen, der im Film von damals bis heute gegangen wurde. Nicht zuletzt darin besteht die enorme Leistung, der dieses Buch gewidmet sein soll. Angesichts dessen, was Menschen ansonsten im Filmumfeld anstellen, kann dieser Weg weder geplant noch das Resultat koordinierter Bemühungen gewesen sein. Die Entwicklung, die man als Ausdruck von ineinander fassender kollektiver Kreativität zu begreifen hat, erwies sich als sogenannter *Selbstgänger*. Dahinter muss sich etwas verbergen, was den Fortschritt wie von selbst steuerte. Wir wollen versuchen, einiges davon herauszufinden.

*

„Resurrection" hat im Wesentlichen die Form

Einstellung : Titel : Einstellung : Titel : Einstellung : Titel : ... usw.

Diese Filmform ist die einfachste, die unterschiedliche repräsentative Einstellungen miteinander verbindet. Zugleich ermöglichte sie die systematische Serienproduktion narrativer Filme. Mit ihr kann man sogar einander völlig fremde Einstellungen

---

36 D.W. Griffith (1875-1948), Filme u.a. *The Birth of a Nation* (1915), *Intolerance* (1916), *Broken Blossoms* (1919), *Way Down East* (1920), *Orphans of the Storm* (1922), *Isn't Life Wonderful* (1924)

37 *Eine Liebe von Swann* von Volker Schlöndorf, mit Jeremy Irons, Alain Delon und Ornella Muti (Frankreich 1984). Ganz anders, und, wenn man so will, sogar erfolgreich, der Verfilmungsversuch *Le temps retrouvé* von Raoul Ruiz (1941-2011), mit Catherine Deneuve, John Malkovich und Marcello Mazarella (Frankreich 1999)

so verbinden, dass sich ein ‚*sinnvolles*‘ Handlungsgefüge ergibt, denn alle Beziehungen, die aus den Bildern nicht direkt ablesbar sind, lassen sich durch Titel beschreiben. Und das ist bei etwa folgendem Titel

T_{17}: SHE REFUSES TO RETURN, PREFERRING TO WORK OUT HER SALVATION BY RENOUNCING THE WORLD FOR THE PATH OF DUTY

eine ganze Menge, gemessen jedenfalls am dazugehörigen Bild, in welchem lediglich jemand im Schnee steht. Erst mit einem derart effektiven Verfahren in der Hinterhand, das im Notfall selbst aus Mist Gold zu machen versteht, konnte die Filmproduktion zu einem Sektor vollindustrieller Produktion werden, was auch die Zahl von über dreihundert Kurzfilmen verrät, die Griffith zwischen 1907 und 1911 drehte.

*

Insofern ist kaum Zufall, dass mit der Vorhandenheit dieser Filmform die erste Kapitalkonzentration im Filmgeschäft begann. In Form der *Motion Picture Patents Company* (MPPC) entstand das erste horizontale und vertikale Monopol der Filmgeschichte, an dem sich alle späteren Konzentrationsprozesse orientierten.[38]

*

Mit dieser Filmform lässt sich jeder literarische Stoff in ein Filmskript verwandeln. An kreativem Potenzial benötigt man nur dramaturgisches Formgefühl. Zu Zeiten des frühen Griffith war daher ein unbegrenzter Zustrom geistigen Rohmaterials garantiert, worauf sich eine industrielle Produktion gründen konnte. Jeder drittklassige Schauspieler konnte wegen der Dominanz der Totale als Darsteller auftreten (dieses ‚*Drittklassige*‘ tat im Übrigen den Filmen gut). Für die Realisierung ließ sich auf Regisseure mit minimaler Theatererfahrung zurückgreifen, sie mussten nur bereit sein, schnell zu arbeiten. Die Produktion blieb billig, bei solchem Qualifikationsprofil braucht man keine hohen Löhne zu zahlen. Gegenüber den Kinos ließ sich dagegen eine Monopolpreispolitik durchsetzen. Die Existenz dieser Filmform als Notanker, auf den man zurückgreifen konnte, machte die Filmproduktion zum kalkulierbaren Risiko, bei dem selbst beim Missglückten etwas herauskam. So entstand die für die weitere Entwicklung der Filmform, sie sollte vor allem vom Werk Griffiths in den Jahren 1907 bis 1911 ausgehen, notwendige Akkumulation von Kapital. Mussten die nächsten Entwicklungsstufen auch gegen die MPPC durchgesetzt werden, da sie, in Verkennung der Richtung des Ganzen, auf ihrer Kurzfilm- und Niedriglohnpolitik beharrte und das Starsystem nicht akzeptieren wollte,

---

38 Sehr schön dargestellt in Peter Bächlin, *Film als Ware*, Basel 1945

begann das Bankkapital sich doch für die Geldanlage im Filmgeschäft zu interessieren und es nicht nur als riskantes Glücksspiel zu behandeln.

*

Man könnte meinen, bei der Form von „Resurrection" handele es sich wegen ihrer Einfachheit um eine Primitivform, aus der sich das Griffith'sche Erzählschema logisch entwickelte, aber das Gegenteil ist wahr: Es gab zur gleichen Zeit bereits viel kompliziertere Filme.[39] Die Form von „Resurrection" ist eine Reduktion, und das ist erkennbar: Wir erwähnten den raffinierten Titel mit dem Versprechen, aber auch das Wissen - gespeist natürlich von den Erfahrungen der Literatur - um dramatische Zusammenhänge lässt sich kaum übersehen. Gerade in der Einfachheit dieser Form zeigt sich, ausgehend von den Lumières, Edison oder Méliès, ein enormer Fortschritt.

*

---

39 z. B. Griffiths *Her Terrible Ordeal* (1910), wo mit fünf verschiedenen Räumlichkeiten eine in 43 Schnitten sich entfaltende Parallelmontage vorgeführt wird (dargestellt in Band 3, Abb. 160), oder das für effiziente Parallelmontage als Klassiker geltende *Lonely Villa* (1909). - Die Wurzeln eines aus mehreren Einstellungen zusammengesetzten Erzählens gehen jedoch weiter zurück, als die Filmgeschichte lange wahrhaben wollte. Der Edison-Katalog Nr. 94 (März 1900) enthält die Beschreibung

Abb. 3b: Drei Einstellungen aus „Love and War" (1900)

eines aus sechs Einstellungen bestehenden, als *„series of animated pictures"* bezeichneten Dreiminutenfilms mit Liedbegleitung (welche wohl die Titel ersetzte): *An illustrated song telling the story of a hero who leaves for the war as a private, is promoted to the rank of captain for bravery in service, meets the girl of his choice, who is a Red Cross nurse on the field, and finally returns home triumphantly as an officer to the father and mother to whom he bade good bye as a private. The film presents this beautiful song picture in six scenes, each of which has a separate song, making the entire series a complete and effective novelty. PARTING. -- „Our hero boy to the war has gone." Words and music. CAMPING. -- „What! A letter from home." Words and music. FIGHTING. -- The battle prayer. „Father, on Thee I Call." Words and music. CONVALESCING. -- „Weeping, Sad and Lonely." Words and music. SORROWING. -- The mother's lament, „Come back, my dear boy, to me." Words and music. RETURNING. -- When our hero boy comes back again. Hurrah! Hurrah! „Star Spangled Banner." Words and music. The above scene can be illustrated either by a soloist, quartette or with an orchestra, and with or without stereopticon slides. This series of animated pictures, when properly illustrated or announced by stereopticon reading matter, should make a great success. Length 200 feet, complete with words of song and music. $45.00.* - Aus der Paper Print Collection der Library of Congress unter dem Titel „Love and War" rekonstruiert, findet er sich im Internet in http://hdl.loc.gov/loc.mbrsmi/sawmp.1694

Heute erstaunt das Tempo, mit dem sich das narrative System entwickelte.[40] Von der Erfindung des Films bis zu „*Intolerance*", dem Film von Griffith, der, wenn man so will, das Ende der entschlossenen Weiterentwicklung markiert, von 1896 also bis 1916, vergingen nur zwanzig Jahre. Für jemanden wie mich, der als Jugendlicher kurz nach 1960 Arbeiten der *Nouvelle Vague* sah und sich davon einen ähnlichen Sprung in der Filmentwicklung erhoffte, erwies sich der Rest des Jahrhunderts in seiner Dynamik als eher enttäuschend.

*

Im Übrigen ist die Filmform von „*Resurrection*" keineswegs so überholt, wie man denken könnte. Im Dokumentar- und Tagebuchfilm ist sie auch heute noch die Übliche, abgesehen vom Unterschied, dass wir Titel nicht mehr lesen, sondern sie als Off-Kommentare vernehmen. Eigentlich überrascht weniger, dass diese in sich stimmig vernünftige Form noch existiert, erstaunlich ist eher, dass und wie es dem narrativen System gelang, sich ihrer zu entledigen. Sie ist nämlich auch im narrativen Kino in ihrer Effizienz, bei z. B. der Inhaltsvermittlung, keineswegs überholt. Ich bezweifele, dass ein narratives Bildsystem mit noch so viel technischem und finanziellem Aufwand jemals die Effektivität des folgenden Zwischentitels erreichen kann:

T_8 : DIMITRI REALIZES THAT HER PLIGHT IS HIS FAULT: AT THE TRIAL
HE PROTESTS, WEAKLY. THE PROCEEDINGS ARE A PARODY

Die Zwischentitel in den Filmen verschwanden gewiss nicht, um irgendeinen Informationsfluss zu optimieren. Verglichen mit der Schrift kann man den narrativen Film kaum als sehr effektives Informationssystem bezeichnen.

*

Schauplatz eines Films der Form

Einstellung : Titel : Einstellung : Titel : Einstellung : Titel : ... usw.

---

40 wenn man so will, gab es erste Ansätze zu einer intuitiven Schnitt-Theorie bereits zwei Jahre nach den ersten öffentlichen Kino-Aufführungen. Der Filmmacher Helmut Herbst wies mich darauf hin, dass anfangs jeder der kurzen Filme einzeln in den Projektor eingelegt werden musste, was jedes Mal eine Pause nötig machte. Und dass erst die Erfindung der Zahntrommel-Transportrollen und der Klebelade es ermöglichten, Filme aneinanderzuschneiden. Interessant ist, dass jeder Veranstalter daraufhin bald eigene Vorstellungen davon entwickelte, wie ein gutes Programm auszusehen hatte, indem er die Zuschauerreaktion beobachtete und die Programmreihenfolge dementsprechend optimierte. Dadurch entwickelte sich ein Bewusstsein dafür, dass man Einstellungen mit einer gewissen Raffinesse aneinander montieren kann, und andererseits erwartete das Publikum bereits vor der Jahrhundertwende, dass sich die Filme innerhalb des Programms so abwechselten, dass ein interessantes Gesamt-Filmerlebnis entstand. Einige dieser frühen Montagelisten sind abgedruckt in *Das wandernde Bild. Der Filmpionier Guido Seeber*, Berlin 1979, S. 42

ist potenziell die ganze Welt. Faktisch blieben die Schauplätze im Wesentlichen dennoch auf die Dekorationen der Studios beschränkt. Wollte man die Kosten eines Films niedrig halten, stellten Außenaufnahmen einen riskanten Luxus dar. Transport, Gagen, Warten auf gutes Wetter machten eine einzige Einstellung manchmal kostspieliger als einen ganzen, nach dem Drehbühnenprinzip im Studio hergestellten Film. Die Mehrzahl der Außenaufnahmen hat, im Gegensatz zu den Interieurs, auch nicht die angenehme Eigenschaft, dass sich in ihnen Personen beliebig oft zwanglos treffen, um interessant darin zu interagieren, sie lassen sich in einem Film häufig nur ein-, zweimal benutzen. Ein Interieur verhilft dagegen dem ganzen Arsenal der Theaterinteraktionen zwanglos zu einem Ort. Trotz des ungeheuren Potenzials beschränken sich daher die meisten frühen Filme auf billig zusammengeschreinerte Interieurs und, mit nur gelegentlichen Einsprengseln von Außenaufnahmen, gemalte Außendekorationen. Auch heute ist es oft billiger, etwas im Studio neu zu bauen, als an einem Originalschauplatz zu drehen. Die Filmindustrie zog zwar wegen des guten Wetters von New York nach Hollywood, doch das geschah weniger wegen der Möglichkeit von Außenaufnahmen, es ging ums Licht. Weil die damaligen Scheinwerfer nicht stark genug für das wenig empfindliche Filmmaterial waren, hatten die Studios offene Dächer. Mussten bei Regen die Glasdächer geschlossen werden, befand man sich innen bereits am Rand einer Katastrophe.

***

E. TITEL UND OPERATOREN

Wir wollen nun das Modul $x_i : T_{ij} : x_j$ genauer untersuchen, wobei T_{ij} ein Titel ist, der die beiden repräsentativen Einstellungen x_i und x_j verbindet. Dazu zerlegen wir den Titel T_{ij} formal in einen Bestandteil $(TRZ)_{ij}$, der die Raumzeit-Verbindung zwischen x_i und x_j beschreibt und in einen Rest $(TRest)_{ij}$:

$$T_{ij} = (TRZ)_{ij} : (TRest)_{ij}$$

Dies stellen wir uns so vor, dass erst der eine Titelanteil zu sehen ist, dann der andere. Da die Zerlegung künstlich ist, nehmen wir an, es komme auf die Reihenfolge nicht an. Der Titel

T_6 : FIVE YEARS LATER - IN A LOW TAVERN

hätte zum Beispiel die Zerlegung

$(TRZ)_6$ = FIVE YEARS LATER IN A TAVERN

und $(TRest)_6$ muss den Tatbestand enthalten, dass die Kneipe eine der niedrigeren Gesellschaftsschichten ist. Es geht bei dem Rest also weniger um geografische als um soziale und inhaltliche Eigenschaften.

Manche Titel haben keinen Raumzeit-Anteil und bestehen nur aus diesem Rest:

T_{11} : "I AM TO BLAME AND WILL SEE THAT YOU ARE PARDONED"

Andere weisen nur den Raumzeit-Anteil auf, wie z. B. ein schlichtes "SIEBEN JAHRE SPÄTER IN MARRAKESCH". Den nichtraumzeitlichen Anteil eines Titels nennen wir den inhaltlichen Bestandteil.
*

Etwas bislang Unberücksichtigtes, das ebenfalls mit Zeit in Verbindung steht, stellt die Tatsache dar, dass das Geschehen einer neuen Einstellung für uns Zuschauer wie selbstverständlich zu einem späteren Zeitpunkt stattfindet als das der vorhergehenden. Das klingt trivial, aber genau dies, und dass man es als Zuschauer zunächst stets glaubt, ist die Voraussetzung dafür, dass das filmische Erzählen funktioniert. Keiner der Filmerfinder hat davon ausgehen können. Seit ihren uns bekannten Ursprüngen gab es in der Kunst wohl ein Nebeneinander, das sich, wenn man es betrachtet, in ein zeitliches Nacheinander verwandelt (bereits in manchen Höhlenmalereien, und in zahlreichen Beispielen noch in Kunstwerken der Renaissance), nur wenige wiesen jedoch die zeitlich geordnete Rigidität geschnittener Filme auf. Tatsächlich erscheint bei vielen frühen Werken gerade unserer Kultur oft ein merkwürdiges Nebeneinander an Verschiedenzeitigkeit in einem einzigen Bild. Wenn man das Leben eines Heiligen abbilden wollte, stellte man oft etliche Phasen seiner Vita an verschiedenen Orten des Bilds dar, ohne das Verschiedenzeitige durch Rechtecke oder ähnliche Rahmungen zu trennen. Solche bildinternen Asynchronitäten weisen Filme äußerst selten auf.[41] Doch auch wenn man die einzelnen Zeitsegmente voneinander sauber durch Rahmungen trennte, begegnet einem in vielen mittelalterlicher Mosaiken und Fresken oft eine sonderbare Ungeordnetheit der nebeneinander stehenden Zeitgefüge. Die rigide Zeitordnung der Kuppelmosaiken von San Marco in Venedig oder einiger Rechteckfolgen Giottos, welche sie zu Frühformen des Kinos machen, bildete vielleicht nicht die Ausnahme, sie stellte aber auch keinesfalls den Regelfall dar[42]. Denn man brauchte im Mittelalter offenbar noch keine sorgfältig gesetzte Zeitstruktur: Jede mögliche Bildanordnung wurde im Kirchenraum durch die stets präsenten Erzählungen von Kirchengeschichte und Bibel stabilisiert.

*

Oft wirken Titel über die folgende Einstellung hinaus und werden dann formal Bestandteil eines späteren Titels. In „Resurrection" gibt es z. B. das System

(1) $x_5 : T_{13} : T_{14} : x_5 : T_{15} : x_6$

wobei x_5 ein Gefängnis und x_6 eine Landschaft in Sibirien darstellt. T_{14} lautet:

"BUT NOW, THE POLICE ARE READY TO TAKE HER TO A LIFE OF HARD LABOR IN SIBERIA"

woraufhin man in x_5 sieht, wie die Polizei Katuscha abführt. Dann erscheint T_{15}:

"KATUSCHA TRIES TO HELP THE POOR UNFORTUNATES WHO SHARE HER FATE"

und man erkennt sie 'danach' in der 'sibirischen' Einstellung x_6. Dabei muss in der Raumzeit-Verbindung von x_5 zu x_6 die Information aus T_{14} berücksichtigt werden, dass es nun ab nach Sibirien geht. Bei den Raumzeit-Verbindungen zwischen zwei

---

41 Interessant sind allerdings einige Filme, die mit Split-Screens arbeiten, worin (z. B. in *Dressed to Kill* von Brian de Palma, mit Angie Dickinson, USA 1980) eine Weile zwei gleichzeitig stattfindende Geschehen nebeneinander gezeigt werden.

42 Die zeitliche Ordnung mittelalterlicher Fresken ist ein hochkomplexes Terrain. Bereits die spätkarolingischen Rechteck-Zyklen von *Mustair* oder die frühromanischen aus *Sant Angelo in Formis* (oder die der Abteikirche von *Saint-Savin*) weisen eine präzis nebeneinanderstehende Zeitordnung auf, die allerdings an den Gebäude-Ecken oft in ziemliche Willkür mündet.

Einstellungen werden also auch vorher erschienene Titel berücksichtigt, etwa in der Art, dass sie eine Zeitlang gespeichert und dann, sobald sich der betreffende Schnitt ereignet, abgerufen werden.

*

Diese Struktur ist auch im heutigen narrativen Kino häufig zu beobachten. Im Lauf eines Gesprächs können wir z. B. erfahren, dass ein Darsteller vorhat, nächste Woche nach Rom zu fahren. Nehmen wir ihn einige Zeit später in einer Umgebung wahr, die eine Lokalität in Rom repräsentieren könnte, wird der gespeicherte Raumzeit-Titel abgerufen und wir interpretieren „EINIGE WOCHEN SPÄTER IN ROM". Solche dialogvermittelten Raumzeit-Verbindungen braucht man kaum von solchen zu unterscheiden, die auf Titeln an der richtigen Stelle basieren.

*

In der entwickelten narrativen Filmform von heute sind Zwischentitel selten. Meist werden sie durch Dialoge impliziert. Dann und wann tauchen sie jedoch immer noch auf: vor allem bei größeren Orts- oder Zeitsprüngen, oft auch in den Anfangsbereichen von Filmen, wenn weit auseinanderliegende Handlungsgefüge durch Titel Zusammenhang erhalten. Häufig vertreten auch repräsentative Einstellungen Zwischentitel, wenn etwa ein Bild der *Tower Bridge* (oder des *Big Ben* mit Glockengeläut) zum Synonym von „LONDON" wird. Titel mit ausschließlich inhaltlichen Bestandteilen tauchen dagegen kaum noch auf, sie sind von Dialogen absorbiert worden, oder es ist gelungen sie visuell so differenziert darzustellen, dass sie nicht mehr erscheinen müssen. Jetzt, in den neunziger Jahren, vernimmt man auch häufig Off-Erzähler. Solche Erzähler sind zwar ‚unfilmisch', man hat jedoch begriffen, dass sich damit manchmal kompliziertere Sachverhalte darstellen lassen, als mit dem rein ‚filmischen' Erzählen.[43] Wer will, mag darin ein Zeichen vom Verfall des erzählerischen Kinos sehen. Gewiss hängt es jedenfalls mit einem Bemühen um differenzierteren Ausdruck zusammen.

*

Sehen wir in der uns jetzt schon bekannten Filmform

F = Einstellung : Titel : Einstellung : Titel : Einstellung : Titel : … usw.

von den inhaltlichen Titelbestandteilen ab, bleiben die Raumzeit-Titel TRZ übrig,

---

43 Meistens geht dieser Off-Sprecher (z. B. bei der Verfilmung von Marguerite Duras *Der Liebhaber*, *L'amant*, von Jean-Jacques Annaud, mit Jane March und Tony Leung, Frankreich 1992) allerdings auf Romanvorlagen zurück, wobei man bei der Verfilmung etwas vom authentischen Geschmack des Buchs herüberretten will.

und wir haben eine Form der Gestalt

F = Einstellung : TRZ : Einstellung : TRZ : Einstellung : TRZ : ... usw.

in der Raumzeit-Titel jeweils zwei Einstellungen verbinden und die raumzeitlichen Bezüge dazwischen herstellen. Eine der Hauptleistungen des narrativen Systems besteht darin, die explizite Darstellung der Raumzeit-Zwischentitel überflüssig zu machen. Und zwar ohne dass wir als Zuschauer unsere Raumzeit-Orientierung verlieren, sondern sie im Gegenteil sogar verbessert wahrnehmen können. Die Filmform wird dann zum trivialen System

F = Einstellung : Einstellung : Einstellung : ... usw.

wobei es in jeder Einstellung eine Reihe von Hinweisen gibt, die den raumzeitlichen Anschluss an das Vorherige vermitteln.
*

Das ergibt ein Wahrnehmungsmodell, in welchem sich diese Hinweise kurz nach dem Schnitt im Bewusstsein von uns Zuschauern zu einem Raumzeit-Operator verdichten, der dann die nötige Beziehung zwischen den Raumzeit-Segmenten vermittelt. In dieser Terminologie ließe sich die Untersuchung des narrativen Systems als weitgehend identisch mit einer Analyse der darin möglichen Darstellungen von Raumzeit-Operatoren begreifen.

Bezeichnen wir mit ORZ einen Raumzeit-Operator, nimmt die Filmform die folgende Gestalt an:

F = Einstellung : ORZ : Einstellung : ORZ : Einstellung : ORZ : ... usw.

Auch die Form

F = Einstellung : TRZ : Einstellung : TRZ : Einstellung : TRZ : ... usw.

können wir als mit diesem Prinzip arbeitend begreifen, wenn wir annehmen, dass aus den geschriebenen Titeln erst Raumzeit-Operatoren entstehen.
*

Die Raumzeit-Operatoren werden nicht ausschließlich durch die Einstellungen bestimmt, von denen sie direkt gerahmt sind. Wie bei Zwischentiteln können vorher erschienene Hinweise Raumzeit-Operatoren modifizieren. Derartiges nennen wir *Retardierung*. Ebenso ist möglich, dass ein bereits etablierter Raumzeit-Operator einen späteren beeinflusst. Das ist, wie wir sehen werden, der Fall bei den sogenannten *Rückschnitten*.

*

Das Entstehen der Raumzeit-Operatoren verlangt die Vorstellung möglicher Nachbarschaft zweier Einstellungen und deren Analyse. Als *möglich* empfundene Nachbarschaftsbeziehungen erzeugen mögliche Raumzeit-Operatoren, die weitere Hinweise zu tatsächlichen werden lassen und *mögliche* Nachbarschaft in nun *tatsächliche* verwandeln. Dieser Prozess findet, miteinander wechselwirkend, sowohl auf räumlicher als auch der zeitlichen Ebene statt.

***

F. DIE ZERSTÖRUNG DER GLEICHZEITIGKEIT UND IHRE REKONSTRUKTION
(Filmgeschichte 2)

Es ist nicht leicht, die sich bewegenden Bilder eines Films zu beschreiben. Schon die Beschreibung eines einzelnen Bilds hat wohl eine jahrhundertelange Tradition, bleibt aber ungenau und ist vor allem eine Betonung des vom Betrachter als wichtig Empfundenen. In keinem Fall stellt sie ein Äquivalent des Bilds dar, obwohl sich auch so etwas gelegentlich wie durch ein Wunder ergibt:

Der Garten Daubignys
* im Vordergrund grün und rosa Gras*
* links ein Gebüsch grün und lila   und ein Baumstumpf*
mit weißlichem Laub   der Mitte ein Beet mit
* Rosen .   Rechts ein Gatter eine Mauer und die Mauer*
überragend ein Haselnussstrauch mit violettem Laub .
* Dann eine Fliederhecke   eine Reihe   kugelförmig geschnittener*
* gelber Linden .   Das Haus selbst   im Hintergrund rosa mit*
* einem bläulichen Ziegeldach.   Eine Bank und 3 Stühle eine Gestalt*
in Schwarz mit gelbem Hut und   im Vordergrund eine schwarze Katze
Himmel grün blass .

Doch selbst, wenn Bildbeschreibungen wie diese van Goghs[44] durch das Erfassen der Bild-Essenz mehr als gelingen, erwachsen durch das Bewegungsphänomen derartig viele neue Schwierigkeiten, dass Sprache, gemessen am Anspruch, Wirklichkeit präzise wiederzugeben, verzweifeln muss. Weder grobe Bildvereinfachungen noch erschöpfende Beschreibungslänge können dies Problem lösen.
*

Haben wir z. B. zwei Personen vor uns, die relativ unabhängig voneinander verschiedene Handlungen ausführen, zwingt die Gleichzeitigkeit ihrer Handlungen immer wieder zu Konstruktionen des Typs: ‚Während A dies tut, macht B jenes‘, die sich derart häufen, dass die Handlungen von A und B als in sich geschlossene, voneinander unabhängige Vorgänge kaum noch begreifbar bleiben. Wird andererseits erst die Handlung von A und dann diejenige von B beschrieben, begreifen wir zwar die einzelnen Vorgänge, verlieren aber jede Information über die Querverbindungen

---

44 Anlage zu Brief Nr. 651 vom 23. Juli 1890; neu übersetzt unter Berücksichtigung der ursprünglichen Zeichensetzung und der Leerräume zwischen manchen Worten und Sätzen

zwischen ihnen. Dieses Problem ist repräsentativ für die Schwierigkeiten einer Literatur, die sich als objektiv beschreibend versteht. Es erscheint bei jedem Beschreiben von sozialer Wirklichkeit, die, das ist ihre Natur, nun einmal eine Unmenge gleichzeitiger Prozesse enthält. Der Roman des 19. Jahrhunderts hat als Antwort darauf eine Form entwickelt, die noch heute als Prototyp realistischen Schreibens figuriert.

*

Bei Balzac etwa lesen wir[45]:

„Ist es so gut?" fragte der Advokat und reichte Thuillier das Blatt hin. „Vollkommen", erwiderte dieser, faltete vorsichtigerweise den Brief selbst zusammen und schloss den Umschlag: „jetzt adressiere", fügte er hinzu.
Und der Brief wanderte in le Peyrades Hände zurück.

Und eine Seite später:

Als sie allein waren, nahm le Peyrade eine Zeitung zur Hand und schien sich in ihre Lektüre zu vertiefen.
Thuillier, der angefangen hatte, ziemlich unruhig bezüglich der Lösung der Frage zu werden, bedauerte, dass ihm eine andere Idee zu spät eingefallen war.
„Ja", sagte er sich, „ich hätte den Brief lieber zerreißen und es mit der Erbringung des Beweises nicht so weit treiben sollen."

*

In der ‚realistischen' literarischen Konstruktion der Gleichzeitigkeit wird also erst A eine Weile verfolgt und dann B, wobei wir zuweilen Informationen über das bekommen, was A tut, während wir B beobachten, und umgekehrt. Das Verfahren ist das einer raschen *Parallelmontage,* in der die ‚*wesentlichen*' Bewegungsphasen enthalten sind und die ‚*unwesentlichen*' weggelassen werden. Bei literarischen Konstruktionen fällt das kaum auf, schließlich sind die Gleichzeitigkeiten darin ja nur ausgedacht; den Ansprüchen einer realistischen Rekonstruktion von Wirklichkeit jedoch genügt es nicht, denn: Was macht eigentlich le Peyrade, nachdem er Thuillier sein Blatt gereicht hat? Was tut Thuillier, während ihm le Peyrade das Blatt zurückgibt?

Oder schärfer noch: Was heißt eigentlich, dass le Peyrade eine Zeitung zur Hand nimmt und sich in deren Lektüre scheinbar vertieft, während Thuillier schon anfängt, ziemlich unruhig bezüglich einer bestimmten Frage zu werden?

*

---

45 Honoré de Balzac, *Die Kleinbürger*, deutsch von Hugo Kaatz, Rowohlt Berlin 1924, Band 2, S. 239

Diese ‚realistische‘ Konstruktion, die bei der Verfolgung eines Ping-Pong-Spiels vorzüglich funktioniert, und, weil sich menschliche Wirklichkeit höchst selten wie ein Ping-Pong-Spiel organisiert, im modernen Roman häufig nur noch als Travestie zu beobachten ist, feiert im narrativen Film Auferstehung. Sie bestimmt dessen Struktur und ist verantwortlich für das eigentümliche Missverständnis, nach dem narrative Filme häufig als ‚realistischer‘ begriffen werden als Wirklichkeit selbst.
*

Voraussetzung für das Funktionieren dieser Konstruktion ist die weitgehende Zerstörung der verwirrenden Gleichzeitigkeit in den einzelnen Einstellungen, durch deren Abfolge im Film ja Wirklichkeit konstruiert wird. Je deutlicher die Gleichzeitigkeitsstruktur der Wirklichkeit in der einzelnen Einstellung zerstört wird, desto glaubwürdiger erscheint ihre Wiedergeburt in der *realistischen* Konstruktion. Dies ist einer der Gründe für die Degeneration des Darstellers zu einer Person mit beschränkten Bewegungsmöglichkeiten.
*

In dem, was uns von Méliès Film „*Von Paris nach Monte Carlo*“ aus dem Jahre 1905 erhalten ist[46], beobachten wir das Prinzip dieser Zerstörung. Der Film hat bei einer Länge von knapp sechs Minuten, wenn wir die einzelnen, zum Teil durch Stopptricks hergestellten Szenen als in sich realistisch begreifen, zwölf verschiedene Einstellungen, die jeweils einmal erscheinen. In diesen Einstellungen nehmen wir Dutzende von Personen wahr, die eine zum Teil unbeschreibbare Aktivität entfalten. In jeder dieser schwarz-weißen Einstellungen erscheint dann nach einer gewissen Zeit der Hauptdarsteller des Films, ein nachträglich von Hand funkelnd rot koloriertes Automodell, das sich von rechts nach links durchs Bild bewegen will - von Paris nach Monte Carlo. Die Geschichte des Films ist die Geschichte der Hindernisse, die sich dieser roten Ungeheuerlichkeit in den Weg stellen. Was immer sich an Aktivitäten auf seiner Bahn entfalten möchte, wird von ihm gerammt, überrollt und zerstört, weil das Auto seinen Weg von rechts nach links nehmen muss, um in der nächsten Einstellung wieder auftauchen zu können. Um die Bildaktivitäten ist es jedoch schon vor ihrer physischen Zerstörung geschehen. Denn was immer sich in den einzelnen Einstellungen an simultaner menschlicher Aktivität offenbart, wird im Moment, in dem das Auto erscheint, vernichtet, weil sich das Auge des Zuschauers reflexhaft diesem schon wegen der Kolorierung stark von seiner Umgebung sich abhebenden Objekt zuwendet. Die übrigen Bildgeschehnisse werden zu Atmosphäre und haben, wenn sie die Bewegung des Helden nicht

---

46   George Méliès (1861-1938), vor dem Ersten Weltkrieg äußerst erfindungsreicher Pionier des Trick- und Animationsfilms, Filme u.a. *Die Reise zum Mond* (1902), *Die Eroberung des Nordpols* (1912)

unterstützen, nur noch die Funktion, von ihm möglichst spektakulär vernichtet zu werden. Der Held besiegt die komplizierte Gleichzeitigkeit der Wirklichkeit und damit die Wirklichkeit selbst: erst im Auge, anschließend physisch. Dies ist bis heute eine wesentliche Botschaft des narrativen Films - und die kann man wirklich nicht am nächsten Telegrafenamt aufgeben, ohne Gefahr zu laufen, vom Empfänger der Botschaft verlacht zu werden.

Abb. 4: Zwei Szenen aus „Von Paris nach Monte Carlo" (1905)

Darsteller in Filmen haben also (abgesehen von der ihnen innewohnenden, immer wieder gefeierten, mitunter sogar das Ikonenhafte streifenden Magie) nicht nur die Eigenschaft, den Raum hinter sich zu verdecken und unser Auge so für die Fortsetzung einer Einstellung nach innen zu schulen, sondern sie helfen auch, sehen sie auffällig genug aus, das Gleichzeitigkeitsproblem der einzelnen Einstellung zu lösen. Mit dem Erscheinen des Hauptdarstellers wendet sich die Aufmerksamkeit diesem zu, gleichgültig ob er groß im Bild ist oder nur Punkt in einer weiten Totale. An diesen Reflex koppeln sich die Konstruktionen des narrativen Systems. Sobald ein Bild erscheint, wird es vom Zuschauer hierarchisiert und daraufhin untersucht, ob darin ein Hauptdarsteller zu entdecken ist. Erst danach wendet sich die Aufmerksamkeit anderen Bildteilen zu. Dann entfaltet der Hauptdarsteller freilich oft derartige Aktivität, dass er die Hintergrunddetails überspielt. Sodass wir deren Vielfalt nur genauer betrachten können, wenn wir das Risiko in Kauf nehmen, die folgende Handlung nicht zu begreifen. Eine der Voraussetzungen für das Funktionieren des narrativen Systems ist der flüchtige Blick, bei dem wir uns einbilden, einen abgebildeten Vorgang trotz aller Flüchtigkeit erfasst zu haben. In diesem Sinne *möchte* unser Auge im Kino betrogen werden.
*

Man kann sich fragen, was das soll. Da wird sehr viel Geld in diese Totalen gesteckt, der sogenannte *Production Value*, dann erscheint der Hauptdarsteller, und man ist gar nicht mehr fähig, auf all die teuren Details zu achten. Und in der Tat hat es lange gedauert bis solch beiläufiger Luxus im Film selbstverständlich wurde.

Bis zum Ersten Weltkrieg waren die Filme darum bemüht, dem Zuschauer jeden ausgegebenen Dollar mit einem Ausrufezeichen vor Augen zu führen, manche Produzenten waren sich nicht einmal zu blöde, die Kosten einzelner Einstellungen in den Zwischentiteln anzugeben oder den Namen ihrer Firma auf Möbelstücke zu schreiben, damit der Zuschauer erfuhr, dass sie eigens für diesen Film und teures Geld angeschafft wurden. Weil Betrug und Täuschung das Prinzip des Kinos ist, wollte man zeigen, dass der Zuschauer zumindest in finanzieller Hinsicht von dem Produzenten nicht betrogen wurde: Man bekam etwas für sein Geld.

*

Ebenso oft habe ich mich gefragt, wie es kommt, dass man selbst in Totalen etwa eines arabischen Markts so schnell bekannte Darsteller zu entdecken vermag. Bei auffällig gekleideten Frauen wäre das ja nicht weiter rätselhaft, aber es ist auch bei relativ unauffälligen Charakteren der Fall. In einem Kamerahandbuch habe ich einmal Regeln dafür gefunden, präzise Angaben über Diagonalenstruktur, Bewegungsrichtung, Tempo und Ähnliches.

*

Der an Darstellern orientierte Sehreflex des Zuschauers veränderte die Produktionsweise von Filmen. Aus ihm entwickelte sich das Starsystem mit den für damalige Verhältnisse monströsen Darstellergagen. Sobald diese bekannt wurden, die Höhe war so unverschämt, dass sie im Zuschauerbewusstsein schon vor dem Eintrittskartenkauf festsaßen, brauchten die Produktionskosten im Film kaum noch erwähnt zu werden. Meist beginnt ein Film erst richtig, wenn sein Star erscheint. Das sich zuvor Abspielende darf man übersehen: Es wird der Hauptfigur schon noch erklärt werden. Der Auftritt des Stars bildet den eigentlichen Anfang eines Films.

*

Das unterscheidet das Heldenprinzip des Films auch von demjenigen des Romans. Ein Roman erfindet seinen Helden, zu Anfang weiß man nichts über ihn. Ein Film verfügt über ihn bereits, bevor das Drehbuch geschrieben ist. Und Filme, die keine Stars haben, können nur hoffen, dass ihre Schauspieler irgendwann zu Stars werden, sonst haben sie es schwer.

*

Die Verbindung des Starsystems zu als ‚bürgerlich' abqualifizierten Ideologien blieb nicht verborgen. Sozialkritische Beschreibungen des Starsystems hat es immer gegeben. Übersehen wird aber zumeist die innige Verbindung, welche diese Ideologie mit der Form selbst eingeht. Das Hauptdarstellerprinzip ist wichtige Voraussetzung für die Aufbereitung von Ereignisfolgen. Erst das Starsystem sorgte für so nachhaltige Zerstümmelungen der Gleichzeitigkeit, dass ihre filmische Rekonstruktion durch die Parallelmontage selbstverständlich wird.

*

Diese Art Reflex beim Betrachten filmischer Wirklichkeit findet in der ‚realen' Wirklichkeit nur selten statt. In ihr begegnen wir nur selten Stars, ihr Äquivalent bilden höchstens uns plötzlich interessierende Personen oder Bekannte. Bei Begegnungen mit Bekannten, mit denen man ins Gespräch kommt, wird die physische Realität der betreffenden Person jedoch bald zu einem Teilphänomen unter all den anderen Details, die man beim Sprechen und Zuhören wahrnimmt. Selbst die Mehrzahl der Sätze geht bei Gesprächen in dem sonderbaren Strudel eigener Gedanken unter, der das Leben ausmacht und in dem man von der äußeren Welt zugleich alles Mögliche und nichts wahrnimmt. Anders als beim Star eines Films, dessen Ikonenhaftigkeit stets kontrolliert wird, ist das Aussehen eines Gesprächspartners gewöhnlich nur winziger Bestandteil der in Gesprächen erlebten Welt.

*

Im Film wird diese darstellerfixierte Sehweise dagegen Teil des Wahrnehmungsprozesses: In jedem Film neu dressiert ist sie Voraussetzung für das Verständnis seiner Raumzeit-Konstruktionen. Trotz ihrer Widernatürlichkeit stellt die Entdeckung dieser filmspezifischen Sichtweise und ihrer Konsequenzen eine enorme Leistung dar, die lohnt, sie zu verstehen, zu unterrichten und zu bewahren. Den Menschen, das lehrt die Physik, erschließen sich nicht jeden Tag neue Ordnungssysteme. Gerade in der modernen Physik wird oft versucht, bereits abgeschmetterte Ideen in Bereichen, für die sie ursprünglich nicht gedacht waren, erneut auszuprobieren, manchmal bloß um zu sehen, ob die rechnerischen Konsequenzen in die Nähe der Messungen fallen. Selbst Irrtümer enthalten mitunter vielversprechende logische Ansätze. Erstaunlicherweise scheint selbst die Zahl der menschlichen Irrtümer zu klein zu sein, um in allem befriedigende Interpretationen des Wirklichen zu liefern. Und das narrative System ist ein wirklich überraschendes Geschenk, eins, von dem, wie schon mehrfach erwähnt (aber man kann es gar nicht oft genug sagen), niemand bei der Erfindung der Fotografie hat ahnen können, dass es überhaupt existiert. Nur ein paar Buch- und Wandmalereien und aus dem frühen Mittelalter stammende Mosaiken deuteten vage in die Richtung dessen, was kommen sollte.

*

Das Wandern des Auges, dem die van Gogh'sche Beschreibung seines letzten Bilds folgt, enthält eine Zeitkomponente, obwohl es in dem Bild selbst gar keine

Bewegung oder vergehende Zeit gibt. Die Beschreibung tastet sich vorwärts, dabei erschließt sich das Bild nur allmählich. Obschon es in seiner Ganzheit vorhanden ist, wird es als solche nie wahrnehmbar. Insofern ähnelt diese Beschreibung tatsächlichem ‚Etwas-Erkennen‘. Balzacs Konstruktion hat verglichen damit eine weit größere Gerichtetheit. Zugleich ist sie sorgloser, und im Grunde überzeugt, dass auch eine schlechte Beschreibung beim Leser die Wirklichkeit so klar aufleuchten lässt, dass sie, als sei dies eine Selbstverständlichkeit, in Gänze mit zu entstehen scheint. Dieses Vertrauen in die selbstverständliche Existenz der Wirklichkeit hat van Gogh nicht mehr, in ihm kündigt sich eine Moderne an, in der violettes Laub und blassgrüne Himmel als Wahrnehmungsparameter die gleiche Plausibilität annehmen wie die fotorealistische Wiedergabe eines Geschehens.
*

Während im realistischen Roman des 19. Jahrhunderts die abstrakte, vereinfachende Darstellung simultaner Vorgänge wegen der eindimensionalen Imperfektion der Sprache eine enorme Errungenschaft darstellte, ist ihre formale Übertragung auf Film auch ein Rückschritt. Denn Film besitzt im Prinzip ja schon die Fähigkeit der gleichzeitigen Abbildung. Vielleicht aber sind wir als Zuschauer von dieser Gleichzeitigkeit überfordert und sehnen uns in ihrer Komplexität nach einer Art Zeigefinger. Dieser Zeigefinger verwandelt die alogische Gleichzeitigkeit der Wirklichkeit in das logisch erscheinende Nacheinander des von der Literatur gelieferten Modells. So wird es uns möglich, Filme nach dem literarischen Code des 19. Jahrhunderts herzustellen, zu betrachten, zu beschreiben und zu beurteilen. Ach, die lieben Inhaltsangaben! Dass wir auf diese Weise über nur am Rand Narratives wenig zu sagen wissen, kann nicht erstaunen. Aber das gilt auch für statische Bilder, bei deren Beschreibung sentimental narrative Geschwätzigkeit immer häufiger das Wahrnehmen und Empfinden zu ersetzen versucht. Ich wünschte, auch bei der Betrachtung von bewegten Bildern wird man einmal so lapidar empfinden können:

Eine Bank und 3 Stühle   eine Gestalt
in Schwarz mit gelbem Hut und   im Vordergrund eine schwarze Katze
Himmel grün blass .

***

G. EXKURS: DER STARRE BLICK UND DIE POLITIK

Da bei der besprochenen Rekonstruktion der Gleichzeitigkeit in Form der ‚realistischen‘ Konstruktion sehr häufig Blicke auftauchen, lohnt es sich, die im ersten Kapitel angerissene Untersuchung des starren Blicks noch einmal aufzunehmen. Zunächst aber soll eine häufig in Filmen auftauchende Verbesserung der literarisch-realistischen Konstruktion erörtert werden, die sich durch das zwanglose Wirken der rahmenden Totale ergibt, wofür sich, wie wir gleich sehen werden, ebenfalls literarische Äquivalente finden lassen. Geht man zum Beispiel davon aus, dass x_1 wie in Abb. 5 eine Totale ist, die x_2 mit Person A und x_3 mit der Person B enthält,

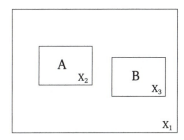

Abb. 5

werden die meisten Kinofilme häufig folgende Schnittfigur enthalten:

(2) $\qquad x_1 : x_2 : x_3 : x_2 : x_3 : ... : x_2 : x_3 : x_1$

Das heißt nach der Totale x_1, worin wir A und B entdecken, wird an die Person A im Raum x_2 heran geschnitten, um danach wie in Balzacs Roman zwischen A in x_2 und B in x_3 hin- und herzuspringen, bis schließlich wieder die rahmende Totale x_1 erscheint, welche die räumlichen Verhältnisse stabilisiert.
*

Dem entspricht in der Literatur folgende Figur (wieder aus Balzacs „*Die Kleinbürger*" S 276 ff.):

x_1 = *Als sie in den Salon trat, sah sie den Abbé Gondrin im Mittelpunkt eines großen Kreises, den fast die ganze Gesellschaft um ihn gebildet hatte, und als sie sich ihm näherte, hörte sie, wie er sagte:*

x_2 = *„Ich danke dem Himmel, dass er mir diese Freude hat zuteil werden lassen..."*

x_3 = *Den Arm unter dem ihrer Patin, stand Celeste einige Schritte von dem Priester*

83

entfernt. An seinen Lippen hängend, solange er redete, presste sie Frau Thuilliers Arm und sagte...

dann eine Reihe von Dialogen und schließlich:

x_1 = *Nach diesen Worten nahm der Abbé seinen Hut und verließ den Salon.*
*

Wird dabei die Beziehung zwischen A und B oft durch sich gegenseitig wahrnehmende Blicke gestützt, bezeichnet man die Unterfigur

(3) $x_2 : x_3 : x_2 : x_3 : ...$ usw.

auch als ‚*Schuss-Gegenschuss-Verfahren*‘, gerade als würden A und B nicht Blicke, sondern Revolverkugeln austauschen. In diesem Bedürfnis nach einer zusätzlichen Stützung der räumlichen Beziehungen entdecken wir den Hauptgrund der häufigen Blicke vom Typ der zweiten Starrheit im narrativen System. Da diese Schnittfigur systematisch in amerikanischen Filmen entwickelt wurde und noch benutzt wird, könnte man eine solche Zerlegung der Totale mit anschließender Blickstabilisierung der räumlichen Beziehungen zwischen den Untereinstellungen auch die ‚*amerikanische*‘ Zerlegung der Wirklichkeit nennen.
*

In einem interessanten Sinne vertritt der Politiker in repräsentativen Demokratien - der ‚*Representative*‘ - ebenso eine Meinung, wie die repräsentative Einstellung einen Raum. Für diese Meinung wird er ins Parlament gewählt wie die Einstellung um ihres repräsentativen Charakters willen in einen Film. Im Blick eines solchen Politikers ist eine andere Starrheit als die Stalins, er wartet auf den Gegenblick, und ist damit auf eigene Weise Vertreter der von uns erwähnten zweiten Starrheit. Das Nacheinander von Meinung und Gegenmeinung in der repräsentativen Demokratie mit anschließender Abstimmung hat im narrativen System also ein äquivalent wirkendes Gegenstück: Blick, Gegenblick und verbindende Totale.
*

Daher ist der ein wenig starre, das Beobachten ertragende Blick auch Kennzeichen einer offenen Demokratie, worin man zu seinen Ansichten steht und sich bemüht, sie einigermaßen vernünftig zu halten. Während das Warten auf den Gegenblick Ausdruck einer Sehnsucht ist, dass auch ein anderer dasjenige als vernünftig bewertet, was man sich als Ansicht abgerungen hat. Das Nacheinander ersetzt das Durcheinander gleichzeitiger Meinungen. Durch die Zerstörung der

Gleichzeitigkeit und deren Verwandlung in Nachzeitigkeit lässt sich das Feld der subjektiven Überzeugungen und Ansichten besser aufspannen als in direkten Darstellungen des Gleichzeitigen. Denn da es den Gegenblick gibt (und mit ihm die entgegengesetzte Meinung), können Meinungsführer oder Politiker wagen, ihre Ansichten extremer zu äußern, ohne Angst haben zu müssen, dass das Ganze aus dem Gleichgewicht gerät - man kann verantwortungslos tun, ohne verantwortungslos sein zu müssen. Vertritt wer extremere Meinungen, als er sie im Grunde für richtig hält, kann er hoffen, dass sie durch Gegenmeinungen korrigiert werden. Die Leidenschaft des Voyeurs dagegen, der einer Totale gegenübersteht, ist maßlos. Indem er sich im Besitz der heiligen Macht wähnt, den Ausschnitt zu wählen[47], gleicht er einem Diktator, der die Totale beherrscht; auch in diesem Sinn kann man das Wort ‚totalitär' begreifen.

*

Insofern wäre der ‚amerikanischen' Montageform durchaus auch der Begriff ‚*rhetorische Montage*' angemessen. Und in der Tat lassen sich manche der auf die Gesten-Technik des Redners gemünzten Passagen aus dem „*Orator*" Ciceros leicht modifiziert ebenso gut auf Darsteller anwenden, die sich in Schuss-Gegenschuss-Verfahren gegenüberstehen. Zum Beispiel wenn bei Cicero[48] von Stimmführung (‚*vox*') mithilfe von Lautstärke und Tonhöhe die Rede ist oder den Ausdrucksgebärden, die er nach Haltung (‚*gestus*') und Bewegung (‚*motus*') gliedert, wobei Ziel des ‚*gestus*' vor allem das Vermitteln von Sicherheit im Erscheinen und in der Bewegung von Rumpf und Gliedmaßen ist. Mit Attributen wie maßvoller Würde und dem Vermeiden zappliger, affektierter Clownerien als Kriterien, mit Berechnung bis in die Fingerspitzen (‚*argutiae digitorum*') oder Rhythmusbetonung durch Pochen mit den Fingerknöcheln aufs Rednerpult. Und der wichtigen Regel: „*In der Haltung: aufrechter Stand und Erhabenheit; seltene und nicht ausschweifende Schrittbewegungen ...; keine koketten Nackenverdrehungen ... Eher sollte man mit dem ganzen Rumpf sich selbst ein Maß setzen und mit mannhaft leichter Beugung der Flanken in der*

---

47 ‚*Heilige Macht*' im Anklang an die römischen Auguren, die zur Befragung der Götter mit ihrem Krummstab - dem ‚*lituus*' - ein sogenanntes ‚*templum*' in die Landschaft schlugen, einen rechteckigen Visier-Raum, den man mit erhöhter Konzentration betrachtete, um darin die symbolische Zustimmung der Götter zu bevorstehenden Staatsakten abzulesen. Man analysierte vor allem ‚*ex caelo*', also Wolkenerscheinungen, und ‚*ex avibus*', das Vogelverhalten (dazu zahlreiche antike Literatur, ergiebig ist Cicero *de divinatione* 1; 18-102, sowie 2; 48 ff.) - Das griechische Pendent heißt ‚*temenos*' und leitet sich vom Verb ‚*temno*' - schneiden - ab. Es ist also ein Ausschnitt aus der Welt, in dem sich etwas Spezielles ereignet. Ähnlich schneidet auch der *Voyeur* etwas aus der Welt aus, um es mit höherer Konzentration zu betrachten. Verwandt sind solche ‚*temenoi*' den entwicklungsgeschichtlich wohl erst später entstandenen massiv-stationären *Tempeln*, in denen das Heilige ein permanentes Zuhause fand. Antike Tempel als sonderbare Vorläufer des Kinos zu bezeichnen, geht indes wohl sehr weit. Eher scheinen sie Fernsehanstalten zu ähneln, in denen mit Voraussagen populistisch Stimmung gemacht wird.

48 M. Tullius Cicero (106-43 BC), römischer Redner, Politiker und Schriftsteller, *Orator*, 59 f

Erregung die Arme recken und sie wieder zurückholen in der Entspannung. Im Mienen-spiel, das nächst der Stimme am meisten auszudrücken vermag, mögen Würde und Güte möglichst abwechselnd in Erscheinung treten."
*

Überhaupt ist unter den sprachlichen Ordnungssystemen die Rhetorik dem narrativen System vielleicht am tiefsten verschwägert. In Quintilians Darstellung der Redekunst[49] würde heute auftauchen, wie Schnittrhythmus und dadurch optimal zur Geltung gebrachte Körpersprache die Darlegung von Argumenten unwiderstehlich machen. Insofern könnte man viele Teile des narrativen Systems als eine der üblichen, der gesprochenen Sprache aufgesetzte Rhetorik begreifen. Denn dass das narrative System nicht wirklich den Charakter einer Sprache hat, haben wir bereits einsehen müssen.
*

Wenn x_1 wieder eine Totale ist und x_2 ein A enthaltender Ausschnitt gemäß Abb. 6

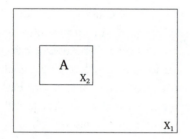

Abb. 6

wäre folgende Schnittfigur wichtigster Bestandteil der Ästhetik des Voyeurs:

(4) $x_1 : x_2 : x_1 : x_2 : \ldots$ usw.

das heißt die erzählerische Spannung zehrt von der Spannung zwischen Totale und dem Detail. Dies war in Edwin S. Porters *„The Gay Shoe Clerk"* bereits 1903 in frivoler Klarheit zu besichtigen, wo, wie in Abb. 7 zu sehen, aus einer Totale direkt in die Naheinstellung eines Damenfußes geschnitten wird:

---

49 M. Fabius Quintilianus (35 - ca. 90 AD), *Institutio Oratoria*, Rom ca. 85 AD

Abb. 7: Drei Szenen aus „The Gay Shoe Clerk" (1903)

Am unmissverständlichsten wird der Spannungsbogen dieser Montageform, die wir aus naheliegenden Gründen als ‚*voyeuristische Montage*' bezeichnen wollen[50], vielleicht anhand pornografischer Situationen, sobald darin der Geschlechtsakt vollzogen wird. Dann verliert die ‚amerikanische' Zerlegung weitgehend an Sinn, denn die Protagonisten sind die meiste Zeit mit Handfesterem beschäftigt als dem Gegenseitig-sich-Anblicken. Daher bleibt pornografischen Filmen am Ziel ihrer Handlungsführung nichts übrig, als dauernd zwischen Totale und den Details zu wechseln.

*

Von voyeuristischer Montage könnte man aber auch noch sprechen, wenn die Situation aus Abb. 8 vorliegt, wenn also in den Unterausschnitten x_2 und x_3 der Totale x_1 keine Darsteller auftauchen, die durch Blicke oder Ähnliches einen Bezug zueinander herzustellen versuchen. Dann wird in der Schnittfigur

(5) $\quad x_1 : x_2 : x_3 : x_1$

der Schnitt $x_2 : x_3$ ausschließlich durch die vorherige Einbettung beider Einstellungen in die Totale x_1 begriffen, das heißt von der im vorigen Abschnitt besprochenen

---

50 Dies kann nicht der Ort sein, den der Filmerfahrung zugrunde liegenden Voyeurismus in seiner ganzen Komplexität zu fassen. Die Vielfalt der damit verbundenen Phänomene bringt den legitimen (also den das geheime Begehren des Betrachters noch weitgehend negierenden) Diskurs schon in der klassischen bildenden Kunst an den Rand des ihm Möglichen. Einen Überblick der entstehenden Verwirrung liefert Rosalind E. Krauss in *The Optical Unconscious* (1993). Ausgehend von Marcel Duchamps letztem Werk *Etant donnés* und Sartres Szenario des vor einem Schlüsselloch hockenden Voyeurs, der von einem Dritten ertappt wird, erörtert sie etliche der dabei stattfindenden, großteils mit kaum erträglicher Scham besetzten Vorgänge. Laut Sartre ist die beim Ertappten zutage tretende Scham eine Scham darüber, dass dann ein Selbst zum Vorschein kommt, das man nicht „kennt", sondern das man nur „sein" kann. Die Scham „ist Anerkennung des Tatbestands, dass ich wirklich jenes Objekt bin, das der andere sieht und aburteilt." - Deutsch in Rosalind E. Krauss, *Das optische Unbewusste*, Hamburg 2011, S. 172-180; Jean-Paul Sartre, *Das Sein und das Nichts*, Reinbek 1993, S. 457 ff. - Dass das Kinoerlebnis im Dunkeln und in Gemeinschaft anderer „Voyeure" stattfindet, entlastet den Einzeln offenbar weitgehend von seiner Scham. Die Grenzen dieser Entlastung sind indes in allgemeiner Form nur sehr schwer zu ziehen.

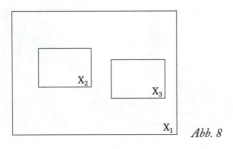

Abb. 8

voyeuristischen Grundstruktur.

*

Interessant ist nun, dass uns diese Montageform heute vollkommen selbstverständlich erscheint. Wenn wir ein Geschehen dokumentarisch abbilden wollen, seien es Familienfeste, sei es ein Besuch der Akropolis, wird jedermann heutzutage erst eine Totale anfertigen und dann das Geschehen in etlichen Detaileinstellungen spezifizieren. Dies erscheint uns als fast natürliche Vorgehensweise, ähnelt sie doch unserem Erfassen der Wirklichkeit insofern, als wir auch im realen Leben versuchen, zunächst einen Vorgang als Ganzes wahrzunehmen, um dann einige Details näher ins Auge zu fassen, indem wir, als gewissermaßen legitimierte Voyeure, ein wenig näher an sie herantreten. Insofern erstaunt, dass dies Vorgehen nicht schon früher Niederschlag in der Filmgeschichte fand und auf wenige Beispiele wie „*The Gay Shoe Clerk*" beschränkt blieb.

Eine Antwort mag darin liegen, dass die bildende Kunst nicht darauf vorbereitet hatte. Ein Näher-Heran bedeutete bei Bildern und Statuen bis zur Erfindung des Filmschnitts stets ein physisches Nähertreten. Und die Möglichkeiten des linearen Schnitts, der Raumkonstruktion, die Arbeit mit Titeln und vor allem die Parallelmontage erwiesen sich in ihrer Kombination als so fruchtbares neues Terrain, das man das naheliegend Voyeuristische aus den Augen verlor und sich erst darum kümmerte, als die Filmform sich schon zu beträchtlicher Komplexität ausgewachsen hatte.

*

Die Entsprechung der Worte ‚total' und ‚totalitär' ist gewiss zufällig, obwohl seltsam anmutet, wie sehr sich zahlreiche deutsche Fernsehregisseure bis spät in die achtziger Jahre gegen die systematische Zerlegung der Totale in Parallelmontagen sträubten, obwohl sie den Erfolg wahrnahmen, den amerikanische Serien mit diesem Verfahren erzielten. Tatsächlich hatte auch der Ostblock Probleme mit der amerikanischen Zerlegung, ich weiß nicht ob aus Unkenntnis, oder ob tatsächlich irgendeine politische Grundüberzeugung dahinterstand. Die Zerlegung der Totale

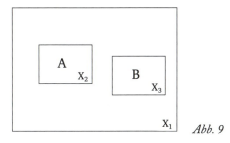

Abb. 9

in Abb. 9 nimmt dann häufig folgende Form an:

(6) $x_1 : x_2 : x_1 : x_3 : x_1 : x_2 : x_1 : \ldots$ usw.   oder
(7) $x_1 : x_2 : x_1 : x_2 : x_1 : x_3 : x_1 : \ldots$ usw.

das heißt, A und B werden, wenn sie sich anblicken, nicht direkt aneinander geschnitten, sondern es wird die verbindende Totale zwischengeschaltet. Da wir die systematische Aufeinanderfolge von Ransprung mit darauffolgendem Rücksprung aus der ‚voyeuristischen' Zerlegung kennen, könnte man diese Schnittfiguren als *‚halbvoyeuristisch'* oder *‚halbamerikanisch'* bezeichnen.

*

Viele intelligente Filmmacher lehnen die *‚amerikanische'* Zerlegung als zu plump ab, und arbeiten lieber halbamerikanisch oder voyeuristisch mit dominierender Totale. Vielleicht ist ihnen das demokratische Wechselspiel von Meinung und Gegenmeinung, ist ihnen der Kompromiss, der sich in der verbindenden Totale äußert, ja doch nicht in Fleisch und Blut übergegangen, und so füllen sie die Totale mit all den Details und Requisiten ihrer Autorenherrlichkeit und glauben sie als Regisseure zu beherrschen wie Stalin die Sowjetunion.

*

In diesem Sinne ist vielleicht nicht Walt Whitman der Sänger der amerikanischen Demokratie sondern das Hollywoodkino, das den Raum beschreibt, den die Demokratie sich verschafft. Leider werden die Meinungsträger in Amerika dadurch in ihren politischen Ansichten an einen gewissermaßen verallgemeinerten starren Blick gebunden, der auch das Denken umschließt; es ist schon schwer, nicht darüber zu lachen, wie die gleichen Politiker über die Jahre mit immer gleicher Überzeugtheit die immergleichen Meinungen vertreten, als würde sich in ihnen nichts ändern, scheint es doch eine Starre, eine Versteinerung der Gedanken zu verraten: einmal liberal (oder konservativ), immer liberal, vorhersehbar in allen neuen Bereichen. Aber dies ist weniger lächerlich, als es vielen erscheint. Denn tatsächlich hat jeder dieser Meinungsträger Opponenten, und zwischen ihnen spannt sich der

Raum auf, in dem die Individuen sich ihre Freiheit bewahren können. Nur in diesem Zwischenraum können Whitman oder Charles Olson von der Demokratie singen, sie mit ihrem Leben füllen und so am Implodieren hindern.[51]

*

Heute freilich wollen erfolgreiche Politiker so verantwortungslos wie schlechte Künstler leben (während schlechte Künstler verantwortungslose Politiker zu sein versuchen), und wer dann einen aufrecht und überanständig klingenden politischen Raum aufspannt, muss sich schon gefallen lassen, dass seine Haltung und seine Vergangenheit genauer untersucht werden. Kein Wunder, dass es zu den unsäglichen Verleumdungen im Privatbereich kommt, womit uns die Medien füttern. Starrer Blick und differenzierte Persönlichkeit passen nicht recht zusammen.

*

So weit, so gut. Das Spiel von Meinung und Gegenmeinung in der Demokratie enthält aber a priori auch den Zuschauer. Seltsamerweise entsteht bei Zuhörern einer Diskussion das Bedürfnis nach Parteinahme. Was dazu führt, dass man bei der Beobachtung zweier Argumentierender in einem Reflex vermutet, die Wahrheit befände sich irgendwo zwischen den beiden, und dieser Ort sei der für das eigene Engagement angemessene. Dabei sind derlei Auseinandersetzungen nicht selten erbitterte Kämpfe zwischen zwei Irrenden. In diesem Fall gäbe es zwischen ihnen keinen Ort der Wahrheit und damit auch keinen solchen für den Zuschauer. Interessant ist aber, dass ihrer beider Ansichten sich selbst im Irrtumsfall gegenseitig stabilisieren und den Ort der Wahrheit zwischen sich zu schieben verstehen. Das ist der Punkt, an dem es schwierig wird: bei der ganz demokratisch funktionierenden Fähigkeit zweier Irrer, ganze Gesellschaften durch heftige politische Auseinandersetzungen in die Irre zu führen.[52]

---

51 Charles Olson (1910-1970, amerikanischer Dichter, berühmt geworden durch seinem Aufsatz zur Dichtkunst *Projective Verse* (1950); sein Hauptwerk ist *The Maximus Poems* (komplett erschienen 1983 in Berkeley und London). Tiefere Einsichten in diesen Themenkomplex bietet P. Adams Sitney, *Eyes Upside Down - Visionary Filmmakers and the Heritage of Emerson*, Oxford University Press 2008, worin der in zahlreichen Werken zutage tretende, vom europäischen sich klar unterscheidende amerikanische Individualismus auf Gedankengänge Ralph Waldo Emersons (1803-1882) zurückgeführt wird, die (so zu lesen auf S. 20) „absorbiert werden, wie man Luft einatmet". Der Dichter Walt Whitman (1819-1892) gilt neben Henry David Thoreau (1817-1862) als wichtigster Schüler Emersons.

52 Das verschärft sich in politischen Themen gewidmeten *Talkshows*. Einerseits ist die Teilnehmerzahl höher, sodass man mit einigem Grund annehmen kann, die Wahrheit befände sich zwischen den Teilnehmern, andererseits zwingt die erhöhte Zahl jeden zu einer prägnanten Kürze, worin die mögliche Wahrheit höchstens als Schablone erscheint. Als Zuschauer sitzen wir zwischen all diesen verkürzten Ansichten und hoffen, einer der Beteiligten möge endlich die knappen Sätze finden, die unserer eigenen Meinung (die wir bei diesem Herumgerede indes oft erst bilden) am ehesten entspricht. Unterdessen geben wir, uns dabei wohlfühlend, den Rednern *Zensuren*. Bei komplizierteren Problemen reicht das leider nicht: Man stürzt uns in einen Strudel der Verwirrtheit, in dem wir, wie

Eine der Hauptursachen der Häufigkeit des starren Blicks ist aber schlicht sein gutes Funktionieren. In der Zuverlässigkeit seiner Wirkung ähnelt er der ähnlich inflationär benutzten Kadenz in der Musik. Immer neue Generationen von Filmmachern produzieren ihn zu Beginn ihrer Laufbahn in plumpester Form immer wieder aufs Neue. Sie erkennen daran eine funktionierende Resonanz und sind darauf bis zur Beherrschung raffinierterer Formen angewiesen wie Amateurmusiker auf die immergleichen Akkordfolgen. Er ist darum, auch wenn man es wollte, nicht ausrottbar.

*

So sehr man sie in der Demokratie verankern möchte, führt diese zu Starrheit neigende Anfängerästhetik oft zu einem Menschenbild, das mit dem totalitärer Gesellschaften sonderbar übereinstimmt. Denn in totalitär geprägten Gesellschaften (und auch demokratisch-kapitalistische können ja totalitäre Züge annehmen) wird der Mensch als starres Wesen mit nur wenigen Grundbedürfnissen und peinlich starrem Blick gesehen, in dessen Leere sich freilich die Hohlheit der sie beherrschenden Köpfe entdecken lässt. Nicht zuletzt das mag als Grund dafür gelten, dass viele Gesellschaftskritiker gerade hinter dem amerikanischen System einen gefährlichen Totalitarismus wittern.

*

Im Leben ist der deutlich wahrgenommene lang anhaltende Blick, außer vielleicht im Kindesalter, eher bedeutungslos. An die Blicke meiner Kindheit kann ich mich indes nicht mehr erinnern. Was ich zu erinnern glaube, kann Filmen entstammen, die Kindheitssituationen nach dem Modell des starren Blicks simulieren. Bedeutung im Erwachsenenleben hat vor allem der verstohlene, trotzdem aber wahrgenommene Blick. Mit seiner Interpretation sind wir ausgiebig beschäftigt. Leider ist er zwar nicht selten, aber wiederum nicht so häufig, dass sich eine Filmform darauf aufbauen ließe.

*

Daher braucht es im Film eine Reihe nichtssagend halbstarrer Blicke, um den einzigen unterbringen zu können, dessen Scheu Bedeutung gewinnt. Das führt zu bewundernswerten Leistungen wie der Ingrid Bergmans zu Beginn von *„Notorious"*,

einst am Antlitz der Mutter, nur am Gesicht des wöchentlichen Talkshow-Hosts Halt finden, der insofern am besten eine Frau sein sollte. Gefährlich daran ist, dass die scheinbare Vielfalt der Ansichten in weitaus größerem Maße suggeriert, die Wahrheit befände sich dazwischen, als es beim einfachen Spiel von Meinung und Gegenmeinung der Fall ist. Und (aber das betrifft bereits den Gedankenaustausch in unseren Gesellschaften generell und ist insofern nur Symptom) dass alle Ansichten, die nicht auf die Schablone reduzierbar sind, im demokratischen Spiel unter den Tisch fallen, weil sie sich in Talkshows nicht äußern können.

wo sie das Starre mit einer Leichtigkeit überspielt, die einen, wenn man es erkennt, weinen lassen kann.[53] Diese Leichtigkeit ist leicht indes nur gemessen an der Starrheit, die Film ansonsten innewohnt. Mit ihr wird das Starre nur umspielt, mit der Leichtigkeit des Lebens hat sie nur am Rand zu tun. Sie spielt bloß mit der von uns sogenannten zweiten Starrheit, im Rahmen derer sie die Freiheit zu verkörpern hat. Aber schon dazu gehören Paare, die mit der narrativen Form wegen der Unzahl von Gegenblicken ja viel inniger verwoben sind als die Einzelperson.
*

Trotz der relativen Belanglosigkeit des deutlichen Blicks im privaten Leben gehört es zweifellos zu den menschlichen Grundbedürfnissen, angeblickt zu werden. Dieses Bedürfnis hat für uns, bereits in der frühesten Kindheit, wahrscheinlich höheren Rang als das nach Moral oder Sexualität, es kommt gleich hinter dem Wunsch nach der Befriedigung von Hunger und Durst. Trotzdem gibt es im Kino den frontalen Blick, bei dem man sich als Zuschauer angeblickt fühlt, sehr selten. Meist geht der Blick ein wenig an der Kamera vorbei. Dagegen sehen wir häufig jemanden, der jemand anderen anblickt - und jemanden anzusehen, der jemand anderen anschaut, gehört eigentlich nicht mehr zu den elementaren menschlichen Grundbedürfnissen, eher schon zu den Perversionen. Darum haben politische Führer im Zeitalter des Fernsehens gelernt, direkt in die Kamera zu blicken und das Publikum direkt anzusprechen, um den Raum zwischen ihnen und uns auszuschalten. Diese Starrheit ist interessanterweise unglaublich intolerant gegenüber Abweichungen: Ein einziger, versehentlicher Seitenblick auf eine nicht im Bild sichtbare Person (wie den Tonmann) entlarvt den Blick in die Kamera als das was er ist: als bodenlos schamlosen Betrug.
*

Das Einander-in-die-Augen-schauen-Können, von dem römische Historiker glaubten, es sei den Menschen abhanden gekommen (was sie für den Grund des Zerfalls ihrer Republik in den Bürgerkriegen hielten)[54], ist ihrer Kultur in den Bürgerkriegen tatsächlich abhanden gekommen. Spätestens seitdem hatten die Römer etwas zu verbergen. Dies war aber nicht allein ein Verlust, es stellte auch einen Gewinn dar, denn in diesem paradoxen Prozess wurde damals zugleich die Individualität erkämpft. Individuen sind nur frei, wenn sie die Freiheit haben, etwas zu verbergen. Daher die Liebe der Machthaber in totalitären Gesellschaften für den

---

53 *Notorious*, von Alfred Hitchcock (1899-1980), mit Ingrid Bergman und Cary Grant, USA 1946

54 z. B. C. Sallustius Crispius (86-34 BC) in *Historiae*; andererseits erwähnt Cicero ein Bonmot des Älteren Cato, der sich darüber wunderte, dass ein Wahrsager, wenn er einem anderen begegne, nicht lachen müsse: *„Vetus autem illud Catonis admodum scitum est, qui mirari se aiebat quod non rideret haruspex haruspicem cum vidisse"* *(De divinatione* II, 24, 51)

starren, offen tuenden Blick, denn der Skandal der zahllosen gemein Unterdrückten und Toten, die man wirklich verbergen muss, soll kaschiert werden. Dennoch entsteht auch in demokratischen Gesellschaften oft der Eindruck, dieses Einander-in-die-Augen-schauen-Können existiere weiter als Traum und könne als Basis eines Zusammenlebens oder sogar eines Staatswesens dienen. Aber wenn ich heute jemandem in die Augen schaue und merke, dass ich mich wie ein Schauspieler verstellen muss, bin ich nicht stolz darauf.
*

Haben die Menschen etwas zu verbergen? - Naturgemäß ist es von ihnen nicht zu erfahren. Was könnte es sein? Es gibt eine Vereinbarung zwischen uns, in Form eines ungeschriebenen Gesellschaftsvertrags, der besagt, dass man darüber nur vage spricht. So sehr wir das ausnahmslos wissen, gilt uns trotzdem noch immer derjenige, von dem klar wird, dass er etwas verbirgt, als gefährlich und potenzieller Verbrecher, selbst (oder paradoxerweise sogar vermehrt) wenn sein Verhalten nicht justiziabel ist. Nicht zuletzt darauf basieren die Maskierungen der Handelnden in parlamentarischen Demokratien, darauf basiert das Überanständige, dem wir an ihnen bis zum Übelwerden begegnen. Auch hier findet sich eine Wurzel für unser gedankenloses Akzeptieren der *zweiten Starre*. Genau der unausgesprochene Verdacht des Etwas-zu-verbergen-Habens, der sich auf alle und alles erstreckt (und vielleicht genetisch verankert ist), ist tatsächlich ein Grund, etwas zu verbergen.
*

Denn wenn die Menschen auch nicht klüger geworden sind, so haben sie doch nun ein größeres Bewusstsein ihrer Komplexität. Und damit stellt sich die Frage nach der Normalität anders: Wie soll sich jemand im Reinen darüber sein, ob er jedermann jederzeit in die Augen schauen möchte? Was für einen Sinn soll es haben, jemandem, der daraus einen Treppenstein seiner Karriere machen will, die Bereiche der eigenen Neurosen zu öffnen? Ich erwarte jedenfalls nicht, dass Personen, mit denen ich umgehe, mir ihr Innerstes, ihre Unzulänglichkeiten offenbaren. Den scheuen Blick ziehe ich dem undurchsichtigen und jederzeit gehaltenen der Verstellung jederzeit vor. Insofern fällt mir nicht schwer, mit der bloßen Oberfläche von Personen umzugehen und einem nur gelegentlichen Blick in die Tiefe. Um den tiefgehenden Blick permanent ertragen zu können, muss man mehr sein als Gott. Oder blind sein, für sich, für die anderen. Eine Welt, die es einem jederzeit ermöglicht, jedermann in die Augen zu blicken, wäre zudem vermutlich sowohl gewalttätig als auch langweilig.

Ein ‚richtiges‘ Menschenbild hat etwas mit der Definition von Normalität zu tun. Tatsächlich ist der Kampf um diese Definition, der Kampf um Nichtausgrenzung der eigenen Position, wesentlicher Bestandteil der Demokratie. Merkwürdig ist nur, dass sich die meisten Menschen im Wesentlichen normal vorkommen, obwohl viele zugleich meinen, der Rest der Welt bestehe aus Verrückten. Fraglos beeinflusst das Menschenbild einer Staatsform jedenfalls die Art, in der man blickt oder meint, blicken zu müssen, und insofern lässt sich bei der Wichtigkeit der Blicke im narrativen System mit einigem Recht vermuten, dass ihre Feinstruktur in deutlicher Wechselwirkung mit diesem Menschenbild steht.

*

Habe ich selbst etwas zu verbergen? Seltsamerweise weiß ich es nicht. Eigentlich nicht mehr, würde ich sagen, eigentlich bin ich inzwischen bereit, mich vollkommen zu öffnen, bin ich bereit das Splitternackte meiner Seele, wie der große Laurence Sterne es einst ausdrückte, mein nacktes Herz offenzulegen. Warum denn nicht! Wenn Goethe meint, er sei in seinem Leben höchstens vierzehn Tage glücklich gewesen, befremdet mich das: Ich bilde mir ein, vierzehn Jahre glücklich gewesen zu seien. Und doch gibt es Bereiche, die ich nur zögernd offenbare, manche die meiste Zeit nicht einmal mir selbst. Oft haben sie mit Scham zu tun, trivial z. B. darüber, dass man sich nicht einwandfrei verhalten hat oder es nicht besser konnte, auf öffentlich-moralischem, auf sexuellem Terrain. Oder mit Scham über eigenes Versagen, was zu Beschädigungen der Innenstruktur führt, die ich anderen Menschen nicht aufbinden möchte - aus Eigennutz, aber auch, um nicht zu entmutigen, schließlich sind meine Probleme meine eigenen. Und ich möchte bei der Begegnung mit anderen die Scham auch in ihnen nicht dauernd erkennen müssen.

*

Zwar erwarten wir vom Kino, dass es unsere Vorstellung vom Menschen erweitert, gleichzeitig aber doch auch, dass es unser eigenes Menschenbild stützt, das also, was wir für normal halten. Die Unzahl der *Happy Ends* im Kino, die Befriedigung, die man bei ihrem Betrachten empfindet, ist schließlich nicht Resultat einer bösartigen Verschwörung. So gern wir uns selbst für einigermaßen normal halten, ist, wie gesagt, die Frage nach der Normalität der anderen weniger leicht zu beantworten. In der Regel wird dazu die Gaußsche Glockenkurve bemüht, gemäß welcher jede menschliche Eigenschaft einen gehäuft auftretenden statistischen Durchschnitt liefert und Abweichungen nach dem Maß ihrer Größe seltener werden. In diesem Sinne verfügt jeder Parameter über einen erheblichen Bestand normaler, durchschnittlich veranlagter Menschen. Schwieriger wird es, wenn zwei Faktoren gleichzeitig normal sein sollen, das macht einen durchschnittlich Großen, schon wenn er grüne Augen hat, leicht abnormal. Bei jedem weiteren Merkmal, das isoliert einer sauberen statistischen Verteilung unterliegt, verschärft sich dieser Effekt. Insofern, man kann es leicht errechnen, ergibt sich bei 27 Merkmalen unter hundert Millionen Teilnehmern in der Durchschnittslotterie (wie beim Lotto) nur noch ein einziger Gewinner. Und bei 33 Merkmalen in der gesamten Erdbevölkerung - wenn jeweils die Hälfte der Bevölkerung das Durchschnittsmerkmal hat, nimmt nämlich bei jedem weiteren Faktor die Zahl der Durchschnittlichen um die Hälfte ab. Daraus lässt sich mit einigem Recht folgern, dass gerade bei halbwegs durchschnittlich erscheinenden Menschen mit mathematischer Sicherheit ein wahrer Abgrund an verborgener Perversion zu erwarten ist.

*

Das lässt Musils Satz vom erwarteten Sieg des Durchschnittsmenschen in anderem Licht erscheinen.[55] Da sich auch der sogenannte Durchschnittsmensch immer mehr ausdifferenziert, hat die Vision von seinem Sieg an Schrecken verloren. Der entstehende Durchschnittsmensch ist selbst nur noch ein hochgradig neurotischer Einzelfall. Kracauers romantische Vorstellung vom kleinen Ladenmädchen stellt insofern vielleicht den Versuch dar, bei anderen eine Durchschnittlichkeit zu entdecken, die man selbst - leider - verloren hat. Das wiederum dürfte, überspitzt formuliert, bedeuten, dass die berühmten Abgründe der Existenzen, die man ihrer Oberfläche nicht ansehen kann, absolut normal sind, und daher im Grunde nicht ausreichen, im klassischen Sinn eine Geschichte in Gang zu setzen.

*

Nun ist die Leinwand Begegnungsstätte vor allem ‚normaler' Menschen. Da heißt es nämlich nicht nur, normal zu sein, sondern man muss auch anderen normalen Menschen begegnen. Die Ausarbeitung der Details und der Konsequenzen für die Plausibilität der Ereignisse in einem Spielfilm überlassen „wir" - ganz wie das geniale Bourbaki-Kollektiv[56] - den Lesern. Wahrscheinlich ist auch das ein Grund für das Auftauchen so vieler Psychopathen im Kino. Soviel fürs Erste der Beitrag der statistischen Mechanik zu den Problemen der Kinointeraktionen unter überoptimistischen Annahmen.

*

Ob führende Politiker gut beraten sind, wenn sie sich alle naselang mit direktem Blick an ihre Bevölkerung wenden und sich so dem Erscheinungsbild von Sportreportern oder Fernsehspot-Waschmaschinen-Verkäufern annähern, die ebenso in die Kamera blicken und das Publikum direkt adressieren? Ich weiß es nicht. Mir scheint aber der öffentliche Raum, der durch eine Pressekonferenz oder die parlamentarische Rede aufgespannt wird, effektiver. Im Grunde bedeutet der direkte

---

55 In Robert Musil (1880-1942), *Mann ohne Eigenschaften*, Berlin 1930

56 vergl. den Text zu Fußnote Nr. 7, Seite 18

Blick in die Kamera bei einem Politiker bloß, dass er spürt, dass der öffentlich aufgespannte Raum, worin sich Meinungen ausbalancieren müssen, nicht in seinem Sinne funktioniert, und er deshalb gern zu weniger demokratischem Regieren übergehen würde.[57]

*

Statt also den starren Blick für a priori als verabscheuungswürdig zu disqualifizieren, sollten wir erst einmal untersuchen, was man damit zustande gebracht hat und wie viel an gesundem Menschenverstand in ihm und dem narrativen System steckt. Denn, um mit dem wirkungsgewaltigen Lincoln zu sprechen: *„You can't fool all of them all the time."* Daher werden wir den starren Blick im Folgenden zunächst als gegeben voraussetzen und das narrative System erst an den ihn betreffenden Stellen befragen, inwiefern er überhaupt nötig ist und was er eigentlich anrichtet.

*

Gibt es blicklose Filmformen? Und was eigentlich bedeutet Heldenlosigkeit für Filme?

*

Zum Schluss noch einiges zur erwähnten *dritten Starre* im narrativen System: Die Vergangenheit scheint gegenüber menschlichen Manipulationen robuster zu sein als die Gegenwart. Schrödingers berühmte Katze[58] ist wirklich tot, sobald sie als

---

57 Es ist interessant, das mit Freuds Massenpsychologie zu korrelieren, worin er die Macht des Führers über die ihm hörige Masse etwas unglücklich mit der seinerzeit (1921) vieldiskutierten Hypnose zu erklären versucht (*Massenpsychologie und Ich-Analyse*, Abschnitt VIII: *Verliebtheit und Hypnose*). Bei den inflationär sich häufenden Blicken direkt in die Fernsehkameras, wie ihn Moderatoren und seit einigem auch Interviewte praktizieren, hat man nämlich tatsächlich das Gefühl, die Abgebildeten wollten einen hypnotisieren, damit man sie nicht per Fernbedienung wegschaltet. Denn es gibt offenbar einen Reflex, jemandem, der direkt in die Kamera spricht, direkt in die Augen zu blicken, wenn man ihn im Fernsehen sieht, und es fällt schwer, dann den Blick abzuwenden.

58 Erwin Schrödinger (1887-1961) veranschaulichte 1935 in *Die gegenwärtige Situation der Quantenmechanik* (Naturwissenschaften Band 23, S. 807 ff.) ein besonders verblüffendes quantenmechanisches Paradoxon anhand einer in einer nicht einsehbaren Stahlkammer eingeschlossenen Katze, worin sich eine so winzige Menge einer radioaktiven Substanz befindet, *„dass im Lauf einer Stunde vielleicht eines der Atome zerfällt, ebenso wahrscheinlich aber auch keines"*; geschieht es, so spricht ein Zählrohr an *„und betätigt über ein Relais ein Hämmerchen, das ein Kölbchen mit Blausäure zertrümmert. Hat man dieses ganze System eine Stunde sich selbst überlassen, so wird man sich sagen, dass die Katze noch lebt, wenn inzwischen kein Atom zerfallen ist. Der erste Atomzerfall würde sie vergiftet haben. Die Psi-Funktion des ganzen Systems würde das so zum Ausdruck bringen, dass in ihr die lebende und die tote Katze zu gleichen Teilen gemischt oder verschmiert sind."* Das paradoxe quantenmechanische Phänomen besteht darin, dass die Katze in einem sonderbaren Überlagerungszustand von ‚tot' und ‚lebendig' mit ihrer näheren Umgebung noch interagiert, selbst wenn sie in klassischer Sichtweise bereits tot sein sollte. - Interessant an der folgenden (quantenmechanisch nicht ganz korrekten) Übertragung auf Film ist die richtige Beobachtung, dass wir als Zuschauer eines narrativen Films von bereits erschienen Personen immer

tot erkannt wird - tot in dem Sinn, dass sie keine Mäuse mehr fressen wird. Erst dann kann der Nachruf geschrieben werden. Erst dann kann man sicher sein, nichts Wichtiges weggelassen zu haben. Erst dann lässt sich ihr Leben ‚konventionell' verfilmen. Erst nach ihrem Tod (und bei den meisten *Happy Ends* stellt bereits die gewiss kommende Ehe so einen Tod dar, den einer speziellen Geschichte) lässt sich so ein Katzenleben als Kette zusammenhängender Ereignisse in zusammenhängenden Räumen darstellen. Erst dann kann man hoffen, dass das entstehende Gesamtbild - in nachgestellt beschleunigter Echtzeit - als Geschichte die Essenz ihres Lebens enthält. Und das gilt auch für reale Personen. Jedes Innehalten auf ihrem Weg wird nach ihrem Tod zu einer Metapher. Zum einen von dem, was sich in Zukunft ereignen wird, zum anderen natürlich auch all der Gedankengänge und Möglichkeiten, die jedem Moment inne wohnen und die sich dann doch nicht realisierten: Beides ist Ursache dieser dritten Starre. Außer der später gezeigten Zukunft enthält eine Geschichte also auch viele Momente dessen, was sich hätte ereignen können, das sich aber, wie wir nun wissen, nicht ereignet hat.

*

Darin äußert sich ein sonderbarer Mischzustand des narrativen Systems: Einerseits scheinen die Personen auf der Leinwand gegenwärtig zu sein, sie sprechen zu uns in der Gegenwart, andererseits weiß man, dass jeder Film, und damit die darin vorgestellte Geschichte, ein Ende haben wird, schon in physischer Hinsicht. Er besteht aus auf einer Spule bereits aufgerollter Vergangenheit, erst das ermöglicht die Einbindung in ein Voranschreiten durch physikalisch als solide empfundene Räume.

*

Erstaunlicherweise kann Schrödingers Katze, selbst wenn sie als tot wahrgenommen und damit auch im quantenmechanischen Sinne tot ist, im Bewusstsein eines Betrachters, der sie einst lebendig erlebte, weiterhin sehr lebendig sein und noch immer Anlass einer Kausalitätskette werden, welche - wie van Goghs Katze, deren Starrheit ewig anhalten wird - die Wirklichkeit verändert. Für diese Art Wirklichkeit, die mit Erinnerung, dem freien Willen und menschlicher Gestaltungsfähigkeit und deren unbewussten Konstituenten zusammenhängt, haben die Physiker noch nicht den Hauch einer Formulierung entwickelt. Auch nicht die Soziologen. Und genau dies ist das Thema vieler Erzählungen, und - natürlich der Psychoanalyse.

In erlebter Gegenwart hat ein Objekt nicht nur eine einzige Geschichte. Tatsächlich

---

annehmen, sie könnten noch aktiv auf das zukünftige Geschehen Einfluss nehmen, solange uns ihr Tod nicht bestätigt wird. Darin liegt bekanntlich eine der Ursachen der sogenannten *Filmspannung*, die jederzeit unvorhergesehene dramatische Verwicklungen befürchten lässt.

besteht es im Moment der Wahrnehmung nicht nur aus den Geschichten, von denen es einst Teil war, sondern zudem noch von all denjenigen, von denen es einmal Teil werden *könnte*. Wir alle kennen den geheimnisvollen Fremden, dessen Erscheinung fasziniert, während wir uns mit ihm in einem öffentlichen Raum befinden, und wie wir darauf reagieren. Meist ergibt sich, während die Zeit langsam vergeht, jedoch nichts. Da bei einem Drehbuch das Ende bekannt ist, verhalten sich Schauspieler in einem Film anders: Sie kennen die Geschichte, der sie zu folgen haben und bewegen sich zielstrebig auf ihr Ende zu. Was immer sie tun, es hat eine Funktion im Rahmen dieser *einen* Geschichte, jede gezeigte Faszination hat, wenn sie gezeigt wird, sichtbar werdende Folgen - das ist die Ursache der *dritten Starrheit*.

*

Es hat keinen Sinn, sich stets auf eine objektive Wirklichkeit zu berufen, weil wir, heute lässt es sich in dieser Schärfe sagen, über kein Modell-unabhängiges Konzept der Wirklichkeit verfügen. Insofern ist konventionelles Erzählen ein ebenso taugliches Modell für ihre Beschreibung wie die newtonsche, die marxistische, die demokratische Mechanik oder gar die Quantentheorie. Problematisch daran ist weniger die Existenz mehrerer einander offensichtlich widersprechender Modelle, sondern eher unsere sich immer wieder aufs Neue beweisende Beschränktheit im Erkennen ihrer Grenzen, damit man sie nicht in Bereichen operieren lässt, wo sie nicht länger funktionieren.

*

Andererseits hat sich, seit Neil Armstrong am 20. Juli 1969 den Mond betrat, unsere Vorstellung vom uns umgebenden Raum entscheidend verändert. Die Kosten der bemannten Raumfahrt sind so exorbitant, dass sie selbst den Mars in kaum erreichbare Ferne rücken. Die mit so viel Klugheit und technischer Raffinesse - man beobachte, wie grob durch den Tag-Nacht-Wechsel fragmentiert und in delikater Weise zerbrechlich sich das von der sich drehenden Erde in einer Computersimulation anschaut - ausgeschickten Raumsonden offenbaren uns ein Planetensystem, das man, bei aller vielleicht sogar schönen ästhetischen Anmutung, sich lebensfeindlicher kaum vorstellen kann. Méliès 1902 unternommene lustige Reise zum Mond[59] ist heute nicht einmal mehr ein Witz. Alle Suche nach außerirdischen Signalen, die von ferner Intelligenz sprechen könnten, hat sich als erfolglos herausgestellt, und Professor Jordans harmlos klingende Bemerkung „*Zwar scheint die Meinung, dass auch das organische Leben dieses Planeten Beispiel einer in einer Fülle*

---

59 Georges Méliès (vgl. Fußnote Nr. 46), *Le voyage dans la Lune*, 14 Min., 1902, ist der erste Science-Fiction-Film der Filmgeschichte. Dass es sein kommerziell erfolgreichster Film wurde, kann man, wie die Einschaltquoten bei der Mondlandung, als Ausdruck einer gewissen Menschheits-Sehnsucht werten.

von Beispielen vorhandenen Erscheinung sei, in geradliniger Fortsetzung des kopernikanischen Gedankengangs zu liegen. Aber nicht immer ist die geradlinige Fortsetzung eines Weges auch die richtige" muss inzwischen als Volltreffer gelten. Die zigtausendfach bestätigte Lichtgeschwindigkeitsgrenze der Relativitätstheorien wird weder je jemanden aus der Ferne des Weltraums uns erreichen lassen[60], noch werden wir selber das Sonnensystem verlassen können. Das Zeitalter des Raums, das, wenn man so will, mit Kolumbus' Landung in Amerika begann (oder mit Giottos schüchtern die Sterne erfassender Perspektive) ist zu Ende. Bereits *Magellan* hat, wie sich 500 Jahre später herausstellt, die Grenzen abgesteckt, und Ahab jagte nur noch den weißen Wal. Im Raum liegt keinerlei metaphysische Qualität mehr. Allein die Kunst der großen Seefahrer, die der großen Erkunder, ist uns davon geblieben, Prunkstücke jetzt unserer Archive und Museen, wo wir ihren ungeheuren Gestus bewundern dürfen, neben Tizian, Michelangelo, Melville oder van Gogh. Magellan steht an den Toren des Todes. Erzählungen, die dem Raum weiterhin metaphysische, die ihm magische Qualität zubilligen, sind plötzlich von herzergreifender Niedlichkeit. Etwas bloß noch für Kinder. Mit einem Entdeckerdrang, der fortan nur noch durchs Internet schweift. „2001" ist vielleicht der letzte klassische Spielfilm, dessen Form man in seiner Gänze noch ernst nehmen kann. Die Totale hat - übrigens auch in der Fotografie - etwas Würgendes angenommen, sie weist nicht mehr in Form einer empfundenen Fortsetzung über sich hinaus, sie ist nun Metapher des Käfigs, in dem unsere Existenzen zappeln. Amerikas Traum vom nicht endenden Raum, ohne den das europäische Kino Kammerspiel geblieben wäre (und zum Kammerspiel kehrt es, denken wir an Rohmer, nun zurück[61]), hat uns nichts mehr zu sagen. Nun können die kleinen Länder aufholen, Taiwan, Iran, Korea, Portugal, Dänemark, Neuseeland, mit eine Weile unentwegt weiterhin den Raum feiernden sehr schönen Kamerafahrten in von verführerischer Klugheit im Raum träumenden Filmen, voller uns noch traumhaft erscheinend, fremdartig schöner Bilder. Bis auch sie jemanden zum Mond geschickt haben, der ihnen klar macht, dass es im Raum nichts mehr zu holen gibt. Das Kammerspiel kehrt auf allen Ebenen zurück. Seit 1969 leben wir in einem Gefängnis. Eine leichte Instabilität der Sonne kann sämtliches Leben hier innerhalb eines halben Jahrs auslöschen, und wies aussieht, ist es womöglich das einzige im ganzen Universum. Selbst Amerika träumt nicht mehr vom Raum, im Fernsehen hat das raumgestützte Erzählen kaum mehr als eine komödiantische Funktion, auch dort bleibt nur noch das Serien-Kammerspiel

---

60 Als mikroskopische Hoffnung regt sich noch ausgerechnet *Schrödingers Katze*. In Experimenten mit verschränkten Photonen, die auf dieses Gedankenexperiment zurückgehen, scheint sich die Endlichkeit der Lichtgeschwindigkeit einem stärkeren Symmetrieprinzip unterordnen zu müssen, als es sich in den Einsteinschen Feldgleichungen äußert, sodass sie - indes weiterhin rätselhaft - keine Rolle mehr spielt.

61 Eric Rohmer (1920-2010), Filme u. a. *La Marquise d'O* (Frankreich / Deutschland 1976) und *Le rayon vert* (Frankreich 1986)

und für die Klugen Godard. Der seinerseits bereits 1963 ein letztes Mal im Kino den Raum gefeiert hat, auf europäische Weise, also ohne Schuss-Gegenschuss, in vielleicht der schönsten Weise der Filmgeschichte überhaupt. In einer ans Überirdische gemahnenden Blendung, der seine Protagonisten, anders als einst Odysseus, trotz ihrer augenscheinlichen physischen Schönheit[62], nicht mehr gewachsen sind. Viele haben begriffen, dass sie in einem Gefängnis leben, dort sitzen sie nun in Einzelzellen und beobachten im Fernsehen andere, die in Einzelzellen leben und versuchen, dabei komisch zu sein, um sich zu bestelltem Applaus totzulachen. *Sitcoms* nennt sich diese das narrative System gegenwärtig ersetzende Kunstform, die Leute *sitzen* und bewegen sich nicht mehr, nicht einmal mehr nach Kalifornien. Das kalifornische Kino besteht bloß noch aus Laienspielgruppen, die, weiter mit Oscars sich feiernd, für uns manchmal sogar Western produzieren. Ja, der 20. Juli 1969 ist vielleicht das traurigste Datum der menschlichen Geschichte. Anders als die Bartholomäusnacht, als Hiroshima, als die ungeheuren Verbrechen unseres Jahrhunderts nicht wieder gut zu machen. Es bedeutet Schlusspunkt, ist Ende.

***

---

62 Jean-Luc Godard (geb. 1930), *Le Mepris*, mit Michel Piccoli, Brigitte Bardot und Jack Palance (Frankreich 1963), nach einem Roman von Alberto Moravia (1907-1990)

H. SYSTEMATIK

Wir wollen zum Schluss dieser Einführung die Mannigfaltigkeit der narrativen Schnittformen noch schnell analytisch zerlegen, um einen Eindruck der Richtung und Reichweite der nun folgenden eigentlichen Arbeit zu geben.

Wir beschränken uns auf repräsentative Einstellungen und bezeichnen als Film eine Folge solcher repräsentativen Einstellungen.

Als erstes (wie aus Abb. 10 ersichtlich) zerlegen wir die Schnitte in *raumerweiternde* Schnitte, *raumbenutzende* Schnitte und *Exoten*. Wir nennen den Schnitt auf eine neue Einstellung *raumerweiternd*, wenn uns der Raum der neuen Einstellung in dem Filmteil, den wir bis dahin gesehen haben, weder ganz noch zum Teil begegnet ist, wenn es sich also bei dem Raum der neuen Einstellung um einen für den Film ganz neuen Raum handelt. *Raumbenutzend* dagegen nennen wir Schnitte, in denen der Raum, auf den geschnitten wird (oder zumindest ein Teil davon), an der Schnittstelle bereits bekannt ist. Diese Zerlegung ist vollständig, was heißt, dass es keine anderen Schnitt-Typen geben kann.

Dennoch ziehen wir, ohne die Vollständigkeit der Zerlegung zu verletzen, von beiden ein paar Sonderfälle ab und nennen sie *Exoten*. Unter diese ordnen wir Schnitte in Rückblenden oder parallele Welten ein, Schnitte in Träume oder innerhalb von Träumen, Schnitte in Visionen oder innerhalb von Visionen und generell Schnitte in assoziative Bildwelten oder innerhalb solcher - mit anderen Worten alles, was im konventionellen narrativen Bereich nicht ganz geheuer ist und mit Verletzungen der Kausalität zu tun hat.

Die raumerweiternden Schnitte nun zerlegen wir in *linear raumerweiternde* und *nicht-linear raumerweiternde* Schnitte. Als linear verstehen wir dabei raumerweiternde Schnitte, wenn wir in der neu auftauchenden Einstellung Bewegungsträger wiedererkennen können, die wir bereits vorher im Film gesehen haben. In diesem Falle nennen wir die neue Einstellung auch *durch einen linearen Prozess mit dem bisherigen Film verbunden*. Gibt es keine solche Verbindung, taucht also kein bis dahin bekannter Bewegungsträger in der neuen, bisher unbekannten Einstellung auf, nennen wir den Schnitt *nicht-linear raumerweiternd*. Diese Zerlegung der raumerweiternden Schnitte ist wieder vollständig.

Die *linearen raumerweiternden* Schnitte wiederum zerlegen wir in solche, bei denen der lineare Prozess in die neue Einstellung aus der unmittelbar hervorgehenden erfolgt und solche, bei denen das nicht der Fall ist. Die ersten nennen wir *einfach linear*, die anderen verzögert oder *retardiert linear*, weil wir bei ihnen den Darsteller der neuen zuletzt in einer Einstellung gesehen haben, die einige Zeit zurückliegt. Auch diese Zerlegung ist vollständig.

Durch einen Trick ordnen wir auch die *Blicke* in die Kategorie der einfach linearen Schnitte ein, indem wir ihnen *virtuelle Bewegungsträger* zuschreiben. Diese kann man beim Erscheinen der neuen Einstellung zwar nicht sehen, wir können aber ihre Wirkung beobachten: Wenn jemand in der neuen Einstellung von ihnen gewissermaßen getroffen wird, blickt er in die Richtung zurück, aus der sie gekommen sind.

*

Bei den *nicht-linearen raumerweiternden* Schnitten handelt es sich um Schnitte in Räume und zu Personen, die wir an der Schnittstelle noch nicht kennen und die erst später an das eigentliche Handlungsgefüge angeschlossen werden. Diese Schnitte sind sehr schwer allgemein zu beschreiben, da sie ein Erfassen der ganzen Filmform voraussetzen, von der sie wiederum ein Teil sein können. Sie tauchen auf, wenn *Parallelhandlungen* eingeführt werden, die man später in einem Konflikt oder auch friedlicheren Begegnungen mit der ursprünglichen Handlung zusammenführt. Manchmal, allerdings sehr selten, werden solche Stränge gar nicht zusammengeführt, dann bleiben sie nach dem Muster von Griffiths „*Intolerance*" getrennt. Solche Schnitte sind formal sehr schwer zu beschreiben, gehören aber bezüglich dessen, was im Bewusstsein des Zuschauers stattfindet, zum Interessantesten, was das narrative System zu bieten hat.

*

Von den *nicht-linearen raumerweiternden* Schnitten nennen wir solche, die nicht der Raumerweiterung in dem Sinne dienen, dass sie den Raum für ein neues Handlungsgefüge öffnen, *atmosphärisch*, während wir die anderen *offen* nennen.[63] Damit haben wir wieder eine vollständige Zerlegung.

*

---

63 Der Begriff *offener Schnitt* wird an dieser Stelle noch recht lax benutzt. Bei der genaueren Analyse aller in diesem ungefähren Sinne „offenen Schnitte" werden wir den sogenannten „Kollisionsschnitten" einen Sonderstatus zwischen kollisionskontrollierenden Blicken und offenen Schnitten im engerem Sinne einräumen (Band 2, *Kollisionsschnitte* L_{KOL} sowie *Subjektive Kollisionsschnitte* L_{KOS}).

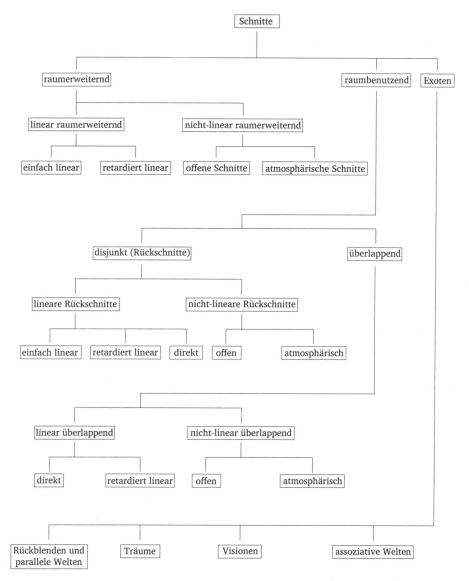

Abb. 10 Die verschiedenen narrativen Schnittformen in der Übersicht[64]

Atmosphärische Schnitte bilden einen Randbereich des narrativen Systems. Wenn sie in Clustern auftauchen, haben sie oft bestimmte Bedeutungen. Die einzelnen Einstellungen eines *atmosphärischen Clusters* nennen wir atmosphärische Einstellungen.

---

64 ein Diagramm, in dem die einzelnen Schnitt-Typen präziser aufgefächert werden, findet sich in Abb. 169 am Ende von Band 3

Der Unterschied zu den repräsentativen Einstellungen besteht im Wesentlichen darin, dass bei atmosphärischen Einstellungen nicht mehr so sehr innerhalb des Einstellungsraums erzählt wird als vielmehr *mit ihm*. Wir werden an den betreffenden Stellen dieser Arbeit Ortscluster, Reisecluster, Ereigniscluster und freie Cluster näher untersuchen. Im Übrigen gibt es zwischen den atmosphärischen Schnitten und den Exoten einen fließenden Übergang.

*

Die *raumbenutzenden* Schnitte nennen wir auch *Rückschnitte*. Das soll andeuten, dass man in Räume, die durch raumerweiternde Schnitte ins Handlungsgefüge eingebaut wurden, jederzeit zurückkehren kann, ohne Angst haben zu müssen, dass der Zuschauer die Orientierung verliert. Als *überlappend* bezeichnen wir raumbenutzende Schnitte, wenn der Bildraum der neuen Einstellung den der vorigen überlappt. Bei überlappenden Schnitten kommt es zu Sprüngen innerhalb des Bildraums: Der *Ransprung* von der Totale in die Naheinstellung gehört ebenso dazu wie der *Rücksprung* von der Naheinstellung zurück in die Totale und der unter Umständen gleichzeitig damit stattfindende *Perspektivenwechsel*. Insofern lassen sie sich überlappende Schnitte als Drehungen und Maßstabsveränderungen des gezeigten Koordinatensystems bezeichnen.

*

Als *direkt* oder auch *direkt linear* bezeichnen wir überlappende Schnitte, wenn sie linear in einem Bewegungsträger sind, wenn man also in beiden Einstellungen denselben Bewegungsträger sieht. Taucht dabei ein zuletzt in einer früheren Einstellung gesehener Bewegungsträger auf, nennen wir ihn *retardiert linear*. Erscheint dagegen nur ein bisher unbekannter oder gar kein Bewegungsträger, nennen wir den überlappenden Schnitt *nichtlinear*. Wirken nichtlineare überlappende Schnitte vor allem atmosphärisch (wenn zum Beispiel aus einer Totale auf eine brennende Kerze geschnitten wird), bezeichnen wir sie als *atmosphärisch überlappend*. Nichtatmosphärisch überlappende nichtlineare Schnitte dagegen bezeichnen wir auch als *offene überlappende* Schnitte.

*

Raumbenutzende Schnitte dagegen, bei denen sich die Räume zweier aufeinanderfolgender Einstellungen nicht überlappen, nennen wir *disjunkte* oder auch *eigentliche Rückschnitte*. Bei ihnen handelt es sich um Schnitte in einen Bildraum, den wir ganz oder als Teil schon vor einiger Zeit im Film gesehen haben. Dabei unterscheiden wir wie bei den raumerweiternden Schnitten *lineare* und *nichtlineare*, je nachdem ob uns ein Darsteller aus der neuen Einstellung bereits aus dem gesehenen Filmteil bekannt ist oder nicht. Die linearen Rückschnitte zerlegen sich in *einfach* und *retardiert lineare*, je nachdem ob uns der Bewegungsträger in der vorigen oder in einer weiter zurückliegenden Einstellung zuletzt vor Augen trat.

*

Eine Unterklasse der *retardiert linearen* Rückschnitte besteht aus solchen, bei denen sich beim Wiederauftauchen der bekannten Einstellung in ihr noch immer ein Bewegungsträger befindet, den wir beim letzten Auftauchen sahen. Solche Schnitte nennen wir *direkte Rückschnitte* und ziehen sie von der Menge der retardiert linearen Rückschnitte ab. Bei direkten Rückschnitten und direkten überlappenden Schnitten wird im Gegensatz zu anderen linearen oder retardiert linearen Schnitten die Linearität in einem Bewegungsträger nicht dazu benutzt, den Raum der neuen Einstellung mit dem einer vorherigen zu verknüpfen, es handelt sich vielmehr um eine Verknüpfung eines Raums mit sich selbst.

*

Von den nichtlinearen Rückschnitten ziehen wir solche ab, bei denen der schon bekannte Raum oder ein Teil davon nur noch atmosphärisch benutzt wird (z. B. Blumen als plötzlich wieder auftauchendes Detail, das keine Raumfunktion mehr hat). Diese Schnitte bezeichnen wir als *atmosphärische Rückschnitte*, die anderen nennen wir *offene Rückschnitte*.

*

Diese Zerlegung ist wieder vollständig. Von besonderem Interesse sind dabei die direkten überlappenden Schnitte (also die erwähnten Sprünge in die Nahaufnahme und die Rücksprünge in die Totale), wenn in beiden Einstellungen gleiche Personen zu sehen sind. Sie gehören zu den häufigsten Schnitten des narrativen Systems. Ebenso häufig und wichtig sind die linearen Rückschnitte, weil aus ihnen die *Blickinteraktionen* bestehen.

*

Da alle Unterzerlegungen vollständig sind, ist auch die ganze Zerlegung vollständig, sodass es im narrativen System keinen Schnitt gibt, der von dieser Klassifizierung nicht erfasst wird. Sollte doch mal etwas so Merkwürdiges auftauchen, dass wir daran bislang nicht dachten, fällt es automatisch unter die atmosphärischen Schnitte oder die Exoten.

*

Die linear oder *nichtlinear raumerweiternden* Schnitte sind raumerzeugend insofern, als sie die räumliche Beziehung der neuen Einstellung zu mindestens einer aus dem bereits gesehenen Filmteil vermitteln. Die *Rückschnitte* (also überlappende und eigentliche Rückschnitte) sind raumbenutzend in dem Sinne, dass sie auf der mit raumerweiternden Schnitten erzeugten Raumkonstruktion arbeiten. Beide Schnittformen erzeugen ein vorwärtsorientiertes zeitliches Ordnungssystem. Die Struktur dieses Ordnungssystems ist abhängig von der Art des Austauschs der Bewegungsträger zwischen den Einstellungen. Atmosphärische Einstellungen sind an dieser räumlichen und zeitlichen Konstruktion nur kontextuell beteiligt oder wenn sich aus ihnen, wie im Beispiel der *Tower Bridge*, explizit ein raumzeitverschiebender Titel ergibt. Die Exoten dagegen sind verantwortlich für alle Risse in diesem in der Regel wohlgeordneten Gefüge.

*

In diesem Vokabular haben die meisten narrativen Filme eine ganz bestimmte Form. Auf eine Reihe von raumerweiternden Schnitten, die in einer Totale enden, folgt die Zerlegung dieser Totale in einer Serie von Rückschnitten, auf die wieder eine Reihe von raumerweiternden Schnitten zu einer neuen Totale führt, die wiederum durch Rückschnitte zerlegt wird usw. Ab und an kehrt man per Rückschnitt zu einer schon bekannten Totale zurück, die dann erneut zerlegt wird. Unterbrochen wird diese Folge zerlegter Totalen, die mittels raumerweiternder oder Rückschnitte verbunden werden, durch gelegentliche atmosphärische Schnitte oder Exoten. Rückschnitte sind die in narrativen Filmen häufigste Schnittform. Filme, die dieser *Rückschnitts-Dominanz* nicht folgen, kommen so gut wie nie in die Kinos. Das heißt nicht, dass es immer so gewesen ist oder immer so sein wird.

*

Bilden die raumerzeugenden Schnitte gewissermaßen das Rückgrat des narrativen Systems, so stellen die Rückschnitte das Fleisch dar. Der Rückschnitt ist zugleich stärkster und schwächster Punkt dieses Systems. Der stärkste, weil durch seine systematische Anwendung das erzeugt wird, was man gemeinhin als filmische Spannung bezeichnet. Und sein schwächster und zugleich kritischer Punkt, weil sich in ihm am stärksten das offenbart, was man als *das Postulat von der universellen Präsenz des Zuschauers* bezeichnen kann, das regelt, welche Teile des schon entfalteten Geschehens einem Zuschauer in jedem Moment angeboten werden und welche nicht. Dieses Prinzip werden wir als verantwortlich für den immer wieder stattfindenden Zusammenbruch des narrativen Systems begreifen.[65]

*

Unter den vielen Rückschnitten sind die durch den gegenseitigen Blick zweier Darsteller generierten die häufigsten. Wenn man Filme von Spielfilmlänge durch

---

65 Band 3, *Das Postulat von der universellen Präsenz des Zuschauers*

einen Zeitrafferprozess auf eine Minute reduziert, wobei jede Einstellung durch drei, vier Einzelbilder repräsentiert wird, drängt sich beim Sehen der Kurzfassungen der Eindruck auf, das Problem des narrativen Kinos bestehe darin, von einer Blickinteraktion zwischen zwei oder drei Personen zur nächsten zu gelangen. Narrative Filme sind Festivals ausgetauschter starrer Blicke.

*

Die meisten bisher unternommenen Versuche, das narrative System zu beschreiben, gingen von einer Analyse der atmosphärischen Schnitte aus. Dabei wurde häufig von Eisensteins und Pudovkins Arbeiten[66] extrapoliert und so getan, als wären die heutigen narrativen Filme immer noch auf ihren Prinzipien aufgebaut. Erstaunlich häufig übersah man, dass die bei Eisenstein und Pudovkin noch vitale Bedeutung des atmosphärischen Schnitts nach der Einführung des Tonfilms nahezu verschwunden ist. Das heutige narrative Kino enthält den atmosphärischen Schnitt bloß als Accessoire in seiner trivialsten Form, der raffiniertere Teil ist jetzt Teil der Exoten und soll uns dort den Mund wässrig machen.

Die Ironie geht so weit, dass Eisensteins Stummfilme einem heutigen Publikum unverständlich erscheinen und nur noch dank eines Bemühens um Filmkultur gelegentlich zu sehen sind. Sie geraten dabei in seltsame Nähe zu Avantgardefilmen, die ebenfalls nur schwer ein Publikum finden, weil sie sich den gängigen Erzählsystemen - aus Prinzip - nicht unterwerfen wollen.

***

---

66 z. B. Wsewolod Pudowkin (1893-1953), *Filmregie und Filmmanuskript*, Berlin 1928

ELEMENTARE SCHNITT-THEORIE DES SPIELFILMS

Band 2

EINFACHE LINEARE SCHNITTE

INHALT VON BAND 2 - EINFACHE LINEARE SCHNITTE

I. ALLGEMEINES

A. BILDVEKTOREN UND SCHNITTOPERATOREN

Ausgehend von der Beobachtung, dass sich *Bewegungsträger* in Filmen wie starre Körper mit beschränkten Bewegungsmöglichkeiten verhalten, schreiben wir ihnen formal eine mathematische Funktion zu, die zu jedem Zeitpunkt ihren Ort in der jeweiligen Einstellung bezeichnet. Diese Funktion nennen wir *Bewegungsvariable* und benutzen diesen Begriff im Folgenden als Äquivalent des Bewegungsträgers, durch dessen Handeln sie erzeugt wird.

*

Dieses Konzept ermöglicht es uns, nicht nur die Örtlichkeit, sondern auch Bewegungen innerhalb eines Bilds zu seiner Charakterisierung heranzuziehen. Dadurch werden die Bewegungsvariablen formal zu verallgemeinerten Ortskoordinaten der Einstellung. Wenn t die durchlaufende Zeitkoordinate darstellt, lässt sich eine Einstellung daher folgendermaßen parametrisieren:

(1) $s = (A_1(t), A_2(t), \dots, A_n(t), x, t)$

wobei ‚s' Symbol der Einstellung ist (‚s' vom englischen ‚shot'), ‚x' Symbol der gewissermaßen objektiven *externen Ortskoordinate* und ‚t' die Zeit ist, während die n *Bewegungsvariablen* $A_1(t)$, $A_2(t)$ etc. bis $A_n(t)$ die Bewegungen der in der Einstellung enthaltenen n Bewegungsträger in Bezug auf das Bildrechteck charakterisieren. Für den Fall n = 3 gäbe es also drei Bewegungsvariablen: $A_1(t)$, $A_2(t)$ und $A_3(t)$.

Das Ganze wirkt ein wenig befremdlich, es wird sich aber herausstellen, dass das Erscheinungsbild der Bewegungsträger an den Schnittstellen in starkem Masse zum raumzeitlichen Zusammenhang eines Films beträgt und dass insofern günstig ist, dies, wie wir es hiermit tun, schon beim formalen Erfassen eines Bilds zu berücksichtigen.

*

Eine solche Parametrisierung von s hat gewisse Ähnlichkeit mit dem, was in der Mathematik als *Vektor* bezeichnet wird. Im dreidimensionalen Raum etwa hat ein Vektor drei Komponenten, die wir als seine räumlichen Koordinaten bezeichnen. Benutzen wir für den Vektor das Symbol ‚V', für die x-, y- und z-Koordinaten die Symbole ‚x', ‚y' und ‚z', kann man schreiben:

(2) $V = (x, y, z)$

Diese Notation lässt eine gewisse Ähnlichkeit mit unserer Einstellungsparametrisierung (1) erkennen. Anders als gewöhnliche Vektoren enthält unser s aber mehr als drei Koordinaten. Von diesen sind die Bewegungsvariablen selbst wieder abhängig von einer anderen Koordinate, nämlich der Zeit t. Das klingt kompliziert, aber der Mathematik ist es gelungen, solche Konstruktionen als mit dem üblichen Vektorbegriff vereinbar zu begreifen und zu behandeln. In diesem Sinne wollen wir Einstellungen gelegentlich auch als *Bildvektoren* bezeichnen. Das ist für das Folgende nicht unbedingt wichtig, erinnert aber daran, dass es sich bei Bildern nicht nur um ästhetische oder gar ins Mythische langende Erscheinungen handeln muss, sondern dass in ihnen auch ein ganz prosaischer, geometrisch zu fassender Kern enthalten ist, mit dem man unter Umständen etwas Ähnliches anstellen kann wie mit gewöhnlichen Vektoren.
*

Schnitte begreifen wir in dieser Terminologie als *Operatoren*, die einem Zuschauer die raumzeitlichen Beziehungen zwischen zwei Bildvektoren vermitteln. Diese Operatoren nennen wir *Schnittoperatoren*. Schnittoperatoren sind also *Raumzeit-Operatoren*, die im Bewusstsein des Zuschauers für die räumliche und zeitliche *Verschiebung* von Bildvektoren sorgen. Das ist eine andere Formulierung dafür, dass das Filmgeschehen (wie in der Einführung, Kapitel E „*Titel und Operatoren*" ausführlich erörtert) durch einen Schnitt von einer Ortskoordinate in eine andere verschoben wird. Bei einem Schnitt zwischen zwei Einstellungen s_1 und s_2

(3) $s_1 : s_2 = s_1 - C - s_2$

sorgt der Schnittoperator C im Zuschauer also für eine Verschiebung der Raumzeit-Koordinate des aktuellen Geschehens aus dem Raum von s_1 in den Raum von s_2. Das Doppelpunkt-Symbol ‚:' ist hier wieder Symbol für den tatsächlichen Schnitt, während wir ‚-' zunächst bloß als Trennungszeichen zwischen einer Einstellung und einem Operator verstehen.
*

Da *raum- und zeitverschiebende Operatoren* eine bekannte Klasse mathematischer Operatoren sind, lassen sich die Schnittoperatoren auf sie zurückführen. Die den Schnittoperatoren zugrunde liegenden Schnitte sind dann als künstliche Darstellungen dieser raumzeitverschiebenden Operatoren begreifbar, die vom Zuschauer für physikalisch real gehalten werden. Diese Betrachtungsweise ist nicht einfach, weil sie etwas sehr Kompliziertes beschreibt. Dennoch vereinfacht sie die Analyse der Schnittformen insofern, als sie einen *deduktiven* Zugang zur Mannigfaltigkeit der möglichen Schnitte öffnet.

*

Es lohnt, sich die Mühe zu machen, diesen Prozess genauer aufzuschlüsseln, um ihn besser zu verstehen. Die Verhältnisse werden übersichtlicher, wenn wir uns die beiden Einstellungen s_1 und s_2 als kurz nacheinander von der gleichen Kamera aufgenommen denken. In einem Gedankenexperiment stellen wir uns dazu einen Raum mit einem auf dem Boden aufgetragenem Liniengitter vor, in dessen Zellen die geografischen Koordinaten jeder Zelle zehn-zentimetergenau als Zahlenpaar eingeschrieben sind. Diese Koordinaten sollen stets mit abgebildet werden, wenn von diesem Raum ein Bild gemacht wird.

Schalten wir die Kamera ein, beginnt sie am Ort x_1 ein Bild s_1 zu machen. Dabei verwandelt der Abbildungsprozess den dreidimensionalen Raum, von dem die Schrift auf dem Boden Teil ist, per Zentralprojektion in ein verkleinertes zweidimensionales Bild, welches sich schließlich nach Entwicklung, Fixierung und Kopierung als positives Kleinbild auf einem Filmstreifen wiederfindet.

Wird dies in einem Kino projiziert, entsteht auf der Leinwand eine vergrößerte zweidimensionale Abbildung dieses kleinen Bilds. Auf ihm sieht der Betrachter ein Bild des aufgenommenen Raums in perspektivischer Verkürzung, wodurch das der Kamera am nächsten gewesene Zahlenpaar am größten erscheint. Dieses Zahlenpaar bezeichnen wir als die Ortskoordinate x_1 der Einstellung s_1. Sollte es sich um eine repräsentative Einstellung handeln, verwandelt der Betrachter das wahrgenommene zweidimensionale Bild durch die Identifizierung von Bild und Abgebildeten in einen ‚wirklichen‘ dreidimensionalen Raum und bildet sich ein, er sehe diesen Raum mit der Koordinate x_1 dreidimensional vor sich.

*

Es muss indes daran erinnert werden, dass dieses Projektionsbild nicht im Mindesten dem Gesichtsfeld wirklicher Betrachter angesichts des realen x_1 ähnelt. Denn reale Gesichtsfelder sind verschwommen, unscharf und bestehen aus einer Unmenge von Überlagerungen aufeinanderfolgender Sakkaden, von denen manche sogar nur noch als Nachbild präsent sind. Ein im mathematischen Sinne, auch zeitlich, unglaubliches Durcheinander, das, ginge es nach den Weltvorstellungen der Mathematik zu, eigentlich gar nicht als Einheitlich-Ganzes bezeichenbar sein dürfte. Könnte man aber dennoch einmal ein solches ‚Bild‘ darstellen, und warum soll es nicht irgendwann gelingen, wäre dennoch nichts gewonnen: Wenn ein Betrachter es nämlich auf der Leinwand sähe, würde er einer neuen Wirklichkeit begegnen und sich, um sie zu begreifen, daraus ein vermutlich noch wirreres Muster zusammenstellen, als das von Spielfilmen gewohnte. Es ist daher ganz unsinnig, vom Kamerabild als einem Objekt zu sprechen, das Ähnlichkeit mit dem wahrgenommenen ,Bild' eines Sehenden hat. Richtig ist vielmehr, dass das Leinwandbild *ähnlich gesehen werden kann* wie die Wirklichkeit, deshalb kann man es auch mit ihr verwechseln. Diese Unterschiede sind fein, aber weittragend.

*

Wenn wir im Folgenden davon sprechen, ein Betrachter sehe eine Einstellung s mit Bildraum x, meinen wir immer diesen dreidimensionalen ,wirklichen' Raum, den er sich bei der Projektion des fertigen Films beim Sehen *einbildet*. Man muss sich stets darüber im Klaren sein, dass damit dieser komplexe mehrstufige Transformationsprozess gemeint ist, wobei stillschweigend angenommen wird, dass er ,ideal' abläuft und es zu keinen größeren Komplikationen durch etwa optische Täuschungen, schlechte Bildqualität oder blanke Unaufmerksamkeit des Betrachters kommt.

*

Wiederholen wir unser Experiment und nehmen s_1 erneut an der Stelle x_1 auf, um dann aber während des Drehens zusätzlich die Kamera zu bewegen, ändern sich die abgebildeten Koordinaten gemäß dieser Bewegung. Den dabei entstehenden Teil der Einstellung nennen wir s_{bew}. Diese Bewegung kann beliebig sein, eine Fahrt etwa, ein Schwenk oder beides. Halten wir nach einiger Zeit an, werden durch die laufende Kamera danach nur noch die Koordinaten des Orts abgebildet, bei dem wir angehalten haben. Diesen Ort nennen wir x_2 und den Teil der Einstellung, in dem es keine Veränderung mehr gibt, s_2.

Wenn wir den entstandenen Filmstreifen später projizieren, sehen wir zunächst den Bildraum x_1 von s_1 mit seinen Koordinaten vor uns (ich möchte nochmals daran erinnern, dass mit diesem einfach klingenden Satz in Wirklichkeit die gerade beschriebenen äußerst komplexen Verhältnisse gemeint sind), dann die wandernden Koordinaten des sich verändernden Bildraum s_{bew} und schließlich die wieder fixen Koordinaten von x_2 aus s_2. Da wir den Prozess in ganzer Länge sahen, ist uns klar, was passiert ist: Wir sagen, der Raum von x_1 habe sich durch eine Kamerabewegung in den Raum von x_2 verschoben. Oder das neue Bild s_2 sei aus dem ersten s_1 durch eine Kamerabewegung hervorgegangen. Diese Interpretation macht keinerlei Schwierigkeiten, weil wir sie in ähnlicher Form bei jedem Spaziergang machen.

*

Eine neue Situation entsteht, wenn wir beim Betrachten des Filmstreifens während der Fahrt s_{bew} die Augen schließen und sie erst wieder zu Beginn von s_2 öffnen. Das entspräche in etwa einem Spaziergang, bei dem man im Gehen einige Zeit die Augen schließt (oder an etwas anderes denkt). Danach weiß man zwar wieder, dass s_2 aus s_1 durch eine Kamerabewegung hervorgegangen sein muss, die in der Zwischenzeit stattgefunden hat, man weiß allerdings nicht mehr, durch welche Art von Bewegung. Da wir die Koordinaten von x_2 sehen und sie mit denen von x_1 vergleichen können, wissen wir immerhin, wie weit und in welcher Richtung die Kamera sich inzwischen bewegt hat. An der Änderung der Fluchtlinien des Bodengitters können wir sogar erkennen, wie stark die Kamera sich dabei drehte.

*

Dabei ist der tatsächliche Weg der Kamera von nebensächlicher Bedeutung. Man kann sich nämlich unendliche viele Wege vorstellen, auf denen die Kamera von x_1 nach x_2 gefahren sein könnte, für das Resultat spielt es keine Rolle. Es reicht, sich eine möglichst unkomplizierte, also eine gewissermaßen minimale Bewegung von x_1 nach x_2 vorzustellen, um sich über die räumlichen Verhältnisse Klarheit zu verschaffen.

*

Schwieriger wird es, wenn der Teil mit der Kamerabewegung ganz aus dem Filmstreifen herausgenommen wird. Dann haben wir einen wirklichen Schnitt $s_1 : s_2$ vor uns, und auf einen solchen können uns unsere Spaziergänge, kann uns die Evolution unmöglich vorbereitet haben. Dennoch: Wenn wir wissen, dass beide Filme von der gleichen Kamera aufgenommen wurden, ist uns klar, dass s_2 durch eine uns vorenthaltende Kamerabewegung aus s_1 hervorgegangen sein muss. Da wir die Koordinaten beider Einstellungen zu lesen und die Fluchtlinien des Gitters auf dem Boden miteinander zu vergleichen vermögen, sind wir weiterhin in der Lage, uns eine minimale Kamerabewegung vorzustellen, die eine Verschiebung von x_1 nach x_2 erzeugen könnte. Damit verliert der Schnitt von s_1 nach s_2 für uns einen Großteil seines Geheimnisses.

*

Es irritiert aber der Moment genau zwischen s_1 und s_2, an dem die Fahrt hätte stattfinden müssen. Wird sie weggelassen, müssen wir das weggelassene Zeitintervall durch einen *Zeitsprung* Δt (sprich: „*Delta t*") ergänzen. Leider haben wir zunächst keine Ahnung, wie groß dieser Zeitsprung war oder gewesen sein mochte. Es kann sein, dass die minimale Kamerabewegung, die man sich vorstellt, ganz langsam vonstatten ging - dann wäre Δt relativ groß - oder sehr schnell, dann wäre der Zeitsprung unter Umständen extrem kurz. Kopiert man während der Aufnahme fortwährend eine Uhr oder etwas ihr Ähnliches ein, könnte man den Zeitsprung direkt im Bild ablesen.

*

So weit so gut. Bis jetzt hatten wir es mit Vorgängen zu tun, die *real* abliefen, und deren Realität vom Zuschauer nur nachempfunden werden musste. Wir kommen nun zu den für den Filmherstellungs- und Wahrnehmungsprozess entscheidenden Komplikationen, durch die der Zuschauer *betrogen* wird und *betrogen werden will*. Zunächst einmal kann man sich vorstellen, dass die Kamera innerhalb der, sagen wir einmal zwanzig Sekunden, während derer sie von x_1 nach x_2 fährt, abgeschaltet und erst dann wieder angeschaltet wird. Das spielt für den Zuschauer keine Rolle: Da er s_{bew} bei einem Schnitt $s_1 : s_2$ ohnehin nicht zu sehen bekommt, braucht diese Phase im Grunde gar nicht erst gedreht zu werden.

*

Eine größere Komplikation stellt dar, wenn die Kamera nicht fährt und stattdessen eine zweite Kamera die Einstellung s_2 an der Stelle x_2 aufnimmt. Da man das Bild nicht von dem von der ersten Kamera gedrehten unterscheiden kann, macht es keinen Unterschied, solange behauptet und geglaubt wird, es sei von einer einzigen Kamera aufgenommen. Tatsächlich muss es gar nicht erst behauptet werden. Werden beide Einstellungen hintereinander gezeigt, nimmt der Zuschauer weiterhin einfach an, dass s_2 durch eine Kamerabewegung aus s_1 hervorgegangen sei und verbindet die beiden Bildräume x_1 und x_2 weiterhin durch eine minimale Kamerafahrt, die er sich vorstellt.

*

Das ändert sich auch nicht, wenn wir den Raum x_2 samt Koordinatengitter komplett abbauen, ihn mit einem Lastwagen in eine andere Stadt transportieren, ihn dort wieder aufbauen und mit einer zweiten Kamera als Einstellung $s_2{}^*$ aufnehmen. Zwar stimmen die objektiven Koordinaten nicht mehr mit dem auf dem Bild Sichtbaren überein, aber das ist für den Zuschauer nicht zu erkennen. Für ihn ist s_2 nicht von $s_2{}^*$ zu unterscheiden, es ist für ihn dieselbe Einstellung wie vorher. Wenn die Einstellungen zusammengeschnitten werden, nimmt man daher weiterhin an, s_2 (bzw. $s_2{}^*$) wäre aus s_1 durch eine Kamerafahrt hervorgegangen und versucht weiter, sich einen minimalen Weg vorzustellen, auf welchem dies geschehen konnte.

*

Stellen wir uns weiter vor, in einer anderen Stadt werde ein Raum aufgebaut, auf dessen Boden sich ein aufgemaltes Koordinatensystem mit den zu x_2 gehörigen Zahlenwerten befindet. Wird dort mit einer dritten Kamera eine Einstellung s_3

gemacht, die dem schon bekannten s_2 weitgehend ähnelt, so ändert sich für den Zuschauer am Ende auch nichts, wenn er s_1 und s_3 durch einen Schnitt $s_1 : s_3$ verbunden sieht. Er nimmt an, s_3 sei aus s_1 durch eine Kamerafahrt hervorgegangen, und stellt sich wieder den gleichen minimalen Weg vor, den er sich bei $s_1 : s_2$ konstruiert hatte.

*

Sogar wenn s_3 objektiv vor s_1 gedreht wurde, kann ein Betrachter, wenn man ihm die Einstellungen in der Reihenfolge $s_1 : s_3$ vorführt, keinen Unterschied zu einem der vorigen Schnitte entdecken. Er interpretiert sie weiterhin auf bewährte Weise, so sehr dies mittlerweile den tatsächlichen Aufnahmeverhältnissen Hohn spricht. Mit anderen Worten: Es kommt nicht auf den Aufnahmeprozess an, sondern darauf, wie der Zuschauer das geschnittene Resultat interpretiert.

*

Auch das ändert sich nicht, wenn das Koordinatensystem im Bild weggelassen wird. Der Zuschauer wird sich weiterhin bemühen, eine Verbindung zwischen den beiden Einstellungen herzustellen, indem er versucht, sich ein *eigenes Koordinatensystem* zurechtzubasteln. Dabei wird er nur selten von genauen Zahlen ausgehen, sondern eher die Koordinatensysteme unserer täglichen Orientierung benutzen, welche in etwa nach folgendem Muster funktionieren: „Hier ist mein Zimmer, rechts nebenan das Schlafzimmer - vor meiner Tür gibt es ein Treppenhaus; geh ich vier Stockwerke nach unten, erreich ich eine Straße; fünfzig Meter weiter rechts ist ein Parkplatz; wenn ich vier Minuten mit dem Auto Richtung Stadt fahre, eine Kreuzung usw." Genau solch lockeres Ordnungssystem meinen wir, wenn wir in einer Einstellung

(4) $s = (A_1(t), A_2(t), \dots, A_n(t), x, t)$

von einer verallgemeinerten Ortskoordinate x sprechen.

Beim Versuch, einen beliebigen Schnitt $s_1 : s_2$ mit so einem diffusen inneren Koordinatensystem zu versehen, wird ein Zuschauer zunächst versuchen, die einander folgenden Einstellungen als durch Kamerabewegungen hervorgegangen zu begreifen, wobei er sich einen minimalen Kameraweg vorstellt, der seine Vermutung stützt. Ein solcher minimaler Weg ist letztlich nichts als eine Transformation und Extrapolation der vielen eigenen Wege, mit denen man den Zusammenhang von Örtlichkeiten erkundet, erlebt und für sich beschreibt. Da dieses subjektive Ordnungssystem aus extrem unterschiedlichen Weltausschnitten, sowohl von Details als auch Totalen, zusammengesetzt ist, erstaunt beim Betrachtern eines Films nicht

besonders, wenn bei der Aufnahme von s_1 und s_2 verschiedene Objektive mit unterschiedlicher Tiefenschärfe benutzt werden. Nimmt der Zuschauer dies überhaupt wahr (und den meisten ist das Näherbetrachten eines Objekts so selbstverständlich, dass man kaum bemerkt, wenn es im Film geschieht), denkt er sich eben während der Bewegung noch eine Heran- oder Wegfahrt dazu, oder wenn er technisches Vokabular liebt: einen Objektivwechsel.
*

Wenn wir also die den Schnittoperatoren zugrunde liegenden Schnitte als künstliche Darstellungen von raumzeitverschiebenden Operatoren begreifen, die vom Zuschauer für physikalisch real gehalten werden, meinen wir damit sehr schnell im Kopf ablaufende, gewissermaßen stenografische Verkürzungen dieser von ihm vermuteten Kamerabewegungen.

***

B. RAUM- UND ZEITVERSCHIEBENDE OPERATOREN

Bei Kamerabewegungen auf einen Stativ gibt es drei Möglichkeiten, den Bildausschnitt zu ändern, den *Schwenk*, die *Fahrt* und den *Zoom*. Die Arten der Veränderung, die sich in solchen Bewegungen der Kamera ausdrücken, sind in der Mathematik präzise definiert und gut untersucht. Sie werden *Ähnlichkeits-Transformationen* genannt. Die Wirkung eines Schwenks ist durch eine *Drehung* oder *Rotation* R des Raums beschreibbar, die Fahrt durch eine *Translation* TL und der Zoom als *Streckung*, wobei es je nach Größe des *Streckungsfaktors* k zu Vergrößerungen oder Verkleinerungen kommt. Diese Ähnlichkeits-Transformationen der Mathematik haben erfreulicherweise die Eigenschaften einer sogenannten ‚*Gruppe*‘, was den Umgang mit ihnen (und daher auch den mit Kamerabewegungen) erheblich erleichtert. Es bedeutet zum Beispiel, dass zwei hintereinander ausgeführte Transformationen wieder eine Transformation ergeben, also ein Resultat haben, das u. U. auch mit einer anderen Kombination erzielbar ist. Dies klingt banal, hat aber die erfreuliche Konsequenz, dass die der Bildänderung bei einem Schnitt zugrunde liegenden Kamerabewegungen nicht exakt mitbeschrieben werden müssen, wenn man zu einer Vorstellung vom Ergebnis gelangen will. Dadurch ähnelt der Umgang mit Bildern dem Umgang mit Zahlen, bei denen man auch nicht mehr erinnern muss, wie man zum Resultat einer Addition gelangte:

Wenn (der Gruppentheorie oberflächlich Kundige mögen diesen Absatz verzeihen) 38 zum Beispiel das Resultat einer Addition von 12 und 26 ist, und man nach einiger Zeit vielleicht 7 hinzu addieren möchte, braucht man nicht wieder von vorne anzufangen, sondern kann das erinnerte Resultat (also die 38) benutzen, um zum neuen Resultat 45 zu gelangen, also $12 + 26 + 7 = (12 + 26) + 7 = 38 + 7 = 45$. Für unser Verständnis von Kamerabewegungen nicht weniger wichtig ist, dass so ein Resultat auch das Resultat anderer Operationen sein kann, ganz wie 45 auch die Summe von 20 und 25 oder von 42 und 3 sein könnte. Die Gruppeneigenschaft von Ähnlichkeits-Transformationen ist die Bestätigung für die schon in ihrem Wirken beobachtete Annahme, dass man von einer Einstellung zu einer anderen mit recht unterschiedlichen Kamerabewegungen gelangen kann.

Dass es Sinn macht, von einer ‚minimalen‘ Kamerabewegung zu sprechen, äußert sich in dem schärferen Satz, dass sich *jede erdenkliche*, noch so komplizierte Ähnlichkeits-Transformation W im Endeffekt als

(5) $W = k\,R + TL$

darstellen lässt, das heißt als *eine einzige* Drehung R mit gleichzeitiger Streckung k und *einer* Translation TL.

Und genau die Tatsache, dass man bei Bildänderungen von einem *Resultat* sprechen kann, ist die Voraussetzung für das Verständnis eines Schnitts im Kino. Ein Schnitt $s_1 : s_2$ ist in sogar streng mathematischem Sinn das Resultat einer (u. U. mit einem Zoom kombinierten) möglichen Kamerabewegung aus der ersten Einstellung s_1 heraus in eine zweite s_2. Der exakte Verlauf dieser Bewegung ist irrelevant, solange man sich eine Minimalbewegung mit Vergrößerungsfaktor, Rotation und einer Translation vorstellen kann. Dies passt wunderschön zum üblichen Produktionsprozess von Filmen, bei dem man nach dem Drehen einer ersten Einstellung mit Raum x_1 die Kamera abbaut, sie in einen Koffer packt und danach auf einem willkürlichen Weg durch die Welt bewegt - kopfüber, hin und her geschüttelt, wie auch immer -, bis sie am Ende auf einem Stativ zur Aufnahme von s_2 vor dem Raum x_2 wieder aufgebaut wird, der mit x_1 durch den Schnitt $s_1 : s_2$ verbunden werden soll.
*

Das stimmt weitgehend mit der Art und Weise überein, mit der wir uns, etwa bei Spaziergängen in bislang nur ungenau bekanntem Territorium, in der Welt orientieren. Tatsächlich finden die Bewegungsbeurteilungen schon bei solchem Spaziergang so schnell und neben so vielem anderen Denken und Wahrnehmen statt, dass die realen Bewegungen nur bei langsamen nachträglichen Analysen rekonstruierbar sind. Wenn wir uns verlaufen, versuchen wir meist, uns den genauen Gang unseres bisherigen Wegs vorzustellen, um dann durch systematische Umkehr den Rückweg zu finden. Oft versuchen wir auch, aus der Summe der Bewegungen ein Resultat herzustellen, das uns hilft, das Areal des einigermaßen Bekannten auf einem neuen, dem kürzesten Weg wieder zu erreichen. Und weiter: Wenn wir eine Weile in einem gewissen Weltbereich gelebt haben und viele Wege darin gegangen sind, bildet sich in uns ein Netzwerk all dieser Wege in Form einer *inneren Landkarte*, die der ähnelt, von der wir im letzten Kapitel sprachen. Sie besteht aus allgemeinen, subjektiven Koordinaten, die zwar auch durch Wege verbunden sind, aber meist nicht mehr nur die wirklich begangenen - es handelt sich um minimalisierte Wege, die man sich vorstellen kann. Diese im Bewusstsein entstehende Landkarte ist etwas äußerst Seltsames. In ihr steckt ein Großteil unserer Lebenserfahrung, in einer merkwürdig wabernden Gesamtheit, worin wir plötzlich aber auch in Details einzutauchen vermögen, die unglaubliche Präzision und Schärfe aufweisen. Dann wieder enthält sie unklare Bereiche, von denen wir gerade mal wissen, dass es darin

eine Straße gibt. Solche Landkarten gehören für uns zu den wichtigsten Verankerungen in der Welt, in ihnen findet man das, was man die ‚eigene Heimat‘ nennt.
Diese Heimat ist in unserem Bewusstsein auf seltsame Weise ganz und - in para-
doxem Sinn - weglos geworden: Weil es so zahlreiche Wege darin gegeben hat, dass
sich diese zu einem Gefühl von Verbundenheit verdichteten. In der Erinnerung ans
gelebte Detail können diese Wege dann indes oft wieder konkret werden.
*

Das Resultat einer Kamerabewegung, ob vorgestellt oder real, ist gleichbedeutend
mit dem *Wechsel des Koordinatensystems*, der durch die neue Einstellung insofern
erzwungen wird, als das Geschehen fortan von einem anderen Standpunkt beobachtet und interpretiert werden muss. Jeder Wechsel eines Koordinatensystems im
Film lässt sich durch eine Kamerabewegung beschreiben. Und umgekehrt bedeutet jede solche Bewegung eine Änderung des Koordinatensystems, was in schöner
Übereinstimmung mit der Erfahrung steht, dass wir uns nach einer selbstgewählten
Bewegung weiter im Zentrum der Welt wähnen. Was sich nur ändert, wenn jemand
anders uns zu dieser Bewegung zwingt.

Hier findet sich die Wurzel einer der großen Storys des narrativen Systems: Eine Person (oder eine Personengruppe) wird zu einem Ortswechsel gezwungen und versucht, sich an dem neuen Ort einzurichten und heimisch zu fühlen, den neuen Wohnsitz
also zum Zentrum eines Koordinatensystems zu machen, von wo aus man die Welt
wahrnehmen, erleben und beurteilen kann. Zahlreiche Western beruhen auf dieser
Story, die, wie wir sahen, zugleich ein Grundprinzip des Filmschnitts repräsentiert.
Insofern möchte man auch als Zuschauer eines Films erst einmal eine Heimat finden: Man tritt in ein unbekanntes Geschehen und bemüht sich, eine Vertrautheit
mit dessen Örtlichkeiten zu entwickeln. Wesentliche Teile des narrativen Systems
versuchen, dem Zuschauer die Bildung einer ähnlichen Landkarte zu ermöglichen,
wie man sie zur Orientierung in der eigenen Umgebung verwendet.[67]
*

Die Story vom Finden einer neuen Heimat ist nicht auf das konventionelle narrative System beschränkt. Auch das filmische Werk von Jonas Mekas bezieht sich
darauf. Sein dreistündiges „*Lost Lost Lost*" (das aus zwischen 1950 und 1970 in New
York gedrehten Bildern besteht, die Mekas ohne große Zusammenhangsabsicht

---

67 Dass dies ein Aspekt des Narrativen überhaupt zu sein scheint, ist deutlich Vladimir Nabokovs
Lectures on Literature zu entnehmen, für die er einige ins Detail gehende Landkarten anfertigte, die er
aus der Lektüre der besprochenen Literatur ableitete, etwa Jane Austens *Mansfield Park*, James Joyces
Ulysses und Kafkas *Verwandlung* - Vladimir Nabokov, *Lectures on Literature*, edited by Fredson Bowers,
New York 1980

aufgenommen hatte, aus Skizzen und Fragmenten, die von einer im Off erklingenden autobiographischen Erzählung überlagert und zusammengehalten werden) spricht vom Versuch eines Emigranten, wieder Fuß zu fassen. In einem anderen seiner Filme vernehmen wir zu Bildern von Kindern, die im *Central Park* Schlitten fahren, dass er sich in genau diesem Moment, als er jene Kinder aufnahm, nach zwanzig Jahren erstmals wieder „*zu Hause*" gefühlt habe. Das gibt seinem Werk eine bemerkenswerte Zäsur: War es bis dahin das eines litauischen Flüchtlings, der, durch die Welt geschleudert, versucht, in Amerika Halt zu finden, wurde es fortan das einer selbstbewusst dort residenten Person, die ihr Territorium sondiert. Dass sich unser Heimfindungsmuster in solchen unkonventionell geschnittenen Filmen ebenso zeigt wie in konventionell erzählenden Bildsystemen - im Übrigen oft wahrer, weil unverstellter (wie ja auch van Goghs Bildbeschreibung ‚*wahrer*' ist als alles, was Balzac je schrieb) -, verrät uns, dass wir in unserer bisherigen Analyse noch nicht zum Wesentlichen des narrativen Abbildungsprozesses vorgedrungen sind, in dem sich das Bild, wie in der Einführung besprochen, von einem möglichen Kameramann wieder ablöst und ‚*objektiv*' wird.

*

Wir wollen unsere Argumentationslinie jedoch zunächst verlassen, obwohl man auch von ihr ausgehen könnte, und kehren (in Erinnerung an Professor Jordans Bemerkung, dass der gradlinige Weg wohl der wahrscheinliche, nicht aber immer der richtige sein muss[68]) zu einer oberflächlicheren Beschreibung der Verhältnisse beim Filmschnitt zurück. Dabei wollen wir vergessen, dass ein Schnitt das mathematische Resultat einer Kamerabewegung sein könnte, und stattdessen wie ein Zuschauer direkt an der Oberfläche der Schnittwirklichkeit arbeiten, in der er in einer von ihm momentan als real erachteten Kinowelt Raumzeit-Verschiebungen wahrnimmt, über deren Natur er sich erst Klarheit verschaffen muss. Wir benutzen die letzten Seiten also nur, um ein gewisses Gefühl für die Plausibilität des eingeschlagenen Wegs zu entwickeln, und verstehen einen Schnitt im Folgenden wieder als *ursachenlose* Raumzeit-Verschiebung, die sich als verständliche Koordinatentransformation ausweisen möchte.

*

Wir untersuchen als Erstes die raumverschiebenden Operatoren. Von ihnen wissen wir bereits, dass sich die ihnen zugrunde liegenden *Ähnlichkeits-Transformationen* auf Streckungen, Drehungen und Translationen reduzieren lassen. Von theoretischem Interesse wären noch *Spiegelungen*, weil sowohl Drehungen als auch Verschiebungen als Folge von Spiegelungen darstellbar sind. Spiegelungen haben im

---

68 Vorwort S. 25

narrativen System jedoch meist nur momentane oder atmosphärische Funktion. Da die Winkelverhältnisse und Streckenproportionen eines abgebildeten Objekts bei Ähnlichkeits-Abbildungen erhalten bleiben, tragen diese ihren Namen zurecht. Mathematisch haben sie, wie bereits beschrieben, die Form

(6) $W = k\,R + TL$

wobei W die Ähnlichkeitstransformation ist, k der *Streckungsfaktor*, R(x) die Drehung oder *Rotation* des Raumes x und TL seine Verschiebung oder *Translation*. Bezeichnet x* das bei der Ähnlichkeitsabbildung von x neu entstehende Bild, so ist

(7) $x^* = W\,(x)$

Ähnlichkeitstransformationen ohne Streckungen (solche also mit dem Streckungsfaktor k = 1) heißen *kongruente Abbildungen* oder, in ungefährer Übereinstimmung mit unserer Bezeichnung der Änderung von Kamerastandpunkten, *Bewegungen*. Es gilt der mathematischen Satz, dass sich das Resultat jeder Bewegung auch als Transformation eines Koordinatensystems interpretieren lässt, und umgekehrt: Jede Transformation eines Koordinatensystems ist interpretierbar als Resultat einer Bewegung.
*

Wir sagten, dass bei einem Zoom der Streckungsfaktor k geändert wird. Ähnliches geschieht bei einem *Ransprung* per Schnitt. Es gibt dabei den feinen Unterschied zwischen einer *Heranfahrt* und dem Ransprung durch einen *Brennweitenwechsel* des Aufnahmeobjektivs. Bei einer Heranfahrt nähert man sich dem wahrgenommenen Objekt, wobei es gewöhnlich scharf bleibt. Der Ransprung, die Benutzung also des Zooms, entspricht dagegen eher dem genauen Hinblicken, dem Sich-auf-etwas-Fokussieren. Deshalb ist die größere Unschärfe beim Ransprung willkommen, denn ganz wie beim Benutzen langbrennweitiger Objektive verschwimmt auch in der Wirklichkeit beim genaueren Hinsehen das Umfeld. Beim sorgfältigsten Wahrnehmen wird schließlich das Gesamtbild so unscharf, dass man nur noch das Detail eines Details zu erkennen vermag.
*

Lässt man die Möglichkeit des Zooms außer Acht, erlaubt man also nur Ähnlichkeits-Transformationen mit k = 1, haben wir es beim Filmschnitt in mathematischer Terminologie ausschließlich mit *Bewegungen* zu tun, und damit eine perfekte Übereinstimmung mit dem von uns benutzten Begriff *Kamerabewegung*. Für die Filmform würde dies bedeuten, dass der Zoom in unserem Formalismus durch ein

Näher-Herangehen der Kamera ersetzt wird. Der minimale Unterschied zwischen Zoom und Ransprung ist für unsere Untersuchung zu vernachlässigen. Benutzt man keinen Zoom, kann ohnehin keine Verwirrung entstehen. Tut man es, müsste in einigen Detailfragen sorgfältiger argumentiert werden, weil man in den Bereich der Ähnlichkeits-Transformationen mit $k \neq 1$ gerät. Ein Beispiel: Darf man beim Ransprung aus der Kameraachse der vorherigen Einstellung gehen? Soll man es sogar? Ich habe Letzteres lange geglaubt, in vielen Filmen wird es so gemacht. Bei Lubitsch wird indes oft direkt rangesprungen, was den Schnitt bei guter Kontinuität flüssiger macht, also zu einem wirklichen direkten Ransprung und nicht der Abbreviatur eines Heranbewegens auf einem von der direkten Route leicht abweichenden Weg. Beides ist insofern im Film möglich, wobei sich für den Zuschauer aber leicht verschobene atmosphärische Werte ergeben.

*

Wir wollen, wie gesagt, fortan von den Streckungen absehen, die für Maßstabsänderungen verantwortlich sind und einem Objektivwechsel entsprechen. Dies schränkt den Wert unserer Analyse nicht wirklich ein, da der Zuschauer Maßstabsverzerrungen zwischen den Einstellungen korrigiert und kaum Mühe hat, einen winzig in einer weiten Totale und anschließend groß in einer Naheinstellung auftauchenden Darsteller für den gleichen zu halten. Solange sich in den angebotenen Bildern Darsteller oder Objekte von einschätzbarer Größe aufhalten, rekonstruiert der Zuschauer die objektive Weite der dargestellten Räume ohnehin in reflexartiger Manier. Trickarbeiten mit kleinen Modellen beruhen auf diesem Wahrnehmungsreflex. Sieht man zudem von Spiegelungen ab (Raumspiegelungen spielen im narrativen System nur eine ästhetische Rolle), bestehen Bewegungen B in unserem Zusammenhang also ausschließlich aus Drehungen und Verschiebungen:

(8) $B = R + TL$ und $x^* = B(x)$

*

Wird auch von Rotationen abgesehen, bleiben lediglich *Weite* und *Richtung* der Verschiebung als Parameter einer kongruenten Abbildung übrig. Im Folgenden wollen wir als Erstes die Weite der Verschiebung hierarchisieren. Dabei bezeichnen wir mit X_C einen Verschiebungsoperator, der einen Raum x_1 in einen *direkt anschließenden Raum* x_2 überführt; mit X_N einen, der x_1 in einen *in der Nähe liegenden Raum* x_2 verschiebt; und schließlich mit X_D einen, bei dem die Verschiebung von x_1 in einen *in der Ferne liegenden Raum* x_2 erfolgt. (X_C, X_N, X_D von <u>c</u>ontinuous, <u>n</u>eighboured und <u>d</u>istant; oder von <u>C</u>ontinuierlich, be<u>N</u>achbart, in die <u>D</u>istanz führend). Das entspricht der in Abb. 11 skizzierten Darstellung.

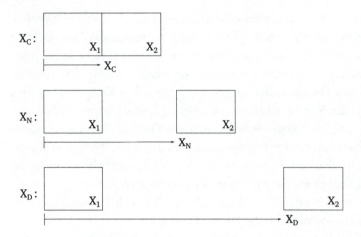

Abb. 11 Die Hierarchie der Raumverschiebungen

Diese Verschiebungs-Hierarchie wird nicht in Metern oder Kilometern fixiert, sondern sie ist dynamisch und reflektiert ein ungefähres, fast logarithmisches Begreifen von räumlicher Verwandtschaft. Solch intuitives ungefähres Begreifen liegt in der Natur der menschlichen Wahrnehmung. Dabei wird einem Zuschauer der Charakter einer Verschiebung umso weniger klar, je weiter er durch die Welt geschoben wird. Im Übrigen ist damit noch nichts über die *Verschiebungsrichtung* gesagt.
*

Für zeitliche Verschiebungen kann eine ähnliche Hierarchie aus drei qualitativ voneinander abweichenden zeitlichen Verschiebungsoperatoren gebildet werden,

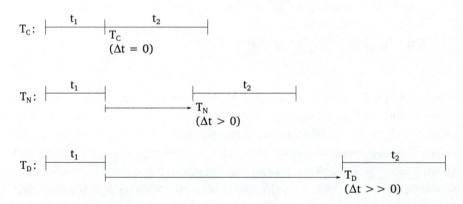

Abb. 12 Die Hierarchie der Zeitverschiebungen

die wir als T_C, T_N und T_D bezeichnen, je nachdem, ob ein Zeitintervall t_1 in *ein direkt anschließendes Zeitintervall* t_2 (mit einem Zeitsprung Δt also von $\Delta t = 0$), in ein *in naher Zukunft liegendes* ($\Delta t > 0$) oder in ein *weit in der Zukunft liegendes* ($\Delta t \gg 0$) gemäß Abb. 12 verschoben wird. Einerseits sind die Verhältnisse bei der Zeit einfacher, weil die Zeit nur eine Dimension hat, andererseits aber komplizierter, weil die Zeit immer nach vorne gerichtet sein will. Während *Raumspiegelungen* in Form von Spiegelungen tatsächlich in Bildern enthalten sein können, geht in *Zeitspiegelungen* die Zeit rückwärts, man sieht also etwa, wie ein Turmspringer aus dem Wasser nach oben gesaugt wird. Einstellungen mit solcher Zeitstruktur haben nur im atmosphärischen Teil des narrativen Systems Platz.

Fast ebenso kompliziert ist der ***Zeitsprung zurück***, dem auf der Raumebene eine X_N- oder X_D-Verschiebung im Anschluß an eine Rotation des Raums um 180 Grad entspricht, der dort also durchaus erlaubt ist. Für etwaige Zeitsprünge müssten wir negative Zeitoperatoren T_N^{minus} und T_D^{minus} einführen. Solche negativen Zeitoperatoren tauchen in narrativen Filmen aber, wie wir im folgenden Kapitel über Kausalität erfahren werden, relativ selten auf, vor allem in Verbindung mit Rückblenden. Als Zuschauer versucht man zunächst immer, einen Schnitt als positive Zeitverschiebung zu begreifen. Erst wenn das scheitert, kommt die möglicherweise negative zum Zug.
*

Damit bleiben uns, wenn wir negative Zeitverschiebungen vernachlässigen, drei Raumverschiebungsoperatoren X_C, X_N, X_D und drei Zeitverschiebungsoperatoren T_C, T_N und T_D. Die Schnittoperatoren des narrativen Systems sind als Raumzeit-Verschiebungsoperatoren Produkte je eines Raumverschiebungs- mit je einem Zeitverschiebungsoperator. Von diesen Produkten gibt es genau neun:

$$X_C T_C \ , \ X_N T_C \ , \ X_D T_C$$

$$X_C T_N \ , \ X_N T_N \ , \ X_D T_N$$

$$X_C T_D \ , \ X_N T_D \ , \ X_D T_D$$

Die im narrativen Kino auftauchenden Schnitte sind bei ihrer Wahrnehmung entstehende Darstellungen dieser neun Operatoren. *Eine Beschreibung des nichtatmosphärischen Teils des narrativen Systems ist in unserer Betrachtungsweise daher identisch mit einer Beschreibung der auf Film möglichen Darstellungen dieser neun Operatoren.* Jeder davon kann natürlich mehr als nur eine einzige Darstellung haben.

***

C. DIE KAUSALE STRUKTUR

Bisher haben wir bei einem Schnitt $s_1 : s_2$ nur die *Weite* der Verschiebung von s_1 nach s_2 zu beurteilen versucht und nichts über ihre *Richtung* ausgesagt. Während ein Urteil über die Weite aufgrund der spekulativen Fortsetzung einer Einstellung eigentlich immer vorliegt, sind Urteile über die Richtung oft nicht möglich. Das ändert sich erst, wenn Bewegungsträger in den Einstellungen auftauchen, speziell wenn ein und derselbe Bewegungsträger A sowohl in s_1 als auch s_2 erscheint. Dann wird unser Verständnis des Abbildungsprozesses dramatisch verändert. Solche Schnitte nennen wir gemäß unserer generellen Klassifizierung *linear*.

*

Vielleicht sucht das Ursachenlose im menschlichen Kopf ja immer Ursachen. Wenn man jedenfalls die Idee aufgibt, ein realer Kameramann sei Ursache der Raumverschiebung beim Schnitt, muss man ein anderes Kausalitätsprinzip in der Filmform verankern, wenn Schnitte Sinn ergeben sollen. Genau ein solches Prinzip werden wir im linearen Schnitt entdecken.

*

Tatsächlich gelang den Filmherstellern erst durch die systematische Anwendung des linearen Schnitts, sich von der potenziellen Beliebigkeit des Abgebildeten zu befreien, die nicht für längere Zeit interessieren konnte. Denn mit der Grundidee des Films, dass man eine Reihe von aufgenommenen Einstellungen locker versammelt, sie hintereinander schneidet und einem Publikum zeigt, ist nicht viel Staat zu machen. Solch lockeres Aneinanderreihen hat man nach den ersten Lumière-Edison'schen Versuchen zwar nie aufgegeben, es wurde aber doch rasch in Form von *Wochenschauen* marginalisiert. Wer großes Geld mit Film verdienen wollte, musste sich beim Schnitt um stringentere Formen von visueller Logik bemühen, um solche, die aus den Bildern selbst kamen. Diese Bemühungen zielten bald auf den inszenierten Träger der Bewegung, der dann auch zum Träger des Sinns wurde, den Schauspieler. Der Filmschauspieler hat im Film gegenüber seinen Kollegen vom Theater jedoch eine zusätzliche Funktion: Er ist Träger des Sinns auch insofern, als er der sichtbarste Vertreter der *Kausalität* ist, die im narrativen System für Ordnung sorgt.

*

Wir bezeichnen lineare Schnitte $s_1 : s_2$ als ‚*einfach linear*‘, wenn dabei ein Bewegungsträger A von einer Einstellung s_1 in eine andere s_2 übertritt, deren Örtlichkeit dem Zuschauer an der Schnittstelle noch unbekannt ist. Der übertretende Bewegungsträger A darf auch - genaueres dazu später - ‚virtuell‘ sein, was uns helfen wird, Blicke und Blickinteraktionen in der Klasse der einfach linearen Schnitte anzusiedeln. Einfach lineare Schnitte nennen wir auch ‚linear in einer Bewegungsvariablen‘, im vorliegenden Fall also in A, was nichts anderes besagt, als dass in den per Schnitt verbundenen Einstellungen s_1 und s_2 die gleiche Bewegungsvariable A erscheint. Einfach lineare Schnitte sind ‚raumerzeugend‘ in dem Sinne, dass sie die zu s_1 und s_2 gehörigen Räume x_1 und x_2 ‚verbinden‘, was heißt, dass eine von jedermann verstandene räumliche Beziehung zwischen ihnen definiert wird. Außerdem wird dabei eine zeitliche Struktur erzeugt. Die Analyse der einfach linearen Schnitte ist in unserer Annäherung identisch mit der Analyse dieser räumlichen und zeitlichen Strukturen.

*

Einfache lineare Schnitte werden vom Zuschauer als Darstellungen physikalisch realer und damit kausal ablaufender Prozesse begriffen. Der Bewegungsträger A gilt als reales physikalisches Objekt mit einer gewissen Trägheit, das wegen dieser Trägheit eine gewisse Zeit benötigt, um von einem Ort zu einem anderen zu gelangen. Indem er sich bewegt, bewegt er die Koordinaten unserer Aufmerksamkeit. In gewissem Sinne wird er zum Stellvertreter der Kamerabewegung, die man sich als Verursacher des Schnitts vorstellen könnte. Zugleich ist der Bewegungsträger natürlich etwas Selbstständiges, das nichts mit Kameras zu tun hat und auch ohne Kamera, in Vorstellungen oder Träumen etwa, existieren könnte. Die durch den Schnitt erfolgende Raumkonstruktion darf, da sie reale Bewegungen realer Bewegungsträger verfolgt, der Kausalität dieser Welt nicht offensichtlich widersprechen. Da die kausale Struktur der Welt in Vielteilchensystemen (und *unsere* Welt ist ein Ensemble solcher Systeme) weder Zeitumkehr noch negative Zeitoperatoren zulässt, werden zeitverschiebende Operationen bei linearen Schnitten zunächst als positive Zeitverschiebungsoperationen begriffen. Sollen sie negativ interpretiert werden, bedarf es handfester Hinweise.[69]

*

Dies hat Auswirkungen auf die narrative Gesamtstruktur eines Films. Raumkonstruktionen mit prinzipiell positiver Zeitorientierung dürfen diese Zeitrichtung auch bei raumbenutzenden Schnitten nicht gefährden. Sie induziert sie also auch bei diesen. Müssten nämlich bei den in einem Film vorkommenden Rückschnitten zahlreiche als negative Zeitoperationen interpretiert werden, wird das Vorwärtsgefühl auch beim linearen Schnitt so stark beeinträchtigt, dass es die

---

69 Mehr dazu in Band 3, *Parallele Welten - Rückblenden*

Raumkonstruktion gefährdet. Die zeitliche Orientierung eines Films muss mit der zeitlichen Orientierung einer möglichen Wirklichkeit übereinstimmen können. Abweichung kann man sich nur makroskopisch, in Form einer Rückblende etwa, leisten. Innerhalb der Rückblende gilt aber wieder das Prinzip zeitlicher Vorwärtsausrichtung fast wie ein Axiom.

*

Diese zeitliche Ausrichtung ist Konsequenz der Idee von der Identität von Abbildung und Abgebildetem. Da ein Bild für ‚real‘ gehalten wird, müssen beim Schnitt auch die physikalischen Gesetzmäßigkeiten realer Objekte befolgt oder vom Betrachter zumindest rekonstruiert werden können. Diese Gesetzmäßigkeiten haben Vorrang vor dem Potenzial des Abbildungsprozesses. Die reale physische Kausalität, welcher ein Kameramann folgen muss, wird durch eine die Wirklichkeit imitierende Bildkausalität ersetzt. Was immer an weitergehendem Potenzial in der Abbildungsidee angelegt sein mochte, wird im narrativen System auf halbwegs plausible, im Wesentlichen längst schon bekannte Abbilder der mechanistischen Kausalitätsstruktur reduziert. Wer durch die filmische Abbildung etwas entdecken will, das über die bekannte mechanische Trägheit starrer Körper hinausgeht oder ihr gar widerspricht (oder wer damit nichts zu tun haben will), findet im narrativen System nur schwer Platz. Was wirklich neu an der filmischen Abbildung sein könnte, wird so aufs allzu Bekannte reduziert. Und wenn man sich nicht energisch auch um andere Filmformen bemüht, wird der Welt das potentiell Neue auf, wenn man so will: *kriminell* zu nennende Art vorenthalten. Andererseits werden, da die Filmform vor allem von der Logik der *abgebildeten* Welt bestimmt wird, bei der blitzartigen Verknüpfung von Bildräumen im Zuschauerbewusstsein sogar vollkommen ohne Zeitverlust operierende ‚Kamerabewegungen‘ zugelassen, die real gar nicht existieren, weil sie in einer phyikalischen Realität zeitaufwendige Sprünge zur Voraussetzung hätten.

*

Die Kausalitätsstruktur narrativer Films artikuliert sich auch in der Sehweise ihrer Betrachter. Bei einfach linearen Schnitten $s_1 : s_2$ muss so ein Betrachter als Erstes die Frage nach der zwischen s_1 und s_2 vergangenen Zeit beantworten. Dazu werden zum einen die Atmosphären der beiden verbundenen Einstellungen - Lichtverhältnisse, das Wetter etc. - verglichen; zugleich versucht man, mögliche Veränderungen im Erscheinungsbild des Bewegungsträgers auf zeitliche Konsistenz hin zu analysieren - Kleidungswechsel, plötzliche Erschöpfungszustände - und bildet daraus ein erstes Urteil über den beim Schnitt erzeugten Zeitsprung. Es entsteht also ein *erstes Urteil über die mögliche zeitliche Nachbarschaft* nach dem Maßstab von T_C, T_N und T_D. Gleichzeitig - manchmal auch kurz zuvor oder danach - wird die *mögliche räumliche Nachbarschaft*, also die mögliche Weite der Verschiebung, gemäß etwa der Hierarchie X_C, X_N und X_D abgeschätzt. Anschließend wird versucht, beides miteinander zu vereinbaren und zusätzlich aus der Art des Übergangs der Bewegungsvariablen Hinweise über die Verschiebungsrichtung zu bekommen. Dabei werden sowohl die räumlichen als auch die zeitlichen Verschiebungsoperatoren modifiziert und schließlich *zu tatsächlichen Raumzeit-Verschiebungsoperatoren* (die allerdings u. U. noch einmal modifiziert werden können). Diese enthalten dann das Maß für den sich beim Schnitt ereignenden Raumzeitsprung in Bezug auf Weite und, wenn möglich, auch Richtung.

*

Dieser Prozess findet so schnell statt, dass es dabei keine festgesetzte Reihenfolge geben kann. Sie wird vor allen von den spektakulären Qualitäten eines Schnitts bestimmt, ob etwa der Darsteller groß oder nur klein im Bild ist, ob die Lichtunterschiede gering oder stark, der räumliche Sprung weit oder kurz ist usw.

*

Der zeitliche Hierarchisierungsprozess der möglichen Nachbarschaft von s_1 und s_2 ist bei einfach linearen Schnitten selbst wieder hierarchisiert. Zunächst ergibt sich aus dem Atmosphärenvergleich der Örtlichkeiten ein mögliches T_C, T_N oder T_D. Außerdem lässt sich an den übertretenden Bewegungsvariablen, an z. B. Änderungen von Physiognomie oder Kleidung, oft ein weiterer Zeitsprung ablesen. Ein dritter Typ von zeitlicher Verschiebung ist aus Änderungen im Bewegungszustand eines Darstellers ableitbar: Wenn jemand etwa in s_1 schläft und in s_2 läuft, impliziert dies, dass dazwischen erhebliche Zeit vergangen sein muss. All diese spekulativen Zeitverschiebungsoperatoren fasst der Betrachter schließlich zu einem einzigen zusammen. Dabei wird die weitgehendste Verschiebung als die wahrscheinlichste angenommen, was folgenden Additionsschemata entspricht

$$T_C + T_C = T_C \ , \ T_C + T_N = T_N \ , \ T_C + T_D = T_D$$
$$T_N + T_N = T_N \ , \ T_N + T_D = T_D \ , \ T_D + T_D = T_D$$

die sich aus der logarithmischen Struktur der Nachbarschaftshierarchien ergeben.

* * *

D. ALLGEMEINE OPERATOREN-DARSTELLUNG

Wir untersuchen als nächstes ganz generell die Möglichkeit von Darstellungen unserer neun Raumzeit-Verschiebungsoperatoren mithilfe einfach linearer Schnitte. Dies verhilft uns zu einer präziseren Terminologie beim Erfassen dieses Schnitt-Typs.

1. $X_C T_C$ (direkt angrenzender Raum, ohne Zeitverlust)

Dieser Verschiebungsoperator verlangt einen Schnitt, der ohne Zeitverlust von einem Raum x_1 in einen direkt angrenzenden Raum x_2 führt. Dieser Schnitt-Typ ist im narrativen System sehr häufig. Voraussetzung ist mögliche unmittelbare Nachbarschaft zwischen x_1 und x_2. Außerdem muss die mögliche unmittelbare zeitliche Nachbarschaft von s_1 und s_2 gewährleistet sein. Das bedeutet, dass sich das Aussehen des Darstellers A, in dem der Schnitt linear ist, beim Übergang nicht zu stark ändern darf. Das gleiche gilt für seinen Bewegungszustand. Ebenso wenig dürfen die Lichtverhältnisse in s_1 und s_2 einer solchen zeitlichen Nachbarschaft widersprechen. Einen Widerspruch bildet z. B. meist die Aufeinanderfolge einer Tag- und einer Nachtstimmung. Es ließe sich denken, dass die so umfassten möglichen Nachbarschaften bereits hinreichend für $X_C T_C$ wären, wir werden aber sehen, dass darüber hinaus Bedingungen an die Art des Übergangs der Bewegungsvariablen A gestellt werden müssen, die zu besprechen hier noch nicht der Platz ist. Ausführlicheres folgt bei der expliziten Behandlung der betreffenden Schnitte. Da kein Zeitsprung erfolgt, nennen wir solche $X_C T_C$-Schnitte auch ‚kontinuierlich‘.

2. $X_C T_N$ (direkt angrenzender Raum, etwas Zeit ist vergangen)

Diese Raumzeit-Verschiebung soll auf eine Weise in einen direkt angrenzenden Raum führen, dass man das Gefühl hat, es sei etwas Zeit vergangen. Änderungen im Erscheinungsbild des Darstellers (Kleiderwechsel etwa) oder atmosphärische Unterschiede (einsetzender Regen) können solche Zeitsprünge andeuten. Weil sie leicht zu stark wirken, offenbart sich die T_N-Zeitverschiebung oft nur in der Bewegungsart des Darstellers, also im Übergangscharakter der Bewegungsvariablen A, in welcher der Schnitt linear ist. Zudem darf der Übergang nicht zu statisch sein: Bleibt der Darsteller mitten in der ersten Einstellung stehen, um dann direkt im Zentrum des benachbarten Raums zu erscheinen, wird eher T_D vermutet. Solche offensichtlichen Zeitsprünge nennen wir *Diskontinuitäten*. Und lineare Schnitte, die Diskontinuitäten offenbaren, ‚*diskontinuierlich lineare*‘ Schnitte.

3. $X_C T_D$ (direkt angrenzender Raum, beträchtliche Zeit ist vergangen)

$X_C T_D$ verlangt in der Regel erhebliche atmosphärische Unterschiede zwischen den beiden verbundenen Einstellungen. Sonst helfen Unterschiede im Erscheinungsbild der Darsteller, mit zusätzlich einer starken Änderung im Bewegungscharakter der Übergangsvariablen. Interessant an solchen Übergängen ist, dass die X_C-Natur nicht klar durch einen kausalen Prozess fassbar wird, sodass sie unter Umständen auch X_N- oder gar X_D-Charakter haben könnten. Daher erwartet man, dass es später zu einem linearen $X_C T_C$-Übergang in Form eines Rückschnitts zwischen den beiden Räumen kommt, der die Nachbarschaftsverhältnisse endgültig klärt. Lineare $X_C T_D$-Schnitte sind natürlich in stärkerem Maß diskontinuierlich als $X_C T_N$-Schnitte.

4. $X_N T_C$ (neue Räumlichkeit in der Nachbarschaft, ohne Zeitverlust)

Für $X_N T_C$ dürfte es eigentlich keine einfache lineare Darstellung geben, da Bewegungsträger ja eine gewisse Zeit benötigen, um einen Raum zu überbrücken. Es gibt aber die Möglichkeit, die erste Einstellung, nachdem der Darsteller sie verlassen hat, noch so lange zu zeigen, dass er inzwischen den zweiten Raum erreicht haben könnte. Üblicher sind aber $X_N T_C$-Darstellungen in Form von Blicken, denen wir ja virtuelle Bewegungsträger zugeordnet hatten. Von diesen gibt es wiederum eine Verbindung zu Schusswaffen, deren Projektile so hohe Geschwindigkeit haben, dass man sie nicht sehen kann. Insofern stellen lineare Schnitte mit Schüssen eine Mischform von einfach linearen Schnitten und Blicken dar. Wir nennen $X_N T_C$-Schnitte auch ,*hyperkontinuierlich*‘, weil bei ihnen keine Zeit vergeht, obwohl reale Körper für den Weg von x_1 nach x_2 Zeit benötigen würden. Voraussetzung für sie ist die mögliche unmittelbare oder nahe Nachbarschaft der beiden durch den Schnitt verbundenen Schauplätze.

5. $X_N T_N$ (neue Räumlichkeit in der Nachbarschaft, etwas Zeit ist vergangen)

Eine Darstellung von $X_N T_N$ benötigt mögliche unmittelbare oder nahe räumliche Nachbarschaft von x_1 und x_2. Bei möglicher X_N-Nachbarschaft kann der T_N-Charakter durch einen Atmosphärensprung oder eine Änderung im Übergangscharakter der Übergangsvariablen gestützt werden, also durch eine *Diskontinuität*. Ist der $X_N T_N$-Schnitt nicht diskontinuierlich bezeichnen wir ihn als ,*quasikontinuierlich*‘. Generell nennen wir Schnitte ,*einfach linear im engeren Sinne*‘, wenn er nicht diskontinuierlich ist und ansonsten dem Kausalitätsprinzip genügt, also auch nicht hyperkontinuierlich ist.

6. $X_N T_D$ (neue Räumlichkeit in der Nachbarschaft, beträchtliche Zeit ist vergangen)

Bei $X_N T_D$ gelten die gleichen räumlichen Nachbarschaftsverhältnisse wie für $X_N T_N$. Wie bei den linearen $X_C T_D$-Darstellungen erwartet man auch bei ihnen, dass sich irgendwann nach dem ersten Erscheinen des neuen Raums x_2 ein linearer $X_N T_N$- oder $X_N T_C$-Schnitt (ein Blick etwa) ereignet, der den X_N-Charakter der räumlichen Nachbarschaft von x_1 und x_2 klärt. Da er eine offensichtliche Diskontinuität enthalten muss, ist er ebenfalls ein diskontinuierlich linearer Schnitt.

7. $X_D T_C$ (weit entfernter Raum, ohne Zeitverlust)

Dieser Raumzeit-Verschiebungsoperator ist nur schwer als linearer Schnitt mit realen Bewegungsträgern zu realisieren, denn solche brauchen ja prinzipiell erhebliche Zeit, um einen gemäß X_D weit entfernten Ort zu erreichen. Es geht eigentlich nur, wenn man s_1 oder s_2 ohne den Bewegungsträger A solange zeigt, bis er endlich in x_2 eintrifft, was der Filmökonomie in Bezug auf Zeit zutiefst widerspricht. Wenn wir allerdings Telefonen oder ähnlichen Objekten eine virtuelle Bewegungsvariable zuordnen (eine Art ungerichteten maschinellen Blick), können damit lineare $X_D T_C$-Darstellungen erfolgen. Voraussetzung ist die wahrscheinlich nur entfernte räumliche Nachbarschaft der beiden Schauplätze. Interessant ist allerdings, dass eine Verbindung per Telefon diese in der Regel bereits erzeugt, auch wenn die Räume theoretisch dichter benachbart sein könnten. Auch diese Schnitte sind *hyperkontinuierlich*.

8. $X_D T_N$ (weit entfernter Raum, etwas Zeit ist vergangen)

Für diesen Operator findet sich noch schwerer eine Realisierung, ist $X_D T_N$ doch so definiert, dass Bewegungsträger erhebliche Zeit benötigen, um X_D zu überbrücken. Aber ähnlich wie das Telefon $X_D T_C$-Schnitte ermöglicht, lassen sich durch Anrufbeantworter oder das Fax $X_D T_N$-Schnitte erzielen, indem man in s_1 etwa das Versenden eines Faxes zeigt und in s_2, wie das inzwischen empfangene in einer anderen Stadt gelesen wird. Auch dies stellt natürlich einen hyperkontinuierlichen Schnitt dar.

9. $X_D T_D$ (weit entfernter Raum, beträchtliche Zeit ist vergangen)

Dies wiederum ist eine der am einfachsten darstellbaren Operationen. Benötigt wird lediglich die wahrscheinlich nur entfernte Nachbarschaft der beiden Schauplätze x_1 und x_2. Bereits diese bedingt, dass man dem Übergang konventioneller Bewegungsträger per Kausalitätsprinzip ein entsprechend großes übersprungenes

Zeitintervall zuordnet. Komplizierter wird es, wenn der Zuschauer verschieden große Zeitintervalle vergleichen soll, dann spielen atmosphärische Veränderungen eine Rolle. Als einfach linearen Schnitt im engerem Sinne (also ohne auffällige Diskontinuitäten) nennen wir den $X_D T_D$-Schnitt auch *,einfach linearen Distanzschnitt'*.

Daraus ergibt sich das Übersichts-Diagramm aus Abb. 13:

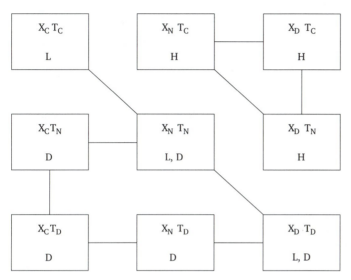

Abb. 13 Die Schnittformen in der Übersicht

Abkürzungen:
L   einfach linearer Schnitt im engeren Sinne
D   diskontinuierlich einfach linearer Schnitt
H   hyperkontinuierlicher einfach linearer Schnitt
*

Die wichtigste Struktur in diesem Diagramm ist die Diagonale mit den einfach linearen Schnitten im engeren Sinne, die durch die Verbindung von $X_C T_C$, $X_N T_N$ und $X_D T_D$ entsteht. Wir nennen sie auch die *kausale Diagonale*, weil auf ihr vornehmlich das klassische Kausalitätsprinzip operiert. In ihrem unteren Teil berührt sie das diskontinuierliche Trapez $X_C T_N$, $X_C T_D$, $X_N T_D$, $X_D T_D$, $X_N T_N$, in welchem mehr oder weniger stark ausgeprägte *Diskontinuitäten* das direkte visuelle Wirken des Kausalitätsprinzip zum Teil stark einschränken. Oberhalb der kausalen Diagonale befindet sich das *hyperkontinuierliche* Dreieck $X_N T_C$, $X_D T_C$, $X_D T_N$. Da dort ebenfalls noch eine Art von Kausalität am Arbeiten ist, nennen wir die Schnitte im hyperkontinuierlichen Dreieck auch *hyperkausal,* was andeuten soll, dass die ausgetauschten Bewegungsträger sehr schnell sind und in Science-Fiction Filmen gelegentlich

sogar (ganz wie in vorrelativistischen Zeiten) die Lichtgeschwindigkeit zu überschreiten vermögen.
*

Bei der Darstellung dieser Schnittformen benutzten wir immer wieder das Prinzip der räumlichen und zeitlichen *Minimalisierung*. Die spekulativen Nachbarschaftsverhältnisse sind häufig das Resultat einer Minimalisierungsanstrengung,
bei welcher der Zuschauer versucht, die minimalst mögliche Distanz zwischen zwei
Einstellungen zu bestimmen. Folgt auf eine Tag-Einstellung die einer Nacht, versucht man, sie als die auf den Tag folgende zu interpretieren. Ist eine spätere Nacht
gemeint, muss es ausdrücklich erwähnt werden. Gleiches gilt für räumliche Ver-
wandtschaften. Denn da zwei neutral aussehende Räume an jedem Punkt der Erde
liegen könnten, könnte man ihnen theoretisch ziemlich jede Entfernung zumessen.
Als mögliche räumliche Nachbarschaft wird tendenziell die minimalst mögliche
gewählt (was indes nicht so weit geht, dass man sagt, sie seien unmittelbar benachbart, weil sie im gleichen Studio künstlich erzeugt wurden).
*

Dieses Minimalisierungsprinzip hat die eigenartige Konsequenz, dass man die
Zeitdauer von Vorgängen im Kino systematisch unterschätzt, obwohl man dem
vorgeführten Zeitkontinuum bei jedem Schnitt ein gewisses Zeitintervall hinzufügt. Schätzungen der Zeit, die durch eine Sequenz objektiv beschrieben werden,
geraten meistens erheblich zu kurz.
*

Solcher subjektiven raumzeitlichen Ereignisverdichtung entspricht eine inhaltliche.
Der Inhalt eines Films wirkt ähnlich komprimiert wie die darin abgebildeten Räume. In Vorgänge mit zunächst keiner sich anbietenden inhaltlichen Komponente
wird entschlossen eine hineininterpretiert. Dadurch nimmt für den Zuschauer alles, was uns in einem Film begegnet, eine spekulative Bedeutung an, die von seinen
Herstellern nur grob steuerbar ist. Diese inhaltliche Bedeutungsschwere hat nur
zum Teil mit den tatsächlich abgebildeten Vorgängen zu tun. In ähnlichem Ausmaß ist sie Nebenprodukt einer permanenten Dressur in raumzeitlicher Verdichtung.

***

E. DIE ZERLEGUNG NACH EINER BEWEGUNGSVARIABLEN

Für eine detailliertere Beschreibung der einfach linearen Schnitte zerlegen wir Einstellungen nun in verschiedene zeitliche Bestandteile. Dazu stellen wir uns eine Einstellung s mit einem Bildraum x vor, in dem zunächst niemand zu sehen ist; dann erscheine ein Darsteller A, der sich eine Weile in x aufhält, um eine inhaltsrelevante Aktion zu vollziehen. Dann verschwinde er aus x, wonach schließlich wieder niemand zu sehen ist. Einstellungen, die aus diesen fünf Phasen bestehen, nennen wir ,*vollständig*'. Die erste Phase, in welcher A noch nicht zu sehen ist, nennen wir ,*Wartephase*' s_1; als ,*Eingangsphase*' s^2 bezeichnen wir die Phase, in welcher er gerade am Bildrand erscheint; die ,*Handlungsphase*' s^3 ist die Phase, in der er seine Aktion durchführt; die ,*Ausgangsphase*' s^4 diejenige, in welcher A das Bild an einem seiner Ränder wieder verlässt; und schließlich ist mit ,*Verzögerungsphase*' s^5 die Phase danach gemeint, in der wieder kein Darsteller zu sehen ist. Damit wäre die Einstellung s folgendermaßen zerlegt:

(9) $\qquad s = s^1 : s^2 : s^3 : s^4 : s^5$

wobei das Symbol ,:' hier für einen unsichtbaren oder virtuellen Schnitt zwischen den Einstellungsteilen steht.

*

Diese Zerlegung nennen wir *Zerlegung nach einer Bewegungsvariablen*. Liegt eine Einstellung mit zwei Darstellern $A_1(t)$ und $A_2(t)$ vor, können wir sie nach beiden Bewegungsvariablen zerlegen. Nur wenn die Darsteller das Bild zum gleichen Zeitpunkt an der gleichen Stelle betreten und verlassen, wären die Zerlegungen identisch. Für jeden der Darsteller A_i ist $s^3(A_i)$ die Phase, in der er sich produziert, während $s^2(A_i)$ und $s^4(A_i)$ die jeweiligen Eingangs- und Ausgangsphasen der $A_i(t)$ darstellen.

*

Es kann passieren, dass ein Darsteller eine Einstellung mehrmals betritt und verlässt, sodass es zu mehreren Handlungsphasen s^3 kommt. Auch dann würde die Zerlegung einer vollständigen Einstellung mit $s^1 : s^2$ beginnen und mit $s^4 : s^5$ enden, zum Beispiel bei

(10) $\qquad s = s^1 : s^2 : s^3 : s^4 : s^5 : s^2 : s^3 : s^4 : s^5$

Der Einfachheit halber sehen wir im Folgenden von mehrfachen Ein- und Abgängen ab.
*

Eine vollständig gedrehte Einstellung $s = s^1 : s^2 : s^3 : s^4 : s^5$ braucht in einem Film nicht vollständig zu erscheinen. Fast immer werden nur Teile gezeigt. Auf jeden Fall muss der Film aber (wir sehen hier von atmosphärischen Zwischenschnitten ab) ein beträchtliches Segment des Handlungsteils $s^3(A)$ enthalten, in dem A seine für das Handlungsgefüge relevanten Aktionen durchführt. Darüber hinaus können an s^3 sowohl vorn als auch hinten Bestandteile angefügt sein, wodurch sich insgesamt neun Möglichkeiten für das Erscheinen von Einstellungen in Filmen ergeben:

$$s^3 \quad ; \quad s^2 : s^3 \quad ; \quad s^3 : s^4 \quad ; \quad s^2 : s^3 : s^4 \quad ; \quad s^1 : s^2 : s^3 \quad ; \quad s^3 : s^4 : s^5 \quad ; \quad s^1 : s^2 : s^3 : s^4 \quad ;$$
$$s^2 : s^3 : s^4 : s^5 \quad ; \quad s^1 : s^2 : s^3 : s^4 : s^5$$

Bei der Untersuchung einfach linearer Schnitte wird uns vor allem der auslaufenden Teil der ersten und der einlaufende Teil der auf sie folgenden Einstellung interessieren. Wir benutzen deshalb das Symbol s^{i-} mit dem Minuszeichen direkt hinter dem Index i für eine Einstellung, die im i-ten Teil der Zerlegung aufhört, ohne uns für den einlaufenden Teil zu interessieren, das heißt s^{3-}, s^{4-} oder s^{5-} können sein:

(11) $s^{3-} = s^1 : s^2 : s^3$ oder $s^2 : s^3$ oder s^3

(12) $s^{4-} = s^1 : s^2 : s^3 : s^4$ oder $s^2 : s^3 : s^4$ oder $s^3 : s^4$

(13) $s^{5-} = s^1 : s^2 : s^3 : s^4 : s^5$ oder $s^2 : s^3 : s^4 : s^5$ oder $s^3 : s^4 : s^5$

Entsprechend bezeichnen wir mit dem Symbol s^{i+} eine Einstellung, die mit dem i-ten Teil der Zerlegung beginnt, ohne uns für den auslaufenden Teil zu interessieren, es gilt also

(14) $s^{3+} = s^3 : s^4 : s^5$ oder $s^3 : s^4$ oder s^3

(15) $s^{2+} = s^2 : s^3 : s^4 : s^5$ oder $s^2 : s^3 : s^4$ oder $s^2 : s^3$

(16) $s^{1+} = s^1 : s^2 : s^3 : s^4 : s^5$ oder $s^1 : s^2 : s^3 : s^4$ oder $s^1 : s^2 : s^3$
*

Insofern beschreibt $s_1^{4+} : s_2^{2+}$ einen Schnitt $s_1 : s_2$, bei dem die erste Einstellung s_1 genau in dem Moment aufhört, an dem der Darsteller A sie verlässt (also in der Ausgangsphase s_1^4 von s_1), während die zweite Einstellung s_2 genau in dem Moment beginnt, an dem er an ihrem Rand erscheint (in der Eingangsphase s_2^2 von s_2).

***

F. DIE PARITÄT EINER BEWEGUNGSVARIABLEN

Wir werden im Folgenden aus den Bildinhalten der bei einem Schnitt beteiligten Einstellungen die Räume konstruieren, die sich im Bewusstsein eines Zuschauers zusammenfügen. Diese räumlichen Konstruktionen können erheblich von den räumlichen Strukturen abweichen, in denen man die Einstellungen bei der Filmproduktion aufnahm. Entscheidend für die räumliche Vorstellung des Zuschauers ist die Raumzeit-Konstruktion, die im Film dargestellt wird, nicht die, welche bei der Herstellung des Films objektiv bestand.

*

Als nützlich wird sich dabei das Konzept der ‚*Parität*‘ einer Bewegungsvariablen erweisen. Wir führen sie ein, um ein Maß für die Bewegungsrichtung eines Bewegungsträgers im Bildrechteck zu bekommen. Mithilfe dieser ‚*Parität*‘ lassen sich dann die Regeln für den Umgang mit Blickrichtungen und Bewegungsachsen ausdrücken, die zum Arbeitsvokabular von Kameraleuten und Regisseuren gehören, wenn sie Räume und Darsteller inszenieren.[70]

*

Als *Parität* einer Bewegungsvariablen bezeichnen wir das Vorzeichen der Bewegungsrichtung des dazu gehörigen Bewegungsträgers in Bezug auf das Bildrechteck. Hat dessen Bewegung im Bildrechteck eine Rechtskomponente, sagen wir, er habe ‚*positive*‘ Parität oder die Parität +1. Hat sie dagegen eine Komponente nach links, hat er ‚*negative*‘ oder *minus-eins*-Parität. Hat die Bewegung im Bildrechteck keine seitliche Komponente, bewegt sich der Bewegungsträger also in gerader Linie direkt auf die Kamera zu oder davon weg, sagen wir, er habe ‚*neutrale*‘ oder ±1-Parität, was ausdrücken soll, dass sie sowohl als +1 als auch als −1 interpretiert werden kann. Nur wenn der Bewegungsträger sich nicht bewegt, ordnen wir ihm die Parität ‚*Null*‘ zu.

Die Parität einer Bewegungsvariablen ist eine Funktion der Zeit, sie kann sich also im Lauf einer Einstellung ändern. Manchmal werden wir für sie, um sie von der noch zu definierenden sogenannten *Blickparität* zu unterscheiden, den Begriff *Bewegungsparität* benutzen.

*

---

70 In der englischen Literatur hat sich dafür der Begriff „*screen direction*" eingebürgert, während deutsche Publikationen sie bislang nur als unbenanntes Passivum kennen, das von pauschal angegebenen Regeln für Kamerapositionierungen in realen Räumen generiert wird.

Es ist wichtig, sich klarzumachen, dass es sich bei der Parität um eine Größe handelt, die nur durch den Abbildungsprozess existiert und *keine physikalische Wirklichkeit* hat. Eine Veränderung des Kamerastandpunkts kann die Parität eines Darstellers verändern, ohne dass er das Geringste dazu beiträgt. Das veränderte Bild kann im Zuschauer beim Schnitt dann mitunter sogar ein anderes Raumzeit-Gefüge entstehen lassen.[71]

*

Diese im Zuschauer generierte Raumvorstellung ist dreidimensional. In irgendeiner Weise werden den bei Schnitten beteiligten Einstellungen also dreidimensionale Hinweise entnommen. Insofern müssten Bewegungen und ihre Parität genau genommen dreidimensional erfasst werden. In der Arbeitspraxis wird sich aber erweisen, dass die gerade eingeführte vereinfachte Begriffsbildung fast immer ausreicht.

*

Eine Bewegung in Bezug auf das Bildrechteck kann, wie aus Abb. 14 ersichtlich, drei Komponenten haben. Als x-Komponente bezeichnen wir den ‚links-rechts‘

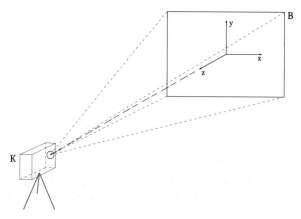

Abb. 14 Die Kamera und das von ihr Abgebildete

---

71 Übrigens schien man schon in der Antike gewisse, vielleicht sogar klare Vorstellungen der *Parität* gehabt zu haben. Denn die Auguren (vergl. Fußnote Nr. 47) unterschieden bei der Beurteilung der Zeichen z. B. ob Vögel nach links oder rechts flogen. Um Missverständnisse zu vermeiden, richtete man (laut *Ilias* 12, 236 f) den in die Landschaft geschlagenen Visier-Raum - also den *temenos* oder das *templum* - nach Norden aus („*rechts zur Morgenröte … links in den Abend*"). Die antike Parität ergab sich logisch zwingend daraus, dass man die Entscheidungen - wohl auch zum Zweck der Qualitätskontrolle - oft archivierte und bei neuen Entscheidungen den Erfolg der vorherigen zu Rate zog. Insofern könnte man unsere Parität ebenfalls als Referenzgröße bezeichnen, mit der man einen vergangenen Vorgang (die erste Einstellung) zuverlässig zu einem späteren (der zweiten) in Relation setzen kann.

oder auch horizontalen Anteil der Bewegung; als y-Komponente den ‚unten-oben‘ oder vertikalen Anteil, und als z-Komponente schließlich den Anteil der Bewegung, der von hinten nach vorn, der also auf die Kamera zu- bzw. von ihr wegführt. In Abb. 14 steht K dabei für die Kamera und B für das von ihr aufgenommene Bild. Wird dieses Bild B projiziert, werden die x- und die y-Komponente der Bewegung auf der Leinwand (wie man Abb. 14 ebenfalls entnehmen kann, wenn man nämlich die Kamera K durch einen Projektor ersetzt) als horizontale und vertikale Richtungsanteile sichtbar, während sich die z-Komponente im Größer- bzw. Kleiner-Werden des Bewegungsträgers artikuliert.

*

Wir definieren die z-Komponente als positiv, wenn die Bewegung auf die Kamera zuläuft, wenn der abgebildete Bewegungsträger also größer wird. Dementsprechend ist sie negativ, wenn die Bewegung von der Kamera wegführt. Bisher klassifizierten wir nur die x-Komponente der Bewegung, wobei wir die Parität positiv nannten, wenn sich der Bewegungsträger im Bild nach rechts bewegt, und negativ, wenn die Bewegung nach links erfolgt. Kommt es auf erhöhte Präzision an, werden wir diese Parität im Folgenden als *horizontale oder x-Parität* bezeichnen. Ebenso definieren wir eine *vertikale oder y-Parität*, die, wenn sich der Bewegungsträger von unten nach oben bewegt, positiv ist; und negativ, wenn die Bewegung in umgekehrter Richtung erfolgt. All diese Begriffsbildungen sind vom Kamerastandpunkt abhängig. Genau genommen beschreiben sie ihn sogar.

*

Wir geben der x-, y- oder z-Parität den *Wert Null*, wenn die Bewegung keine Komponente in der x-, y- oder z-Richtung aufweist. Erst wenn sie keine Komponente in irgendeiner Richtung mehr hat, wenn A sich also überhaupt nicht bewegt, sagen wir, die Bewegungsvariable habe insgesamt die Parität Null.

*

Von oben betrachtet verschwindet die y-Komponente einer Bewegungsvariablen, sodass sich Abb. 14 auf Abb. 15 reduziert, worin nur noch die x- und die z-Komponente dargestellt werden.

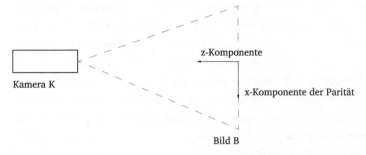

Abb. 15 Die Abbildungssituation von oben

Im Folgenden werden wir in der Regel annehmen, dass die y-Parität Null sei, dass die im Bild sichtbare Bewegung also keine vertikale Komponente hat. Wegen der bildgeometrischen Symmetrie von x- und y-Komponente ist diese Einschränkung weniger stark, als sie klingt. Gesetzmäßigkeiten, deren Gültigkeit wir für die x-Komponente erkennen, dürften auch für die y-Komponente gelten. Wir werden sogar zur Kenntnis nehmen, dass die Gesetzmäßigkeiten für die x-Parität von denen der y-Parität abgeleitet werden können.
*

Zur weiteren Vereinfachung werden wir, wenn wir von Parität reden, immer die aus x-Parität und z-Parität zusammengesetzte meinen. Wenn wir dann sagen, eine Bewegungsvariable habe *positive* Parität, meinen wir eine positive x-Parität. Mit anderen Worten: Der Bewegungsträger bewegt sich von links nach rechts. Ebenso meinen wir, wenn wir von neutraler Parität reden, stets eine neutrale (oder ± 1) x-Parität.
*

Oft ist es wichtig, die x- und die z-Parität gleichzeitig zu beschreiben. Dann werden wir von einer positiven, negativen oder neutralen ‚V‘ (nach vorn)- oder ‚H‘ (nach hinten)-Parität reden, wobei die Begriffe ‚positiv‘, ‚negativ‘ und ‚neutral‘ sich auf die x-Komponente der Parität beziehen, während ‚V‘ und ‚H‘ für die Werte +1 oder −1 der z-Parität stehen.
*

Von Bewegungsträgern, die sich vor allem von rechts nach links bzw. von links nach rechts bewegen, die also keine wesentliche z-Komponente haben (also kaum eine Bewegungskomponente auf die Kamera zu oder davon weg), sagen wir, weil die x-Komponente deutlich sichtbar ist, sie haben ‚*starke*‘ Parität. Dominiert die Bewegung auf die Kamera zu oder von ihr weg, sagen wir dagegen (weil nämlich der links-rechts-Anteil dann weniger äuffällig ist), die Bewegung weise ‚*schwache*‘

Parität auf. Insofern kennzeichnet eine positiv schwache V-Parität eine Bewegung auf die Kamera zu, die ein wenig nach rechts geht. Positiv schwach H ist dagegen eine, die von der Kamera weg nach hinten, aber ebenfalls etwas nach rechts geht. Eine negativ schwache V-Parität bezeichnet wiederum eine Bewegung auf die Kamera zu, die etwas nach links geht usw.

*

Wir werden im Folgenden fast immer die grafische Darstellung eines Bilds von oben benutzen. Die Darstellung wird dabei wie in Abb. 16 aussehen, wobei K die Kamera bezeichnet und x, symbolisiert durch das Rechteck, den Raum, den die Einstellung repräsentiert. A bezeichnet den Bewegungsträger, der Pfeil dessen Richtung, während die gestrichelte Linie die Grenzen des von der Kamera erfassten

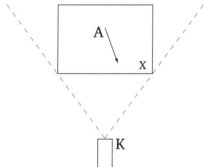

Abb. 16 Kamera und aufgenommenes Bild

Bildraums markiert. Wenn man will, lässt sich das Rechteck auch als Grundriss eines abgebildeten Zimmers verstehen, worin A sich aufhält, wobei die untere Linie die untere Bildgrenze kennzeichnet und die obere Linie die hintere Zimmerwand. Die Seitenlinien entsprechen den Seitenwänden eines solchen Zimmers. Wird in einer Einstellung kein Zimmer abgebildet, bleibt von den Begrenzungen einzig die untere, die dann identisch mit der unteren Bildkante ist. Die gestrichelte Linie stellt dann die Seitenbegrenzung dar.

Auch in solchen Fällen werden wir das Rechteck in den Diagrammen mitzeichnen, da man es sich auch als Projektionsrechteck vorstellen kann, in dem *links-rechts-* und *vorn-hinten-*Bewegungen nach dem Muster von Abb. 17, Abb. 18 und Abb. 19 eingetragen werden.

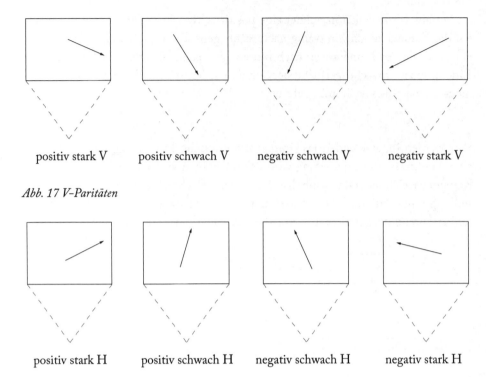

| positiv stark V | positiv schwach V | negativ schwach V | negativ stark V |

Abb. 17 V-Paritäten

| positiv stark H | positiv schwach H | negativ schwach H | negativ stark H |

Abb. 18 H-Paritäten

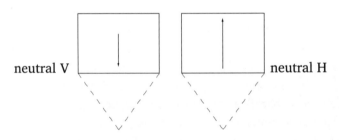

neutral V   neutral H

Abb. 19 Neutrale Paritäten

Da wir annehmen, dass die y-Komponente der Bewegung verschwindet, sind in solchen Diagrammen *Bildraum, Bewegungsvariable, Bewegungsrichtung, Paritäten* und *Kamerastandpunkt* in knappster Form enthalten, und damit alles, was sich für das Begreifen der Übergangsregeln beim Schnitt als nötig erweisen wird. In perspektivischer Sicht, wenn wir also die nach unten gehenden Pfeile als auf uns, die Betrachter, zukommend begreifen, lässt sich darin zudem die Bildkomposition erkennen, wodurch das so skizzierte Rechteck außer einem Aufblick auf eine Landkarte auch die Geometrie des auf der Leinwand gesehenen Bilds repräsentiert. Die Diagramme sind trotz ihrer Einfachheit also vielseitig verwendbar.

*

Wir hatten gesagt, dass wir Blicken virtuelle Bewegungsträger zuordnen, die das Bild in der Blickrichtung verlassen. Deren Parität nennen wir die ‚*Blickparität*' (oder auch die ‚*innere Parität*') dieser Bewegungsvariablen. Blickt eine Person nach rechts, hat sie also positive innere bzw. Blickparität. Entsprechend definieren wir Blickparitäten mit starkem, schwachen und neutralen V- oder H-Charakter, je nach dem Paritätscharakter der das Bild in Blickrichtung verlassenden virtuellen Bewegungsträger.

*

Für theoretische Zwecke definieren wir außerdem einen *Bewegungsrichtungswinkel* (gelegentlich, um in manchen Formulierungen Wortakrobatik zu vermeiden, nur *Bewegungswinkel* genannt), der die Bewegungsrichtung in Bezug auf die Kamera präziser beschreibt. Er beträgt 90° bei einer *links–rechts*-Bewegung, −90° bei einer *rechts–links*-Bewegung, 0° bei einer Bewegung auf die Kamera zu und 180° bei einer Bewegung von der Kamera weg. Für nach rechts laufende Bewegungen ergeben sich entsprechend, wie aus Abb. 20 ersichtlich, Werte zwischen 0° und 180°, für nach links laufende solche zwischen 0° und −180°

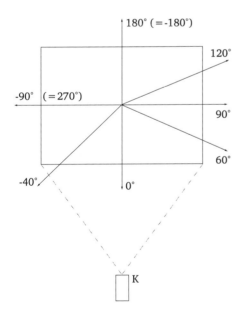

Abb. 20 Bewegungsrichtungswinkel

Dabei gilt für die x-Parität, dass sie das Vorzeichen des Sinus des Bewegungsrichtungswinkels ist, während die z-Parität gleich dem Vorzeichen von dessen Cosinus ist. Entsprechend lässt sich auch für vertikale Bewegungen ein vertikaler Bewegungsrichtungswinkel mit dazugehöriger vertikaler Parität bilden.

*

Im gleichen Sinne definieren wir einen *Blickrichtungswinkel*, der die genaue Blickrichtung in Grad beschreibt. Für die x- und z-Komponenten der inneren oder Blickparität gilt auch hier, dass sie gleich dem Vorzeichen des Sinus und Cosinus der Blickrichtungswinkel sind. Dabei muss einem klar sein, dass diese Winkel und die dazugehörigen Blickparitäten ganz wie die Paritäten nur durch die *Abbildung* von Bewegungsträgern existieren und keinerlei physikalische Entsprechung in der Wirklichkeit haben.

*

Es wird sich herausstellen, dass die Richtungswinkel nicht nur die Richtung des Bewegungsträgers bestimmen, sondern auch die Richtung der bei linearen Schnitten stattfindenden Raumverschiebung. In vielen Fällen lässt sich aus ihnen auch die Rotation des Bildraums berechnen.

***

II. EINFACHE LINEARE SCHNITTE

A. DER EINFACHE KONTINUIERLICHE SCHNITT L_C

Als einfachen kontinuierlichen Schnitt L_C definieren wir einen einfach linearen Schnitt $s_1 : s_2$, der zugleich eine Darstellung des Operators $X_C T_C$ ist. X_C verlangt dabei eine möglicherweise unmittelbare Nachbarschaft der Bildräume x_1 und x_2, während T_C mögliche unmittelbare zeitliche Nachbarschaft fordert. Dies bedeutet zum einen atmosphärische Verträglichkeit der Ortskoordinaten, zum anderen Verträglichkeit der Erscheinungsformen der Bewegungsvariablen mit der Idee möglicher unmittelbarer zeitlicher Nachbarschaft, und drittens einen gleichen Bewegungszustand des Bewegungsträgers an der Übergangsstelle. Formal wird dies durch die Bedingung beschrieben, dass für die zeitliche Diskontinuität T_{Disk} gilt

$$(17) \qquad T_{Disk} = T_{Atm} + T_{Ersch} + T_{Bew} = 0$$

wenn T_{Atm}, T_{Ersch} und T_{Bew} für die atmosphärischen, die erscheinungsspezifischen und die bewegungsspezifischen Beiträge zu einer möglichen Zeitverschiebung an der Schnittstelle stehen. $T_{Disk} = 0$ bedeutet natürlich auch $T_{Atm} = T_{Ersch} = T_{Bew} = 0$.
*

Der Einfachheit halber nehmen wir im Folgenden an, dass die Einstellungen nur jeweils eine Bewegungsvariable enthalten. Dies ist bei den kontinuierlichen Schnitten keine Einschränkung, da in der Regel nur eine Bewegungsvariable am Übergang beteiligt ist. Mehrfachübergänge sind nur formal komplizierter.
*

Ist A die übergehende Bewegungsvariable bei einem einfachen kontinuierlichen Schnitt $s_1 : s_2$ und sind

$$(18a) \quad s_1 = s_1^{\;1} : s_1^{\;2} : s_1^{\;3} : s_1^{\;4} : s_1^{\;5} \quad \text{sowie} \quad (18b) \quad s_2 = s_2^{\;1} : s_2^{\;2} : s_2^{\;3} : s_2^{\;4} : s_2^{\;5}$$

die Zerlegungen der beiden Einstellungen nach dieser Bewegungsvariablen, dann verlangt die T_C-Operation, dass der Schnitt eine der folgenden drei Formen annimmt

$$(19) \qquad s_1 : s_2 = s_1^{\;4-} : s_2^{\;2+}$$
$$(20) \qquad s_1 : s_2 = s_1^{\;5-} : s_2^{\;3+}$$
$$(21) \qquad s_1 : s_2 = s_1^{\;3-} : s_2^{\;1+}$$

wobei der Formalismus (wie in Abschnitt I E, *Zerlegung nach einer Bewegungsvariablen*, definiert) sich so versteht, dass sich A in z. B. Fall (21) noch in x_1 befindet, wenn geschnitten wird, und dass A in x_2 erst erscheint, nachdem x_2 bereits eine Weile ohne A zu sehen war.

Die Möglichkeit $s_1^{3-} : s_2^{3+}$ scheidet aus, da A in diesem Fall an der Schnittstelle noch in der Bildmitte von x_1 ist und sofort darauf mitten in x_2 wiedererscheint. Dies bedeutet, dass aufgrund des Kausalitätsprinzips Zeit vergangen sein müsste, was der unmittelbaren zeitlichen Nachbarschaft der beiden Einstellungen widerspricht. Die gleiche Logik schließt Übergänge des Typs $s_1^{3-} : s_2^{2+}$ und $s_1^{4-} : s_2^{3+}$ von dieser Schnittklasse aus. Ebenso sind Darstellungen vom Typ $s_1^{4-} : s_2^{1+}$, $s_1^{5-} : s_2^{2+}$ und $s_1^{5-} : s_2^{1+}$ ausgeschlossen, weil darin zwar T_C-Nachbarschaft möglich ist, aber zwischen Verschwinden und Wiederauftauchen des Bewegungsträgers Zeit vergeht, weshalb über wieder das Kausalitätsprinzip die räumliche Verschiebung größer sein muss als X_C.

*

Wir untersuchen zunächst einfache kontinuierliche Schnitte L_C der Darstellung $s_1^{4-} : s_2^{2+}$. Gilt die Voraussetzung *möglicherweise unmittelbarer räumlicher und zeitlicher* Nachbarschaft, scheint $s_1^{4-} : s_2^{2+}$ für einfache kontinuierliche Schnitte prädestiniert zu sein, da der Bewegungsträger in genau dem Moment, an dem er den Rand von x_1 verlässt, am Rand von x_2 wieder auftaucht. Das Kausalitätsprinzip wird also befolgt, ohne dass ein Zeitsprung erforderlich ist. Es stellt sich aber heraus, dass es eine Reihe von Schnitten gibt, die man selbst dann als *nichtkontinuierlich* begreift. Das gilt z. B. wenn der Bewegungsträger den Raum x_1 mit stark positiver Parität verlässt, um im zweiten mit stark negativer Parität wiederzuerscheinen. Bei solchen Schnitten hat man das Gefühl, der Bewegungsträger sei erst um x_2 herumgegangen, bevor er es betritt. Schnitte, bei denen zusätzlich zur möglicherweise unmittelbaren Nachbarschaft gilt, dass die Parität der Übergangsvariablen erhalten ist, werden dagegen meist mühelos als kontinuierlich begriffen.

*

Dies ist nicht leicht zu verstehen. Zwar liegt nahe, zu behaupten, es handele sich um eine angelernte Interpretation, weil Filme eben nach dieser Konvention, die ja in Form von Regeln für Handlungsachsen in etlichen Kameramann-Handbüchern zu finden ist, hergestellt werden. Dadurch lässt sich aber weder die geradezu physisch spürbare Irritation begreifen, die solch ,inkorrekter' Schnitt beim Zuschauer auslöst, noch die Tatsache, dass ,*schwächere*' Paritätsverletzungen bei kontinuierlichen Schnitten gelegentlich doch akzeptiert werden.

*

Eine überraschend einfache Erklärung dafür findet sich, wenn man vertikale Bewegungen untersucht. Durch das Axiom von der Horizontalität des Horizonts haben vertikale Bewegungen in jeder möglichen repräsentativen Einstellung eine vertikale Komponente. Das bedeutet, dass eine fallende Kugel in jeder Einstellung, die man von ihr machen kann und bei der die Kamera nicht auf dem Kopf steht, negative vertikale Parität haben wird. Bei einem Schnitt zwischen zwei solchen Einstellungen bleibt also die vertikale oder y-Parität erhalten. Ist sie verletzt, scheint die Kugel sich nach oben zu bewegen. Daher nimmt man an, sie sei auf den Boden aufgetroffen und von dort wieder nach oben gesprungen. Es ist also an der Schnittstelle etwas geschehen, was man nicht wahrgenommen hat. Mit anderen Worten: Es hat sich ein Zeitsprung ereignet. Das Axiom von der Horizontalität des Horizontes induziert bei kontinuierlichen linearen Schnitten insofern ein vertikales Paritätserhaltungsgesetz.

*

Drehen wir den Projektor, mit dem wir Schnittfolgen von Einstellungen einer fallenden Kugel projizieren, um neunzig Grad aus der Vertikalen nach rechts, nimmt die Kugel auf der Leinwand negative horizontale oder x-Parität an. Und da sie sich dort nun in jeder einzelnen Einstellung nach links bewegt, bleibt ihre Parität bei jedem Schnitt erhalten. Mit diesem Gedankenexperiment erhält ein horizontales Paritätserhaltungsgesetz eine gewisse Plausibilität. Tatsächlich machen wir täglich ähnliche Erfahrungen. Liegen wir auf der Seite, nehmen wir Fallbewegungen einer Kugel in unserem Blickfeld mit erhaltener horizontaler Parität wahr, die erst durch unsere Erfahrung im Umgang mit der Schwerkraft in eine Vertikalbewegung verwandelt wird. Dieser Erfahrung würden Schnittregeln widersprechen, die bei kontinuierlichen Vorgängen ein vertikales Paritätserhaltungsgesetz akzeptieren, horizontale Paritätsverletzungen aber uneingeschränkt zulassen.

*

Dies Problem verschärft sich in Situationen, in denen kein Horizont existiert, zum Beispiel im Weltraum. Da es dort ein objektives Oben und Unten ebenso wenig gibt wie ein objektives Rechts und Links auf der Erde, sollte man meinen, dass dort Paritätsverletzungen bei kontinuierlichen Schnitten erlaubt sein müssten. Tatsächlich aber stellt sich das Problem umgekehrt: gerade weil es kein objektives Koordinatensystem mehr gibt, kann man nur noch über die strikte Erhaltung der Parität den Eindruck von Bewegungskontinuität erzeugen. Dabei gilt anscheinend eine Art visueller Impulssatz, der Ähnlichkeit mit dem tatsächlichen Impulssatz der Physik hat, welcher besagt, dass etwas geradeaus Fliegendes immer die Richtung beibehalten wird, solange keine externen Kräfte darauf einwirken.

*

Am Beispiel der fallenden Kugel sahen wir, dass von unten nach oben verlaufende Bewegungen als der normalen Fallbewegung entgegengesetzte begriffen werden. Ähnlich wird eine Bewegung, deren x-Parität sich an der Schnittstelle umkehrt, als entgegengesetzt zur zuletzt in x_1 präsenten interpretiert. Bleibt die Parität des Bewegungsträgers A dagegen erhalten, nimmt man an, dass sich A wie die fallende Kugel beim Schnitt geradlinig weiterbewegt hat. Da Darsteller mehr Bewegungsfreiheit haben als fallende Kugeln, werden ihnen an der Schnittstelle auch größere Freiheiten zugestanden. Während also Körper, die sich nur geradeaus zu bewegen vermögen, das Paritätserhaltungsgesetz an der Schnittstelle eindeutig erfüllen müssen, dürfen Bewegungsträger, die sich schnell umorientieren können, dieses Gesetz leicht verletzen, das heißt, es darf vorkommen, dass die Parität an der Schnittstelle ihr Vorzeichen wechselt. Diese Verletzung darf aber nur ‚schwach‘ sein.

*

Wir empfinden die Verletzung in der Regel als stark, wenn die Paritäten von A an der Schnittstelle in beiden Einstellungen stark und einander entgegengesetzt sind oder wenn auf eine schwache Parität eine starke mit entgegengesetztem Vorzeichen folgt. Solche Übergänge nennen wir ‚*stark paritätverletzt*‘. Als nur schwach verletzt werden Übergänge empfunden, bei denen schwache Paritäten in ebenfalls schwache entgegengesetzten Vorzeichens übergehen. Etwas stärker wirkt die Verletzung, wenn starke Paritäten zu einer schwachen mit entgegengesetztem Vorzeichen führen. Da in beiden Fällen meist nur eine gewisse räumliche Irritation entsteht, mit der man als Zuschauer ganz gut zurecht kommt, klassifizieren wir die beiden letzten Übergangsarten pauschal als ‚*leicht verletzt*‘. Dementsprechend bezeichnen wir das Paritätsgesetz als ‚*nicht verletzt*‘, wenn die Parität an der Schnittstelle wie bei der fallenden Kugel erhalten bleibt.

*

Die Parität an der Schnittstelle nennen wir auch die *Übergangsparität* einer Bewegungsvariablen. Selbstverständlich darf ein Darsteller seine Parität innerhalb einer Einstellung beliebig oft ändern, ohne dass es den Betrachter irritiert. Das Gesetz von der Erhaltung der Übergangsparität oder die Legitimität leichter Verletzungen dieses Gesetzes betreffen allein die Umgebung der Schnittstelle.

*

Nach diesen Überlegungen gilt folgender Satz:

Ein einfach linearer Schnitt der Darstellung $s_1^{4-} : s_2^{2+}$ ist genau dann einfach kontinuierlich, wenn erstens seine Orts- und Zeitkoordinaten möglicherweise unmittelbar benachbart sind; wenn zweitens die zeitliche Diskontinuität

$$T_{Disk} = T_{Atm} + T_{Ersch} + T_{Bew} = 0$$

ist; und wenn drittens die Übergangsparität erhalten bleibt oder nur leicht verletzt wird. Diese Definition beinhaltet zugleich eine Arbeitsanleitung zur Herstellung dieses Schnitts.

*

Sind s_1 und s_2 zwei aufeinanderfolgende in A lineare Einstellungen mit Bildräumen x_1 und x_2, bei denen die Übergangsparität erhalten ist, so sieht das im Fall stark negativer Parität etwa wie in Abb. 21 aus:

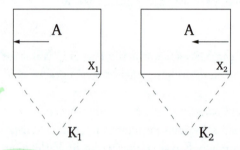

Abb. 21 Einfacher linearer Schnitt mit erhaltener starker Parität

Wir sehen also als erstes A den Raum x_1 verlassen (wobei das Bild von Kamera K_1 aufgenommen ist) und direkt anschließend (vom Kamerastandpunkt K_2 aufgenommen) mit gleicher Parität in x_2 wieder auftauchen. Dann wird bei einem einfachen kontinuierlichen Schnitt $s_1 : s_2$ der Raum x_2 von s_2 an x_1 in Richtung des Abgangs von A gemäß Abb. 22 direkt angeschlossen:

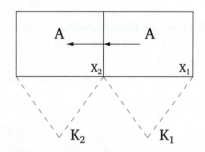

Abb. 22 Raumkonstruktion eines einfachen kontinuierlichen Schnitts mit erhaltener starker Parität.

Da der Schnitt paritäterhaltend ist, bildet die Bewegung von A an der Übergangsstelle eine gerade Linie.

Im Fall eines erhaltenen Bewegungsrichtungswinkels von $w_1 = w_2 = -45°$ sähe das durch einen Schnitt $s_1 : s_2$ entstehende Raumgefüge wie in Abb. 23 aus:

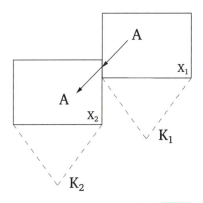

Abb. 23 Raumkonstruktion bei $w_1 = w_2 = -45°$

Damit kommt die Richtung der Raumverschiebungen bei einem Schnitt ins Spiel. Bislang hatten wir nur die Weite der Verschiebung und des Zeitsprungs in Betracht gezogen, und die beiden Räume nur vage als unmittelbar aneinander anschließend begriffen. Aus dem Paritätsgesetz wird aber darüber hinaus die Richtung geschlussfolgert. Ist nicht nur die Parität, sondern sind auch die Bewegungsrichtungswinkel erhalten, entspricht ein einfacher kontinuierlicher Schnitt einer linearen Verschiebung X_{TK} der Kamera in ungefähr der Bewegungsrichtung von A. In unseren ersten Fall, dem von erhalten stark negativer Parität, ergibt sich, wie in Abb. 24 zu sehen, eine Verschiebung X_{TK} um etwa die Bildbreite b:

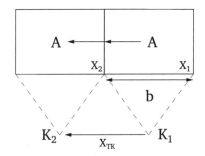

Abb. 24

Die Analyse der Kameraverschiebung X_{TK} lässt in unserem in Abb. 23 dargestellten zweiten Fall (dem eines erhaltenen Bewegungsrichtungswinkels $w_1 = w_2 = -45°$) erkennen, dass dabei, wie wiederum aus Abb. 25 ersichtlich, auch die Geometrie der Aufnahme eine gewisse Rolle spielt:

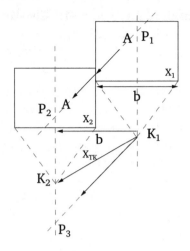

Abb. 25

Aus Abb. 25 und 26 ist ablesbar, dass die genaue Richtung von X_{TK} nicht einzig durch die Richtung der Achse $P_1 P_2$ (und das ihr parallele $K_1 P_3$) bestimmt wird, sondern dass die Abweichung davon, für welche der Abstand $K_2 P_3$ das Maß bildet, auch noch abhängig ist von den genauen Aus- bzw. Eintrittspunkten des Bewegungsträgers A in x_1 und x_2:

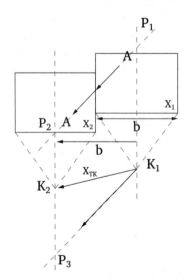

Abb. 26

Obwohl die Größe $K_2 P_3$ unschwer zu errechnen ist, wollen wir unser Augenmerk jetzt nicht auf eine minutiöse Analyse von Kamerabewegungen richten, die bei einem Schnitt stattgefunden haben müssen, denn das tut auch der Zuschauer nicht. Stattdessen machen wir im Folgenden die vom Zuschauer in etwa vermutete Raumverschiebung V_Z von x_1 zu x_2 zur Grundlage unserer Untersuchung. Über

diese lässt sich sagen, dass ein einfacher kontinuierlicher Schnitt, bei dem der Bewegungswinkel erhalten ist, einer Raumverschiebung ohne gleichzeitig erfolgende Drehung entspricht. Es handelt sich also um eine Translation TL, wobei die Verschiebung in ein unmittelbar benachbartes Raumsegment erfolgt und ihre Richtung durch den Bewegungsrichtungswinkel w_1 bzw. das gleich große w_2 bestimmt ist, die Bewegungsrichtung von A an der Übergangsstelle. Solcher Schnitt lässt sich in etwa als das Resultat einer bewegungsparallelen Kamerafahrt interpretieren.
*

Ist bei einfachen kontinuierlichen Schnitten nicht mehr der Bewegungsrichtungswinkel erhalten, sondern, wie in den beiden Einstellungen s_1 und s_2 aus Abb. 27, nur die Parität (wobei in diesem Fall w_1 = 80° und w_2 = 170° ist, in beiden Fällen gilt also p = +1)

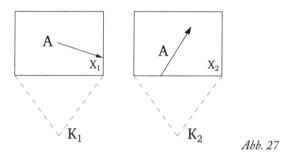

Abb. 27

so ergibt sich, weil A an der Übergangsstelle wegen der Paritätserhaltung weiterhin eine gerade Linie bildet, daraus das zusammengesetzte Diagramm aus Abb. 28

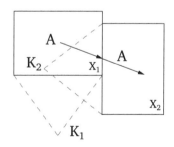

Abb. 28

Auch bei solchem von starker in schwache H-Parität führenden Übergang findet eine Verschiebung von x_1 in Richtung der Bewegung von A statt, wobei der Bildraum x_2 zusätzlich in Relation zu x_1 gedreht wurde. Man kann sich das so vorstellen, dass gemäß Abb. 29 wie beim gerade besprochenen Bewegungswinkel-erhaltenden Schnitt erst eine Translation TL des Bildraums x_1 in Richtung von A erfolgt und

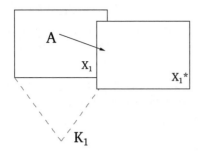

Abb. 29

sich, wie in Abb. 30 zu sehen, die genaue Lage des Bildraums x_2 anschließend durch eine Rotation R um den Mittelpunkt des verschobenen Bilds $x_1{}^*$ ergibt:

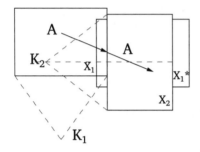

Abb. 30

Der Rotationswinkel W ergibt sich dabei daraus, dass der Zuschauer aus den beiden in s_1 und s_2 voneinander verschiedenen Bewegungsrichtungen w_1 und w_2 eine Gerade herstellt. Das gelingt genau dann, wenn gilt

(22) $W = w_2 - w_1$

In unserem Fall mit $w_1 = 80°$ und $w_2 = 170°$ würde daher in schöner Übereinstimmung mit der Geometrie unseres Diagramms $W = 170° - 80° = 90°$ gelten.
*

Wir haben also die vom Zuschauer bei einfachen kontinuierlichen Schnitten vermutete Raumverschiebung V_Z auf diese Weise auf die Addition einer Translation TL und einer danach erfolgenden Rotation R zurückgeführt, also $V_Z = R + TL$. Dies stimmt mit dem Satz perfekt überein, dass jede mathematische ,*Bewegung*' als Addition einer Translation und einer Rotation darstellbar ist. Somit wären bei solchen Schnitten alle Parameter bekannt, und das Verknüpfungsproblem der beiden Räume ist so weit gelöst, wie es in einer allein raumzeitlichen Betrachtungsweise überhaupt gelöst werden kann.

Interessant ist daran, dass der Bewegungsträger in x_1 gewissermaßen als Richtungsvektor der Verschiebung TL wirkt, weil der neue Bildraum x_2 in genau der Richtung, in der er das Bild verlässt, angeschlossen wird. Der Bewegungsrichtungswinkel w_1 der ersten Einstellung ergibt also die Verschiebungsrichtung. Und aus dem anschließend beobachteten Bewegungswinkel w_2 der zweiten errechnet sich die Drehung W des Raums an der Schnittstelle. Dieser Raumdrehung entspricht eine Drehung der Kamera K_1 um den Winkel W mit einer sich daran anschließenden Translation TL in Richtung des Darstellers bis in den neuen Bildraum x_2, wobei TL, wie wir sahen, noch mit ein paar kleineren geometrischen Korrekturen versehen werden muss.

*

Ist die Parität dagegen leicht verletzt, gibt es in der Bewegung von A an der Übergangsstelle einen leichten Knick, den man als leichte Änderung der Richtung des Bewegungsträgers an der Schnittstelle interpretiert. Näheres dazu im nächsten Kapitel. Bei stärkeren Paritätsverletzungen sind dagegen eindeutige Raumzeit-Konstruktionen bei vermuteten L_C-Schnitten nur noch sehr schwer möglich. Solche Schnitte nennen wir gelegentlich ‚*einfach kontinuierlich sein wollende Schnitte mit stärkeren Paritätsverletzungen*‘ L_{CP}.

***

B. RAUMKONSTRUKTION MIT EINFACHEN KONTINUIERLICHEN SCHNITTEN

Die folgenden Diagramme veranschaulichen die Raumkonstruktion einfach kontinuierlicher Schnitte L_C. Sie wollen als spekulative Landkarten verstanden werden, die man als Zuschauer mehr oder weniger automatisch anfertigt, wenn man solche Schnitte wahrnimmt. Die Pfeile innerhalb der Räume x_1 und x_2 bezeichnen die Richtung der Bewegungsvariablen A an der Übergangsstelle, und aus den Kamerapositionen K_1 und K_2 sind die jeweiligen Paritäten ablesbar. Wie in Abb. 31 dargestellt, gibt es neun voneinander verschiedene Klassen.

Aus den Diagrammen lassen sich darüber hinaus eine Anzahl von Regeln zur Herstellung paritäterhaltender einfacher kontinuierlicher Schnitte $L_C = s_1 : s_2$ ableiten.

1. Für bereits bei der Aufnahme real miteinander verbundene Räume gilt, dass sich die Kamera, wenn die Parität beim Schnitt erhalten bleiben soll, in beiden Einstellungen auf der gleichen Seite der Bewegungsachse befinden muss.

2. Wenn die beiden Räume x_1 und x_2 bei der Aufnahme real voneinander getrennt sind und per Schnitt kontinuierlich miteinander verbunden werden sollen, muss darauf geachtet werden, dass die Übergangsparität erhalten bleibt.

3. Bei solchen rein synthetisch hergestellten einfachen kontinuierlichen Schnitten fällt auf, dass die Übergänge *stark - schwach H*, *schwach V - stark* und *schwach V - schwach H* relativ gering überlappende Bildräume aufweisen. Die übrigen überlappen dagegen so stark (in den Diagrammen gekennzeichnet durch den flächiggrauen Bereich), dass nur seitliche und hintere Begrenzungen durch etwa Wände eine synthetische Konstruktion dieses Schnitt-Typs gestatten. Man kann sich aber auch mit dem Sprung in eine Nahaufnahme helfen, da die dabei entstehende Unschärfe die Überlappung im Hintergrund unklar werden lässt.
*

Man sieht an diesen Diagrammen sehr schön, wie der Bewegungsträger A mit dem Verlassen von x_1 zum Vektor der Verschiebung wird, und wie sich aus seiner Bewegungsrichtung die Richtung von X_C erschließt. Da wir als Zuschauer an der Schnittstelle eine gradlinige Bewegung vermuten wollen, ergibt sich aus der Differenz der Bewegungsrichtungswinkel logischerweise eine *Raumdrehung* W des Bildraums x_2. Unter Umständen führt dies zu einer *Diskrepanz* mit den bei der

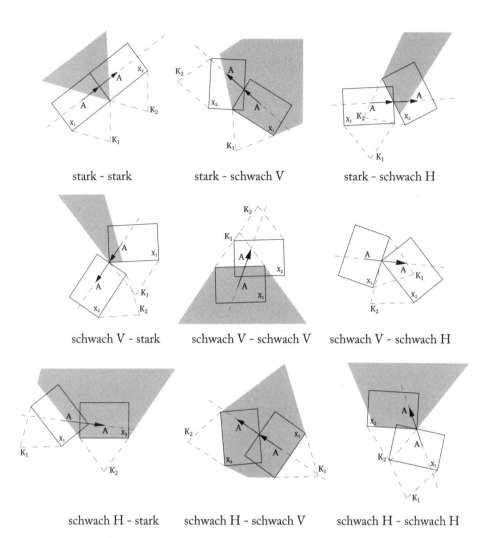

Abb. 31 Die Raumkonstruktionen paritäterhaltender einfach kontinuierlicher Schnitte

Aufnahme vorhanden gewesenen *tatsächlichen Fluchtlinien* in x_1 und x_2. Dann kann passieren, dass die direkten Fortsetzungen der beiden Einstellungen und der geradlinige Weg des Darstellers in Konflikt geraten. Da der Raum in seiner Solidität unantastbar bleibt, lässt sich der Konflikt nur auflösen, wenn entweder der Weg des Darstellers einen Knick bekommt oder eine Lücke zwischen den Räumen angenommen wird, die den Schnitt zum $X_N T_N$-Schnitt machen würde. Es wird also eine *zweite Korrektur der vermuteten Raumzeit-Verschiebungen* vorgenommen, bevor der Verschiebungsoperator für uns zum *tatsächlichen Raumzeit-Verschiebungsoperator* wird.

*

Bevor wir weitergehen, wollen wir die *Raumdrehung* W, die einem Kameraschwenk mit gleichem Drehwinkel entspricht, noch etwas genauer analysieren. Sie ergibt sich, wie schon erwähnt und wie leicht auch Abb. 32 entnehmbar, zu $W = w_2 - w_1$

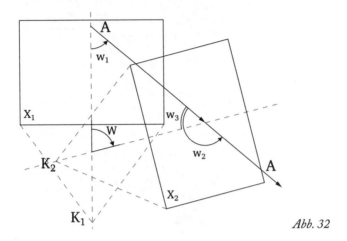

Abb. 32

denn für die Dreieckswinkel gilt $W + w_1 + w_3 = 180^0$ und für die Hilfsgröße $w_3 = 180^0 - w_2$

Dabei interessieren einige Sonderfälle:

1. Ist $w_1 = w_2$ so ist $W = 0$. Es handelt sich also um einen Schnitt, der eine zu A in etwa parallele Kamerafahrt zum Bildrand abkürzt.
2. Ist $w_2 = 0$ ergibt sich ein Übergang zu neutraler (oder ± 1) V-Parität und $W = -w_1$
3. Ist $w_1 = 0$ wird mit neutraler (oder ± 1) V-Parität begonnen und $W = w_2$
4. Ist $w_2 = 180°$ ergibt sich ein Übergang zu neutraler (oder ± 1) H-Parität. Dann ist $W = 180° - w_1$, das heißt die Kamera schwenkt, bis die Kameraachse die gleiche Richtung wie A hat. Würde sie noch weiter nach rechts schwenken, wäre A nicht mehr sichtbar.
5. Da wir neutrale Parität als ± 1-Parität definiert hatten, als eine also, die sowohl positiv als auch negativ sein kann, ist das Paritätsgesetz in unserer Terminologie bei jedem Übergang mit beteiligter neutraler Parität erhalten.
6. Ist $w_2 > 180°$ bei weiterhin $w_1 > 0$, hat A also in x_2 negative Parität, mit anderen Worten: Ist die Parität beim Schnitt verletzt, so gilt $W = w_2 - w_1 > 180° - w_1$. Das bedeutet, dass der Bildraum der Kamera K_1 sich so weit nach rechts dreht, dass ein sich geradeaus bewegender Bewegungsträger A eigentlich nicht mehr im Bild sein dürfte. Das heißt, um überhaupt im neuen Bild anwesend sein zu können, hätte A

an der Schnittstelle eine verloren gegangene Bewegung nach rechts machen müssen, wir haben also einen Knick!

7. Je größer die Paritätsverletzung wird, desto stärker wird die Kamera durch unser Raumgefühl dazu gedrängt, nach rechts vom eigentlich erwarteten Geschehen weg zu schwenken. Bis schließlich bei dem, was wir starke Verletzungen des Paritätsgesetzes nannten, kein wie immer gearteter Bewegungsknick einen kontinuierlich wirkenden Vorgang mehr simulieren kann und die versuchte Raumzeit-Konstruktion unserer Vorstellung zusammenbricht.

*

Die Stärke des Knicks hängt also vom Ausmaß der Paritätsverletzung ab. Andererseits spielt eine Rolle, wo genau am Bildrand der Darsteller ins Bild von x_2 kommt. Bei stark positiver Ausgangsparität etwa und leicht verletzt schwacher H-Eingangsparität erscheint der Knick, wie in Abb. 31 skizziert, offenbar umso stärker, je weiter links A in der neuen Einstellung x_2 auftaucht.

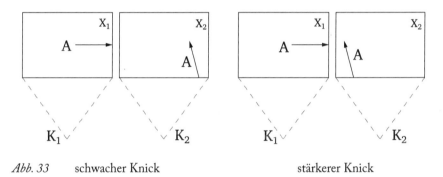

Abb. 33   schwacher Knick   stärkerer Knick

Dabei mag angehen, dass es bei speziellen Raumgeometrien zu knicklosen Paritätsverletzungen kommt, wenn nicht im Bildzentrum gearbeitet wird, sondern, wie im ersten der beiden Fälle, in x_2 rechts am Rand. Das müsste man indes in eigens dafür hergestellten Versuchsreihen testen. Ebenso gut könnte es nämlich wegen zufällig entstehender Pixilations-Effekte dabei zur Empfindung von extremen Knicken kommen.

*

Trotz dieser Komplikationen ist es möglich, Diagramme für die verschiedenen Klassen der *leicht paritätverletzenden einfach kontinuierlichen Schnitte* zu konstruieren, die wie in Abb. 34 aussehen:

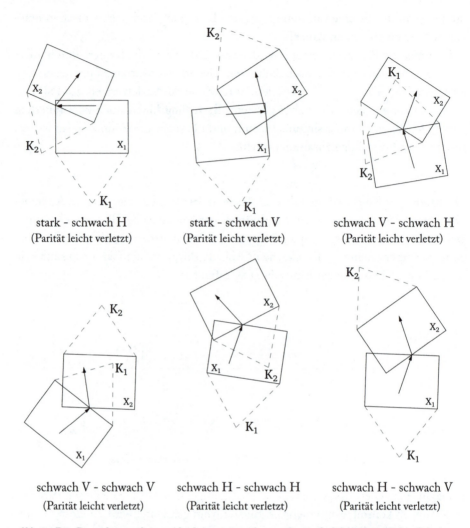

stark - schwach H
(Parität leicht verletzt)

stark - schwach V
(Parität leicht verletzt)

schwach V - schwach H
(Parität leicht verletzt)

schwach V - schwach V
(Parität leicht verletzt)

schwach H - schwach H
(Parität leicht verletzt)

schwach H - schwach V
(Parität leicht verletzt)

Abb. 34 Die Raumkonstruktionen leicht paritätverletztender einfach kontinuierlicher Schnitte

Die vorhergehenden Überlegungen machen klar, dass diese Diagramme weit spekulativer und in viel größerem Maß von der realen Raumgeometrie abhängig sind als ihre paritäterhaltenden Pendants aus Abb. 31. Dennoch lassen sich einige verlässliche Regeln aufstellen.

1. Bei leichten Verletzungen der Übergangsparität begreift man die Bewegung als an der Schnittstelle geknickt.
2. Einen solchen Knick interpretiert man auch in Bewegungen hinein, die real zwar geradlinig sind, durch einen Fehler der Kameraplatzierung aber eine leichte Paritätsverletzung aufweisen.

3. Es zeigt sich, dass dieser Knick bei leicht paritätverletzenden *stark-schwachen* Übergängen stärker ist als bei schwach-schwachen. Aus diesem Grund bezeichnen wir die Paritätsverletzung bei ihnen als stärker.

4. Trotz dieses Knicks können diese paritätverletzenden Schnitte als einfach kontinuierlich begriffen werden.

5. Bei *schwach-schwachen* Übergängen gibt es bei Verletzungen kaum Probleme.

6. Bei den *stark-schwachen* ist der Knick im Verletzungsfall dagegen manchmal schon so stark ausgeprägt, dass nur spezielle räumliche Verhältnisse (wenn etwa ein Darsteller am hinteren Rand eines Zimmers aus dem Bild verschwindet) seine Interpretation als einfach kontinuierlichen Vorgang erlauben. Sonst wirkt das Knickmoment so stark, dass es einen Zeitsprung erzeugt und der Schnitt nicht mehr als kontinuierlich begriffen werden kann, da so plötzliche Änderungen der Bewegungsrichtung in zugleich solchem Ausmaß physikalisch nicht möglich sind.

7. Bei den von uns so genannten starken Paritätsverletzungen, wie sie sich in den drei Schnittfolgen aus Abb. 35 ausdrücken

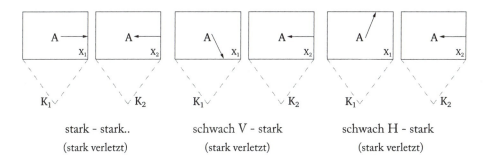

| stark - stark.. | schwach V - stark | schwach H - stark |
| (stark verletzt) | (stark verletzt) | (stark verletzt) |

Abb. 35 Starke Paritätsverletzungen

ist diese Änderung (vor allen bei den *stark-starken* Verletzungen) so ausgeprägt, dass zeitliche Kontinuität bei diesem Vorgang fast ausgeschlossen scheint. Verfolgt man den Gedanken, der Darsteller repräsentiere den Verschiebungsvektor, ließe sich sagen, dass der Betrachter den Eindruck bekommt, hier seien zwei Verschiebungen, die seltsamerweise in entgegengesetzte Richtung drängen, zugleich am Werk. Was nur durch einen Zeitsprung begreifbar wird, der den Vorgang in ein Nacheinander verwandelt. Es ist nicht leicht, diese Schnitte vernünftig zu bezeichnen, da sie in ihrer Mehrzahl das Resultat von *Inszenierungsfehlern* sind, die man im Film belässt, weil nichts Besseres zur Verfügung steht, wobei man hofft, dass sich der Fehler irgendwie *verspielt*. Das ist auch der Grund für die in Anlehnung zum einfachen L_C etwas seltsam anmutende Begriffsbildung ,*einfach kontinuierlich sein wollender Schnitt mit stärkeren Paritätsverletzungen*' L_{CP}.

*

Der Knick bei leicht paritätverletzenden L_C-Schnitten erfolgt immer entgegengesetzt zum x-Anteil der Bewegungsrichtung von A am Ende von s_1, in der Regel also zur Bildmitte hin. Dass stark paritätverletzende Übergänge mit unseren Vorstellungen von Kontinuität unverträglich sind, lässt sich auch dadurch begreifen, dass der Knick bei solchen Schnitten als derart stark empfunden wird, dass der Darsteller eigentlich wieder in der ersten Einstellung auftauchen müsste. Da es sich aber eindeutig um eine neue Einstellung handelt, stellt man sich deren Lage irgendwie nach hinten, manchmal vielleicht auch nach vorn verschoben vor, was den Schnitt zu einer Darstellung von $X_N T_N$ macht.

*

Bei starken Paritätsverletzungen vom Typ *stark - stark* und *schwach V - stark* gemäß Abb. 36 beobachtet man oft ein zusätzliches Phänomen. Da dann sowohl das

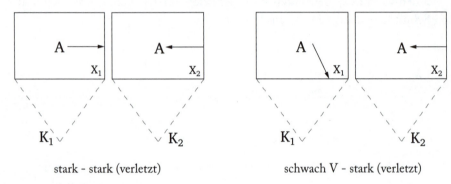

stark - stark (verletzt)   schwach V - stark (verletzt)

Abb. 36 Starke Paritätsverletzungen

Verschwinden als auch das Wiedererscheinen von A an ziemlich der gleichen Stelle im Projektionsrechteck erfolgen, kommt es bei solchen Schnitten (insbesondere wenn sie, Ausführlicheres dazu später, in der im Spielfilm üblichen beschleunigten Verschleifung $s_1^{3-} : s_2^{3+}$ vorliegen) leicht zu einem Pixilations-Effekt, der eine physische Kontinuität der Darstellerbewegung suggeriert, die unabhängig von der möglichen Kontinuität des Raums ist. Wenn A sich in den beiden Einstellungen an der Schnittstelle etwa am gleichen Ort befindet, verwandelt unser Gehirn das Leinwandgeschehen nämlich leicht reflexhaft in eine real von A ausgeführte Bewegung, bei welcher man den Ort, an dem sie stattfindet, gar nicht recht wahrnimmt, denn man kann ja nicht alles gleichzeitig sehen. Daher wird x_2 zunächst weiter für x_1 gehalten. Stellt man bei längerem Betrachten dann fest, dass es sich bei x_2 doch um einen neuen Raum handelt, ist man ziemlich verblüfft und hat das Gefühl, dass irgendetwas nicht stimmte.

*

Basis des Pixilations-Effekts ist das zuerst offenbar von Wertheimer 1910 so genannte *Phi-Phänomen*, das die Bewegungsillusion beschreibt, die zustande kommt, wenn etwa zwei nebeneinanderstehende Glühbirnen schnell nacheinander an- und ausgeschaltet werden. Da der gleiche das Gehirn täuschende Effekt auftritt, wenn man zwei nebeneinanderstehende ähnliche Objekte nacheinander kurzzeitig beleuchtet, kann man im Kino Bewegung sehen, denn durch diesen Effekt wird die nacheinander projizierte Information der bloß statischen Einzelbilder in ein zusammenhängend zeitliches Ganzes verwandelt. Im Gegensatz zu vielem anderen, was in diesem Text beschrieben wird, ist das Phi-Phänomen in seiner Abhängigkeit von etwa Objektabstand, Gestalt, Beleuchtungsfrequenz, Kontrast usw., aber auch von Rasse, Alter und Geschlecht, relativ gut untersucht. In unserem Zusammenhang ist vor allem die Abhängigkeit von der Distanz und der Gestalt der beiden Objekte von Relevanz.

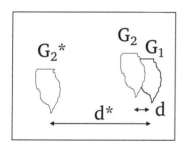 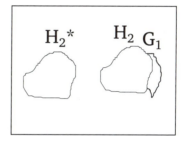

Abb. 37 Das Phi-Phänomen und der Pixilations-Effekt

Ist, wie in Abb. 37, die Distanz d, in der das Objekt G_2 auf das zuerst erscheinende Objekt G_1 folgt, relativ gering, entsteht, wie wir als Kinozuschauer wissen, das Bewegungsphänomen problemlos. Erhöht man d allmählich, verwandelt sich die Bewegung irgendwann in einen Sprung, was in der mit einem Stern gekennzeichneten zweiten Situation des linken Diagramms dann gewiss der Fall sein wird, wo G_2^* auf G_1 im Abstand d* folgt.

Für unsere Schnitt-Theorie von Belang ist jedoch noch eine zweite, im rechten Teil von Abb. 37 dargestellte Ausprägung des Phi-Phänomens. Wenn nämlich auf G_1 nicht das identische G_2 folgt, sondern das nur entfernt ähnliche H_2, so entsteht in unserem Gehirn ebenfalls eine Bewegungsillusion, die man im Filmbereich als Pixilations-Effekt bezeichnet. Diese Illusion ist anders als die Mehrzahl der anderen optischen Illusionen nicht Ausdruck einer irritierenden Fehlfunktion unseres Gehirns, sondern ganz im Gegenteil Ausdruck eines hocheffizienten genetischen Reflexes, der uns rasche Bewegungen in unserer unmittelbaren Umgebung in kürzester Zeit (in Bruchteilen von Sekunden) erkennen und diagnostizieren hilft.

Selbst wenn das Objekt bei solchen Bewegungen seine objektive Gestalt nur wenig ändert, tut es die vom Auge wahrgenommene Form (zum Beispiel bei der Bewegung eines Raubtiers auf uns zu) häufig in einem Ausmaß, dass eine in solchen Fällen vorzunehmende langwierige Formanalyse ein beträchtliches Überlebenshandicap bedeuten würde. Tatsächlich darf (bei kompaktem G_1) das darauf folgende H_2 so ziemlich jede ebenfalls einigermaßen kompakte Gestalt annehmen, ohne dass es zu einer Beeinträchtigung dieses Bewegungsdiagnose-Reflexes kommt. Erst wenn sich das zweite Objekt in sicherer Entfernung vom ersten befindet, in unserem Diagramm zum Beispiel als H_2^*, hört dieser Reflex auf.

*

So begrüßenswert dieser Effekt beim Erkennen und der Wiedergabe von Bewegung auch im Kino ist, hat er doch lästige Seiten. Denn man kann von stammesgeschichtlich erworbenen Reflexen kaum erwarten, dass sie für die Feinheiten des Filmschnitts vorbereitet sind. Es stellt sich nämlich heraus, dass die Bewegungsanalyse bei diesem Reflex ganz unabhängig vom Raum stattfindet, worin sich das Geschehen ereignet. Das führt bei einem Schnitt $s_1 : s_2$ der in Abb. 38 dargestellten Form (bei dem zwei grob ähnliche Objekte G_1 und H_2 sich auf der Leinwand

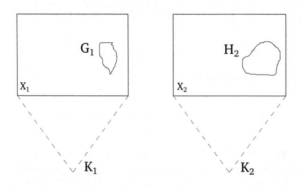

Abb. 38 Jumpcuts

direkt nacheinander an annähernd der gleichen Position befinden) dazu, dass man erst einmal eine irritierende Scheinbewegung wahrnimmt, bevor man sich dem Raum x_2 und dem darin Abgebildeten zuwenden kann. Diese Scheinbewegung betrifft nicht nur bewegungsfähige Objekte wie Darsteller oder ihre Köpfe, sondern auch Einrichtungsgegenstände wie Möbel oder grafisch kompakte Strukturen an Wänden. Schnitte mit solch unerwünschten und oft ganz unsinnigen Scheinbewegungen sind als *Jumpcuts*' bekannt, und man versucht, sie zu vermeiden.

*

Interessant an den gerade beschriebenen starken Paritätsverletzungen ist, dass hier die zwei wichtigsten Prinzipien, auf denen unsere Kinowahrnehmung beruht, das *Pixilations-Phänomen* nämlich (aufgrund dessen wir im Kino Bewegung überhaupt erst wahrnehmen) und unser *Raumempfinden* (mit dem wir uns in der Welt orientieren) eine Irritation und, wenn man so will, sogar einen Widerspruch in gleicher Richtung auszulösen scheinen. Statt das bloß zu begrüßen und die *paritätverletzenden kontinuierlichen Schnitte*, die im narrativen System ohnehin kaum eine Rolle spielen, mehr oder weniger zu ignorieren, lohnt es sich, hier genauer nachzudenken. Verglichen mit dem Bewegungserkennungs-Reflex operiert unser Raumempfinden weit behutsamer und vager. Es ist in deutlich größerem Ausmaß von einer Unsicherheit geprägt, die durch rational-analytische Orientierungsanstrengungen überwunden werden muss. Dass der stammesgeschichtliche Formanalyse-Reflex beim Filmschnitt nur bei Übergängen irritiert, die auch dem rational-analytischen Empfinden als verboten erscheinen, ist reiner Zufall. Denn dieser Reflex, man kann es nicht genug betonen, wurde ja nicht für das Filmsehen entwickelt. Es lässt sich sogar sagen, dass reines Glück ist, dass das Pixilations-Phänomen nicht bereits bei paritäterhaltenden Schnittformen irritiert. Dann dann wären Raumkonstruktionen im Kino nicht möglich und es gäbe ewig nur Tagesschau.

*

Man kann sich fragen, welches der beiden Prinzipien bei den stark paritätverletzenden Schnitten im Gehirn stärkeren Widerspruch erzeugt. Es kann nämlich sein, dass unser Begreifen von Schnitten als Aufeinanderfolge einer Translation sowie einer an der Schnittstelle erfolgenden Rotation bei Paritätsverletzungen, selbst nach längerem Training, nur wegen des dem Pixilations-Phänomen zugrunde liegenden Prinzips nicht funktioniert, weil dieses aus zwei unmittelbar hintereinander an der gleichen Stelle der Leinwand befindlichen Gestaltklumpen partout die Bewegung einer einzigen Gestalt an einem einzigen Ort machen will. Und dass andere kontinuierliche Schnitte nur funktionieren, weil die Leinwanddistanz vom verschwindenden und wieder erscheinenden A bei ihnen so groß ist, dass das Phi-Phänomen nicht länger greift.

*

Dann wäre immerhin noch *schön*, wie sich dieses elementare Empfinden mit der von der fallenden Kugel möglicherweise ebenfalls hervorgerufenen Gesetzmäßigkeit verträgt und *auch* eine nette kartesisch-euklidische Erklärung zulässt. Am interessantesten daran ist vielleicht, dass man das Unkorrekte der Raumkonstruktion bei starken Paritätsverletzungen in einem kurzem, per Reflex ausgelösten Schock, geradezu *physisch* spürt, und man diesen Schnitt ebenso elementar von innen heraus ablehnt wie in der Musik eine offensichtliche Dissonanz. Insofern ließe sich das Empfinden der starken Paritätsverletzung als ‚*visuelle Dissonanz*‘ begreifen. Das gleiche gilt, zum Teil freilich in bis ins Allerfeinste abgeschwächter Form, für die verschiedenen Erscheinungen von *Jumpcuts*.

*

Helmholtz, dessen Oberwellenanalyse aus dem Jahre 1863 - als, mag sein, die große Zeit der Musik ebenso zu Ende ging, wie vielleicht bereits jetzt die des Films - wir unsere Vorstellungen von akustischer Konsonanz und damit die bislang einzige physikalische Untermauerung der Harmonielehre verdanken, hielt seine Theorie vom harmonischen Tonempfinden an einer Stelle für höchst unbefriedigend: Zwar fand er, wie wir alle, wunderschön, dass die zweiten, vierten, achten usw. Obertöne *Oktaven* des Grundtons darstellten, die dritten, sechsten zwölften usw. *Quinten*, die fünften, zehnten, zwanzigsten usw. wiederum reine *große Terzen*. Dass aber etwa der siebente Oberton als Dissonanz empfunden wird, der achte aber nicht, und der neunte hingegen wieder, fand er nicht ganz leicht zu begreifen. Er half sich mit dem Prinzip, dass das Gehirn ein Zahlenverhältnis als desto dissonanter empfindet, je komplizierter das Muster dahinter ist. Dann aber wird leider vollkommen unverständlich, wieso man die chromatische Terz als relativ konsonant wahrnimmt, obwohl sie in der Obertonreihe nicht oder nur annähernd auftaucht und an keiner von den Zahlenverhältnissen auch nur im Geringsten privilegierten Stelle.

Kurzum, er hat wohl die meisten Konsonanzen erklären können, keineswegs jedoch alle. Und vor allem war für ihn selber seine Vorstellung von Dissonanz letztlich nicht haltbar, weil nicht nur die chromatische Terz eine Dissonanz hätte sein müssen, sondern vermehrt noch die geringsten Verstimmungen der reinen Obertöne, wie sie etwa zwischen der bloß zwei *Cent* betragenden Abweichung von reiner und chromatischer Quint gerade noch und keinesfalls als Dissonanz hörbar sind. Mit anderen Worte: Er hatte überhaupt keine Vorstellung vom Grund unseres Dissonanz-Empfindens. Wodurch wiederum Schönberg zu dem Umkehrschluss verleitet wurde, es gäbe auch keine privilegierte Stelle der Konsonanz, was ihn die Gleichwertigkeit wenigstens der chromatischen Töne postulieren ließ.

*

Könnte diese Arbeit tatsächlich, wie im Vorwort angedeutet, die Vorstufe zu einer Art Harmonielehre für Film werden, so wäre bemerkenswert, dass man darin Dissonanzen schon jetzt präziser fassen könnte als in der Musik. Es ist sogar vorstellbar, dass man eine solche visuelle Harmonielehre auf unsem unbezweifelbar vorhandenen visuellen Dissonanz-Empfinden aufbaut, um von dort zu den im Grunde rätselhafteren Konsonanzen vorzustoßen, wie sie sich z. B. in einigen paritäterhaltenden

Schnitten äußern. Immerhin haben wir hier zwei voneinander unabhängige Prinzipien entdeckt, die an entscheidender Stelle in gleicher Richtung arbeiten. Eine derart doppelt fundierte Phänomenologie, in der es sowohl das Schöne als auch das Hässliche als objektive Empfindung gibt, lohnt einigen Aufwand. Schließlich sehen wir uns die Filme im Kino ja nicht an, weil uns wer weismachen will, dass sie funktionieren - sie funktionieren, ohne dass man viel lernen muss. Auch das ist ein Indiz dafür, dass es sich beim narrativen System nicht um eine Sprache handelt. Denn eine solche muss man auch als sie bloß Verstehender mühsam erlernen.
*

Ich möchte auf dem Pixilations-Effekt nicht unnötig lange herumreiten, weil wir für unsere Schnittmuster ja bereits eine andere brauchbare Erklärung haben. Andererseits ist die Ablehnung der starken Paritätsverletzung so unmittelbar und reflexhaft, dass ich die Kraft des Pixilations-Reflexes als Grundprinzip der Filmzusammenhalts-Anstrengung auch im positiv Konstruktiven am Wirken sehe. Dies mag bedeuten, dass unser Hirn im Kino durch die permanente Reizung der für das Phi-Phänomen verantwortlichen Synapsen bei größeren Objektdistanzabständen (wo die Pixilation deutlich weniger greift als bei etwa den stark paritätverletzenden Schnitten) erst dazu gebracht wird, es auch mal mit Raumverschiebungen und Drehungen zu versuchen.

Mit anderen Worten: Erst durch diese Reizung wird womöglich die richtige Zuschauerdisposition erzeugt. Zu Beginn des Jahrhunderts mag dies sogar entscheidend gewesen sein, als das Auge noch nicht wie heute durch jahrelanges Filmsehen trainiert und vorbereitet sein konnte, als es sich also noch in einem Zustand der Unschuld befand. Da das Pixilations-Phänomen die Grundlage der Bewegtbild-Kinoillusion ist und in jeder einzelnen Filmsekunde fünfzig Mal operiert, klingt derlei zumindest nicht vollkommen entlegen. Die Silberatome, aus denen die sich bewegenden Flecken auf Filmbildern bestehen, ahnen ja nicht, dass sie Teil einer dargestellten Bewegung sind, sie stellen sich den Lichtstrahlen, die durch sie durchdrängen, nur in den Weg, weil dies ihre Materie-Eigenschaft ist. Dass das Hirn reflexhaft daraus Bewegung macht, ist einzig sein Problem.
*

Interessanterweise gilt dies in gewissem Ausmaß auch für die Wirklichkeit: Auch in ihr nehmen wir nur von Objekten ab- oder rückgestrahltes Licht wahr, wobei die Lichtquanten, die eine hundertstel Sekunde später bei uns ankommen, nicht ‚wissen‘, dass vor ihnen schon welche ankamen. Auch in der Wirklichkeit wird aus zufällig, ohne Bewusstheit von eventuellen Betrachtern, produzierten Scheinbewegungen irgendwelcher Lichtquanten tatsächliche Bewegung gemacht. Wobei ein stammesgeschichtlicher Prozess offenbar dazu führte, dass hinter vermuteten Bewegungen meistens tatsächlich welche stecken.

*

Die kontinuierlichen Raumzeit-Konstruktionen beruhen auch auf dem Prinzip, dass das Gehirn möglichst kurze Wege zwischen zwei Schauplätzen zu konstruieren versucht. Es ist denkbar, dass es Situationen gibt, etwa in einer tief eingeschnittenen gewundenen Schlucht, bei denen jedem Betrachter klar ist, dass der kürzeste Weg nur in die Wand führt. Sind in solchen Situationen Verletzungen der Parität eher erlaubt? Eventuell kommt es dann zu Konflikten zwischen der Kausalität der Kamerabewegung und der Kausalität des Bewegungsträgers.

*

Dieser Konflikt ist überhaupt von allerwichtigster Bedeutung. Obschon der Perspektivwechsel an der Schnittstelle eine Neuplatzierung der Kamera zur Voraussetzung hat, welche objektiv einige Zeit kostet und damit eine T_C-Konstruktion mit $\Delta t = 0$ im Grunde unmöglich macht, empfinden wir die $X_C T_C$-Konstruktion beim kontinuierlichen Schnitt klar als einen Vorgang mit $\Delta t = 0$. Man kann sagen, dass die Kausalität des Bewegungsträgers in diesem Fall die Kausalität der Abbildung besiegt, was im Grunde irrational ist und wohl nur durch Zufall funktioniert. Auch in diesem Zufall lässt sich das Wirken jenes Pixilations-Reflexes vermuten, der für die primäre Kinoillusion verantwortlich ist.

*

Ich finde im Übrigen sehr interessant, dass meine Katzen nie Interesse an irgendwelchen Spielfilmen im Fernsehen entwickelten. An Fernsehern interessiert sie anscheinend nur der Ton - Vogelpiepsen fand eine mal eine Weile interessant - und die abgegebene Wärme. Mit den darauf sich bewegenden Bildern können sie, soweit ich es zu erkennen vermag, nichts anfangen. Auch nicht mit stummen Bildern von anderen Katzen oder Vögeln. Ihr Spiegelbild sagt ihnen ebenfalls offenbar nichts. So gesehen ist geradezu ungeheuer, dass wir Menschen in der Lage sind, Spielfilme zu begreifen.

Diese Bemerkung ist weniger trivial, als man vielleicht denkt. Was fehlt eigentlich so einer Katze? Selbstverständlich haben wir Menschen entwickeltere Gehirne, erweiterte Sprachfähigkeiten, aktiveres Vorstellungsvermögen usw. Aber ist die Fähigkeit einen narrativen Film wahrzunehmen, tatsächlich ein Zeichen von entwickelter Intelligenz? Bis vor hundert Jahren wäre man auf diesen Gedanken gar nicht gekommen, bis dahin wäre er absurd gewesen. Doch schon damals gab es eine rasant sich entwickelnde Technologie, die uns gewiss - also auch *ohne die Erfindung des Kinos!* - ebenfalls irgendwann auf den Mond gebracht hätte. Was wiederum bedeutet, dass es, sollten wir nicht die einzigen Lebewesen im Universum sein, raumfahrende Zivilisationen geben könnte, die, wie unsere Katzen, nicht das Geringste mit unseren Filmen anzufangen verständen.

*

Da die Erhaltung der Parität im Wesentlichen aus der *Translationsinvarianz des Raums* entsteht und der *scheinbare visuelle Impuls* deshalb erhalten bleibt, liegt nahe, dass Ähnliches auch für den *Drehimpuls* gilt. Zunächst einmal muss da wohl der Betrag des Drehimpulses erhalten sein (eine sich in x_1 drehende Ballerina muss sich in x_2 in ähnlichem Tempo drehen), aber außerdem, hier wage ich eine Prognose: Auch die Orientierung der Drehrichtung muss gleich sein. Was trivialer klingt, als es ist, aber wenn ein in der vertikalen Achse sich drehendes Objekt von oben fotografiert wird, hat es einen scheinbar anderen *Drehsinn*, als wenn man es von unten aufnimmt. Wenn sich eine tanzende Ballerina von oben gesehen im Uhrzeigersinn bewegt, bewegt sie sich von unten abgebildet gegen den Uhrzeiger. Ich denke, dass so etwas an Schnittstellen als Diskontinuität empfunden werden könnte. Das Problem taucht auch bei sich drehenden Rädern auf. Bei gleichzeitiger Vorwärtsbewegung bleibt bei Postkutschen übrigens die Drehrichtung bei Einhaltung des Paritätsgesetzes für die Kutsche als Ganzes erhalten. Anders ist es bei Flugzeugpropellern, weil sie sich senkrecht zur eigentlichen Bewegungsrichtung drehen - doch bei Flugzeugen wird das wohl von der Geometrie des durchflogenen Raums überspielt. Anders auf einer sich drehenden Weltraumstation: Dort wird die Erhaltung des Drehsinns bei kontinuierlichen Schnitten kaum zu vernachlässigen sein. Und bei fliegenden Untertassen extraterrestrischer Zivilisationen könnte sich unachtsame Kameramänner ebenfalls leicht wundern, wenn es bei kontinuierlichen Schnitten mit der Drehrichtung Ärger gibt.

*

Dies führt uns zu einem interessanten Konflikt, den im Detail hier darzustellen noch nicht möglich ist, weil er die Kenntnis der Blickinteraktions-Regeln verlangt: Was passiert, wenn zwei Bewegungen gleichzeitig stattfinden? Welche Parität muss erhalten bleiben? Wenn etwa zwei Reiter auf zwei sich vorwärts bewegenden Pferden einander anblicken; oder beim Schuss-Gegenschuss-Verfahren in fahrenden Autos oder Zügen.

Meist wird in solchen Fällen die Eindeutigkeit der Bewegungsrichtung zugunsten klarer Blickorientierung geopfert. In den ja als T_C-Darstellungen wirkenden Blickinteraktionen werden die Paritäten des Transportmittels oft bei jedem Schnitt stark verletzt (ein Pferd reitet nach links, das zweite in der nächsten Einstellung nach rechts), ohne dass der Zuschauer größere Probleme bekommt. Offenbar wird die Dissonanz der Paritätsverletzung (bei den Pferden) durch die Konsonanz der präzisen Blickinteraktion aufgehoben. Dass dies funktioniert, ist jedenfalls erstaunlich, wobei unscharfe oder nicht ganz eindeutige Bildhintergründe helfen. Die präzise Richtungsorientierung des Transportmittels geht indes verloren, sie muss am Interaktionsende in einer Totale wiederhergestellt werden.

*

Generell gilt, dass selbst übelste Regelverletzungen vom narrativen System verziehen werden, solange wir einigermaßen klare *Vorstellungen vom Raum als Ganzem* haben. Die Integrität des irgendwie wahrgenommenen Raum-Ganzen hat für den Zuschauer absolute Priorität gegenüber Kritik an irgendwelchen Regelverletzungen. Wohl sind nicht alle dieser im Detail dissonant wirkenden Möglichkeiten gleichberechtigt mit Konsonanzen (wie die zwölf Töne Schönbergs), aber ein per einigermaßen logischer Handlung einigermaßen logisch aufgespannter Raum vermag (wie an den frühen Filmen Oshimas[72] erkennbar, die trotz, oder wegen ihrer absonderlichen Raumbehandlung große Kraft haben) alles Mögliche zu beherbergen, solange man etwas nachdrücklich Intendiertes spürt. Man darf jedenfalls als Filmmacher einiges riskieren, bevor ein Raum wirklich zusammenbricht. Insofern braucht man sich bei der Raumkonstruktion nicht immer nur auf der sicheren Seite zu bewegen, das wird schnell langweilig. Mehr Mut also auch zu paritätverletzenden Schnitten!

***

---

72 Nagisa Oshima (geb. 1932), berühmt geworden durch seinen Film *Ai no konda - Im Reich der Sinne* (Japan 1976). Mit ‚frühe Filme‘ ist insbesondere *Koshikei - Tod durch Erhängen* (Japan 1968) gemeint.

C. RAUMKONSTRUKTION DURCH FOLGEN VON EINFACHEN KONTINUIERLICHEN SCHNITTEN

Als nächstes untersuchen wir eine Reihe **aufeinanderfolgender** *einfacher kontinuierlicher Schnitte* L_C. Eine solche Figur nennen wir auch *einfache kontinuierliche Kette*. Durch sie wird ein Raum aufgespannt, von dem wir die räumliche Beziehung zwischen jeweils zwei aufeinanderfolgenden Teilräumen durch die Art des linearen Übergangs kennen. Wir nehmen im Folgenden an, dass bei allen L_C-Schnitten der Kette die Parität erhalten bleibt, was der üblichen Film-Aufnahmepraxis entspricht, die sich an Paritätsverletzungen ja nur im Notfall oder aus Unkenntnis heranwagt.

*

Das Gesamtbild der Kette ergibt sich aus der Addition der einzelnen Übergänge. Besteht sie aus neun Einstellungen, könnte dies wie in Abb. 39 aussehen.

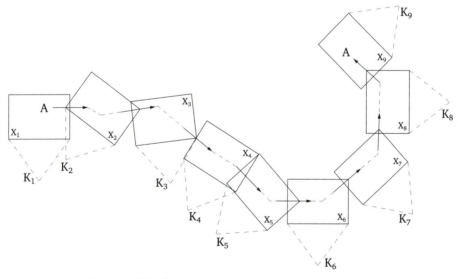

Abb. 39 Einfache kontinuierliche Kette

Hierbei sind die K_i die jeweiligen Kamerapositionen, von denen aus die Orte x_i der Einstellung s_i aufgenommen werden. Gemäß den Raumkonstruktions-Regeln einfach kontinuierlicher Schnitte verläuft die Bewegung an der Schnittstelle stets geradlinig. Die Krümmungen des erzeugten Gesamtraums werden also allein durch Richtungsänderungen der Bewegungsträger innerhalb der Einstellungen erzeugt.

*

Obwohl diese Konstruktion exakt ist, darf man sich keinen Illusionen über die *Präzision* hingeben, mit der ein Zuschauer sie beim Sehen nachvollzieht. Um dies zu verdeutlichen, versuchen wir eine geschlossene Kreisbewegung in Form einer einfachen kontinuierlichen Kette aus zehn Einstellungen zu erzeugen, die, wie z. B. in Abb. 40, nach dem zehnten Schnitt wieder in den ersten Bildraum mündet (x_{11} = x_1):

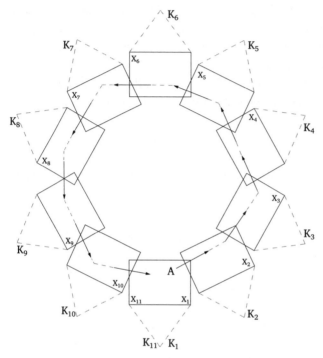

Abb. 40 Kreisbewegung in Form einer einfachen kontinuierlichen Kette ohne Paritätswechsel

Projiziert man diese Einstellungsfolge, nehmen wir schnell wahr, dass der Darsteller eine Art Kurve geht. Wenn er am Ende der Kette nach x_{10} wieder in x_1 auftaucht, löst dies beim Zuschauer jedoch die Überraschung des Forschungsreisenden aus, der glaubt, in unbekanntem Terrain geradlinig gegangen zu sein und plötzlich feststellen muss, dass er sich im Kreis bewegt hat.
*

Dies ist nicht nur auf eine oft schludrige Arbeitspraxis bei Regisseuren und Kameraleuten zurückzuführen, die gekrümmte Räume nicht sorgfältig genug inszenieren, oder darauf, dass Zuschauer bei ihrem Raumkonstruieren in z. B. Fernsehserien so stark unterfordert werden, dass man auf Hinweise zur Lösung schwierigerer Probleme gar nicht mehr achtet. Denn tatsächlich neigen auch sorgfältig beobachtende Zuschauer dazu, Raumkrümmungen zu *unterschätzen*. Ein Grund ist sicherlich, dass Kameraobjektive auch zur Kameraachse senkrechte geradlinige Bewegungen leicht gekrümmt wiedergeben. Denn der Abstand zwischen Darsteller und Objektiv ist am Bildrand größer als im Bildzentrum, wodurch Darsteller im Zentrum größer erscheinen als am Rand.

Ein weiterer Grund liegt in Momenten der Unachtsamkeit gegenüber den im Bild sichtbaren Krümmungen, weil das Auge gerade mit etwas anderem beschäftigt ist. Jede solche Unachtsamkeit führt zu weniger starker Krümmung, sodass leicht schläfrig reale (also nicht-ideale) Beobachter die einen Kreis wiedergebende Kette vielleicht nur wie in Abb. 41 wahrnehmen:

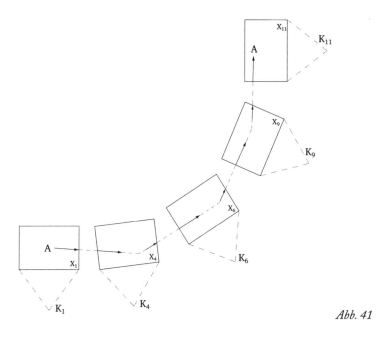

Abb. 41

Man löst das Kreisproblem deshalb gewöhnlich anders. Beim Inszenieren konzentriert man sich nicht auf die möglichst exakte Wiedergabe einer schwachen aber stetigen Krümmung, sondern versucht die Aufmerksamkeit des Auges zu erregen, indem man an einigen Stellen die Krümmungen so betont, dass es dort sogar, wie in Abb. 42, zu *Richtungs- und Paritätswechseln innerhalb der Einstellung* kommt. Durch den Paritätswechsel (*schwach H positiv* nach *schwach H negativ*) in x_4 wird der Eindruck erweckt, dass sich der Darsteller fortan in einer der ursprünglichen Bewegung entgegengesetzten Richtung bewegt, dass er also eventuell zu einer Umgehung ansetzt. Nachdem ein *zweiter Paritätswechsel* (*schwach V negativ* nach *schwach V positiv*) dies in x_{10} in entgegengesetzter Richtung wiederholt, erstaunt einen die Vollendung der Kreisbewegung nach s_{13} nicht weiter. Bei dieser Lösung benötigt ein Zuschauer keine ununterbrochen gespannte Aufmerksamkeit: Hat er beide Richtungswechsel registriert, reicht ein vages Gefühl von gekrümmter Darstellerbewegung, um einen Kreis zusammenzusetzen.

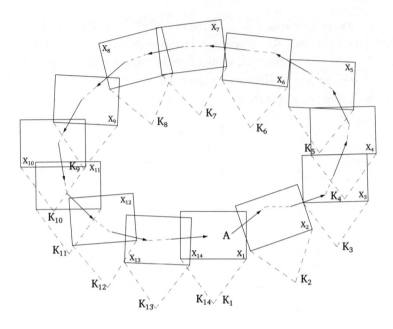

Abb. 42 Kreisbewegung mit doppeltem Paritätswechsel
*

Selbst ein unaufmerksamer Betrachter würde insofern in etwa das in Abb. 43 Dargestellte erkennen. Auch er wäre also nicht besonders überrascht, wenn der Kreis sich schließt.

Generell lässt sich sagen, dass, solange die Parität erhalten bleibt, nur starke Bewegungskrümmungen registriert werden. Vier 90^0-Richtungsänderungen addieren sich im Bewusstsein nur dann zuverlässig zu 360^0, wenn sich gleichzeitig die Parität zweimal ändert.

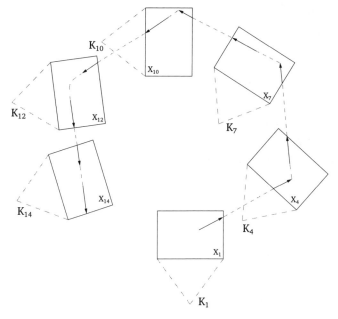

Abb. 43

***

D. IN SICH RETARDIERTE KONTINUIERLICHE SCHNITTE L_{CR}

Wir untersuchen als nächstes in einem Bewegungsträger A lineare Darstellungen von $X_C T_C$, die sich nach dem Muster $s_1^{5-} : s_2^{3+}$ zerlegen lassen. Wir beobachten also A, wie er x_1 in Phase s_1^4 verlässt, sehen dann den Raum x_1 in Phase s_1^5 eine Zeitlang ohne ihn, um A dann bereits mitten in x_2, also in Phase s_2^3, wiederzuentdecken. $X_C T_C$ verlangt dabei *mögliche unmittelbare* räumliche und zeitliche Nachbarschaft, was für die zeitliche Komponente bedeutet $T_{Atm} = T_{Ersch} = 0$, dass also keine offenkundigen atmosphärischen und erscheinungsbildbezogenen zeitlichen Diskontinuitäten beim Übergang auftreten.

*

Man sollte annehmen, dass, wenn s_1^5 (der Teil von s_1 also, in dem A nicht mehr zu sehen ist) länger gehalten wird, so ziemlich jeder Bewegungszustand für A in x_2 zugelassen sein müsste, solange seine Änderung im Einklang mit der in s_1^5 verstrichenen Zeit ist, wenn also $T_{Bew}(A)$, die Zeit die nötig ist, damit A seinen Bewegungszustand ändern kann, und $T(s_1^5)$, die zeitliche Dauer von s_1^5, etwa die gleiche Größe haben. Ist zum Beispiel $T(s_1^5) = 20$ Sekunden, könnten sogar Schnitte zu $X_C T_C$-Darstellungen werden, in denen A den Raum x_1 verlässt und nach den 20 Sekunden mit Parität Null in x_2 auf einem Bett liegt. Solche Schnitte versteht man aber - es sei denn, ein auffälliges kontinuierliches Geräusch erzwingt eine T_C-Interpretation - als Darstellung von $X_C T_N$, wenn nicht gar von $X_N T_N$, wobei sich im Zuschauer der Titel „Einige Zeit später in einem vielleicht nebenan liegenden Zimmer" bildet. Weder die räumliche Vorstellung ist also bei diesem Schnitt-Typ immer präzise, noch entspricht die zeitliche Nachbarschaft einer beim Drehen mit zwei Kameras vielleicht sogar objektiv vorhanden gewesenen T_C-Situation. Hinter dieser eigenartigen Spreizung von Raum und Zeit liegt ein Prinzip, dem wir in unserem analytischen Modus bislang noch nicht begegnet sind.

*

Wenn wir $s_1^{5-} : s_2^{3+}$ in $s_1^{4-} : s_1^5 : s_2^{3+}$ zerlegen, können wir diesen Schnitt auch so interpretieren, dass s_1^5 den Wiedereintritt von A in x_2 nach dem Abgang aus x_1 gewissermaßen verzögert. Diese Schnittfigur hat Ähnlichkeit mit dem *retardiert linearen Schnitt*, den wir später (Band 3, *Retardiert lineare Schnitte und Rückschnitte*) besprechen werden, bei dem ein linearer Übergang durch eine oder mehrere dazwischen eingeschnittene Einstellungen verzögert oder retardiert wird. Dementsprechend bezeichnen wir s_1^5 als ‚*retardierendes Moment*' und einen kontinuierlichen Schnitt der Form $s_1^{5-} : s_2^{3+}$ als ‚*in sich retardierten kontinuierlichen*' Schnitt L_{CR}.

*

Wir begreifen die im *in sich retardierten* kontinuierlichen Schnitt durch das retardierende Moment zusätzlich auftauchende Zeitverschiebung T_R als im Wesentlichen durch die Verzögerung s_1^5 erzeugt. T_R ist umso geringer, je kürzer s_1^5 und je stärker die Parität an der Übergangsstelle erhalten ist. Im Extremfall sehr geringer Dauer von s_1^5 und perfekter Paritätserhaltung gleicht sich nämlich $s_1^{5-} : s_2^{3+}$ der uns schon bekannten Form $s_1^{4-} : s_2^{2+}$ an, dem *einfachen kontinuierlichen Schnitt* L_C. Daher bewirken Paritätsverletzungen ebenfalls oft eine Erhöhung des retardierenden Moments. Bei L_{CR}-Schnitten der Form $s_1^{5-} : s_2^{3+}$ tritt eine leichte Verlagerung vom $X_C T_C$-Bereich des einfachen kontinuierlichen Schnitts nach $X_N T_N$ ein, die umso stärker ist, je länger s_1^5 gehalten wird, und je stärker die Übergangsparität verletzt ist. Mit anderen Worten: T_R ist umso größer, je größer das *retardierende Moment* ist.

*

Der potenzielle T_N-Charakter des L_{CR}-Schnitts modifiziert auch den Charakter der räumlichen Verschiebung. Es ist durchaus möglich, dass A in der ihm durch das Zwischenschalten von s_1^5 zugestandenen Zeit noch einen gewissen Raum durchlaufen hat, der im Film nicht gezeigt wurde, sodass die wahre Nachbarschaft von x_1 und x_2 auch X_N-Charakter haben könnte. Auch diese Neigung zur Interpretation dieser Schnittart als X_N-Darstellung steigt mit der Größe des retardierenden Moments, das insofern für eine Spektrumsverschiebung der *in sich retardierten* kontinuierlichen Schnitte in den $X_N T_N$-Bereich verantwortlich ist.

*

Das Zeitintervall $T(s_1^5)$, in dem wir nichts über den Bewegungsträger A erfahren, wird also zur Abbreviatur dafür, dass Zeit übersprungen wurde. Dies ist eigentlich unverständlich, reflektiert offenbar aber die Art, in der das narrative System solche darstellerleeren Einstellungen benutzt. Wird eine Zeit lang kein Darsteller gezeigt, soll damit gesagt werden, dass Zeit vergangen ist, und zwar weit mehr als $T(s_1^5)$ tatsächlich darbietet. Das kurze Zeigen von Nicht-Geschehen dient also als stenografisch verkürzte Darstellung eines viel längeren Zeitabschnitts, in dem sich nichts Wesentliches ereignet. Das ist eine Figur, die sich im narrativen System immer wieder bemerkbar macht: Das Gezeigte repräsentiert nicht nur sich selbst, sondern ist häufig Metapher für ein Größeres, dessen Stellvertreter es im Königreich des Gezeigten wird.

*

Auch mögliche in einem Bewegungsträger A lineare $X_C T_C$-Darstellungen vom Typ

(23) $s_1 : s_2 = s_1^{3-} : s_2^{1+}$

lassen sich nach diesem Muster in $s_1^{3-} : s_2^1 : s_2^{2+}$ zerlegen, sodass auch hier ein in sich retardierter kontinuierlicher Schnitt L_{CR} vorliegt. Wieder ist das retardierende Moment umso größer, je länger s_2^1 gehalten und je stärker die Parität von A beim Übergang verletzt wird.

*

Mögliche lineare $X_C T_C$-Darstellungen fallen also in zwei Klassen, die der *einfachen* und die der *in sich retardierten* kontinuierlichen linearen Schnitte. Einfach kontinuierliche Schnitte L_C sind tatsächliche Darstellungen von $X_C T_C$, während die in sich retardierten L_{CR} ein Spektrum zwischen $X_C T_C$ und $X_N T_N$ haben. Je größer bei in sich retardierten Schnitten das *retardierende Moment* ist, desto unklarer werden die räumlichen Bezüge. Das löst das Bedürfnis nach einem die räumlichen Strukturfragen klärenden *Rückschnitt* aus. Ist tatsächlich eine X_C-Nachbarschaft gemeint, verlangt man bald einen einfach kontinuierlichen Rückschnitt.

*

Da in Schnitten $s_1 : s_2$ vom Typ $s_1^{4-} : s_2^{1+}$, $s_1^{5-} : s_2^{2+}$ und $s_1^{5-} : s_2^{1+}$ ein Raumsegment übersprungen wird (andernfalls gäbe es keine Verzögerungs- oder Wartephase s_1^5 bzw. s_2^1), können sie bestenfalls Darstellungen von $X_N T_C$ sein. Weil es bei einer Zerlegung aber auch in ihnen ein retardierendes Moment gibt ($s_1^{4-} : s_2^{1+}$ etwa zerlegt sich in $s_1^{4-} : s_2^1 : s_2^{2+}$), nehmen wir sie ebenfalls in die Klasse der *in sich retardierten kontinuierlichen Schnitte* L_{CR} auf. Auch sie werden umso mehr zu Darstellungen von $X_N T_N$, je stärker das retardierende Moment durch Länge und Paritätsverletzung ist.

*

Die den kontinuierlichen Darstellungen von $X_C T_C$ ähnlichen Schnitte der Form $s_1^{3-} : s_2^{3+}$, $s_1^{3-} : s_2^{2+}$ und $s_1^{4-} : s_2^{3+}$ werden wir, da in ihnen offensichtlich ein Zeitintervall übersprungen wird, bei den Darstellungen von $X_C T_N$ untersuchen. Wir nennen sie auch ,*beschleunigt kontinuierliche*' Schnitte L_{CB}.

***

E. DER EINFACHE QUASIKONTINUIERLICHE SCHNITT L_Q

Nach der Erörterung einfach linearer Darstellungen von $X_C T_C$ kommen wir nun zu solchen von $X_N T_N$. Die *tatsächlich nur nahe Nachbarschaft* X_N setzt *möglicherweise unmittelbare* oder nahe räumliche und zeitliche Nachbarschaft von x_1 und x_2 voraus. Für die zeitliche Diskontinuität T_{Disk} bedeutet dies

$$(24) \qquad T_{Disk} = T_{Atm} + T_{Ersch} + T_{Bew} < T_D$$

was heißt, dass keiner ihrer Beiträge so stark sein darf, dass er eine T_D-Verschiebung bewirkt. Anderseits lässt sich mögliche X_C-Nachbarschaft nur über ein T_{Disk} der Größenordnung T_N in tatsächliche X_N-Nachbarschaft verwandeln. Möglicherweise nur nahe räumliche Nachbarschaft wiederum erzeugt gemäß dem Kausalitätsprinzip bei trägen Bewegungsträgern automatisch T_N-Nachbarschaften, selbst wenn $T_{Disk} = 0$ gilt.

*

Als '*einfachen quasikontinuierlichen*' Schnitt L_Q bezeichnen wir einfach lineare $X_N T_N$-Schnitte $s_1 : s_2$ der Darstellung $s_1^{4-} : s_2^{2+}$ mit $T_{Disk} = 0$. Das bedeutet, dass sich T_N allein aus der räumlichen Verschiedenheit der Ortskoordinaten x_1 und x_2 ergeben muss, was wiederum bedeutet, dass die mögliche Nachbarschaft bereits X_N-Charakter hat. Die Zeitverschiebung T_N errechnet sich dann aus dem Quotienten von vermutetem Abstand und geschätzter Geschwindigkeit des Bewegungsträgers.

*

Gibt es bei einfach linearen $X_N T_N$-Schnitten $s_1 : s_2$ mit $T_{Disk} = 0$ bei der Zerlegung eine Verzögerungs- oder Wartephase s_1^5 bzw. s_2^1 oder beide, nennen wir sie '*in sich retardierte quasikontinuierliche*' Schnitte L_{QR}. Denn wie die in sich retardierten kontinuierliche Schnitte erlauben sie Zerlegungen nach dem Muster

$$s_1^{3-} : s_2^{1+} = s_1^{3-} : s_2^1 : s_2^{2+}$$

und enthalten damit ein *retardierendes Moment*.

*

Einfach lineare $X_N T_N$-Schnitte $s_1 : s_2$ mit $T_{Disk} = 0$ wiederum, bei deren Zerlegung eine Ausgangs- oder Eingangsphase s_1^4 bzw. s_2^2 oder beide fehlen, ohne dass dies durch ein retardierendes Moment s_1^5 oder s_2^1 ausgeglichen wird (also Schnitte der

Form $s_1^{3-} : s_2^{3+}$, $s_1^{3-} : s_2^{2+}$ oder $s_1^{4-} : s_2^{3+}$) nennen wir *,beschleunigte quasikontinuier-liche'* Schnitte L_{QB}.

*

Lineare Schnitte mit $T_{Disk} > 0$ bezeichnen wir als *,diskontinuierlich lineare'* Schnitte und werden sie beginnend mit Kapitel H gesondert behandeln.

*

Wie es unser Gedankenexperiment mit dem fallenden Ball und der dabei stets erhaltenen y-Parität nahelegt, ergibt sich auch für einfache quasikontinuierliche Schnitte ein Paritätserhaltungsgesetz. Es ist schwächer als das der kontinuierlichen Schnitte und besagt, dass ein Zuschauer beim einfachen quasikontinuierlichen Schnitt genau dann annimmt, dass sich der Bewegungsträger im Wesentlichen geradlinig von x_1 nach x_2 bewegt hat, wenn seine Übergangsparität erhalten blieb. Wobei es zusätzlich, indes fast nur als Unterton, impliziert, dass der nicht gezeigte Raum zwischen x_1 und x_2 so beschaffen sein muss, dass geradlinige Bewegungen darin halbwegs möglich sind.

*

Dementsprechend konstruiert sich der Zuschauer bei paritäterhaltenden einfachen quasikontinuierlichen Schnitten $s_1 : s_2$ mit Bildräumen x_1 und x_2 eine spekulative Landkarte des in Abb. 44 dargestellten Typs:

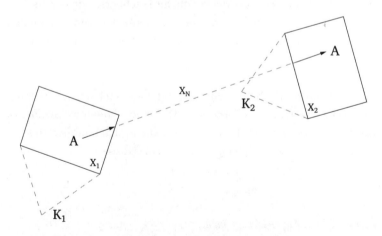

Abb. 44 Einfache quasikontinuierliche Raumkonstruktion

Bei verletzter Parität wird dagegen vermutet, dass es in der Bewegung (ganz wie beim leicht paritätverletzten einfachen kontinuierlichen Schnitt) einen nicht gezeigten Knick gegeben hat. Dessen Natur ist freilich nicht immer zu ergründen.

Insofern weiß man (außer in sorgfältig inszenierten Ausnahmefällen, wir kommen darauf zurück) dann nicht mehr, wo in Relation zu x_1 sich der Bewegungsträger A nach dem Schnitt befindet. Man nimmt daher an, dass der übersprungene Raum so beschaffen ist, dass geradlinige Bewegungen darin nicht möglich sind oder dass A seine Richtung irgendwie geändert hat.

*

Wie beim *in sich retardierten Schnitt* beobachten wir hier, dass eine formale Struktur zum Träger einer inhaltlichen Bedeutung wird, die oft unsichtbar ist und nicht einmal besonders einleuchtet, wenn man sie an den Gegebenheiten der abgebildeten Wirklichkeit misst. Dies ist ein bestimmender Zug des narrativen Systems. Häufig demonstriert darin etwas seine Anwesenheit, obwohl es gar nicht explizit gezeigt wird. Dies geschieht dann durch extrem verkürzte Andeutung. Gelegentlich geht das bis zur Perversion dieses Gedankens, dass nämlich etwas gerade dadurch anwesend ist, dass *nichts* davon gezeigt wird. In dem Sinne z. B., dass von jemandem, dessen Schlaf keiner Betrachtung wert war, angenommen wird, er habe gut geschlafen. Dies ist allerdings keine Eigenschaft, die auf das film-narrative System beschränkt ist, Ähnliches findet sich bekanntlich auch in der Literatur.

*

Obwohl sich bei Befolgung des Paritätsgesetzes von Einstellung zu Einstellung recht präzise Richtungsorientierungen ergeben, lässt sich von einer *Kette* solcher Schnitte kaum erwarten, dass sie komplizierte Räume auf eindeutige Art aufbaut. Der Grund liegt in der *spekulativen Natur der Entfernungsschätzung*. Weil die Entfernung zwischen zwei Bildräumen bei vermuteter naher Nachbarschaft nur geschätzt werden kann, werden verschiedene Zuschauer, wenn sie das Gesehene in einer Karte aufzeichnen, zu zum Teil recht verschiedenen Raumkonstruktionen gelangen. Abb. 45 lässt sich z. B. entnehmen, wie man vier quasikontinuierlich verbundene Einstellungen zu unterschiedlichen Raumgebilden zusammensetzten kann, ohne dass Widersprüche entstehen. Einzig wichtig ist dabei, dass ihre Topologie identisch bleibt. Erst wenn räumliche Faktoren wie große Flüsse oder Autobahnen die Landschaften dominieren, werden solche Konstruktionen eindeutiger.

*

Der im Vergleich zum einfachen kontinuierlichen Schnitt höhere Grad an Spekulativität macht quasikontinuierlich dargestellte Kreisbewegungen noch problematischer. Deshalb wird auch hier die doppelte Paritätsänderung verlangt, durch die klar wird, dass sich der Darsteller eine Weile entgegen der Ausgangsrichtung bewegt, bevor er zum Ausgangspunkt zurückkommt.

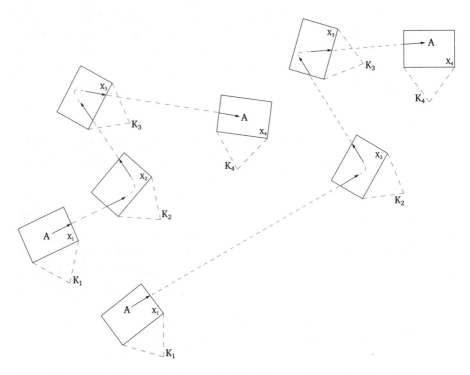

Abb. 45 Verschiedene Raumkonstruktionen bei identischen quasikontinuierlichen Schnitten

Ähnlich stellt sich das Problem des Spaziergangs um einen Wohnblock dar, das wie in Abb. 46 gelöst werden kann. Wie man sieht, wechselt die Parität in s_4 und s_6, sodass sich A in x_5 in einer Richtung bewegt, die zu der in x_1 entgegengesetzt ist. Die Reduktion der Kreisbewegung auf Rechteckbewegungen mit doppeltem Paritätswechsel hatten wir schon bei Darstellungen der Kreisbewegung mit einfachen kontinuierlichen Schnitten kennengelernt. Im quasikontinuierlichen Zusammenhalt wird dies Bedürfnis nach doppeltem Paritätswechsel noch plausibler, da die Geometrie der Raumkonstruktion unsicherer ist und sichtbare Paritätswechsel als zusätzliche Stütze dienen. Und weil dieses Modell bei quasikontinuierlichen Konstruktionen so oft benutzt wird, lässt sich auch die kontinuierliche Kreiskonstruktion leichter bei doppelter Paritätsänderung nachvollziehen.
*

Im Wesen der quasikontinuierlichen Konstruktion liegt es, dass man gerade Wege weitgehend weglassen kann, während Krümmungen explizit gezeigt werden müssen, wenn der Zuschauer nicht die Orientierung verlieren soll.

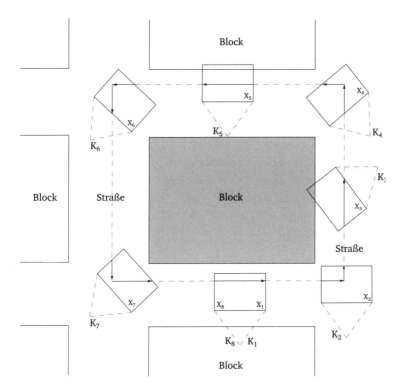

Abb. 46 Gang um einen Häuserblock

Insofern ist in Filmen eigentlich nur das Zeigen von *Krümmungen* oder *Wendepunkten* zu verant worten, was auch in inhaltlicher Hinsicht erhebliche Bedeutung hat. Andererseits sind mehrfach gekrümmte Wege in einem Film unhandlich, da sie kostbare Filmzeit verbrauchen und meist kaum etwas aussagen. Dadurch hat das narrative Kino, obwohl die quasikontinuierliche Verkürzung dem eigentlich widerspricht, eine starke Affinität zum geraden Weg und zu Personen, die einen geraden Weg auch nach erheblichem Widerstand zu finden vermögen.

Dabei sind es gerade die geraden Wege, die man am leichtesten weglassen kann, sodass nur die Widerstandspunkte wirklich wert sind, abgebildet zu werden. Um Unübersichtlichkeit zu verhindern, ist es daher wichtig, dass der Zuschauer auch bei auftauchenden Hindernissen die Orientierung für den wesentlichen Weg nicht aus dem Auge verliert. Dies Prinzip ist, wie gerade angedeutet, auch an anderen Stellen der narrativen Ordnung zu beobachten, eigentlich immer da, wo etwas aus Gründen der Zeitökonomie weggelassen werden muss. Weggelassen wird fast immer das ‚Normale', während das Ungewöhnliche abgebildet wird. Das narrative Dilemma

besteht immer darin, dass im gehäuft Ungewöhnlichen nur geradezu krankhafte Normalität Ordnung zu halten versteht.
*

Tatsächlich stellt die quasikontinuierliche Konstruktion ein solches Gebilde von zuverlässiger Normalität dar. Wenn man nämlich in quasikontinuierlichen Ketten sowohl auf Krümmungen innerhalb der Einstellungen als auch auf Paritätsänderungen verzichtet, wird ein gerader Weg aufgespannt, über dessen Richtung es in Bezug auf den Ausgangspunkt nichts zu deuten gibt. Man beobachtet deshalb bei längeren Filmwanderungen oft, dass die einmal eingeschlagene Parität lange beibehalten wird. Solange man sich daran hält und es innerhalb der Einstellungen zu keinen Krümmungen kommt, wird gemäß Abb. 47 eine gerade Linie vom Anfangs- zum Zielort aufgespannt:

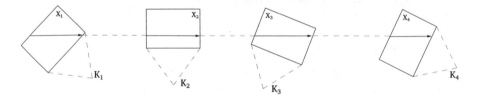

Abb. 47 Krümmungsfreie Raumkonstruktion bei quasikontinuierlichen Schnitten

In so geordnetem Terrain lassen sich ab und an dann auch leicht paritätverletzende Schnitte recht präzise nach der Konstruktion aus Abb. 48 begreifen:

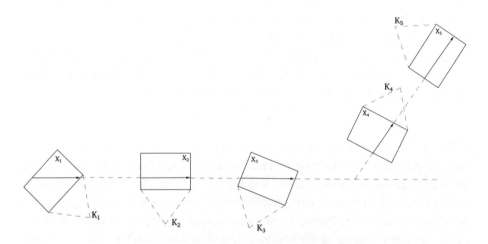

Abb. 48 Quasikontinuierliche Raumkonstruktion mit leichter Paritätsverletzung bei $s_3 : s_4$

Hierbei nimmt man an, dass die Richtungsänderung weggelassen wurde und denkt sie sich hinzu, wobei man ansonsten den Konstruktionsregeln beim *leicht paritätverletzten einfachen kontinuierlichen Schnitt* (in diesem Fall einem *schwach H - schwach V*-Übergang bei $s_3 : s_4$) folgt. Zuverlässig funktioniert dies aber nur in richtungsmäßig ansonsten eindeutig *geordneten Umgebungen* und selbst da nicht mehrmals. Darüber hinaus müssen die *geografischen Gegebenheiten* des Bilds (wir erwähnten die weitreichende Präsenz von Autobahnen und Flüssen) zu solcher Interpretation passen. Das Verständnis eines Schnitts hängt dann also nicht nur von dem Vorherigen, sondern von einer ganzen Umgebung ab. Eine Einstellungsfolge, in der die für den Schnitt wesentlichen Bewegungsträger alle gleiche Parität haben, nennen wir auch ,*gerichtete Umgebung*'.

*

Nicht zu empfehlen ist paritätverletzende Raffinesse dagegen bei der Darstellung einer *großen Schlacht*. In einer Film-Schlacht wird die Welt von vornherein bipolar angelegt, damit man die Parteien auch bei kurzen Zwischenschnitten unterscheiden kann. Da hat dann eine Partei die eine Parität und die andere die entgegengesetzte. Solche Umgebungen nennen wir ,*bipolar geordnet*'. In einer derartig bipolaren Welt bedeutet Paritätsumkehr keinen Knick mehr, sondern eine reale Umkehr. Oder, und dann gleich gehäuft auftretend, im Fall eines Schlachtengetümmels den Einstieg ins große Nahkampf-Durcheinander. Daher wirken in den meisten Filmen komplizierte Umfassungsmanöver in Konfliktsituationen nicht besonders überzeugend. Sie funktionieren eigentlich nur, wenn der Gegner eine Weile nicht im Bild zu sehen war. Selbst in den bestchoreografierten Western von John Ford oder John Sturges wimmelt es dann von unabsichtlicher Verwirrung, die nur durch eine anschließende Groborientierung der Parteien nach bipolarem Muster aufgefangen werden kann.

*

Bei Innenräumen schränkt die Geometrie der Räumlichkeiten solche Konstruktionen oft ein. Die üblicherweise rechtwinkligen Wände induzieren in den meisten Gebäuden rechtwinklige Koordinatensysteme, denen sich die Bewegungsinterpretation an der Schnittstelle zu unterwerfen hat. Auch eine nach dem Paritätsgesetz eigentlich als gradlinig zu interpretierende Bewegung kann durch die Geometrie so gebrochen werden, dass die Bewegung einen Knick bekommt.

Derartige Korrekturen, die vorzunehmen kein Zuschauer das geringste Problem hat, sind z. B. oft beim Übergang von Wohnungen in Treppenhäuser und dann auf die Straße nötig. In diesen Fällen wirkt die Einhaltung des Paritätsgesetz zwar gefällig, sie ist aber für die von vornherein feststehende Raumgeometrie ebenso irrelevant wie es die Nicht-Einhaltung wäre. Dennoch spielt es eine gewisse Rolle, wenn man ganze Umgebungen ordnen möchte. Dann gehört es nicht nur zum atmosphärischen Code.

***

F. IN SICH RETARDIERTE UND BESCHLEUNIGTE QUASIKONTINUIERLICHE SCHNITTE L_{QR} UND L_{QB}

Beschleunigten quasikontinuierlichen Schnitten $L_{QB} = s_1 : s_2$ fehlt im Gegensatz zu einfachen quasikontinuierlichen die Phase s_1^4 oder s_2^2, bzw. beide, ohne dass dies durch ein retardierendes Moment s_1^5 oder s_2^1 kompensiert oder ausgeglichen wird. Dadurch erfährt der kausale Prozess, der das Übertreten von A von x_1 nach x_2 regelt und im einfachen quasikontinuierlichen Schnitt bereits beschleunigt ist, eine zusätzliche Beschleunigung, denn die Übergangsphase oder ein Teil von ihr werden weggelassen. Dies bewirkt für die Schnitt-Interpretation indes keine Komplikation, da die weggelassene Bewegungsphase klein gegenüber dem Zeitintervall ist, das man bei der $X_N T_N$-Operation ohnehin überspringt. Deshalb bleiben die Raumkonstruktionen dieser Schnitte mit denen einfacher quasikontinuierlicher Schnitte identisch. Bei Paritätserhaltung ergibt sich also eine geradlinige Verbindung. Ist die Parität dagegen verletzt oder nicht recht definiert (wie bei Parität-Null-Übergängen), lassen sich nur Aussagen über den Abstand von x_1 und x_2 machen.
*

Das gilt ebenso für die *in sich retardierten quasikontinuierlichen Schnitte* L_{QR}. Da der Schnitt ohnehin über das Kausalitätsprinzip nach T_N führt, hat das retardierende Moment nur atmosphärische Funktion. Wenn man quasikontinuierliche Übergänge beschleunigt oder retardiert, hat es also nicht mehr den Charakter einer symbolisch-physikalischen Aussage, sondern es wirkt als *atmosphärischer Code*, der über dem Code der Raumzeitverbindungen operiert. *Beschleunigte* Schnitte erhöhen das Tempo eines Filmteils, *in sich retardierte* verlangsamen es. Diese Beschleunigungen und Verlangsamungen ändern die Bewegung indes nicht objektiv, sondern wie die erwähnten *Jumpcuts* existieren sie nur als Zuschauerempfindung. Verehrer amerikanischer Regisseure wie Ford, Walsh und Hawks bewundern nicht zuletzt ihre Beherrschung des atmosphärischen Codes, die sie von bloßen Handwerkern, die gerade mal ihre Räume konstruieren können, unterscheidet. In der Praxis besteht die Feinschnittarbeit aber vor allem aus oft endlos sich hinziehenden Versuchen, sich einer richtig anfühlenden Balance von Beschleunigungen und Retardierungen bei gleichzeitigem Vermeiden von *Jumpcuts* zu nähern. Deshalb ist ein möglichst großes Verständnis der dabei im Detail ablaufenden peniblen Prozesse für Praktiker von höchstem Interesse.

So pedantisch Einstellungszerlegungen nach dem Muster $s = s^1 : s^2 : s^3 : s^4 : s^5$ auf dem Papier wirken mögen, so selbstverständlich sind sie jedem Cutter als *implizites*

Wissen am Schneidetisch. Und dies, obwohl er sein Wissen gegenüber jemand anderem oft gar nicht klar formulieren könnte.

*

Gleichfalls aus diesem atmosphärischen Code speisen sich gewisse Präferenzen in der Wahl der Übergänge bei quasikontinuierlichen Schnitten. Bei Übergängen mit nur schwach überlappendem Charakter (als solchen vom Typ *stark – schwach H, schwach V – stark* oder *schwach V – schwach H*) wirken Räume in offenen Landschaften enger zusammengerückt als im Fall stärkerer Überlappung (*stark – stark, schwach H – schwach V, schwach H – schwach H, schwach V – schwach V*), obgleich man ihren Abstand objektiv vielleicht gleich einschätzt. Auch das trägt zur ‚Tempo'-Empfindung eines Films bei.

***

G. DISTANZSCHNITTE UND BLICKE L_D UND L_B

So wie möglichen X_N-Nachbarschaften bei *nicht-diskontinuierlichen linearen Schnitten* fast automatisch eine T_N-Nachbarschaft zugeordnet wird, werden linear verbundene Räume mit vermutlicher X_D-Nachbarschaft fast automatisch mit der T_D-Operation verknüpft, denn die vermutlich große Entfernung zwischen den Bildräumen von s_1 und s_2 impliziert ja, dass gemäß dem Kausalitätsgesetz ein physisch sichtbarer Bewegungsträger erhebliche Zeit benötigt, um von x_1 nach x_2 zu gelangen.
*

Als *linearen Distanzschnitt* bezeichnen wir einen linearen $X_D T_D$-Schnitt mit

$$(25) \quad T_{Disk} = T_{Atm} + T_{Ersch} + T_{Bew} = 0$$

Wie bei den quasikontinuierlichen können wir auch bei den linearen Distanzschnitten zwischen einem *einfachen* L_D, einem *in sich retardierten* L_{DR} und einem *beschleunigten* L_{DB} unterscheiden. Die Unterschiede sind wie bei ihren quasikontinuierlichen Pendants für die Raumkonstruktion irrelevant, solange die Parität erhalten bleibt. Das Zusammenfügen der Räume erfolgt nach dem quasikontinuierlichen Modell, das zwischen den Einstellungen gerade Linien annimmt, auch wenn es bei den zurückgelegten Entfernungen oft absurd anmutet. Häufig enthalten lineare Distanzschnitte *atmosphärische Diskontinuitäten*, die ihrerseits die Distanz erhöhen. Mehr davon bei den diskontinuierlich linearen Schnitten, solchen also mit $T_{Disk} > 0$.
*

In einer Kette von linearen Distanzschnitten hat der Schnitt mit dem größten X_D-Sprung eine gewisse Dominanz. Das ist besonders wichtig, wenn es Paritätsverletzungen innerhalb der Kette gibt. Ist in einer Unterkette mit größeren Raumsprüngen die Parität erhalten, werden schwach paritätverletzende kleinere Sprünge als *Mini-Umwege* begriffen, die sich wie bei den quasikontinuierlichen Schnitten in eine geordnete Umgebung einfügen müssen, durch welche die Grobstruktur bestimmt wird.
*

Häufig wird bei linearen Distanzschnitten das *Landkartenprinzip* eingehalten, bei dem großräumige Bewegungen von Ost nach West mit negativer Parität dargestellt werden, als würde man die Bewegung von einer genordeten Landkarte abfilmen.[73] Dies ist indes nur eine Konvention, die bei Nord-Süd-Bewegungen nicht weiterhilft. Da steht es einem frei, sich andere Kriterien zu suchen, die man dann aber systematisch befolgen sollte. Denn durch das Paritätsgesetz hat das Landkartenprinzip erstaunliche Konsequenzen: Wird in einem Film ein zielstrebig begangener Weg nach Westen mit negativer Parität dargestellt, sollte sich diese sich in jedem Geschehen durchsetzen, das unterwegs passiert. Was man wiederum beim Inszenieren unterwegs spielender Sequenzen jedes Mal nach Möglichkeit berücksichtigen muss.

*

Tragen wir die von uns bislang untersuchten Schnitte in das Raumzeit-Diagramm Abb. 13 ein, liegen die *einfach kontinuierlichen*, die *quasikontinuierlichen* und die *linearen Distanzschnitte* auf der Diagonalen $X_C T_C$ - $X_N T_N$ - $X_D T_D$. Das ist nicht weiter erstaunlich, denn genau diese Diagonale beschreibt ja das Verhalten von Körpern, die sich gemäß dem Kausalitätsgesetz durch die Welt bewegen. Oberhalb der Diagonale ergeben sich mit $X_N T_C$, $X_D T_C$ und $X_D T_N$ Gebiete von enorm beschleunigter Kausalität, die durch gewöhnliche lineare Schnitt eigentlich nicht darstellbar sind. Wir nannten solche beschleunigten Schnitte daher auch *hyperkausal*.

*

Durch die Idee der virtuellen Bewegungsträger, die Bilder in Richtung der Blickrichtung verlassen, hatten wir aber auch die Blicke den linearen Schnitten zugeordnet. Wir nennen sie auch ,*blicklineare*' oder ,*blickkontinuierliche*' Schnitte L_B. Bei ihnen wirkt die Verbindung von Blickendem und Angeblicktem per Schnitt in zeitlicher Hinsicht so unmittelbar, dass sie T_C-Charakter hat. Der Raum, der durch den Blick überbrückt wird, hat ein Spektrum von $X_N T_C$ bis dicht an $X_C T_C$. Weil Blicke im Film sehr häufig und in sehr vielfältiger Form benutzt werden, wobei sich präzise Raumkonstruktion meist erst über Gegenblicke ergeben, werden wir den Blicken einen eigenen Abschnitt (Band 2, *Blicklineare Schnitte*) widmen.

*

Man könnte X_N auch dadurch definieren, dass X_N den Bereich beschreibt, der von Blicken erfasst werden könnte, wenn einen Zwischenwände und Ähnliches nicht daran hindern würden. Dann wäre X_D eine Raumverschiebung in den Bereich, der

---

73 In diesem Zusammenhang verblüfft uns die Proto-Parität der Ilias (12, 236 f) mit der ausdrücklich darin vermerkten *Nord*-Orientierung des *temenos* (,,*rechts zur Morgenröte ... links in den Abend*''), die exakt der hier dargestellten Paritätskonvention entspricht. Denn in antiken (und auch mittelalterlichen) Landkarten ist ansonsten keine systematische Nord-Orientierung bekannt.

nicht mehr vom Auge beobachtet werden kann. Per Fernrohr gerät man mithilfe wieder des Blicks gerade an den inneren Rand des X_D-Areals.

*

Ebenso wie lineare X_N-Operationen über die Idee der virtuellen Bewegungsträger beim Blick zu $X_N T_C$-Verschiebungen führen können, gelangt man per Telefon oder ähnlich schnelle Kommunikationsmittel auch zu hyperkausal linearen $X_D T_C$-Darstellungen. Wir nennen sie ‚*telefonartige Distanzschnitte*' L_T. Interessant dabei ist, dass Telefongespräche oft so geschnitten werden, als würden sich die beteiligten Personen anblicken, also mit einander entgegengesetzten Blickparitäten. Das Telefongespräch wird so zu einer *erweiterten Blickinteraktion*. Anders als bei Blicken, bei denen sie verboten sind, sind bei $X_D T_C$-Schnitten atmosphärische Diskontinuitäten T_{Atm} oft sogar erwünscht, denn sie stützen den X_D-Charakter des Schnitts.

*

$X_D T_N$-Operationen scheinen als einfach lineare Schnitte physisch prinzipiell nicht darstellbar zu sein. Es ließe sich denken, dass schnellere Transportmittel mögliche X_D-Schauplätze in eine X_N-Nachbarschaft rücken, aber schnellere Transportmittel bedingen ja ein anderes Nachbarschaftskonzept. *Wahrscheinlich nur entfernt benachbarte* Räume sind eben solche, für welche der Bewegungsträger mit den zur Verfügung stehenden Transportmitteln auch erhebliche Zeit benötigt. Dies ist anders bei linearen Rückschnitten. Sobald eine X_C - X_N - X_D - Hierarchie mit dazugehörigen Zeitverschiebungsoperatoren einmal aufgebaut ist, lassen sich mit plötzlich verfügbaren schnelleren Transportmitteln auch $X_D T_N$-Operationen darstellen.

*

Eine andere Möglichkeit ist die bereits erwähnte Verzögerung von telefonartigen Verbindungen $X_D T_C$ durch Anrufbeantworter, Telex-, Video- und Faxgeräte oder auch durch die Auslieferung von Telegrammen. Ein linearer $X_D T_N$-Schnitt s_1: s_2 wäre dann z. B. einer, bei dem jemand in x_1 ein Telegramm oder Fax aufgibt, das dann von jemand anderem, nachdem es ihm übergeben wurde, in x_2 als reales Objekt gelesen wird. Solche Schnitte, die linear in der aufgegebenen Botschaft sind, (der Bewegungsträger hätte also beispielsweise die Gestalt des aufgegebenen Telegramms) können wir als ‚*telexartig gepufferte Distanzschnitte*' L_X bezeichnen.

Diese Pufferung ist einstellbar, sie kann von Sekundenbruchteilen bis zu einigen Tagen gehen. Der L_X-Schnitt hat also ein Spektrum zwischen T_C und T_D, wobei man allerdings offensichtliche Diskontinuitäten bemühen muss, um einen T_D-Charakter klar zu machen.

*

Ähnlich funktioniert die lineare Verbindung per Anrufbeantworter: Jemand spricht in s_1 in ein Telefon und legt auf, wonach eine andere Person in s_2 auf einen Anrufbeantworter zugeht und den Anruf abhört. Oder in s_2 schaut sich jemand die Videoaufzeichnung eines im Fernsehen zuvor ‚live' gesendetes Geschehen mit einem Darsteller A aus einer anderen Stadt x_1 an. Dieser mittlerweile recht häufig auftauchende Schnitt kann überraschend weit auseinanderliegende Geschehen linear mit T_N-Artikulation verknüpfen. Meist benutzt man für solche nach $X_D T_N$ führenden L_X-Schnitte, wie wir sehen werden, allerdings die retardiert lineare Form, indem man etwas anderes dazwischen schneidet. Dann kann man der Sequenz überall das gern gesehene subjektive T_C-Gefühl geben, von dem ebenfalls noch ausführlich die Rede sein wird.

*

Wenn wir die bisher analysierten Schnitte in unser Diagramm möglicher Raumzeit-Verschiebungsoperatoren

$$X_C T_C \qquad X_N T_C \qquad X_D T_C$$

$$X_C T_N \qquad X_N T_N \qquad X_D T_N$$

$$X_C T_D \qquad X_N T_D \qquad X_D T_D$$

eintragen, befinden sich die Schnitte mit realen Bewegungsträgern allesamt auf der Diagonalen $X_C T_C$ - $X_N T_N$ - $X_D T_D$. Und das ist kein Wunder, denn genau diese Diagonale repräsentiert ja das Kausalitätsprinzip.

Darüber liegt der *hyperkausale* Bereich $X_N T_C$ - $X_D T_C$ - $X_D T_N$ der virtuellen Bewegungsträger für Blicke, Schusswaffen, Telefonverbindungen und Anrufbeantworter etc., die schneller als physisch sichtbare reale Bewegungsträger sind.

Außerdem gibt es noch eine Region unterhalb der Diagonalen, die wir bislang nur bei beschleunigten kontinuierlichen Schnitten streiften. Es ist der Bereich der *diskontinuierlich linearen Schnitte*, die wir als nächstes behandeln werden.

Indem wir Abb. 13 durch unsere neuen Definitionen ergänzen, ergibt sich das Diagramm Abb. 49:

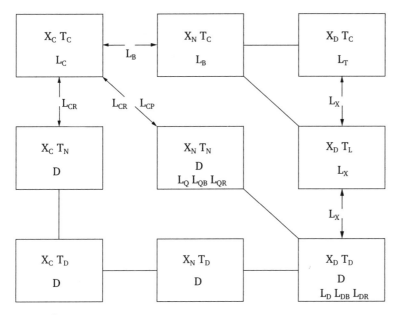

Abb. 49 Übersicht der bisher behandelten Schnitt-Typen

Abkürzungen:

L_C einfacher kontinuierlicher Schnitt

L_{CR} in sich retardierter kontinuierlicher Schnitt

L_{CB} beschleunigter kontinuierlicher Schnitt

L_{CP} einfach kontinuierlich sein wollende Schnitte mit stärkeren Paritätsverletzungen

L_B blicklinearer oder blickkontinuierlicher Schnitt

L_T telefonartiger Distanzschnitt

L_X telexartig gepufferter Distanzschnitt

L_Q einfacher quasikontinuierlicher Schnitt

L_{QR} in sich retardierter quasikontinuierlicher Schnitt

L_{QB} beschleunigter quasikontinuierlicher Schnitt

L_D einfach linearer Distanzschnitt

L_{DR} in sich retardierter linearer Distanzschnitt

L_{DB} beschleunigt linearer Distanzschnitt

D diskontinuierlich lineare Schnitte

Retardiert lineare Schnitte sind prinzipiell T_N- oder T_D-Schnitte, das heißt, man gelangt mit ihnen nie in die erste Diagrammzeile.

* * *

H. DISKONTINUITÄTEN DER BEWEGUNGSVARIABLEN

Wir hatten bisher lineare $X_C T_C$- und $X_N T_N$-Darstellungen untersucht, die in *möglicher unmittelbarer* zeitlicher Nachbarschaft zueinander stehen. Die Unmittelbarkeit wurde bei einfachen kontinuierlichen Schnitten bestätigt und bei quasikontinuierlichen über das Kausalitätsprinzip in T_N-Nachbarschaft verwandelt. Mögliche unmittelbare zeitliche Nachbarschaft impliziert als zeitliche Diskontinuitätssumme $T_{Disk} = T_{Atm} + T_{Ersch} + T_{Bew} = 0$. Wir untersuchen als Nächstes in einem Bewegungsträger A lineare Schnitte, bei denen zumindest einer dieser Beiträge nicht verschwindet, bei denen also $T_{Disk} > 0$ ist. Solche Schnitte nennen wir *diskontinuierlich linear*. Offensichtlich können sie keine T_C-Darstellungen mehr sein.

*

Je nachdem, welche Komponente der Zeitverschiebung nicht verschwindet, unterscheiden wir

1.) *Diskontinuitäten im Bewegungscharakter*, solche also mit $T_{Bew}(A) > 0$
2.) *Diskontinuitäten in der Erscheinungsform des Bewegungsträgers* ($T_{Ersch}(A) > 0$)
3.) *Diskontinuitäten im atmosphärischen Charakter* ($T_{Atm} > 0$) der Einstellungen.

Solche Diskontinuitäten können in allen Schnitten auftauchen, die Darstellungen von T_N oder T_D sind, also bei $X_C T_N$, $X_N T_N$, $X_D T_N$, $X_C T_D$, $X_N T_D$ und $X_D T_D$. Einige dieser Darstellungen verlangen sogar Diskontinuitäten, mit deren Hilfe sie von solchen mit geringeren Zeitsprüngen unterscheidbar werden.

*

Wir untersuchen zunächst *Diskontinuitäten*, die solche *allein im Bewegungscharakter* der Übergangsvariablen A sind, das heißt $T_{Disk} = T_{Bew}$ und $T_{Atm} = T_{Ersch} = 0$. Unter diesen sind Fälle, in denen sich das Tempo des Bewegungsträgers nur wenig ändert, nicht weiter von Belang, da sich derartige Unterschiede beim Schnitt schon bei einem Wechsel der Ausschnittsgröße verspielen und das vom Zuschauer empfundene Bewegungstempo ohnehin stark von der Objektivwahl abhängt. Im Übrigen werden menschlichen Bewegungsträgern leichte Tempoänderungen als Ausdruck des freien Willens jederzeit zugebilligt, sodass sie, wie der Knick bei leichten Paritätsverletzungen, einer T_C-Interpretation beim Schnitt nicht widersprechen.

Starke Tempoänderungen verlangen dagegen einen Zeitsprung, sodass sich *möglicherweise kontinuierliche Schnitte* von $X_C T_C$ ins Spektrum der $X_N T_N$-Darstellungen verlagern und die Regeln der Raumkonstruktion des *quasikontinuierlichen*

Schnitts zu greifen beginnen. Wieder ist dabei der latent oft metaphorische Charakter einer gezeigten Filmgeste zu beobachten: Obwohl Menschen in kaum einer Sekunde ziemlich jeden Bewegungszustand annehmen können, vermutet man als T_N gleich ein paar Dutzend Sekunden.

Kommt dagegen von vornherein nur X_N- oder X_D-Nachbarschaft infrage, spielt, solange die Parität erhalten ist, T_{Bew} nur im atmosphärischen Code eine Rolle.
*

Komplizierter wird die Situation, wenn an der Schnittstelle die Parität Null auftritt, das heißt, in einer oder in beiden der per Schnitt verbundenen Einstellungen befindet sich A in Ruhe. In diesem Fall ist eine exakte Raumkonstruktion nur noch schwer möglich. Einen solchen Schnitt nennen wir ‚Parität-Null-Übergang'. Bei *einfachen Parität-Null-Übergängen*, das sind solche, bei denen die Übergangsparität nur in einer Einstellung Null ist, gelingt die Raumkonstruktion trotzdem, indem man die von Null verschiedene Parität als in der anderen Einstellung an der Übergangsstelle erhalten annimmt und so eine quasikontinuierliche Konstruktion vornimmt. Auf diese Weise gelangt man zu einer brauchbaren Vorstellung der Schnitt-Richtung und der dabei überbrückten Entfernung, weiß aber nicht - das ist bei eventuell später ausgetauschten Blicken von Relevanz - inwieweit x_2 bezüglich x_1 zudem noch rotiert wurde. Wir werden sehen, dass der einfache Blick vom Zuschauer ähnlich behandelt wird.
*

Bei *doppelten Parität-Null-Übergängen* versagt diese Konstruktion indes, bei ihnen sind Raumkonstruktionen nach dem Paritätsgesetz nicht länger möglich. Tauchen doppelte Parität-Null-Übergänge auf, wird der Ortswechsel daher meistens inhaltlich plausibilisiert, indem etwa jemand ein Haus betritt, eine Weile mit Nullparität im Wohnzimmer x_1 verweilt, und auf einmal mit wieder Nullparität im Schlafzimmer x_2 auf einem Bett liegt. Dabei impliziert die vom Stehen ins Liegen führende Bewegungsdiskontinuität T_{Bew} einen Zeitsprung. Und da zu Wohnungen Schlafzimmer gehören, vermuten wir, der neue Raum sei das Schlafzimmer der vorgestellten Wohnung. Das dabei benutzte Prinzip der Entfernungsminimalisierung vertraut darauf, dass die Filmmacher eindeutigere Schnittfiguren gewählt hätten, wenn es anders wäre. Hier ist also eine kontextuelle Kausalität am Wirken, die uns noch nichts über den genauen Ort des Schlafzimmers sagt. In welcher Richtung zum Wohnzimmer es liegt (oder ob sich dazwischen weitere Räume befinden), muss später geklärt werden.
*

Diskontinuitäten in der Erscheinungsform des Bewegungsträgers können das Raum-zeit-Gefüge linearer Schnitte nachhaltiger deformieren. Ihr Spektrum reicht von kleinsten Zeitsprüngen, wie sie durch minimal veränderte Frisuren verursacht werden, bis hin zu Jahren, wenn man etwa einen Darsteller deutlich gealtert sieht. Häufig sind T_{Ersch}-Diskontinuitäten, die auf *Kleidungswechsel* des Darstellers zurückgehen. Sie haben gewöhnlich T_N-Charakter. Entdecken wir einen Fußgänger aus x_1 in s_2 in einem parkenden Auto wieder, lässt sich $s_1 : s_2$ als diskontinuierlich linearer Schnitt mit Kleidungswechsel begreifen (wobei das neue Kleidungsstück in diesem speziellen Fall aus Stahlblech wäre). Komplizierter ist es, wenn in s_2 auf die gleiche Person in einem fahrenden Auto geschnitten wird. Dann gibt es sowohl eine Bewegungs- als auch eine Erscheinungsdiskontinuität T_{Ersch}.

*

Ist sowohl $T_{Bew} = 0$ als auch die Parität erhalten, sowie eine X_N- oder X_D-Nachbarschaft wahrscheinlich, kann selbst bei erheblichen durch Erscheinungsdiskontinuitäten T_{Ersch} verursachten Zeitsprüngen nach dem quasikontinuierlichen Modell konstruiert werden.

Ist die Parität verletzt, wird man sich bei der Raumkonstruktion eher an der Parität von Außenaufnahmen orientieren als an der von Innenaufnahmen. Befindet sich z. B. jemand in s_1 im Inneren eines Gebäudes und in s_2 in einem fahrenden Auto, wird man das Gebäude in entgegengesetzter Richtung zu den wegfahrenden Rücklichtern vermuten (und nicht das Auto in Richtung der Bewegung der Person im Gebäude). Diese Konstruktion ähnelt dann dem einfachen Parität-Null-Übergang, von den Paritäten wird die der Person im Gebäude einfach ignoriert.

*

Ist dagegen eine X_C-Nachbarschaft wahrscheinlich, verliert das Paritätsgesetz bei starken Erscheinungsdiskontinuitäten an Wert. Denn man befindet sich dann im $X_C T_N$- oder $X_C T_D$-Bereich, in dem eine Raumkonstruktion mit dem einfachen kontinuierlichen Schnitt bei gleichzeitigem Kleidungswechsel wie eine Karikatur wirkt. In solchen Fällen erwartet man geradezu $T_{Bew} > 0$. Bei nach wie vor möglichem X_C müssen die wirklichen räumlichen Verhältnisse später per einfach kontinuierlichem Rückschnitt geklärt werden.

*

Bei großen Zeitsprüngen verliert auch die quasikontinuierliche Konstruktion deutlich an Plausibilität. Führt ein linearer Schnitt wegen der Änderung des Erscheinungs-bilds eines Darstellers zehn Jahre in die Zukunft, macht nur noch metaphorisch Sinn, die erhaltene Parität als Indiz für einen zehn Jahre beibehaltenen geraden

Weg zu interpretieren. Wie in der $X_C T_N$- oder $X_C T_D$-Situation verlangen lineare Schnitte nach großen Zeitsprüngen dann auch bei möglichen $X_N T_D$-Verschiebungen eine spätere räumliche Klärung per quasikontinuierlichem Rückschnitt. Ähnliches gilt natürlich im Fall $X_D T_D$.

*

Konstruktionen aufgrund des Paritätsgesetzes funktionieren bei Diskontinuitäten des Erscheinungsbilds daher in der Regel umso besser, je mehr T_{Ersch} die Größenordnung der für das Zurücklegen des vermuteten Weges notwendigen Zeit hat. Diese, und damit der vermutete Weg, kann durch T_{Ersch} dann um vielleicht einen Faktor zehn verlängert werden. Wird der Faktor größer, bricht die Konstruktion wie bei den $X_C T_N$-Darstellungen zusammen. Denn dann befindet man sich in unserem Diagramm aus Abb. 49 deutlich unterhalb der plausiblen kausalen Diagonale $X_C T_C$ - $X_N T_N$ - $X_D T_D$. Dort werden die räumlichen Verhältnisse instabil.

***

I. ATMOSPHÄRISCHE DISKONTINUITÄTEN

Diskontinuitäten im atmosphärischen Charakter, solche also mit also $T_{Atm} > 0$, haben auf die Raumkonstruktionen linearer Schnitte den gleichen Effekt wie deutliche Diskontinuitäten im Erscheinungsbild T_{Ersch}. Wird man dabei eindeutig unter die kausale Diagonale geschoben, empfindet man die paritäterhaltende Raumkonstruktion als Karikatur.

Interessant sind kleinere atmosphärische Sprünge durch *technische Fehler* (fehlerhafte Beleuchtungsanschlüsse etwa, weil in s_2 plötzlich Wolken vor der Sonne standen, oder weil man Nahaufnahmen anders ausleuchtet als Totalen). Solche Änderungen verschieben das Geschehen objektiv nach T_N, obwohl oft T_C-Operationen gemeint sind. Da hofft man als Filmmacher dann, dass es den Zuschauern nicht auffällt und trotzdem funktioniert. Besonders bei der Ausleuchtung von Großaufnahmen kann man indes fast immer darauf vertrauen, dass der Zuschauer nicht erkennt, dass in einer vorangegangenen Totale anderes Licht herrschte. Es gibt jedenfalls kaum Filme, bei denen der Sprung aus oder in die Totale bei genauerer Analyse wirklich T_C möglich erscheinen lässt. Dass man trotzdem einen T_C-Eindruck erhält, verrät, dass es auf diesem Gebiet erhebliche Toleranzen gibt.
*

Atmosphärische Diskontinuitäten werden oft bei der Darstellung von *Reisen* benutzt: Ein Auto fährt, es wird Abend, Nacht, die Sonne geht auf, 1000 km sind gefahren, obwohl das, was man gedreht hat, objektiv vielleicht nur zehn Kilometer auseinander lag. Auch hier ist Vorsicht vor Überstrapazierung angebracht. Bei einem Faktor hundert fühlt man sich als Zuschauer leicht betrogen, dann muss ein im bisherigen Zusammenhang exotisch wirkender Schauplatz eingeschoben werden. Kritisch sind stets die Bereiche, bei denen man zu sehr von der kausalen Diagonale abrutscht.
*

Es gibt aber auch *atmosphärische Scheindiskontinuitäten*, die *keinen* Zeitsprung suggerieren, sondern nur das Resultat einer radikalen Raumtrennung sind: ein dunkles Zimmer neben einem beleuchteten, Regenwetter außerhalb eines Zimmers etc. Auch bei Blicken kann es auf diese Weise zu atmosphärischen Scheindiskontinuitäten kommen. Für sie gilt selbstverständlich $T_{Atm} = 0$.
*

Diskontinuierliche lineare Schnitte lassen uns den Übergang des Bewegungsträgers A von s_1 nach s_2 nicht vollständig verfolgen, denn an der Schnittstelle wird ein Zeitintervall von mindestens T_{Disk} übersprungen. Eine Raumkonstruktion kann sich daher letztlich nur auf die *vermutete räumliche* Nachbarschaft stützen. Besonders bei diskontinuierlich linearen X_C-Darstellungen kommt es daher zu Schwierigkeiten. Beim einfachen kontinuierlichen Schnitt stützt sich die Transformation der *möglichen unmittelbaren* X_C-Nachbarschaft in eine *tatsächliche* ja vor allem auf die Paritätserhaltung beim Übergang von A. Wenn aber in der entscheidenden Phase ein Zeitintervall übersprungen wird, ist die Paritätserhaltung wertlos. Das Urteil über die *tatsächliche* X_C-Nachbarschaft basiert also bei diskontinuierlich linearen Schnitten trotz der Linearität bloß auf der ersten naiven Einschätzung. Das gilt für alle Formen von Diskontinuitäten, nicht nur die atmosphärischen. Ohne linearen Übergang ist man kaum schlechter dran.

*

Da $X_C T_N$- oder $X_C T_D$-Verschiebungen linear nicht durch andere Schnitte dargestellt werden können, hat das narrative System hier eine prinzipielle Schwäche. Aus diesem Grunde begegnen wir $X_C T_N$- und $X_C T_D$-Darstellungen selten in ihrer einfach linearen Form. Wenn es doch geschieht, dann meist mit Unterstützung der bei den *doppelten Parität-Null-Übergängen* erwähnten kontextuellen Kausalität, die klarmacht, dass neben einem Wohnzimmer wohl ein Schlafzimmer sein wird. Denn *mögliche unmittelbare* Nachbarschaft kann sich (theoretisch könnte es sich ja um das Schlafzimmer einer anderen Wohnung handeln) immer noch als *tatsächlich nur nahe* oder sogar *nur entfernte Nachbarschaft* erweisen. Zudem kennt man die genaue Lage nicht wirklich. Häufig begegnet man linearen $X_C T_N$- und $X_C T_D$-Darstellungen dagegen in Form von Rückschnitten, nachdem also die räumlichen Verhältnisse zuvor per einfachem kontinuierlichen Schnitt geklärt wurden.

*

Am häufigsten erscheint die einfach raumkonstruierende Form der diskontinuierlich linearen Schnitte in $X_N T_N$-, $X_N T_D$- und $X_D T_D$-Darstellungen. Die Zeitverschiebung hat dabei umso stärkeren T_D-Charakter, je stärker die Diskontinuität ausgeprägt ist. Handelt es sich einzig um eine Bewegungsdiskontinuität, wird X_N ganz banal in $X_N T_N$ überführt. Diskontinuitäten in der Erscheinungsform oder im atmosphärischen Charakter verschieben den Zeitoperator dagegen je nach dem Maß der Diskontinuität, sodass der Schnitt zu einer Darstellung von $X_N T_D$ werden kann.

***

J. INPLAUSIBILITÄTEN UND DISKREPANZEN

Diskontinuitäten in der Erscheinungsform, können so stark sein, dass T_{Ersch} unendlich wird - wenn z. B. ein Darsteller in s_1 tot ist und in s_2 wieder erscheint. Kaum weniger eigentümlich wirkt, wenn jemand, dem gerade das Bein amputiert wurde, gleich darauf wieder auf zwei Beinen herumläuft. Der Zuschauer löst das vielleicht als $T_{Ersch} = T_D$ auf (etwa durch nicht gezeigtes Anpassen einer Prothese) oder auch als negative Diskontinuität T_D^{minus} in Form einer Rückblende. Das Wirken einer negativen zeitlichen Diskontinuität nehmen wir ebenfalls an, wenn ein Erwachsener sich in einen Jugendlichen verwandelt. Derlei Schnitterscheinungen, die sich nicht mehr mit einem plausiblen zeitlichen Voranschreiten der beobachteten Ereignisse vereinbaren lassen, nennen wir ‚Diskrepanzen'. Oft ergeben sich aus dem Ignorieren von Diskrepanzen neue Filmformen, die auf der Parodie solcher Diskrepanzen beruhen („*Die Nacht der lebenden Toten*", „*Das deutsche Kettensägenmassaker*").[74]

*

Gefährlicher als zeitliche Diskrepanzen, die man in vielen Fällen durch fantasievolle Gehirnakrobatik auflösen kann, sind solche räumlicher Art. Diese treten z. B. bei fehlerhaften Überlappungen von Bildräumen auf, wenn etwa in einer Totale ein Blumentopf verschwunden ist, den ein Darsteller gerade in einer Nahaufnahme angesehen hat. Räumliche Diskrepanzen bei Überlappungen und/oder auch Rückschnitten tasten die Fabrikatur des Raums an. Und mit der Glaubwürdigkeit des Raums zerstören sie die Glaubwürdigkeit jeder darin sich abspielenden Handlung - es sei denn, man offeriert dem Zuschauer eine Idee, die solche Raumdeformationen als Ausdruck etwa halluzinatorischer Zustände plausibel werden lässt. Meist werden sie jedoch penibel möglichst vermieden. Daher gibt es bei Dreharbeiten oft eine Art Polizei, die nichts anderes zu tun hat, als sogenannte Anschlussfehler zu verhindern.

*

Manchmal nimmt die gesamte Ausstattung eines Films etwas Diskrepantes an, am augenfälligsten wohl in Musicals und manchen Komödien. Aber in jedem Historienfilm geschieht dies im Grunde bereits, ohne dass es des Kinozuschauers Vergnügen einschränkt, im Gegenteil, das Vergnügen nährt sich häufig gerade am Diskrepanten. Die Raumzeit-Konstruktionen werden in solchen Fällen nur pro

---

74 George A. Romero, *The Night of The Loving Dead* (USA 1968); Christoph Schlingensief (1960-2010), *Das deutsche Kettensägenmassker* (Deutschland 1990)

forma vorgenommen, in einem sonderbaren „als ob". Doch so ein „als ob" gilt in einem gewissen Maß natürlich für jeden Film.

*

Überhaupt ist der Begriff ‚Diskrepanz' einer der interessantesten am Film. Es ließe sich mühelos ein umfangreiches Buch darüber schreiben, mit dem man das vorliegende an Tiefgründigkeit weit übertreffen könnte. In unserem Rahmen müssen wir uns auf das Banalste beschränken.

*

Auch bei atmosphärischen Diskontinuitäten kann es zu kaum auflösbaren Diskrepanzen kommen, wenn wir z. B. nach einer Einstellung von badenden Leuten die gleichen Personen am gleichen Ort plötzlich im Schnee sehen, und nach dem nächsten Schnitt, sich sonnend, wieder am Wasser. Mehr dazu bei den atmosphärischen Schnitten.[75] Bei blickkontinuierlichen Schnitten sind atmosphärische Diskontinuitäten (bis auf Außen/Innen-Scheindiskontinuitäten) nicht erlaubt, sie führen zu Diskrepanzen. Deshalb die sorgfältige Aufhellung der Porträts bei Außenaufnahmen. Wolken können beim Drehen zu Lichtkatastrophen führen, weil sie im geschnittenen Film atmosphärische Diskrepanzen auszulösen vermögen.

*

Ist die Zahl der Einstellungen gering, gelingt es einem Zuschauer fast immer, sich bei auftretenden Diskrepanzen irgendeine Art von Raumzeit-Operation zu konstruieren (oft reicht ein extremer T_D-Sprung oder einer in weiter entfernte Nachbarschaft), in der sie fürs erste einigermaßen plausibel sind. Das wird schwieriger, wenn die Einstellungszahl steigt und immer neue Diskrepanzen auftauchen. Irgendwann hört man mit dem Raumzeit-Konstruieren dann auf und begnügt sich mit einer naiveren Bildsicht, die sich mehr am Wahrnehmen atmosphärischer Schnitte orientiert.

*

Bei der Behandlung der Rückschnitte wird der Eindruck der Abwesenheit von Diskrepanzen zu einer entscheidenden Größe. Das Gleiche gilt bei Filmstrukturen, bei denen mehrere Dutzend Einstellungen verkoppelt sind, wofür wir in den Abschnitten über Topologie den Begriff ‚Geflecht' prägen werden. Das subjektive Gefühl von Diskrepanz-Freiheit ist vermutlich auch das entscheidende Kriterium für widerspruchsfrei verknüpfte Geflechte.[76]

---

75 Band 3, *Atmosphärische Schnitte*
76 siehe Band 3, *Grundlagen einer Spielfilm-Topologie*

Diskrepanzen haben auch einen positiven Aspekt: Der Versuch, sie zu integrieren, schafft neue Möglichkeiten, ähnlich vielleicht wie es bei den Dissonanzen in der Musik der Fall war. Wie oft wurde von neuerer Musik nicht schon behauptet, sie sei nur Krach. Aber auch da muss man was riskieren, wenn man nicht langweilen will, und sich dem Diskrepanten nähern.

*

Das Gleichgewicht zwischen dem Noch-Plausiblen und dem Gerade-schon-Diskrepanten, darum geht es im Film. Überraschend muss alles sein, ‚grotesk' und ‚monströs' sind daher Begriffe, die das zu erkundende Terrain in seinem kritischen Bereich umschreiben. Im gleichen Sinn wie Mahlers „*Symphonie der Tausend*" monströs genannt wurde, ist das amerikanische Kino der 1960er Jahre an Monströsität erstickt (*„Cleopatra", „Der Untergang des römischen Reiches"*). Wiedererstanden ist es in Spielbergs Kinderkino und dem Kino der Psychopathen (*„Taxi Driver"*).[77]

*

Auch in Bezug auf Charakter gibt der Diskrepanzbegriff einiges her. In *Reality Shows* ist nur das Groteske des Zeigens wert: Erst eine Grunddiskrepanz bietet den Anlass, etwas zu erzählen. Nicht nur im Film gibt es das Bedürfnis, Diskrepanzen in die Normalität zu integrieren. Und es gibt die Enttäuschung des Publikums, der Gesellschaft, wenn die Integration nicht gelingt. Die das Bizarre umgehende Alternative für Filmmacher: nichtlineare Schnitte, die Rückbesinnung auf die Idee des bildersammelnden Kameramanns aus der Zeit Lumières. Aber auch das verleitet dazu, das Groteske zu sammeln, schon weil es schwer ist, sich für das Normale zu interessieren; im Grunde verlangt die Abbildung des Normalen die Abbildung eines Bewusstseins. Nicht das der abgebildeten Personen, sondern das des Kameramanns, einer Mischung von Dichter, Musiker, Fotograf, Eindrucks- und Bildersammler. Nichts davon ist er wohl richtig, aber als Ganzes stimmt's.

*

Soweit die linearen Schnitte. Die anderen Schnittfiguren des narrativen Systems sind nicht mehr als simple Verbindung zweier Einstellungen darstellbar. Für sie wird der Zusammenhang mehrerer Einstellungen und von mehr Bewegungsträgern

---

77 Joseph E. Mankiewicz (1909-1993), *Cleopatra*, mit Liz Taylor und Richard Burton (USA, 1964), aber auch *All About Eve* mit Bette Davis (1950); Anthony Mann (1906-1967), *The Fall of the Roman Empire* mit Charlton Heston und Sophia Loren (USA, 1963). Anthony Mann ist einer der großen Meister des Western-Genres, *The Naked Spur* (mit James Stewart und Robert Ryan, 1953) und *Man of the West* (mit Gary Cooper und Julie London, USA 1958) setzen zudem Maßstäbe in der intelligenten Behandlung von dynamischen Dreiecks-Konstruktionen. - Steven Spielberg (geb. 1946), z. B. *„E. T."* (USA 1982); Martin Scorcese (geb. 1942), *Taxi Driver*, mit Robert de Niro und Jodie Foster (USA 1976)

benötigt, deshalb muss unsere Terminologie erst ausgeweitet werden. Vorher aber noch die Blicke...

***

1. Übersicht der linearen Darstellungen der Raumzeitverschiebungen

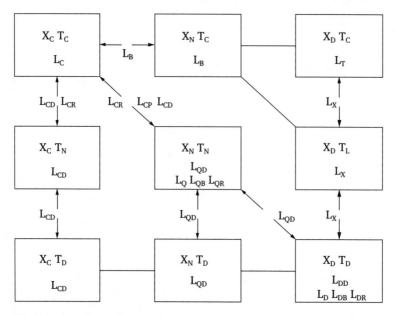

Abb. 50 Lineare Darstellungen der Raumzeitverschiebungen

Abkürzungen:

L_C einfacher kontinuierlicher Schnitt

L_{CR} in sich retardierter kontinuierlicher Schnitt

L_{CB} beschleunigter kontinuierlicher Schnitt

L_{CP} einfach kontinuierlich sein wollende Schnitte mit stärkeren Paritätsverletzungen

L_{CD} diskontinuierlich linearer X_C-Schnitt

L_B blicklinearer oder blickkontinuierlicher Schnitt

L_T telefonartiger Distanzschnitt

L_X telexartig gepufferter Distanzschnitt

L_Q einfacher quasikontinuierlicher Schnitt

L_{QR} in sich retardierter quasikontinuierlicher Schnitt

L_{QB} beschleunigter quasikontinuierlicher Schnitt

L_{QD} diskontinuierlich linearer X_N-Schnitt

L_D einfach linearer Distanzschnitt

L_{DR} in sich retardierter linearer Distanzschnitt

L_{DB} beschleunigt linearer Distanzschnitt

L_{DD} diskontinuierlich linearer Distanzschnitt

2. Zerlegungen der linearen Schnitte:

L_C, L_Q, L_D	$s_1^{4-} : s_2^{2+}$
L_{CR}, L_{QR}, L_{DR}	$s_1^{3-} : s_2^{1+}$, $s_1^{4-} : s_2^{1+}$, $s_1^{5-} : s_2^{1+}$, $s_1^{5-} : s_2^{2+}$, $s_1^{5-} : s_2^{3+}$
L_{CB}, L_{QB}, L_{DB}	$s_1^{3-} : s_2^{2+}$, $s_1^{3-} : s_2^{3+}$, $s_1^{4-} : s_2^{3+}$
L_B	$s_1^{3-} : s_2^{1+}$, $s_1^{3-} : s_2^{2+}$, $s_1^{3-} : s_2^{3+}$
L_T	$s_1^{3-} : s_2^{1+}$, $s_1^{3-} : s_2^{2+}$, $s_1^{3-} : s_2^{3+}$
L_X	alle Darstellungen
L_{CD}, L_{QD}, L_{DD}	alle Darstellungen

3. Zerlegungen der Parität-Null-Übergänge

einfache Parität Null	$s_1^{3-} : s_2^{1+}$, $s_1^{3-} : s_2^{2+}$, $s_1^{3-} : s_2^{3+}$, $s_1^{4-} : s_2^{3+}$, $s_1^{5-} : s_2^{3+}$
doppelt Parität Null	$s_1^{3-} : s_2^{3+}$

4. Raumkonstruktionen bei linearen Schnitten

L_C, L_{CR}, L_{CB}	Raumkonstruktion möglich bei erhaltener oder leicht verletzter Parität
L_Q, L_{QR}, L_{QB}, L_{QD}, L_D, L_{DR}, L_{DB}, L_{DD}	Raumkonstruktion möglich bei erhaltener Parität sowie in geordneten Umgebungen auch bei leicht verletzter Parität; Richtungsorientierung bei einfachen Parität-Null-Übergängen; nur Vermutungen bei doppelten Parität-Null-Übergängen
L_B	Raumkonstruktion bei Befolgung des Blickparitätsgesetzes möglich, sonst nur Richtungsorientierung wie bei einfachen Parität-Null-Übergängen
L_{CD}, L_T, L_X	keine Raumkonstruktion möglich, nur Vermutungen

***

III. BLICKLINEARE SCHNITTE L_B

A. DER EINFACHE BLICK L_{BE}

Als nächste Klasse der linearen Darstellungen von Raumzeit-Verschiebungsoperatoren untersuchen wir solche vom Typ $X_N T_C$. Da in ihnen ein Raumsegment übersprungen werden muss, ohne dass Zeit vergeht, gibt es für reale Bewegungsträger nur die trivialen Darstellungen der Zerlegungsarten $s_1^{3-}:s_2^{1+}$, $s_1^{4-}:s_2^{1+}$, $s_1^{5-}:s_2^{1+}$, $s_1^{5-}:s_2^{2+}$ und $s_1^{5-}:s_2^{3+}$, die allesamt mindestens ein retardierendes Moment s_1^{5} oder s_2^{1} enthalten, in dem sich nichts ereignet, was wir bei den *in sich retardierten* kontinuierlichen Schnitten bereits untersucht haben. Ein in zeitlicher Hinsicht ökonomisches narratives System verbietet Einstellungen, in denen länger nichts geschieht, bloß um den Raum zwischen zwei Orten x_1 und x_2 zu überbrücken. Daher sind nur nah an X_C liegende Formen dieser Schnitte möglich, die dann gemäß den für kontinuierliche Schnitte geltenden Regeln konstruiert werden müssen.

*

Als einfach lineare $X_N T_C$-Darstellungen bleiben ansonsten nur hyperkausale Schnitte möglich, also die verschiedenen Formen der Blicke. Bei ihnen wird der lineare Übergang durch virtuelle Partikel bewirkt, die Räume ohne Zeitverlust überbrücken. Wegen der T_C-Eigenschaft sind bei den blicklinearen Schnitten L_B keine Diskontinuitäten erlaubt, was aber nur atmosphärische Diskontinuitäten betrifft, denn Bewegungsdiskontinuitäten und solche im Erscheinungsbild der Bewegungsträger können ja nicht auftauchen. Scheindiskontinuitäten, die durch räumliche Begrenzungen verursacht werden (z. B. zwischen einem gemütlichen Zimmer und einer regnerischen Straße), sind selbstverständlich gestattet. Die Grundfigur solcher $X_N T_C$-Darstellungen besteht aus einer Einstellung s_1 mit aus dem Raum x_1 herausblickendem Bewegungsträger A, welcher eine Einstellung s_2 folgt, in deren Bildraum x_2 sich das befindet, was A sieht. Diese Figur $s_1 : s_2$ nennen wir ,*einfachen Blick*' L_{BE}. Wie der Name verrät, ist er die am simpelsten anmutende Form der blicklinearen Schnitte L_B. Dabei scheint klar, dass nur blickfähige Bewegungsträger dafür infrage kommen, bis hin zu sich bewegenden Videokameras.[78]

*

Diese Figur hat eine Affinität zum quasikontinuierlichen Schnitt, da A sich irgendwann aus x_1 heraus in Richtung seines Blicks bewegen kann, um sich selbst auf den Weg nach x_2 zu machen. Bei seinem dortigen Erscheinen muss die Blickkonstruk-

---

78 Eine interessante Extension der einfachen Blicke stellen indes die in Kapitel H behandelten *subjektiven Kollisionsschnitte* L_{KOS} dar, bei denen man sogar von „*blickenden Autos*" sprechen könnte.

tion mit den Regeln für einen nachfolgenden quasikontinuierlichen Schnitt kompatibel sein. Für solchen eventuell folgenden Übergang muss daher das Paritätsgesetz gelten. Und umgekehrt: Hat sich ein paritäterhaltender quasikontinuierlicher Schnitt ereignet, muss ein Blick aus x_2 zurück nach x_1 stets entgegengesetzt zur Richtung erfolgen, in der A das neue Bild s_2 betreten hat.

*

Eine interessante Zwischenform von $X_N T_N$ und $X_N T_C$ ist die lineare Verbindung zweier Räume x_1 und x_2 durch ein Geschoss aus einer Schusswaffe. Wenngleich formal eigentlich eine $X_N T_N$-Darstellung - es wechselt ja ein realer Bewegungsträger den Ort -, ist ein Geschoss so schnell, dass es nur in Ausnahmefällen sichtbar wird. Mit ihm hätten wir eine reale Verkörperung der virtuellen Partikel, die A aussendet, wenn er blickt. Wollten wir die Regeln für die Raumkonstruktion bei Blicken herausfinden, können wir uns also mit der Vorstellung behelfen, dass wir uns die Wege der virtuellen Bewegungsträger durch Leuchtspurgeschosse in die Bilder eingeschrieben denken.

*

Man nimmt naiverweise an, nichts sei einfacher als der einfache Blick. Weil auf den Blick dasjenige zu folgen hat, was Person A sieht, denkt man, man müsse die Kamera einfach an die Stelle in x_1 stellen, an welcher zuvor der Darsteller stand, und das von dort aufgenommene x_2 dann zu seinem Blickfeld erklären. Diese Schnittfigur bezeichnen wir als *direkten Blick* L_{BD}. Und vice versa: Erscheint ein beliebiges s_2 nach einem Blick aus x_1, sollte man annehmen, dass x_2 gemäß Abb. 51 exakt in der Blickachse liegt. Da wir den Zoom nicht zulassen, könnte sich die Kamera,

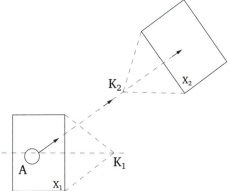

Abb. 51 Der direkte Blick L_{BD}

wie ebenfalls in der Abbildung dargestellt, dabei darüber hinaus ein wenig in der Blickachse an x_2 heranbewegt haben. Dies scheint so offensichtlich, dass man nicht

weiter darüber nachdenken zu müssen glaubt. Tatsächlich ist das Beste, was man darüber sagen kann, dass man mit dieser Methode nicht notwendig einen Fehler macht.
*

In Anfängerfilmen findet man häufig auch den in Abb. 52 dargestellten Spezialfall des *neutralen* Blicks L_{BD0} (wobei die Indices für Blick, direkt und Null stehen), dem ein ähnliches Missverständnis zugrunde liegt.

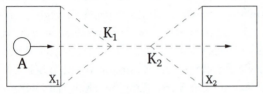

Abb. 52 Der neutrale Blick L_{BD0}

Zugunsten des neutralen Blicks wird häufig argumentiert, wenn der Darsteller in die Kamera sehe, sei die Interaktion mit dem Zuschauer am intensivsten, weil man sich dabei direkt angeblickt fühle. Daher produzieren Anfänger oft Einstellungsfolgen, bei denen die Leute dauernd in die Kamera gucken und der Zuschauer keine Ahnung hat, wer wen überhaupt anblickt. Es entsteht also keineswegs die Intensität, die man sich davon versprach, sondern bloß ziemliche Konfusion. Nur wenn der neutrale Blick durch ein Schuss-Gegenschuss-System oder die sorgfältige Einbettung in eine Totale vorbereitet ist, funktioniert er wie versprochen, selbst dann jedoch fast immer nur kurzzeitig und bei höchstens zwei Beteiligten. Denn der neutrale Blick rüttelt an der Identität zwischen Bild und Abgebildeten, weil mit der Kamera der Zuschauer selbst angeblickt wird und er es, wenn er nicht durch eine raffinierte Vorbereitung woanders hingedrängt wurde, auch so empfindet. Das ist an sich keine Katastrophe. Wenn danach aber auf eine Landschaft x_2 geschnitten wird, die A angeblich betrachtet, gibt es eine Irritation, weil der Darsteller ja nicht gleichzeitig Zuschauer und Landschaft angesehen haben kann.
*

Dieses Dilemma entsteht auch im *nichtneutralen direkten* Blick L_{BD} aus Abb. 51, sobald er in eine Montagefigur eingebaut werden soll. Wird der Raum x_2 und das darin Wahrgenommene nicht weiter benutzt, hat alles seine Ordnung. Das ändert sich jedoch dramatisch, wenn sich in x_2 ein weiterer Darsteller aufhält, der erst nach einiger Zeit (u. U. bei einem späteren Rückschnitt) zurückblicken möchte: Dann müsste B nämlich direkt in die Kamera schauen und bekäme nun seinerseits den irritierenden neutralen Blick L_{BD0}. Das Problem besteht darin, dass man in solchen Fällen bei einem komplizierteren Montagegeschehen nicht mehr herausfinden kann, wo der ursprüngliche Fehler lag, und sich daher beim Schnitt (und oft sogar bereits beim Inszenieren) in endlosem Reparieren verliert, was vielen Filmen den zusammengehackten Eindruck verleiht, den viele nun einmal aufweisen.

*

Daher empfiehlt sich für unsere Analyse, den einfachen Blick L_{BE} vorsichtiger anzugehen, und zunächst die Minimalbedingungen für ein mögliches Nebeneinandersein der beiden Räume x_1 und x_2 herauszufinden. Gehen wir von einer Person A aus, die mit nichtneutraler Blickparität aus x_1 herausblickt, um sich anschließend in genau ihrer Blickrichtung aus x_1 herauszubewegen, können wir überlegen, wie x_2 aufgenommen sein muss, damit sich der Übergang von A in einer geraden Linie ausdrückt. Da gerade Linien bei quasikontinuierlichen Schnitten Paritätserhaltung verlangen, gibt es (abgesehen vom gerade verworfenen neutralen Übergang) für A die drei in Abb. 53 dargestellten Möglichkeiten, in x_2 einzutreffen.

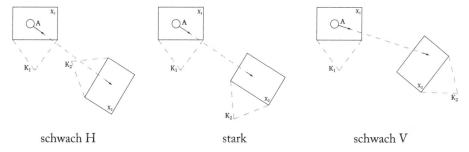

schwach H   stark   schwach V

Abb. 53 Drei mögliche Konstruktionen des einfachen Blicks L_{BE} mit anschließendem in A linearen Übergang

An dieser Konstruktion ändert sich nichts, wenn A in x_1 sitzen bleibt und wir Leuchtspurmunition als lineare Bewegungsvariable benutzen. Die Kamera K_2 muss also bezüglich der eintreffenden virtuellen Bewegungsträger eine der drei Positionen aus Abb. 53 einnehmen. Da der direkte Blick L_{BD} als einzige objektiv ausgezeichnete Richtung nicht zuverlässig funktioniert, gibt es offenbar gleich einen ganzen Bereich von Kamerapositionen, die für einen L_{BE} möglich sind.

*

Während also die Richtung der Bewegung, die x_1 in x_2 überführt, kaum Rätsel beherbergt, bleibt die genaue Orientierung der beiden Einstellungen zueinander unklar. Das Blickfeld von K_2 könnte also, zumindest theoretisch, je nach Kamerastandpunkt in jedem Winkel von 0° bis 180° gegen die Kameraachse von s_1 gedreht sein. Da die Räume bei Blicken in der Regel jedoch so beschaffen sein müssen, dass Wände oder Berge den Blick nicht versperren, müssen wir bei unserer Analyse die Überlappungen der Bildwinkel berücksichtigen. Dies bedeutet, dass nur

Raumkonstruktionen infrage kommen, die keinen überlappenden Charakter haben.
*

Da wir, um überhaupt wahrzunehmen, dass er blickt, die Augen eines Darstellers sehen müssen, kommen als Ausgangsparität nur *stark* und *schwach V* sowie deren Zwischenstufen in Betracht, und zwar für sowohl die Blickparität, als auch für den eventuell später erfolgenden Real-Übergang. Gehen wir von einer starken Blickparität aus, bleibt tendenziell nur die Raumkonstruktion in Abb. 54 übrig.

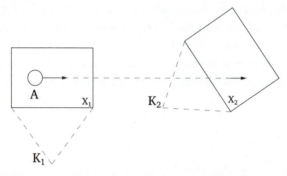

Abb. 54 Raumkonstruktion des L_{BE} mit stark - schwach H-Übergang

Dabei stellt die gestrichelten Linie die Bewegung der virtuellen Bewegungsträger dar, und die durchgehende Linie die Blickrichtung. Die anderen Möglichkeiten *stark - stark* und vor allem *stark - schwach V* überlappen, in Außenräumen jedenfalls, schon zu weitgehend, wie man bereits in Abb. 55 sehen kann, was sich umso mehr verstärkt, je mehr die virtuellen Bewegungsträger in x_2 schwach V-Parität annehmen:

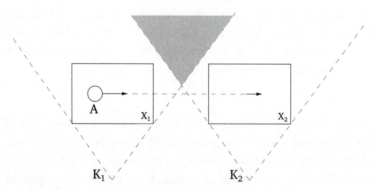

Abb. 55 Einfacher Blick L_{BE} mit stark-stark-Übergang

Wählt man dagegen *schwach V* als Ausgangsparität, kommen, wie aus Abb. 56 ersichtlich, für K_2 bezüglich der virtuell eintreffenden Bewegungsträger zwei Kamerapositionen infrage (*stark* und *schwach H*), denn, wie der Abbildung indirekt ebenfalls zu entnehmen ist, bei *schwach V* - *schwach V*-Übergängen käme es zu, wie in Abb. 57 explizit dargestellt, erheblichen Überlappungen.

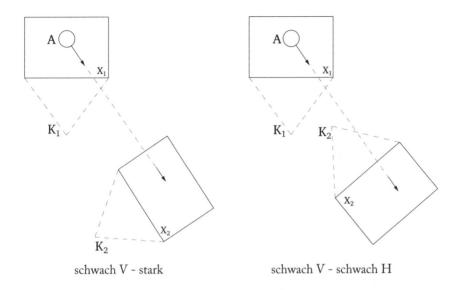

schwach V - stark   schwach V - schwach H

Abb. 56 Einfacher Blick L_{BE} mit schwach V-Blickparität

Allerdings ist unsere Betrachtung bislang auf flache Ebenen beschränkt. Liegt jemand halb verborgen auf einer Anhöhe oder einem Hochhaus, ließe sich auch *schwach V* - *schwach V,* also die dritte Möglichkeit, zumindest theoretisch, in nichtüberlappender Form inszenieren, also so, dass man A nicht auch in x_2 erkennen kann, was den Schnitt, wie ebenfalls in Abb. 57 zu sehen, zum simplen Rücksprung in die Totale machen würde.
*

Der einfache Blick L_{BE} ist also ein wenig ambivalent. Er deutet zwar eine Fortsetzung des Raums in einer präzis fassbaren Blickrichtung an, doch in welcher Richtung später ein eventueller Real-Eintritt von A in x_2 erfolgen könnte, bleibt nur grob bestimmt. Das verschärft sich dadurch, dass man ja erst einmal erkennen muss, dass A überhaupt blickt. Hält er den Blick nicht eine Weile relativ starr, merken wir als Zuschauer u. U. gar nicht, dass er seine Aufmerksamkeit in eine bestimmte Richtung lenkt, und vermuten im folgenden s_2 bloß ein locker mit x_1 verbundenes Ereignis, das sich irgendwo in der Nähe abspielt.

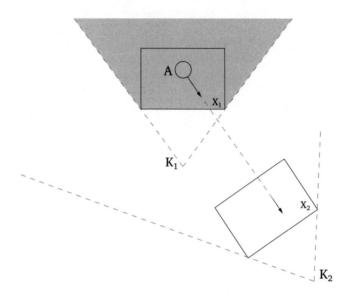

Abb. 57 L$_{BE}$ mit schwach V – schwach V-Übergang

***

Schwieriger wird es in Einstellungen, in welchen mehrere Personen zugleich blik-
ken. Schauen sie alle in die gleiche Richtung, ist es leicht, den einfachen Blick-
schnitt zu setzen; was aber geschieht, wenn sie in verschiedene Richtungen sehen?
Das Blickfeld welcher Person sieht man danach? Und was passiert, wenn eine Person A zwar geblickt hat, sie sich danach aber mit sich selbst beschäftigt - was hat
man dann von der darauf folgenden neuen Einstellung s_2 zu halten? Repräsentiert
sie immer noch das Blickfeld, oder tut sie es nicht mehr? In vielen dieser Situationen gibt es einen fließenden Übergang zu den erwähnten ,*offenen Schnitten*'; so einer entstände nämlich, wenn A in x_1 gar keinen Blick aussendet und nach ein paar
weiteren Einstellungen in x_2 eintrifft. Dann handelt es sich bei $s_1 : s_2$ zuvor um einen sogenannten ,*offenen $X_{C/N}$-Schnitt*', den wir erst später behandeln werden und
bei dem ziemlich dicht (irgendwo zwischen X_C und X_N) zusammenliegende Räume
als selbstverständlich nebeneinanderliegend nacheinander abgebildet werden.
*

Als Randbereich enthält der offene Schnitt natürlich auch den direkten Blick L_{BD},
dessen Einsatz wir nur problemlos nannten, wenn anschließend keine Interaktionen im erblickten Raum stattfindet. Da der Zuschauer in diesem Fall auch später nicht zu überprüfen vermag, ob s_2 tatsächlich das Blickfeld des Darstellers ist,
braucht man dem Darstellerblick beim Inszenieren auch bei real erblickten Objekten nicht sklavisch zu folgen, sondern kann sich ebenso gut ein schöner komponier-
tes Bild aussuchen. Keiner wird merken, dass daran etwas nicht stimmt.
*

Bleibt der Blick einfach (folgt also später keine Interaktion mit dem sich per Blick
öffnenden Raum in Form von Gegenblick oder quasikontinuierlichem Schnitt), be-
hält er seine Ambivalenz und neigt dazu, seine physikalische Ereignishaftigkeit zu
verlieren. Er nimmt dann leicht etwas Atmosphärisches an, das oft benutzt wird,
um den Gemütszustand des Blickenden zu illustrieren. Es ist kein Zufall, dass sich
solchen Blicken manchmal ganze Folgen atmosphärischer Einstellungen anschließen, worin sich die Atmosphäre einer Gegend entfaltet (oder gar die Weltsicht
des Blickenden), ohne dass man genau weiß, wie die einzelnen Räume zueinander liegen. Und ebenso wenig ist Zufall, dass sich an diese vordergründig eindeutig
anmutende Stelle des narrativen Systems gern Figuren wie Rückblenden oder Fan-
tasievorstellungen ankoppeln. Das dem einfachen Blick L_{BE} Folgende hat im Übrigen nicht nur die Neigung, dasjenige zu repräsentieren, was die Person gerade fühlt

oder denkt, allein seine Anwesenheit drückt oft aus, dass der Blickende ins Grübeln kommt. Eine baldige Klärung der räumlichen Verhältnisse verhindert diese Tendenz - oder aber eine Setzung als klar offener Schnitt, nach welchem sich ein eigenes Geschehen entfaltet, in das der Blickende erst später einbezogen wird.
*

Wird der einfache Blick in Montagefolgen integriert, kommt es oft zu paradoxen Verhältnissen. In Hitchcocks „*Die Vögel*" findet sich z. B. eine Schnittfolge mit voyeuristischer Raumstruktur $x_1 : x_2 : x_3 : x_2 : x_3 : x_2$, in der einige Teile eigenartig wirken.[79] Die in Abb. 58 skizzierte Sequenz beginnt mit einer Totale x_1, in welcher Tippi Hedren (in der Abbildung als A bezeichnet) sich vor einem Stahlgerüst auf eine Bank setzt. Es folgt ein Ransprung in den Unterraum x_2, worin sie mit pendelnder Blickparität *schwach V* zu rauchen beginnt, wonach auf einen Teil des Gerüsts x_3 umgeschnitten wird, auf dem wir nun eine Krähe B sich niederlassen sehen. Anschließend erblicken wir A rauchend nach vorn blickend wieder in x_2.

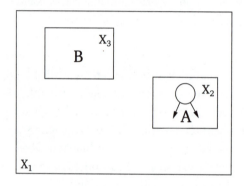

Abb. 58 Eine Szene aus „Die Vögel" (The Birds)

Da man aus der Totale x_1 die Information bezog, dass sich das Gerüst hinter der Darstellerin A befindet, ist uns, sobald wir sie groß in x_2 erblicken, klar, dass sich x_3 schräg hinter ihr befinden muss. Und wenn sie in Richtung der Pfeile mit weiterhin schwacher Blickparität beim Rauchen nach vorn blickt, bis nach einem Schnitt ein weiterer Vogel auf dem Gerüst x_3 landet, weiß man, dass sie die beiden Vögel *nicht* sehen kann, obwohl sie umherblickt. Ohne die Anfangstotale x_1, durch die die räumlichen Verhältnisse geklärt wurden, würde man den Schnitt $x_2 : x_3$ als direkten Blick von A auf das Gerüst begreifen. Die einführende Totale scheint A insofern gewissermaßen *,mit dem Hinterkopf'* blicken zu lassen. Die übliche Schnittkausalität des einfachen Blicks wird im Zuschauer also durch den objektiv vorhandenen Charakter einer *voyeuristischen* Montagefolge überstimmt, was in Hitchcocks Kosmos

---

79 Alfred Hitchcock, *The Birds*, mit Tippi Hedren und Rod Taylor (USA 1963)

wohl zugleich die psychoanalytisch aufgeladene Bedrohung weiblich-blonder Gepflegtheit durch ein hintergründig lauerndes Schwarz ausdrückt. Auch das ist ein Beispiel dafür, in welch ambivalentem Verhältnis die Darstellung eines Ereignisses und der einfache Blick stehen können. In diesem Fall wird es durch die rahmende Totale geklärt, die ihrer Natur nach immer präziser wirkt als ein Gegenblick oder sogar ein quasikontinuierlicher Schnitt.

*

Tatsächlich gehört der einfache Blick L_{BE} zum Kompliziertesten, was das narrative System aufzuweisen hat: Einerseits tritt er uns ganz simpel im direkten Blick entgegen, andererseits ist mit ihm die Darstellung einer Gleichzeitigkeit möglich, die die Kenntnis des narrativen Systems als Ganzes zur Voraussetzung hat. Obwohl wir die offenen Schnitte noch nicht richtig behandeln können, da auch für sie das System als Ganzes erst einmal mathematisch befriedigend formuliert werden muss, ist auch so bereits zu erkennen, dass sich hier eine weitere Wurzel für den im Kino so häufig vorkommenden starren Blick findet. Denn durch dessen Starre werden die aus dem Bild austretenden virtuellen Bewegungsträger so klar mit Richtung versehen, dass man sie in der nächsten Einstellung fast einschlagen fühlt. Und nur dann unterscheidet sich der einfache Blick manifest von dem eine komplexe Gleichzeitigkeit aufspannenden offenen Schnitt.

*

Das Dilemma sitzt indes tiefer. Ein im Film Blickender wird von uns ja zugleich als jemand begriffen, den *wir* bei seinem Blicken betrachten, ohne dass er es bemerkt. Aus Symmetriegründen erwartet man daher auch beim dem, was er erblickt, eine gewisse Doppelnatur. Nur gibt es, da es sich um eine filmische Eigentümlichkeit handelt, auf die uns unsere Sprache nicht vorbereitet hat, bislang kein Wort für diese seltsame Verschiebung des Gesehenen: Es soll nicht exakt dem Blickfeld des Sehenden entsprechen, sondern es soll ein ‚Stellvertreter‘ dieses Gesehenen sein. Und genau so, wie wir A anschauen, also ein wenig schräg an seinem Blick vorbei, möchten wir es auch mit diesem Stellvertreterbild tun. Am ehesten kommt dem wohl die Vorstellung nahe, dass uns A etwas zeigt, und wir es, neben ihm stehend, dann mit leicht verändertem Blickwinkel wahrnehmen. Das derart von uns Wahrgenommene ähnelt dann zwar dem von A Gesehenen, aber in Wirklichkeit sehen *wir* es. Und zwar in dem sonderbar offenen, wenn man so will: nackten Zustand, in dem es gerade angeblickt wird. Insofern läuft es darauf hinaus, dass nur einer den direkten, den radikal voyeuristischen Blick haben kann: Entweder der Zuschauer oder der Darsteller. Und im Zweifelsfall wähnt sich stets der Zuschauer im Besitz dieses Privilegs.

*

Zugrunde liegt dem eine Dualität des narrativen Systems, die nicht einfach komplementär ist und für die daher nicht gilt, dass die beiden Aspekte sich unproblematisch aufs Schönste ergänzen. *Einerseits* gibt es darin Raumzeit-Verschiebungen, die sich auf Kamerabewegungen zurückführen lassen. Sie sind Ausdruck einer objektiven Kausalität des Raums, die letzten Endes der Kausalität der Handlungen eines Kameramanns im wirklichen Raum entspricht. Aus ihr speist sich das instinktive Für-richtig-Halten des direkten Blicks L_{BD}. Dem gesellt sich eine *zweite* Ebene bei, in der sich das Paritätsgesetz artikuliert. In ihr herrscht die Kausalität der abgebildet sich bewegenden Objekte. Es ist eine Kausalität, die, und das bedarf vielleicht einer genaueren Erläuterung, nur beobachtet wird. Wir nehmen die im Film beobachtete Welt nämlich nicht aus der Perspektive der Kausalität wahr (das heißt, wir sehen die Welt nicht aus der Perspektive etwa einer Kanonenkugel), sondern wir beobachten die Kausalität am Operieren (wir sehen ein Bild der fliegenden Kanonenkugel). In der Welt der beobachteten Kausalität können wir Räume konstruieren, während dies in der Kameramann- oder, um im Bild zu bleiben, sogar der Kanonenkugelwelt nur möglich ist, wenn die abgebildeten Räume ihren Zusammenhang aus eigener Kraft erzeugen. Weil das nur selten geschieht, wirkt die bloße Kameramann-Kausalität meist bloß atmosphärisch.

Die Verwendung der entfesselten Kamera Abel Gances, der in „*Napoleon*" die Kamera auf eine Kanonenkugel montierte[80] (wohl eine der extremsten Realisierungen des Begriffs ‚*subjektive Kamera*') drückt dieses Dilemma aus. Die so entfesselten Bilder fanden im Film nur Platz, weil sie in Einstellungen der (durch einen Trick) von außen gesehenen Kanonenkugel eingeschnitten wurden. Das Subjektive allein ist halbatmosphärisch. Erst wenn richtig eingeschnitten wird, wird es ohne Probleme begriffen, erst dann erhöht sich das subjektive Mitempfinden des Zuschauers, erhöht sich das Gefühl, dabei beteiligt zu sein. Insbesondere ist das Subjektive dort effektiv, wo die objektive Darstellung wegen der Raumgegebenheiten fast überflüssig ist, bei Fahrten auf der Achterbahn etwa. Doch auch da bleibt die Mischung vorhanden, und die ist es, die den wirklichen Schwindel auslöst, weil die ach so objektive Welt ihren Halt verliert und in den subjektiven Strudel stürzt. Am Ende des Strudels gibt es wie beim direkten Blick L_{BD} freilich stets das Problem der szenischen Weiterentwicklung. Und die ist nur mithilfe der dem Filmgeschehen eigentümlichen Pseudo-Objektivierung möglich.

*

Wegen der ambivalenten Natur des einfachen Blicks L_{BE} wird eine Variante davon möglich, der sogeannte ‚*nachträgliche Blick*' L_{BN}. Bei diesem erscheint erst eine

---

80 Abel Gance, *Napoleon*, mit Albert Dieudonné (Frankreich 1927)

Örtlichkeit x_1 und anschließend ein x_2 mit blickendem A. Der L_{BN}, von dem man auch sagen könnte, es sei ein verzögerter Blick, kann noch erheblich komplizierter sein als der L_{BE}, weil das Geschehen aus s_1, wenn es nicht bereits per linearem Schnitt an das Vorherige angekoppelt ist, oft etwas Rätselhaftes und sonderbar Haltloses ausstrahlt, bevor es in s_2 durch den von A gesetzten Blick in den Film integriert wird. Das verstärkt sich, wenn sich in x_1 keine Bewegungsträger mit klar sich artikulierenden Paritäten aufhalten, sondern wenn s_1 eher atmosphärisch wirkt. Häufiger als im raumkonstruierenden Modus taucht der nachträgliche Blick L_{BN} daher als Rückschnitt auf, wenn die räumlichen Verhältnisse also bereits geklärt sind. Ist er kein Rückschnitt, wird er meist kontextuell abgestützt. Bei sauberer Setzung entsprechen seine Konstruktionsregeln denen der einfachen Blicke L_{BE} und sind in manchen Fällen nicht weniger präzise als Blickinteraktionen. Das gilt besonders, wenn Kausalität durch Geräusche erzeugt wird. Dann scheint der nachträgliche Blick L_{BN} der Geräuschquelle zugewandt zu sein, sodass man ihn sogar als *geräuschlinearen* Schnitt bezeichnen könnte. Er entspräche dann einem von x_1 ausgehenden *einfachen Parität-Null-Übergang*, weil sich Geräusche richtungslos nach allen Seiten ausbreiten. Statt Geräuschen könnte man wohl auch Gerüche nehmen oder atmosphärische Stimmungen, was allerdings zu zunehmend lockereren Verbindungen führt.

*

Wie beim einfachen L_{BE} gibt es auch beim nachträglichen Blick L_{BN} die *direkte* und die *neutrale* Variante, die wir als L_{BDN} und L_{BD0N} bezeichnen. Die Raumkonstruktionen entsprechen dabei denen der Abbildungen 51 bis 56, wenn man darin K_1 und x_1 mit K_2 und x_2 vertauscht, sodass sich die Schnittreihenfolge umkehrt. Dass der Einsatz des nachträglich neutralen Blicks L_{BD0N} als noch riskanter gelten muss als der des L_{BD0}, versteht sich von selbst.

*

Folgt der nachträgliche Blick L_{BN} einer weiten Totale oder einem Panorama, gibt es für ihn, insbesondere wenn A von einer Buschgruppe oder irgendeiner anderen Struktur halbwegs verborgen ist, oft auch die in Abb. 57 mit vertauschten Indizes dargestellte Lösung *schwach V - schwach V*. Dann handelt es sich meist aber nicht mehr wirklich um einen auf ein reales Objekt gerichteten Blick, sondern in einer kaschierten Überlappung wird nur die Gleichzeitigkeit des Panoramas mit einem eifrig Blickenden konstatiert. Demgemäß ist es eher ein offener $X_{N/C}$-Schnitt.

Ein Rätsel: Man sieht die Totale einer Stadt - in der nächsten Einstellung kriecht jemand über die Kuppe eines Hügels - in einer Nahaufnahme sieht man ihn angespannt nach vorn an der Kamera vorbeiblicken, wozu jemand anders im *Off* fragt:

„Kannst du was sehen?" Der Blickende nickt - worauf wieder die Totale erscheint - gefolgt von einem zuvor nicht sichtbaren Detailgeschehen in der Stadt. Was für ein Raum wird in diesem Falle aufgespannt? Tatsächlich ist jede der drei von uns (mit vertauschten Indizes) in Abb. 53 untersuchten quasikontinuierlichen Konstruktionen in Bezug zur Totale x_1 möglich. Selbst der nachträglich direkte Blick L_{BDN} ist nicht nur nicht ausgeschlossen, in vielen Fällen ist er für den Zuschauer sogar das Plausibelste.

*

Eine Variante dieses kaschiert überlappenden Schnitts ist *der anonym-heimliche Blick*: Wieder erscheint erst die Totale eines Geschehens, und dann, hinter z. B. einigen zitternd ins Bild ragenden Grasbüscheln, in subjektiv wackelnder Sicht ein Detail.[81] Durch dieses Wackeln und das halb Verborgene wird die direkte subjektive Sicht klar, ohne dass man den Blickenden zeigen muss. Er befindet sich genau dort, wo wir ihn uns beim direkten nachträglichen Blick L_{BDN} vorstellen. Das ist in semantischer Hinsicht erstaunlich, wird hier doch eine reale Person bei der Raumkonstruktion durch ihr (wackelndes) Blickfeld ersetzt. Die analytisch-räumliche Logik besteht dabei darin, dass an die Stelle des blickenden Beobachters der Kameramann getreten ist, der die zitternde Einstellung aufnahm. Die Raumkonstruktion geht jedenfalls von dessen Standpunkt aus. Man könnte indes auch sagen, dass es sich eigentlich um einen direkten nachträglichen Blick L_{BDN} mit *schwach H*-Blickparität handelt, bei dem der von hinten gesehene Blickende plötzlich wegtauchte und deshalb nicht mehr im Bild ist. Diese Blick-Montagefigur, die wir noch zu den nachträglichen Blicken L_{BN} zählen, funktioniert auch anders herum, wenn also erst ein Detail erscheint, und danach, subjektiv hinter Grasbüscheln zitternd, die Totale. Der anonym-heimliche Blick wird oft benutzt, wenn ausgedrückt werden soll, dass ein Ort in Vorbereitung eines möglichen Überfalls schon mal von einer feindlichen Partei erkundet wird.

*

Dass sich Gleichzeitigkeit in Filmen meist über mögliche Beobachter definiert, liegt an der Hyperkausalität der Blicke. Diese prägt der Filmform insofern sogar eine Gleichzeitigkeits-Definition ein. Der einfache Blick erzeugt im Ablauf narrativer Systeme jedenfalls raumüberspringende Gleichzeitigkeit. Dass diese an Beobachter gekoppelt ist, gibt den Blicken sogar eine gewisse, wenn man so will, relativistische Qualität. Interessant ist jedenfalls, dass die verschränkten Räume, mit Hilfe derer sich die Gleichzeitigkeit darstellt, oft kausal untereinander verbunden

---

81 Wie von Andreas Kilb in der FAZ vom 2. März 2011 prägnant beschrieben: „*... dann rücken die Römer in ein Grenzlager ein, und der Blick der Kamera, aus Grasbüscheln auf das Fort gerichtet, verrät, dass sie dabei beobachtet werden.*"

sind, dass also Gleichzeitigkeit fast im Einstein'schen Sinne begriffen wird: Alles was nicht als gleichzeitig seiend *beobachtbar* ist, befindet sich außerhalb des Kausalitätskegels und bleibt für das Filmwelt-Geschehen irrelevant. Dies ist wenn nicht im Sinn, so doch im Geist der Relativitätstheorie. Insofern kann man die Verzerrungen, die durch das Nebeneinander gleichzeitiger Ereignisse im Zuschauer entstehen, durchaus als ‚relativistische Verzerrungen' des narrativen Systems bezeichnen.

*

Wie der direkte Blick L_{BD} (oder seine nachträgliche Form L_{BDN}) gewinnt die subjektive Sicht ihren Halt durch die Kopplung an einen Darsteller. Das Folgende funktioniert immer: Jemand geht über ein Terrain - es folgt das Blickfeld einer gleitend oder auch wackelnd vorwärtsdrängenden subjektiven Kamera, die Bilder dieses Terrains produziert - sofort werden diese Bilder zum Blickfeld der zuvor abgebildeten Person, zu dem Weg also, den und wie sie ihn beim Gehen sieht. Das gilt, dann muss die Kamera indes wohl gleiten, auch für Personen in fahrenden Autos, sogar für Autos selbst oder Achterbahnen, also Objekte, die gar nicht sehen können - wieder gelangen wir zur Kanonenkugel des Abel Gance. Aber da befinden wir uns, und man sieht, wie im Wortsinne ‚gleitend' die Übergänge sein können, bereits in einer anderen Schnittklasse, derjenigen der sogenannten *subjektiven Kollisionsschnitte* L_{KOS}, die wir in Kapitel H behandeln.

*

Der Darsteller ist für uns als Betrachter der Ersatz für den nicht sichtbaren Kameramann, er ist der Stellvertreter Gottes auf Erden. Aber er verhält sich nicht wie ein Gott, sondern wie Erdenbewohner: Er ist der Kausalität unterworfen und *sterblich*. Sobald im Kinosaal das Licht angeht, ist er nicht mehr vorhanden.

*

Es wäre freilich zu schön, wenn das, was bei einfachen oder nachträglichen Blickschnitten $s_1 : s_2$ sichtbar wird, stets das physisch Gesehene enthielte. Es gibt jedenfalls eine Klasse von mit dem Blick verbundenen Schnitten, bei denen das nicht der Fall ist. Bei ihnen folgt im einfachen Modus auf ein s_1 mit blickendem A wohl ein x_2 mit darin befindlichem B, es wird einem als Zuschauer jedoch rasch klar, dass A zwar B zu sehen wünscht, *es aber es nicht kann*. Dabei muss natürlich klar werden, dass A die Person B *nicht* sieht! So mysteriös dies klingt, taucht es in Filmen recht häufig auf, etwa als Muster beim Darstellen von Angst: Wir erblicken eine sich bedroht fühlende Frau A, die die Bedrohung zu erkennen versucht - darauf einen an etwas sich heranschleichenden Mann, es ist B - dann wieder die Frau, wie sie ängstlich um sich blickt - dann wieder B - usw. In diesem Szenario könnte das Anschleichen klarmachen, dass B nicht gesehen wird. Vielleicht hilft auch, den Blick von A nicht starr werden, sondern ihn im Suchstadium verbleiben zu lassen. Zwischen den Bildräumen entsteht jedenfalls eine Verbindung, in der sich Spannung bis zum Entsetzen steigern kann, zu dem Schrecken, den man auch als Zuschauer empfindet, wenn er A und B auf einmal in einer einzigen Einstellung wahrnimmt. Von derart sich verlängernder Spannung lebt das Kino. Darin wird das, was wir als ‚offene‘ Qualität am einfachen Blick bezeichneten, vielleicht am deutlichsten. Er ist offen bis hin zur Katastrophe.

*

Etwas, wie bereits in unserem Beispiel aus „*Die Vögel*“, *nicht* anblicken, das ist nämlich die wirkliche Quintessenz des Blickens - mit Blicken also zugleich einen negativen Raum schaffen, nicht unähnlich dem blinden Fleck, der sich genau dort im Blickfeld eines Darstellers befindet, wo die Kamera ist, nur ausgedehnter. Man weiß, dass es etwas zu bedeuten hat, wenn man irgendwohin blickt, aber auch, dass es etwas zu bedeuten hat, wenn man dort nicht hinblickt. Insofern kommt es im Film auch zu *negativen Blicken*. Dieses Etwas-nicht-Sehen wird, wenn man es zeigen will, oft bereits durch die Geometrie bestimmt, ganz wie darstellerlose Raumverschiebungen rein geometrisch verbinden.

*

Das Problem des einfachen Blicks stellt sich also auch anders herum: Wie mache ich klar, dass das, was einem Blick folgt, *nicht* das ist, was die Person sieht? Auch das verlangt den überstarren Blick, der zugleich Signal einer Anspannung ist. Dort liegt eine weitere Wurzel des filmüblichen Starrens. Oft ist so ein Blick indes viel weniger starr, als er uns vorkommt, wir erwähnten Peter Lorre: Er kann auch dynamisch sein, voller Spannung, das *Porträt eines Seelenzustands* - insofern dann doch ein wenig wie in der Lebens-Wirklichkeit, nur dass sich so etwas in der erlebten Welt stets sprunghaft abspielt und launisch an zufällige Denkvorgänge koppelt. Er ist jedenfalls nie so kontinuierlich, wie wir es im Kino sehen. Wie in Zeitlupe wird dort vorgeführt, was aus einem rasch aufeinanderfolgenden Durcheinander verschiedenster vorbewusster Reflexe und Reaktionen besteht.

*

Oft stellt sich das Herstellen eines einfachen Blicks am Schneidetisch als so kompliziert heraus, dass er dialogisch gestützt werden muss. Dann beziehen sich Dialoge aufs Blicken: „Kannst du was sehen?“, oder jemand sagt „Ich glaub, ich kann die Stadt schon sehen“, wonach sie gezeigt wird. Das ist beinahe unumgänglich, wenn, wie bereits in anderem Kontext bemerkt, jemand Teil einer Gruppe Herumblickender ist, man aber das von gerade *ihm* Gesehene zeigen möchte. Dabei kommt es zu einer Rückbesinnung auf die Filmform

(26)   Einstellung : Titel : Einstellung : Titel ... usw.

mit der so etwas nie ein Problem war. Dialoge oder Titel machen im Zweifelsfalle noch heute alles klar. Einfache und nachträgliche Blicke werden jedenfalls oft dadurch unterstützt.
*

Sobald sich beim einfachen Blick L_{BE} Personen oder andere Bewegungsträger in x_2 aufhalten, gibt es manchmal auch ein Gefühl von Rotationsrichtung. Dieser wohnt allerdings eine sonderbare Hilflosigkeit inne. Man sucht sich aus allem Möglichen eine Richtung aus, was aber oft nichts bringt, insbesondere wenn die Bilder nur atmosphärisch gemeint sind: Als Beispiel mag die lange Bootsfahrtsequenz aus „*Wind Across the Everglades*" (siehe Fußnote 33) dienen - ein Mann in einem Boot, Vögel, Krokodile etc., also eine Serie von Details; sobald etwas vom Gesehenen Richtung hat, versucht man es als ein *hin* oder *weg* von diesem Blickenden zu begreifen, der die vor ihm sich entfaltende Sumpf-Welt Floridas forschend durchgleitet. Was aber im dort vorliegenden Fall, weil es nicht systematisch genug inszeniert ist, nicht immer funktioniert, sodass die Raumkonstruktion mehrfach stecken bleibt. Im Übrigen ist dies eine der schwierigsten Aufgaben für einen Schauspieler: in der Gegend herumgucken und so tun, als betrachte man diverse Sachen, die einen ziemlich interessieren. Eine im Grunde kaum lösbare Aufgabe, verlangt sie doch eine kontinuierlich sich neu einstellende Starre, die im Menschen nicht angelegt ist und daher leicht widersinnig wirkt. Als Regisseur muss man bei so etwas immer mit einem Scheitern des Schauspielers rechnen. Dann sitzt man mit dem Bildmaterial, das in so eine Serie einfacher Blicke eingeschnitten werden sollte, auf dem Trockenen.
*

Beim Schuss mit einem Gewehr gibt es etwas Ähnliches wie den einfachen und den verzögerten Blick: Verpasst der Schuss sein Ziel, ist es gut, den Einschlag zu zeigen, dann bildet sich der Zuschauer ein, die räumlichen Verhältnisse seien klar. Was ist unbezweifelbarer als das Einschlaggeräusch eines Staub aufwirbelnden Schusses? Viele Schriften zum Film beschwören das Analoge von Kamera und Gewehr - vieles davon leuchtet ein. Aber für das narrative System wichtiger sind Gewehr und Pistole als Analogon des einfachen Blicks - auch deshalb wird im kalifornischen Kino so viel geschossen. Die Kamera als Waffe (wie in Powells „*Peeping Tom*") ist doch eine reichlich nach *altem Europa* schmeckende Vorstellung.[82]

***

---

82 Michael Powell, *Peeping Tom*, mit Karlheinz Böhm (Großbritannien 1954)

C. DIE BLICKINTERAKTION L_{BI}

Die Ambivalenz der virtuellen Bewegungsachse schränkt das raumkonstruktive Potenzial des einfachen Blicks ein, denn zur Stabilisierung (und um den möglichen atmosphärischen Charakter zu vermeiden) wird ja ein nachfolgender quasikontinuierlicher Schnitt L_Q benötigt. Für ökonomische Raumkonstruktionen ist der einfache Blick daher nur bedingt tauglich, da man den L_Q ebenso gut gleich anbringen könnte. Außer zur räumlichen Groborientierung dient er also eher zur Verzögerung eines sich danach ereignenden Real-Übergangs und stellt insofern eine milde Form von offenem Schnitt dar. Es gibt aber auch eine andere Möglichkeit, die Ambivalenz der virtuellen Bewegungsachse aufzuheben: die Blickinteraktion L_{BI}.
*

Die Konstruktion ist die gleiche wie beim einfachen Blick L_{BE}, nur dass sich diesmal in x_2 ein zweiter Bewegungsträger A_2 befindet, der ebenfalls einen Moment in eine Richtung blickt. Lässt sich dieser Blick von A_2 als Gegenblick zu dem aus x_1 kommenden von A_1 interpretieren, klären sich die Winkelbeziehungen der Räume ebenso wie beim quasikontinuierlichen Schnitt L_Q.
*

Die Blickinteraktion L_{BI} (A_1, A_2) von A_1 und A_2 muss mit den Paritätsregeln des quasikontinuierlichen Schnitts vereinbar sein, da ein solcher ja nachträglich (und im Fall, dass x_1 und x_2 unmittelbar benachbart sind, kann es sogar ein kontinuierlicher Schnitt sein) noch stattfinden kann. Um den Eindruck entstehen zu lassen, A_2 schaue Richtung A_1 zurück, muss er also in die Richtung blicken, aus der die virtuellen Bewegungsträger kommen, und umgekehrt: Solange sich seine Blickrichtung mit dieser Interpretation verträgt, wird sein Blick in der Regel als *Gegenblick* interpretiert. Dadurch wird eine gemeinsame virtuelle Bewegungsachse festgelegt. Insofern kann man auch von einer die beiden Einstellungen verbindenden ‚*Blickachse*' sprechen.
*

Haben wir also, wie in Abb. 59 dargestellt, zwei nacheinander erscheinende Einstellungen $s_1 : s_2$ mit zwei virtuellen Bewegungsachsen, die ja nichts anderes als die verlängerten Blickparitäten sind, setzen wir sie als Zuschauer zu der in Abb. 60 skizzierten Raumkonstruktion mit einer einheitlichen Blickachse zusammen:

Abb. 59 Blickinteraktion als bloß inszenierte Einstellungsfolge $s_1 : s_2$

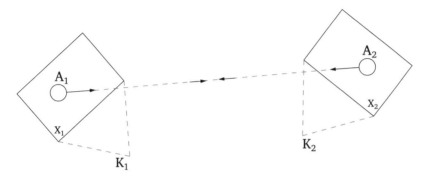

Abb. 60 Die vom Zuschauer dann vollzogene Raumkonstruktion der Blickinteraktion L_{BI}

Voraussetzung für die gemeinsame Blickachse ist, dass die Blickparität von A_2 in x_2 das entgegengesetzte Vorzeichen der Blickparität von A_1 in x_1 hat. Denn da die Parität der virtuellen Partikel, die aus x_1 in x_2 eintreffen, beim Schnitt erhalten bleiben muss, kann A_2, um den Eindruck des Rückblicks zu erzeugen, nur dann virtuelle Bewegungsträger entgegengesetzten Vorzeichens zurücksenden, wenn er entgegengesetzte Blickparität hat.
*

Da beide Blicke wahrgenommen werden müssen, müssen beide in der Regel Blickparitäten zwischen *stark* und V haben, sodass sich die vier Möglichkeiten aus Abb. 61 ergeben:

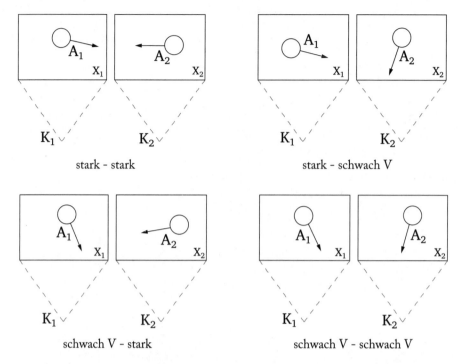

Abb. 61 Diverse Typen von Blickinteraktionen

Dabei soll der kleine Kreis in den Diagrammen jeweils einen Kopf symbolisieren. Diese Interaktion nennen wir die *„gewöhnliche‘* Blickinteraktion, deren vier Möglichkeiten sich kompakter in Form von Abb. 62 darstellen lassen:

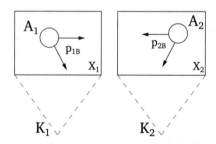

Abb. 62 Kompakte Form der Blickinteraktion $L_{BI}(A_1, A_2)$ mit positiver Ausgangsparität

Die Pfeile kennzeichnen dabei die möglichen Blickrichtungen, die zu den Blickparitäten p_{1B} und p_{2B} gehören könnten, wobei natürlich $p_{1B} = -p_{2B}$. Von diesen Blickrichtungen wird in jeder Einstellung jeweils eine realisiert, sodass sich daraus die vorherigen vier Diagramme ergeben. Gehen wir von einer negativen Blickparität p_{1B} aus, so ergibt sich die Darstellung Abb. 63:

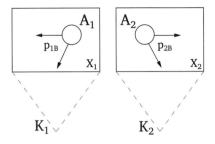

Abb. 63 Kompakte Form der Blickinteraktion $L_{BI}(A_1, A_2)$ mit negativer Ausgangsparität

Bei diesen möglichen zwei mal vier Situationen spielt, wie man leicht sehen kann, der Überlappungsbereich nur bei den *stark - starken* Verbindungen eine Rolle. Die Ausarbeitung der Raumkonstruktionen nach dem obigen Muster überlassen wir - ganz in der Manier von N. Bourbakis im Vorwort angesprochenem lässigen *„nous laissons les détails au lecteur"* - dem Leser.

*

Es kann passieren, dass die Bestimmung der Blickrichtung nicht über die Augen erfolgt, sondern über die Körperhaltung, etwa den Hinterkopf. Aber auch dessen Vagheit lässt sich präzisieren, wenn die angedeutete Richtung durch ‚*Blickzeiger*' in Art einer zielenden Schusswaffe oder eines angesetzten Fernglases eindeutig wird. In solchen Fällen sind die Schnittmöglichkeiten nur durch die Überlappungen im gegebenen Gelände beschränkt. Wenn dementsprechend auch H-Blickparitäten zugelassen werden, sprechen wir von ‚*verallgemeinerten Blickinteraktionen*', deren zwei mal neun Möglichkeiten sich wie in Abb. 64 darstellen.

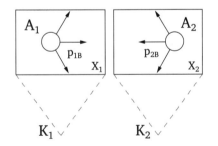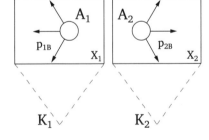

Abb. 64 Die verallgemeinerte Blickinteraktion

*

Das Paritätsgesetz der quasikontinuierlichen Schnitte L_Q verwandelt sich also in ein *Gesetz der entgegengesetzten Blickparitäten* bei den L_{BI}. Es kann aber auch sein, dass die Regeln für den quasikontinuierlichen Schnitt erst durch die inflationäre

Benutzung der Blickinteraktion fixiert wurden. Es ließe sich sogar argumentieren, sie seien daraus entstanden. Denn der Blick in einen Nahbereich X_N orientiert sich gefühlsmäßig ja eher am kontinuierlichen Schnitt L_C als an einen L_Q. Dagegen spricht wiederum, dass Méliès im Vorwort erörtertes *„Von Paris nach Monte Carlo"* bereits 1905 eine klare Kenntnis des Paritätsgesetzes sogar bei Distanzschnitten L_D verrät, ein halbes Jahrzehnt also, bevor im Umkreis von Griffith der erste auf eine Großaufnahme folgende Blick im Kino bewusst gesetzt wurde. Die enge Verwandtschaft der Blickinteraktionen L_{BI} mit den L_Q, bei denen im Fall von Paritätsverletzungen eindeutige Raumkonstruktionen *nicht* mehr eindeutig möglich sind, legt nahe, dass dies bei möglichen Blickinteraktionen mit erhaltener, also einander *nicht* entgegengesetzter Blickparität p_{1B} und p_{2B} auch nicht mehr der Fall sein wird.

*

Die leichten Paritätsverletzungen, die bei kontinuierlichen Schnitten für die Darstellung geknickter Bewegungen erlaubt waren, haben, bislang jedenfalls, keine Entsprechung in der Blickinteraktion. Vielleicht auch, weil die allgemeine Relativitätstheorie nur wirklich großen Massen zu Knicken führende Lichtstrahlkrümmungen erlaubt, und das menschliche Universum für derlei kaum Story-Substanz bietet. Nimmt man die Raumkonstruktionen von „Star-Wars" zum Maßstab[83], in denen sich Weltraum-Interaktionen sklavisch der Schwerkraft unterwerfen und man stets ein klares Oben und Unten hat (wobei nicht einmal die Hintergrund-Sterne beim Geradeausflug stehenbleiben, als habe Kopernikus nie existiert und als schwebten sie noch immer wie Wolken vorm Horizont), lässt vermuten, dass auch im Bereich schwarzer Löcher spielende Filme auf hochsolid inszenierte Blickinteraktionen kaum werden verzichten wollen.

*

Auch Blickinteraktionen in Spiegeln können - ich erinnere an Orson Welles' *„Lady of Shanghai"* - die absonderlichsten Effekte hervorrufen.[84] Die dabei entstehende visuelle Verwirrung führt indes schnell zu Verwirrung im Publikum, ganz wie man die Phasen beim *Looping* eines Flugzeugs wohl leicht von außen beurteilen und intuitiv auch benennen kann, aber bei einer subjektiven Cockpit-Kamerasicht trotzdem die erstaunlichsten Schwierigkeiten hat, die gerade stattfindende Bewegung überhaupt zu verstehen. Spiegel ... - der Mensch ist, wie es heißt, das einzige Tier, das sich darin erkennen kann; und wahrscheinlich ist so ein Sich-Erkennen die elementarste Voraussetzung dafür, dass man auch auf Filmbildern etwas Reales wahrzunehmen meint. Insofern ist interessant, dass sich, wie die Mathematik verrät, mit

---

83 *Star Wars* von George Lukas (geb. 1944), USA 1977

84 Orson Welles, *The Lady of Shanghai*, mit Rita Hayworth, USA 1947

zwei parallelen Spiegeln jede Translation darstellen lässt. Und mit zwei gegeneinander verwinkelten jede beliebige Rotation. Das ist im Spielfilm bislang indes noch nicht zu erkennen.

*

Damit ein Bewegungsträger virtuelle Partikel in wohldefinierter Richtung aussenden kann, muss seine Parität eine Zeitlang festgehalten sein. Nur wenn gewissermaßen *gezielt* wird, kann man sich eine genaue Verbindungslinie zwischen den Räumen vorstellen. Das gilt sowohl für A_1 als auch A_2. Voraussetzung der Blickinteraktion ist also der doppelte starre Blick. Ohne den starren Blick muss das narrative System auf die Möglichkeit präziser Raumkonstruktionen durch die Blickinteraktion verzichten. Allerdings muss das Zielen nicht so ausgedehnt sein wie beim einfachen Blick, da der Gegenblick ja gleichfalls einiges verrät.

*

Es klingt logisch, dass der starre Blick von A_1 notwendig am Ende von s_1 stattfinden müsse, nur dann ist die Richtung der virtuellen Bewegungsträger exakt bestimmbar. In s_2 braucht der starre Gegenblick von A_2 dagegen erst nach einiger Zeit zu erfolgen. Ereignet er sich sofort, kommt es sofort zur Raumkonstruktion. Erfolgt er erst nach einiger Zeit, können wir als Zuschauer zuerst nur ein Ungefähr nach dem Muster des einfachen Blicks L_{BE} konstruieren, um es dann beim Gegenblick zu präzisieren. Deswegen haben die Sekunden vor der Blickentgegnung oft einen ungewiss atmosphärischen Charakter: Der Zuschauer vermutet, dass sich A_1 - ähnlich wie der Zuschauer selbst - erst einmal Gedanken macht. Sobald der Gegenblick von A_2 erfolgt, treten die normalen Raumzeit-Ordnungsprinzipien aber wieder in Kraft und man versenkt sich erneut in die normale Kinowirklichkeit. Dieses atmosphärische Moment vor dem Gegenblick wirkt retardierend. Tendenziell lässt sich diesem Moment daher ein einstellungsinterner Zeitverzögerungsoperator T_N von einigen Sekunden zuschreiben, was heißt, dass man das Gefühl hat, es sei mehr Zeit vergangen als die pure Projektionszeit. Solche Figur nennen wir die ,*in sich retardierte Blickinteraktion*'.

*

Dieses retardierende Moment hat, wie seine Nähe zum einfachen Blick L_{BE} vermuten lässt, eine Tendenz zum offenen $X_{C/N}$-Schnitt, bei dem zwei in X_C-oder fast-X_C-artiger X_N-Nachbarschaft befindliche Räume einfach nebeneinander existieren, ohne kausal verbunden zu sein, wobei man aber erwartet, dass jeden Moment eine Verbindung erfolgt. Daher darf auch der erste Blick retardiert sein, das heißt, es darf ruhig einige Zeit nach dem Blick vergehen, bevor der Schnitt erfolgt. Voraussetzung ist einzig, dass nach dem ersten richtungsbestimmenden Blick nicht noch ein weiterer in ganz andere Richtung erfolgt, denn bei der Konstruktion erhält der letzte von A_1 gesetzte Blick Präferenz.

*

Insofern bietet diese Möglichkeit, die Blickinteraktion als offene Parallelmontage zu handhaben, einen Ausweg aus dem Dilemma des sich unentwegt starr In-die-Augen-blicken-Müssens. Dazu muss aber ein Umfeld erzeugt werden, in dem die offene Montage funktioniert. Das heißt, es müssen, wie wir bei der Behandlung offener Schnitte lernen werden, eine Reihe klar gesetzter Hinweise in die Schauspielerei, die Dialoge und den räumlichen Zusammenhang eingestreut sein, die dem Zuschauer ermöglichen, auch in solch offenen Situationen Übersicht zu bewahren. Natürlich gehören zu diesen Hinweisen auch betonte Blickinteraktionen. Diese können dann aber mehr dem normalen Sich-Anblicken ähneln und flüchtig sein. Solche Behandlung der Blickinteraktion nennen wir daher ‚*offen*'. Eins der Kennzeichen offener Blickinteraktionen sind retardierende Momente. Im Gegensatz dazu können wir die die formal richtige mit dem Blick von A_1 am Ende von s_1 als ‚*klassisch*' bezeichnen.

*

Der Unterschied zwischen offener und klassischer Blickinteraktion klingt einerseits fein, andererseits ausgesprochen banal. Tatsächlich wird die Verbindung zwischen x_1 und x_2 dabei durch zwei verschiedene Prinzipien hergestellt. Die klassische Variante beruht auf einer Ausdehnung des gewöhnlichen Kausalitätsprinzips, bei dem die Bewegungsträger sehr schnell und virtuell sind - in diesem Sinne greift A_1 aus x_1 heraus mit seinem Blick fast körperlich wie mit einer Hand nach x_2. In der offenen Situation vertraut man dagegen darauf, dass später ein Zusammenhang erzeugt wird, man vertraut dem Zusammenhang der ganzen Form. Es handelt sich also um ein *antizipierendes Zusammenhangsprinzip*.

Damit haben wir ein drittes Prinzip im narrativen Bildordnungssystem wenn nicht entdeckt, so doch bezeichnet. Neben den Zusammenhängen der euklidischen Kamerabewegungs-Wirklichkeit und der beobachteten Kausalität der Bewegungsträger gibt es also *antizipierende* Zusammenhänge, die vom Vertrauen auf spätere Verbindung gespeist werden und sich somit von der Filmform überhaupt nähren. Da dies vielen Regisseuren und Kameraleuten nicht recht klar ist, benutzen sie die klassische Form von L_{BI} über Gebühr und erzielen so die Wirklichkeit des starren Blicks, von der zu Beginn unserer Einführung so ausführlich die Rede war.

*

Ich polemisiere hier nicht, wie mancher denken mag, so unmäßig gegen den starren Blick, weil ich ihn prinzipiell nicht mag. Viele der schönsten Filme (Jean Epsteins „L'Or des Mers" etwa[85]) sind mit ihm hergestellt, und er hat dem narrativen System eine Leichtigkeit verliehen, die es zuvor nicht hatte. Er muss als enorme Erfindung gelten. Gerade in seiner Starrheit lag ein Versprechen, welches das Denken zu einem Noch-Mehr reizte. Tatsächlich mag ich den bewusst gesetzten starren Blick oft lieber als ein ihn versteckendes realistisch tuendes Verschmieren, wie es sich in moderneren Schauspielerauffassungen ausdrückt. Was großartig an seiner Starrheit sein könnte, finde ich auch in der leicht steifen Haltung und im fast noch plumpen Fall der Gewänder der attischen Koren wieder, die ja statischer wirken als die spätere dynamischer angelegte klassisch-griechische Skulptur mit den perfekt gestalteten Falten.

Abb. 65 Attische Koren (Aufnahmen des Verfassers)

Aber man sieht den Koren bereits an, dass sie sich bald bewegen werden - es ist das *noch nicht Ausgeführte*, aber bereits Gedachte, was sie so vielversprechend macht: Das später Ausgeführte ist schon enthalten. Aber gerade der Respekt vor seiner Starrheit macht die inflationäre Anwendung dieses Blicks enttäuschend. Vor allem ärgert die Geschwätzigkeit des realistischen Zusammenhangs, in dem diese Blicke alles bedeuten wollen und es dann doch nicht tun.

Trotzdem werden noch immer großartige Filme mit dem starren Blick hergestellt, die Arbeiten der Straubs mögen als Beispiel dienen, und man kann ihn weiter

---

85 Jean Epstein, *L'or des mers* (Frankreich 1931)

benutzen. Ich selbst habe jedenfalls keinerlei Bedenken. Aber man sollte wissen, dass man dabei mit etwas fast Abstraktem arbeitet und im Kern aggressiv *gegen* Bewegung argumentiert. Und man darf nicht so tun, als sei so ein starrer Blick das Beste, mit dem sich Bewegtheit darstellen lässt.

*

Die Blickinteraktion L_{BI} ist, vor allem natürlich als Rückschnitt R_{BI}, die häufigste Schnittfigur im narrativen Kino. Das ist schon von der zeitlichen Ökonomie eines Film her verständlich, bietet sie doch eine wenig aufwendige Form zur Verbindung von Räumen. Eine Blickinteraktion kann sehr kurz sein und doch die räumlichen Beziehungen gänzlich klären. Außerdem bedarf ein Blick kaum dramaturgischer Motivationen, er darf sich beim geringsten Anlass ereignen. Bei realen Bewegungen ist das anders: Um einen Darsteller in Bewegung zu setzen, bedarf es einer wirklichen Motivation. Und bei der Vielzahl der im erzählenden Kino zu verbindenden Räume, würden diese Motivationen sehr monochrom geraten, wenn man nicht die Blickinteraktionen entdeckt hätte.

*

Die Standardinteraktion benutzt mit Vorliebe Einstellungen mit schwach V-Blickparität und Richtungswinkeln zwischen plus/minus 5°und plus/minus 30°. Wir nennen solche Interaktionen der Kürze halber 30°-Interaktion L_{BI30}. Nur wenn A_1 und A_2 unmittelbar nebeneinander stehen und beide total aufgenommen werden, haben Einstellungspaare mit diesen Winkeln einen Überlappungsbereich. Manchmal wünscht man sich solchen sogar, dann entsteht der sogenannte ‚*Über-die-Schulter-Schuss*‘, wobei sich in s_1 das Gesicht von A_1 auf der einen Bildseite, der Hinterkopf und die Schulter von A_2 dagegen auf der anderen befinden, während es in s_2 anders herum ist: Dort sieht man das Gesicht und den Blick von A_2 neben und hinter den Schultern von A_1. Da sich beide Darsteller dabei jeweils auf der gleichen Seite der aufeinanderfolgenden Einstellungen aufhalten, muss man, wie Abb. 66 erkennen lässt, beim Inszenieren und der Wahl des Bildausschnitts darauf achten, dass es nicht zu plump wirkenden *Jumpcuts* von Kopf und Hinterkopf kommt.

*

Vermieden wird dies am leichtesten durch langbrennweitige Objektive, die wegen ihrer geringen Tiefenschärfe Hinterkopf und Schulter leicht unscharf werden lassen. Zu deren Einsatz braucht man freilich große Räume. Auch ein simpler Schuss-Gegenschuss will erst gelernt sein.

*

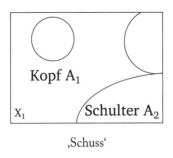 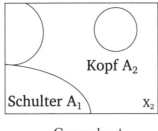

| ,Schuss' | ,Gegenschuss' |

Abb. 66

Diese 30°-Interaktion wird seriell erzeugt und taucht in zahllosen Filmen mit großer Hartnäckigkeit auf.[86] Allerdings sind *stark - schwach* V-Paare, vor allen bei billigen Produktionen, ebenfalls nicht selten, weil das 30°-Paar in engen Räumen oft nur schwer zu erzeugen ist und man es sich dann als Filmmacher bereits als Leistung anrechnen darf, überhaupt eine Raumtrennung zustande gebracht zu haben. Es ist jedoch keinesfalls so, dass die 30°-Interaktion notwendig intensiver auf den Zuschauer wirkt. Aber sie wirkt visuell, vielleicht weil ihr mehr Logik innewohnt, gefälliger als die anderen. *Stark - stark* Blickinteraktionen sind seltener, sie machen einen plumperen Eindruck, während *schwach* H-Blickparitäten (abgesehen von der gerade besprochenen Über-die-Schulter-Form, die aber eigentlich den Blickpartner abbilden will) nur in Verbindung mit Blickzeigern wie Fernrohren oder Schusswaffen genutzt werden, deren Richtung ja ebenso präzise ist wie die der Augen. Sind *schwach* H-Blickparitäten bei der Interaktion beteiligt, sind die Übergänge oft leicht überlappend.

***

---

86 Wobei interessant ist, dass die L_{BI30} nicht mehr funktioniert, wenn man x_1 und x_2 so nebeneinander in ein einziges Gesamtbild kopiert, dass die Bildräume getrennt bleiben. Wird ein links im so montierten Gesamtbild nach rechts blickender A_1 z. B. etwas totaler aufgenommen als der in der rechten Bildhälfte nach links blickende A_2, entsteht nicht der Eindruck, sie blickten einander an, sondern man denkt, A_1 befände sich irgendwo links hinter A_2 und A_2 blicke - selbst wenn die beiden sich ursprünglich bei einer Zwei-Kamera-Aufnahme *live* gegenübersaßen - nach links vorn ins Leere (Montage-Experiment von *Harald Bergmann*, unter Beteiligung von Prof. Dr. Heinz Wismann (A_1) und des Autors (A_2), aufgenommen im Montreux-Palace-Hotel im August 2010). Es ist also offenbar so, dass die zur Raumverbindung benötigte Blickachsen-Rotation vom Zuschauer nur dann zuverlässig vollzogen wird, wenn die Bilder *nacheinander* erscheinen.

D. KOLLISIONSKONTROLLIERENDE BLICKE L_{BK}

Eine interessante Variante zwischen einfachem Blick L_{BE} und Blickinteraktion L_{BI} liegt vor, wenn es in x_2 statt jemandem, der zurückblickt, einen sich deutlich bewegenden Bewegungsträger A_2 gibt. Einen solchen Schnitt nennen wir ,*kollisionskontrollierenden Blick*' $L_{BK}(A_1, A_2)$ oder kürzer gelegentlich auch *Kollisionsblick*. Dabei lassen sich zwei Fälle unterscheiden, je nachdem ob A_2 eine Parität p_2 besitzt, die der Blickparität p_{1B} von A_1 gleich oder ob sie entgegengesetzt ist. Im ersten Fall $p_{1B} = p_2$ hat A_2 die Parität der von x_1 eintreffenden virtuellen Bewegungsträger. Insofern könnte man annehmen, dass sich A_2 (im Fall positiver Parität) gemäß dem Paritätsgesetz auf einer geraden Linie nach der Konstruktion aus Abb. 67 bewegt:

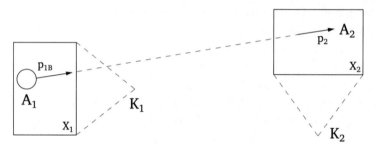

Abb. 67 L_{BK} (A₁, A₂) mit Übergang schwach V – stark

Das ist aber oft nicht der Fall. Das einzige, was sich zuverlässig über diese Bewegung aussagen lässt, ist, dass sie, sollte x_2 tatsächlich in Blickrichtung liegen, *nicht* direkt auf A_1 zuführt, weil eine solche Bewegung nach dem Paritätsgesetz in Richtung des Gegenblicks zu erfolgen hätte. Das heißt, die Bewegung kann wohl wie in Abb. 67 in gerader Linie von A_1 wegführen, sie muss es aber nicht. Soll sie es tun, muss es kontextuell durch Geometrie oder per Dialog erklärt werden. Daher bezeichnen wir Kollisionsblicke $L_{BK}(A_1, A_2)$ mit $p_{1B} = p_2$ als ,*kollisions-ausschließende Blicke*'. Ist dagegen $p_{1B} = -p_2$, ist die Parität von A_2 also der Blickparität von A_1 entgegengesetzt, werden wir ebenso vorsichtig von ,*kollisions-erwartenden Blicken*' sprechen.
*

Der *kollisions-ausschließende* Blick ist im Prinzip ein einfacher Blick L_{BE} mit Hang zum offenen Schnitt. In gerichteten Umgebungen, wie wir sie im Kapitel über *quasikontinuierliche* Schnitte angesprochen haben, kann seine richtungsmäßige Unbestimmtheit allerdings durch das Umfeld, in das die Paritäten eingeordnet werden,

aufgehoben sein, sodass die räumlichen Verhältnisse klar werden (mehr über gerichtete Umgebungen bei den Rückschnitten und in den Kapiteln über Topologie).
Theoretisch kann man allerdings auch in ungerichteten Umgebungen präziser sein.
Stellen wir uns vor, A_2 blicke in x_2 im Lauf der Einstellung kurzzeitig mit starker
Blickparität in Richtung b_2 zurück (was den kollisions-ausschließenden Blick in
die uns schon bekannte *in sich retardierte* Blickinteraktion verwandelt), dann wird
durch Abb. 68 klar, dass bei positiven Paritäten die Bewegung von A_2 ein Spektrum

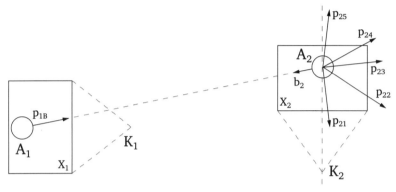

Abb. 68 Eventueller Rückblick b_2 mit starker Blickparität

der Bewegungsrichtungswinkel von p_{21} bis p_{25} haben können. Was wiederum heißt,
dass sich A_2 von A_1 auch wegbewegen würde, auch wenn es in s_2 zu keinen Gegenblick b_2 käme. Würde A_2 dagegen in x_2 im Lauf der Einstellung kurzzeitig mit
schwach V-Blickparität in Richtung b_2* zurückblicken, so hätte die Bewegung von
A_2 bei positiver Parität, wie in Abb. 69 zu sehen, ein Bewegungswinkelspektrum
von p_{21}* bis p_{25}*.

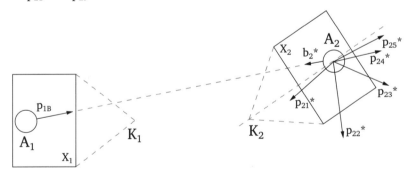

Abb. 69 Eventueller Rückblick b_2 mit schwach V-Blickparität*

Bei einem richtigen Kollisionsblick L_{BK} (A_1, A_2), wenn der Blick b_2* also nicht
nachträglich stattfindet, könnte sich A_2 also im Fall von p_{21}* sogar fast auf A_1 zu-
bewegen! Aus diesen beiden extremen Diagrammen wird klar, dass der einfache

kollisions-ausschließende Schnitt bei schwach V-Parität von A_2 ein Bewegungs-spektrum von $p_{21}*$ bis p_{21} haben könnte, das heißt von schräg auf den Betrachter A_1 zu bis rechtwinklig (im Falle positiver Ausgangsblickparität p_{1B}) nach rechts von ihm weg. Ist der Schnitt bei starker Parität von A_2 kollisions-ausschließend, hat dessen Bewegung ein Spektrum von $p_{22}*$ bis p_{23}, also von *rechtwinklig* (im Falle von positivem p_{1B} *nach rechts* von A_1 weg, bis zu *in Blickrichtung verschwindend*. Im Fall schließlich schwacher H-Parität von A_2 wird eine Bewegung mit Bewegungswin-keln zwischen $p_{24}*$ und p_{25} angenommen, im Falle von positivem p_{1B} also eine A_2-Bewegung von *in Blickrichtung verschwindend* bis *nach schräg hinten links weg*. Dabei wird der Zuschauer die leicht unplausibel erscheinenden Möglichkeiten $p_{21}*$ und p_{25} wohl nur realisieren, wenn der Kollisionsblick nachträglich in eine Blickinter-aktion verwandelt wird, wenn die Blicke b_2* bzw. b_2 nach kurzer Retardierung also tatsächlich stattfinden.

*

Diese Raumkonstruktion liegt nahe an der des *neutralen* Blicks L_{BD0}, der für den Fall, dass kein retardiert gesetzter Gegenblick b_2 oder b_2* erfolgt, bei starken und schwach H-Paritäten von A_2 (bei Autos etwa, die an einem vorbeifahren und de-nen man mit seinen Blick folgt) gemäß Abb. 70 unsere zuverlässigste Referenz ist:

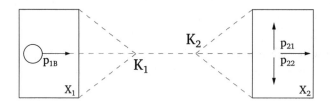

Abb. 70 Der neutrale Blick L_{BD0}

Dadurch wird bei starken Paritäten p_{21} oder p_{22} am ehesten eine Bewegung recht-winklig von der Blickrichtung weg vermutet. Bewegen wir K_1 ein wenig aus der Blickachse heraus, sodass p_{1B} schwach positiv wird, so entsteht der uns bekannte *direkte* Blick L_{BD}, für den zur Blickrichtung rechtwinklige Bewegungen gleichfalls durch starke Paritäten in x_2 ausgedrückt werden. Gehen wir dann mit K_2 in der gleichen Richtung aus der Blickachse, gelangen wir zum Diagramm von Abb 69, in dem dann das stark positive p_{22} aus Abb. 70 weiter am ehesten eine Bewegung rechtwinklig nach rechts ausdrücken würde und ein stark negatives p_{21} (in diesem Falle läge natürlich ein *kollisions-erwartender* Blick vor) am ehesten eine solche nach links. Eine schwach H-Parität würde wiederum am ehesten auf eine Bewe-gung *direkt vom Betrachter weg* hindeuten. Wenn man entsprechend inszeniert und szenisch auflöst, wird man kaum Fehler begehen. Man muss sich aber darüber im

Klaren sein, dass andere Interpretationsmöglichkeiten gelegentlich nicht weniger zwingend erscheinen, und, bei Verfolgungsjagden etwa, nicht nur benutzbar sind, sondern benutzt werden müssen, um Montagefolgen sowohl das *Jumpcut*-artige als auch das allzu Schematische zu nehmen.

*

Die Anlehnung an den *direkten* Blick führt bei möglichen *kollisions-ausschließenden* Blicken in Abb. 68 zu einem gewissen Widerspruch in der Bewegungsrichtung p_{25}, da der direkte Blick für derart verlaufende Bewegungen eine entgegengesetzte von starker Parität nahelegt. Es kommt also zu einem logischen Konflikt, der beim Zuschauer dazu führt, dass er ein p_{25} instinktiv in das $p_{25}*$ von Abb. 69 verwandeln möchte, eine Bewegung geradlinig von der Blickrichtung weg. Nur ein Gegenblick b_2 oder zwingende räumliche Gegebenheiten (etwa ein Fluss, worauf ein Floß treibt) lassen p_{25} plausibel erscheinen. Dabei bewegen wir uns, wie wir sehen werden, aber bereits auf dem im Vergleich zur Einfachheit der Blickinteraktion hochkomplexen Gebiet der *Dreieckskonstruktionen*. Das deutet sich bereits an, wenn man sich Abb. 68 und 69 genauer anschaut. Denn es fällt auf, dass es darin im Gegensatz zum direkten Blick (bei positiver Ausgangsblickparität p_{1B}) einen toten Winkel links von der Blickrichtung gibt, der einer linkerhand beginnenden Umgehung von A_1 entsprechen könnte. Die Ursache ist, dass wir bislang Übergänge zu möglichen Rückblicken mit *schwach H* entgegengesetzter Blickparität nicht zuließen, die für *Blickzeiger* wie Schusswaffenartiges reserviert waren. Verfügt A_2 über einen Blickzeiger, wäre sogar die Situation in Abb. 71 möglich

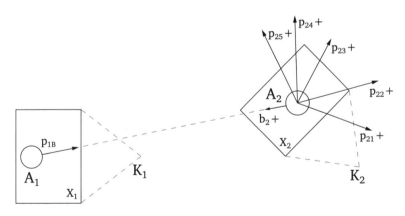

Abb. 71

wobei auch hier $b_2{}^+$ bei Bewegungsrichtungswinkeln zwischen $p_{23}{}^+$ bis $p_{25}{}^+$ wegen der dem *direkten* Blick widersprechenden Paritätsverhältnisse unbedingt eingesetzt werden müsste, damit es sich um eine mit einer Bewegung verbundene

Blickinteraktion handelt bzw. wieder um eine der Dreieckskonstruktionen, die wir noch besprechen werden. Zu dieser Rauminterpretation kommt es in Parallelmontagen bei längeren Verfolgungsjagden oft aber auch ohne eine jedes Mal nachträglich erfolgende Reduktion auf die Blickinteraktion im Falle einer *schwach V*-Parität von p_2. Damit gelangt man indes wieder in den Bereich gerichteter Umgebungen. Noch stärkere Drehungen des Raums verbieten sich bei disjunkten Schnitten wegen der zu groß werdenden Überlappung der Bildräume x_1 und x_2, wie man unschwer Abb. 72 entnehmen kann:

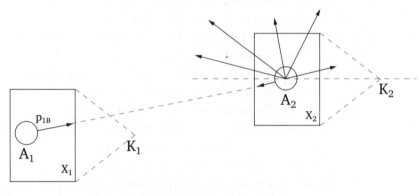

Abb. 72

Es lässt sich also feststellen, dass man in *kollisions-ausschließenden* Blicken bei sorgfältiger Arbeit durchaus recht präzise räumliche Beziehungen etablieren kann, dass die exotischeren davon, welche den Paritätsverhältnissen beim *direkten* Blick widersprechen, aber nur bei speziellen geografischen Gegebenheiten möglich sind und zur wirklichen Klärung der Verhältnisse oft zusätzlich einen retardiert gesetzten stabilisierenden Gegenblick vom Typ b_2, b_2* oder b_2^+ verlangen.

*

Obschon wir bisher stillschweigend für p_{1B} *schwach V*-Blickparität angenommen haben, lassen sich unsere Argumente auch auf den Fall von starker bzw., bei der Verwendung von Blickzeigern, auch auf *schwach H*-Blickparitäten von A_1 ausweiten. Dabei wird wieder der direkte Blick als Referenz dienen müssen, um ungefähre Vorstellungen über die richtigen Kamerapositionen beim Inszenieren zu gewinnen. Für die exotischeren Bewegungen wird dabei nicht minder dringend ein retardierter Gegenblick erwartet, der die Schnittfolge in eine verallgemeinerte Blickinteraktion verwandelt. Es gibt bei den kollisions-ausschließenden Blicken für eine gegebene Blickparität also sechs weitere voneinander im Detail leicht abweichende Grundkonstellationen, für die man ähnliche Diagramme zeichnen müßte wie für die bisher behandelten drei (Abb. 68, Abb. 69 und Abb. 72). Im Fall positiver Ausgangsblickparität sind die insgesamt neun Konstealltionen kompakt durch Abb. 73 ausgedrückt, wobei die Pfeile jeweils die drei zur gegebenen Parität möglichen Bewegungs- bzw. Blickrichtungen darstellen.

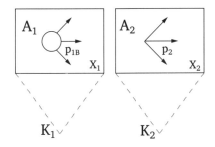

Abb. 73 Kollisions-ausschließende $L_{BK}(A_1, A_2)$-Blicke

Wir ersparen uns hier, und das werden wir ab jetzt bis auf wichtige Ausnahmen immer tun, die Darstellung der entsprechenden Diagramme mit negativen Paritäten. Das Verwenden positiver Paritäten hat in schriftlichen Darstellungen den Vorteil, dass die möglichen Raumfortsetzungen in Leserichtung erfolgen, was ein intuitives Verständnis der räumlichen Zusammenhänge leichter macht. Auf der Leinwand gibt es die Auszeichnung der Leserichtung in dieser Form dagegen nicht. Daher ist dringend angeraten, zum Üben auch Diagramme für negative Paritäten zu zeichnen, weil sie einen beim Entwurf szenischer Auflösungen bei Dreharbeiten - ich spreche aus eigener Erfahrung - sonst leicht in Verwirrung stürzen.
*

Dementsprechend wird es für die *kollisions-erwartenden Blicke*, für Kollisionsblicke also, bei denen sich A_2 mit zur Blickparität von A_1 entgegengesetzter Parität bewegt (solche also mit $p_2 = -p_{1B}$), ebenso neun Grundsituationen geben, die durch Abb. 74 dargestellt werden können:

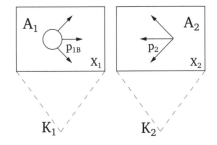

Abb. 74 Kollisions-erwartende $L_{BK}(A_1, A_2)$-Blicke

Zu jeder könnte man den Abbildungen 68, 69 und 72 entsprechende Diagramme zeichnen und vermuten, in ihnen gelte unter entgegengesetztem Vorzeichen Ähnliches wie bei den *kollisions-ausschließenden* Blicken, dass A_2 also womöglich auf A_1 zukommt. Wobei ein retardiert gesetzter Gegenblick vom Typ b_2, b_2* oder b_2^+ die Verhältnisse stabilisiert, und es sich ansonsten wieder um einen einfachen Blick mit Tendenz zum offenen Schnitt handelt. Dies gilt wohl auch zum Teil. Manchmal gilt es aber ganz manifest nicht; dann nämlich, wenn die Parität von A_2 *schwach V*, gelegentlich sogar, bei geometrisch-kontextueller Unterstützung, wenn sie stark ist. Dann haben wir als Zuschauer das Gefühl, A_2 würde sich in Richtung eines möglichen Gegenblicks bewegen, das heißt direkt auf A_1 zu. Einen solchen Schnitt nennen wir *,direkten kollisions-erwartenden Blick'*. Dabei ergibt sich eine Raumkonstruktion vom in Abb. 75 dargestellten Typ:

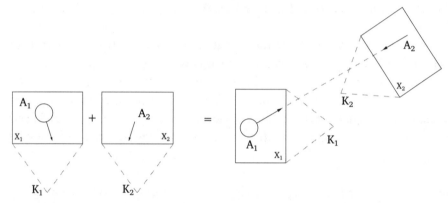

Abb. 75 Direkt kollisions-erwartender $L_{BK}(A_1, A_2)$-Blick schwach V - schwach V

Das dies so ist, erklärt sich wohl dadurch, dass die meisten Bewegungsträger in der Regel auch in Richtung ihrer Bewegung blicken und man als Zuschauer daher meint, der *kollisions-erwartende* Blick beinhalte bereits eine Blickinteraktion. Dass viele Blickinteraktionen mit einem Aufeinander-zu-Bewegen der Protagonisten in exakt der Blickrichtung enden, unterstützt diese Interpretationstendenz. Aber es kommt wohl noch ein Drittes hinzu, das wir indes erst im nächsten Kapitel genauer untersuchen wollen, ein offenbar noch stärker wirkender visueller Reflex, mit dem wir Bewegung polar zu ordnen versuchen, und der, wenn nicht identisch mit der genetischen Ursache des bei den Verletzungen des Paritätsgesetzes beschriebenen Pixilations-Phänomens, so doch zumindest eng damit verwandt ist. Da unsere ersten Begründungen bereits hochplausibel sind, brauchen wir auf die (obschon sie meiner Ansicht nach noch elementarer ist, aber sie ist leider auch schwerer darstellbar) dritte an dieser Stelle nicht weiter einzugehen.
*

Die Existenz des *direkten kollisions-erwartenden* Blicks führt zu erheblichen Verwirrungen bei naiven Benutzern des direkten Blicks L_{BD}, welche die Kamera K_2 bei der Aufnahme von s_2 genau in der Blickachse des Blickenden A_1 platzieren. Hat dann in x_2 ein eigentlich an A_1 vorbeigehender Bewegungsträger A_2 zufällig die richtige der Blickrichtung entgegengesetzte V-Parität, wird der Schnitt sofort als *direkter kollisions-erwartender* Blick interpretiert, und die Bewegung von A_2 als direkt auf A_1 zuführend begriffen. Auch dies ist ein Argument gegen einen allzu naiven Einsatz des direkten Blicks; dazu kommt, dass man die zur Vermeidung solcher Missverständnisse gesetzten retardierten Gegenblicke b_2, b_2* oder b_2^+ nach einem L_{BD} nur in ihrer illusionsstörenden neutralen Form einsetzen kann.
*

Soll beim *kollisions-erwartenden* L_{BK} (A_1, A_2)-Blick also der Eindruck von unmittelbar bevorstehender Kollision vermieden werden, müssen in x_2 in der Regel also klar retardierte Gegenblicke b_2, b_2* oder b_2^+ gesetzt werden. Wir ersparen uns hier die volle Ausarbeitung der Diagramme, die nach dem Muster der *kollisions-ausschließenden* gezeichnet werden können, und geben nur die am häufigsten genutzte Situation wieder, in der sich, wie in Abb. 76 dargestellt, A_2 (im Fall von *positiv V*-Ausgangsblickparität von A_1) rechtwinklig nach links von der Blickachse bewegt.

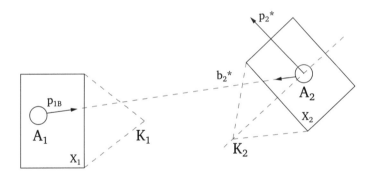

Abb. 76

Je schwächer dabei die Parität p_2* ist, desto wichtiger wird der retardiert gesetzte Gegenblick b_2*, der nötig ist, um den Eindruck eines direkten Aufeinander-zu-Bewegens zu vermeiden. Bei starker oder *schwach H*-Parität verwandelt sich dies auch ohne b_2* bei bestimmten räumlichen Verhältnissen in einen häufig benutzten klar begriffenen *direkten* Blick, mit dem man gemäß Abb. 77 etwa aus dem Auto an einer Schranke einen vorbeifahrenden Zug beobachtet.

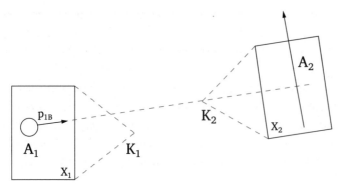

Abb. 77 Direkter Blick L_{BD} auf einen von rechts nach links fahrenden Zug A_2

Diese Konstruktion stimmt überein mit der uns von den kollisions-ausschließenden Blicken schon bekannten Anlehnung an den neutralen Blick L_{BD0} bei rechtwinklig von der Blickrichtung wegführenden Bewegungen. Obschon die unreflektierte Benutzung des neutralen Blicks beim Drehen eine höchst zweischneidige Sache ist, eignet er sich vorzüglich für approximative Bildkonstruktionen, die dann durch leichte Parallelverschiebung der Kameraposition aus der Blickachse heraus zu einer recht zuverlässigen werden.
*

Wie bei der retardierten Blickinteraktion können sich Kollisionsblicke noch stärker einer offenen Situation annähern, indem sich entweder A_1 nach dem gesetzten Blick kurz mit etwas anderem beschäftigt, oder aber A_2 sich erst nach einiger Zeit in Bewegung setzt. In diesen Fällen sprechen wir von *in sich retardierten kollisionserwartenden* oder *-ausschließenden* Blicken. Durch das retardierende Moment wird in ihnen ein kleiner Zeitsprung T_N möglich. Interessant ist, dass sich der einfache Blick L_{BE} dagegen nicht ohne Weiteres retardieren lässt. Das ist auch klar, denn sobald im Erblickten Personen vorhanden sind, könnte sich das Geschehen auch ohne Blick als offene Situation weiterentwickeln, die dann später mit dem Vorherigen verbunden wird. Beim einfachen Blick auf ein Bild ohne gerichtete Bewegung oder eins sogar ganz ohne Bewegungsträger führt die Retardierung dagegen ins bloß Atmosphärische.
*

Die Verwandtschaft der offenen Blickinteraktion zu den kollisionskontrollierenden Blicken legt noch eine weitere im Narrativen angelegte Polyvalenz bloß. Es ist die einer immanenten Kollisionserwartung. Wenn man so will, besteht die Blickinteraktion daher aus einer Serie von kollisionskontrollierenden Blicken, bei welcher die Blickpartner dauern prüfen, ob der jeweils andere zu ihm mit aggressiver Absicht ins Bild will, also mit ihm kollidieren könnte. Insofern stellt der Blick des anderen - wie übrigens auch im realen Leben - bereits einen *Übergriff* dar, eine latent gefährliche Kollision. Das wird offensichtlich in Blickinteraktionen zwischen Personen, die in Konflikt oder in ein erotisches Spannungsverhältnis miteinander geraten sind. Mit seinen Blicken kontrolliert man mögliche Übergriffe des anderen, wobei zu den harmlosesten Aggressionsvarianten der sogenannte *unverschämte Blick* gehört.

***

E. GERICHTETE GEOMETRISCHE RAUMVERBINDUNGEN

Gelegentlich sind die Geometrien von x_1 und x_2 so stark miteinander verbunden, dass auch bei starker und sogar *schwach H*-Parität von A_2 eine Kollision unausweichlich wird. Stellen wir uns in der zuletzt beschriebenen Situation in x_1 etwa ein auf Schienen stehendes Auto vor, aus dem A_1 in Richtung des Schienenstrangs blickt, so wird man, völlig anders als in Abb. 77 dargestellt, einen in x_2 mit zu p_{1B} entgegengesetzter Parität p_2 erscheinenden Zug A_2 als direkt auf A_1 zufahrend interpretieren.

*

Dies gilt auch, wenn A_1 *nicht* in Richtung der Schienen blickt. Dann hat man als Zuschauer das Gefühl, der Zug fahre auf A_1 zu, ohne dass dieser es bemerkt. Dabei wird die Verbindungsachse zwischen x_1 und x_2 durch den Schienenstrang festgelegt und nicht durch den Blick von A_1. Es ließe sich also sagen, dass in diesem Fall zwei Arten von virtuellen Bewegungsträgern von s_1 ausgingen, wobei die einen der Blickrichtung von A_1 folgen, die anderen dem Schienenstrang. Nehmen wir des weiteren an, in Richtung des Blicks von A_1 sei gerade ein Auto verschwunden, wird klar, dass die entstehende Verwirrung nicht unseren bisherigen Regeln über kollisions-ausschließende Blicke anzulasten ist (mit dem verschwindenden Auto kommt es ja in der Tat zu keiner Kollision), sondern dass hier eine indirekte Dreieckskonstruktion vorliegt, wie wir sie im zweiten Anhang unserer Darstellung blicklinearer Schnitte genauer beschreiben werden - bei Dreieckskonstruktionen sind die Regeln für Blickinteraktionen deutlich modifiziert.

*

Der Gedanke, dem Schienenstrang würden virtuelle Bewegungsträger folgen, lässt sich vielleicht dahin gehend fortsetzen, dass s_1 zusätzlich zum realen Blick von A_1 noch einen ‚*virtuellen Blick*' längs dieses Schienenstrangs enthielte, der vom Zuschauer dann im folgenden Schnitt nach den Regeln der *verallgemeinerten* Blickinteraktion auf die uns bekannte Weise konstruiert wird. Und richtig: In dem Moment, wo die Lokomotive ein Signal ertönen lässt und sich der Blick von A_1 der Geräuschquelle zuwendet, verwandelt sich der virtuelle Blick in einen realen. Und wenn noch ein nach vorn blickender Zugführer erscheint, wird sogar die Blickinteraktion real.

*

Eine derart virtuelle Blickinteraktion zwischen Bildräumen findet interessanterweise auch dann statt, wenn in unserer Situation $p_{1B} = p_2$ ist, wenn es sich also formal um einen kollisions-ausschließenden Blick handelt. Dann ist p_{1B} der Blick eines von der nahekommenden Kollision *nichts* Ahnenden, der freilich nach dem Ertönen des Signaltons seine Blickparität wechseln muss, um aus der *virtuellen* Blickinteraktion eine reale und mit der Kollisionserwartung übereinstimmende zu machen. Tatsächlich nehmen wir in dieser Situation gleich an, dass sich x_2 gar nicht in der Blickrichtung von A_1 befindet, sondern in seinem Rücken. Die reale Blickinteraktionsachse wird zwar erst nachträglich eingestellt, passt sich in diesem Fall aber bereits der vorhandenen virtuellen an.

*

Solche ‚*virtuellen Blickinteraktionen*‘ zwischen Einstellungen, die man auch als *gerichtete* oder *lineare geometrische Raumverbindungen* bezeichnen könnte, weil unter Umständen kein aktiver Bewegungsträger beteiligt zu sein braucht, sind häufiger als man denkt. Praktisch jede weitläufige Linearität in zwei aufeinanderfolgenden Bildern, eine strukturierte Wand, ein Küstenverlauf, oder, wie erwähnt, der Verlauf eines Flusses, aber natürlich auch der einer Straße oder das Geschehen in einem fahrenden Zug, kann sie auslösen. Dadurch verwandeln sich viele in der Planung zunächst recht einfach aussehende Blickinteraktionen beim tatsächlich Dreh in komplizierte Dreieckskonstruktionen, bei denen die möglichen Blickrichtungen der Beteiligten stärker eingeschränkt sind, als zu erwarten war.

*

Die etwas befremdlich anmutende Vorstellung ‚virtueller Blicke‘ erinnert vage an sogenannte virtuelle Prozesse in der modernen Physik, wo man sich damit in Form sogenannter *Feynmann-Diagramme* einen einfachen Zugang zu sonst nicht erschließbaren relativistisch-quantentheoretischen Zusammenhängen verschafft. Dass solche Formalismen auch in Zusammenhang mit Problemen des Filmschnitts brauchbar sind, ist weniger entlegen als man denken könnte - wohl wirken sie auf den ersten Blick paradox und komplex, sie dienen aber ausdrücklich dazu, auch dem weniger mathematisch Versierten den Weg in etwas Hochkomplexes gangbar zu machen. Im Grunde sind sie Ausdruck eines etwas hilflosen *Common Sense* in einer mathematisch, wenn überhaupt, nur approximativ erfassbaren Umgebung. Dass eine allgemeine Formulierung der Verbindung zweier Räume durch die darin sichtbaren geometrischen Strukturen - ein Schienenstrang ist ja das simpelste Beispiel - einen erheblichen Formalismus verlangt und nicht einfach mit einem Begriff wie ‚erwarteter Widerspruchsfreiheit‘ abgehandelt werden kann, dürfte jedoch auch dem Laien klar sein.

*

Ganz ähnlich - ich hoffe ich stoße Sie jetzt nicht unnötig ab - werden wir bei der Betrachtung der Filmform als Ganzes in stark abgewandelter Form den *Streumatrix-Formalismus* der Quanten-Feldtheorie benutzen und einen wahrgenommenen Film als *Streuprozess* begreifen, bei dem ein Anzahl Darsteller in die Filmform eintritt, in ihr interagiert, sie dabei gleichzeitig aufbaut und modifiziert, um sie dann verändert wieder zu verlassen. Wir werden diesen Formalismus natürlich nicht benutzen, um damit die relativistische Invarianz der beschriebenen Vorgänge auszudrücken (was ihn in der Feldtheorie von Belang werden lässt), sondern weil er entwickelt wurde, um mathematisch hochkomplexe *Vielteilchenprozesse*, deren Gesetzmäßigkeiten großteils unbekannt sind, auf kompakte Weise darzustellen. Diese kompakte Darstellung, die in den 30er und 40er Jahren entwickelt wurde, kommt uns jetzt bei der Beschreibung der Filmform entgegen, weil wir es darin mit in der Regel zahlreichen Darstellern und mit, wenn nicht unbeschreibbaren, so doch zumindest nicht vollständig beschreibbaren Interaktionen zu tun haben, die man trotzdem irgendwie fassen muss, um Rückschnitte oder offene Schnitte vollständig zu behandeln. Im Übrigen sind die relativistischen Deformationen des euklidischen Raums und ihr mathematisches Erfassen ein Kinderspiel verglichen mit dem, was bei den Deformationen des euklidischen Raums *in unserem Kopf* geschieht, wenn wir Spielfilme betrachten. Ganz wie die gewiss hochkomplexe Welt der Elementarteilchen nicht einmal als Kinderstube der soziologisch wirklichen Welt mit all ihren Bewusstseinsvorgängen durchgehen kann (von denen ja viele in Filmen abgebildet werden). Unterhalb der Komplexität von Vielteilchen-Formalismen ist eine einigermaßen präzise Analyse der Filmform jedenfalls kaum zu haben.
*

In ähnlichem Sinn lässt sich vielleicht das Konzept virtueller Blickinteraktionen dazu nutzen, die komplizierten räumlichen Verhältnisse zwischen zwei Einstellungen auf die Gesetzmäßigkeiten von etwas Bekanntem, in diesem Fall das Paritätsgesetz zu reduzieren. Ich denke, dass es einem praktizierenden Feldtheoretiker in absehbarer Zeit gelingen müsste, *sämtliche* aus einem Bild führende Linienstrukturen in einem knappen Formalismus so zusammenzufassen, dass die durch solche Strukturen erfolgende geometrische Verbindung zweier aufeinanderfolgender disjunkter Einstellungen in gemeinverständlicher Weise auf die Regeln der verallgemeinerten klassischen Blickinteraktion und damit die Einhaltung des Paritätsgesetzes rückführbar sind. Wozu sonst als zur Vereinfachung von etwas Komplexen betreibt man schließlich die wirklich höhere Mathematik? Die beschriebene lineare geometrische Verbindung durch einen gemeinsamen Schienenstrang und ihre Reduzierung auf die Blickinteraktion liefern dazu das einfachste Modell.

***

F. NACHTRÄGLICH KOLLISIONSKONTROLLIERENDE BLICKE L_{BKN}

Wird bei kollisionskontrollierenden Blicken L_{BK} (A_1, A_2) die Reihenfolge von blickendem A_1 und erblicktem A_2 vertauscht, wird es weiterhin eine gewisse Richtungsorientierung geben, ähnlich wie es beim einfachen Blick L_{BE} geschah, bei dem die Vertauschung zu den leicht fragileren Raumkonstruktionen des nachträglichen Blicks L_{BN} führte. Kollisonskontrollierende Blicke mit vertauschter Reihenfolge nennen wir ‚*nachträglich kollisionskontrollierende Blicke*‘ oder ‚*nachträgliche Kollisionsblicke*‘ L_{BKN} (A_1, A_2), wobei wir gemäß Abb. 78 wieder zwischen *kollisions-erwartenden* und *kollisions-ausschließenden* Blicken unterscheiden, von denen es wiederum jeweils einen *einfachen* und einen *in sich retardierten* Typ gibt. Dabei repräsentieren

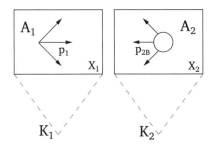 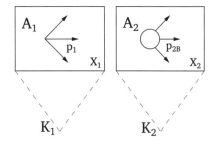

nachträglich kollisions-erwartend   nachträglich kollisions-ausschließend

Abb. 78 Nachträglich kollisionskontrollierende Blicke L_{BKN}

die drei Pfeile die zu den Paritäten p_1 und p_{2B} theoretisch möglichen Bewegungs- und Blickrichtungen nach den Mustern *schwach H*, *stark* und *schwach V*. Dass es auch bei diesen Schnitten zu keinen echten atmosphärischen Diskontinuitäten T_{Atm} kommen darf, ist wohl klar, denn Blicke sind stets T_C-Ereignisse.
*

Die Diagramme für die Raumkonstruktionen sollten, wenn man die Zahlen 1 und 2 in den Indizes vertauscht, mit denen der gewöhnlichen kollisionskontrollierenden Blicke $L_{BK}(A_1, A_2)$ aus den Abbildungen 68, 69 und 72 übereinstimmen. Da aber aus Definitionsgründen in s_1 kein Blick erfolgen darf (dies würde die Schnittfigur zur in sich retardierten Blickinteraktion machen), fallen die exotischeren, den Paritätsverhältnissen beim direkten Blick widersprechenden Konstruktionsmöglichkeiten von vornherein weg. Bei den nachträglich kollisions-ausschließenden Blicken L_{BKN} (A_1, A_2) führt das zu Konstruktionen wie in Abb. 79 bis Abb. 81

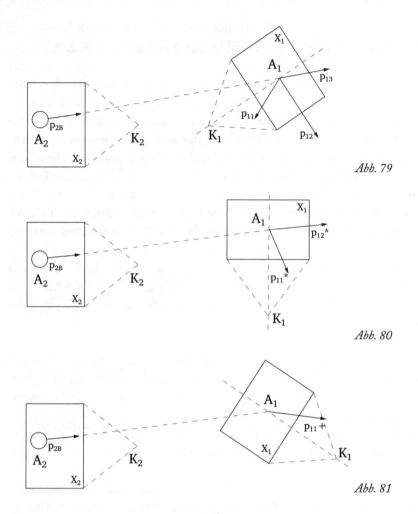

Abb. 79

Abb. 80

Abb. 81

wobei die Situationen in Abb. 80 und 81 (mit Ausnahme vielleicht der *schwach V*-Parität $p_{11}{}^*$) kontextuell oder durch eine gerichtete Umgebung abgestützt werden müssen, um einem Zuschauer unmissverständlich klar zu werden.
*

Aber selbst mit solcher Abstützung bietet sich, außer im Fall *schwacher H*-Parität p_{13}, in vielen Fällen zwingender eine andere Interpretation an, in welcher sich A_1 wie in Abb. 82 dem Blickenden A_2 von hinten nähert, wobei A_2 von der Annäherung nichts bemerkt:

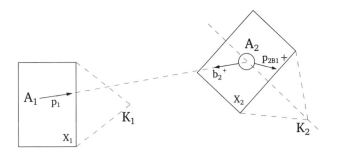

Abb. 82

Auch hier würde ein retardiert gesetzter Blick b_2^+ in Richtung von A_1 die räumliche Situation stabilisieren. Dieser Schnitt ist nicht mehr kollisions-ausschließend, im Gegenteil, die Kollision ist unvermeidbar, ohne dass A_2 es ahnt. Schon unser Beispiel mit dem auf dem Schienenstrang in die falsche Richtung Blickenden liefert das Muster. Dieses ist aber vom Schienenstrang, also einer speziellen gerichteten geometrischen Verbindung, weitgehend unabhängig. In unserem Fall stellt p_{2B1}^+ einen dieser Blicke in die falsche Richtung dar, von denen wir im Kapitel über einfache Blicke sprachen, den sogenannten Blick mit dem Hinterkopf. Gewöhnlich sind sie nur in Rückschnitts-Situationen (wenn der Gegenblick b_2^+ also schon stattgefunden hat) eindeutig.

*

Genau genommen handelt es sich hier weniger um einen *nachträglich kollisionskontrollierenden Blick*, sondern um einen anderen Schnitt-Typ, den im nächsten Kapitel besprochenen *Kollisionsschnitt* $L_{KOL}(A_1, A_2)$, der formale Ähnlichkeit mit ihm hat. Die Bildkonstruktion geht nämlich aktiv von A_1 in x_1 aus, und zwar in Richtung p_1 ganz unabhängig von Parität und Blickrichtung von A_2, dem einzig bleibt, die Verhältnisse durch einen dem Impuls von A_1 sich unterwerfenden retardierten Gegenblick b_2^+ zu stabilisieren. Beim nachträglichen Kollisionsblick mit gleichen Paritäten drängt sich diese Interpretation jedenfalls geradezu auf. Nur extrem starre Blicke in die ‚falsche' Richtung machen ihn zum kollisions-ausschließenden Blick hinter dem sich Bewegenden A_1 her. Je offener und weniger starr der Blick ist, desto mehr wird er *der Blick des Ahnungslosen*. Ist die räumliche Situation allerdings bereits geklärt, weiß man im Rückschnittsfall genau, wer wohin blickt und wer wen und wen nicht anguckt. Dann braucht man zwischen *Kollisionsschnitt* L_{KOL} und *nachträglichem Kollisionsblick* L_{BKN} nicht zu unterscheiden, die Interpretation ergibt sich von allein.

*

Der Vollständigkeit halber in Abb. 83 und 84 noch die Diagramme für *nachträgliche Kollisionsblicke* $L_{BKN}(A_1, A_2)$ mit starken und *schwach H*-Blickparitäten von A_2, wobei Abb. 84 am ehesten dem direkten Blick entspricht, der vom sich bewegenden

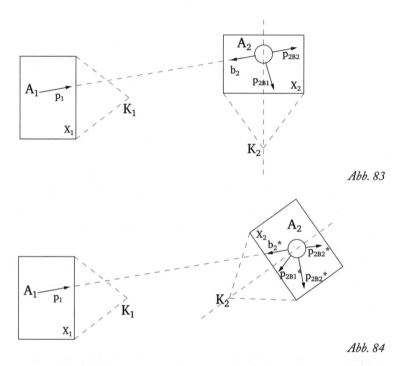

Abb. 83

Abb. 84

A_1 ausgeht und dementsprechend die höchste Plausibilität hat. Aber auch hier wird die wirkliche räumliche Orientierung erst durch retardiert gesetzte Blicke b_2 oder b_2* bzw. das Eintreffen von A_1 in x_2 auf der Verbindungsachse geklärt.
*

Es lässt sich denken, dass sich die Situation bei starker Ausgangsparität p_1 von A_1 nicht ändert. Bei *schwach H*-Ausgangsparität dürfte dagegen kontextuelle Unterstützung nicht schaden. In beiden Fällen müsste in den vorigen drei Diagrammen der linke Teil durch eine Drehung der Kameraachse um den Bildmittelpunkt modifiziert werden. Theoretisch wären, da wir ohnehin stabilisierende Blicke b_2, b_2* oder b_2^+ benötigen, auch leicht paradoxe, den Paritätsverhältnissen beim direkten Blick widersprechende Konstruktionen möglich, wie wir sie bei den einfachen Kollisionsblicken untersucht haben. Sie führen aber, wie bei diesen, zu lästigen Irritationen.
*

Es ist interessant, dass bei *nachträglichen Kollisionsblicken* L_{BKN} im Fall gleicher Parität und Blickparität die Interpretationsmöglichkeit des *Kollisionsschnitts* L_{KOL} besteht, denn beim gewöhnlichen kollisions-ausschließenden Blick kommt das kaum (oder nur bei extremer kontextueller Unterstützung) infrage. Das liegt daran, dass die zuerst erscheinende Figur für den Zuschauer Priorität besitzt und dass sich das nach der Schnittstelle Folgende daran orientiert. Insofern bekommt unser Konzept vom *Bildvektor* auf überraschende Weise einen noch präziseren Sinn: Einstellungen haben im narrativen System tatsächlich oft wie ein Vektor Richtung. Und zwar die der genauen Ausgangsbewegungs- bzw. der Ausgangsblickrichtungen, denen in den üblichen Vektordarstellungen die Pfeilspitze entspricht.

*

Das Besondere am *nachträglichen* Blick ist, dass darin die Eingangsblickparität der zweiten Einstellung rückwirkend in die vorige Einstellung einzudringen versucht. Das kann zum Konflikt führen, wenn die erste bereits ihre Dominanz fühlbar machte. Das Urteil, ob es sich um einen *nachträglich kollisionskontrollierenden Blick* oder einen *Kollisionsschnitt* handelt, ist insofern Ausdruck eines Urteils darüber, wer in den kommenden Einstellungen das Geschehen dominieren wird. Handelt es sich bei A_1 etwa um einen Panzer, von dem der Zuschauer weiß, dass er sich einem schwachen A_2 in feindlicher Absicht nähert, wird die *Kollisionsschnitt*-Interpretation dominieren. Ist von A_1 dagegen bekannt, dass eine direkte Annäherung an A_2 nicht zu erwarten ist, wird der Schnitt zum *nachträglichen* Blick L_{BN}.

Dabei sind Zwischenstufen möglich, in denen beide um Vorherrschaft ringen. Soll der Blick als Konstruktionswerkzeug dominieren, muss er überdeutlich und besonders starr gesetzt sein oder mit Blickzeigern verstärkt werden. Im Fall des Panzers am besten gleich mit einer zielenden Panzerfaust, die dessen Bewegung in eine nicht direkt auf A_2 zukommende verwandeln kann, wie in den ersten beiden Diagrammen für *nachträglich kollisions-ausschließende* Blicke gezeigt. Der Zuschauer kommt also um die rasche Beantwortung der Frage „*Wer - Wen?*" nicht herum. In gerichteten Umgebungen beantwortet sich diese freilich von selbst.

*

Ebenso wie A_2 sich das mögliche Kollisionsbedürfnis von A_1 nachträglich durch einen Blick von besonders starrem Charakter untertan machen und so an sich abgleiten lassen kann, ist klar, dass ein besonders offener und lockerer Blick von A_2 den Kollisionscharakter des Schnitts unvermeidlich stärken wird. Dann ist der nachträgliche Blick nicht aktiv raumstrukturierend, sondern es handelt sich wieder um den *Blick des nichts Ahnenden*, der sich der von A_1 ausgehenden Raumausdehnung zu unterwerfen hat. Diese Unterschiede sind von feiner, für die Konstruktion und das Verständnis eines Films aber nicht belangloser Art. Beherrscht man sie nicht, kann der Zuschauer nur in rigide geordneter Umgebung den Überblick über das Geschehen behalten.

*

Bei den *nachträglich kollisions-erwartenden* Blicken gibt es diesen Antagonismus zum *Kollisionsschnitt* dagegen nicht, da beide Interaktionspartner auf Kollision drängen. Ist in einer Schnittfigur $s_1 : s_2$ die Parität p_1 des sich in x_1 bewegenden A_1 der Blickparität p_{2B} des in x_2 blickenden A_2 entgegengesetzt, erwartet man (wegen der auf Kollision drängenden Tendenz von A_1 stärker wohl noch als beim kollisions-erwartenden Blick) ein baldiges Treffen gemäß Abb. 85. Solche Schnitte

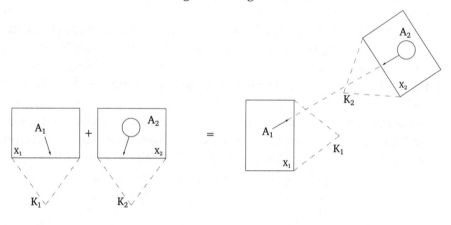

Abb. 85

nennen wir daher *nachträglich direkt kollisions-erwartende* $L_{BKN}(A_1, A_2)$-*Blicke.* Sie sind zugleich Kollisionsschnitte. Bei dem dieser Figur vorangehenden Schnitt zu x_1 handelt es sich manchmal um einen offenen Schnitt, wobei x_1 dann nachträglich per einfachem Blick L_{BE} von A_2 mit dem Geschehen verknüpft wird. Auch bei diesem Schnitt wird durch die Häufigkeit der Blickinteraktionen wahrscheinlich ein Interpretationsreflex ausgelöst, der mitunter noch stärker ist als bei der antizipierten Begegnung.

*

Obwohl die direkte Kollisionserwartung bei diesem Schnitt-Typ dominiert, kann man auch hier, etwa durch einen von A_2 retardiert gesetzten zweiten, A_1 nun *erkennenden* Blick, den ersten Blick in den des nichts Ahnenden verwandeln. Bei besonders rigiden Blickverhältnissen, wie im Beispiel unserer Panzerfaust, kann A_2 sogar gelingen, die Bewegung von A_1 rechtwinklig an sich abgleiten lassen. Die Regeln dafür entsprächen der *kollisions-erwartenden* Blickkonstruktion. Der Blick des Ahnungslosen lässt sich aber zwangloser mit Kollisionsschnitten inszenieren, jedenfalls wenn ein möglicher *nachträglich kollisions-ausschließender* Blick dominiert. In diesem Fall darf der erkennende zweite Blick ruhig auf sich warten lassen, wodurch man das Gefühl von kommendem Desaster oder möglichem freudigem Ereignis verlängern kann.

*

Der Blick p_{2B} des nichts Ahnenden, dem nach einem *Kollisionsschnitt* die Annäherung durch einen Bewegungsträger A_1 droht, lässt sich als Vorstufe der *offenen Blickinteraktion* begreifen, weil das Interesse des Zuschauers bereits auf die kommende Interaktion gerichtet ist. Sollte ein *direkter Blick* von A_2 in die noch ‚falsche‘ Richtung folgen, stellt dies fast schon eine atmosphärische Ablenkung dar, durch welche die fällige Annäherung retardiert wird. Dann hat der Zuschauer bereits einen besseren Überblick über die Verhältnisse als der von der Annäherung Betroffene A_2, dessen weiteres Raumkonstruieren zur Codierung seiner Getäuschtheit wird.

***

G. KOLLISIONSSCHNITTE L_{KOL}

Setzen wir in der Kollisionsschnittfigur $s_1 : s_2$ das Offene so weit fort, dass A_2 in x_2 nicht mit Richtung blickt, sondern schläft oder irgendeine andere eindeutig *nicht* aus dem Bild herausführende Blickaktivität zur Schau stellt, während wir A_1 unverändert als jemanden begreifen, der sich A_2 mit Kollisionspotenzial nähert, dann antizipieren wir, dass A_1 in x_2 bald mit erhaltener Parität p_1* erscheinen wird. Die Raumkonstruktion wäre unabhängig vom ohnehin ‚falschen‘ aus x_2 nicht herausdringenden Blick von A_2. Lediglich die vermutete Richtung des stets möglichen retardierten Gegenblicks b_2 wäre von Belang. Solche Schnitte nennen wir *Parität-Null-Kollisionsschnitte* – Parität-Null deshalb, weil nur A_1 eine Bewegung mit definierter Parität zur Schau stellt, A_2 dagegen nicht. Für solche Schnitte erwarten wir die Raumkonstruktion von Abb 86.

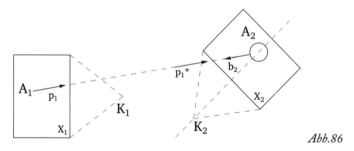

Abb.86

Wir erwähnten bereits, dass dies am ehesten dem einfachen Blick L_{BE} entspricht, der hier vom sich bewegenden A_1 ausginge. Dementsprechend hat er an der Schnittstelle höhere Plausibilität als andere Näherungen. Der Blickrichtungswinkel b_2 der unter Umständen (im Nachhinein) stattfindenden Blickinteraktion legt zugleich den Bewegungsrichtungswinkel p_1* fest, den A_1 annehmen müsste, wenn er in x_2 einträte. Oft ist dieser Winkel durch gerichtete geometrische Verbindungen (etwa Straßen) bereits festgelegt. Natürlich wären auch starke, unter Umständen sogar *schwach* V-Paritäten von p_1* möglich, denen dann, wie wir inzwischen wissen, Schwenks der Kameraachse um das Bildzentrum von x_2 entsprächen.
*

Generell sprechen wir bei nichtlinearen Schnitten $s_1 : s_2$ von *Kollisionsschnitten* $L_{KOL}(A_1, A_2)$, wenn sich in x_1 und x_2 jeweils mindestens ein Bewegungsträger A_1 bzw. A_2 aufhält und zumindest einer starkes Kollisionspotenzial hat. Die Kollisionsschnitte sind *offene* Schnitte, da die suggerierte Raumverbindung nicht durch lineare Prozesse vermittelt wird. Das gibt ihnen T_C-Charakter. Nur wenn es beim Schnitt zu atmosphärischen Diskontinuitäten kommt, verschiebt sich das in den T_N- oder T_D-Bereich. Dann hat die mögliche Raumkonstruktion allerdings kaum noch etwas Zwingendes, weil sie sich aus der Erwartung auf eine unmittelbar bevorstehende Verknüpfung speist. Systematisch sind Kollisionsschnitte erst behandelbar, wenn man die narrative Filmform als Ganzes, und darin vor allem *Parallelmontagen*, erfassen kann. Dennoch gibt es etliche mit so starker Affinität zur Blickinteraktion und zu den Kollisionsblicken, dass manchmal spekulative Raumkonstruktionen möglich sind. Diese wollen wir als komplizierteste Form der vom Zuschauer *als linear empfundenen Schnitte* zum Abschluss unserer systematischen Darlegung einfach linearer Schnitte schon hier besprechen.

*

Von entscheidendem Belang ist dabei, wie gesagt, der Begriff des *Kollisionspotenzials* der Bewegungsvariablen, weil sich daraus die Raumöffnung zum jeweilig anderen Raum ergibt. Das Kollisionspotenzial ist abhängig vom Urteil des Zuschauers, der es aus dem Anschauen des bisherigen Filmgefüges schlussfolgert. In dem von uns in der Einführung diskutierten Méliès-Film „*Von Paris nach Monte Carlo*" besaß das rot kolorierte Auto, das alles niederfährt, was sich ihm in den Weg stellt, außerordentlich hohes Kollisionspotenzial. Dadurch wirkt jeder Schnitt in diesem Film zunächst wie ein *Kollisionsschnitt*, bevor er sich, sobald das Kollisionsgeschehen abgeebbt ist, in einen *in sich retardierten linearen Distanzschnitt* L_{DR} verwandelt.

Hauptdarsteller eines Films verfügen generell über hohes Kollisionspotenzial, schon weil sie die Neigung haben, ihre Nase in alles Mögliche zu stecken. Sie haben dieses Kollisionspotenzial aber nicht jederzeit. Zuweilen werden sie gewissermaßen geparkt und spielen als aktiv Handelnde eine Weile keine Rolle, wodurch sie atmosphärisches Beiwerk im Bewusstsein anderer Hauptdarsteller (und des Zuschauers) werden. Entscheidend für das Verständnis von Kollisionsschnitten ist daher ihr *aktuelles Kollisionspotenzial*, das nämlich, welches sie in der letzten sie enthaltenden Einstellung ausstrahlen. Eines von schlagender, raumeindringender Größe können kurzfristig auch nebenrangige Darsteller annehmen, z. B. wenn sie sich einem Hauptdarsteller auf unerwünschte Art nähern. Andererseits gibt es Darsteller oder sich bewegende Objekte von u. U. erheblichem Kollisionspotenzial, die keine aktuelle Gefährdung darstellen, weil sie zu weit weg, eingesperrt oder mit etwas anderem beschäftigt sind.

*

Man kann den Unterschied zwischen Bildern von niedrigem und hohem Kollisionspotenzial vielleicht auch so fassen, dass man die Bewegungsträger in den einen mühelos per Blick auf Abstand halten kann, während dies bei Bewegungsträgern mit hohen aktuellen Kollisionspotenzial nicht (oder nur unter Schwierigkeiten) gelingt. Formal entspräche dem eine antagonistisch wirkende Spannung zwischen *kollisionskontrollierenden Blicken* und *Kollisionsschnitten*, aus deren ungewisser Balance - die wir auch bei der offenen Blickinteraktion entdeckten - sich ein Gutteil der *filmischen Spannung* nährt. Es ist wichtig, sich klarzumachen, welche über sich selbst weit hinausgehende Bedeutung der Blick für die narrative Form da bekommt.

*

Gelegentlich kann eine Bewegungsvariable derart hohes aktuelles Kollisionspotenzial annehmen, dass sie eine ganze drauffolgende Sequenz sich unterzuordnen versucht und sie in eine gerichtete Umgebung verwandelt, in Art etwa einer zum Angriff sich formierenden Armee. Diese Umgebung wirkt dann wie ein Magnetfeld, in dem sich die anderen Bewegungsträger nur unterstützend oder antagonistisch einordnen können. Man hat dabei zu begreifen, dass dieses Feld aus einer Antizipationsanstrengung des Zuschauers hervorgeht, die sich zu einem gut Teil aus dem bisher im Film Gesehenen ergibt. Insofern lassen sich die Kollisionsschnitte vollständig erst behandeln, wenn man die Filmform als Ganze zu formalisieren versteht.

*

Nachdem wir die Raumkonstruktionen der Null-Parität-Kollisionsschnitte bereits in Abb. 86 erörtert haben, können wir die übrig bleibenden gemäß dem Muster der Kollisionsblicke in *paritäterhaltende* und *paritätverletzende* Kollisionsschnitte unterteilen, je nachdem ob A_1 und A_2, wie in Abb. 87 a und Abb. 87 b dargestellt, an der Schnittstelle gleiche oder entgegengesetzte Parität haben.

Es ist wichtig, sich vor dem Folgenden noch einmal zu verdeutlichen, dass es sich bei den dargestellten Fällen nicht um einfach lineare Schnitte handelt, also um solche, in denen durch den beobachteten Übergang eines Bewegungsträgers Kausalität in den Übergang injiziert wird. Sondern hier wird versucht, die Parität selbst gewissermaßen zu übertragen und das menschliche Gehirn dadurch zu einer Zusammenhangsanstrengung im Sinne von $X_N T_C$ zu verleiten. Dass es oft funktioniert, ist mehr als erstaunlich. Diese Schnitte bilden daher so ungefähr das Komplizierteste, was das narrative System leistet. Deshalb bleiben sie, außer in ihren einfachsten Formen, vielen Regisseuren relativ rätselhaft.

Ich meine sogar, dass sie nur im kalifornischen Kino der 1950er und 1960er Jahre von Regisseuren wie Hawks, Vidor, Ford, Walsh, Dmytryk, Hathaway, Mankiewicz, um ein paar zu nennen - sowie vor allem Hitchcock und dem in der Inszenierung von Außenaufnahmen noch erstaunlicheren *Anthony Mann* - einigermaßen begriffen wurden. Darüber hinaus habe ich den Eindruck, dass sich dieses tiefere Verständnis inzwischen weitgehend verflüchtigt hat und einer gewissen Grobschlächtigkeit im Umgang mit gerichteten Umgebungen gewichen ist, die sich stattdessen mehr auf das schockhaft Atmosphärische an Kollisionsschnitten konzentriert.

*

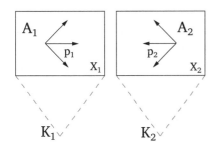

Abb. 87a Paritätverletzende Kollisionsschnitte

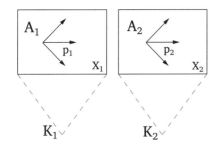

Abb. 87b Paritäterhaltende Kollisionsschnitte

Wir untersuchen als erstes die *paritätverletzenden $L_{KOL}(A_1, A_2)$-Kollisionsschnitte* aus Abb. 87a, solche also mit $p_2 = - p_1$, wobei wir der Einfachheit halber $p_1 = +1$ annehmen, was heißt, dass wir nur links-rechts-Bewegungen von A_1 genauer untersuchen. Für $p_1 = -1$ gelten natürlich dazu symmetrische Formulierungen und Diagramme.

Hat bei solchen Schnitten nur A_1 ein aktuelles Kollisionspotenzial, während A_2 gegenüber der Annäherung noch indifferent ist oder gar *negatives Kollisionspotenzial* besitzt (den Wunsch also nach *Flucht*), wird sich die Raumkonstruktion nicht von der des *kollisions-erwartenden Blicks* unterscheiden. Dabei tritt nur die Bewegungsrichtung p_1 von A_1 anstelle der Blickrichtung p_{1B}, man nimmt also an, dass A_1 in Bewegungsrichtung blickt. Entsprechend wird wie beim *direkten kollisions-erwartenden Blick* bei *schwach V*-Parität von A_2 ein Aufeinander-zu-Bewegen von A_1 und A_2 angenommen, während man bei starken bzw. *schwach H*-Paritäten von A_2 eine sich am *direkten Blick* orientierende rechtwinklig nach links oder nach schräg hinten links ausweichende Bewegung von A_2 vermutet.

Der erste Fall lässt sich als *kollisions-erwartender Kollisionsschnitt* bezeichnen, die beiden anderen sind dagegen zunächst einmal *kollisions-neutral*, wobei dies bei großem Kollisionspotenzial von A_1 und geringer Fluchtgeschwindigkeit von A_2 (im Fall etwa eines ein grasendes Stück Wild mit hohem Tempo attackierenden Löwen) beim Zuschauer dennoch zu hoher Kollisionserwartung führen kann. Die Diagramme dieser Schnitte entsprechen denen der kollisions-erwartenden Blicke, bei deren Behandlung auch bereits davon die Rede war, in welchem Ausmaß (etwa beim Beispiel vom Bahnübergang) die genauen Raumkonstruktionen von den direkten geometrischen Verbindungen der beiden Einstellungen abhängig sind.

*

Verfügt dagegen A_2 ebenfalls über aktuelles Kollisionspotenzial, ist das Kollisionspotenzial an der Schnittstelle also *doppelt aktuell*, verwandelt sich auch die potenzielle Kollisions-Neutralität in eine Kollisionserwartung und eine angenommene direkt Aufeinander-zu-Bewegung von A_1 und A_2. Solche Kollisionsschnitte nennen wir im Unterschied zu den vorherigen, die wir *einfach kollisions-erwartend* nennen können, *doppelt kollisions-erwartend*. Diese Schnittfigur hat eine direkte Beziehung zur Blickinteraktion, ist in gewisser Weise sogar mit ihr identisch, wenn man annimmt, die beteiligten Bewegungsträger würden sich in genau ihrer Bewegungsrichtung anblicken. Auch hier gilt selbstverständlich die Einschränkung, dass die direkten geometrischen Verbindungen Priorität haben.

*

Bei *doppelt kollisions-erwartenden Kollisionsschnitten* erwartet man also, dass A_1 und A_2 sich (der Einfachheit wegen benutzen wir in den folgenden Diagrammen nur starke Paritäten, da in ihnen die Bewegungsverhältnisse für einen Leser am übersichtlichsten sind) gemäß der Konstruktion von Abb. 88 zunächst einmal direkt aufeinander zu bewegen.

Abb. 88

Außerdem erwartet man, dass es bald eine neue Einstellung s_3 zwischen x_1 und x_2 geben wird, an der Stelle x_3 etwa, in der A_1 und A_2 einander wie in Abb. 89 dargestellt begegnen. Solche Begegnung in x_3 werden wir später, wenn wir die *Topologie*

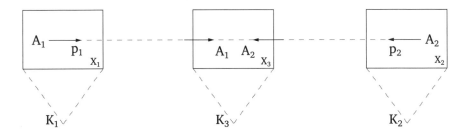

Abb. 89

des narrativen Systems als Ganzes untersuchen, als *Knoten* bezeichnen. Man erwartet also als Zuschauer bei *doppelt kollisions-erwartenden Kollisionsschnitten* eine unmittelbar bevorstehende *Verknotung* zweier Handlungsstränge. In dieser speziellen mit einem Kollisionsschnitt von x_1 nach x_2 beginnenden Schnittfigur $s_1 : s_2 : s_3$ wären dann x_2 und x_3 durch einen in A_2 linearen *quasikontinuierlichen* Schnitt L_Q verbunden und x_1 und x_3 durch einen in A_1 linearen *retardiert quasikontinuierlichen* L_{RQ}. Eine solche *Verknotung* zweier Raumzeit-Gefüge bildet beim Betrachten eines Films eine der wichtigsten und elementarsten Zellen der Raumzeitverknüpfungsanstrengung eines Zuschauers. In diesem Sinne würde sich anbieten, statt von *aktuellem Kollisionspotenzial* strikt topologisch vom *aktuellen Verknotungsbedürfnis* einer Bewegungsvariablen zu sprechen.

*

Handelt es sich bei A_1 und A_2 um aufeinander zu rasende Lokomotiven, bestände ihre *ideale Verknotung* für uns Zuschauer vermutlich in ihrem sich gegenseitig auslöschenden Aufeinanderprallen. Stellten A_1 und A_2 indes ein aufeinander zu strebendes Liebespaar dar, ließe sich die ideale Verknotung eher in einem ewig dauernden, vollkommene Erfüllung verheißenden Liebesakt suchen, indes ein dritter häufig auftauchender Verknotungstypus, derjenige nämlich, der tiefgreifende Verbrüderungen darstellen möchte, sogar von ewigem Frieden sprechen könnte. In allen derart *ideal* verlaufenden Fällen gibt es ein Bedürfnis danach, die Zeit als ausgelöscht zu betrachten. Bei idealer Erfüllung gibt es kein *Danach*, daher stehen ideal verknotete Ereignisse oft am Ende eines Films. Das uns geläufige *Happy-End* ist die harmlose, die optimistische Metapher dieser idealen Verknotungen. Da die nihilistische, auf totale Zerstörung zielende Variante den Menschen in reiner Form kaum zumutbar ist, taucht sie am Film-Ende meist nur verwässert auf, indem es einen überlebenden guten Helden gibt, der unmittelbar davor das Böse eliminierte. Das ein wenig Nachdenkliche am überlebenden Helden bildet dabei den entschärften Ausdruck dieses fundamentalen, der Filmform auf radikale Weise innewohnenden Nihilismus.

*

In der wirklichen Welt rasen weder Lokomotiven gewöhnlich so aufeinander zu, dass sie einander vernichten, noch findet die Mehrzahl der Paare im Liebesakt ewige Erfüllung, nicht einmal die universelle Verbrüderung lässt sich ohne Weiteres aufrecht erhalten - meist fahren Lokomotiven schlicht aneinander vorbei, und selbst bei der erfolgreichsten Verknotung im Liebesakt folgt der ‚Zigarette danach‘ nicht bloß die von manchen gefühlte postkoitale Depression, sondern weit unweigerlicher die *postnodiale Verzweigung*.

*

Im Fall der aufeinander zu rasenden Lokomotiven sieht die auf ihre nicht-ideale Verknotung notwendig folgende *Verzweigung* in einer Schnittfolge $s_3 : s_4 : s_5$ wie in Abb. 91 aus:

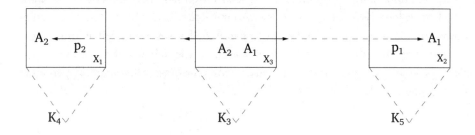

Abb. 91

Das heißt, in der auf den Knoten folgenden (von Kamera K_4 aufgenommenen) Einstellung s_4 erscheint erneut der Raum x_1, diesmal aber die Lokomotive A_2 enthaltend, während in der sich daran anschließenden (von K_5 aufgenommenen) Einstellung s_5 wiederum x_2 auftaucht, diesmal mit A_1. Die Räume x_1 und x_2 haben nach dem Knoten also bloß die Bewegungsträger und deren Richtungen getauscht. Würden wir einzig den Schnitt $s_4 : s_5$ betrachten, wäre er also erneut ein paritätverletzender Kollisionsschnitt. Und da beiden Lokomotiven unverändert hohes Kollisionspotenzial innewohnt, würde es sich formal sogar um einen *doppelt kollisions-erwartenden Kollisionsschnitt* handeln. Insofern muss es auch *postnodiale Kollisionsschnitte* in der Art von *inversen Kollisionen* geben, die sich aus dem Bedürfnis nach neuer Verzweigung speisen. In diesem Fall würde die Paritätsverletzung bedeuten, dass sich A_1 und A_2 voneinander entfernen. Dadurch kommt es zu der

Raumkonstruktion von Abb. 92. Es stellt sich also heraus, dass entschiedenes Auseinandergehen im Film auf gleiche Art dargestellt werden muss wie ein entschlossenes Zusammentreffen. Welches der Diagramme gilt, hängt also davon ab, ob es

Abb. 92

bereits zu einer Begegnung, also zu einem Knoten, kam oder nicht. Der *doppelt kollisions-erwartende Kollisionsschnitt* ist insofern ein ambivalenter Schnitt, der, wie jeder offene Schnitt, erst im Kontext eindeutig wird.
*

Wegen der direkten Beziehung dieses Kollisionsschnitts zur Blickinteraktion gibt es auch eine *inverse Blickinteraktion*. Bei dieser folgen einer rahmenden Totale x_0, worin zwei Personen A_1 und A_2 in verschiedene Richtungen p_{1B} und p_{2B} blicken und einander den Rücken bzw. die Hinterköpfe zuwenden, zwei Großaufnahmen x_1 und x_2, worin die beiden gemäß Abb. 93 mit weiterhin p_{1B} und p_{2B} in entgegengesetzte Richtungen blicken.

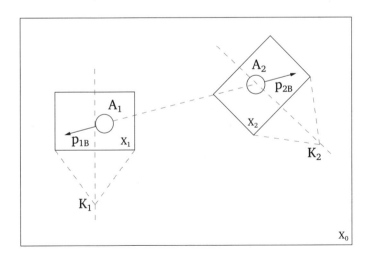

Abb. 93 Inverse Blickinteraktion mit rahmender Totale x_0

Wird fortan zwischen x_1 und x_2 hin und her geschnitten, nehmen wir an, dass sie sich weiterhin sozusagen *mit den Hinterköpfen anblicken*. Oder anders ausgedrückt: Gerade *weil* $p_{2B} = -p_{1B}$ ist, was eigentlich die *klassische* Blickinteraktion auslöst, wird uns klar, dass sie einander *nicht* anblicken. Man könnte auch davon sprechen, dass in der rahmenden Totale x_0 eine *Verknotung* der beiden Darsteller stattgefunden hat, sodass anschließend, wie im Fall auseinander strebender Lokomotiven, die *postnodiale*, also die inverse Blickinteraktion zum Zug kommt. Ohne vorherige rahmende Totale gäbe es dagegen die bekannte klassische Raumkonstruktion, in der A_1 und A_2 einander nach dem Muster von Abb. 94 anblicken, was komplett andere Raumverhältnisse suggeriert:

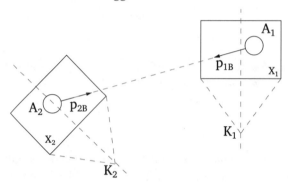

Abb. 94 Die klassische Blickinteraktion L_{BI}

Solchen *inversen* Blickinteraktionen mit gemäß Abb. 93 rahmender Totale x_0 begegnet man manchmal bei *Duellen*, wenn die Kontrahenten, einander die Rücken zukehrend, auseinandergehen, bevor sie sich umdrehen, um Schüsse auszutauschen.
*

Inverse Blickinteraktionen lassen sich auch ohne rahmende Totale x_0 erzeugen, wenn die Darsteller durch unsichere und für uns Zuschauer sichtbar nach hinten drängende Augenbewegungen verdeutlichen, dass sie am liebsten nach hinten gukken würden, dies aber leider nicht können. Dadurch etablieren sich am Hinterkopf von A_1 und A_2 virtuelle Blickzeiger p_{1Z} und p_{2Z}, die eine der inversen Blickinteraktion ähnliche Konstruktion nach dem Muster von Abb. 95 auslösen. Man sollte sich indes klarmachen, dass es sich in diesem ohne rahmende Totale auskommenden Fall nicht um die inverse Blickinteraktion selbst handelt, sondern weiterhin um die *klassische* in leicht paradoxer Anmutung, weil die eigentlich sichtbare Blickrichtung durch Schauspielerei überschrieben und für die Raumkonstruktion durch Blickzeiger ersetzt wird.
*

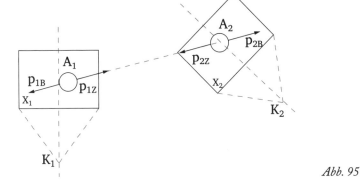

Abb. 95

An unserer Darstellung der Kontextabhängigkeit doppelt kollisions-erwartender Schnitte gibt es freilich etwas Unbefriedigendes. Von der geometrischen Struktur, von der Logik des Raums her, auch der Logik des Paritätsgesetzes, sollten unsere Interpretationen von Auseinanderstreben oder Aufeinander-zu-Fahren eigentlich gleichberechtigt sein. Wie kommen wir als Zuschauer aber dann dazu, beim Betrachten solcher Schnitte die mögliche Konfrontation dem theoretisch ebenso möglichen entgegengesetzten Fall ganz naiv und direkt vorzuziehen? Ich meine nämlich, dass es so ist, und halte dies für eine außerordentlich bemerkenswerte Struktur der narrativen Filmform, deren genaue Wurzeln zu untersuchen, einige Anstrengung lohnt.

*

Um sich dem zu nähern, wollen wir das simple Beispiel der nach erfolgter Begegnung auseinanderstrebenden Lokomotiven weiter verfolgen. Dazu ließe sich eine Serie S von n Schnitten

$$S = x_1 : x_2 : x_3 : x_4 : x_5 : \ldots : x_{n-1} : x_n$$

wie die in Abb. 96 dargestellte benutzen, wobei wir der Einfachheit halber statt der s_k gleich die von ihnen repräsentierten Räume x_k zur Kennzeichnung verwenden. In der Abbildung stellt $x_1 : x_2$ einen in der Lokomotive A_1 einfach linearen Schnitt dar, wonach die folgenden x_k und x_{k+2} jeweils durch abwechselnd in A_1 und A_2 retardiert lineare Schnitte miteinander verbunden sind. Dadurch verwandelt sich jeder Schnitt $x_k : x_{k+1}$ formal in einen *Kollisionsschnitt* mit *doppelt aktuellem Kollisionspotenzial*. Dies Potenzial entlädt sich jedoch nicht wie in Abb. 89 in einer zu einer Verknotung führenden Bewegung aufeinander zu, sondern es führt zu einer zunehmenden Trennung der beiden Lokomotiven.

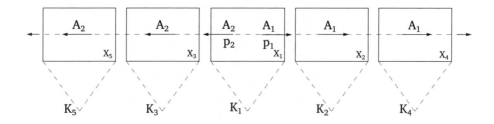

Abb. 96 Zwei auseinanderstrebende Lokomotiven

Wir hätten also eine nicht weiter rätselhafte Form, die, abgesehen von ihrer *Verankerung* in x_1, nur aus *inversen Kollisionsschnitten* besteht, welche das Geschehen zunehmend auseinanderziehen. Ist das Paritätsgesetz für die *retardiert linearen quasikontinuierlichen* oder die *retardiert linearen Distanzschnitte* erhalten (was den paritätverletzenden Charakter der Kollisionsschnitte festlegt), bereitet weder die Raumkonstruktion Schwierigkeiten (von der genauen zeitlichen Struktur dieser Montagefigur sehen wir vorläufig ab: Anders als die räumliche ist sie nicht ganz unkompliziert, da es darin aufgrund der retardierten Linearität Zeitsprünge geben mag, obwohl diese dem Zuschauer an keiner Schnittstelle direkt bewusst werden), noch würden wir, solange die Wiederholungszahl n relativ klein bleibt, sie seltsam finden: Zwei sich voneinander entfernende Lokomotiven gibt's schließlich auch auf der Welt, warum soll das nicht dargestellt werden dürfen?

Erhöhen wir die Zahl n aber weiter, beginnen wir uns zu fragen, was das eigentlich soll: Je weiter sie auseinander gefahren sind, desto sinnloser erscheint sowohl, dass sich ihr aktuelles Kollisionspotenzial nicht entspannt, als auch, dass man ihr Auseinanderstreben überhaupt weiter zeigt. Tatsächlich wird sich irgendwann wie von allein wieder das dem logisch nun gewachsenen Raumempfinden fundamental widersprechende Gefühl einstellen, dass die beiden Lokomotiven aufeinander zu fahren. Aus irgendeinem Grund scheint es kein Ziel für eine auf resolutes Auseinanderstreben zielende Montageform zu geben, die ihr kommentarloses Zeigen über längere Zeit rechtfertigt. Ein solches müsste uns Zuschauern erst mühsam kontextuell vermittelt werden.

*

Ich meine, dass das nicht nur an der Monotonie der auseinanderstrebenden Form liegt. Der dem Méliès-Film „*Von Paris nach Monte Carlo*" zugrunde liegende Erzählmodus, in welchem ein einziger Darsteller (das rot kolorierte Auto) eine Reihe von Räumen in einer Folge von linearen Distanzschnitten verbindet, ist eher noch monotoner und simpler gestrickt, ohne im heutigen Kino an Wirksamkeit eingebüßt zu haben. Die durch diese Distanzschnitte entstehende Kette, die als Reisedarstellung dient, hat aber im Gegensatz zur immerwährenden Verzweigung erkennbar ein Ziel - Monte Carlo! -, und weil die Strecke von Paris dorthin, wie uns vermittelt wird, bislang (das heißt 1905) noch nie in so kurzer Zeit von Autos zurückgelegt wurde, wartet an ihrem Ende zudem eine von den Zuschauern nachvollziehbare Belohnung, eine, wenn man so will, *Verknotung* also mit Personen, welche die Leistung der Fahrer zu schätzen wissen.

*

Nicht weniger interessant als solche am Ende eines Wegs lockenden Verknotungen dürfte die Überlegung sein, was eigentlich passiert, wenn in der Form

$$S = x_1 : x_2 : x_3 : x_4 : x_5 : \ldots : x_{n-1} : x_n$$

sowohl die Reihenfolge der Einstellungen als auch die Bewegungsrichtung der beiden Lokomotiven umkehrt wird, wenn man also das Aufeinander-zu-Fahren in Form von

$$S^* = x_n : x_{n-1} : \ldots : x_3 : x_2 : x_1$$

beschreibt, wobei die mit aktuellem Kollisionspotenzial versehenen Lokomotiven A_1 und A_2 sich am Ende der Schnittfolge in x_1 begegnen. Die letzten fünf Glieder, also $x_5 : x_4 : x_3 : x_2 : x_1$, dieses ineinander verschränkten Raumzeit-Geflechts sähen dann wie in Abb. 97 aus:

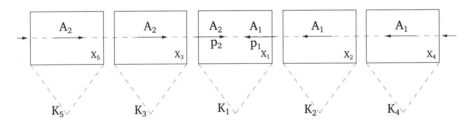

Abb. 97

Diese Form wirkt umso spannender, je mehr wir uns dem Treffen der beiden Lokomotiven nähern, je mehr wir also als Zuschauer das Gefühl einer unmittelbar bevorstehenden Verknotung bekommen. Erstaunlicherweise lässt sich diese Spannung erhöhen, wenn das Treffen direkt vor der längst drängend erwarteten Verknotung durch weitere Einstellungen verzögert wird. Oder extrem ausgedrückt: Je länger die Verzögerung dauert, desto mehr fühlen wir uns bei dem dann tatsächlich stattfindenden Treffen belohnt, wenn dieses spektakulär genug sein sollte. Natürlich sind wir, wenn wir lange haben warten müssen, auch ebenso leicht enttäuscht, wenn die erfolgende Begegnung dann nicht unserer Vorstellung von ideal destruktiver Verknotung entspricht. Aber darum geht es in unserer Argumentation jetzt nicht - beim Betrachten dieser Montagefigur gibt es offenbar ein Grundgefühl, das sich vielleicht am besten in Form der Banalität ausdrücken lässt, dass Vorfreude die größere Freude sei.

Paradoxerweise ist für diesen Vorfreude-Effekt nicht einmal ein völliges Umschneiden von $S = x_1 : x_2 : ... x_n$ nötig. Es reicht bereits, wenn man x_1 aus S entfernt, die Einstellung also, worin die beiden Lokomotiven noch vereint sind. Und, wie in Abb. 98 skizziert, am Sequenzende eine Einstellung x_{n+1} hinzufügt, worin das Treffen von A_1 und A_2 stattfindet:

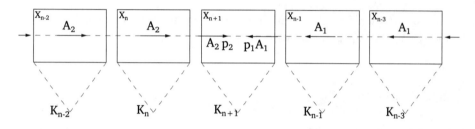

Abb. 98

Da die so entstehende Sequenz

$$S^+ = x_2 : x_3 : x_4 : x_5 : ... : x_{n-3} : x_{n-2} : x_{n-1} : x_n : x_{n+1}$$

mit einem *Kollisionsschnitt* $x_2 : x_3$ und *doppelt aktuellem Kollisionspotenzial* beginnt, erwartet man gleich von Anfang an eine mögliche Verknotung. Dies Gefühl bleibt zu jedem Zeitpunkt von S^+ (natürlich auch von S^*) bestehen.

Von derart auf Freude oder kommendes Desaster eingestimmten Erwartungen erleben wir als Zuschauer beim Auseinanderstreben von S hingegen nichts. Es lässt sich höchstens hoffen, dass sich die Parität der Bewegungsträger wieder umkehrt, denn dann ergibt sich womöglich eine neue Verknotung. Oder dass zumindest ein Beteiligter irgendwo ankommt, sodass man ihn eventuell erst einmal vergessen kann, um sich konzentriert dem anderen zuzuwenden.

Gewiss wird man auch in S^+ oder S^* die monotone Struktur nach einer Weile als Spiel durchschauen - wird aber im Kontext glaubwürdig versichert, dass die

Verknotung trotzdem irgendwann geschehen wird, bleibt das System in nachvollziehbarer Spannung. Und wenn sie wie vorausgesehen in einem x_{n+1} endet, wird man sich höchstens von der Qualität der nun folgenden Interaktion düpiert fühlen, nicht aber von der Form, in der man sie uns vorsetzte.

*

Das Erstaunliche dieses Paradoxons besteht darin, dass man nur eine einzige Einstellung zu ersetzen braucht, um bei uns eine völlig andere Grundhaltung auszulösen. Damit hat es zwar nicht die Liebenswürdigkeit von *Zenons* berühmtem *Annäherungsparadoxon*, dafür aber (schon insofern, als Achilles bei uns im einen Fall vor der Schildkröte flieht und er sie im anderen gewiss erreichen wird) zumindest zuschlagendere Prägnanz. Dieses Paradoxon kann darüber hinaus kaum durch Zufall entstanden sein, und gewiss wurde es uns nicht auf seltsame Weise von der Filmindustrie antrainiert. Dazu ist unser auf baldige Vereinigung drängendes Gefühl an jeder Stelle dieser Kollisionskette zu präsent.

Ich meine, dass es aus unserer Lebenserfahrung stammt, zum Teil sogar aus unserer täglichen Erfahrung. Das Gefühl von Trennung und danach erfolgender Wiederverknotung mit einem, mit mehreren lieben, manchmal auch unangenehmen Menschen ist uns eingeschrieben. Denen von uns, die Familie haben und regelmäßig zur Arbeit fahren, sogar als Jahrzehnte wirkender täglicher Rhythmus. Wir haben oftmals erfahren, was es bedeutet, sich nach etwas oder jemandem hingezogen zu fühlen. Und uns ist vertraut, dass wir manchmal aberwitzige, das Ungeheure streifende Anstrengungen unternehmen, um zu unseren Zielen zu gelangen. Ebenso vertraut, und nicht weniger wohl bereits im Stammesgeschichtlichen verankert, ist in uns das Gefühl, dass jemand uns nahetreten will, im Guten wie im Bösen, und dass wir ihm aus irgendeinem Grund ausweichen, dass wir ihm zuweilen sogar in panischer Flucht entkommen wollen. Wie wir auch das umgekehrte Gefühl sehr genau kennen, dass wir selbst jemandem im Guten oder Bösen nahekommen wollen, der uns aus gutem, manchmal unserer Ansicht nach auch schlechtem Grund ausweichen will.

*

In unseren inzwischen recht friedlichen Zeiten kennt dagegen kaum noch einer von uns die Erfahrung, dass wir uns jemand anderem zielstrebig in feindlicher Absicht nähern, der uns in feindlicher Absicht ebenso zielstrebig entgegenkommt. Das erlebt man, außer im Kino, fast nur noch im Sport. Bei real drohenden Konflikten ziehen die meisten ein wenig Hinterhältigkeit vor. Nicht bloß, weil wir feige sind, sondern schon um unsere Chancen zu erhöhen und Verluste zu minimalisieren. Die direkte Konfrontation haben wir indes stets im Hinterkopf. Nicht selten stellen wir sie uns im Geheimen vor, um unsere Chancen im Fall des äußersten Konflikts abzuwägen. Überhaupt sind unsere inneren Vorstellungen von derartigen Konflikten (oder die einer möglichen sexuellen Verknotung) bei der Begegnung mit fremden Menschen präsenter, als es die meisten von uns gern (sogar vor sich selbst) zugeben. Es kann gut angehen, dass sie seit unserer Reptilien- oder Hirsch-vergangenheit so fest mit unserem Resthirn verwachsen sind, dass wir ohne in solche Richtung feuernde Reflexe gar nicht originär denken können. Das leben wir aber lieber nicht im Betreiben, sondern im Betrachten von Sport aus. Oder - seit etwa 1900 - im Betrachten von Filmen, worin derlei Leidenschaften expliziter durch-spielt werden dürfen, als wir es uns selbst im Geheimen trauen oder zutrauen. Ich will nicht behaupten, dass dies die profane Basis des Filmwesens darstellt, aber zu ignorieren, dass jedwedes uns gefallende Kinoerlebnis davon als jederzeit wirkender Unterstrom begleitet wird, scheint mir schlicht unmöglich.

*

Und selbstverständlich kennen wir das Gefühl, dass wir uns von jemandem trennen wollen oder dies tun müssen. Solches Verzweigen geschieht jedoch meist zögernd, zumindest von einer Seite, der anderen ist es vielleicht egal. Manchmal wiederum erschrecken sich bei einer Begegnung beide Beteiligte, aber das führt eigentlich nie mit anhaltendem Impuls voneinander weg, wie es uns die beiden Lokomotiven im Extremfall suggerieren. Üblich ist eine bald einsetzende stupende Gleichgültigkeit, die freilich von allerlei sentimentalem Erinnern überfärbt wird.

Wohl können sich zwei einst Liebende wie in Paul Claudels „Seidenen Schuh" aus irgend einem Ekel eine Welt voneinander entfernen (Don Rodrigo in die Karibik, Dona Proeza ins marokkanische Mogador), aber sowohl das Theaterstück als auch de Oliveiras glänzende Verfilmung[87] ergeben für uns Zuschauer nur Sinn, weil sich einer der voneinander Getrennten nach einer Wiederverknotung sehnt und dieses Bedürfnis in Briefen, die der andere auch liest, ausdrückt. Werden zwei einander gleichgültig, gibt es kein Theaterstück mehr, keinen Film, gibt es keinen Roman, der sie auf dramatische Weise zu verbinden versteht. Dann entsteht die soziolo-gische Studie sich trennender Welten, deren Genese und Werden sich meistens besser getrennt erzählen. Im Grunde gelangt man so lediglich zum wissenschaft-ähnlichen Vergleich. In den Sphären, die Film und Roman aufgrund ihrer in spezi-elle Hirnwindungen eindringenden Eigenart eigentlich besser behandeln können, funktioniert da selbst die soziologische Statistik besser.

*

---

87 Manoel de Oliveira (geb. 1908), *Le soulier de satin* (Portugal 1985)

Ich will mich damit nicht im Entferntesten in die Diskussion der Anthropologen einmischen, ob dies nun die einzigen oder auch nur die wesentlichsten Gefühle sind, die das Menschsein ausmachen. Ebenfalls will ich nicht im Mindesten andeuten, in welcher Form und aufgrund welcher atavistischen Erfahrung sie im menschlichen Hirn gespeichert sind, oder ob man sie unterdrücken oder dagegen angehen soll. Nicht einmal, ob sie für unsere Zukunft und angesichts des doch begehrenswerten friedlichen Zusammenklangs der Geschlechter noch begrüßenswert sind, will ich beurteilen - aber im Umgang mit unseren Raumvorstellungen scheinen sie mir doch die alles andere dominierenden zu sein. Kolumbus wollte wohl einen neuen Weg nach Asien entdecken, mehr noch aber sehnte er sich, wie seiner Korrespondenz und den Bordbüchern unmissverständlich zu entnehmen ist, nach der Vizekönigschaft über die entdeckten Territorien. Und einer Anerkennung in Form allerprofanster feierlicher Verknotung nicht nur mit seiner Königin Isabella, sondern gleich auch noch dem gesamten spanischen Adel. Das ward ihm freilich verwehrt, was ihn ins Elend stürzte. Die Entdeckung Amerikas war ihm nach dem Sturz zurück ins Gewöhnliche zutiefst gleichgültig. Er war zwar, um in den Rahmen des Méliès-Film zurückzukehren, von Paris nach Monte Carlo gelangt, hatte aber die seiner Leistung zustehende Belohnung nicht erhalten.
*

Bemerkenswerterweise gibt in der Belletristik für jedes dieser uns vertrauten Grundgefühle im Umgang mit Verzweigungen und Verknotungen - das Beispiel von Claudels „Der seidene Schuh" deutet es an - spezifische narrative Formen, die inzwischen auf Film übertragen wurden. Den Roman des Liebhabers etwa, der eine widerwillig Liebende erobert. Den eines Liebhabers, dem sich eine andere, trotz aller Anstrengungen, versagt. Die Geschichte zweier Feinde, die einen Landstrich, ein Parlament, die ganze Welt, zum Schauplatz ihrer Animosität machen, bis einer zugrunde geht. Die Geschichte einer Liebenden, die sich mit Ekel einer nicht gewünschten Geldheirat widersetzt und ihr Glück im relativen Elend findet (oder auch nicht). Und natürlich die ewige Geschichte vom Aufsteiger, der in einem mühsamen Weg den Erfolg sucht und, ihn nach allerlei Opfern tatsächlich erreichend, dabei das Glück findet (oder auch nicht). Jedes dieser unserer den Raum betreffenden Grundgefühle hat ein eigenes Literaturgenre hervorgebracht, das sich seiner maximalen Herausarbeitung verschreibt. Fast alle haben im Film eine adäquat neue Heimstatt gefunden. Die meisten Romane oder Filme bedienen sich des ganzen Reservoirs zugleich und nacheinander. Sie sind ansprechende Mixturen aus den reinen Formen, die man dementsprechend wohl als die Grundformen des Narrativen zu bezeichnen hat. Interessant an dieser spezifischen Klassifikation ist, dass sie sich dem Narrativen relativ sachlich über den Begriff des *Raums* nähert und nicht über das vielklippige Terrain der Psychoanalyse, mit deren Hilfe solche Grob-klassifikation indes gewiss nicht schlechter gelingen muss.

*

Eigentümlich am Film ist aber nun, dass jedes der Grundgefühle, das wir in Bezug auf Raum und Konflikt und Erfüllung haben, an einen unserer Kollisionsschnitte gekoppelt ist. Im Fall der *doppelt kollisions-erwartenden* ist dieses Grundgefühl etwa das der Geschichte zweier unversöhnlicher Feinde (die zu der zweier unversöhn-licher Nationen auswachsen kann), deren Konflikt im Filmverlauf in einer radika-len Verknotung aufgelöst werden muss, die also gern im Anschluss an eine Kette von Kollisionsschnitten erfolgt. Ebenso gut könnten solche Schnitte jedoch auch die Geschichte der Sehnsucht nach geschlechtlicher Verschmelzung ausdrücken, oder die einer sehnsüchtigen Verbrüderung. In jedem dieser Fälle bildet der dop-pelt kollisions-erwartende Schnitt eine symbolische Mikroform der unsere Welt durchdringenden narrativen Strukturen, deren elaborierte belletristische Darstel-lung wiederum ihre Makroform bildet.

Insofern lassen sich Kollisionsschnitte als Grundformen des Narrativen interpre-tieren, als dessen Elementarteilchen gewissermaßen, aus denen sich die größeren Formen zusammensetzen. Unser Hirn enthält offenbar in Sekundenbruchteilen wirksame Reflexe, die vielleicht die knappsten und präzisesten Darstellungen je-ner geheimnisvoll in uns residierenden narrativen Formen sind. Jeder dieser Kolli-sionsschnitte ist die Miniform eines Genres (und dazu dessen codierte Metapher), in dem sich Kräfte in ähnlicher Haltung gegenüberstehen wie die an Kollisions-schnitten Beteiligten.

*

Die reflexartige Interpretation zweier Bewegungen als, sind die Paritäten einander entgegengesetzt, Bewegung aufeinander zu, ist nicht nur durch die Häufigkeit von Blickinteraktionen zu verstehen, oder durch die damit verbundene Erwartung ei-ner späteren quasikontinuierlichen Verknüpfung. Ihr liegt wohl ein tiefer sitzender neuronaler Reflex zugrunde, der entgegengesetzte Bewegung als auf Verknotung zielend interpretiert. Wobei diese ebenso gut bösartig sein kann wie erfüllend.

In jedem Fall stiftet dieser Reflex eine für den Film neuartige Raumverbindung. Diese wird weder durch die beobachtete Kausalität der Bewegungsträger induziert, die das Paritätsgesetz erzeugt, noch wirkt sie hyperkausal wie Blicke oder Schüs-se. Und ebenso wenig ist sie Ausdruck der kontextuellen Kausalität des Raums, wie sie sich bei virtuellen Blickinteraktionen äußert. Auch die objektive Kausalität des Raums ist nicht am Wirken, die Kamerabewegungen kontrolliert. Sie scheint vielmehr mit unserer biologischen Existenz verbunden zu sein. Und hat mit Erfahrung und Erwartung zu tun, die sich ganz eigensinnige Vorstellungen von Kausalität machen. Es ist eine *antizipierende* Kausalität, wie wir sie bereits bei der offenen Blickinteraktion entdeckten. Ich vermute darin ebenfalls das Operieren eines stammesgeschichtlich bedingten Reflexes, der sich - wie im Fall des Pixilations-Phänomens und der Bewegungserkennung - der Filmform überlagert hat.

*

Womöglich noch fundamentaler als doppelt kollisions-erwartende Schnitte, die wir als Abbreviatur und vielleicht sogar Metapher eines beiderseitigen Bedürfnisses begriffen (in einer militärischen Auseinandersetzung, einer erotischen Verwicklung, einer erhofften Verbrüderung), das auf finale Verknotung drängt, ist der asymmetrische Fall, in dem nur A_2 auf baldige Verknotung zielt, indes A_1 sich noch im Zustand der Indifferenz befindet und insofern kein Kollisionspotenzial hat. Ein bekanntes Beispiel ist das im Meer badende Mädchen, an das ein beutehungriger Hai geschnitten wird. Diese Figur bezeichnen wir als *nachträglichen Kollisionsschnitt*. Seine Raumkonstruktion entspricht der des nachträglichen Kollisionsblicks, mit der Modifikation, dass die Bewegung von A_1 die Bewegung eines nicht Ahnenden ist. Dieser Schnitt benötigt, wenn die Paritäten entgegengesetzt sind, undurchsichtiges Terrain oder ein visuelles Handicap auf Seiten von A_1, da A_1 ja sonst sehen würde, dass sich A_2 nähert und im Gefahrenfalle (oder dem von freudiger Erwartung) eine Reaktion zeigen müsste. Daher wird der nachträgliche Kollisionsschnitt häufiger bei gleichen Paritäten benutzt. Dann vermutet man eine Annäherung von A_2 im Rücken von A_1, wozu es keiner speziellen Terrainstruktur bedarf.

*

In einigen nachträglichen Kollisionsschnitten erleben wir den im Kino per Schnitt stärkstmöglich erzeugbaren Schock. Wird er von Geräuschen unterstützt, evoziert er den maximalen Schreck, den man in der wirklichen Welt empfinden kann, wenn einen nämlich plötzlich und ganz unvermittelt etwas, wie wir meinen, Lebensgefährliches angreift oder berührt. Kurze Zeit wird dann gleichgültig, ob die Annäherung durch etwas Feindliches, einen Liebenden oder einen sich-Verbrüdern-Wollenden geschieht. Immer wird einem ein Schreck eingejagt. In diesem Schreck, der sich oft mit einem Freund und Feind nicht mehr kennenden Fluchtreflex verschränkt, drückt sich ein fundamentaler Schock aus, in dem das Adrenalin in raschest möglicher Weise fließt, und Tausende von Neuronen feuern, um eigenes Überleben zu sichern.

Kann gut sein, dass die anderen Kollisionsschnitte rationale Erweiterungen dieses unmittelbaren Reflexes sind. Dann könnte dieser in unserer Argumentation ebenso die Basis der Narrativität bilden wie es der Pixilations-Effekt für die Parität und den Konflikt des Individuums mit dem Raum tat, mit dem langen Weg.

*

Während die Kollisionsschnitte mit doppeltem Kollisionspotenzial einer gewissermaßen *heroischen Verknotungsabsicht* entsprechen, in welcher die Beteiligten bewusst aufeinander zu gehen, basieren die Schnitte mit einfachem Kollisionspotenzial, seien sie nun direkt oder nachträglich gesetzt, unserer Vorstellung von einer Jagd. Jagden können aktiv, aus der Perspektive des Jägers also, erlebt sein, oder passiv erlitten. Der Schnittfigur mit einfachem Kollisionspotenzial liegt die Annäherung eines Jägers an ein ahnungsloses Objekt zugrunde.[88] Selbst im Fall beabsichtigter Verbrüderungen wird das vom Gejagten schnell als gefährlich empfunden. Die Spannung erhöht sich, wenn die Annäherung in einer systematischen Parallelmontage erfolgt, wenn sich also der Jäger immer mehr anzunähern scheint und das Jagdobjekt weiter ahnungslos wirkt. Bei solchen Parallelmontagen wechselt der Zuschauer bei jedem Schnitt die Perspektive, er wird abwechselnd Jäger und zum Gejagten. Bis es zum Moment des Erkennens kommt - dann fährt auch dem Zuschauer der Schreck durch die Glieder.

*

Bei den Kollisionsschnitten mit einfachem Kollisionspotenzial geht die Raumerweiterung vom aktiven Bewegungsträger aus. Die Parität des passiven Bewegungsträgers, des Opfers, bleibt untergeordnet. Bei entgegengesetzten Paritäten erfolgt die Annäherung des Jägers gemäß Abb. 87a grob von der Frontseite des Opfers her. Bei gleichen Paritäten gemäß Abb. 87b von dessen Rückseite. Dabei entsprechen die Raumkonstruktionen denen der kollisionskontrollierenden Blicke, wenn man den Blick vom Jäger ausgehen lässt. Im Fall gleicher Paritäten wird die Raumkonstruktion eindeutig, sobald das Opfer den Jäger erkannt hat und, unter Umständen per Reflex, negatives Kollisionspotenzial annimmt, wenn es also zu fliehen versucht. Daraus ergibt sich eine aus der Angriffsrichtung des Jägers sich fortsetzende gerade Linie in Fluchtrichtung. Und die Schnittfigur, bei der zwischen Jäger und Gejagtem hin und her geschnitten wird, wird die der *Verfolgung*. Die beteiligten Schnitte nennen wir daher *kollisions-verfolgend*.

*

Das Ziel der Verfolgung ist die Verknotung von Jäger und Gejagtem, wobei sich der Gejagte der Verknotung meist widersetzt. Daher lassen sich drei Verfolgungstypen

---

88 Dabei darf das gejagte Objekt, etwa ein Stück grasendes Wild, durchaus Parität Null haben. In exzentrischer Variante kann es auch ein friedliches indisches Fischerdorf sein, auf das eine Einstellung mit der Wellenfront eines *Tsunamis* folgt, woraus man schließt, das Dorf sei nun bedroht.

unterscheiden: die *erfolgreiche*, die *unentschiedene*, und die *abgebrochene*, zu welcher in der Regel auch die unentschiedene führt. Die Verknotung kann den Charakter eines erzwungenen Zweikampfs, den einer erzwungenen geschlechtlichen Vereinigung oder den einer erzwungenen Verbrüderung haben. Oft passiert es, dass der Verfolgte seine Fluchtanstrengungen irgendwann aufgibt und sich dem Verfolger, mit oder ohne Paritätsänderung, im Stadium des Apathischen stellt. Manchmal ändert er aber nicht nur die Parität, sondern auch sein Kollisionspotenzial, um dem Verfolger seinerseits in dem Wunsch nach einer Begegnung entgegen zu kommen: der Verfolgte, der sich schließlich doch dem Zweikampf stellt; die verfolgte Frau, die erkennt, dass der Verfolger ihr Geliebter sein könnte. Die Vielfalt des dabei Möglichen ist erheblich und nicht ganz unabhängig von den beteiligten Geschlechtlichkeiten. All dies im Detail zu entwickeln, geht über den Rahmen einer Schnitt-Theorie hinaus. Für Interessierte verweise ich auf meine Arbeit „*Grundzüge einer Topologie des Narrativen*", worin auf zahlreiche Details bei Begegnungen und Verfolgungen näher eingegangen wird. Dort wird das Erzählen generell und nicht nur aus dem Filmblickwinkel behandelt, sodass es auch für Wunschvorstellungen oder Träume sowie für das übliche verbale Erzählen weitgehend Gültigkeit haben mag.

*

Nachdem wir die paritätverletzenden Kollisionsschnitte aus Abb. 87 a so ausführlich erörtert haben, wollen wir uns zum Schluß kurz noch den paritäterhaltenden $L_{KOL}(A_1, A_2)$-Kollisionsschnitten aus Abb. 87 b widmen. Auch bei ihnen kommt es zu einer Differenzierung aufgrund der beteiligten Kollisionspotenziale. Wenn A_1 auf Verknotung drängt und A_2 bei gleicher Parität negatives Kollisionspotenzial aufweist, erfolgt die Raumkonstruktion, wie bereits bemerkt, gemäß Abb. 99 entlang einer geraden Linie, die Ausdruck einer antizipierenden Kausalität ist, gemäß welcher man eine Verknotung erwartet.

Abb. 99

Sind bei gleicher Parität p_1 und p_2 (in Abb. 99 benutzen wir der Einfachheit halber wieder nur starke Paritäten; bei schwachen Paritäten wären die Bildräume entsprechend gedreht) die Kollisionspotenziale nicht einander entgegengesetzt, könnte, wie beim nachträglichen kollisions-ausschließenden Blick, auch A_2 hinter A_1 her sein. Fehlt eine die Lage klärende Totale, die beide Protagonisten enthält, lässt sich die Situation nur im Kontext klären, etwa durch einen Blick zurück, der verdeutlicht, dass A_2 verfolgt wird. Ohne erklärende Blicke seitens des Verfolgten (oder eine verbindende Totale) lässt sich diese Schnittfigur über länger Zeit nur halten, wenn retardierte Rückschnitte auftauchen, wenn also A_1 Räume x_k betritt, die A_2 vorher verlassen hat. Dann wird sofort klar, wer wen verfolgt. Taucht solcher Rückschnitt nicht auf, wird die Verfolgung leicht absurd und zur offenen Parallelmontage.

*

Die paritäterhaltenden Kollisionsschnitte zerlegen wir formal in kollisions-verfolgende und kollisions-neutrale, wobei der Verfolgte nur bei den ersten negatives Kollisionspotenzial hat. Bei den kollisions-neutralen bewegt sich A_2 nicht unbedingt in der Richtung von p_1, sondern seine Bewegung kann, wie bei den kollisionskontrollierenden Blicken, auch rechtwinklig davon wegführen. Im Moment der erkannten Gefahr wird dann das Kollisionspotenzial negativ und die Raumkonstruktion erfolgt über die gerade Linie.

*

Haben beide Einstellungen kein Kollisionspotenzial, gibt es auch keine Raumkonstruktion. Dann befinden sich A_1 und A_2 - jedenfalls solange es zu keinen atmosphärischen Diskontinuitäten T_{Atm} kommt - in einer offenen, nur von der Natur der Räumlichkeiten strukturierten lockeren T_C-Nachbarschaft, von der man erwartet, dass sich ihr präziser Zusammenhang später entfaltet.

*

Sehr schön lassen sich Möglichkeiten und Grenzen von Kollisionsschnitten bei Bildern eines Tsunamis beobachten. Ist die Parität der Wellenfront erhalten, hat man sogar, jedenfalls solange keine der beiden Einstellungen eine Supertotale ist, das Gefühl einer ziemlich direkten räumlichen Fortsetzung $X_N T_C$. Andererseits ist es fast schon ein quasikontinuierlicher Schnitt mit der Wellenfront als Bewegungsträger. Das wird eingeschränkt, wenn man die Küstenlinie in einer Supertotale klar sieht: Dann meint man, es mit einer Parallelbewegung zu tun zu haben, wobei die vorige Einstellung sich im Rücken des momentanen Kameramanns abgespielt hat, denn sonst könnte man den gerade aktuellen Raum ja sehen. Bei einem still (und ohne Kollisionspotenzial) gelegenen Dorf x_2 vermutete man wiederum, dass der Tsunami aus x_1 gleich zuschlagen wird. Interessant ist, dass eine Tsunamifront von entgegengesetzter Parität nicht als Gegenbewegung gesehen wird. Stattdessen schließt man aus dem Küstenverlauf, dass man nun in der anderen Richtung mitdenken muss. Die Verhältnisse sind dann wie beim Rücksprung vom Detail in die Totale mit Paritätswechsel: Es gibt zwar eine Irritation, diese wird aber durch die Stabilität des umfassenden Raums aufgefangen.[89]

*

Kollisions-erwartende und -verfolgende Schnitte lassen sich exzellent in *bipolar geordneten Umgebungen* einsetzen, zum Beispiel der großen Schlacht. Benutzt man sie, gehört zu Beginn der großen Schlacht alles, was gleiche Parität hat, zur gleichen Partei. Was entgegengesetzte hat, gehört zum Feind. Die benutzten Kollisionsschnitte vermehren ihrerseits das Gefühl für Ordnung, wenn sie inhaltlich bestätigt werden. Dann lassen sich auch kurze Zwischenschnitte mit nur einem Ansatz von gerichteter Bewegung als Teil des bipolaren Musters interpretieren, was dieses wiederum erweitert. Ist all das etabliert, können kollisions-neutrale Schnitte für Umgehungen und ähnliche Manöver benutzt werden. In den meisten Filmen stellt sich freilich heraus, dass dies nur mit Dialogstützung wirklich funktioniert und sich die Schnitte, wenn kein Durcheinander entstehen soll, bald wieder ins bipolare Grundmuster einfügen müssen.

*

Am Ende einer Schlacht, wenn sich die einen zur Flucht wenden und die anderen sie verfolgen, werden die Verhältnisse zugleich einfacher und komplexer. Dann gibt es kein bipolares Muster mehr, sondern nur ein monopolares aus kollisions-verfolgenden Schnitten. Oft wird nur, wenn sich die Uniformen deutlich unterscheiden, überhaupt klar, wer zum Sieger, wer zur Verliererpartei gehört. Bemerkenswert ist der Umschlagpunkt, an dem es oft zu einem Durcheinander der Paritäten kommt, da darf, ja dort *muss* das bipolare Muster zunehmend verletzt werden, damit sich bei Flucht und Verfolgung wieder eine einfache Ordnung ergeben kann. Zumindest eine Partei muss also im Umschlagpunkt die Parität ändern. Wenn es auch der Gegner tut, scheint die Schlacht auf Messers Schneide zu stehen und der Umschlag wird aufregender. Interessant ist, dass sich am Ende einer Verfolgung wieder ein bipolares Muster ergibt, wenn die Parteien auseinandergehen und sich trennen. Dann begegnen wir mitunter *inversen Kollisionsschnitten*.

*

Man kann sagen, dass die Bewegungsträger in einer Schlacht den Charakter virtueller Bewegungsträger eines größeren Gesamtorganismus annehmen. Oder, wenn man so will, den von Geschossen. Sie verlieren dabei den Charakter realer Personen.

---

89 Genauer beschrieben in Band 3, *Überlappende Schnitte*

Stattdessen spannt sich etwas Atmosphärisches auf, die Schlacht nämlich als Ganzes. Diese wird zum architektonischen Ereignis, dessen Stützen von aufeinanderfolgenden Schnitten gebildet werden. Die Funktion der Bewegungsträger besteht dann weniger darin, sich darzustellen, sie sollen vielmehr dem sich entwickelnden Muster zu Geltung zu verhelfen, das von gespannter Bipolarität über eine instabil monopolare Ordnung zur, nunmehr vorläufig befriedeten, Bipolarität zurückkehrt. Dieses Muster kennzeichnet den eigentlichen Schlachtverlauf, es bestimmt den Sieger. Die Bewegung der Individuen ist dem weitgehend untergeordnet. Erst die Sequenz des sich entwickelnden Musters gibt dem Ganzen Kompaktheit. Nur dann wirkt so eine Kino-Schlacht für uns real.

***

H. SUBJEKTIVE KOLLISONSSCHNITTE L_{KOS}

Zum Abschluss sei der Vollständigkeit halber noch eine gewissermaßen entartete, trotzdem aber, insbesondere bei Autofahrten, recht häufige Klasse der Kollisionsschnitte angeführt. In Zusammenhang mit dem einfachen und dem nachträglichen Blick hatten wir schon notiert, dass folgender Schnitt immer funktioniert:

Jemand geht über ein Terrain - es folgt das Blickfeld einer gleitend oder auch wackelnd vorwärtsdrängenden subjektiven Kamera, die Bilder dieses Terrains produziert - sofort werden diese Bilder zum Blickfeld der zuvor abgebildeten Person, zu dem Weg also, den und wie sie ihn beim Gehen sieht. Das gilt, dann muss die Kamera indes wohl gleiten, auch für Personen in fahrenden Autos, sogar für Autos selbst oder Achterbahnen, also Objekte, die gar nicht sehen können.[90]

Die hier angesprochenen Schnitte bezeichnen wir als *subjektive Kollisionsschnitte* L_{KOS}, wobei wir dahinter in Klammern außer dem sich mit Kollisionspotenzial bewegenden Bewegungsträger auch den Fahrt-Typ setzen. Dabei unterscheiden wir den *gewöhnlichen* und den *nachträglichen* Typos, je nachdem ob die Kamerafahrt nach dem Zeigen des Bewegungsträgers erfolgt oder vor ihm.

L_{KOS} (A, *,Fahrt-Typ'*) ist also der *gewöhnliche subjektive Kollisionsschnitt* (bei dem man erst etwa eine Lokomotive A von der Seite sieht, und danach z. B. eine Fahrt nach vorn mit Frontalblick auf die Schienen).

L_{KOS} (*,Fahrt-Typ'*, A) ist dagegen der *nachträglich subjektive Kollisionsschnitt* - wenn also erst die Kamerafahrt kommt und dann der Bewegungsträger A, für dessen subjektive Sicht die Fahrt stehen soll. Bei den Fahrt-Typen unterscheiden wir wiederum zwischen *vorwärts* (FW, von englisch ,forward'), *rückwärts* (BW von ,backward') und *seitwärts* (SW von ,sideways').

Dementsprechend ist L_{KOS} (A, FW) im Fall eines fahrenden Autos A ein *gewöhnlicher subjektiver Vorwärts-Kollisionsschnitt*, bei dem der Schnitt vom in x_1 fahrenden A in eine Vorwärts-Kamerafahrt führt. L_{KOS} (A, BW) stellt dagegen einen *subjektiven Rückwärts-Kollisionsschnitt* dar, bei dem nach hinten geschnitten wird, für den man also die Kamera im Fahren direkt nach hinten hält. Und L_{KOS} (A, SW) ist einer, bei dem die subjektive Kamera zur Seite gehalten wird. Bei diesen

---

90   Band 2, *Der nachträgliche Blick* L_{BN}, Seite 223

subjektiven Seitwärts-Kollisionsschnitten muss man wiederum zwischen *bewegungs-parallelen* und *bewegungs-antiparallelen Kamerafahrten* unterscheiden, je nachdem, wie die Kamera im Auto positioniert ist. Bei Autofahrten mit Rechts-Parität entspräche eine bewegungs-parallele Kamerafahrt dem Blick nach links, während die bewegungs-antiparallele einem nach rechts entspricht. Bei Autofahrten nach links wiederum entspräche dem Blick nach rechts die bewegungs-parallele Kamerafahrt, die antiparallele dagegen dem nach links. Bei bewegungs-parallelen Fahrten wird also stets in die Raumhälfte jenseits des fahrenden Autos geschnitten. Dies alles klingt ein wenig kompliziert, weil dabei drei ineinander verschachtelte Koordinatensystem erfasst werden, die sich zudem in Bewegung befinden. Diesen drei Koordinatensystemen entsprechen drei dynamische Paritäten: die gewöhnliche Parität, die Blickparität und die Kamerafahrts-Parität. Die mit den nachträgliche Blicken verwandten *nachträglich subjektive Kollisionsschnitte* bezeichnen wir analog durch

L_{KOS} (FW, A), L_{KOS} (BW, A) und L_{KOS} (SW, A)

Die Raumkonstruktion ist unproblematisch, zumal sich im sich bewegenden Blickfeld oft gerichtete Umgebungen in Form von Straßen und Schienen befinden, denen A notwendig zu folgen hat.
*

Die subjektiven Kollisionsschnitte sind vom einfachen Blick ableitbar. Im Fall eines fahrenden Autos kann man sie sich durch eine dreistufige, in Filmen sehr häufig auftauchende Montageform generiert denken:

1.) Ein Auto fährt in einer Totale.
2.) Ranschnitt auf den Fahrer innen, der in eine bestimmte Richtung blickt.
3.) Subjektiver Blick aus dem fahrenden Auto in Blickrichtung,

wobei 2) und 3) u. U. mit sich ändernder Blickrichtung wiederholt werden.

Bei subjektiven Kollisionsschnitten handelt es sich insofern um einfache Blicke von einem fahrenden Untersatz aus, bei denen der Blickende (also die überlappende Stufe 2) weggelassen wird. Subjektive Kollisionsschnitte stellen also die Abbreviatur der in Filmen häufig erscheinenden Montagefigur ‚*Autofahrt mit gezeigtem Fahrer und dessen subjektivem Blick*‘ dar. Insofern reicht ihr Spektrum von $X_C T_C$-Schnitten mit zum Teil überlappendem Charakter bis hin zu $X_N T_C$-Schnitten.
*

Oft wird aber bewusst ein Zeitsprung T_N in Form einer Diskontinuität gesetzt. Diese ist gewöhnlich räumlicher Natur, wenn etwa die Landschaft in der Frontsicht von ganz anderer Art ist als diejenige, in der man das Auto zuvor sah. Dann wird aus Kausalitätsgründen sofort ein $X_N T_N$- oder gar $X_D T_D$-Sprung generiert, was u. U. durch atmosphärische Diskontinuitäten (Regen, anderes Licht etc.) verstärkt wird. In diesem Fall wird die dreistufige Form mit Großaufnahme des Fahrers indes schwierig, weil der subjektive Blick dann eine Diskontinuität enthält, was eine (im Fall von Autofahrten allerdings nicht allzu brisante) Diskrepanz auslöst.
*

Manchmal erscheinen Fahrten (mit oder ohne explizit in Großaufnahme gezeigtem Fahrer) auch in Serie, in Form von atmosphärischen Reiseclustern. Dabei sieht man erst das fahrende Auto, dann eine Reihe von Fahrten nach vorn oder den Seiten, mit mitunter auch atmosphärischen Diskontinuitäten. Fahrtblicken nach hinten begegnet man oft bei Abschieden oder Fluchten. Sie haben eine geringere Neigung zur Clusterbildung, weil Trennungen - ganz wie es bei den raumtrennenden Kollisionsschnitten der Fall ist - spannungsmindernd sind. Daher richtet sich der Blick in Filmen lieber nach vorn, neuen Verknotungen entgegen.
*

Tauchen im Bildraum der subjektiven Fahrten zusätzlich Kollisionspartner auf, müssen wir auch diese benennen. So kennzeichnen wir durch etwa

$$L_{KOS} (A_1, FW(A_2))$$

einen von A_1 ausgehenden subjektiven Kollisionsschnitt, bei dem A_2 in einer Vorwärtsfahrt zu sehen ist. Entsprechend verstehen sich

$$L_{KOS} (A_1, BW(A_2)) \text{ und } L_{KOS} (A_1, SW(A_2))$$

sowie die nachträglichen Formen

$$L_{KOS} (FW(A_1), A_2), \ L_{KOS} (BW(A_1), A_2) \text{ und } L_{KOS} (SW(A_1), A_2)$$

bei denen der erste Kollisionspartner A_1 also in einer Fahrt erscheint, die nachträglich zur subjektiven Sicht des sich seinerseits bewegenden A_2 erklärt wird.
*

Die Raumkonstruktion all dieser Schnitte (also auch die mit seitwärts SW-Fahrten, egal ob sie von paralleler oder antiparalleler Natur sind) ist vollkommen unproblematisch. Wenn man also erst ein fahrendes Auto zeigt, kann man danach in subjektiver Sicht in alle Richtungen schneiden, nach vorn, nach hinten, nach beiden Seiten. Das gilt auch für den Fall, dass sich im subjektiv erfassten Blickfeld ein Kollisionspartner mit Parität-Null befindet, solange sich dieser also nicht selbst bewegt.

*

Bewegt sich das in der Kamerafahrt erscheinende Blickobjekt selbst, tauchen dagegen Probleme bei *antiparallelen* SW-Fahrten auf. Denn dann wird die Parität des erblickten Objekts so verdreht, dass es zu Diskrepanzen bei rahmenden Totalen oder Anschlüssen in Form etwa von Blickinteraktionen (wenn sich die Szene also weiterentwickeln soll) kommen kann. Daher empfiehlt es sich, im Fall doppelter Bewegung auf antiparallele subjektive Fahrten weitgehend zu verzichten.[91] Denn alle anderen subjektiven Kollisionsschnitt-Typen bereiten auch bei sich bewegenden Blickobjekten kaum Probleme.

***

---

91 Herauszufinden, inwieweit und in welchen Anschlussmodi es trotzdem möglich ist, antiparallele SW-Fahrten zu benutzen, sei an dieser Stelle dem Leser als Übung überlassen. Denn es hier explizit darzustellen, würde einige Seiten kosten, die exakt nachzuvollziehen vermutlich länger dauern würde, als wenn man sich selber daran probiert. Und am Ende ohnehin bloß zu dem Schluss kommt, dass es so kompliziert ist, dass man bei einer Real-Inszenierung lieber die Finger davon lassen sollte, weil man sich nie sicher sein kann, ob man wirklich alles berücksichtigt hat.

I. DIE DEKOMPOSITION DER TOTALE

Wir haben die Blickinteraktionen mit derartiger Ausführlichkeit behandelt, weil sie die prägendste Struktur des narrativen Kinos bilden. Und dies weniger hinsichtlich der Raumerzeugung, bei der sie nur eine Schnittform neben etlichen anderen (etwa den kontinuierlichen und quasikontinuierlichen Schnitten) sind, als vielmehr bei der Raumbenutzung. Extrem gehäuft kommen sie bei einer Schnittfigur zum Zuge, die wir die Zerlegung der Totale in Blickinteraktionen nennen.

*

Diese auf eine eingeführte Totale folgende Zerlegung des Bildraums in einzelne Teilräume, die wir auch als Dekomposition dieser Totale bezeichnen, ist eine der offensichtlichsten, am häufigsten auftauchenden Figuren des narrativen Films. Dabei wird in der Regel erst auf einen Ausschnitt der Totale geschnitten, der dann durch einen Blick mit einem anderen Teilraum verbunden wird. Von diesem wird entweder zurück in den vorigen Teilraum oder, durch wiederum einen Blick, auf einen dritten Teilraum geschnitten, der sich als weiterer Teil der Totalen erweist. Diese Form, deren kombinatorische Möglichkeiten nicht gerade ergiebig sind, wiederholt sich in allen narrativen Filmen mit mathematischer Regelmäßigkeit bei fast allen auftauchenden Totalen, in denen sich etwas für die Handlung Wesentliches abspielt. Insofern kann man diese Dekomposition als die eigentliche narrative Aufbereitungsform eines Handlungsrahmens begreifen.

*

Die Dekomposition der Totale in einzelne Räume, die durch Blicke verbunden werden, sodass sich die Totale virtuell wieder zusammensetzt, wirkt wie eine permanente Beschwörung einer mathematischen Gleichung, die besagt, dass die Summe der Teilräume gleich dem Gesamtraum ist. Innerhalb einer aufbereiteten Situation wird diese Gleichung oft mehrmals wiederholt. Als diene ihre rituelle Beschwörung dazu, den Zuschauer ihre Gültigkeit immer wieder zu lehren, sodass er schließlich auch imstande ist, Blickverbindungen zu begreifen, in denen die Totale weggelassen wird.

*

Zugleich dient die Aufbereitung der Totale dazu, die narrative Form, wie bereits in den Einführungskapiteln untersucht, dem realistisch genannten Erzählmodell des

Romans anzupassen.[92] Nachdem wir eine Situation als Ganzes wahrnahmen, beobachten wir zunächst eine erste Person, dann eine andere, wobei wir uns die erste festgehalten denken; dann wieder die erste, dann vielleicht eine dritte usw.

Formal handelt es sich bei dieser Figur um Rückschnitte in Unterbereiche der Einstellung. Ihre genauen Paritätsregeln werden bei den Rückschnitten und den überlappenden Schnitten besprochen.[93]

*

Für den direkten Schnitt in den Teilbereich der Totale gilt, dass bei ihm die Parität und die Blickparität der den Teilbereich dominierenden Bewegungsträger erhalten sein müssen. Dies wird in der Regel auch von Rückschnitten aus Teilbereichen in die Totale verlangt, obwohl die Toleranz gegenüber entstehenden Fehlern wegen der Raumdominanz solcher Rückschnitte geringer ist. Bei den Blickinteraktionen zwischen den Teilbereichen gelten die allgemeinen Regeln für Blickinteraktionen. Gelegentlich kommt es, wie bisweilen bereits angesprochen (etwa bei den sogenannten inversen Blickinteraktionen), allerdings zu Modifikationen, die auf der dem Zuschauer schon bekannten Existenz der umfassenden Totale beruhen.

*

Die Zerlegung der Totale in einzelne Untereinstellungen scheint für den narrativen Film notwendig zu sein. Insofern ist er sogar normativ. Zwar gibt es Filme, die versuchen, sie zu vermeiden und die stattdessen mit langen repräsentativen Einstellungen arbeiten. Die überwiegende Mehrzahl dieser Filme scheiterte aber in den Kinos. Es scheint so zu sein, dass repräsentative Einstellungen nach dem Überschreiten einer gewissen Länge die Tendenz haben, ihren repräsentativen Charakter zu verlieren. Diese Zeit, nach der sich die Wahrnehmungsweise einer Einstellung ändert, mag, je nach Komplexität der Bilder und der darin ablaufenden Ereignisse, in der Größenordnung von zehn, zwanzig, dreißig Sekunden liegen - danach werden Bilder leicht zu Erscheinungen, in denen die Identität von Bild und Abgebildetem nicht mehr selbstverständlich gesichert ist.

*

Der Ranschnitt von der Totale in den Teilraum erklärt den Teilraum, in den geschnitten wird, zum momentan wichtigsten Bildteil. Alles in der Totale ansonsten Sichtbare wird als momentan unwichtig weggedrückt. Das nimmt uns die Arbeit ab, dieses Wichtige selber herauszufinden, was dazu geführt hat, dass heutige

---

92 Band 1, *Die Zerstörung der Gleichzeitigkeit und ihre Rekonstruktion*
93 Band 3, *Retardiert lineare Schnitte und Rückschnitte*

Zuschauer es selbst allein oft nicht mehr herausfinden können. Wir müssen von dem, was man uns vorsetzt, einfach glauben, dass es das Wichtige sei. Und von all dem, was momentan nicht gezeigt wird, müssen wir glauben, es sei im Moment nicht wesentlich. Sobald man sich daran gewöhnt hat, dass die Filmproduzenten einem die Auswählarbeit abnehmen, wird es sehr schwer, wieder Kontrolle darüber zu gewinnen.

*

Die zerstörte Gleichzeitigkeit wird in den Blickinteraktionen nach der Zerlegung, wie ebenfalls bereits in der Einführung gezeigt, wieder rekonstruiert. Diese Rekonstruktion muss der Zuschauer akzeptieren. Nicht zuletzt das bildet die Basis des narrativen Systems.

*

Die so vorgenommene Zerstörung der Gleichzeitigkeit und ihre Verwandlung in Nachzeitigkeit durch die Parallelmontage verwandelt kontinuierliche Zeitabläufe in mehrere Phasen, in Form einer Annäherung in diskreten Stufen, ganz ähnlich dem Filmbild selbst, das ja auch aus zeitlich aufeinanderfolgenden diskreten Phasen besteht.

*

Niemand wird ernstlich vorschlagen, dass im Filmschnitt ein Erklärungsansatz für die Rätsel der Zeit verborgen wäre. Andererseits gibt zu denken, dass es wenig seinesgleichen gibt, ja, dass es überhaupt wenige Ordnungssysteme gibt, worin sich Zeit aufbewahren lässt. Gewiss hat die Art, wie wir Schnitte wahrnehmen, mit den Wirkungsweisen unseres Gedächtnisses zu tun. Aber daran ist, gerade in Bezug auf Zeit, vieles fast ungeklärt. In der Harmonielehre erklären die von Helmholtz entdeckten Obertonreihen fraglos eine Menge des von uns beim Musikhören Empfundenen, dennoch bleibt etliches daran geheimnisvoll. Schon die simple Frage, wie lange die Wirkung eines Tons anhält, stellt uns vor unüberwindliche Probleme. Die Kadenz ist ja nichts Gleichzeitiges, sondern ein Nacheinander. Und all die wunderbaren von der Musik entdeckten Übergänge, die von Zuhörern nachempfunden (und nach einmaligem Hören: *wiedergesungen*!) werden können, ohne dass man etwas von Harmonielehre und Ähnlichem versteht: ein Rätsel. Es handelt sich dabei wohl um Nachwirkungen, um Echos des Wahrgenommenen. Beim Bild stellt aber bereits der einzelne Wahrnehmungsmoment eine Nachwirkung dar.

*

Insofern dürfte das Schuss-Gegenschuss-Montage näher an der von uns wahrgenommenen Wirklichkeit liegen als die mit einem einzigen Kamerastandpunkt

aufgenommene lang gehaltene Totale - obwohl man als Betrachter auch bei deren Betrachten hin und herspringen könnte. Doch das tut man vor einer Leinwand nicht. Überhaupt ist sehr interessant, dass man als Zuschauer gewöhnlich *sitzt*, worüber meines Wissens noch nie etwas geschrieben wurde. Das Schuss-Gegenschuss-Verfahren nimmt uns Sitzenden jedenfalls eine Arbeit ab, die wir u. U. wohl in der Wirklichkeit leisten würden, nicht aber in einem Kino bei einem bloßen Filmbild. Und die Beziehung vom Schnitt zum Schwenk, auch die von der Schuss-Gegenschuss-Form zum wiederholten Hin- und Herschwenken, ist ja wirklich so naheliegend, dass die Gesamtsituation trotz ihrer Künstlichkeit in ihrer Balance mit einem sonderbaren „als ob" eine bemerkenswerte Komplettheit erhält.
*

Vielleicht könnte man aber auch argumentieren, dass die natürliche passive Wahrnehmung ähnliche Prozesse kennt, etwa beim sogenannten Abscannen visueller Ereignisse. Denn wir nehmen die Welt ja nicht als Ganzes wahr, sondern nur winzige Ausschnitte davon, die in unserem Gehirn irgendwie gespeichert und einander überlagert werden. Jeder einzelne dieser Eindrücke ist irgendwie halbscharf, auch das Ganze bleibt jederzeit verschwommen. Trotzdem gelingt es unserer Wahrnehmung, die unscharfen Bereiche durch Überlagerungsprozesse stetig zu verschärfen, bis es zu einer Art innerem Beschluss kommt, dass es nun reicht - wir sehen dann zwar weiter und frischen das Gesehene auf, nehmen aber fortan vor allem das sich Verändernde wahr. Insofern ist selbst das sogenannte passive Wahrnehmen ein hochaktiver Vorgang. Bei dem sich die Augäpfel in Sakkaden bewegen und, wenn man so will, dabei permanent Schnitte zwischen winzigen Bildsegmenten erzeugen, wodurch das Bild immer wieder aktualisiert und vor dem Verfall in etwas sonderbar Verschwimmendes bewahrt wird, in etwas jedenfalls, was mit Unschärfe beginnt. In einem Schnittmodus, könnte man sagen, der nicht mit Rechtecken arbeitet, sondern merkwürdige Schärfepunkte nutzt, kleine Schärfebereiche, um die herum es ganz unscharf ist.

Aber auf geheimnisvolle Weise rekonstruiert unser Gehirn daraus die Bewusstheit von etwas Ganzem und Scharfen, das Bewusstsein einer scharfen Wirklichkeit. Vielleicht weil wir sie an jedem einzelnen Punkt beliebig scharf stellen könnten, wenn wir nur wollten (und sei es durch Näher-Herangehen oder den Einsatz optischer Instrumente). Unsere Wahrnehmung kennt keine ganzheitliche, keine gleichzeitige Welt, sondern nur eine chaotisch in einer Aufeinanderfolge ineinander verschmierte. Eine, die offenbar nach Zufallsmustern ineinander verschachtelt wird, wobei Teile eines ‚Bilds' vielleicht ein paar Sekunden alt sind (aber weiterhin noch irgendwie vorhanden), andere wiederum, da wo die Bewegung stattfindet, ganz aktuell und frisch. Dass unsere Wahrnehmungsakte nichts anderes als

‚unbewusste Schlüsse' sind, mit denen wir auf der Basis von Erfahrungen die von den Sinnesorganen gelieferten chaotischen Informationen interpretieren, formulierte ganz nüchtern bereits der mehrfach hier als Pionier beschworene Helmholtz. Was sagt das über die Natur der Welt? - Erstaunlicherweise: nichts! Eigentlich muss man schon über eine Fotografie staunen, und dass selbst Belichtungszeiten von nur einer tausendstel Sekunde komplette Bilder generieren. Gilt das überall im Universum? Und gibt es entartete Zustände, in denen so etwas nicht garantiert ist? Das Bewusstsein, stellt es so einen entarteten Zustand dar? Jedenfalls gibt es im Bewusstsein so etwas wie Schnitte und Zeitsprünge bereits beim Betrachten der normalen Welt. Und dabei schert es sich um Kausalität nur insoweit, als die kausale Welt die Bildteile hervorgebracht hat, die man wahrnimmt. Wird schon alles seine Richtigkeit haben, sagt uns das Bewusstsein und kommt gar nicht auf die Idee, es könne anders sein - erst künstliche Welten wie der Film bringen einen ins Grübeln darüber, ob es auch anders geht.

*

Bei sehr kurzen Belichtungszeiten, die der Interaktionszeit des Lichts mit den Atomen entsprechen, entsteht auf Fotos indes schon ein anderes Bild. Dann gibt es (wie bereits Fotos von Beugungsexperimenten an Kristallgittern verraten) unter Umständen ebenfalls kein vollständig wirkendes Abbild der Wirklichkeit mehr. Auch in der Fotografie ist die Vollständigkeit der Abbildung nur über eine Zeitverschmierung erreichbar. Mag sein, dass auch darin eine der Wurzeln für die Beliebtheit des Schuss-Gegenschuss-Verfahrens liegt. Trotz seiner Widersinnigkeit reflektiert es auf abstrakte Weise den normalen Abbildungsprozess in unseren Gehirnen. Auch wir verfolgen beim Betrachten einer Szene verschiedene Teilgeschehen in ihrem dynamischen Nacheinander.

Anders sieht es mit der Kausalität zwischen den einzelnen Segmenten aus. Normalerweise haben diese Segmente bei unserem Scannen nur zuweilen kausalen Bezug aufeinander. Wir benötigen einen solchen auch nicht, denn wir haben das Gesamtgeschehen im Unschärfebereich des Zusammengesetzten stets als virtuelle Totale unter Kontrolle - wenn irgendwo etwas passiert, zoomen wir sofort hin. Der Streckungsfaktor k unserer Kamerabewegungen ist insofern fast ein Aufmerksamkeitsfaktor.

*

Bei Parallelmontagen sind die Verhältnisse anders. Deshalb muss bei ihnen die horizontale Verbindung kräftiger sein als bei unserem üblichen Wahrnehmen - eine weitere Wurzel des starren Blicks. Sonst hilft nur der reale Rücksprung in die Totale, der einem das Vertrauen wiedergibt, dass sich nichts Merkwürdiges außerhalb

der parallel montierten Blickfelder ereignete. Das Geschehen läuft wie ein Wellen-paket auseinander, wenn man es nicht immer wieder zusammenfasst oder stabili-siert.
*

Der kritische Punkt des Schuss-Gegenschuss-Verfahrens liegt also weniger am Prinzip als in der Art seiner Anwendung, in der Steifheit und in der, man könnte sagen, zu mechanistischen Vorstellung von Gleichzeitigkeit, die sich darin offen-bart. Aber auch für diese gibt es recht triftige Gründe - in den Kapiteln über die Topologie verschränkter Gefüge werden wir mehr darüber erfahren.

***

ANHANG I: EINE ALTERNATIVE SCHNITT-THEORIE
(Ansatz zu einer raumunabhängigen Formulierung)

1. Grundlagen

Es lohnt sich, an dieser Stelle zu verweilen und noch einmal über die Grundlagen unserer Schnitt-Theorie nachzudenken. Wir sind ausgegangen vom Konzept der repräsentativen Einstellung und dem Raum, der darin sichtbar wird. Die Basis unserer Darstellung bildete dann die Verankerung der Bilder in einem physikalischen Raum und einer physikalischen Zeit, in deren Rahmen das physikalische Kausalitätsprinzip operiert. Mithilfe dieser Kausalität konnten wir den Bildraum isolierter Einstellungen über Raumzeit-Verschiebungen fortsetzen und mit Serien linearer Schnitte relativ komplexe Räume aufspannen. Eine elegante Ausweitung dieses etwas schwerfälligen Kausalitätsprinzips - zur Zusammenhangstiftung muss bei jedem Schnitt ein Bewegungsträger transportiert werden - fand mittels der Blicke statt, was wir in den letzten Kapiteln untersuchten, bis wir schließlich zu den Kollisionsschnitten gelangten. Bei diesen mussten wir uns, um die entstehenden räumlichen Beziehungen zu begreifen, immer vorstellen, was geschehen würde, wenn später ein linearer Schnitt zwischen den betreffenden Bildräumen stattfände.

Diese bei der Raumkonstruktionen stufenweise aufeinander aufbauenden Erklärungsmodi sind zwar folgerichtig. Die Art und Weise, in welcher man den Raum bei Kollisionsschnitten in mehreren hintereinander erfolgenden Schritten zu konstruieren hat, wird aber so kompliziert, dass er von unseren Gehirnen in der kurzen Zeit - es reichen ja Bruchteile von Sekunden - kaum geleistet werden kann, die zu einem unmittelbaren Verständnis solcher Schnitte oft ausreichen muss. Denn die Reaktion eines Zuschauers auf manche Kollisionsschnitte ist so direkt, dass darin das Wirken eines visuellen Reflexes angenommen werden kann. Dieser scheint nicht weniger elementar zu sein, als der bei Raumfortsetzungen per kontinuierlichem Schnitt über das Paritätsgesetz wirkende, wobei wir dieses durch Extrapolation aus unserem Gedankenexperiment mit dem fallenden Ball abgeleitet hatten.

Daher bietet sich an, zu überlegen, inwiefern eine Schnitt-Theorie auch von dem unmittelbar bei Kollisionsschnitten wirkenden Reflex ausgehen könnte. Dies würde das Dargestellte vom anderen Ende her aufrollen. In dieser alternativen Theorie würden die Kollisionsschnitte die einfachsten Schnittformen bilden und die kontinuierlichen, auf einem präzisen Verständnis des Raums basierenden die kompliziertesten. Oder schärfer ausgedrückt: Während wir bei Kollisionsschnitten Reflexe spüren, die in Echtzeit und ohne Zeitsprung operieren und dabei nur rudimentäre Kenntnisse des Raums benötigen (und unter Umständen sogar gar keine räumlichen Vorstellungen!), sehen wir bei den linearen Schnitten Raumvorstellungen am Wirken, die sich in der klaren Interpretation eines Schnitts als einer Raumzeit-Verschiebung äußern. Wir hätten dann also zwei Theorien, die einander komplementär gegenüberständen, wobei die eine Theorie den reflexgesteuerten, weitgehend in Echtzeit operierenden Bereich brauchbar beschreibt, während die andere den raumgestützten Bereich (inklusive erheblicher Zeitsprünge) besser erklärt.

*

Voraussetzung solcher auf Reflexen beruhenden Theorie wären Individuen (nicht mehr bloß Bewegungsträger), die die Welt wahrnehmen und sie auf Ereignisse hin untersuchen, die Bedeutung für sie annehmen könnten. Dabei ließe sich argumentieren, dass eine Reihe biologischer Faktoren wie Ernährung, Vermehrung und Konkurrenzsituationen zu ebenfalls sich ernähren und vermehren wollenden anderen Individuen eine Palette von primären Reizen generiert, die Reflexe auszulösen vermögen. Solche Reize sollten also zu gewissen Dispositionen innerhalb dieser Individuen angesichts von etwas Wahrgenommenen führen. Dabei könnten wir als Basisdispositionen das Bedürfnis zu einem ‚heran‘, zu einem ‚weg‘ oder aber auch eine *neutrale* Sicht des Wahrgenommenen definieren. Bereits mit solch einfachen Parametern ließe sich jedenfalls eine rudimentäre Schnitt-Theorie aufbauen, die, von einer subjektiven Kamera ausgehend, die Welt wahrnimmt, indem sie sich zu gewissen Objekten hingezogen oder von ihnen sich abgestoßen fühlt, während sie an anderem wiederum interesselos vorbeigleitet.

Schwierig sind dabei vor allem die Zeitsprünge, zu denen es bei Schnitten ja häufig kommt. Diese blieben wohl weiterhin nur über ein Konzept des zurückgelegten Raums erfassbar. In einer abstrakteren Filmform ließen sie sich indes vielleicht auch über ein dazwischen geschnittenes Stück Schwarzfilm vermitteln, das gewissermaßen ein Abschalten der Sinne signalisiert, ein längeres Augenschließen beim Wahrnehmen. Auf diese Weise könnte man immerhin die Reflexe eines Jägers beim Verfolgen der Beute brauchbar abbilden. Es wäre indes ein Verfahren, das nur die subjektive Weltsicht kennt. Gewiss gilt für die meisten Organismen, dass sie nur über diese Weltsicht verfügen.

*

Sobald man von der eigenen Fähigkeit extrapoliert, angesichts von etwas Wahrgenommenen Reize zu empfinden, die auf Bewegung drängen, und diese Fähigkeit auch anderen, fremden Individuen zubilligt, sieht das bereits anders aus. Wenn man zudem noch über die Fähigkeit verfügt, solche Individuen nicht nur zu beobachten, sondern an ihnen auch zu erkennen, dass sich in ihrem Bewegen womöglich Reizungen artikulieren, wie man sie von sich selbst kennt, wird eine Wirklichkeitsbeschreibung möglich, die von einer Aufeinanderfolge solcher Reizzustände ausgeht. Das Grundmuster könnte die Beobachtung eines Jäger und des von ihm verfolgten Objekts durch einen Dritten sein, wobei dieser in einiger Entfernung sich aufhaltende Dritte seine Aufmerksamkeit abwechselnd dem Jäger und dem Verfolgten widmet. Im Beobachter entstände dann ein Wahrnehmen der Bewegungsrichtung der beobachteten Objekte, und wir näherten uns dem Paritätsbegriff in anderer Weise als in unserer bisherigen Theorie. In diesem Fall ließe sich von gehaltener Parität sprechen, wenn Verfolger und Verfolgter aus der Sicht des Beobachters gleiche Parität haben. Und bereits anhand ihrer Kollisionspotenziale könnten wir, wenn wir selber gewissermaßen als

Proto-Kino-Zuschauer die Rolle des beobachtenden Dritten einnehmen, auch ohne perfekten räumlichen Überblick erkennen, wer von ihnen Verfolger und wer der Verfolgte ist. Dies gilt ebenfalls, wenn wir als dieser Beobachter unsere zwischen den beiden pendelnde Augenbewegung unterbrechen und im Gehirn zwischen ihnen, in Form eines Proto-Filmschnitts, sozusagen hin und her schneiden. Solche Verfolgung gehört dann zu den einfacheren anhaltend kontinuierlicher Prozessen, die über unsere Reizreflexe begreifbar werden. Interessant ist, dass sich unsere als elementar erlebten vorn-hinten-Reflexe, die dem von Jäger und Gejagtem entsprechen (beide sind tief in unserer Erfahrung verankert), dabei durch einfühlende Beobachtung in eine rechtwinklig von unserem Blick abgehende links-rechts-Orientierung verwandeln können.

*

Im Folgenden wollen wir - ich lehne mich dabei an meine Arbeit „*Grundzüge einer Topologie des Narrativen*" an[94] - zwischen zwei verschiedenen Typen von Kollisionspotenzial unterscheiden, die wir zum einen als ‚männlich' und mit dem Pfeilsymbol ‚↑' bezeichnen, zum anderen als ‚weiblich' mit dem Öffnungssymbol ‚O'. Die Notwendigkeit verschiedener Symbole erklärt sich daraus, dass unsere Vorstellungen vom Verlauf beobachteter Vorgänge oft stark von der Geschlechtlichkeit der beobachteten Individuen abhängen. Nähert sich ein Mann einer Frau mit erotischer Absicht, erwartet ein Zuschauer andere Verläufe als diejenigen, die bei der Annäherung zwei einander feindlich gesinnter Männer entstehen. Diese Kollisionspotenziale bezeichnen wir auch als *Erregungen*.

Formal führen wir zusätzlich zum männlichen und dem weiblichen noch einen dritten Erregungszustand ein, den wir mit dem griechischen Buchstaben Psi bezeichnen, den Ψ-Zustand oder den Zustand der ‚*Langeweile*' bzw. ‚*Indifferenz*', der, obschon weder männlich noch weiblich, dennoch Gegenstand einer Erregung sein kann, wie zum Beispiel ein fernliegender Berg, den man erreichen will (mehr darüber in „*Grundzüge einer Topologie des Narrativen*"). Im Übrigen haben diese Symbole in etwa die Funktion dessen, was wir in unserem alten Formalismus mit den Bewegungsvariablen zu umschreiben versuchten.

*

Wir bezeichnen solche Erregungen als *geladen*, wenn sie sich auf eine andere, nicht in der gleichen Person gelegene Erregung beziehen, wenn ein Mann also etwa eine Frau wahrnimmt und das Bedürfnis verspürt, sich ihr zu nähern, oder wenn eine Frau angesichts solch erregten Manns Fluchtbedürfnisse in sich wachsen fühlt. Dabei bezeichnen wir die auf Richtung gemünzte Qualität der Erregungen mit dem Begriffstripel ‚*heran/weg/neutral*' und benutzen dazu die Richtungssymbole ‚→' und ‚←' sowie ‚⇄', wobei im Fall der Neutralität das Symbol ‚⇄' andeuten soll, dass die Regung gegenüber Richtung ähnlich ambivalent ist wie die Null gegenüber der Bestimmung Positiv oder Negativ. Dazu stellen wir uns des Weiteren vor, dass die Regungen den Bewegungsapparat der sie empfindenden Individuen unter gewissen Umständen zu einer Anstrengung an den Verursacher des Erregungsreizes

---

94 K. Wyborny, *Filmtheoretische Schriften 2 - Grundzüge einer Topologie des Narrativen*

heran oder von ihm weg zu leiten vermögen. Wir können uns diese von uns als *Ladung* bezeichnete Erregungseigenschaft als etwas einer elektrischen Ladung Ähnliches vorstellen, die ja ebenfalls für sich allein nicht sichtbar ist, die sich aber in einem angelegten äußeren Feld oder in Relation zu einer anderen Ladung unweigerlich bemerkbar macht.
*

Eine Ladung setzt also eine Verknüpfung zwischen zwei der Erregung fähiger Wesen voraus, die wir im Folgenden mit dem von einem Kreis umschlossenen Plussymbol ‚⊕‘ bezeichnen. Wenn wir uns links und rechts davon die Träger der Erregung vorstellen, können wir durch auf das Pluszeichen hin oder von ihm weggerichtete Pfeile den Charakter der Interaktion bestimmen. Im Fall von Pfeil und Öffnung ergäbe das beispielsweise folgende Möglichkeiten, die der rechts danebenstehende Text erläutert:

↑→⊕←O	Annäherung eines Pfeils an eine sich nähernde Öffnung
↑→⊕→O	Annäherung eines Pfeils an eine flüchtende Öffnung
↑→⊕⇄O	Annäherung eines Pfeils an eine bewegungsneutrale Öffnung
↑←⊕⇄O	Flucht eines Pfeils vor einer bewegungsneutralen Öffnung
↑⇄⊕⇄O	bewegungsneutrale (zufällige) Begegnung von Pfeil und Öffnung
O→⊕←↑	Annäherung einer Öffnung an einen sich nähernden Pfeil
O→⊕→↑	Annäherung einer Öffnung an einen flüchtenden Pfeil
O→⊕⇄↑	Annäherung einer Öffnung an einen bewegungsneutralen Pfeil
O←⊕⇄↑	Flucht einer Öffnung vor einen bewegungsneutralen Pfeil

sowie schließlich die ein wenig perversere Möglichkeit:

O←⊕→↑	Flucht einer Öffnung vor einen fliehenden Pfeil.

Derartige Kombinationen zweier Erregungen bezeichnen wir auch als *Quick-Link* zwischen zwei erregten Wesen, oder auch als *Quink*. Eine vollständige Darstellung der möglichen Quinks muss natürlich auch solche zwischen zwei Pfeilen oder zwei Öffnungen berücksichtigen, sowie die vielfältigen Kombinationen von Pfeilen und Öffnungen mit dem Zustand der Langeweile.
*

Die Quinks lassen sich auf augenfällige Weise in mehrere Unterabteilungen zerlegen. Zunächst einmal gibt es solche, bei der die beteiligten Parteien sich einander nähern. Da sich dadurch Handlung zuspitzen und zu Verknotungen führen können, nennen wir sie *aktonische Quinks* (aktonisch von Aktion). Zu ihnen gehören (im Fall von Pfeil und Öffnung) die Interaktionstypen ↑→⊕←O, O→⊕←↑ sowie →⊕⇄O und O→⊕⇄↑. Dazu zählen, wenn die Verfolgung Erfolg hat, auch die Strukturen vom Typ ↑→⊕→O und O→⊕→↑. Hat die Verfolgung dagegen keinen Erfolg, führt sie also nicht zu einer Verknotung, nennen wir die

Verfolgungs-Quinks ↑→⊕→O und O→⊕→↑ *handlungstrennend*, und wir bezeichnen sie als *nicht-aktonisch*. Zu den nicht-aktonischen Quinks zählen ebenfalls die handlungstrennenden Typen ↑←⊕⇌O, O←⊕⇌↑ und O←⊕→↑, die wir auch als Trennungs-Quinks bezeichnen. Die Konstellation ↑⇌⊕⇌O nennen wir dagegen *Zufalls-Quink*, wenn sie zu einer Begegnung führt, und *Stasis-Quink*, wenn sie das nicht tut.

*

Für unsere Schnitt-Theorie interessant daran ist, dass solche *Quinks* auch durch den Filmschnitt dargestellt werden können. Dabei ist entscheidend, dass sich das Gefühl, welches man beim Beobachten von Quinks empfindet (wenn man etwa realiter sieht, dass eine Frau vor einem Mann flieht) im Film künstlich erzeugen lässt. Stellen wir uns nämlich die Erregungsträger links und rechts vom ⊕-Zeichen in repräsentativen Einstellungen abgefilmt vor und das ⊕-Zeichens selbst als einen Schnitt zwischen diesen beiden, der die links davon stehende mit der rechts stehenden Erregung verbindet, haben wir die Darstellung eines Filmschnitts vor uns. Tatsächlich verbirgt sich in dieser einfachen tabellarischen Übersicht eine vollständige Darstellung unserer Kollisionsschnitte mit einfachem, bzw. doppelt positivem oder negativem Kollisionspotenzial.

*

Haben beide Parteien etwa positives Kollisionspotenzial, stehen sie also in der Ladungsrelation →⊕←, so steuern sie in einer geraden Linie aufeinander zu. Es ist die gleiche, die im Fall von →⊕→ entsteht, wenn die Verfolgung aktonisch ist, wenn wir also, wie beschrieben, einen Verfolger und einen Verfolgten beobachten, die auf eine Verknotung zusteuern. Dabei übernimmt die uns schon bekannte Parität der Bewegungsvariablen, die jetzt zum Träger einer Erregung wurde, die Funktion, für uns die Ladung zwischen den Erregungen darzustellen. Dem entspricht in unserer alten Terminologie die von uns vermutete Richtung der Verbindungslinie zwischen den per Schnitt verbundenen Bewegungsträgern.

*

Bewegt sich nur einer der Beteiligten auf den anderen zu (wenn also die Situation →⊕⇌ vorliegt) haben wir Schnitte mit einfachem Kollisionspotenzial. Bei ihnen wird die Raumkonstruktion weniger eindeutig, und wir nähern uns den vageren Konstruktionen der blickkontrollierten Situation. Dabei verwandelt sich die bewegungsneutrale ‚⇌'-Ladung bei der filmischen Abbildung in einen Bewegungsträger mit neutraler Parität. Entsprechend würde man bei der Relation ⇌⊕← die Konstruktionen der nachträglichen Kollisionsschnitte bemühen müssen. Interessant daran ist, dass die Raumkonstruktionsparität im Fall von Bewegungsneutralität ‚⇌' neutral sein kann, auch wenn sich der Bewegungsträger in eine bestimmte Richtung bewegt.

*

Die harmlos ausschauende Relation ⇌⊕←, die dem nachträglichen Kollisionsschnitt zugrunde liegt, kann, wie schon an der betreffenden Stelle bemerkt, den Fluchtreflex auslösen. Wenn wir den Übergang zu einer neuen Situation mit dem ‚⇒' Zeichen ausdrücken (also mit dem mathematischen ‚daraus folgt') und mit Pfeil und Öffnung nicht so sehr konventionelle Geschlechtlichkeiten bezeichnen, sondern die Relation zwischen Jäger und seinem Opfer, dann ist

(1) $O\rightleftarrows\oplus\leftarrow\uparrow \Rightarrow O\leftarrow\oplus\leftarrow\uparrow$

die formelhafte Darstellung dieses Reflexes, in dem die Richtungsverhältnisse in Sekundenbruchteilen klar werden. Dieser Reflex ist, wie bereits erörtert, aufgrund der Geschwindigkeit, mit der wir ihm unterworfen sind, und wegen des Schrecks, der uns dabei leicht in die Glieder fährt, vielleicht der elementarste, über den wir im Umgang mit Raum verfügen. In unserer Neuformulierung der Schnitt-Theorie könnte er das neurologische Fundament bilden, aus dem die anderen Schnitt-Typen abzuleiten wären.
*

Schwierigkeiten macht dagegen eine filmische Darstellung bei den nichtaktonischen Quinks vom Typ $\leftarrow\oplus\rightleftarrows$, $\rightleftarrows\oplus\rightarrow$ und $\leftarrow\oplus\rightarrow$, wenn die Handlung also nicht auf eine Verknotung, sondern a priori auf eine Trennung der Beteiligten abzielt. Um sie nicht mit aktonischen Quinks zu verwechseln, brauchen wir, wie in den letzten Kapiteln ausführlicher dargestellt, dazu meist eine rahmende Totale, die dem Auseinanderlaufen vorausgeht. Gerade im Fall $\leftarrow\oplus\rightleftarrows$ ist das fast unvermeidlich, bei $\uparrow\leftarrow\oplus\rightleftarrows O$ beispielsweise, was man fast automatisch als Annäherung eines Manns an eine Frau von der anderen Seite interpretiert, also als $O\rightleftarrows\oplus\leftarrow\uparrow$, wenn man das Diagramm räumlich begreift. Soll es die Flucht eines Manns vor einer Frau ausdrücken, muss das kontextual oder durch eine vorherige rahmende Totale klar gemacht werden.
*

Noch eine Bemerkung zum Raum- und Zeiterleben bei Kollisionen und Verfolgungen. In einer erlebten Verfolgung gibt es kein vernünftiges euklidisches Raumkonzept mehr, man erlebt die Verfolgung manifest als ein Unmittelbar-Jetzt und als ein Hinter-dem-anderen-Her. Raum ist nur der Weg dieses Hinterhers. Mit anderen Worten: Es gibt Richtung (die sich schließlich in der Gerade äußert, die der späteren Raumkonstruktion zugrunde liegt) ohne eigentlichen Raum. Dieser artikuliert sich nur im Erleben eines Korridors oder Tunnels, der durch dasjenige führt, was wir, übrigens erst seit Galilei und Descartes, üblicherweise als Raum bezeichnen. Im Moment der Verfolgung wird dieser Handlungstunnel von uns jedenfalls oft nicht mehr als in den unbegrenzten euklidischen Raums eingebunden begriffen. Anders gesagt: Dieser Tunnel, in dem man sich in solcher Angespanntheit bewegt, wird vollkommen identisch mit dem Raum, er ist also dieser Raum. Für ein Mehr an Welt - und das erklärt vielleicht die Besessenheit des modernen Hollywood-Kinos für lang anhaltend schnell geschnittene Verfolgungen, die einen komplett in die betreffenden Filme reinzusaugen versuchen - gibt es im Moment der Verfolgung nur vages Erwägen.
*

Wegen der Rätselhaftigkeit allen Zeitempfindens sind die Dinge bei der Zeit um Vieles komplexer. Einerseits existiert die Zeit ebenfalls nur in diesem Verfolgungstunnel. Andererseits wird sie dort sogar gewissermaßen angehalten, solange der Zustand der Verfolgung andauert, solange also das, was man als ‚Verfolgungshormon‘ bezeichnen könnte, ausgeschüttet wird. Danach stellt man manchmal fest, dass die Sonne erstaunlich weit weiter gewandert ist. Da in solchen Verfolgungstunneln Zeit und Raum nur als zusammenhängendes Erlebnis existieren, begreifen wir als Zuschauer Zeit- und Raumsprünge nur, wenn sie klar ersichtlich werden. Dann werfen sie uns aus der Erlebens-Welt in die euklidische Welt zurück, in der das interesselose Betrachten das erlebende Wahrnehmen ersetzt oder zumindest weitgehend dominiert.

*

Wir kommen noch einmal auf die erwähnte Neigung, bei Kollisionsschnitten am ehesten der Interpretation eines aktonischen Zusammenhangs zu verfallen. Das verwandelt die Mehrzahl der möglichen $\leftarrow\oplus\rightarrow$ Situationen (es sei denn, bei der Flucht voreinander weg blicken beide permanent über die Schultern zurück) in solche mit $\rightarrow\oplus\leftarrow$ Charakter. In unserer neuen Theorie hat dies eine neurologische Basis. Man rennt nicht (außer in Zuständen komischer Verwirrung) vor jemandem weg, der ebenfalls wegläuft. Wenn man mit hohem Kollisionspotenzial in entgegengesetzte Richtungen laufende Parteien sieht, vermutet man entweder einen Zufall (dann wäre es nicht des Zeigens wert) oder einen unmittelbar bevorstehenden Zusammenstoß. Unsere auf Kollision, auf Verknotung zielende Erwartung ist Produkt der Evolution und des in ihr entwickelten Fluchtreflexes.

*

Interessant ist auch die Situation, in der zwei Parteien mit hohen Kollisionspotenzial sich aufeinander zu bewegen und plötzlich innehalten, weil sie, zum Beispiel, vorsichtig geworden sind. Schauen sie einander dann an, haben ihre Blicke die Richtung der vorherigen Bewegung, die Richtung also der Kollisionspotenziale bzw. Erregungen. In diesem Moment kann die Blickinteraktion entstehen. Sie ist umso klarer und einer Gerade entsprechend, je mehr die beiden Beteiligten in ihre Blicke ähnliche Erregtheit legen wie vorher in ihre Bewegung. Dann entstehen die klaren Regeln für die von uns im Zusammenhang mit der *klassischen Blickinteraktion* untersuchten Raumkonstruktionen, die sich an der geraden Verbindungslinie der Relation $\rightarrow\oplus\leftarrow$ orientieren.

*

Hat nur eine Partei beim Blicken derartiges Kollisionspotenzial, ist also die andere mehr oder weniger unbeteiligt, entsteht der *einfache Blick*, für dessen Raumkonstruktion die gerade Linie nur unter Vorbehalt zu ziehen ist. Gemäß unseren beim einfachen Blick aufgestellten Regeln ist dann nur die grobe Richtung der Relation $\rightarrow\oplus\rightleftarrows$ gegeben, die erst in einem retardiert gesetzten Gegenblick die räumliche Eindeutigkeit der Situation $\rightarrow\oplus\leftarrow$ annehmen kann. Gleiches gilt für die Ladungsrelation $\rightleftarrows\oplus\leftarrow$, die dann den *nachträglichen Blick* bezeichnen würde.

*

Haben dagegen beide kein Kollisionspotenzial, weder in der Bewegung noch im Blick (repräsentieren sie also einen $\rightleftarrows \oplus \rightleftarrows$ Zustand), liegt eine offene Situation vor, die nur *durch den Blick des Beobachtenden*, im Film also von uns Zuschauern zusammengehalten wird. Der Verlust des Kollisionspotenzials wirft uns in die euklidische Welt des ruhigeren (des, wenn man so will, im Kant'schen Sinn *interesselosen*) Betrachtens zurück. Die in der offenen Situation dargestellten Orte können daher unter Umständen räumlich etwas voneinander entfernt sein. Will man die Nachbarschaft exakter geklärt sehen, muss das Nebeneinander durch ab und an aufflackernde Simulationen von Kollisionspotenzial klar gemacht werden - als solche dient z. B. der kurz gesetzte *halbaufmerksame* Blick.

*

Bei all diesen auf Reflexen basierenden Schnitten kommt es zu keinen Raum- und Zeitsprüngen, die über solche hinausgehen, die von einem Beobachter direkt, also gewissermaßen *live*, wahrnehmbar sind - bei Raumsprüngen infolge eines Hin und Hers des Blicks, bei Zeitsprüngen durch ein paar Momente der Unaufmerksamkeit, ein kurzes Augenschließen. Filmische Montagefiguren, die allein auf solchen Schnitten basieren, finden in Echtzeit und in einem echten Raum statt, der, ist darin ein Verfolger beim Verfolgen eines möglichen Opfers tätig, real überbrückt werden muss.

*

Befriedigend an dieser Sichtweise des Filmschnitts ist, dass dadurch die Blicke in den Bereich der Reflexe geraten und sie keiner virtuellen Bewegungsträger mehr bedürfen, welche die Relationen zwischen den Einstellungen vermitteln. In unserer neuen Formulierung beinhaltet das Einander-Anstarren ein Innehalten vor einer möglichen, vor einer antizipierten Verknotung, wobei die Richtung der Kollisionspotenziale bzw. Erregungen die Struktur der räumlichen Verbindung bestimmt. Es wird also eine Verknotung gewissermaßen schon vorempfunden, wodurch die Echtzeit der Reflexe auch bei Blicken erhalten bleibt. Insofern lässt sich auch sagen, dass sich die Blicke in unseren beiden Theorien genau in der Mitte befinden, sie sind in beiden gleich gut beschreibbar. Dabei liegt die klassische Blickinteraktionen dichter an der Reflextheorie, während die offeneren Blickformen leichter in der raumbasierten Theorie formulierbar sind.

*

Während die Echtzeit der Kollisionsschnitte unserer auf dem euklidischen Raum basierenden Schnitt-Theorie erhebliche (und z. T. kaum lösbare) Probleme bereitet, bereitet in der Kollisionstheorie die Sprunghaftigkeit der Zeit bei beispielsweise linearen Raumketten schier unüberwindliche Schwierigkeiten. Denn solchen Raumketten kann man sich nur über Zeitsprünge nähern. Und diese sind unserem Reflexverhalten ganz unnatürlich. Wir müssten also als erstes eine Verbindung von unseren Flucht- und Jagdreflexen zu unserer Wahrnehmung des ‚Raums an sich' und unseren über momentane Anspannung hinausgehenden Zeitvorstellungen finden. Naturgemäß wird dies kaum leichter zu formulieren sein, als unsere mancherorts ja bereits das Akrobatische streifenden Versuche, die Kollisionsschnitte anhand unserer üblichen physikalischen Raumzeit-Vorstellungen zu beschreiben.

Wir müssen daher versuchen, den Weg, den eine Person zurücklegt, die lineare Kette also, mithilfe unserer Reflexe zu beschreiben, und untersuchen, ob dies möglich ist, ohne dass wir dem a priori eine Raumvorstellung unterlegen. Um zu einer dies beschreiben könnenden Theorie zu gelangen, gilt es also, einen Formalismus entwickeln, der dem von uns bereits dargestellten äquivalent ist. Im Folgenden wollen wir einen solchen kurz skizzieren.

2. Der Weg und das Heim

Beschreiben wir den langen Weg eines ein Ziel verfolgenden Jägers $\uparrow$ in unserer bisherigen auf Raum beruhenden Sichtweise, findet dabei eine allmähliche Ortsverschiebung statt: Der Jäger beginnt seinen Weg am Ort x_1 und gelangt irgendwann zum Ort x_n:

$$(2) \qquad \uparrow(x_1) \Rightarrow \uparrow(x_2) \Rightarrow \uparrow(x_3) \Rightarrow \ldots \uparrow(x_n)$$

Dabei bezeichnen die in Klammern gesetzten Örtlichkeiten jeweils den momentanen Ort des Jägers, während das Symbol $\Rightarrow$ wieder das Aufeinanderfolgen darstellen soll, also in etwa das, was in unserer Schnitt-Theorie der als Schnittsymbol dienende Doppelpunkt ausdrückt. Wollen wir den gleichen Weg als Quink-Sequenz beschreiben, muss die gleiche von x_1 nach x_n führende Ortsverschiebung stattfinden. Diesmal hat der Jäger aber die ganze Zeit sein Ziel x_Z vor Augen, dem er sich allmählich nähert:

$$(3) \qquad \uparrow(x_1){\rightarrow}\oplus{\rightleftarrows}O(x_Z) \Rightarrow \uparrow(x_2){\rightarrow}\oplus{\rightleftarrows}O(x_Z) \Rightarrow \uparrow(x_3){\rightarrow}\oplus{\rightleftarrows}O(x_Z) \Rightarrow$$
$$\ldots \Rightarrow \uparrow(x_n){\rightarrow}\oplus{\rightleftarrows}O(x_Z) \ldots$$

wobei die in Klammern gesetzten x_1, $x_2 \ldots x_n$ den momentanen Ort seiner jeweiligen Erregung bezeichnen, deren in der Ferne liegendes Ziel $O(x_Z)$ immer gleich bleibt. So ein Weg ist natürlich weitgehend unabhängig vom konkreten Objekt des Begehrens. Dieses könnte sogar bloß ein geografisches Ziel x_Z sein, also ein ferner, sich nicht bewegender Ψ–Zustand. Aber es könnte sich auch um eine Verfolgung handeln, in welcher der Jäger den gleichen Weg wie der von ihm Gejagte nimmt:

$$(4) \qquad \uparrow_A(x_1){\rightarrow}\oplus{\rightarrow}\uparrow_B(x_2) \Rightarrow \uparrow_A(x_2){\rightarrow}\oplus{\rightarrow}\uparrow_B(x_3) \Rightarrow \uparrow_A(x_3){\rightarrow}\oplus{\rightarrow}\uparrow_B(x_4) \Rightarrow$$
$$\ldots \Rightarrow \uparrow_A(x_n){\rightarrow}\oplus{\rightarrow}\uparrow_B(x_{n+1})$$

wobei $\uparrow_A$ und $\uparrow_B$ jeweils die Erregung des Jägers A und des Gejagten B an dem in Klammern dahinter gesetzten Ort x_k bezeichnen.
*

Da sowohl das Verlangen, ein Ziel zu erreichen, als auch eine Verfolgung identische Wege zur Folge haben können, müsste ein Weg auch ohne ihm zugrunde liegende Absicht formulierbar sein. Er wäre dann eine topologische Eigentümlichkeit, die Ausdruck der Interaktion eines Individuums mit mehreren Orten an aufeinanderfolgenden Zeitpunkten ist. In unserer Terminologie stellt sich das am einfachsten dar, wenn man den Weg als Interaktionsfeld des Individuums mit sich selbst begreift. In Art einer *Selbstverfolgung* an einer Reihung von Örtlichkeiten, was kausal etwa dadurch ausgedrückt werden könnte, dass das Individuum gewissermaßen vor dem Geruch seines vergangenen Ichs davonläuft, um den nächsten Ort aufzusuchen. Das ließe sich so darstellen:

$$(5) \qquad \uparrow_A(x_1, t_1) \to \oplus \to \uparrow_A(x_2, t_2) \ \Rightarrow\ \uparrow_A(x_2, t_2) \to \oplus \to \uparrow_A(x_3, t_3) \ \Rightarrow$$
$$\uparrow_A(x_3, t_3) \to \oplus \to \uparrow_A(x_4, t_4) \ \Rightarrow\ \dots\ \Rightarrow\ \uparrow_A(x_n, t_n) \to \oplus \to \uparrow_A(x_{n+1}, t_{n+1})$$

wobei $\uparrow_A(x_k, t_k)$ den jeweiligen Zustand des Individuums A am Orten x_k zum Zeitpunkt t_k symbolisiert. Die Dominanz der Erwartung aufseiten des den Weg Gehenden legt allerdings eine weniger strikt kausale Verknüpfung nahe, eine, die antizipierend wirkt: Man jagt einen Zustand von sich selbst, von dem man hofft, dass man ihn einmal annehmen wird. Dann befände sich auf der rechten Seite der jeweiligen Quinks eine Wunschvorstellung, von der man erwartet, sie würde zu einem späteren Zeitpunkt Wirklichkeit werden. Insofern wäre so ein erkämpfter Weg tatsächlich eine Selbstinteraktion, in der man einen spezifischen Erregungszustand überlang aufrechterhält. Daher kann man ihn mit einigem Recht als Masturbationsanstrengung von A mithilfe einer geordneten Kette von Räumen $x_1, x_2 \dots x_n$ bezeichnen, in welcher eine Erregung allmählich (genauer gesagt, im Zeitraum $\Delta T = t_n - t_1$) zunimmt, und wenn man so will, zum ‚*Phallus*' wird. Ganz unabhängig von einer spezifischen Geschlechtlichkeit lässt sich also verallgemeinert sagen, so ein Weg sei Ausdruck eines wesentlich auf Kraft, Härte und Aktionismus setzenden Leitbilds, wobei dieses wiederum eine der dem Leben gegebenen Möglichkeiten darstellt, sich mit der äußeren Wirklichkeit zu arrangieren. Was in diesem speziellen Fall heißt, dass man die Wirklichkeit in einem sie erobernden Sinne *aktiv* durchdringt.
*

Entscheidend daran ist, dass erstens $x_k \cap x_{k+1} = \emptyset$ für alle k gilt, dass sich also die aufeinanderfolgenden Räume nicht überschneiden (wobei das Symbol ‚$\cap$' für die mengentheoretische Durchschnitts-Operation steht und ‚$\emptyset$' die leere Menge bezeichnet), dass zweitens x_{k+1} sich dichter am Weg-Ende x_n befindet als x_k, und dass drittens sowohl die Erregung angehalten als auch ihr Ladungszustand gleich bleibt. Da der Ladungszustand einer Erregung im narrativen Filmsystem durch die Parität ausgedrückt ist, wird ein von A beschrittener Weg durch eine Kette aneinander geschnittener Einstellungen mit darin abgebildeten Räumen $x_1, x_2 \dots x_n$ dargestellt, bei denen diese Parität bei einem in ihnen allen sichtbaren Darsteller A erhalten bleibt. Es ist eine der erstaunlichsten Leistungen unserer kleinen neuronalen Theorie, dass sich die wesentlichen Prinzipien des Filmschnitts aus ihr ergeben, wenn man die Quinks in Paritätsverhältnisse übersetzt.
*

Auch für den seltsamen Gedanke, ein Darsteller verfolge auf so einem Weg einen Zustand, in dem er sich einmal selbst befinden wird oder zumindest befinden könnte, gibt der

Filmschnitt einiges her. Genau das zeigt ein Film nämlich, wenn ein Weg abgebildet wird: erst sieht man den Darsteller A einen Bildraum x_1 durchschreiten und dann einen Raum x_2, von welchem der Zuschauer annimmt, dass sich das Geschehen darin nach dem der ersten Einstellung ereignet hat. Aus der Perspektive des sich noch in x_1 befindenden A wird in x_2 eine mögliche Zukunft gezeigt, die er sich vorstellen kann. Dass die gezeigte mögliche Zukunft vom Zuschauer dann als tatsächliche hingenommen wird, ermöglicht es, diesen Prozess zu wiederholen. So lässt sich ein längerer Weg aufspannen, in welchem einerseits Ladung und Erregung von A erhalten sind und zugleich die von den Einstellungen dargestellten Räume x_1, x_2 ... x_n so geordnet, dass x_{k+1} sich dichter am Weg-Ende x_n befindet als x_k. Diese Sichtweise hat gegenüber einer rein galileischen, der nur die sogenannten objektiven Raum- und Zeitverhältnisse zugrunde liegen, den Vorteil, dass dem Spannungszustand, der in der Durchführung eines gefassten *Plans* besteht, entscheidendes Augenmerk geschenkt wird. Als Verursacher des Wegs symbolisiert dieser Plan in weitaus größerem Maße den Weg als die dann durchwanderten Koordinaten. Die an den Schnittstellen erfolgenden Zeitsprünge entsprechen insofern Übergänge zwischen unseren Traumvorstellungen von möglicher Zukunft. Blicken wir zurück, verwandeln sie sich zu Vorstellungen von in Sprüngen sich ereignet habender Vergangenheit.

*

Trotz der hier angedeuteten Effektivität unseres Formalismus ist an seiner Begründung bislang etwas noch nicht ganz richtig. Das Individuum kennt nämlich den Weg bereits, bevor es den Raum als Ganzes, sogar bevor es den Raum als Konzept kennt. Der Aal verlässt sein Sargassomeer, um in seinem Heimatfluss zu laichen. Er lässt sich von der Strömung und allem Möglichen leiten, gewiss aber nicht von einer Landkarte oder Begriffen wie Zukunft und Vergangenheit. Er jagt einen Zustand, in dem er sich befinden, der er sein möchte, er flieht vor einem Zustand, der er gewesen ist. Die Verbindungslinie besteht gewöhnlich in einer Geraden mit einer Spitze. Sie ist ein Pfeil. Er ist dieser Pfeil. Er folgt der Idee, die er von sich hat. Er jagt dieser Idee, die er von sich hat, in ein Äußeres, in ein Unbekanntes hinein. Dies Äußere nennen nur wir Menschen Raum. Was wir unter Raum verstehen, ist Ausdruck unseres Gedächtnisses für die vielen Wege, die man in ihm gehen kann. Für das Gedächtnisarme ist das Äußere dagegen lediglich ein weg vom Heim, gelegentlich ein hin zur Beute. Die Richtung ist in einem selbst, ist man selbst. Sie hat den Status einer Erregung, sie nimmt, in Relation zum Heim, in Relation zur Beute, Quink-Status an. Die Vögel brechen auf zur großen Wanderung, die sie selbst vielleicht nicht sind, aber sie werden dazu. Dann verlassen sie das Heim. Wie die grasenden Herden. Sehr schwer zu sagen, ob sie wissen, dass es ein neues Heim für sie geben wird. Aber selbst niedere Tiere bringen ungeheure Wanderungen zustande, die nicht einzig durch ein allmähliches Verfolgen des Futters begründbar sind.

*

In den gehaltenen weiblichen Erregungszustand gelangen wir, indem wir den Pfeil durch eine Öffnung ersetzen, deren Bewegung *nicht* aus einem begrenzten Raum x_0 herausführt. Im einfachsten Fall also, wenn für alle k gilt: $x_k = x_{k+1} = x_0$ (oder allgemeiner ausgedrückt, wenn alle x_k unmissverständlich Teilmengen eines den Aufenthalt einer Öffnung beschränkenden Raums x_0 sind). Dann verwandelt sich unser Formalismus in einen, in dem sich eine Öffnung mit neutraler Ladung in der Erwartung eines künftigen Zustand von sich selbst in einem ihr zugewiesenen Raumbereich x_0 befindet, ohne dass sie hinauswill:

$$(6) \quad O_A(x_1, t_1) \rightleftarrows \oplus \rightleftarrows O_A(x_2, t_2) \Rightarrow O_A(x_2, t_2) \rightleftarrows \oplus \rightleftarrows O_A(x_3, t_3) \Rightarrow$$
$$O_A(x_3, t_3) \rightleftarrows \oplus \rightleftarrows O_A(x_4, t_4) \Rightarrow \ldots \Rightarrow O_A(x_n, t_n) \rightleftarrows \oplus \rightleftarrows O_A(x_{n+1}, t_{n+1})$$

wobei gilt $x_k \subseteq x_0$ für alle k, während $O_A(x_k, t_k)$ den Erregungszustand der Öffnung A am Ort $x_k \subseteq x_0$ zum Zeitpunkt t_k bezeichnet. Vereinfachen wir das, indem wir den der Öffnung zugewiesenen Raum auf ein einziges Zimmer, das wir als x_0 bezeichnen, reduzieren (also $x_k = x_0$ für alle k), stellt dieser Interaktionstyp eine Art Selbstverknotung einer nicht nach Entladung strebenden Öffnung A in einem beschränkten Raum x_0 im Zeitraum zwischen t_1 und t_n dar:

$$(7) \quad O_A(x_0, t_1) \rightleftarrows \oplus \rightleftarrows O_A(x_0, t_2) \Rightarrow O_A(x_0, t_2) \rightleftarrows \oplus \rightleftarrows O_A(x_0, t_3) \Rightarrow$$
$$O_A(x_0, t_3) \rightleftarrows \oplus \rightleftarrows O_A(x_0, t_4) \Rightarrow \ldots \Rightarrow O_A(x_0, t_n) \rightleftarrows \oplus \rightleftarrows O_A(x_0, t_{n+1})$$

Dabei kann sich die Öffnung in diesem Raum selbst jagen, sich schlagen, sich liebkosen, was auch immer, wie einer wirklichen Verknotung, und sich, dabei unter Umständen systematisch einen Plan verfolgend, in jeden von ihr gewünschten Zustand versetzen. Sie kann auch kochen und stricken. Wichtig ist allein, dass ihre Erregung erhalten bleibt. Auf diese Weise konstruiert die Öffnung um sich ein Heim. Das Heim der Öffnung ist das Äquivalent des Weges, den der Pfeil zurücklegt. Es macht also sehr wohl Sinn, von der Selbstinteraktion einer Öffnung mithilfe eines abgeschlossenen einzelnen Raums zu sprechen, oder von einer weiblichen Masturbation, bei der ein Heim entsteht. Am Ende einer solchen Anstrengung kann sie ebenso gut einen Pullover fertiggestrickt wie der Jäger (mit der ihm eigenen Masturbationsanstrengung) sein Traumziel, das Meer etwa, erreicht haben.
*

Unabhängig von spezifischer Geschlechtlichkeit ist also auch das Heim Ausdruck einer Disposition, die dem Leben dazu verhilft, sich mit der Wirklichkeit zu arrangieren. Anders als die aktiv die Welt erobernde Weg-Disposition beruht sie nicht auf Härte, Stärke und Durchdringung, sondern sie entspricht eher einem passiv sich Anpassen an gewisse Gegebenheiten, also einer gewissen Weiche, die die Wirklichkeit jedoch klammheimlich ebenfalls im eigenen Sinne aktiv verändert. Insofern lässt sich mit einigem Recht geschlechtsübergreifend behaupten, der evolutionäre Erfolg der geschlechtlichen Vermehrung könne auch darauf beruhen, dass dabei gleich zwei mit einer feindlichen Umgebungswirklichkeit sich arrangierende Dispositionen weitergegeben werden, die sich zudem mustergültig ergänzen.
*

Es ist bemerkenswert, dass sich die verallgemeinerten Dispositionen von Pfeil und Öffnung, also Weg und Heim, durch die wiederholte Anwendung zwei verschiedener Schnittformen darstellen lassen, die beide linear sind. Während der Weg des Jägers durch disjunkte lineare Schnitte aufgespannt wird, wächst das Heim der Frau in einer Folge von überlappend linearen Schnitten. So gesehen entspricht die Raumkonstruktion dem männlichen Prinzip und die überlappend raumbenutzende dem weiblichen. Ein Film ist in guter Balance, wenn sich die beiden harmonisch abwechseln.

*

Selbstverständlich kann sich auch ein Pfeil in einem beschränkten Raum aufhalten. Aber er fühlt sich dann wie in einem Gefängnis. Er wird an den Wänden entlang gehen, er wird wie die Gefangenen auf van Goghs in der Irrenanstalt von St. Remy nach Doré gemaltem Gemälde beim Mittagsrundgang immer im Kreis gehen. Nicht nur van Gogh drängt es hinaus ins Freie. Erst wenn der Pfeil seinen Pfeilcharakter verliert und nicht mehr zu gerichteten Bewegungen findet, baut er ebenfalls ein Heim, mit anderen Worten, wenn er selbst zur Öffnung geworden ist, zum Waschlappen. Üblicherweise gibt es bei der Konstruktion des Heims eine Art Arbeitsteilung, bei der sowohl Pfeil als auch Öffnung ihren Status zu bewahren wissen: Der Pfeil baut gerade Mauern und Wände um das Heim herum, die es sicher machen, die Öffnung macht das Innere bewohnbar. Aber dieser Typ Arbeitsteilung gilt wohl nur für uns Menschen. Der Bau eines Vogelnests folgt oft ganz anderen Übereinkünften. Sie variieren sogar von Art zu Art auf geradezu gespenstische Weise, man bedenke die Lebensart des Kuckucks. Um unsere Analyse über diesen Punkt hinauszutreiben (um etwa die Natur der Zeitsprünge bei räumlichen Ketten genauer zu erfassen, wie sie einem mit dem Wachsen eines Phallus korrelierten Konzept beim Zurücklegen beträchtlicher Wegstrecken entspricht), müssen wir uns über gewisse Grundvorstellungen des Menschlichen verständigen. Dabei geht es nicht darum, anthropologische Konstanten festzuzurren, sondern sie so weiträumig zu umreißen, dass sie sich auch auf Änderungen von Verhaltensmustern projizieren lassen. Die unsrigen, besonders unsere Zeitvorstellungen - ich erinnere an das kalauernahe „*Time is Money*" - unterscheiden sich gewiss von denen einer Amöbe.

*

(Genaueres über all dies in „Grundzüge einer Topologie des Narrativen)

***

ANHANG II: DREIECKSKONSTRUKTIONEN

1. Dreieckskonstruktion durch Blickinteraktionen

Bisher hatten wir nur Blickinteraktionen zwischen zwei Personen untersucht und aus den Regeln für die quasikontinuierlichen Übergänge das Gesetz von den entgegengesetzten Blickparitäten abgeleitet, das sich dann durch die dabei entstehenden Winkelüberlappungen zur seriellen ± 30°-Interaktion L_{BI30} vereinfachte. Wir wollen nun untersuchen, wie Blickinteraktionen zwischen mehr als zwei Personen in Szene zu setzen sind.

*

Eine triviale Behandlung des Mehrkörperproblems besteht darin, das Personenensemble in zwei Gruppen zu zerlegen, wobei die Individuen jeder Gruppe jeweils gleiche Blickparität haben und der deutlich gehaltene Blick jeweils einer Person stellvertretend für die anderen seiner Gruppe eine Interaktionsachse in den Raum stellt. Dadurch reduziert sich das Mehrkörperproblem zum Zweikörperproblem, und es gelten dessen Gesetzmäßigkeiten. Dieses Verfahren wird insbesondere bei kurzen Reden vor Publikum oder auch bei einfachen Trauungszeremonien angewandt, in Situationen also, in denen eine dominierende Figur A_1 wie in Abb. 100 aus x_1 auf mehrere andere in x_2 blickt und diese gespannt auf A_1 zurückblicken.

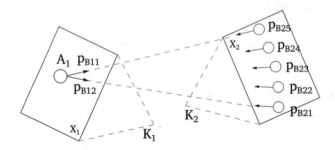

Abb. 100 Redner und kleines Publikum

Dabei hat die Blickrichtung von A_1 eine Spannweite von p_{B11} bis p_{B12}, je nachdem, wen er in x_2 anblicken soll. Beim Rückblick muss die Blickparität von p_{B25} dementsprechend etwas stärker sein als etwa die von p_{B21}. Gewöhnlich kann man erst sagen, in welchen Teil des Raums x_2 der Blick von A_1 erfolgt, wen genau er also darin anblickt, wenn sich bei einem Rückschnitt die Blickrichtung von A_1 etwas ändert, von p_{B11} etwa zu p_{B12}. Dann vermutet man, dass er nun weiter nach rechts in x_2 hineinschaut und statt den Bewegungsträger von p_{B25} oder p_{B24} nun denjenigen von p_{B22} oder p_{B21} betrachtet. Bei solcher

Blickrichtungsänderung von A_1 darf seine Blickparität aber auf keinen Fall das Vorzeichen ändern, denn entgegengesetzte Blickparitäten sind ja Voraussetzung für das Zustandekommen der Blickinteraktion. Ändert A_1 trotzdem seine Blickparität wird die Raumkonstruktion daher um Vieles komplexer.

*

Nun kann man sich vorstellen, dass der mehrere Personen enthaltende Raum x_2 aus Abb. 100 gemäß Abb. 101 in zwei Unterräume x_2 und x_4 zerlegt wird und dass A_1 zunächst mit einer Person A_2 in x_2 Blicke tauscht und anschließend mit einer Person A_4 in x_4. Dies entspräche einer Montagefolge $s_1 : s_2 : s_3 : s_4$ mit $x_3 = x_1$, wobei $s_2 : s_3$ ein direkter Rückschnitt nach x_1 wäre. Insgesamt käme es also zu der in Abb. 101 ausgearbeiteten Raumkonstruktion.

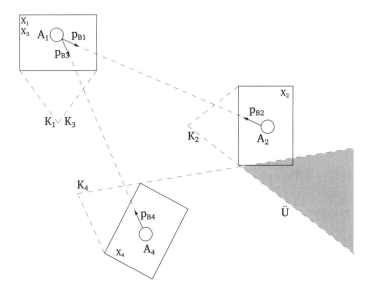

Abb. 101 Dreieckskonstruktion mit leicht fehlerhafter Blickstaffelung

Dabei wird der Abstand von x_2 und x_4 vor allem durch die Blickwinkelrichtungsänderung zwischen p_{B1} und p_{B3} bestimmt. Die Darstellung enthält jedoch mehrere Problematiken. Zum einen können sich die Kamerawinkel von K_2 und K_4 im Überlappungsbereich Ü überschneiden. Und zum anderen kann es, wenn man zu sorglos arbeitet, passieren, dass die Blickparität p_{B4} stärker wird als die von p_{B2}, was der Raumkonstruktion im grad besprochenen Fall eines Redners vor Publikum widerspricht, da dessen Blickparitätsstärke ja entsprechend der räumlicher Platzierung seiner Blickpartner gestaffelt ist. Der Vergleich mit Abb. 100 empfiehlt also für p_{B2} eine stärkere Blickparität als für p_{B4}.

*

Beiden Schwierigkeiten kann man beikommen, wenn man sich das Konzept der *zueinander konjugierten Blickrichtungen* zu eigen macht. Dabei nennen wir zwei Blickrichtungen *zueinander konjugiert*, wenn sie in zwei aufeinanderfolgenden Einstellungen den betragsmäßig gleichen Blickrichtungswinkel mit entgegengesetzten Vorzeichen aufweisen. Einer +30°-Blickrichtung entspricht also eine konjugierte Blickrichtung von −30°, einer −50°-Blickrichtung eine konjugierte von +50°. Einstellungen mit konjugierten Blickrichtungen nennen wir auch *zueinander blickkonjugiert*.
*

Wenn wir nun $s_1 : s_2 : s_3 : s_4$ so aufnehmen, dass die Paare $s_1 : s_2$ und $s_3 : s_4$ zueinander blickkonjugiert sind, ergibt sich eine Raumkonstruktion gemäß Abb. 102. Es entsteht also ein

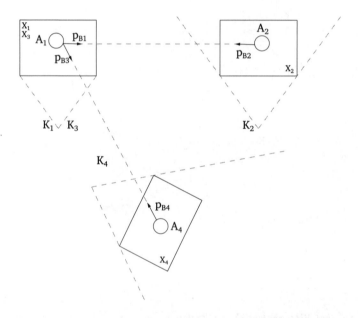

Abb. 102 Dreieckskonstruktion mit verbotener (weil fehlerhafter) A_2-A_4-Blickinteraktion

klares Dreieck mit dem Aufenthaltsorten von A_1, A_2 und A_4 als Eckpunkten. Dabei sind die Blickparitäten im hier dargesellten Fall ganz wie in unserem Referenzdiagramm Abb. 100 ordnungsgemäß nach ihrem Stärkegrad hierachisiert, und wenn die Blickwinkeländerung groß genug ist, wird auch die in Abb. 101 aufgetretene Überlappung vermieden.
*

Ein spezieller Fall der blickkonjugierten Dreieckskonstruktion tritt ein, wenn p_{B3} eine zu p_{B1} entgegengesetzte Blickparität hat. Dann muss natürlich auch p_{B4} eine zu p_{B2} entgegengesetzte Blickparität haben, und wir gelangen zu einer Dreieckskonstruktion in der Art von Abb. 103.

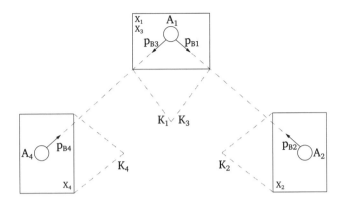

Abb. 103 Dreieckskonstruktion mit riskanter (weil doppelt neutraler) A_2-A_4-Blickinteraktion

Sowohl in Abb. 102 als auch in Abb. 103 gibt es jedoch Komplikationen, wenn wir das Dreieck durch eine Blickinteraktion von x_2 zu x_4 vollständig machen wollen. Das ist in Abb. 102 nur mit veränderten Kamerapositionen möglich, denn nimmt man sie mit K_2 und K_4 auf, hätten die Darsteller in x_2 und x_4 gleiche Blickparität, was heißt, sie würden einander im Film nicht anblicken, auch wenn sie es real getan hätten. In Abb. 103 scheint die Blickparitätsregel dagegen zwar für alle drei Blickinteraktionen halbwegs erfüllt, doch wenn sich A_2 und A_4 anschauen, gerät man bei beiden in den gefährlichen Bereich des neutralen Blicks, was man, da dann beide ziemlich direkt in die Kamera blicken, tunlichst vermeiden sollte.

Die Gestalt des Dreiecks wird also durch die Blickrichtungen in x_1 oder x_3 sowie die zusätzliche Forderung nach Blickkonjugiertheit stärker bestimmt, als man naiv annehmen könnte. Wünscht man sich zueinander konjugierte Einstellungen, werden, wie wir im nächsten Kapitel sehen, nämlich nicht nur die Rückblickrichtungen p_{B2} und p_{B4} in x_2 und x_4 vollständig durch p_{B1} und p_{B3} festgelegt, sondern auch die einer möglichen Blickinteraktion zwischen x_4 und x_2.

***

2. Blickkonjugierte Dreieckskonstruktionen

Man kann den blickkonjugierten Schnitt auch als die verkürzte Simulation eines um den Interaktionsmittelpunkt erfolgenden Schwenks begreifen, der den Beginn einer Kreisbewegung darstellt. Ist M in Abb. 104 der Mittelpunkt eines Kreises, worauf sich die Räume x_1 und x_2 befinden, und werden die Kameras K_1 und K_2 auf den Verbindungsachsen von M zu den Zentren von x_1 und x_2 platziert, dann sind die Blickrichtungen p_{B12} und p_{B21} der beiden Bewegungsvariablen A_1 und A_2 exakt zueinander konjugiert. Was heißt, dass die Blickwinkel w_{12} und w_{21} einander gleich und p_{B12} und p_{B21} von entgegengesetzter Parität sind.

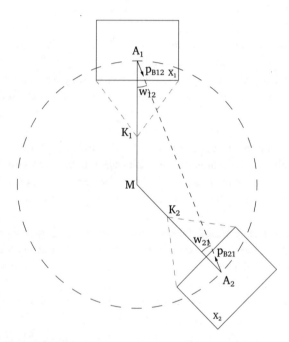

Abb. 104 Die blickkonjugierte Blickinteraktion

Umgekehrt gilt, dass man zu jeder Blickinteraktion mit konjugierten Einstellungen einen Kreis konstruieren kann, dessen Radius sich aus dem vermuteten Abstand von A_1 und A_2 sowie dem Winkel $w_{12} = -w_{21}$ ergibt. Wie man sieht, stellt ein solcher Schnitt die Abkürzung eines Schwenks um den Kreismittelpunkt M dar. Und er ist sogar dann die Codierung eines solchen Schwenks um einen auf der Mittelachse zwischen zwei Personen gelegenen Punkt M, wenn der Schwenk real gar nicht möglich sein sollte.

*

Wenn wir nun eine zweite Blickrichtung p_{B13} von A_1 haben, kann ein drauffolgender Schnitt auf x_3 eine erneute Codierung dieses Kreises sein. Das ist der Fall, wenn nicht nur w_{12} und w_{21}, sondern auch w_{13} und w_{31} einander entgegengesetzt gleich sind. Und genau dann sind, wie aus Abb. 105 ersichtlich, auch die Blicke p_{B23} und p_{B31} zwischen x_2 und x_3 zueinander konjugiert.

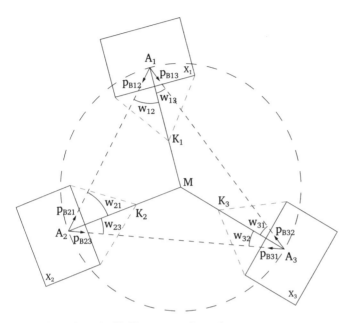

Abb. 105 Das klassische blickkonjugierte Dreieck

Wie man sieht, gibt es für alle Blicke zwischen den Räumen x_1, x_2 und x_3 einen konjugierten Gegenblick. Umgekehrt können nur dann alle zueinander konjugiert sein, wenn die Schnitte zwischen diesen Räumen Codierungen ein und desselben Kreises sind. Dies bedeutet wiederum, dass der vermutete Abstand zwischen x_1 und x_3 mit dem von x_1 und x_2 und den Winkeln w_{12} und w_{13} verträglich sein muss. Sind sie nicht verträglich, kann bzw. darf der Schnitt von x_2 zu x_3 nicht blickkonjugiert sein.
*

Da jedes Dreieck einen Umkreis hat, gibt es für jedes Dreieck die Möglichkeit, dass seine Endpunkte durch blickkonjugierte Schnitte verbunden werden. Liegt der Mittelpunkt des Umkreises wie im vorigen Diagramm innerhalb des Dreiecks, müssen sowohl A_1 als auch A_2 und A_3 ihre Blickparität ändern, wenn sie in einen anderen Raum zu blicken vorgeben. A_2 zum Beispiel hat eine positive Blickparität, wenn er nach x_1 blickt und eine negative, wenn er x_2 ansieht.
*

Ist das Dreieck dagegen so beschaffen, dass der Mittelpunkt des Umkreises außerhalb des darzustellenden Dreiecks liegt, ändert nur einer der Bewegungsträger seine Parität, dann aber gleich um mehr als 90°, wie wir den drei Diagrammen in Abb. 106 entnehmen.

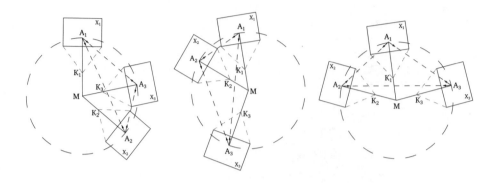

Abb. 106 Stumpfwinklige blickkonjugierte Dreieckskonstruktionen

Und umgekehrt, wenn einer der Darsteller seine Blickparität bei aufeinanderfolgenden Blicken ändert und die damit verbundene Blickrichtungsänderung mehr als 90° beträgt, liegt der Mittelpunkt des Umkreises um das dadurch erzeugte Dreieck außerhalb dieses Dreiecks. Was wiederum impliziert, dass sich die Blickparitäten der beiden anderen nicht ändern dürfen, wenn ihre Blicke zwischen den Räumen pendeln.
*

Solche Dreieckskonstruktionen mit konjugierten Einstellungen sind extrem abhängig von den Ausgangsblickrichtungswinkeln. Deshalb müsste man zu ihrer korrekten Konstruktion erst das Dreieck aufzeichnen, das man zu erzeugen wünscht, dann den Mittelpunkt des Umkreises bestimmen (also den Schnittpunkt der Mittelsenkrechten), um dann die Kamerapositionen auf den Verbindungsachsen von Kreismittelpunkt und den Eckpunkten des Dreiecks einzuzeichnen. Daraus lassen sich dann die nötigen Blickrichtungswinkelverhältnisse folgern, die man bei der Regie- und Kameraarbeit zu berücksichtigen hat.
*

Leider fehlt einem zu dieser Konstruktion manchmal die Zeit, zumal sie empfindlich gegenüber Bewegungen ist, die sich nicht auf der Kreisperipherie abspielen. Daher gibt man sich in der Arbeitspraxis oft mit zwei blickkonjugierten Einstellungspaaren zufrieden und versucht, allzu große Ungereimtheiten, vor allem natürlich Verletzungen des Blickparitätsgesetzes, bei der dritten Blickinteraktion zu vermeiden. Dies verlangt eine gewisse Dominanz des Darstellers, von dem die konjugierten Schnitte ausgehen, da sich der konstruierte Raum an ihm orientiert.
*

Formal erfolgt die Raumkonstruktion eines solchen Vorgangs wie in Abb. 107. Dabei konstruiert man sich nach dem blickkonjugierten Schnitt s_1: s_2 nach Maßgabe des vermuteten Abstands von x_1 und x_2 zunächst einen Kreis mit Mittelpunkt M_{12}. In diesem wird mit w_{13} nach dem direkten Rückschnitt s_2: s_1^* eine neue Blickrichtung von A_1 etabliert (wobei der Stern in s_1^* andeutend soll, dass es sich zwar um eine neue Einstellung handelt, dass sie jedoch den gleichen Bildraum x_1 wie s_1 hat und dass er von der gleichen Kameraposition K_1 aus abgebildet wird). Diese Blickrichtung wird im folgenden Schnitt s_1^*: s_3 konjugiert aufgenommen, sodass man A_3 zunächst am Schnittpunkt der von A_1 ausgehenden neuen Blickachse mit dem um M_{12} geschlagenen Kreis vermutet. Ist x_3 nicht weiter von x_1 entfernt, haben es mit einem klassischen blickkonjugierten Dreieck wie in Abb. 105 zu tun und es gibt keine Probleme. Liegt x_3 dagegen wie in Abb. 107 weiter entfernt, muss für die Blickinteraktion zwischen A_1 und A_3 ein zweiter Kreis mit Mittelpunkt M_{13} konstruiert werden. Ändert A_3 dann, um nach A_2 zu schauen, die Blickrichtung und erfolgt dann in einem Rückschnitt s_3: s_2^* in x_2 ein Gegenblick von A_2, verrät die Abweichung von der Konjugiertheit der beiden Blickrichtungen, dass man es mit zwei verschiedenen Kreisen zu tun hatte. Von M_{12} aus gesehen sind dann A_1 und A_2 zueinander blickkonjugiert (denn es gilt ja w_{12} = - w_{21}), von M_{13} gesehen sind es A_1 und A_3 (was heißt w_{13} = - w_{31}), während A_1 und A_3 es nicht sind, denn w_{23} ist ungleich dem Betrag von w_{32}.

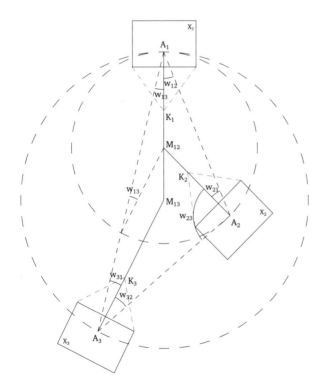

Abb. 107 Dreieckskonstruktion mit nur zwei blickkonjugierten Einstellungspaaren

Will man die räumlichen Beziehungen klar machen, verlangt diese Konstruktion etwas längere Blickinteraktionen zwischen den Beteiligten, denn die Konstruktionsanstrengung des Zuschauers ist komplizierter. Außerdem weist sie einen kritischen Bereich auf. Es kann nämlich passieren, dass ein Übergang $s_3 : s_2^*$ nicht mehr das Gesetz von den entgegengesetzten Blickparitäten erfüllt. Das ist z. B. der Fall, wenn der Abstand zwischen x_1 und x_3 so groß ist (wodurch x_3 in Abb. 107 weit nach unten links rutscht), dass A_3 beim Blick auf x_2 noch die gleiche Blickparität hat wie beim Blick auf A_1. Man kann also Fehler machen, zu deren Vermeidung uns noch eine Regel fehlt, die wir erst im folgenden Kapitel über nicht-blickkonjugierte Dreieckskonstruktionen kennenlernen werden.

*

Diese Schwierigkeiten werden durch das durchgehende Konzept zueinander konjugierter Einstellungen vermieden. Damit lassen sich auch Vier- oder Fünfecks-Konstruktionen eindeutig lösen, solange das Vieleck einen Umkreis hat. Abb. 108 beschreibt eine Lösung für vier Personen, die man bei Diskussionen zwischen vier gleichberechtigten Gesprächsteilnehmern benutzen kann. Dabei sind die Kameras so positioniert, dass zwischen jedem möglichen Gesprächsteilnehmerpaar konjugierte Blicke ausgetauscht werden. Darüber hinaus weiß man bei jedem der Teilnehmer exakt, wen er anblickt, wenn er den Gesprächspartner plötzlich wechselt.

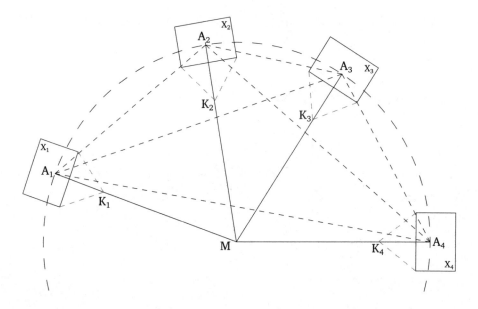

Abb. 108 Einfache blickkonjugierte Lösung des Vier-Personenproblems

***

3. Nichtblickkonjugierte Dreieckskonstruktionen

Die blickkonjugierte Dreieckskonstruktion erfordert in der Herstellung eine Sorgfalt, die mit den Produktionsmöglichkeiten oft nicht vereinbar ist. Dies führt bei manchen Produktionen zur weitgehenden Aufgabe des Konjugationsprinzips. Wie bei der nur doppelten Blickkonjugation wird es aber auch bei den nichtblickkonjugierten Dreiecken bei einmal gewählten Kamerastandpunkten gewöhnlich verbotene Blickrichtungen geben, da sie das Gesetz von den entgegengesetzten Blickparitäten verletzen würden. Oder anders herum formuliert: Bei einem zu konstruierenden Dreieck sind nur gewisse Kamerapositionen erlaubt.

*

Haben wir zwei Einstellungen s_1 und s_2 durch nichtblickkonjugierte Blicke miteinander verbunden, so ergibt sich daraus eine gewisse räumliche Struktur, in Abb. 109 z. B. die zwischen x_1 und x_2, deren Kameraachsen sich im Punkt M_{12} schneiden mögen. Dabei verstehen

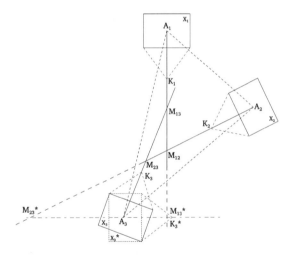

Abb. 109 Nichtblickkonjugierte Dreieckskonstruktion, Kamerachsen-Schnittpunkte innen

wir unter Kameraachse die Verbindungsstrecke vom Bildraum zur Kamera und ihre Verlängerung über die Kamera hinaus. Man kann dann sagen, dass der Schnitt $s_1 : s_2$ der Codierung eines von x_1 nach x_2 führenden Schwenks um M_{12} entspricht. Wenn das Dreieck so beschaffen sein soll, dass dieser Punkt in seinem Inneren ist, ergeben sich aus dem Gesetz der entgegengesetzten Blickparitäten Konsequenzen für die Position der Kamera, die x_3 aufnehmen soll. Es muss dann gelten, dass die Schnittpunkte der dritten Kameraachse mit den beiden anderen, also M_{23} und M_{13}, wie in unserem Diagramm ebenfalls innerhalb des Dreiecks liegen müssen. Liegen einer oder zwei außerhalb wie in Abb. 109 die von einer alternativen Kamera $K_3{}^*$ produzierten Schnittpunkte $M_{13}{}^*$ und $M_{23}{}^*$, dann wird bei manchen

Schnitten das Blickparitätsgesetz verletzt. Denn bei einem Schnitt $s_2 : s_3^*$ hätte das von K_2 aufgenommen A_2 bei einer Blickinteraktion negative und das von K_3^* aufgenommene A_3 positive Parität. Im Fall einer Aufnahme durch K_3 sind hingegen alle Blickparitäten miteinander verträglich und es gibt keinerlei Probleme.

*

Ebenfalls einwandfrei möglich ist eine Dreieckskonstruktion, bei der sich alle drei Schnittpunkte der Kameraachsen gemäß Abb. 110 außerhalb des Dreiecks in einem der Dreieckssektoren I, II oder III befinden. Im Gegensatz zur in Abb. 109 skizzierten Konstruktion, in der alle Schnittpunkte innerhalb des Dreiecks liegen, ändert sich bei Blickinteraktionen dann nur eine einzige Blickparität, im dargestellten Fall die von A_1.

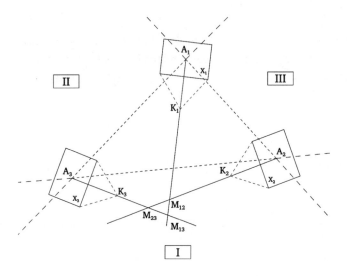

Abb. 110 Nichtblickkonjugierte Dreieckskonstruktion, Kameracachsen-Schnittpunkte in Sektor I
*

Generell gilt, dass eine Dreieckskonstruktion durch Blickinteraktionen immer dann problemlos möglich ist, wenn sich in Abb. 111 alle drei Kameraachsen-Schnittpunkte entweder innerhalb des Dreiecks A_1 A_2 A_3 oder aber alle außerhalb in einem der Dreieckssektoren I, II oder III befinden.

*

Im ersten Fall (wenn also alle drei Kameraachsen-Schnittpunkte innerhalb des Dreiecks liegen) wechseln alle drei Bewegungsträger die Blickparität, sobald sie die Blickrichtung ändern. Im zweiten Fall (mit allen Schnittpunkten also jeweils entweder in Sektor I, Sektor II oder Sektor III) tun es nur diejenigen, die dem betreffenden Dreieckssektor gegenüberliegen.

*

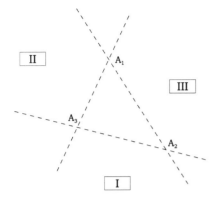

Abb. 111 Die klassische Dreieckskonstruktion

Will man ausdrücklich nur V-Blickparitäten zulassen, und die sind ja meist erforderlich, werden die Kamerastandpunkte innerhalb eines der Dreieckssektoren noch mehr eingeengt. Im Extremfall eines stumpfwinkligen Dreiecks fallen sogar, wie man in Abb. 112 sehen kann, ganze Sektoren aus, denn der Schnittpunktbereich darf nicht in Sektor II oder III liegen, da A_1 in einer der Blickrichtungsmöglichkeiten sonst H-Blickparität bekäme. Übrig

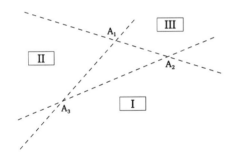

Abb. 112 Die stumpfwinklige Dreieckskonstruktion

bleiben die Fälle, dass die Schnittpunkte alle innerhalb des Dreiecks liegen oder aber, und das ist der Standardfall, im Sektor I, wobei dort noch zusätzlich gewährleistet sein muss, dass die Blickrichtungen A_3A_1 und A_2A_1 V-Blickparität haben.
*

Die blickkonjugierten Konstruktionen sind Spezialfälle dieser Dreieckskonstruktionen, bei denen sich alle Kameraachsen in einem Punkt schneiden, der dann der Mittelpunkt des Umkreises sein muss.
*

Der Vorteil der freien Konstruktionen liegt in ihrer größeren arbeitstechnischen Flexibilität. Diese geht allerdings auf Kosten der Raumkonstruktionspräzision. In Abb. 113 ist eine freie Dreieckskonstruktion beispielhaft dargestellt. Da die Schnittpunkte der drei Kameraachsen alle in einem Sektor außerhalb des Dreiecks liegen, scheinen alle Blickparitätsprobleme gelöst zu sein.

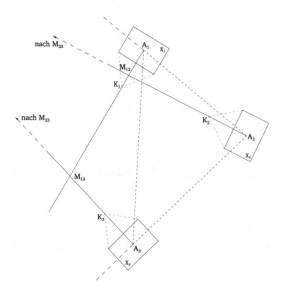

Abb. 113 Beispiel einer freien Dreieckskonstruktion, Kameraachsen-Schnittpunkte alle in einem Außensektor

Trotzdem kann es bei einer Schnittfolge $s_1 : s_2 : s_1{}^* : s_3$ zu einer leichten räumlichen Irritation kommen, die auf der meist üblichen blickkonjugierten Behandlung des Zwei-Personenproblems beruht. Aufgrund dieser erwartet der Zuschauer A_2 eigentlich mit einer stärkeren Blickparität als A_3, das heißt, in Abb. 113 möchte er x_3 eigentlich woanders verorten. Erst der auf den Blick folgende Gegenblick überzeugt einen als Zuschauer, dass es wohl anders ist. Nichtblickkonjugierte Einstellungen zwingen daher zu intensiverem starren Blicken. Am einfachsten wird diese Irritation vermieden, indem man verbindende Totalen in die Schnittfolgen einfügt, was die Raumverhältnisse stabilisiert.

*

Deshalb gibt es bei den meisten Dreieckskonstruktionen zumindest eine blickkonjugierte Achse, wobei man darauf achtet, dass das Konjugationsprinzip auf den anderen Achsen nicht allzu offensichtlich durchbrochen wird. Speziell gilt dies, wenn Räume synthetisch verbunden werden, wenn also keine Möglichkeit besteht, eine übergreifende Totale herzustellen und einzuschneiden.

*

Gelegentlich kommt es in narrativen Filmen auch zu Fehlern in der freien Konstruktion. Werden sie nicht durch eine verbindende Totale aufgefangen, verliert man in diesen Momenten die Raumorientierung und die Sequenzen werden atmosphärisch. Dann hat man als Zuschauer nur noch das Gefühl, dass sich die gezeigten Darsteller irgendwie im gleichen Raum befinden müssen, ohne dass man ihre Positionen kennt. Geschieht dies fortwährend, verlieren die Bildfolgen allmählich ihren repräsentativen Charakter, und der Film wirkt irgendwie konfus.

*

Wir hatten schon bemerkt, dass raumspezifische Eigenschaften wie gerichtete geometrische Raumverbindungen und die ihnen inhärenten virtuellen Blickinteraktionen ebenfalls oft Dreieckskonstruktionen verlangen, wenn man davor oder darin ein Geschehen inszenieren will. Entgeht einem die Bedeutung der geometrischen Verbindungen beim Drehen (was sehr leicht passiert), kommt es beim Schnitt mitunter zu erheblichen Problemen.

*

In Filmen, die Tiere als Hauptdarsteller haben, kann man den starren Blick nicht verordnen und geht daher von den Nasenspitzen aus, also von ihren Kollisionspotenzialen. Diese sind freilich nur selten so gut kontrollierbar, dass man damit Dreieckskonstruktionen vornehmen kann. Daher gibt es in diesen Filmen fast nur Zweierkonstellationen mit Blick und Gegenblick, viele davon mit der Tendenz, einen Kampf vorzubereiten, den die Protagonisten dann in einer Totale durchführen.

*

Dreieckskonstruktionen lassen sich auch mit kollisionskontrollierenden Blicken zustande bringen, bei genügend handwerklichem Geschick sogar mit Kollisionsschnitten, wobei sich bei beiden natürlich eine klare Richtung herauskristallisieren muss. Auf diese Weise kann man unter Benutzung von Schnittfolgen, die sich an Dreieckskonstruktionen orientieren, auch sehr komplizierte, über simple Polarisierungen jedenfalls hinausgehende Bewegungsverhältnisse darstellen, beispielsweise Umgehungen in einem Gefecht.

***

ELEMENTARE SCHNITT-THEORIE DES SPIELFILMS

Band 3

ALLGEMEINE TOPOLOGIE DES NARRATIVEN SYSTEMS

(z. T. nur skizziert)

INHALT VON BAND 3 - ELEMENTARE TOPOLOGIE DES NARRATIVEN SYSTEMS

I. RETARDIERT LINEARE SCHNITTE UND RÜCKSCHNITTE

Vorbemerkung

Bisher untersuchten wir nur Schnitte, deren Raumkonstruktionen bereits durch die per Schnitt verbundenen Einstellungen zu begreifen sind. Für das Verständnis anderer Schnittformen - insbesondere der retardiert linearen und der Rückschnitte - werden oft jedoch Einstellungen von Belang, die im gerade projizierten Film vor der zuletzt erschienenen zu sehen waren. Bei der Konstruktion des neu hinzukommenden Raums müssen dann Teile des vergangenen Raumzeit-Ensembles berücksichtigt werden.

Im simpelsten Fall kann ein linearer Schnitt durch eine dazwischen platzierte Einstellung verzögert werden. Es ist aber auch möglich, dass die Verzögerung durch mehrere Einstellungen oder sogar eine komplette Sequenz erfolgt. Um derartige Schnitt-Typen zu erfassen, muss ein Formalismus entwickelt werden, der längere Filmpassagen in verallgemeinerter Form zu beschreiben vermag.

Solche allgemeine Formulierung des Filmgeschehens ist nicht ganz einfach. Denn die Sequenz der darin auftauchenden Einstellungen kann ja bereits retardiert lineare Schnitte oder Rückschnitte enthalten, die wir doch erst definieren wollen. Oder verschärft formuliert: Die dazwischen geschnittene Sequenz kann unter Umständen sogar aus einem kompletten Film bestehen, der sämtliche uns bekannten und noch unbekannten Schnitt-Typen enthält. Denn es ist ja nicht auszuschließen, dass ein spät im Film auftauchender Schnitt sich noch einmal auf eine der Anfangseinstellungen bezieht.
*

Mathematisch gibt es hier also das Problem, dass man zur präzisen Definition neuer Schnitt-Typen bereits über eine Gesamt-Filmformel verfügen muss, die sämtliche überhaupt möglichen Schnittarten erfasst. Das mutet aussichtslos an. Andererseits werden wir sehen, dass man sich über gewisse fundamentale Filmeigenschaften bei genauem Nachdenken soweit verständigen kann, dass bereits dadurch ein allgemeiner Formalismus entsteht, der unseren Anforderungen weitgehend genügt.
*

Zu diesem Zweck wollen wir uns vergegenwärtigen, woran man sich bei einem Film erinnert. Ist er zu Ende, hat man natürlich Vorstellungen vom Inhalt. Eine Weile sieht man z. B. die Darsteller und etliche ihrer Aktionen und Interaktionen noch vor sich. Von einigen Darstellern bleibt ihr Aussehen in speziellen Situationen sogar recht lange ziemlich präzise im Gedächtnis, oder wir erinnern etliche prägnante Dialogpassagen.

Unabhängig davon verfügen wir am Ende eines Films über gewisse Vorstellungen von den Räumlichkeiten, in denen sich das Geschehen abgespielt hat und in welcher Relation sie zueinander standen. Ergänzt wird dies durch recht genaue Vorstellungen vom zeitlichen Ablauf. Mit anderen Worten, wir erinnern uns an die Grobstruktur eines Raumzeit-Gefüges, in dem (und mit dem) die Filmhandlung spielte.

*

In Bezug auf die Handlung bewahren wir von den Hauptakteuren eines Films darüber hinaus ihre Film-Biographien eine Weile auf. Dazu gehört nicht zuletzt die Erinnerung an die Momente, in denen sie erstmals erschienen, oder an diejenigen, an denen sie aus dem Film - durch Tod etwa oder, milder, die Trennung von anderen Hauptakteuren - wieder verschwanden.

Interessant daran ist nun, dass wir in einem durch Projektion gerade sich entfaltenden Film vom bis dahin gesehenen ‚Teilfilm‘ ebenfalls diese Daten speichern. Das heißt, wir behalten z. B. im Gedächtnis, wann die jeweiligen Darsteller zuerst erschienen und wann wir sie im bisherigen Filmverlauf zuletzt sahen.

Wir werden erkennen, dass die Erinnerung an diese Momente oft von so erheblichem Belang für die entstehenden Raumzeit-Gefüge ist, dass es sinnvoll wird, diese Momente durch eigene Parameter zu erfassen. Deshalb muss unser Beschreibungsformalismus noch einmal radikal verallgemeinert und erweitert werden, was in den nächsten Kapiteln geschehen soll.

A. ALLGEMEINER FORMALSIMUS UND PROJEKTIONSSITUATION

Zur allgemeinen Schnittanalyse können wir eine Einstellung s_k (s vom englischen *shot*, k als ihr Index, also gewissermaßen die Einstellungsnummer, die sie von anderen Einstellungen unterscheidet) symbolisch auch als

$$(1) \qquad s_k = {<}s_k^{in+} |\ x_k\ |\ s_k^{out-}{>}$$

bezeichnen, wobei ${<}s_k^{in+}|$ den einlaufenden Teil von s_k repräsentieren soll, $|s_k^{out-}{>}$ den auslaufenden und x_k Raum und Zeitpunkt dieser Einstellung.

Ist A_{kp} eine Bewegungsvariable aus s_k, die für einen linearen Übergang bei einem Schnitt von Wichtigkeit ist, können wir das symbolisch darstellen durch

$$(2) \qquad s_k = {<}A_{kp}^{+} |\ x_k\ |\ A_{kp}^{-}{>}$$

wobei ${<}A_{kp}^{+}$ beschreibt, wie A_{kp} in den Bildraum x_k eintritt und $|A_{kp}^{-}{>}$ wie A_{kp} ihn verlässt. Bei mehreren Bewegungsträgern in einer Einstellung lässt sich dieser Formalismus erweitern:

$$(3) \qquad s_k = {<}A_{k1}^{+}, A_{k2}^{+} ... A_{kq}^{+} |\ x_k\ |\ A_{k1}^{-}, A_{k2}^{-} ... A_{kq}^{-}{>}$$

wobei jedes der A_{kp}^{+} eine der q Bewegungsvariablen in der Phase beschreibt, in der sie im Raumsegment x_k zu Beginn erscheint, und A_{kp}^{-} eine dieser q Bewegungsvariablen in der Phase, in der sie in x_k zuletzt gesehen wurden.

Das Symbol ,<' auf der linken Seite soll dabei zusätzlich markieren, dass die Darsteller beim Eintritt erst Gestalt annehmen (dass sie für den Zuschauer also gewissermaßen größer werden), während das Symbol ,>' rechts andeuten soll, dass sie dort, in der Erinnerung gewissermaßen kleiner werdend, verschwinden. Das Symbol ,|' ist wiederum nur ein Trennungszeichen, das den Bildraum x_k von den Variablen trennt.

Formal gelten

$$(4) \qquad {<}s_k^{in+}| = {<}A_{k1}^{+}, A_{k2}^{+} ... A_{kq}^{+}| \qquad \text{und} \quad (5) \quad |\ s_k^{out-}{>} = |\ A_{k1}^{-}, A_{k2}^{-} ... A_{kq}^{-}{>}$$

Dieser Formalismus ist noch sehr allgemein und vage. Im Grunde stellt er nur eine Abkürzung der obigen Wortfolgen dar. Die A_{kp} erscheinen entweder irgendwann in x_k oder sie halten sich, wenn der Zuschauer sie zuerst wahrnimmt, bereits darin auf. Und genau diese für die Raumkonstruktion wichtige Erscheinungsphase nennen wir A_{kp}^+. Ebenso verschwinden sie irgendwann aus dem Bild oder sie verbleiben darin bis zum Einstellungsende, wenn also der Schnitt erfolgt.

Ein simples Beispiel möge den Formalismus erläutern.

Ist s_1 eine Einstellung mit zwei Darstellern A_1 und A_2

$$(6) \qquad s_1 = \langle A_1^+, A_2^+ \,|\, x_1 \,|\, A_1^-, A_2^- \rangle$$

und s_2 eine mit A_2 und A_3, das heißt

$$(7) \qquad s_2 = \langle A_2^+, A_3^+ \,|\, x_2 \,|\, A_2^-, A_3^- \rangle$$

dann ist der Schnitt

$$(8) \qquad s_1 : s_2 = \langle A_1^+, A_2^+ \,|\, x_1 \,|\, A_1^-, A_2^- \rangle : \langle A_2^+, A_3^+ \,|\, x_2 \,|\, A_2^-, A_3^- \rangle$$

in A_2 linear. Deshalb nennen wir x_1 und x_2 durch A_2 linear verbunden. Das so verbundene Schnittgefüge G bezeichnen wir als

$$(9) \qquad G = \langle a_1^+, a_2^+, a_3^+ \,|\, x_1 - L - x_2 \,|\, a_1^-, a_2^-, a_3^- \rangle$$

wobei die a_k^+ und a_k^- verallgemeinerte ein- und auslaufende Bewegungsvariablen sind, die

1.) sowohl die konkreten Bewegungsvariablen A_k an der Stelle ihres ersten und letzten Erscheinens beinhalten, als auch
2.) ihre Parität $P^+(A_k)$ und $P^-(A_k)$ an diesen Stellen, sowie
3.) die Einstellungszahl $N^+(A_k)$ und $N^-(A_k)$ ihres ersten und letzten Erscheinens (und insofern einen Teil ihrer Geschichte). In unserem Fall also

$$(10) \qquad N^+(A_1) = 1 \qquad N^+(A_2) = 1 \qquad N^+(A_3) = 2$$
$$(11) \qquad N^-(A_1) = 1 \qquad N^-(A_2) = 2 \qquad N^-(A_3) = 2$$

Wenn wir als $g = x_1 - L - x_2$ das durch den linearen Schnitt entstandene Raumzeit-Gefüge bezeichnen (das ‚-L-' Zeichen versteht sich dabei nicht als einfache

Addition, sondern als die lineare Verknüpfung der beiden Räume x_1 und x_2 im Gehirn des Betrachters), so kann man auch schreiben:

$$(12) \quad G = <a_1^+, a_2^+, a_3^+ \mid g \mid a_1^-, a_2^-, a_3^- >$$

Der Unterschied zwischen G und g besteht darin, dass g den reinen Raumzeit-Anteil dieses Gefüges beschreibt und G zusätzlich die Art seiner Öffnung nach vorn und hinten.

*

Im Folgenden bezeichnen wir jede Folge von Einstellungen

$$(13) \quad G = s_1 : s_2 : ... : s_n$$

als Schnittgefüge und schreiben formal

$$(14) \quad G = <a_1^+, a_2^+ ... a_q^+ \mid x_1 : x_2 : ... : x_n \mid a_1^-, a_2^- ... a_q^- >$$

wobei die a_p^+ und die a_p^- die verallgemeinerten Bewegungsvariablen sind, die erstens:
sowohl die konkreten Bewegungsvariablen A_p an der Stelle ihres ersten und letzten Erscheinens, als auch zweitens:
ihre (zusätzlich die Blickparität enthaltende) verallgemeinerte Parität $P^+(A_p)$ und $P^-(A_p)$ an diesen Stellen, sowie drittens:
die Einstellungszahl $N^+(A_p)$ und $N^-(A_p)$ ihres ersten und letzten Erscheinens beinhalten.

Ist ein konkreter Darsteller A_p in der fünften Einstellung eines Films zuerst erschienen, ist $N^+(A_p) = 5$. Wurde er zum gegenwärtigen Projektionszeitpunkt in der siebzehnten Einstellung des Films letztmals gesehen, gilt $N^-(A_p) = 17$.

Das Symbol ,:' versteht sich im Raumzeit-Gefüge $g = x_1 : x_2 : ... : x_n$ so, dass es im Gegensatz zur linearen Verbindung ,- L -' nur die *spekulative Verknüpfung* der Bildräume aufgrund der spekulativen Fortsetzungen beschreibt. Was wiederum heißt, dass die vermutete Verknüpfung etwa von $x_1 : x_2$ durch den linearen Übergang einer Bewegungsvariablen zu einer ,realen' Verbindung $x_1 - L - x_2$ führt.

*

Diese Gefüge-Definition sagt in ihrer Allgemeinheit noch kaum etwas über die Gefügestruktur aus. Immerhin ist klar, dass ein kompletter Film stets ein Gefüge dar-

stellt. In diesem werden etliche Einstellungen durch lineare Prozesse miteinander verbunden, andere durch vermutete Nachbarschaften, andere in vielleicht noch zu erschließender Weise, und manche haben vielleicht gar keine Verbindung zu anderen. Die Analyse der Struktur dieser Gefüge bezeichnen wir als *Topologie*.
*

Die Topologie des narrativen Systems hat einen klaren Bezug zu einer mathematischen Disziplin gleichen Namens, in der die Strukturen von Mengen untersucht werden. Sie geht auf den Mathematiker Euler zurück, der ihre Fundamente schuf, als er der Legende nach das sogenannte Brückenproblem von Königsberg zu ergründen suchte: Dort gab es sieben Brücken über den Fluss Pregel, die gemäß Abb. 115 eine Insel A mit den Ufern B und C, sowie einer Landzunge D verbanden.

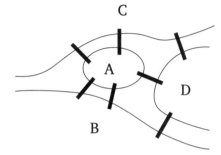

Abb. 115 Das Königsberger Brückenproblem

Euler wollte die Frage beantworten, ob es einen Weg durch die Stadt gebe, der über alle Brücken führt, jede einzelne aber nur einmal überquert. Die Antwort lautete nein, und zu ihrem Beweis entwickelte er die Grundzüge einer *Graphentheorie* genannten mathematischen Disziplin, die ihrerseits den Anfang der Topologie bildet.

Da die Lösung unabhängig von der genauen Beschaffenheit der Brücken oder etwa des exakten Inselumrisses sein muss, lässt sich die grafische Darstellung der Situation auf die in Abb. 116 dargestellte Grobstruktur reduzieren:

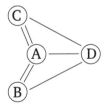

Abb. 116 Das Königsberger Brückenproblem in vereinfachter Form

Die Topologie ist ein allgemeiner Beschreibungsversuch solcher Grundstrukturen.
*

Weil unser Formalismus wegen der Komplexität der Sachverhalte und der für deren Beschreibung benötigten vielen Indizes bislang sehr unhandlich und unübersichtlich ist, werden wir im Folgenden für ein Schnittgefüge

(15) $G = s_1 : s_2 : s_3 : ... : s_n$

mit den Räumen $x_1, x_2 ... x_n$ ähnlich vereinfachte grafische Darstellungen benutzen. In diesen nimmt ein Raumzeit-Gefüge

(16a) $g = x_1 : x_2 : x_3 : ... : x_p : ... : x_n$

die Form von etwa Abb. 117 an:

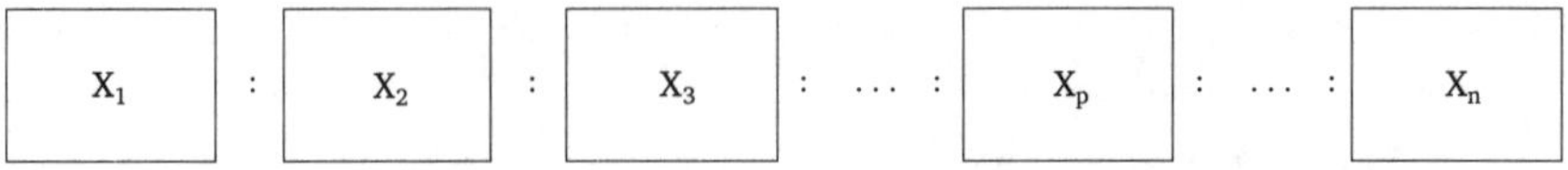

| X_1 | : | X_2 | : | X_3 | : | ... | : | X_p | : | ... | : | X_n |

Abb. 117 Unstrukturiertes Raumzeit-Gefüge

Sind in diesem Gefüge einzelne Räume durch lineare Schnitte miteinander verbunden, werden wir eine Linie zwischen diesen Räumen ziehen. Sind x_2 und x_3 auf diese Weise miteinander verbunden, hat das Gefüge also die Struktur

(16b) $x_1 : x_2 - L - x_3 : ... : x_p : ... : x_n$

dann sähe das aus wie in Abb. 118:

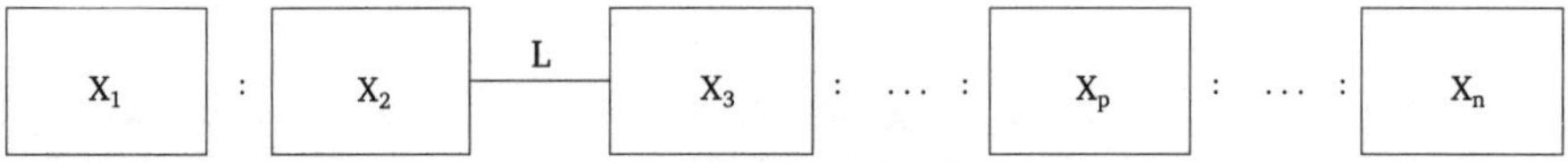

| X_1 | : | X_2 |—L—| X_3 | : | ... | : | X_p | : | ... | : | X_n |

Abb. 118 Raumzeit-Gefüge mit einem linearen Schnitt L

Oder, wenn die Verhältnisse auf dem Papier es nicht zulassen, wie in Abb. 119:

Abb. 119 Raumzeit-Gefüge mit einem linearen Schnitt L, Alternativdarstellung

Manchmal werden wir auch den Typ des linearen Schnitts eintragen, der für die Verbindung sorgt: L_C für kontinuierliche, L_Q für quasikontinuierliche oder L_D für Distanzschnitte. Im Fall eines kontinuierlichen Schnitt zwischen x_2 und x_3 sähe das Diagramm also wie in Abb. 120 bzw. Abb. 121 aus.

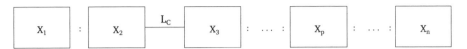

Abb. 120 Raumzeit-Gefüge mit einem einfachen kontinuierlichen Schnitt L_C

Abb. 121 Raumzeit-Gefüge mit einem L_C, Alternativdarstellung
*

Bevor wir unsere Schnittanalyse fortsetzen können, müssen wir den Projektions-vorgang von Filmen aber noch genauer untersuchen.

Da ein Film M („M' nach dem Anfangsbuchstaben von *Movie*) aus einer Folge von Einstellungen besteht, ist sein Schnittgefüge, wie festgestellt, stets mit einem Raumzeit-Gefüge m verbunden. Bei der Projektion können wir zwei voneinander verschiedene Teile M_1 und M_2 dieses Schnittgefüges unterscheiden: ein mit zuneh-mender Projektionszeit t immer größer werdendes $M_1(t)$, das aus all demjenigen besteht, was wir bereits gesehen haben; und ein immer kleiner werdendes $M_2(t)$, welches das enthält, was wir bislang noch nicht gesehen haben.

Formal gilt für jeden Zeitpunkt t der Projektion

(17) $M = M_1(t) : M_2(t)$

Dabei ist zu Beginn eines Films $M = M_2$, denn es ist ja noch kein Bild projiziert worden. Am Ende eines Films gilt umgekehrt $M = M_1$, denn nun ist $M_2 = 0$, da es nichts mehr zu sehen gibt.

Wenn wir uns den Film auf zwei großen Spulen an einem Projektor vorstellen, so ist M_1 der Teil auf der Aufwickelspule und M_2 der Teil des Films, der allmählich abgewickelt wird. Zwischen beiden befindet sich das Bildfenster, worin die Bil-der von M_2 zu Teilen von M_1 werden, die noch nicht projizierte Zukunft also zu projizierter Vergangenheit. Wir nehmen einen Schnitt wahr, wenn eine neue aktuelle Einstellung s_2 aus M_2 im Bild zu sehen ist.

Dabei versucht der Zuschauer, den neu erscheinenden Raum x_2 mit dem schon aus M_1 bekannten Raumzeit-Gefüge m_1 zu verknüpfen, das heißt der aktuelle Schnitt stellt sich dar als Schnitt von M_1 nach s_2 oder als $M_1 : s_2$.

Besteht M_1 zu diesem Zeitpunkt aus n Einstellungen mit insgesamt q Bewegungsvariablen $a_{11}, a_{12} \ldots a_{1q}$, gilt also für das dazugehörige Raumzeit-Gefüge m_1

$$(18) \qquad m_1 = x_{11} : x_{12} : \ldots : x_{1n}$$

so stellt sich der Schnitt zu s_2 in unserem Formalismus folgendermaßen dar:

$$(19) \qquad M_1 : s_2 =$$
$$<a_{11}{}^+, a_{12}{}^+ \ldots a_{1q}{}^+ \mid x_{11} : x_{12} : \ldots : x_{1n} \mid a_{11}{}^-, a_{12}{}^- \ldots a_{1q}{}^-> : <a_{21}{}^+, a_{22}{}^+ \ldots a_{2p}{}^+ \mid x_2 \mid a_{21}{}^-, a_{22}{}^- \ldots a_{2p}{}^->$$

wobei wir unter $a_{2t}{}^+$ und $a_{2t}{}^-$ die p ein- und auslaufenden Bewegungsvariablen der neuen Einstellung s_2 mit dem Ort x_2 verstehen.
*

An dieser physischen Betrachtungsweise erstaunt, dass solch Vergleichs- und Analyseprozess im Betrachter nur an Schnittstellen stattfinden soll, während innerhalb der Einstellungen, in denen der Projektionsmechanismus ja Filmzukunft ebenso in Filmvergangenheit verwandelt, nichts passiert.

Tatsächlich ist es möglich, unseren Formalismus so zu erweitern, dass damit auch das gewöhnlich ‚schnittlose' Projektionsereignis erfassbar wird. Dazu lädt die physische Beschaffenheit des Filmmaterials geradezu ein. Es besteht aus einer Folge von diskreten Einzelbildern, die von einer Kamera in kurzen zeitlichen Abständen aufgenommen wurden. Bei der Projektion setzen sie sich durch die Projektionsmechanik im Betrachter wieder zu einer Bewegtbild-Abbildung des vorher fotografierten Raumzeit-Segments zusammen. Sind Aufnahme- und Wiedergabegeschwindigkeit gleich, so ist die zeitliche Verschiebung T_{exp} von Einzelbild zu Einzelbild gleich dem Inversen der Bildgeschwindigkeit, bei dem üblichen Filmstandard von 24 Bildern pro Sekunde also eine vierundzwanzigstel Sekunde. T_{exp} stellt dann zugleich die maximale Belichtungszeit eines Einzelbilds dar, was sich in den diversen Videoformaten mit ihren Abspielfrequenzen von 25 bzw. 30 Bildern auf eine fünfundzwanzigstel bzw. dreißigstel Sekunde verkürzt.
*

Begreift man nun den Übergang von Einzelbild zu Einzelbild als trivialen Schnitt und benutzt unsere Terminologie, ist die den Schnitt begleitende Zeitverschiebung gleich diesem T_{exp}. Beim Benutzen einer Stativkamera lässt sich auch der Raumverschiebungsoperator dieses Schnitts präzise bestimmen: Er ist genau Null.

Wenn wir einen trivialen Raumzeit-Verschiebungsoperator $X_0 T_{exp}$ definieren, bei dem X_0 bedeutet, dass der Raum gar nicht verschoben wird und T_{exp} die minimale Verschiebungszeit ist, dann erleben wir an jeder Stelle eines projizierten Films einen Schnittprozess mit einer Raumzeit-Verschiebung $X_0 T_{exp}$.

Insofern geht das Erleben eines Films, also die allmähliche maschinelle Verwandlung der Filmzukunft M_2 in Filmvergangenheit M_1, Hand in Hand mit einem 24 mal in der Sekunde stattfindenden Schnittprozess.

*

Diese Betrachtungsweise verhilft uns zu einer modifizierten Sicht der beim Schnitt stattfindenden Raumzeit-Verschiebungen. Nehmen wir einmal an, die Kamera befände sich nicht auf einem verankerten Stativ, sondern bewege sich auf einem Wagen nach rechts aus dem ursprünglichen Bild heraus. Dann findet durch diese Fahrt von Einzelbild zu Einzelbild eine Verschiebung des Ereignisraums statt, die einer Verschiebung des Koordinatensystems um genau den Betrag entspricht, den die Kamera in T_{exp}, also üblicherweise einer vierundzwanzigstel Sekunde, zurücklegt.

Von Einzelbild zu Einzelbild mag das wenig sein, es kann sich aber so stark addieren, dass irgendwann vom ursprünglichen Bildraum nichts mehr erhalten ist. Dann hat sich das Bild, wie in Abb. 122 zu sehen, durch die Kamerafahrt von K nach K* genau um die Bildbreite b parallelverschoben, und wir befinden uns in der X_C-Situation, die wir von der Analyse eines in A linearen kontinuierlichen Schnitts L_C kennen.

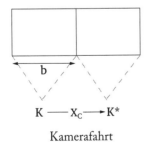

Kamerafahrt

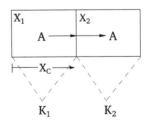

kontinuierlicher Schnitt L_C

Abb. 122 Die Beziehung zwischen einer Kamerafahrt und einem L_C

Fährt die Kamera noch einige Minuten weiter, gelangen wir allmählich in die X_N-Situation. Und bei einer weiteren Fortsetzung erreichen wir nach ein paar Stunden (oder Tagen) den X_D-Bereich.

Diese Kamerafahrten sind insofern Bildäquivalente unserer beim Schnitt stattfindenden Raumzeit-Verschiebungsoperationen. Der Raumanteil der Verschiebung ist dabei gleich dem von der Kamera zurückgelegten Weg, der Zeitanteil gleich der dafür benötigten Zeit.

*

Daher macht es auch Sinn von ‚*Bildvektoren*‘ zu sprechen. Im einfachsten Abbildungsfall ergeben sich deren Parameter aus den Koordinaten des Bildraums in der wirklichen Welt. Ein Schnitt wird dabei zum stenografischen Kürzel einer Kamerafahrt, die den Bildraum verschiebt. Und umgekehrt: Man kann sich jeden Schnitt als Abbreviatur einer Einstellung beschreiben, die von einer Kamera gemacht wird, die von einem Bild zum nächsten fährt.

In diesem Sinne bilden die Bilder des narrativen Systems tatsächlich einen eigentümlich kausal strukturierten *Vektorraum* mit einer Null (der X_0-Operation), einer Addition (durch Bilder von sich addierenden Kamerafahrten oder deren abgekürzte Form, der Schnitt) und sogar einer Multiplikation mit reellen Zahlen, wenn wir einen Standardbildraum einführen und eine Standardverschiebung, deren reelle Vielfache die tatsächlichen Schnitte sind.

*

Und noch ein Punkt: Die einigermaßen präzise Raumkonstruktion beim linearen Schnitt wird, wie wir gelernt haben, dadurch möglich, dass wir die Bewegung eines Darstellers extrapolieren. Insofern können wir diesen Darsteller als symbolischen Kameramann begreifen, der die Kamera zwar nicht bedient, aber doch Bewegungen vollführt, die denen des die Aufnahme machenden Kameramanns in etwa entsprechen. Durch das Beobachten der Bewegungen dieses symbolischen Kameramanns werden die Raum- und Zeitsprünge des realen Kameramanns nachvollziehbar. Das wiederum ermöglicht bei Schnitten plausible Raumzeit-Konstruktionen.

Dabei tritt der objektive Kameramann, der physikalische Gesetze in einem objektiven Raum befolgen muss (und sie durch Ausschalten der Kamera höchstens beschleunigt), seine Rolle an den Darsteller ab. So wird der objektive Raum über den kameramannähnlichen Darsteller zum Kinoraum und die Real-Kausalität des Kameramanns zur Kausalität der Darsteller und letzten Endes des in einem Film vorgestellten und vom Zuschauer nachempfundenen Raums.

Bereits bei der filmischen Abbildung erkennen wir also jene sonderbare Ambivalenz des narrativen Systems, die uns bei der Analyse der Blicke auffiel: dass wir nämlich einerseits aus der Perspektive der Handelnden wahrnehmen, dass zugleich aber das Handeln selbst abgebildet wird, auch das derjenigen, als deren Vertreter wir vorher bloß wahrnahmen. Erneut lässt sich also das eigentümliche Mischverhältnis von Subjektivem und Objektivem entdecken, das wir bei der Analyse des Schuss-Gegenschuss-Verfahrens mit seiner verführerischen 30°-Interaktion L_{BI30} fast quantitativ genau dargestellt sahen.

**

B. PHÄNOMENOLOGIE

Wenn wir uns wieder in die Projektionssituation begeben und beobachten, wie ein projizierter Film sich nach dem Muster

$$(20) \quad M\,(t) = M_1\,(t) : M_2\,(t)$$

permanent aus dem Stadium möglicher Zukunft M_2 in gesehene Vergangenheit M_1 verwandelt, beobachten wir - außer den stets stattfindenden $X_0 T_{exp}$-Operationen, die für die Bewegungsillusion sorgen - mitunter stärkere Sprünge in unserem Raumzeit-Empfinden, wenn nämlich bei einem Schnitt der Eindruck einer neuen Einstellung s_2 mit verändertem Bildraum x_2 entsteht. Dann versuchen wir das bisherige Schnittgefüge M_1 mit der neuen Einstellung als

$$(21) \quad M_1 : s_2 =$$
$$<a_{11}{}^{+}, a_{12}{}^{+} \dots a_{1p}{}^{+} \,|\, x_{11} : x_{12} : \dots : x_{1n} \,|\, a_{11}{}^{-}, a_{12}{}^{-} \dots a_{1p}{}^{-} > : <a_{21}{}^{+}, a_{22}{}^{+} \dots a_{2q}{}^{+} \,|\, x_2 \,|\, a_{21}{}^{-}, a_{22}{}^{-} \dots a_{2q}{}^{-} >$$

zu einem Ganzen zu verbinden, wobei das bislang gesehene M_1 an dieser Stelle aus n Einstellungen $s_1 : \dots : s_n$ mit p Bewegungsvariablen $a_{11} \dots a_{1p}$ bestehen möge und wir mit $a_{2s}{}^{+}$ und $a_{2s}{}^{-}$ den ein- bzw. den auslaufenden Teil der s-ten der q Bewegungsvariablen der neuen Einstellung s_2 mit Ort x_2 bezeichnen. In topologischer Hinsicht haben wir als Raumstruktur nach dem Schnitt also die Situation von Abb.123 vorliegen:

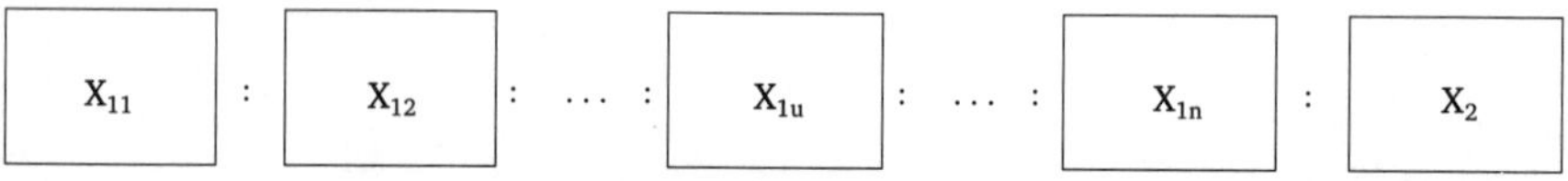

Abb. 123 Schnitt zwischen einem Schnittgefüge M_1 und einer neuen Einstellung mit Ort x_2
*

Gibt es nun mindestens ein Paar k und r, für das gilt $A_{2r} = A_{1k}$, was nichts anderes heißt, als dass mindestens einer der uns bereits bekannten Bewegungsträger aus M_1 (in unserem Fall also das konkrete A_{1k}) wieder in x_2 erscheint, so nennen wir s_2 mit M_1 *linear verbunden*.

Ist x_{1u} der Raum, in dem wir A_{1k} letztmals sahen, gilt also $N^{-}(A_{1k}) = u$, so stellt sich dies wie in Abb. 124 dar.

(22) $m_1 - L - x_2 =$

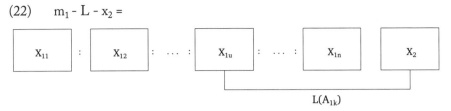

$$L(A_{1k})$$

Abb. 124 Linearer Übergang aus dem Raumzeit-Gefüge m_1 nach x_2

wobei $m_1 = x_{11} : x_{12} : \dots : x_{1n}$ das zu M_1 gehörende Raumzeit-Gefüge ist und $L(A_{1k})$ den linearen Übergang des Bewegungsträgers A_{1k} von x_{1u} nach x_2 bezeichnet. Natürlich könnte s_2 auch mehrfach linear mit M_1 verbunden sein, dann nämlich, wenn mehrere lineare Prozesse aus einem oder verschiedenen der Räume x_{1i} in x_2 führen.

*

Wir nennen s_2 *unmittelbar linear* mit dem bislang gesehenen Film M_1 verbunden, wenn s_2 linear mit M_1 verbunden ist und außerdem für mindestens einen der in x_2 wiedererscheinenden Bewegungsträger A_{1t} gilt

(23) $N_1^- (A_{1t}) = n$

wenn also mindestens ein Bewegungsträger A_{1t} aus der letzten Einstellung x_{1n} des bisherigen Gefüges M_1, wie in Abb. 125 dargestellt, in s_2 wieder auftaucht.

(24 a) $m_1 - L - x_2 =$

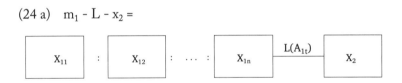

Abb. 125 Unmittelbarer linearer Übergang L aus dem Raumzeit-Gefüge m_1 nach x_2
*

Gilt bei einer unmittelbar linear mit einem Schnittgefüge M_1 verbundenen Einstellung s_2 für alle r von 1 bis n zusätzlich $x_2 \cap x_{1r} = \emptyset$, was nichts anderes heisst, als dass x_2 oder ein Teil davon *noch nicht* in m_1 enthalten gewesen (wobei ‚$\cap$' das Symbol für die mengentheoretische Durchschnitts-Operation ist und ‚$\emptyset$' für die leere Menge steht), so nennen wir $M_1 : s_2$ einen *einfach linearen Schnitt* L_e und die Verbindung gemäß Abb. 126 einfach linear.

Diese Definition stimmt mit der bisherigen überein, sieht den Schnitt aber nicht mehr isoliert als Vorgang, der zwischen zwei Einstellungen vermittelt, sondern als

333

(24 b) $m_1 - L_e - x_2 =$

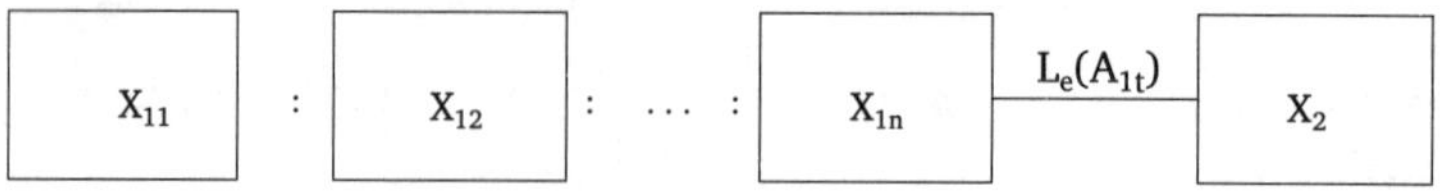

X11
X12
X1n
Le(A1t)
X2

Abb. 126 Einfach linearer Schnitt L_e von m_1 nach x_2

Verbindung der neu erscheinenden Einstellung s_2 mit dem bereits wahrgenommenen Filmgefüge M_1.

*

Wir nennen lineare Verbindungen *retardiert* und Schnitte $M_1 : s_2$ *retardiert lineare Schnitte* L_R, wenn für mindestens einen der in s_2 wiedererscheinenden Bewegungsträger A_{1t}

(25) $N_1^-(A_{1t}) = w < n$

gilt, wenn also der in A_{1t} lineare Prozess gemäß Abb. 127 durch mindestens die Einstellung s_{1n} unterbrochen wird.

(26) $m_1 - L_R(A_{1t}) - x_2 =$

(w<n)
X11
X12
X1w
X1n
X2
LR(A1t)

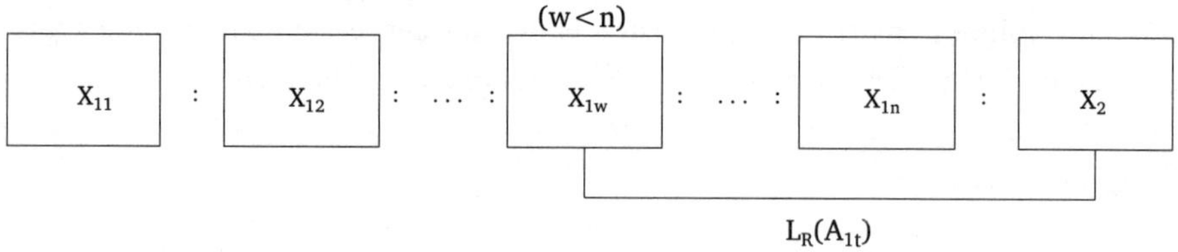

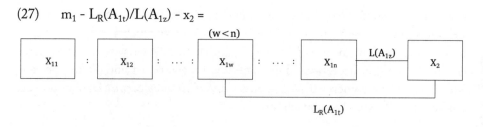

Abb. 127 Retardiert linearer Schnitt L_R von m_1 nach x_2

Es ist möglich, dass ein Schnitt unmittelbar linear in einem Bewegungsträger A_{1z} und, wie in Abb. 128 zu sehen, zugleich retardiert linear in einem weiteren, also etwa A_{1t}, ist:

(27) $m_1 - L_R(A_{1t})/L(A_{1z}) - x_2 =$

(w<n)
X11
X12
X1w
X1n
L(A1z)
X2
LR(A1t)

Abb. 128

Dabei soll der Schrägstrich ‚/‘ in $L_R(A_{1t})/L(A_{1z})$ verdeutlichen, dass der Schnitt in Relation zu x_2 sowohl in A_{1t} *retardiert linearen* als auch in A_{1z} *einfach linearen* Charakter hat. Er ist also gewissermaßen *mehrwertig* oder *polyvalent*, was uns noch des Öfteren begegnen wird.

*

Wir nennen s_2 durch einen *Rückschnitt* R mit M_1 verbunden, wenn, wie in Abb. 129 dargestellt, für mindestens ein $v < n$ gilt

(28) $x_2 = x_{1v}$

womit gemeint ist, dass x_2 schon im Raumzeit-Gefüge m_1 als x_{1v} enthalten ist.

(29) $m_1 - R - x_2 =$

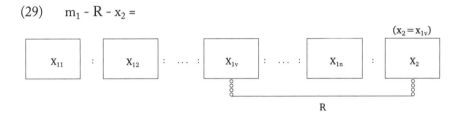

Abb. 129 Rückschnitt R aus m_1 nach x_2

Dabei verstehen wir das Gleichheitszeichen in (28) oder Abb. 129 nicht strikt, sondern benutzen es auch, wenn x_2 nur ein Teilraum von x_{1v} ist oder umgekehrt. Und die aus x_{1v} und x_2 nach unten führende Kette aus kleinen Nullen ‚o‘ soll andeuten, dass der Raum derselbe ist, dass zusätzlich aber *nicht* unbedingt noch ein linearer Übergang von irgendwo aus m_1 nach x_2 erfolgen muss.

*

Die Rückschnitte zerfallen in ein ganzes Bündel von Unterklassen, deren Topologie voneinander in wesentlichen Zügen abweicht und die daher teilweise eigenen Gesetzmäßigkeiten folgen. Findet dabei auch ein linearer Übergang statt, sprechen wir von *linearen Rückschnitten*.

*

Gilt bei einen unmittelbaren linearen Schnitt $M_1 : s_2$ (also bei einem Schnitt mit Raumzeit-Gefüge $m_1 - L - x_2$) für mindestens ein $v < n$

(30) $x_{1v} = x_2$

ist also x_2 oder ein Teil von ihm gemäß Abb. 130 schon in m_1 enthalten gewesen, so bezeichnen wir den Schnitt als *einfach linearen Rückschnitt* R_e und s_2 als mit M_1 durch einen einfach linearen Rückschnitt verbunden

(31) $m_1 - R_e - x_2 =$

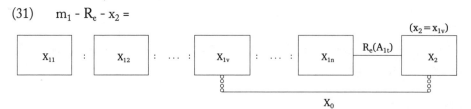

Abb. 130 Der einfach lineare Rückschnitt R_e

wobei das Auftauchen des Nullverschiebungsoperators X_0 in Abb. 130 klar machen soll, dass zwischen x_{1v} und x_2 kein Raum verschoben werden muss, dass die Bildräume also identisch sind. Die aus x_{1v} sowie aus x_2 nach unten führende Kette aus kleinen Nullen ‚o' soll wieder nur andeuten, dass aus x_{1v} kein linearer Prozess nach x_2 führt, sondern nur aus x_{1n}.
*

Anders als bei Rückschnitten darf x_2 bei einem retardiert linearen Schnitt L_R, wie er in Abb. 131 dargestellt ist, laut unseren Definitionen noch nicht im bereits wahrgenommenen Gefüge m_1 aufgetaucht sein, das heißt $x_2 \cap x_{1r} = \emptyset$ für alle r von 1 bis n.

(32) $m_1 - L_R - x_2 =$

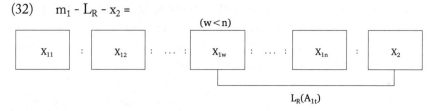

Abb. 131 Der retardiert lineare Schnitt L_R

Wurde das x_2 der in Abb. 131 dargestellten Situation dagegen schon in M_1 wahrgenommen, d.h. gilt $x_2 = x_{1w}$ für mindestens ein w < n, sprechen wir von *retardierten Rückschnitten.*

Bei ihnen unterscheiden wir zwei prinzipielle Fälle. Im ersten ist der in s_2 erneut auftauchende Bewegungsträger A_{1t} bereits im wieder erscheinenden Raum x_{1w} gewesen und dort auch zuletzt gesehen worden. An der Schnittstelle gilt also

(33) $N^-(A_{1t}) = w$

Diesen in Abb. 132 dargestellten Fall bezeichnen wir als *direkten Rückschnitt* R_D.

(34) $m_1 - R_D(A_{1t}) - x_2 =$

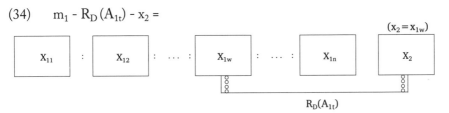

Abb. 132 Direkter Rückschnitt R_D

wobei die nach unten führend aus kleinen Nullen bestehenden Ketten weiterhin andeuten sollen, dass der Raum x_{1w} wieder auftaucht, während die dazu parallelen durchgezogenen Linien dafür stehen, dass darüber hinaus mindestens ein Bewegungsträger A_{1t}, der beim letzten Erscheinen von x_{1w} darin anwesend war und inzwischen nicht mehr gesehen wurde, in $x_2 = x_{1w}$ weiterhin Präsenz zeigt.
*

Wenn dagegen der in x_2 wiedererscheinende A_{1t} zuletzt in einer anderen Einstellung x_{1u} mit $u < n$ gesehen wurde, wenn also gilt

(35) $N^-(A_{1t}) = u \neq w$ und $u < n$, sowie $w < n$

bezeichnen wir den Schnitt als *retardiert linearen Rückschnitt* R_R. Von ihm gibt es die zwei in Abb. 133 und 134 skizzierten Darstellungen, je nachdem, ob A_{1t} zuletzt

(36)   1.) $m_1 - R_R - x_2 =$

(37)   2.) $m_1 - R_R - x_2 =$

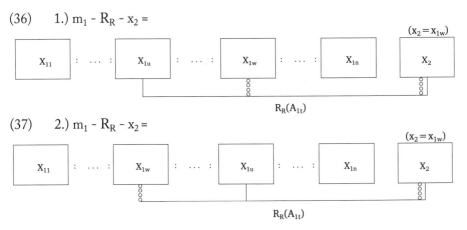

Abb. 133 und Abb. 134 Der retardiert lineare Rückschnitt R_R - Fall 1 und 2

vor oder nach dem letzten Erscheinen des Raums x_{1w} gesehen wurde. Die nach unten führend aus Nullen bestehende Kette soll erneut andeuten, dass es keinen linearen Prozess aus x_{1w} heraus gibt, sondern dass die retardiert lineare Verbindung zwischen x_{1u} und x_2 (= x_{1w}) hergestellt wird.

*

Gilt wiederum $x_2 = x_{1w}$ für mindestens ein w, nennen wir den Schnitt $M_1 : s_2$ einen *nichtlinearen Rückschnitt* R_0, wenn es, wie in Abb. 135 dargestellt, keinen wie auch immer gearteten linearen Prozess von einem der x_{1k} nach x_2 gibt:

(38) $m_1 - R_0 - x_2 =$

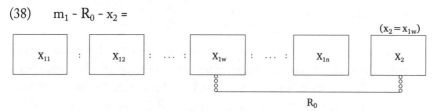

Abb. 135 Der nichtlineare Rückschnitt R_0
*

Ein in einem Bewegungsträger A_{1z} einfach linearer Rückschnitt kann entsprechend Abb. 136 gleichzeitig ein in einem anderen Bewegungsträger A_{1t} direkter Rückschnitt sein:

(39) $m_1 - R_D(A_{1t})/R_e(A_{1z}) - x_2 =$

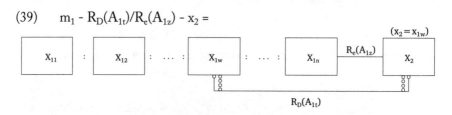

Abb. 136

Oder, nach Abb. 137, auch ein in A_{1t} retardiert linearer Rückschnitt $R_R(A_{1t})$

(40) $m_1 - R_R(A_{1t})/R_e(A_{1z}) - x_2 =$

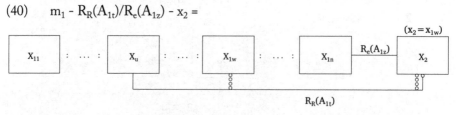

Abb. 137

oder sogar beides. Wobei der Schrägstrich in $R_D(A_{1t})/R_e(A_{1z})$ oder $R_R(A_{1t})/R_e(A_{1z})$ wieder andeuten soll, dass der Schnitt auf zweierlei Art interpretiert werden muss, also *mehrwertig* ist.

*

Ein nichtlinearer Rückschnitt dagegen kann nicht zugleich *einfach linear* oder *retardiert linear* oder *direkt* sein, da sonst ein linearer Prozess in x_2 hineinführen würde.

Es kann höchstens passieren, dass wir so einen nichtlinearen Rückschnitt beim Auftauchen von $x_2 = x_{1w}$ zunächst als *offenen Rückschnitt* R_{OP} begreifen, weil uns der Raum x_2 zwar schon als x_{1w} bekannt ist, nicht aber die Darsteller, die wir darin entdecken. Das ändert sich sofort, wenn nach einer Weile zusätzlich ein uns bekannter Darsteller in x_2 erscheint. Dann wird der offene Rückschnitt zu einem einfach linearen oder retardiert linearen Rückschnitt, je nachdem, wo wir den zweiten Darsteller zuletzt sahen. Solche Schnitte können wir wieder mithilfe des Schrägstrichs als R_{OP}/R_e oder R_{OP}/R_R bezeichnen.

***

C. RETARDIERT LINEARE SCHNITTE L_R

Als *retardiert linearen Schnitt* L_R begriffen wir einen Schnitt $M_1 : s_2$, der in einem A_{1t} linear ist mit $N^-(A_{1t}) = w < n$, wobei x_2 noch nicht im Gefüge m_1 aufgetaucht sein darf. Mengentheoretisch gilt insofern $x_2 \cap x_{1k} = \varnothing$ für alle k von 1 bis n.

(41) $m_1 - L_R - x_2 =$

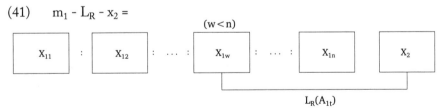

Abb. 138 Der retardiert lineare Schnitt L_R

Es handelt sich also, wie in Abb. 138 dargestellt, um einen in A_{1t} linearen Übergang von x_{1w} nach einem bisher unbekannten x_2, der durch mindestens eine Einstellung x_{1n} verzögert wird. Daher der Ausdruck *retardierter* Schnitt. Das heißt nichts anderes, als dass ein Bewegungsträger, den wir zuletzt in x_{1w} gesehen haben, in einem neuen Raum wieder auftaucht. Dabei unterscheiden wir, je nach der Entfernung zwischen x_{1w} und x_2, *retardiert lineare X_C-Schnitte L_{RC}*, *retardiert quasikontinuierliche Schnitte L_{RQ}* und *retardiert lineare Distanz-Schnitte L_{RD}*. Die Raumkonstruktion erfolgt wie beim quasikontinuierlichen Schnitt L_Q bzw. dem linearen Distanzschnitt L_D, also über eine gerade x_{1w} und x_2 verbindenden Linie, solange die Parität erhalten ist, und mit einem dazwischen erfolgendem Knick oder gar einer Richtungsumkehr von A_{1t} bei Paritätsverletzung. Auch die Diskontinuitätsregeln bleiben im Prinzip unverändert. Da sich der Vorher-Zustand wegen den dazwischen geschalteten Einstellungen weit schlechter mit dem Nachher-Zustand vergleichen lässt, gibt es aber (z. B. bei Kleidungsdetails) erhebliche Toleranzen.

*

Häufig tauchen retardierte L_{RC}- und L_{RQ}-Schnitte in Verbindung mit dem einfachen Blick L_{BE} auf. Dann ist n = w + 1, d. h. der lineare Schnitt wird einzig durch x_{1n} verzögert, der erblickten Räumlichkeit. Die so erzeugte Schnittfigur bezeichnen wir als *blickretardiert linearen Schnitt L_{RB}*. Bei ihm nimmt man A_{1t} in x_{1w} zunächst als Blickenden wahr, dann das von ihm Gesehene x_{1n}, wonach er in x_2 erscheint. Bleibt die Parität von A_{1t} beim Übergang von x_{1w} nach x_2 erhalten, erfolgt die Raumkonstruktion gemäß denjenigen, die bei einfach kontinuierlichen oder quasikontinuierlichen Schnitten zur Anwendung kommen. Wobei Blick- und Bewegungsrichtung von A_{1t} in x_{1w} voneinander abweichen müssen, sonst würde man A_{1t} in x_{1n} erwarten und nicht im dazu disjunkten x_2. Insofern kommt es beim L_{RB} zu einer kaschierten Dreieckskonstruktion.

Unklarer sind beim L_{RB} Parität-Null-Übergänge, deren Konstruktion theoretisch gemäß den Parität-Null-Übergängen einfach linearer Schnitte erfolgt, wobei man als Orientierungsmaß noch die Eingangsparität von A_{1t} in x_{1w} zu Hilfe nehmen kann. Das wird bei doppelten Parität-Null-Übergängen durch das dazwischen geschaltete x_{1n} jedoch weit weniger zwingend.

*

Bei allen retardiert linearen Schnitten L_R ist zwischen dem letzten Auftauchen von A_{1t} in x_{1w} und dem erneuten in x_2 mindestens so viel Zeit vergangen, wie das den linearen Prozess retardierende Untergefüge $x_{1w+1} : ... : x_{1n}$ an Filmzeit benötigt. Bezüglich x_{1w} handelt es sich um T_N- oder T_D-Operationen, die sowohl nach X_C, X_N oder X_D führen könnten. Stärkstes Beurteilungskriterium ist dabei die mögliche Nachbarschaft von x_{1w} und x_2. Soll beim L_{RC} (oder auch bei einem blickretardiertem L_{RB}, falls dieser ebenfalls nur nach $X_C T_N$ führen soll) der X_C-Eindruck stabil bleiben, muss dies ein die Parität erhaltend zwischen x_2 und x_{1w} vermittelnder kontinuierlicher Rückschnitt R_C später bestätigen. Denn die sofortige Paritätserhaltung erweckt wegen der T_N-Relation ganz wie bei den diskontinuierlichen X_C-Schnitten den Eindruck einer leicht diskrepanten Parodie, da der Bewegungszustand von A_{1t} überlang gehalten wird. Es empfehlen sich also eher Parität-Null-Übergänge.

*

Aber selbst dann führt das retardierende Moment von $x_{1w+1} : \ldots : x_{1n}$ beim L_{RC} und auch beim L_{RQ} tendenziell zur Annahme einer Diskontinuität, die über die an A_{1t} beim Übergang von x_{1w} zu x_2 eventuell direkt beobachtete hinausgeht. Andererseits hat der Schnitt $x_{1n} : x_2$ wegen der Abwesenheit eines kausalen Übergangs, also auf Grund seiner Nicht-Linearität, meist gefühlten T_C-Charakter, was den Effekt wieder weitgehend aufhebt. Beim L_{RD} wird das Diskontinuitätsgefühl daher oft zusätzlich unterstützt, damit wir als Zuschauer genauere Vorstellungen von der vergangenen Zeit bekommen. Denn schon ohne zusätzliche Diskontinuitäten tragen L_{RD}-Schnitte wegen ihres T_D-Charakters entscheidend zu den Zeitsprüngen im Handlungsgefüge eines Films bei. Um diese Zeitsprünge besser zu kontrollieren, werden sehr bewusst Zeitzeiger eingesetzt (Uhren, Kalender, andere Kleidung, anderes Wetter und zuweilen sogar klärende Zwischentitel wie „*3 Monate später*").

*

Bezüglich x_{1n} wird die räumliche Nachbarschaft von x_2 nur klar, wenn man den Raumbezug zwischen x_{1n} und x_{1w} auch durch das retardierende Untergefüge $x_{1w+1} : \ldots : x_{1n}$ hindurch herstellen kann. Anders ist das bei der zeitlichen Nachbarschaft. Von x_{1n} zu x_2 vermutet man, wie gerade erwähnt, eine T_C-Relation, die sich durch die Beurteilung der zeitlichen Nachbarschaft von x_{1w} und x_2 sowie eventuell auftauchende Diskontinuitäten nach T_N oder T_D verschiebt. Man kann sich das so vorstellen, dass während unserer Beobachtung des retardierenden Untergefüges $x_{1w+1} : \ldots : x_{1n}$ ein Kameramann dem Darsteller A_{1t} aus x_{1w} gefolgt ist, sodass die retardierende Schnittfolge eine Abbreviatur dieses gleichzeitig abgelaufenen Prozesses darstellt. Vermuten wir, dass ein Kameramann dafür mehr Zeit benötigt, als wir dem retardierenden Untergefüge zubilligten, wird ein Zeitintervall T_N oder T_D dazugegeben, ansonsten liegt der Schnitt $s_{1n} : s_2$ im T_C-Bereich.

*

Mit dem retardiert linearen Schnitt wird eine erstaunliche Möglichkeit in das narrative System eingeführt, nämlich das der gleichzeitigen Darstellung verschiedener Ereignisse. Das ist im Rahmen unserer Schnittanalyse neu. Obwohl per Schnitt eigentlich nur ein Nacheinander-Zeigen von Ereignissen möglich ist (Doppelbelichtungen und ähnliches, mit dem sich Gleichzeitigkeit ebenfalls darstellen ließe, fanden nicht wirklich Platz im narrativen System), wird ein pseudo-gleichzeitiges Zeigen möglich, indem man zwei unabhängig ablaufende Ereignisse mithilfe verschachtelter retardiert linearer Schnitte abwechselnd zeigt und etliches zwischendurch Stattfindende weglässt.

*

Führen zwei von verschiedenen Räumen ausgehende lineare Prozesse nach x_2, ist der Schnitt also beispielsweise zugleich in etwa A_{1t} einfach retardiert linear und in A_{1z} nach dem Muster von Abb. 139 einfach linear,

$$(42) \qquad m_1 - L_R(A_{1t})/L_e(A_{1z}) - x_2 =$$

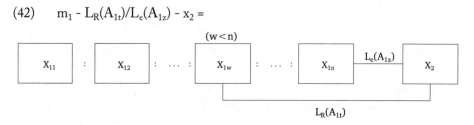

Abb. 139 Nichttrivialer Knoten

so beobachten wir, dass sich in x_2 zwei Bewegungsträger begegnen, die in x_{1n} noch nicht zusammen waren. Solche Struktur nennen wir einen *nichttrivialen Knoten*.

*

Als dagegen nur *triviale Knoten* bezeichnen wir zum einen Begegnungen mit Personen, die bisher noch nicht aufgetaucht sind, und zum anderen Begegnungen, bei denen die vorherige Trennung topologisch weniger stark ist, wie etwa im Beispiel des doppelten einfach linearen Übergangs aus Abb. 140

$$(43) \qquad m_1 - L_e(A_{1t}, A_{1z}) - x_2 =$$

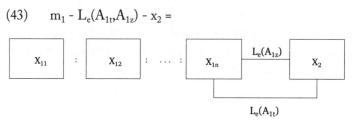

Abb. 140 Trivialer Knoten

bei dem A_{1t} und A_{1z} den Raum x_{1n} kurz nacheinander verlassen haben, um dann (gleichzeitig oder nacheinander) in x_2 wieder zu erscheinen.

***

D. DER EINFACH LINEARE RÜCKSCHNITT R_e

Als einfach linearen Rückschnitt R_e begriffen wir einen unmittelbar linearen Schnitt $M_1 : s_2$, der uns in einen schon aus m_1 bekannten Raum $x_2 = x_{1v}$ führt. Ist A_{1t} der Bewegungsträger, in dem der Schnitt linear ist, liegt eine Situation wie in Abb. 141 vor:

(44) $m_1 - R_e - x_2 =$

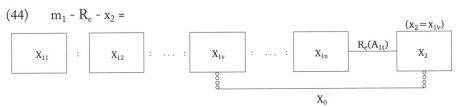

Abb. 141 Der einfach lineare Rückschnitt R_e

Der R_e kann alle Formen annehmen, die auch der einfach lineare Schnitt L_e annehmen kann. Als R_C kann er kontinuierlich sein, als R_Q quasikontinuierlich, als R_B blicklinear und als R_D ein linearer Distanzschnitt mit oder ohne Diskontinuitäten. Insofern erfolgt die Verbindung von x_2 zu x_{1n} gemäß den Regeln des einfach linearen Schnitts.

*

Wurde das Verhältnis von x_{1v} zu x_{1n} bereits in M_1 klar, darf man auch neutrale Paritätsübergänge benutzen, ohne dass die räumliche Orientierung verloren geht. Auf keinen Fall aber darf der neue Übergang $x_{1n} - L - x_2$ einem vorher eingeführten (unter Umständen gestaffelten) Zusammenhang zwischen x_{1v} und x_{1n} widersprechen. Ist $x_{13} - L_e (A_{1t}) - x_{14}$ im aus fünf Einstellungen bestehenden Beispiel aus Abb. 142 ein paritäterhaltender einfach kontinuierlicher Schnitt L_C mit positiver

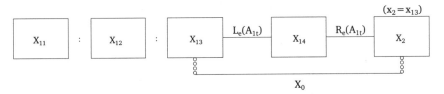

Abb. 142

Parität, so muss bei einem kontinuierlichen Rückschnitt R_C die Parität wieder erhalten, aber negativ sein. Sonst würden sich die räumlichen Konstruktionen an den Schnittstellen widersprechen.

*

Oft ist man aber an zeitlicher Kontinuität gar nicht mehr interessiert, da die Beziehung zwischen den Räumen bereits geklärt ist. Daher lässt man mehr oder weniger starke Diskontinuitäten nicht nur zu, oft man betont sie sogar, um die Darstellung langwieriger Prozesse abzukürzen.

*

Häufig taucht der einfach lineare Rückschnitt nach der langen Wanderung eines Protagonisten A auf, wie in Beispiel Abb. 143 anhand von fünf Einstellungen veranschaulicht:

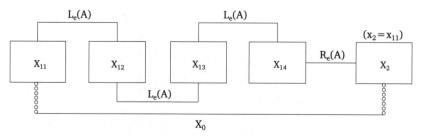

Abb. 143 Lange Wanderung mit einfach linearem Rückschnitt R_e zum Ausgangsort

wobei die L_e z. B. einfache quasikontinuierlich lineare Schnitte mit erhaltener Parität sein könnten. Dabei verlässt A den Raum x_{11}, um nacheinander die Räume x_{12}, x_{13} und x_{14} zu erkunden. Ist die Parität erhalten und positiv, wird ein Zuschauer diese Räume als in etwa auf einer geraden Linie liegend vermuten, die von x_{11} nach rechts bis zu x_{14} führt.

Wenn A anschließend in $x_2 = x_{11}$ wiedererscheint, nimmt man an, der Ausflug sei jetzt beendet. Betritt A den Ursprungsraum $x_{11} = x_2$ mit negativer Parität, vermutet man, A kehre von seinem Ausflug zurück. Das wird unterstützt, wenn A bereits in x_{14} die Parität wechselt, wenn also der Umkehrpunkt gezeigt wird. Oder wenn A in x_{14} in seinem Voranschreiten zumindest innehält, also die Parität Null annimmt.

Bei in x_{14} sichtbarer Paritätsumkehr wäre auch bei der Verbindung x_{14} - R_e - x_{11} die (nun negative) Parität nicht verletzt und der Schnitt fühlt sich organisch an, weil der Übergang korrekt wirkt. In diesem Fall wird das Wiedererscheinen von A in $x_2 = x_{11}$ unhinterfragt als Rückkehr begriffen. Eventuelle Diskontinuitäten geben dann das Maß der vergangenen Zeit an, wenn etwa die Rückkehr länger dauern sollte als der Hinweg.

*

Bei Rückwegen empfiehlt sich also eine Paritätsumkehr, um dem Zuschauer die Orientierung zu erleichtern. Wie beim einfach linearen Schnitt muss insofern auch beim einfach linearen Rückschnitt die Parität umgekehrt und das Ganze möglichst verkürzt werden. Die Ökonomie im Zeithaushalt empfiehlt bei der Rückkehr eine Beschleunigung. Doppelt konstruiert hält zwar besser, wirkt aber, wenn es Zeit kostet, leicht langweilig, und Übergänge mit nichtvirtuellen linearen Prozessen sind stets zeitaufwendig. Ist das Räumliche bereits klar, reicht es, dem Zuschauer beim Rückschnitt Klarheit über die zeitlichen Verhältnisse zu verschaffen.

*

Anders sieht es aus, wenn Blicke die Verbindung beim Rückschnitt erzeugen. Nachdem gemäß Abb. 144 die räumlichen Verhältnisse einer Blickinteraktion

$$L_{BI}(A, B) = s_{11} : s_{12}$$

bei der ein Darsteller A aus x_{11} in einen zweiten Raum x_{12} mit zurückblickendem Darsteller B blickt, geklärt sind, kann beim anschließenden blicklinearen Rückschnitt $R_e(B)$ auf A in $x_{11} = x_2$ (den wir fortan als Blickinteraktionsrückschnitt $R_{BI}(B, A)$ bezeichnen) ein Übergang ohne den bei real-linearen Übergängen üblichen Zeitverlust erzielt werden.

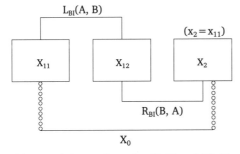

Abb. 144 Blickinteraktion $L_{BI}(A,B)$ und Blickinteraktionsrückschnitt $R_{BI}(B,A)$

Jetzt, da die Orientierung bereits gewährleistet ist, sind die Räume so klar verbunden, dass die Personen sogar woanders hinblicken könnten. Als Zuschauer wüssten wir auch dann zu jedem Zeitpunkt, in welche Richtung sie in Bezug zur anderen Person schauen.

*

Diese Präzision macht man sich in der sogenannten ‚*unendlichen' Blickinteraktion* zunutze, bei der immer wieder hin- und her geschnitten wird, und bei der bei jedem neuen Rückschnitt nach dem Muster von Abb. 145 erneut ein Blick ausgetauscht wird.

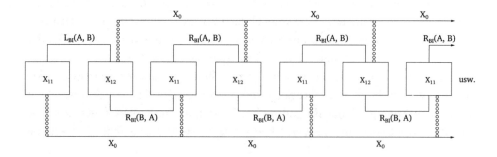

Abb. 145 Die unendliche Blickinteraktion

Die so erzeugten Rückschnitte R_{BI} (A, B) und R_{BI} (B,A) sind genau dann linear, wenn die Personen A und B einander anblicken. Wenn eine Person am Ende einer Einstellung dagegen nicht blickt und in der neuen Einstellung auch nicht sofort ein Rückblick erfolgt, handelt es sich formal nicht mehr um einen Blickinteraktionsrückschnitt R_{BI}, sondern um einen direkten Rückschnitt R_D.

Durch gelegentliche Blicke bleibt die Raumkonstruktion aber so eindeutig, dass man sogar, wenn absichtlich weggeguckt wird, dies noch als Verbindung zwischen den Personen begreift. Als ob man auch nach hinten Signale aussenden könne und insofern mit dem Hinterkopf sehen.
*

Ist die Orientierung klar, können auch andere Körpersignale als blickartig gerichtete Interaktionsversuche begriffen werden. Jedes Körperzucken lässt sich so in ein Zucken in Bezug auf den anderen verwandeln. Diese Gerichtetheit lässt Interaktionen zweier Menschen intimer erscheinen als es in einer einzigen Totale der Fall sein kann, was wiederum nicht belanglos für die Beliebtheit des Schuss-Gegenschuss-Verfahrens ist. Als würde man beim Versuch die Frage zu beantworten, wie die beteiligten Personen zueinander positioniert sind, zunächst stets eine Blickverbindung zwischen ihnen vermuten. Wodurch ein lineares Rückschnittgefühl selbst dort leicht entsteht, wo es sich um eher trennende Schnitte wie den direkten Rückschnitt handelt.
*

Sind die räumlichen Verhältnisse per Blickinteraktion geklärt, kann die Körpersprache der Darsteller durch die ‚unendliche‘ Parallelmontage in immer neuen einfach linearen oder direkten Rückschnitten eine Gerichtetheit annehmen, die in der Wirklichkeit unmöglich ist. Der auf diese Weise raffiniert gelenkte Ausdruck ist

Bildern sonst nicht zueigen, er entsteht erst in der Montage. Es ist eine Gerichtetheit, die auf eine Person weist, die momentan nicht im Bild ist.

***

E. DER RETARDIERT LINEARE RÜCKSCHNITT R_R

Ein retardiert linearer Rückschnitt R_R liegt vor, wenn ein Bewegungsträger A, den
man einige Zeit nicht mehr gesehen hat, sich in einen uns als x_{1p} bekannten Raum
x_2 begibt, der sich von dem x_{1q} unterscheidet, worin man A zuletzt sah.

Retardiert lineare Rückschnitte sind charakteristisch für Parallelmontagen und
Verfolgungen. Bei Verfolgungen wurde $x_2 = x_{1p}$ bereits von einem anderen Bewegungsträger B erschlossen und wird nun von A betreten. Dann müssen die Über-
gangsparitäten von A in x_2 mit denen von B beim ersten Auftauchen von $x_2 = x_{1p}$
kompatibel sein. Bei der *direkten Verfolgung* wird der Verfolger A daher mit gleicher
Parität in x_2 eintreten wie zuvor der Verfolgte B.

Andere Muster, für die der retardiert lineare Rückschnitt R_R wichtig ist: die verpass-
te Begegnung; oder der Bote, der von unterwegs ausgeschickt wird und um Hilfe
bittet. Oft benutzt man ihn auch, um Handlungsstränge miteinander zu verknoten,
indem man zwei retardiert lineare Rückschnitte ineinander fassen lässt.

***

F. DER DIREKTE, DER DISKONTINUIERLICH DIREKTE UND DER LEERE RÜCKSCHNITT (R_D, R_{DD} und R_0)

Als *direkten* (oder manchmal auch *einfach direkten*) *Rückschnitt* R_D bezeichnen wir
einen Schnitt in einen bereits bekannten Raum, wenn sich dessen Atmosphäre
nicht merklich geändert hat und sich darin noch mindestens eine der Personen
aufhält, die wir beim letzten Mal darin entdeckten, wobei diese noch in etwa gleich
aussieht. Ist inzwischen deutlich Zeit vergangen, wenn sich also die Atmosphäre
stark geändert hat oder die noch anwesenden Personen anders gekleidet sind, bezeichnen wir ihn im Gegensatz zum einfachen als *diskontinuierlich direkten Rückschnitt* R_{DD}.
*

Die hier angesprochenen Diskontinuitäten haben anderen Charakter als diejenigen, die wir bei den einfach und retardiert linearen Schnitten untersuchten, wo zwischen T_{Bew}-Diskontinuitäten im Bewegungszustand der Personen, T_{Ersch}-Diskontinuitäten in deren Erscheinungsbild und atmosphärischen Diskontinuitäten T_{Atm} unterschieden wurde. Denn die Differenz betraf dabei den Zustand in verschiedenen, nacheinander erscheinenden Räumlichkeiten. In diesem Fall aber betrifft es die gleiche Räumlichkeit zu verschiedenen Zeitpunkten. Da die Räumlichkeit beim Rückschnitt a priori in T_N- oder T_D-Relation zu ihrem letzten Erscheinen steht, werden darin nur noch T_{Ersch}- und T_{Atm}-Diskontinuitäten vom Zuschauer als auffällig registriert. Wenn ein Darsteller nur den Bewegungszustand ändert, geht das umstandslos in der T_N-Relation auf.

*

In Bezug auf Linearität haben die direkten Rückschnitte einen sonderbaren Hybridcharakter. Einerseits sind sie linear in den noch anwesenden Personen, andererseits unterliegt diese Linearität, wie wir gleich sehen werden, in visueller Hinsicht nur beschränkt dem Wirken der klassischen Kausalität.

*

Bei langen Blickinteraktionen ist R_D der Standardschnitt, auch nach einem einfachen Blick L_{BE} - es ist der Schnitt zurück auf das Gesicht des Blickenden.

*

Am häufigsten taucht der R_D in systematischen Parallelmontagen auf, wo er fast immer als T_C-Schnitt empfunden wird, obwohl sich die Personen, auf die zurückgeschnitten wird, oft schon mit anderen Sachen beschäftigen als beim letzten Mal, sodass man eigentlich klar T_N-Charakter ansetzen müsste. Aber während die Zeitstruktur bei linearen Schnitten gewöhnlich über sichtbare kausale Prozesse generiert wird, deren Dauer für uns Plausibilität hat, verhält es sich beim R_D anders. Denn hier wird nicht geschnitten, weil sich ein Ereignis kausal in der aktuellen Einstellung fortsetzt, sondern weil sich vielmehr in einem zuvor gezeigten Raumsegment etwas ereignet, das mehr Aufmerksamkeit verdient als das aktuell zur Schau Gestellte. Das neue Ereignis wird also nur wegen - deshalb lässt sich die klassische Blickinteraktion auch so leicht in die offene verwandeln - seiner Gleichzeitigkeitsqualität abgebildet. Deshalb lassen sich damit Gleichzeitigkeiten konstruieren, die - außer man setzt bewusst Diskontinuitäten (aber dann handelt es sich bereits um einen R_{DD}) - in visueller Hinsicht keiner Kontrolle durch das klassisch-mechanische Kausalitätsprinzip unterliegen.

*

Zwei Ereignisse, die nicht kausal verbunden sind, können gleichzeitig oder zu verschiedenen Zeitpunkten stattfinden, ohne dass der Zuschauer aus der Erscheinung der Ereignisse den Unterschied erkennen kann. Im Film bestimmt daher dann einzig die Ereignisplatzierung über die Zeitordnung. Deshalb hat man als Cutter beim R_D - anders als bei den gewöhnlichen linearen Schnitten - bezüglich der Reihenfolge oft mehrere Schnittoptionen..

*

Aber auch dieses Muster benutzt den R_D: Zurückgelassene hecken einen Plan aus.

*

In Parallelmontagen kann der R_D durch einen gesetzten kurzen Blick sofort zum linearen Rückschnitt R_e werden.

*

Gelegentlich wird auch auf einen Raum zurückgeschnitten, wenn dieser von allen Personen verlassen ist. Dann nennen wir den Rückschnitt *leer* und bezeichnen ihn als R_0. Manchmal taucht er nach z. B. einem rauschenden Fest auf, wenn nur noch der Abfall zu besichtigen ist. Dann hat er oft atmosphärischen Charakter und ist mitunter kaum von den atmosphärischen Rückschnitten R_A zu unterscheiden, die wir im nächsten Kapitel untersuchen werden.

***

G. NICHTLINEARE RÜCKSCHNITTE R_{OP} UND R_A

Nichtlineare Rückschnitte zerlegen sich in *offene Rückschnitte* R_{OP} (OP vom englischen ‚Open') und *atmosphärische* R_A .

Bei *offenen Rückschnitten* R_{OP} erscheinen bislang unbekannte Personen in einem uns bereits bekannten Raum. Dieser Schnitt wird oft bei Verfolgungen eingesetzt, wenn ein Held mehrfach bedroht werden soll. Oder wenn ein bis dahin unklarer Tatbestand festgezurrt werden soll: Am ‚Morgen Danach' erscheint die Polizei am Verbrechensort und untersucht die Leiche. Gewöhnlich werden einige der dann neu erscheinenden Personen - z. B. ein Polizeibeamter - bald danach mit den bereits bekannten Protagonisten verknüpft. Sonst bliebe der Schnitt atmosphärisch, es wäre also nur ein R_A. Manchmal hat man es aber mit so großen Zeitsprüngen zu tun, dass es zu keiner realen Verbindung mit den Personen des vorherigen

Geschehens kommen kann: Nach einer Orgie in einem assyrischen Palast betritt ein heutiger Archäologe dessen Ruinen etc.

*

Atmosphärische Rückschnitte R_A liegen vor, wenn durch sie kein explizit die Handlung vorantreibender Beitrag entsteht. Sie dienen dazu, vor dem Zuschauer eine Stimmung auszubreiten, die mit dem vorherigen Geschehen verbunden ist. Manchmal wird mit solchen Schnitten ein Zeitsprung vorbereitet. Wenn sich etwa das Geschehen einer Ballszene nach außen verlagert, wird oft noch einmal per R_A atmosphärisch in den Ballsaal zurückgeschnitten, bevor wir den Hauptfiguren nach einem retardiert linearen Schnitt L_R in einer intimen Außenszene wiederbegegnen. Den atmosphärischen Charakter teilt dieser Schnitt, wie erwähnt, mit dem *leeren Rückschnitt* R_0, dem er bis zur Verwechslung verwandt sein kann.

Auch wenn in einen Raum zurückgesprungen wird, der von allen Menschen (oder zumindest den für die Handlung wesentlichen) nun verlassen ist, liegt häufig ein atmosphärischer Rückschnitt vor. Er markiert oft das Ende einer bestimmten Situation. Auf diese Art werden beispielsweise gern die Ruinen eines Tischgelages gezeigt. Oder (am Film-Ende) die Totale einer Stadt, in der das Geschehen spielte.

Mitunter wirken auch zunächst offen anmutende Rückschnitte bloß atmosphärisch, also nur als R_A. In dieser Form gehört dieser Schnitt-Typ zu den meistbenutzten in atmosphärischen Clustern.

***

H. ÜBERLAPPENDE SCHNITTE Q

In der Vielfalt der überlappenden Schnitte lassen sich vor allem zwei Klassen unterscheiden, die Ran- und die Rücksprünge, Q^+ und Q^-. Manchmal beobachtet man auch eine Hybridvariante davon, die den Bildraum nur etwas zur Seite verschiebt. Überlappende Schnitte gehören zu den häufigsten des narrativen Systems, wobei fast alle T_C-Charakter haben. Bei ihnen soll also der Eindruck erweckt werden, an der Schnittstelle vergehe keine Zeit. Wegen der Raumüberlappung hat man beim Inszenieren daher sorgfältig sogenannte Anschlussfehler zu vermeiden, bei denen der Eindruck einer Diskontinuität entstehen könnte. In Ausnahmefällen werden solche Diskontinuitäten allerdings bewusst benutzt, um innerhalb einer überwiegend als kontinuierlich empfundenen narrativen Struktur Zeitsprünge zu erzeugen. Da es dabei leicht zu Jumpcuts kommt, werden sie - z. B. beim Tageszeitenwechsel - meist durch Abblenden oder Überblendungen weicher gemacht.

*

Zusätzlich zu den direkten Typen gibt es überlappende Schnitte in *retardierter* Form, wobei der Ran- bzw. Rücksprung durch eine oder eine Reihe anderer Einstellungen unterbrochen ist. Diese Schnitte lassen sich, da der Bildraum bereits grob bekannt ist, als *überlappende Rückschnitte* bezeichnen. Dementsprechend bietet sich eine Klassifikation an, die derjenigen der bislang untersuchten Rückschnitte entspricht. Sie können also *einfach linear, retardiert linear, direkt, diskontinuierlich direkt, leer, offen* oder *atmosphärisch* sein (also R^+_e, R^+_R, R^+_D, R^+_{DD}, R^+_0, R^+_{OP} und R^+_A bei den Ransprüngen, und R^-_R, R^-_R, R^-_D, R^-_{DD}, R^-_0, R^-_{OP}, R^-_A bei den Rücksprüngen). Gegenüber der Ursprungseinstellung x_1 haben sie durch das retardierende Moment der dazwischen liegenden Einstellungen T_N-Charakter, der sich durch bewusst gesetzte Diskontinuitäten nach T_D verschieben kann.

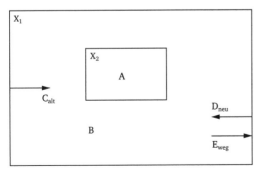

Abb. 146 Überlappende Schnitte

In Abb. 146 wären Ransprünge Q^+ durch $x_1 : x_2$ dargestellt und Rücksprunge Q^- durch $x_2 : x_1$. Ransprünge $x_1 : x_2$ haben insofern Rückschnitt-Charakter, als x_2 bereits komplett aus x_1 bekannt ist. Bei Rücksprüngen $x_2 : x_1$ ist an der Schnittstelle dagegen nur der Teil von x_1 bekannt, den wir direkt zuvor als x_2 registriert haben. Rücksprünge sind also *partiell raumerweiternd*.

*

Enthalten weder x_1 noch x_2 Darsteller, wirken beide Schnitt-Typen bloß atmosphärisch und wir bezeichnen sie als *atmosphärische Ran- bzw. Rücksprünge* Q^+_A oder Q^-_A. Der atmosphärische Ransprung Q^+_A kann dabei zum Ausgangspunkt der in Band 1, Abb. 6, Abb. 8 sowie den Formeln (4) und (5) erfassten voyeuristischen Montage werden, in der atmosphärische Ran- und Rücksprünge einander abwechseln.

*

Befindet sich ein Darsteller A sowohl in x_1 als auch in x_2, so nennen wir den überlappenden Schnitt in A *linear* und bezeichnen ihn als $Q^+_e(A)$ oder $Q^-_e(A)$. Befindet sich A dagegen nur in x_2, kommt es zu einer Diskrepanz, die nur durch einen Zeitsprung zu beheben ist. Diskontinuitäten können indes auch bei linearen Ran- oder Rücksprüngen auftreten, wenn es an der Schnittstelle nämlich zu atmosphärischen Diskontinuitäten, Diskontinuitäten im Erscheinungsbild oder Diskontinuitäten im Bewegungszustand von A kommt. Um einen T_C-Eindruck zu erwecken, muss also gemäß Formel (17) aus Band 2 gelten

$$T_{Disk} = T_{Atm} + T_{Ersch} + T_{Bew} = 0.$$

Außerdem muss sich A in x_1 an der Schnittstelle genau in dem Raum-Untersegment aufhalten, das beim Ransprung dann durch x_2 besetzt wird. Während A bei Rücksprüngen weiterhin in dem Bereich von x_1 verbleiben muss, der vorher durch x_2 ausgefüllt wurde. Sonst kommt es zu einem Anschlussfehler.[95]

*

Ist der Rücksprung linear in A, nennen wir ihn *linear raumerweiternd*. Bei diesen lassen sich gemäß Abb. 146 drei Typen unterscheiden:

1) Der einfachste Rücksprung Q^-_e wäre einer, bei dem in x_1 weiterhin nur A enthalten ist.

---

95 vergleiche Band 2, *Die Dekomposition der Totale*, wo bereits spezielle Folgen von Ran- und Rücksprüngen ausführlich analysiert wurden, diejenigen nämlich, die mit der Blickinteraktion mit rahmender Totale zusammenhängen.

2) Ist beim Rücksprung nach x_1 zudem eine neu erscheinende, uns jedoch bereits bekannte Figur C_{alt} enthalten (oder erscheint diese nach einiger Zeit), dann ist der Schnitt linear in A und retardiert linear in C_{alt} und wir bezeichnen ihn als

$$Q^-_e (A)/Q^-_R (C_{alt})$$

Solche Schnitte werden oft an einen aufmerkenden Blick von A gekoppelt, sodass sie als Hybridformen zwischen kollisionskontrollierenden Blicken und Rücksprüngen gelten müssen. Im Anschluss daran kommt es oft zu Blickinteraktionen zwischen A und C_{alt}.

3.) Erscheint beim Rücksprung (an der Schnittstelle oder ein wenig später) eine uns noch ganz unbekannte Person D_{neu}, so ist der Schnitt linear in A und nicht-linear (also gewissermaßen noch offen) in D_{neu}. Ihn bezeichnen wir als

$$Q^-_e (A)/Q^-_{OP} (D_{neu})$$

Auch hier kommt es im Anschluss oft zu einer Blickinteraktion.

*

Ist in x_2 gar kein Darsteller A vorhanden (sehen wir in x_2 z. B. nur ein Lagerfeuer), unterscheiden wir zwischen zwei Fällen:

1.) Erscheint beim Rücksprung (an der Schnittstelle oder ein wenig später) eine bereits bekannte Person C_{alt}, so ist der Schnitt retardiert linear in C_{alt}, und wir bezeichnen ihn als als $Q^-_R (C_{alt})$.

2.) Erscheint beim Rücksprung (an der Schnittstelle oder ein wenig später) eine uns noch unbekannte Person D_{neu}, so ist der Schnitt noch offen in D_{neu}. Ihn bezeichnen wir als $Q^-_{OP} (D_{neu})$.

Das Spektrum der Rücksprünge Q^- ist also wegen der partiellen Raumerweiterung recht komplex.

*

Weil lineare Ransprünge Q^+ den Raum nicht erweitern, sind sie einfacher zu behandeln. Wir hatten bereits gesehen, dass der T_C-Charakter nur gewährleitet ist, wenn Diskrepanzen und Diskontinuitäten vermieden werden. Doch das reicht nicht aus. Denn zusätzlich muss noch die Parität von A an der Schnittstelle erhalten bleiben. Ist der Ransprung noch in weiteren Bewegungsvariablen linear, sollten möglichst auch deren Paritäten erhalten bleiben, zumindest aber die insofern dominierenden, als der Zuschauer sie für das folgende Geschehen als wichtig erachtet.

Das schränkt die Kameraaufnahmewinkel mitunter so ein, dass nur der direkte axiale Ransprung möglich ist.

*

Gelegentlich ist der Raum x_1 so stark strukturiert, dass man bei Ransprüngen mit gleichzeitiger leichter Drehung äußerst vorsichtig vorgehen muss. Das ist z. B. der Fall, wenn A vor einer Küstenlinie oder an einer Straße steht. Denn dann könnte sich in der Einstellung x_1 eine unserer virtuellen Blickinteraktionen verbergen[96], deren innere Parität beim Ransprung nach x_2 ebenso erhalten sein muss wie die Paritäten von A.

*

Beim Rücksprung Q^- ist die Paritätserhaltung weniger wichtig, weil dem Betrachter ein neues, umfassenderes Koordinatensystem angeboten wird, in dem er sich mit seinem rational operierenden Landkartensinn erst einmal reorientieren muss. Dabei hat man ohnehin oft mehr oder weniger komplizierte Drehungen nachzuvollziehen. Die Toleranz gegenüber Verletzungen der Parität hört indes auf, wenn es sich bei dem Rücksprung um die Hybridform zum kollisionskontrollierenden Schnitt hin handelt, bei dem die Blickrichtung eine die Handlung weiterführende Funktion hat. Bleiben die Paritäten von A dann beim Rücksprung nicht erhalten, werden die räumlichen Verhältnisse unnötig konfus.

*

Der Über-die-Schulter-Schuss ist ebenfalls überlappend. Zugleich ist er ein raumerweiternder Umschnitt mit Drehung (um 120^0 bei der 30^0-Interaktion) von der linken zur rechten Bildhälfte und umgekehrt. Dabei müssen, wie bei den Blickinteraktionen dargelegt, die Paritäten erhalten bleiben. Er stellt insofern weniger einen Ran- oder Rücksprung als vielmehr einen Perspektivwechsel dar, bei dem das Überlappende oft kaum auffällt. Sind bei Schuss-Gegenschuss-Paaren keine Rücken zu sehen, handelt es sich also nicht um *Over-the-shoulder*-Interaktionen, kann man von ‚rückenfreien‘ Blickinteraktionen sprechen.

*

Bei ineinander verschachtelten Rücksprüngen orientiert man sich am besten an den Paritätsverhältnissen der umfassendsten Totalen. Das geht jedoch oft nicht, wenn man, um das Über-Schematische zu vermeiden, bei den einzelnen Schnitten kleinere Raumdrehungen zulässt. Dann lassen sich nur die dominanten Paritäten erhalten, und man muss sich von Sprung zu Sprung vorarbeiten und kleinere

---

96 vergl. Band 2, *Gerichtete geometrische Raumverbindungen*

Paritätsverletzungen, vor allem bei den Nebendarstellern (in einer Menge beispielsweise) in Kauf nehmen.
*

Die retardierte Form der überlappenden Schnitte dient häufig zur Maskierung von
Inszenierungsfehlern, die man sonst als Diskrepanzen oder zumindest als unmoti-
vierte Zeitsprünge interpretieren müsste. Werden andere Einstellungen dazwischen
geschnitten (z. B. solche atmosphärischer Art oder Bilder, in denen ein Handlungsstrang in einen anderen Raum verlagert wird) verspielen sich beim Rückschnitt die
meisten Diskrepanzen.
*

Bei einer entwickelten Zerlegung der Totalen kann man mögliche Diskrepanzen
oft über eine geschickte Steuerung der Aufeinanderfolge von Bildausschnitten vermeiden. Gern benutzt werden dazu in x_1 vorhandene Details, die man immer dann
eingeschneidet, wenn es bei direkten Ran- oder Rücksprüngen zu Diskrepanzen
kommen könnte.

***

Notizen:

1.) die zwanglose Möglichkeit der Diskontinuität bei Rückschnitten, wenn also
zuvor ein nicht-diskontinuierlicher Prozess die Raumstruktur bereits geklärt hat.
Beim diskontiniuierlichen Rückschnitt (diskontinuierlich z. B. durch neue Kostüme)
trotzdem T_C-Gefühl an der Schnittstelle. Trägt nicht zum Raumgefüge mehr bei,
nur noch Zeitbeiträge.

2.) interessante Rückschnittspaare: Quasilinearer Schnitt vor oder nach Blick; die
systematische Blickinteraktion, in der die räumlichen Verhältnisse nicht mehr bestätigt werden müssen.

3.) Die unendliche Parallelmontage beim Schuss-Gegenschuss: das Wechseln von
Nah zu Total am Ende einer Szene, und umgekehrt: von Total zu Nah am Anfang
- beinah erzwungen; und wenn weggelassen, dann *mitgedacht*.

***

II. GRUNDLAGEN DER SPIELFILM-TOPOLOGIE

Vorbemerkung:

Bevor wir die offenen Schnitte genauer analysieren, ist es nötig, ein Vokabular zu entwickeln, mithilfe dessen wir gewisse topologische Qualitäten der Raumzeit-Gefüge erfassen können, die sich beim Betrachten von Filmen einstellen. Wesentlich wird dabei der bereits mehrfach angesprochene Begriff des *Zusammenhängenden* oder *In-sich-Verbundenen* sein. Obwohl wir im Verlauf von Filmen stets gewisse Vorstellungen davon entwickeln, wie die einzelnen Schauplätze miteinander in Verbindung stehen (und insofern zusammenhängen), und obwohl wir oft sogar eine sehr deutliche intuitive Anschauung davon haben, ist es überraschend schwer, diese Zusammengehörigkeit, insbesondere bei größeren Konstrukten, mathematisch präzise zu fassen. Daher wollen wir versuchen, uns Schritt für Schritt einer gewissen Präzision zumindest zu nähern, indem wir einzelne Beispiele für zusammenhängende Gefüge untersuchen. Der Einfachheit halber werden wir im Folgenden, anstatt von Bewegungsträgern, oft nur noch von ‚*Personen*' sprechen, ohne aus den Augen zu verlieren, dass solche verallgemeinerten ‚Personen' durchaus *Tiere* oder Objekte wie *Autos*, *Flugzeuge* und sogar komplexe Ensembles wie *Armeen* sein können.

A. KETTEN, KNOTEN UND HELDEN

Wir nennen ein Gefüge aus n Einstellungen $s_1 : s_2 : \ldots : s_n$, in dem die s_k und s_{k+1} gemäß Abb. 147 jeweils durch einen einfachen linearen Schnitt miteinander verbunden sind, eine Kette K.

(45) $K = s_1 : s_2 : \ldots : s_n =$

Abb. 147 Kette

Gilt $x_i \cap x_k = \emptyset$ für alle $i \leq n$ und alle $k \leq n$ bei $i \neq k$, gibt es also keine Rückschnitte in dieser Kette, so nennen wir sie *rückschnittfrei*.

Sind die Schnitte in einer Kette alle linear in der gleichen Person A, nennen wir sie eine ‚*Einpersonen-Kette*'. Das heißt nichts anderes, als dass A in allen Einstellungen der Kette enthalten ist. Was wiederum impliziert, dass Einpersonen-Ketten nicht durch Blicke zusammengehalten werden können. Zwar sind Blicke ebenfalls lineare Schnitte, sie sind jedoch nicht im Blickenden linear, sondern in den virtuellen Bewegungsträgern, die von ihm in Blickrichtung ausgesandt werden.

Eine Kette, die, wie in Abb. 148 skizziert, nur aus direkten Rückschnitten R_D besteht, nennen wir eine ,Null- oder direkte Rückschnitts-Kette' K_0. In räumlicher Hinsicht besteht sie aus einigem einzigen Raum x_1, auf den zu verschiedenen Zeitpunkten geschnitten wird:

(46) $K_0 =$

Abb. 148 Null-Kette

Da wir zu den Rückschnitten auch Ran- und Rücksprunge Q^+ und Q^- zählen, können auch diese in Null-Ketten enthalten sein. Dann gelten darin die Regeln, die wir bei der Untersuchung der Ran- und Rücksprünge entwickelten. Solange die Schnitte T_C-Charakter haben, wenn an der Schnittstelle also keine Zeit vergeht, ist all das unproblematisch. Bei Zeitsprüngen (wenn es sich bei den R_D also um T_N- oder T_D-Operationen handelt) kommt es indes zu *Jumpcuts*, denn die in x_1 aktiven Personen werden zu späteren Zeitpunkten ja oft mit anderem Aussehen oder in anderer Tätigkeit gezeigt. Da es dadurch an den Schnittstellen zu einem gewissen Zeitraffereffekt kommt, tauchte die mit Zeitsprüngen versehene Null-Kette in reiner Form - außer etwa im komprimierten Material von Überwachungskameras - lange so gut wie nie in Spielfilmen auf. Das hat sich geändert, inzwischen wird der Zeitraffer in manchen Filmgenres mitunter zur Auflockerung benutzt. Dennoch war die Null-Kette beim Inszenieren schon immer von erheblicher Wichtigkeit. Oft dient sie nämlich als Ausgangsmaterial für längere Parallelmontagen, in denen sie per Rückschnitt Teil eines sie umfassenden größeren Geflechts wird. Mehr dazu im Abschnitt über verschränkte Geflechte.
*

Eine rückschnittfreie Kette, in der es mindestens einen retardiert linearen Schnitt gibt, nennen wir selbstverknotet und den Punkt, an dem der retardierte Schnitt die Kette wieder trifft, einen von der Kette erzeugten *Knoten*. In Abb. 149 befindet sich z. B. einer in x_{k+1}.

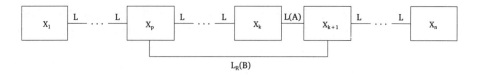

Abb. 149 selbstverknotete Kette

denn der retardiert lineare Schnitt L_R findet zwischen x_p und x_{k+1} statt. In diesem Knoten trifft sich die Person A, die aus x_k gekommen ist, mit einer Person B, die wir zuletzt in x_p sahen. Wir nennen den Knoten *von der Kette selbst erzeugt*, weil A und B schon Teil der Kette waren, bevor sie sich in x_{k+1} begegnen.

Generell bezeichnen wir als Knoten den Punkt in einer Einstellung, an dem eine Person einer anderen begegnet, mit der sie beim letzten Mal, als wir sie sahen, noch nicht zusammen war. Da dies aber, wenn jemand z. B. über einen belebten Platz geht, zu einer inflationären Zahl von Knoten führt, müssen wir erst den Begriff des ‚Helden‘ einführen, bevor wir eine genauere Analyse der Knotenstruktur von Gefügen beginnen können.
*

Als *Helden* verstehen wir einen Bewegungsträger mit einem *Gesicht*, der, erstens, durch eine vor allem ihm gewidmete Einstellung isoliert wurde. Und dem zusätzlich entweder, zweitens, nach dieser Isolierung ein linearer Übergang in eine zweite Einstellung gegönnt wird, die ebenfalls ihm gewidmet ist. Und/oder, drittens, der Blick einer anderen Person mit darauf folgendem Rückschnitt auf sein Gesicht, was uns zu verstehen gibt, dass der Blick ihm galt.
*

Ein Held ist insofern ein Bewegungsträger, der für den Zuschauer Individualität angenommen hat: Er ist so interessant, dass nicht nur seine Bewegungen es wert sind, verfolgt zu werden, sondern auch sein subjektives Wahrnehmen. Denn trotz der vielen Blicke in einem Film ist es eine enorme Auszeichnung, wenn einem Darsteller ein Blick geschenkt und seine Reaktion dokumentiert wird. Ein Blick ist übrigens etwas, das man schwerer mit jemandem teilen kann als konventionelle lineare Übergänge, die man ja auch Gruppen bewältigen kann.
*

Ein Gegenbeispiel scheint der Publikumsblick auf einen Redner zu sein. Tatsächlich hat die Aufnahme des Redners hinter seinem Pult aber etwas Objektives und er ist daher nur zum Teil Blickobjekt des Gesamtpublikums. Das ändert sich erst, wenn eine blickende Person im Publikum isoliert wird, wodurch man diese zum Helden macht.

*

Unsere Definition macht Helden zu etwas in Filmen sehr Häufigem. Daher macht es Sinn, von *aktuellen Helden* zu sprechen. Ein aktueller Held ist einer, der den gerade projizierten Filmteil strukturiert. Die gängige Heldenvorstellung wird in unserem Kontext auf die *Protagonisten* eines Films übertragen. Protagonisten sind selbstverständlich ebenfalls Helden, aber sie sind es in so großem Ausmaß, dass sie den ganzen Film zusammenhalten.

Daher lassen sich Helden grob per Statistik klassifizieren: Wer in zahlreichen Sequenzen eines Films erscheint, ist fraglos eine von dessen Hauptfiguren, er ist ein *Super-Protagonist.* Je nach Häufigkeit ihres Erscheinens lassen sich bestimmte Prozentsätze definieren, durch die sich gewöhnliche Helden von Protagonisten und Super-Protagonisten abgrenzen. Wählen wir willkürlich 5 und 30 Prozent als Unter- und Obergrenze der Erscheinenshäufigkeit, wären diejenigen, die in unter 5 Prozent aller Sequenzen erscheinen, *gewöhnliche Helden.* Und wer in über 30 Prozent erscheint, wäre ein *Super-Protagonist.* Dazwischen agieren die *gewöhnlichen Protagonisten.*

*

Eine große Zahl von Filmen hat Super-Protagonisten, die in praktisch jeder Sequenz auftauchen. Das macht den Film zur Geschichte dieser Person, das heißt, der Film beschreibt vor allem dessen Erleben beim Wechselspiel mit anderen Protagonisten, die ihm in die Quere kommen oder um deren Gunst er buhlt. Als Zuschauer bezeugen wir, wie sich der Hauptakteur in der Welt behauptet. Der Film wird - ebenso, wie ein Roman, der permanent das Denken und Erleben seines Hauptcharakters umkreist, zum Roman dieser Figur wird - zum Film seines subjektiven Erlebens.

*

Wir haben den Heldenbegriff so banalisiert, damit wir ihn zwanglos bei der Untersuchung topologischer Kleinstrukturen benutzen können. Zum Beispiel lässt sich sagen, dass ein Held für uns Zuschauer so große Individualität erhält, dass er, nach seinem Verschwinden, jederzeit wieder in einem Knoten mit den Protagonisten erscheinen kann, ohne dass man es erst groß begründen muss.

*

Häufig ist die Zahl der Knoten, die man einer Filmfigur spendiert, ein Maß für deren Heldenhaftigkeit. Protagonisten werden dadurch gekennzeichnet, dass sie im Film ein paar Mal verschwinden und - als Kundschafter, Kollegen, Berater, Neider, Widersacher, Zofen, potenzielle Liebesobjekte etc. - in Knoten mit den Superprotagonisten wieder auftauchen. Dabei können die Knoten, zu denen es natürlich auch zwischen Superprotagonisten kommt - in einem Clark-Gable-Film durfte man sicher sein, dass ihm drei schöne Liebeszenen eingeräumt werden[97] -, verschiedene Intensität annehmen, was von der *Begegnung* über die *Berührung* bis zur *Verwicklung* reicht. Die Natur der Verwicklungen ist wiederum stark vom Modus der Beziehungen zwischen den Beteiligten abhängig. Ist die Beziehung kameradschaftlicher Natur, mag die Verwicklung in der Verbrüderung im Suff Ausdruck finden. Sind sie Konkurrenten, im Zweikampf bis aufs Blut. Während bei der erotischen Interaktion oft der Film-Kuss den Verwicklungsbeginn (und im öffentlichen Kino bis etwa 1960 zugleich die Zeigbarkeitsgrenze) markiert. Wobei sich die Vorstufe der Verwicklung, die Berührung, zuvor vielleicht in gemeinsamem Tanzen oder dem Anstoßen mit Champagner- oder Whiskygläsern ausgedrückt hat. Dass die Intimität der ausgetauschten Dialoge den Modus der Verknotung zum Teil entscheidender bestimmt als es ihr optischer Ausdruck tut (dem ja häufig eine gewisse Undurchsichtigkeit innewohnt), liegt indes auf der Hand.[98]

***

---

97   Clark Gable (1901-1960), amerikanischer Filmschauspieler. Weltberühmt wurde er durch seine Rolle als Partner Vivian Leighs (1913-1967) in *Gone with the Wind* (Regie: Victor Fleming, USA 1939). Bemerkenswert auch in John Hustons *The Misfits*, mit Marilyn Monroe und Montgomery Clift (USA 1961)

98   Mehr zur Dynamik von Begegnung, Berührung und Verknotungen im engeren Sinn in Band 2 dieser filmtheoretischen Schriften: *Grundzüge einer Topologie des Narrativen.*

B. VERBUNDENHEIT: BRÜCKEN UND WEGE

Wenn wir uns in der realen Welt orientieren, liefern unsere Sinnesorgane uns stets Informationen über die Lokalität, an der wir uns gerade befinden. Dabei wird dieser Ort durch unseren *Orientierungssinn* sofort in einen größeren räumlichen Zusammenhang eingebettet. Dieser hat sich aufgrund mannigfaltigster Lebenserfahrung im Lauf der Jahre in unserem Bewusstsein aufgebaut und stellt *die reale Welt als Ganzes* dar, oder besser gesagt, unsere Vorstellung davon.

Nun lässt sich über die genaue Struktur des Bewusstseinskonstrukts, das wir als unsere Realwelt-Vorstellung bezeichnen, heftig spekulieren. Ihre (offenbar in unseren Hirnen aufbewahrte) materielle Substanz ist bislang ebenso wenig fassbar wie ihre genaue Dichte oder - die Geschichte der Philosophie ist in beträchtlichem Ausmaß die Geschichte diverser Vermutungen darüber - der rein spekulative Anteil daran. Eine ihrer klarer zu fassenden Eigenschaften ist indes ihr räumlicher Zusammenhang: Es handelt sich fraglos um *eine einzige Welt*. Und in dieser könnte man - jedenfalls solange man sich auf unseren Planeten beschränkt - mit geeigneten Verkehrsmitteln von der Örtlichkeit aus, an der man sich aktuell befindet, zu jedem anderen Ort dieser ‚Welt' gelangen. Genau dies macht vielleicht die ‚Realität' unserer Weltvorstellung aus. Insofern überführte erst die Weltumseglung der Schiffe des Magellan (die wir theoretisch jederzeit wiederholen könnten) die Kugelgestalt der Erde - aber selbst darüber lässt sich in der Philosophie trefflich streiten - in die Wirklichkeit.
*

In der Praxis stellt uns unsere Realwelt-Vorstellung von Verbundenheit oft vor immense Probleme. Doch bei guter Gesundheit und ausreichenden Ressourcen können wir immer einen Weg imaginieren, der von einem beliebigen Ort unserer Realwelt-Vorstellung zu jedem beliebigen anderen führt. Dabei spielt unsere Weltkenntnis eine entscheidende Rolle. Zu dieser gehören vielfältige Erfahrungen, die vollständig darzustellen unmöglich ist. Gewiss ist all unser Wissen über Verkehrsmittel Teil davon, also Bahnhöfe, Taxis, die Möglichkeit Tickets zu erwerben, Autos zu mieten, Kenntnisse im Hotelwesen, in der Fähigkeit Landkarten zu lesen und nicht zuletzt eine gesunde Einschätzung dessen, was wir zu Fuß leisten können. Und genau unser Vertrauen in die Existenz solcher Wege, die zwei beliebige Orte potenziell miteinander verbinden, versichert uns ihres Zusammenhangs.
*

Dabei gibt es zum einen Erfahrungen, die wir selbst gemacht haben, die also aus realen körperlichen Eigen-Interaktionen mit der Welt hervorgingen, von denen wir Erinnerungen speicherten. Diese Erfahrungen stellen für uns in ihrer Summe die wirkliche ‚wirkliche Welt' dar: Ihre Realität ist auf radikale Weise ebenso unhinterfragbar wie die Natur unseres Ichs. Der Zusammenhalt, den sie hat, wird von uns selber gespürt, ist, wenn man so will, Teil unserer Körper. Zu dieser Welt gehört, dass wir wissen, wie man sich zu Hause auch im Finsteren zurechtfindet, wie man den nächsten Supermarkt erreicht, den Bäcker, den Bus, die Wohnung eines Freundes, das Stadttheater etc. Aber auch, wie man, sollte man sich dort auskennen, auf dem Flughafen Houston am schnellsten einen Mietwagen bekommt oder in Athen vom Omonia-Platz auf kürzestem Weg zur Akropolis gelangt.
*

Dann gibt es Erfahrungen, die uns von anderen in bereits fertiger Form übergeben wurden. Sie beruhen auf vertrauenswürdigen Berichten, die uns mitteilen, wie man bestimmte Orte erreicht und wie man sich dort zu verhalten hat. Oft bedient man sich dazu eines Reiseführers, manchmal tun es Fernsehberichte. Und nicht zuletzt wird das Internet seit einigem in so gespenstischem Ausmaß Lieferant solcher Berichte, dass sich die Frage nach dem Zusammenhalt unserer Welt völlig neu zu stellen beginnt. Aufgrund einer Mixtur all dieser Berichte unterschiedlichster Qualität mit unseren eigenen Direkt-Erfahrungen trauen wir uns jedenfalls zu, die beschriebenen Orte mit einigem Aufwand auch in Person erkunden zu können. Und genau das gibt uns das unmissverständliche Gefühl, in einer einzigen zusammenhängenden Welt zu leben, von der wir zwar die meisten Teile nicht kennen, von der wir aber zu wissen meinen, dass man in ihr (theoretisch und wenn man über genügend Vermögen verfügt und es unbedingt will) an jeden Punkt gelangen könnte.
*

All diese Erfahrungen werden aktiviert, wenn wir einen Film sehen. In einem Film entfaltet sich gewissermaßen eine Miniaturwelt, die wir Stück um Stück erfassen. Man könnte auch sagen, die Begegnung mit einem Film gleiche der Erkundung einer bislang fremden Stadt, für die man keinen Stadtplan hat. Dabei erkunden wir die Wege, die man darin gehen kann, nicht selbst, sondern wir lassen es Helden tun, die wir dabei beobachten. Diese Helden sind bei der Erkundung unsere Stellvertreter. Dabei kommt es zu einer interessanten Kompetenzspaltung: Oft kennen sich die Filmhelden in der Örtlichkeit, durch die sie sich bewegen, nämlich bereits sehr gut aus. Das heißt, sie erkunden die Stadt nicht, sondern indem sie uns Wege zeigen, die sie im Film gehen, werden sie gewissermaßen zu Reiseführern, mithilfe derer *wir* die Stadt dadurch erkunden, dass wir Helden bei ihren täglichen Routinen folgen. Von besonderem Interesse sind im Film daher Situationen, in welchen der

Held ein Terrain erkundet, das auch ihm noch unbekannt ist. Dann stehen wir mit ihm auf Augenhöhe und es entsteht eine filmspezifische Spannung.

*

Doch solche Erkundungen durch Filmhelden weisen erhebliche Unterschiede zu der Art auf, in der man sie selbst durchführen würde. Ein simples Beispiel möge dies illustrieren.

Nehmen wir einmal an, ich sei mit meiner Frau gerade in einem Hotel am Rand der Medina von Marrakesch abgestiegen. Dort möchte meine Frau, für die Marrakesch neu ist, unsere Dinge noch etwas ordnen und sich zurechtmachen, unterdes ich die Zeit nutzen will, meine Erinnerung an den Ort aufzufrischen. Ich sage ihr daher, ich käme in einer dreiviertel Stunde zurück und dass wir dann am *Djemaa el Fna* essen gehen könnten.

Ich trete also aus dem Hotel und bin sofort in der Medina, wo ich aber schnell entdecke, dass meine Erinnerungen daran nicht mehr wirklichkeitstauglich sind. Nach gut einer halben Stunde merke ich jedenfalls, dass der Bogen auf dem ich zum Hotel zurückgelangen wollte, in die Irre geführt hat. Ich habe mich verlaufen und versuche nun, den Rückweg auf einer anderen Route zu finden. Vergebens: Nach einem weiteren Versuch stehe ich vor einer kleinen Moschee, die ich bei früheren Marrakesch-Aufenthalten noch nie gesehen habe. Als ich meine Frau anrufen will, merke ich, dass mein Mobiltelefon nicht funktioniert. So also die Situation nach einer Stunde.

Natürlich weiß ich, dass es einen Weg von der Moschee ins Hotel geben muss, denn ich bin ja selbst gerade hierher gegangen. Theoretisch kenne ich sogar einen Rückweg: Ich müsste nur die gleiche Route zurückgehen, die ich kam. Aber mein Gedächtnis hat mich bereits bei meinen vorherigen Umkehrversuchen getäuscht, daher weiß ich, dass ich den Rückweg ohne Hilfe wohl nur nach weiteren Irrungen finden kann.

*

So weit, so gut. Nehmen wir aber nun einmal an, meine Geschichte werde verfilmt. Und das Folgende mag auch als Übung dafür gelten, wie man Szenen in hintereinander montierte Sequenzen verwandelt. Dabei werden wir als erstes einige wesentliche Unterschiede zwischen der verbalen und der visuellen Aufbereitung einer Erzählung herausarbeiten und unterdessen den Umgang mit diversen der von uns besprochenen Schnitt-Typen üben.

Der Film würde also in der Räumlichkeit x_{Zim} eines Hotels mit dem Dialog einer Person A mit seiner Ehefrau B beginnen. Dort wird die Situation in Form eines Schuss-Gegenschuss-Verfahrens erörtert, was die beiden zu *Helden* macht. Danach erblickt man A vor dem Hotel in x_{Hot}. Dann in, sagen wir, zunächst vier Einstellungen x_{A1} bis x_{A4} in der Medina und schließlich vor der Moschee x_{Mosch}. Im Film bekommt der Zuschauer also eine siebengliedrige Einpersonen-Kette K_A zu Gesicht, die - wie als Teil von Abb. 150 b in grafischer Aufbereitung zu sehen - mit sechs in A linearen Schnitten L(A) von x_{Zim} nach x_{Mosch} führt:

(47) $K_A = x_{Zim} - L(A) - x_{Hot} - L(A) - x_{A1} - L(A) - x_{A2} - L(A) - x_{A3} - L(A) - x_{A4}$
       $- L(A) - x_{Mosch}$

Worin besteht nun der Unterschied zu meinem realen Erlebnis? Nun, der Hauptunterschied besteht fraglos darin, dass ich mich selbst bei meinem Ausflug zu keinem Zeitpunkt gesehen habe. Abgesehen von einer stets mich begleitenden, stark von einem immer noch jugendlichen Ich-Ideal durchfurchten Vorstellung meiner Erscheinung, hatte ich keine Ahnung, wie genau ich zu welchem Zeitpunkt aussah. Insbesondere blieb mir mein Gesichtsausdruck, z. B. meine zunehmende, phasenweise in Panik übergehende Ratlosigkeit, die ganze Zeit verborgen. Das ist in einem Film prinzipiell anders. Dort wird eine herumwandernde Person von uns stets angeblickt, in einigen Phasen sogar äußerst sorgfältig. Dass der Zuschauer den wahrgenommenen Gesichtsausdruck darüber hinaus permanent interpretiert, gehört zu den Grundprinzipien des Kinos.

Ein weiterer wesentlicher Unterschied besteht darin, dass meine Erfahrung kontinuierlich war. Zwar traten die Orte der Kette ebenfalls in mein Gesichtsfeld, sie hatten aber etwas *vorübergehend Unstabiles*, von dem ich nur Erinnerungsfetzen behielt. Wenn ich also am Ende in Person vor der Moschee stehe, habe ich klar das Gefühl, einen Weg zurückgelegt zu haben, der das Hotel mit der Moschee verbindet. Im Film geht diese Verbindung dagegen über einige ausdrücklich fixierte Stationen. Das heißt, um den Gesamtweg vom Hotel zur Moschee nachzuvollziehen, muss ein Zuschauer mehrere kürzere Wege, die von einer Zwischenstation x_k zur jeweils nächsten x_{k+1} führen, addieren. Er ist uns Zuschauern also nur in einer *Addition* zugänglich.
*

Nun, das meiste davon hatten wir bei unserer Analyse der linearen Schnitte bereits geklärt, als wir diese als Abbreviaturen mathematischer Bewegungen (also letztlich von Koordinaten-Transformationen) interpretierten. Interessant ist aber, dass uns der Zusammenhang von Hotel und Moschee einfacher verständlich wird, wenn er *durch einen einzigen* linearen Schnitt generiert ist, wenn die Zwischenstationen des Weges also *nicht* gezeigt werden. Indem der Weg im Grunde weggelassen wird, versteht der Zuschauer paradoxerweise seine Existenz unmissverständlicher.

*

Um die Zusammenhangsstruktur des Gesamtweges genauer zu untersuchen, wollen wir einzelne Schnitte der Kette genauer betrachten. Beim Schnitt

$$x_{A2} - L(A) - x_{A3}$$

sieht man A zum Beispiel erst in x_{A2}, dann in x_{A3}. Er ist also einen Weg von x_{A2} nach x_{A3} gegangen, von dem wir allerdings nur die Anfangs- und die Endstation vorgeführt bekamen. *Der Schnitt selbst* steht also für den Weg von x_{A2} nach x_{A3}, der in meinem subjektiv-realen Erleben ein dynamisch vorübergehender Teil des Gesamtwegs vom Hotel zur Moschee war. Insofern gibt es eine Verbindung von x_{A2} nach x_{A3} (obwohl sie im Film *nicht* gezeigt wurde!), die durch den linearen Schnitt symbolisiert wird. Oder, besser vielleicht ausdrückt, für die er eine *Abbreviatur* darstellt. Um die Relation zu Eulers Königsberger Problem augenfällig zu machen, könnte man auch sagen, dass ein linearer Schnitt zwischen zwei Räumen eine in zunächst nur einer Richtung begehbare *Brücke* zwischen diesen Räumen generiert.

*

Ist damit aber auch x_{A3} mit x_{A2} verbunden? Gibt es also dadurch automatisch einen Weg, der über die generierte Brücke von x_{A3} nach x_{A2} *zurückführt*? Explizit gezeigt wurde uns ja nicht einmal der Hinweg. Und der Rückweg wurde im Filmgefüge bisher durch keinen Schnitt angedeutet. In der Wirklichkeit kann ich mir den Rückweg von x_{A3} nach x_{A2} natürlich jederzeit denken, indem ich mir vorstelle, ich würde den Weg, den ich kam, zurückgehen. Allerdings nicht rückwärts, sondern ich würde mich umdrehen, wonach links und rechts vertauscht wären, was, wie ich auf meiner Medinaerkundung wieder einmal erfuhr, leicht zu Irrtümern führt.

Wie würde der mögliche Rückweg nach x_{A2} im Film aussehen? Nun, er könnte die Gestalt eines einfachen linearen Rückschnitts $x_{A3} - R_e(A) - x_{A2}$ haben. Bei diesem würde A den Ort x_{A3} mit einer Parität verlassen, die seiner Ankunftsparität dort entgegengesetzt ist, um anschließend in x_{A2} mit einer Parität zu erscheinen, die derjenigen entgegengesetzt ist, mit der er x_{A2} zuvor verließ. Wird so ein Rückschnitt R_e im Film ausdrücklich gezeigt, dann ist die Brücke auch in der Gegenrichtung geöffnet und x_{A3} ist auch mit x_{A2} *aktiv verbunden*. Man könnte auch sagen, die Brücke sei dann *beidseitig aktiviert*.

*

Was passiert aber, wenn der Rückschnitt nicht im Film erscheint? Muss der Zuschauer ihn sich dann *denken*, wenn er behaupten will, x_{A3} sei mit x_{A2} auf genauso solide Art verbunden, wie es in der Wirklichkeit der Fall wäre? Ich meine: ja. Wenn man einen einfach linearen Schnitt L wahrnimmt, denkt man offenbar immer die Möglichkeit des Rückschnitts R_e mit, der ja der logisch dazu inverse Schnitt ist. Und durch das Mitdenken der möglichen Inversion (die in den Erinnerungsresten der vorigen Einstellung im Gedächtnis *ohnehin mitschwingt!*) ist sowohl x_{A2} mit x_{A3} durch den im Schnitt L abgekürzt dargestellten *aktiven Weg* (bzw. die aktivierte Brücke) verbunden, als auch x_{A3} mit x_{A2} durch die mitgedachte potenzielle Rückschnittverbindung $R_e{}^*$ von x_{A3} nach x_{A2}. Diese öffnet insofern einen *potenziellen Rückweg*, der durch einen linearen Rückschnitt R_e jederzeit realisiert werden könnte.

*

Dieses Wahrnehmungskonstrukt ist sehr sonderbar, garantiert aber, dass man sich in Filmen ähnlich orientieren kann wie in der Wirklichkeit. Und vielleicht verhält es sich eher umgekehrt: Womöglich ist das Postulat von der Begehbarkeit des potenziellen Rückwegs Ausdruck unseres Wunsches, unsere Wirklichkeitsorientierung auch in Filmen wiederzufinden.

*

Es gibt allerdings Situationen, die zu Widersprüchen führen. Nehmen wir einmal an, in x_1 sehen wir Person A in eine Tonne steigen, die dann auf die Niagarafälle zutreibt, wo sie nach unten verschwindet. Nach einem Schnitt sehen wir die Tonne in x_2 noch ein Stück Niagarafall hinunterstürzen, wonach sie unzerstört ans Ufer treibt, wo A ihr wieder entsteigt. Der Schnitt $x_1 : x_2$ ist infolgedessen fraglos linear in A, und x_1 ist ganz klar durch einen Weg mit x_2 verbunden. Aber was ist mit dem Weg von x_2 nach x_1? Die Niagarafälle hochschwimmen kann A ja schlecht. Das heißt, in diesem Falle hat der gedachte inverse Schnitt etwas hochgradig Unglaubwürdiges, und man könnte denken, dass x_1 und x_2 nur in einer einzigen Richtung filmisch aktiv verbindbar wären.

*

Solch ein Gefälle, in dem einige wichtige Schnitte nur in eine Richtung möglich sind, generiert übrigens ein wenn nicht wichtiges, so doch oft sehr schönes Subgenre des Kinos: Ich nenne als namensstiftenden Prototypen Premingers „*River of no Return*", in dem es (was auch für John Hustons nach dem gleichem Muster gebautes „*African Queen*" gilt) kein glaubwürdiges Zurück per Rückschnitt gibt, weil sich die Handlung wegen der verfügbaren Transportmittel nur *flussabwärts* bewegen kann. Ein ähnliches Gefälle drückt sich in Form eines *momentanen Gefahrengefälles* in Filmen aus, in denen eine Personengruppe (wie in Hitchcocks „*Torn Curtain*") vor etwas äußerst Gefährlichem flieht, wobei jede Umkehr, wenn nicht den Tod, so doch eine schreckliche Strafe zur Folge hat.[99]

Trotzdem würde man auch beim Niagarafall in topologischer Hinsicht sagen, dass x_2 mit x_1 potenziell verbunden sei, und zwar über einen etwas komplizierteren *Umweg*, der dann durch einen einfach gesetzten Rückschnitt R_e als Aktivum ausdrückbar wäre. In Königsberger Terminologie könnte man also sagen: über eine zweite Brücke (weil die erste leider den Niagarafall hinabgestürzt ist). Man würde nämlich annehmen, dass der Darsteller nicht die Fälle hochgeschwommen ist, sondern - gemäß unserer Lebenserfahrung - mit einem Auto auf anderem Weg hochgefahren wurde. Auf jeden Fall sind für uns Zuschauer aber x_1 und x_2 in beiden Richtungen verbunden. Im einen Fall per einfach linearem Schnitt L_e, im anderen erneut durch einen *potenziellen Rückschnitt* R_e*.
*

Diese Asymmetrie bezüglich des Rückwegs ist im Übrigen von beträchtlichem mathematischen Interesse. Denn die Topologie der in unserem Bewusstsein beim Filmbetrachten entstehenden Gebilde unterscheidet sich erheblich von der Topologie ähnlicher mathematischer Gebilde. Die Brücken in Eulers Königberg-Problem sind fraglos real und in beiden Richtungen begehbar, während die Brücken des Kinos nur als Abbreviatur existieren, indem die Personen zunächst am einen Flussufer gezeigt werden und dann am anderen. Dabei gilt die Verbindung eigentlich bloß für eine Richtung. Einzig unser gesunder Menschenverstand sagt uns, dass eine Brücke auch in der Gegenrichtung begehbar sein müsste. Andererseits ist das Kino nicht gerade eine Bastion des gesunden Menschenverstands, sondern eher ein Bordell für alle die, die sich allzu gern betrügen lassen.

***

---

99 Otto Preminger (1905-1986), *River of no Return*, mit Robert Mitchum und Marilyn Monroe (USA 1954); John Huston, *African Queen*, mit Katherine Hepburn, Robert Morley und Humphrey Bogart (USA 1951); Alfred Hitchcock, *Torn Curtain*, mit Paul Newman und Julia Andrews (USA 1966)

C. EINPERSONEN-GEFLECHTE: SACKGASSEN UND MASCHEN

Doch zurück nach Marrakesch. Dort hatte ich zwar jederzeit das Gefühl auf einem Weg zu sein, der von meinem Hotel fortführt, aber am Ende stand ich ratlos an x_{Mosch}, ohne zu wissen, wie ich zurückfinden könnte. Trotzdem blieb ich davon überzeugt, dass es (zumindest!) einen Weg gäbe, der zurückführen würde. Es gab also für mich jederzeit einen *potenziellen, noch nicht aktivierten Rückweg.*

*

Und jetzt wird es interessant. Um meine Ratlosigkeit zu zeigen, könnte man z. B. meine Versuche beschreiben, vergeblich einen Rückweg zu finden. Wie würde das in unserem bislang durch Gleichung (47) skizzierten Film aussehen? Dazu müsste A zunächst versuchen, den Weg von der Moschee aus zurückzuwandern, bis sagen wir x_{A3}. Von wo aus er irrtümlich zu einem Ort x_{A5} geht und anschließend nach x_{A6}. Wo er umgekehrt, um mit x_{A3} wenigstens wieder ihm bekannt vorkommendes Terrain zu erreichen, was sich durch einen einfachen Rückschnitt R_e darstellen ließe. Damit würde in x_{A3} eine zweite (kürzere) Kette K_{A2} aus der in (47) dargestellten ersten (die wir fortan als K_{A1} bezeichnen) gewissermaßen heraushängen. Der versuchte Rückweg hätte von der Moschee aus zunächst also die Gestalt

(48) $x_{Mosch} - R_e(A) - x_{A4} - R_e(A) - x_{A3}$

wonach in x_{A3} die zweite Kette K_{A2} ansetzt, die, topologisch gesehen, einer *Verzweigung* des vorgeführten Raums entspricht:

(49) $K_{A2} = x_{A3} - L(A) - x_{A5} - L(A) - x_{A6}$

Und weil A in x_{A6} begreift, dass er die falsche Richtung genommen hat, kehrt er von dort mit einem R_e nach x_{A3} zurück.

*

Um den Eindruck zu stabilisieren, dass A sich verlaufen hat, könnte man ihn in x_{A3} gleich einen zweiten missglückten Versuch unternehmen lassen, indem man zeigt, wie er x_{A3} in anderer Richtung verlässt. Dabei könnte er in einer dritten Kette K_{A3} zu zwei weiteren uns bislang unbekannten Orten x_{A7} und x_{A8} gelangen. Statt wie bei der vorigen Kette erneut wie in einer Sackgasse umzukehren, ließe sich seine Verwirrtheit drastischer zeigen, indem er nach dem nächsten Schnitt erneut vor der Moschee erscheint. Dann wird unmissverständlich klar, dass A den Rückweg aus eigener Kraft kaum finden wird. Die dritte Kette K_{A3} hätte dann die Struktur

(50) $K_{A3} = x_{A3} - L(A) - x_{A7} - L(A) - x_{A8} - R_e(A) - x_{Mosch}$

Diese neue Kette steht bezüglich K_{A1} jedoch in einer anderen topologischen Relation als K_{A2}. Hängt K_{A2} aus K_{A1} als Sackgasse sozusagen heraus, bildet K_{A3} mit K_{A1} eine partielle *Masche*, durch die x_{A3} und x_{Mosch} nun *aktiv doppelt verbunden* sind. Und man kann das Gesamt-Schnittgefüge

(51) $G_A = x_{Zim} - L - x_{Hot} - L - x_{A1} - L - x_{A2} - L - x_{A3} - L - x_{A4} - L - x_{Mosch} - R_e$
          $- x_{A4} - R_e - x_{A3} - L - x_{A5} - L - x_{A6} - R_e - x_{A3} - L - x_{A7} - L - x_{A8} - R_e - x_{Mosch}$

als die vielleicht simpelste (bei rasantem Schnitt unter Umständen kaum eine Minute dauernde) wortlos topologische Darstellung eines Filmhelden bezeichnen, der sich (ausgedrückt also durch 14 Schnitte) innerhalb einer Stunde gründlich in einer ihm unbekannten Stadt verlaufen hat.

Die nun aus elf verschiedenen Räumen sich aufbauende topologische Gesamtstruktur G_A unseres Film besteht also aus einer siebengliedrigen *Kette* K_{A1}, einer in deren Mitte angesetzten zweigliedrigen *Sackgasse* K_{A2} und einer zweigliedrigen *Endmasche*. Solche *zusammenhängenden Gefüge* nennen wir auch *Geflechte*. In unserem Fall wird das Geflecht einzig durch die Person A aufgespannt. Es handelt sich also um ein *Einpersonen-Geflecht*, was andeutet, dass es auch Geflechte mit komplexerer Personenstruktur gibt. Außerdem ist es *kompakt*, was heißen soll, dass es *kompakt zusammenhängt* und nicht durch Einstellungen unterbrochen wird, worin A nicht erscheint.

*

Nun will ich nicht behaupten, dieses Geflecht sei die einzige topologische Struktur, mit der sich der Zustand eines Mannes beschreiben lässt, der sich gründlich verlaufen hat. Andere Darstellungen werden aber eine gewisse Ähnlichkeit damit haben. Wohl könnte die Kette länger sein (oder ein, zwei Glieder kürzer), was auch für die Sackgasse gilt, und es ließe sich eine weitere Sackgasse hinzufügen, trotzdem bliebe eine gewisse Grundähnlichkeit erhalten.

*

Kompakte Einpersonen-Geflechte haben die Eigenschaft, dass sich zwei beliebige Räume daraus durch eine Serie von Brücken verbinden lassen. Was heißen soll, dass von jedem beliebigen x_{Ap} zu jedem anderen x_{Aq} mindestens ein Weg konstruiert werden kann, der aus einer zusammenhängenden Serie von aufeinander folgenden

Brücken besteht. Diese Brücken können in der infrage kommenden Richtung im Filmverlauf durch einfach lineare Schnitte L oder Rückschnitte R_e *aktiv generiert* worden sein oder aber durch gedachte Rückschnitte $R_e{}^*$ *potenziell bereitgestellt.*

Als Beispiel sei die Verbindung von x_{A7} nach x_{A4} aus (51) untersucht. Sie könnte bestehen aus

(52) $x_{A7} - L - x_{A8} - R_e - x_{Mosch} - R_e - x_{A4}$ bzw. aus

(53) $x_{A7} - R_e{}^* - x_{A3} - L - x_{A4}$

wobei der $*$ in $R_e{}^*$ andeuten soll, dass es sich bei der Verbindung von x_{A7} nach x_{A3} nur um eine durch einen gedachten Rückschnitt potenziell bereitgestellte Brücke handelt.

$*$

Für kompakte Einpersonen-Geflechte gilt der Satz:

Wenn x_{Ap} durch einen Weg mit x_{Aq} verbunden ist, dann ist stets auch x_{Aq} mit x_{Ap} durch einen Weg verbunden.

Dieser Satz ist insofern von Bedeutung, als wir fortan *zwei Räumlichkeiten als miteinander verbunden* bezeichnen können, ohne einen Ausgangspunkt des sie verbindenden Weges benennen zu müssen.

Der Beweis ist simpel: die Brücken des ersten Weges müssen beim zweiten nur in umgekehrter Reihenfolge angeordnet werden. Sind sie in beiden Richtungen aktiv generiert, gibt es kein Problem. War die Brücke auf dem ersten Weg dagegen nur einseitig aktiviert, nimmt man für den zweiten die potenziell bereitgestellte. Und war sie nur potenziell bereitgestellt, nimmt man die dazu inverse aktiv generierte.

In unserem in (52) bzw. (53) dargestellten Fall bestände die inverse Verbindung, die also von x_{A4} nach x_{A7}, aus

(54) $x_{A4} - L - x_{Mosch} - R_e{}^* - x_{A8} - R_e{}^* - x_{A7}$ bzw. aus

(55) $x_{A4} - R_e - x_{A3} - L - x_{A7}$

Nun, man mag derart vorsichtiges Erwägen für spitzfindig halten, indem man sich auf den Standpunkt stellt, der gesunde Menschenverstand würde solche räumlichen

Verbindungen ganz von allein konstatieren. Dabei übersieht man jedoch, dass der gesunde Menschenverstand keinerlei Erfahrung mit einer erlebten Gegenwart hat, in der es zu Zeitsprüngen kommt. Zu einem direkten, unmissverständlich als gegenwärtig empfundenen Zeitsprung-Erlebnis kommt es nur im Film. Ansonsten sind Zeitsprünge bloß in der analytischen Betrachtung von etwas Vergangenem erlebbar. Manchmal kann man sich zwar auch eine vorgestellte Zukunft durch imaginierte Zeitsprünge handlich zurechtschneidern, aber auch das führt nicht zu direkten Erfahrungen. Das scheinbar Spitzfindige ist hier also vor allem Ausdruck einer gewissen Vorsicht, die die im Bewusstsein entstehenden räumlichen Relationen möglichst weitgehend im Rahmen des Filmspezifischen zu begreifen versucht.

*

Bemerkenswert an Einpersonen-Geflechten ist, dass man jederzeit Rückschnitte zu beliebigen Orten des Geflechts einfügen kann, ohne dass der Zuschauer seine Orientierung verliert. Dabei brauchen diese Rückschnitte nicht unbedingt linear in A zu sein, sie können auch *offen* sein oder *retardiert linear* in einer anderen Person. Dadurch wird es möglich, andere Personen auf zugleich simple und zeitsparende Weise in das Einpersonen-Geflecht zu importieren, mit denen A dann in darstellenswerter Manier zu interagieren vermag.

*

Aber gehen wir noch einmal zurück nach Marrakesch: Nach einer Stunde ist meine Frau hungrig, besorgt und zunehmend verärgert, weil ich noch immer nicht zurück bin. Dass mein Mobiltelefon abgeschaltet ist, erheitert sie auch nicht gerade. Also geht sie selbst aus dem Hotel, um mich zu suchen. An einem Ort x_{B1} betritt sie die Medina, sieht aber nach hundert Metern in x_{B2} ein, dass es sinnlos, womöglich sogar gefährlich ist, mich hier finden zu wollen, und kehrt nach x_{B1} zurück. Von x_{B1} aus findet sie den Weg zur *Djemaa el Fna*, wo sie sich in einem Straßencafé x_{B3} niederlassen möchte. Dort wird sie aber von einem Bettler so belästigt, dass sie (zumal sie sich daran erinnert, dass wir hier irgendwo essen wollten) lieber ein Restaurant x_{B4} betritt, wo andere Europäer sitzen. Dort denkt sie an einem Tisch x_{Tisch} nach…

*

Wollte man dies in unserem bislang nur aus dem Einpersonen-Geflecht G_A aus Gleichung (51) bestehenden Film darstellen, könnte man im direkten Anschluss an G_A ein zweites kompaktes Einpersonen-Geflecht G_B zeigen, worin die Schnitte linear in B (also ‚meiner Frau‘) sind:

$$(56) \quad G_B = x_{Zim} - R_e(B) - x_{Hot} - L(B) - x_{B1} - L(B) - x_{B2} - R_e(B) - x_{B1} - L(B) - x_{B3}$$
$$- L(B) - x_{B4} - L(B) - x_{Tisch}$$

Dieses Geflecht besteht ebenfalls aus einer linearen Einpersonen-Kette, an die aber (um auch topologisch das geringerer Maß der Verwirrung anzudrücken, der meine Frau ausgeliefert ist), anders als in G_A, nur eine einzige Sackgasse

(57) $x_{B1} - L(B) - x_{B2} - R_e(B) - x_{B1}$

angesetzt wurde. Die in unserem neuen kompakten Einpersonen-Geflecht G_B auftauchenden Orte sind natürlich ebenfalls zusammenhängend, was heißt, dass jedes beliebige Ortspaar in beiden Richtungen durch eine zusammenhängende Serie aktiv generierter oder potenziell bereitgestellter Brücken miteinander verbunden werden kann.
*

Interessant ist nun, wenn man auch dies mit realem Erleben vergleicht. Das erste Geflecht G_A weist fraglos eine gewisse Ähnlichkeit mit der Erfahrung auf, die ich selbst in Marrakesch machte. G_B wiederum ähnelt der Erfahrung meiner Frau. Beide sind also brauchbare, nur wenige Minuten dauernde Abbreviaturen von etwas Realem, das gut eine Stunde in Anspruch nahm. Dabei hatte ich allerdings nicht die geringste Ahnung von dem, was meine Frau gerade tat und in welchen Räumen sie sich in den Phasen meiner Verirrung aufhielt. In meinem Bewusstsein sind ihre Aktivitäten also klar *von meinem eigenen Erlebnisraum abgetrennt*. Und umgekehrt wusste meine Frau zu keinem Zeitpunkt, wo genau ich jeweils war. Das heißt, die Orte, an denen meine Frau *nicht* gewesen ist, sondern nur ich, sind mit denen gänzlich unverbunden, an denen sie sich befand. Und umgekehrt sind alle Örtlichkeiten, an denen meine Frau war und ich nicht, für sie subjektiv mit denen völlig unverbunden, an denen ich mich allein aufgehalten hatte.

Dies wird durch das Aneinanderfügen der beiden Geflechte in einem Film zwar nicht für die Protagonisten verändert, aber es gibt eine Instanz, die in solchen Fällen neue Verbindungen registriert, und zwar den Zuschauer. Für ihn sind - anders als in der Wirklichkeit - alle in G_B auftauchenden Orte fortan unmissverständlich mit denen aus G_A verbunden. Dabei werden die erforderlichen Brücken in G_A von Darsteller A generiert und diejenigen aus G_B von Darsteller B.
*

Eine genauere Analyse der durch das Aneinanderfügen der beiden Geflechte entstehenden Schnittstruktur möge das verdeutlichen. Wir sehen in unserem Gesamtfilm also zunächst das Geflecht G_A, das damit endet, dass A sich ratlos wieder vor der Moschee in x_{Mosch} einfindet. Von dort wird mit einem direkten Rückschnitt R_D nach x_{Zim} gesprungen, wo sich die Frau von A (also B), die er vor gut einer halben

Stunde verlassen hat, noch immer aufhält. Daraufhin folgt G_B. Die topologische Gesamtstruktur m des Films M hat insofern die Gestalt

(58) $m = G_A - R_D(B) - G_B$

Oder, wenn man - zur besseren Orientierung sei auf Abb. 150 b verwiesen, wo die Topologie des Dargestellten augenfälliger wird - seine 22 Schnitte im Detail darstellt:

(59) $m = G_A - R_D(B) - G_B =$

$x_{Zim} - L(A) - x_{Hot} - L(A) - x_{A1} - L(A) - x_{A2} - L(A) - x_{A3} - L(A) - x_{A4} - L(A) - x_{Mosch}$
$- R_e(A) - x_{A4} - R_e(A) - x_{A3} - L(A) - x_{A5} - L(A) - x_{A6} - R_e(A) - x_{A3} - L(A) - x_{A7} -$
$L(A) - x_{A8} - R_e(A) - x_{Mosch} - R_D(B) - x_{Zim} - R_e(B) - x_{Hot} - L(B) - x_{B1} - L(B) - x_{B2} -$
$R_e(B) - x_{B1} - L(B) - x_{B3} - L(B) - x_{B4} - L(B) - x_{Tisch}$

Wie sieht nun die Verbindung etwa von x_{B3} und x_{A2} aus? Ganz simpel: Für den Zuschauer besteht sie im Bereich von G_A aus den per Schnitt von A generierten Brükken und im Bereich von G_B aus den inversen der durch B generierten. Das heißt, der Weg von x_{B3} nach x_{A2} hat die Struktur

(60) $x_{B3} - R_e{}^*(B) - x_{B1} - R_e{}^*(B) - x_{Hot} - L(A) - x_{A1} - L(A) - x_{A2}$

während für den von x_{A2} nach x_{B3} führenden Rückweg natürlich die entsprechenden dazu inversen Brücken zu benutzen sind:

(61) $x_{A2} - R_e{}^*(A) - x_{A1} - R_e{}^*(A) - x_{Hot} - L(B) - x_{B1} - L(B) - x_{B3}$

Wieso aber empfinden wir G_A und G_B überhaupt als miteinander verbunden? Was ist das Kriterium dafür? Ganz einfach: Sie sind für uns Zuschauer verbunden, weil es Räumlichkeiten gibt, die sowohl in G_A als auch in G_B enthalten sind. In unserem Fall sind das x_{Zim} und x_{Hot}, in denen sich, wie wir bezeugen konnten, sowohl A als auch B aufgehalten haben. Die Verbindung der beiden Geflechte findet in einem der G_A und G_B gemeinsamen Räume statt: Genau dort (in unserem Beispiel in x_{Hot}) wird bei der Verbindungskonstruktion von Brücken, die durch A generiert wurden, auf solche umgeschaltet, die B generierte.

**

D. VERZWEIGUNGEN, VERKNOTUNGEN UND SCHLINGEN

Wir können unsere Szenenfolge aus Marrakesch, die bislang damit endet, dass sich B (also ‚meine Frau') im Restaurant x_{Tisch} niedergelassen hat, noch ein wenig fortsetzen, indem wir von x_{Tisch} in Form eines direkten Rückschnitts $R_D(A)$ zu A (also ‚mir') an der Moschee x_{Mosch} zurückschneiden. Wo ‚ich' einen Marokkaner nach dem Weg zum Großen Platz frage (nach *„La grand place"*, denn der Name *Djemaa el Fna* ist mir in meiner Panik plötzlich entfallen) und er mir die Richtung weist. Wonach ich x_{Tisch} per einfach linearem Rückschnitt $R_e(A)$ betrete und meine überraschte Frau mit erleichtertem Lachen begrüße. Und auf ihre Frage, wie ich sie habe finden können, antworte, dass Marrakesch, trotz aller Unübersichtlichkeit, im Endeffekt doch so klein sei, dass sich Europäer gar nicht verpassen können.

Um den Übergang zu ihr weicher und gefälliger zu machen, empfiehlt es sich, dabei zunächst in Form eines weiteren direkten Rückschnitts $R_D(B)$ auf meine Frau zu schneiden (eventuell während sie von Neuem versucht, mich per Mobiltelefon zu erreichen) und dass ich erst nach einiger Zeit, also in Form eines in sich retardierten $R_e(A)$, an ihren Tisch trete. Der Schnitt wäre dann *polyvalent* und hätte zunächst $R_D(B)$- und dann $R_e(A)$-Charakter. Und die aus nun 24 Schnitten bestehende Gesamtsequenz hätte topologisch gesehen die Struktur

(62) $m = G_A - R_D(B) - G_B - R_D(A) - x_{Mosch} - R_D(B)/R_e(A) - x_{Tisch}$

Oder, ausführlicher:

(63)   m =

$x_{Zim} - L(A) - x_{Hot} - L(A) - x_{A1} - L(A) - x_{A2} - L(A) - x_{A3} - L(A) - x_{A4} - L(A) - x_{Mosch} - R_e(A) - x_{A4} - R_e(A) - x_{A3} - L(A) - x_{A5} - L(A) - x_{A6} - R_e(A) - x_{A3} - L(A) - x_{A7} - L(A) - x_{A8} - R_e(A) - x_{Mosch} - R_D(B) - x_{Zim} - R_e(B) - x_{Hot} - L(B) - x_{B1} - L(B) - x_{B2} - R_e(B) - x_{B1} - L(B) - x_{B3} - L(B) - x_{B4} - L(B) - x_{Tisch} - R_D(A) - x_{Mosch} - R_D(B)/R_e(A) - x_{Tisch}$

wobei sich der polyvalente Charakter des letzten Schnitts wieder durch den Schrägstrich in $R_D(B)/R_e(A)$ artikuliert.

*

Dabei können wir einige wichtige topologische Strukturen so eines Zweipersonen-Geflechts klar benennen. Zum einen gibt es zwei Szenen, in denen A und B gemeinsam in einer Einstellung zu sehen sind, die erste und die letzte. Die erste, die Szene also, bevor die beiden sich trennen, bildet die *Verankerung* des Gesamt-geflechts. Und die letzte Einstellung, in der die beiden sich in x_{Tisch} wieder begeg-nen, enthält selbstverständlich einen *Knoten*. Eine dritte wichtige Struktur entsteht in dem Moment, in dem B in x_{Hot} einen anderen Weg als zuvor A einschlägt. Dort kommt es zu einer *Verzweigung* des Geflechts. Wir werden lernen, dass die Kunst der Filmdramaturgie wesentlich aus dem Wechselspiel von Verankerungen, Ver-zweigungen und vor allem von erhofften oder befürchteten (sich aber, so Spannung erzeugend, immer wieder verzögernden) Verknotungen in Mehrpersonen-Geflech-ten besteht.

*

Das unbeholfen Abrupte beim direkten Rücksprung im polyvalenten letzten Schnitt x_{Mosch} - $R_D(B)/R_e(A)$ - x_{Tisch} lässt sich dadurch mildern - eine weitere Übung im Umgang mit unseren Schnittformen -, dass wir ihn in zwei Schnitte zerlegen. In-dem wir nämlich erst direkt auf B in Form eines $R_D(B)$ zurückschneiden, um dann vor dem finalen x_{Tisch}-Knoten eine zusätzliche Einstellung x_{A9} einzuschalten, in der A per retardiert linearem Schnitts L_R einen neuen Rückweg sucht. Beim erneuten Rücksprung auf den Tisch wird dann das Bewegungsmoment des $R_e(A)$ das sta-tisch Abrupte überspielen. Das ergibt folgende Gesamtstruktur:

(64) $\quad$ m = G_A - $R_D(B)$ - G_B - $R_D(A)$ - x_{Mosch} - $R_D(B)$ - x_{Tisch} - $L_R(A)$ - x_{A9}
$\quad\quad\quad$ - $R_e(A)/ R_D(B)$ - x_{Tisch}

Darin ist das neu auftauchende x_{A9} zwar offensichtlich ebenfalls mit dem Geflecht verbunden, die Brücke dazu hat aber eine andere Struktur als die uns bekannten. Bislang wurden sie entweder von einfach linearen oder von linearen Rückschnitten generiert. Jetzt ist dagegen ein retardiert linearer Schnitt L_R ihr Erzeuger.

*

Wie aber sieht die L_R-generierte Brücke eigentlich aus? Ließen wir den direkten Rückschnitt R_D auf B an x_{Tisch} weg, wäre x_{A9} mit x_{Mosch} per einfach linearem Schnitt x_{A9} - L_e - x_{Mosch} verbunden, die Brücke dazwischen wäre also durch diesen L_e ge-stiftet. Da sich die objektive räumliche Relation zwischen x_{Mosch} und x_{A9} durch den R_D-Zwischenschnitt auf B in keiner Weise ändert, ist die durch den retardierten linearen Schnitt L_R generierte Brücke identisch mit der durch den L_e erzeugten. Ebenso können verbindungsstiftende Brücken natürlich durch retardiert lineare Rückschnitte R_R generiert werden. Oder, in nicht-aktivem Modus, durch gedacht dazu inverse Formen $R_R{}^*$.

*

Indem wir beim Aufbau von Mehrpersonen-Geflechten fortan retardiert lineare Schnitte und Rückschnitte L_R bzw. R_R für beidseitig aktivierte oder aktivierbare Brückenbildungen zulassen, dürfen wir auch noch andere Schnitte erlauben. Die simpelste Erweiterung betrifft den einfachen Blick L_{BE}. Denn es lässt sich argumentieren, der bei Blicken virtuell überspringende Bewegungsträger sei der Idee nach die Person des Blickenden selbst, der virtuell ins von ihm Gesehene fast körperlich hineingreift. Dann hat das Geflecht an der betreffenden Stelle topologisch gesehen eine *Ausbuchtung*, die den Raum des Erblickten umfasst. Anders als die *Sackgasse*, die man beliebig verlängern kann, gibt es von dieser Ausbuchtung aus zunächst keine Fortsetzung, sondern nur den *Sprung zurück*. Dieser kann in Form eines R_D wieder direkt auf den Blickenden gehen, was dem nachträglichen Blick L_{BN} im Rückschnittmodus R_{BN} entspräche. Insofern stellen L_{BN} und R_{BN} inverse Formen des L_{BE} dar. Es gibt aber auch die Möglichkeit, dass sich der Blickende beim Rücksprung auf ihn bereits in einem anderen Raum aufhält, was einem L_R oder einem R_R entspräche.

*

Als Beispiel sei die Konstruktion einer Ausbuchtung in unserer durch (63) beschriebenen Medina-Kette dargestellt. Zu Beginn der Odyssee von A wurden x_{Hot}, x_{A1}, x_{A2} und x_{A3} durch drei lineare Schnitte verbunden:

(65) $\quad x_{Hot} - L(A) - x_{A1} - L(A) - x_{A2} - L(A) - x_{A3}$

Wenn wir A in x_{A1} vor dem $L(A)$-Übergang nach x_{A2} noch einen einfachen Blick $L_{BE}(A)$ auf den Raum x_{Blick1} gönnen:

(66) $\quad x_{Hot} - L(A) - x_{A1} - L_{BE}(A) - x_{Blick1}$

kann man von dort per direktem Rückschnitt R_D (oder, falls A den Blick dabei hält, der Rückschnitt-Entsprechung R_{BN} des nachträglichen Blicks L_{BN}) wieder nach x_{A1} gelangen, um A mit einem linearem Schnitt anschließend x_{A2} erreichen zu lassen:

(67) $\quad x_{Hot} - L(A) - x_{A1} - L_{BE}(A) - x_{Blick1} - R_D(A)/R_{BN}(A) - x_{A1} - L(A) - x_{A2}$

Man kann sich den Rückschnitt R_D bzw. den R_{BN} auch sparen, indem man mit einem retardiert linearen Schnitt L_R von x_{Blick1} direkt nach x_{A2} springt, was in der Summe einem blickretardiert linearem Schnitt L_{RB} von x_{A1} nach x_{A2} entspricht:

(68) $x_{Hot} - L(A) - x_{A1} - L_{BE}(A) - x_{Blick1} - L_{RB}(A) - x_{A2}$

In Worten: *A verlässt das Hotel x_{Hot}, wonach er in der Medina am Ort x_{A1} erscheint, von wo er nach x_{Blick1} blickt, um nach einem blickretardiert linearen Schnitt anschließend in x_{A2} aufzutauchen.*

Rein räumlich und in topologischer Hinsicht sind die beiden Geflechte 67 und 68 identisch. Sie repräsentierten beide eine dreigliedrige Einpersonen-Kette mit einer *Ausbuchtung* x_{Blick1} im Mittelglied.

*

Ein weiteres in topologischer Hinsicht identisches Geflecht lässt sich durch einen nachträglichen Blick L_{BN} noch ein wenig geheimnisvoller konstruieren:

(69) $x_{Hot} : x_{Blick1} - L_{BN}(A)/L_R(A) - x_{A1} - L(A) - x_{A2}$

In Worten: *A verlässt das Hotel x_{Hot}, wonach mit x_{Blick1} eine heldenlose Szene aus der Medina erscheint. Dann sieht man A in x_{A1} ebenfalls in der Medina irgendwohin blicken, dann erscheint A in x_{A2}.*

In diesem Fall wird das Blickfeld x_{Blick1} *nichtlinear (*also unverbunden) direkt an x_{Hot} angefügt, wobei man den Blickenden A dann per nachträglichem Blick L_{BN} in x_{A1} platziert, das auf diese Weise zugleich per retardiert linearem Schnitt $L_R(A)$ mit x_{Hot} verbunden ist. Die Verbindung von x_{Hot} zu x_{Blick1} ist wegen der Nichtlinearität dabei jedoch zunächst so instabil, dass man sie nicht als Brücke bezeichnen kann, sondern sie nur als offen oder gar atmosphärisch empfindet. Der nachträgliche Blick L_{BN} reduziert diese allein atmosphärische Qualität, denn nun ist x_{Blick1} zumindest mit x_{A1} verbunden. Aber erst indem x_{A1} durch den $L_R(A)$ zugleich an x_{Hot} angeschlossen wird, erhält das Gesamtgefüge der drei Einstellungen solide räumliche Kompaktheit.

*

Wie man sieht, hat diese langsame, Schritt für Schritt voranschreitende Analysemethode eine gewisse Ähnlichkeit mit der Art, in der man Musikstücke analysiert. In der Musik gibt es einen *Funktionentheorie* genannten Bereich der Harmonielehre, in dem ganz ähnlich mit Rückbezügen und Antizipationen argumentiert wird, um den harmonischen Zusammenhalt von Akkordfolgen und anderen musikalischen Ereignissen zu begründen. Da es sich auch beim Film um eine Zeitkunst handelt, sind gewisse argumentative Ähnlichkeiten ab einem gewissen Niveau auch zu erwarten. Dass sie kaum Eingang in die diversen Filmtheorien gefunden haben, liegt wohl nur daran, dass das beim Filmschnitt zur Verfügung stehende Vokabular bislang für analytische Zwecke zu vage war.

*

Um die Brücke zu x_{Blick1} auch gegenüber möglichen Raumrotationen zu stabilisieren, bedarf es, wie wir bei der Behandlung der einfachen Blicke sahen, zusätzlich eines in x_{Blick1} stattfindenden Rückblicks, das heißt einer Blickinteraktion L_{BI}. Daher wollen wir als Nächstes untersuchen, wie man Blickinteraktionen an eine Kette ankoppeln kann. Dazu lassen wir A in unserer Mustersequenz nach seiner Ankunft in x_{A2} erneut herumblicken, wonach per einfachem Blick L_{BE} ein zweites Blickfeld x_{Blick2} erscheint:

(70) $x_{Hot} : x_{Blick1} - L_{BN}(A)/L_R(A) - x_{A1} - L(A) - x_{A2} - L_{BE}(A) - x_{Blick2}$

Um in x_{Blick2} einen Rückblick zu generieren, benötigen wir darin einen weiteren Helden C. Dieser müsste von dort irgendwann zurückblicken, was wir formal als $R_{BI}(C, A)$ bezeichnen, den bei der Blickinteraktion stattfindenden Rückblick von C auf A. Dabei verwandelt der Rückblick den vorherigen L_{BE} von A nachträglich in die erste Phase einer Blickinteraktion mit C, also in $L_{BI}(A, C)$. Wird A danach wieder in x_{A2} gezeigt, kommt es beim Rückblick $R_{BI}(C, A)$ zugleich zu einem direkten Rückschnitt $R_D(A)$ auf x_{A2}:

(71) $... - x_{A2} - L_{BE}(A)/L_{BI}(A, C) - x_{Blick2} - R_{BI}(C, A)/R_D(A) - x_{A2}$

Der Rückblick $R_{BI}(C, A)$ stellt hier insofern den zu $L_{BI}(A, C)$ inversen Schnitt dar. Er sorgt dafür, dass x_{Blick2} mit x_{A2} fortan durch eine solide beidseitig aktivierte Brücke verbunden ist. Setzen wir das Geflecht wie unser ursprüngliches nach x_{A3} fort, sieht die uns interessierende Blickstruktur jetzt also folgendermaßen aus:

(72) $- x_{A2} - L_{BE}(A)/L_{BI}(A, C) - x_{Blick2} - R_{BI}(C, A)/R_D(A) - x_{A2} - L(A) - x_{A3}$

Dies lässt sich verknappen - und bei solchen Sachen kommt es auf Knappheit an, denn spätestens am Schneidetisch wird jede Sekunde, um die man einen Film kürzen kann, sonderbar wertvoll, sie kostet den Cutter oft Stunden -, indem man den Rückschnitt $R_D(A)$ auf x_{A2} weglässt und per retardiert linearem Schnitt L_R (der in diesem Fall formal wieder ein blickretardierter L_{RB} wäre) gleich auf x_{A3} schneidet:

(73) $- x_{A2} - L_{BE}(A)/L_{BI}(A, C) - x_{Blick2} - R_{BI}(C, A)/ L_R(A) - x_{A3}$

In Worten: *Nachdem A in der Medina x_{A2} erreicht hat, schaut er von dort nach x_{Blick2}, wo er eine Person C entdeckt, die nach einer Weile zurückblickt (und so Helden-Potenzial entwickelt), während A weiter nach x_{A3} geht.*

In beiden Fällen entsteht eine ähnliche topologische Struktur wie im vorigen Beispiel, also eine Kette mit Ausbuchtung, nur dass sich dieses Mal ein Held C in der Ausbuchtung x_{Blick2} befindet, der jederzeit erneut ins Geschehen eingreifen kann. Insgesamt ist also ein zusammenhängendes Gefüge entstanden, in dem A die Medina betritt, wo ihn eine Person C beobachtet.

*

Dadurch nimmt die Blickausbuchtung x_{Blick2} das Potenzial an, der Anfang einer in C linearen weiteren Kette oder gar eines durch C generierten weiteren Einpersonen-Geflechts zu werden, das mit dem Einpersonen-Geflecht von A fortan durch den Raum x_{Blick2} verbunden ist. Es ist aber auch möglich, dass C (der bislang noch kein richtiger Held ist, aber immerhin Heldenpotenzial entwickelt hat), ein weiteres Mal in das Geschehen eingreift. Das ließe sich z. B. bewerkstelligen, indem man C zu der Person macht, die A an x_{Mosch} nach dem Weg zum *Grande Place* befragt. Dann hätte es in x_{A2} eine *Verzweigung* gegeben und in x_{Mosch} würde ein *Knoten* entstehen. Die Gesamtfigur wäre topologisch gesehen eine sogenannte *Schlinge*. Von der *Masche*, die am Ende der Medina-Kette steht, unterscheidet sich diese Schlinge insofern, als die Masche von A allein generiert wurde, während bei der Schlinge - mit A und C - gleich zwei Helden involviert sind.

*

Nun würde die unvorbereitete plötzliche Wiederverknotung mit C an x_{Mosch} für einen Zuschauer ziemlich abrupt wirken, da C bislang noch kein richtiger Held ist. Deshalb empfiehlt es sich, die Schlinge zwischen x_{A2} und x_{Mosch} vorher *abzustützen*. Das lässt sich bewerkstelligen, indem C an zwei weiteren Stellen des entstehenden Filmgefüges erscheint (was seinen Heldenstatus stabilisiert), ohne dass er sich dabei bereits verknotet. Zu diesem Zweck können wir einen nachträglich kollisionskontrollierenden Blick L_{BKN} und einen Kollisionsschnitt L_{KOL} wählen, womit wir zwei weitere unserer Schnitt-Typen auf ihre Tauglichkeit hin untersuchen würden, beidseitig aktivierte Brücken zu stiften.

Dadurch, dass wir wir A in (72) und (73) per linearem oder retardiert linearem Schnitt L(A) bzw. $L_R(A)$ in x_{A3} eintreten ließen, wurde x_{A3} an unser Gefüge angeschlossen. Schneiden wir danach per retardiert linearem Schnitt $L_R(C)$ wieder auf C, wobei sich C bereits in einen neuen Raum $x_{Kollision1}$ befindet, ist dieser neue Raum in beiden Richtungen (zu jedem L_R kann man den inversen Schnitt R_R* ja mitdenken) mit x_{Blick2} verbunden, weil wir C dort ja zuletzt sahen. Zugleich betont der nach $x_{Kollision1}$ führende Schnitt die vorherige Verzweigung und bereitet so den späteren Knoten vor. Wenn wir C in $x_{Kollision1}$ dabei zusätzlich in Form eines *nachträglich kollisions-ausschließenden Blicks* $L_{BKN}(C, A)$ auf A in x_{A3} blicken lassen (was impliziert, dass die Blickparität von C gleich der Parität von A zu sein hat), wird von $x_{Kollison1}$ eine einseitig aktivierte Brücke nach x_{A3} gespannt. Ein folgender $R_D(A)$-Rückschnitt auf x_{A3} wäre zugleich ein gewöhnlicher *kollisionskontrollierender Blick* $L_{BK}(C, A)$, den wir, da es sich um einen Rückschnitt handelt, als $R_{BK}(C, A)$ bezeichnen. Dieser stellt den zum vorherigen L_{BKN} inversen Schnitt dar. Mit ihm ist die entstandene Brücke in beide Richtungen aktiviert, wonach man im ursprünglichen Geflecht mit einem in A linearen Schnitt nach x_{A4} gehen könnte usw.:

(74) $- x_{A2} - L_{BI}(A, C) - x_{Blick2} - R_{BI}(C, A)/ L_{RB}(A) - x_{A3} - L_R(C)/ L_{BKN}(C, A) - x_{Kollision1} - R_{BK}(C, A)/R_D(A) - x_{A3} - L(A) - x_{A4} -$ etc.

Da wir nun wissen, dass es zu einem L_{BKN} mit dem R_{BK} einen inversen Schnitt gibt, können wir ihn uns auch als $R_{BK}{}^*$ denken und brauchen ihn nicht zu zeigen, sondern können das Geflecht so verknappen, dass A sich nach einem retardiert linearen Schnitt $L_R(A)$ gleich in x_{A4} befindet:

(75) $- x_{A2} - L_{BI}(A, C) - x_{Blick2} - R_{BI}(C, A)/L_R(A) - x_{A3} - L_R(C)/ L_{BKN}(C, A) - x_{Kollision1} - L_R(A) - x_{A4} -$ etc.

In Worten: In der *Medina schaut A von x_{A2} nach x_{Blick2}, wo er eine Person C entdeckt, die zurückblickt, während A weiter nach x_{A3} geht. Wobei C ihm nach $x_{Kollision1}$ folgt, von wo aus er, indes A sich noch in x_{A3} befindet, hinter ihm herblickt, wonach A in x_{A4} auftaucht.*

Dabei empfiehlt es sich, C ein auffälliges Aussehen zu geben, damit man ihn auch in einem Gedränge sofort erkennt. Gut wäre also originelle Kleidung oder zumindest eine charakteristische Kopfbedeckung.
*

Um die Schlinge noch stärker zu stabilisieren (und den Heldenstatus von C einen weiteren Schlag zu erhöhen) könnte C in Form eines retardiert linearen Schnitts $L_R(C)$ ein drittes Mal auftauchen, bevor er sich mit A an x_{Mosch} verknotet. In der durch (63) dargestellten vorläufigen Gesamtstruktur unseres Films wäre dazu die Gegend zwischen x_{A7} und x_{A8} in der Endmasche geeignet, kurz bevor A also wieder ratlos in x_{Mosch} eintrifft, wo er zugeben muss, sich hoffnungslos verirrt zu haben:

(76)   ... - x_{A3} - L(A) - x_{A7} - L(A) - x_{A8} - R_e(A)- x_{Mosch}

Die simpelste für unsere Zwecke geeignete Struktur bildet dabei ein A mit C kollidieren lassender Kollisionsschnitt L_{KOL}(A, C) von x_{A7} zu einem Raum $x_{Kollision2}$, worin C in einem Gedränge die gleiche Parität wie direkt zuvor A hat, was eine unmittelbar bevorstehende konfrontative Kollision ausschließt. Worauf ein ebenfalls kollisionsausschließender Kollisionsschnitt L_{KOL}(C,A) nach x_{A8} folgt, der den linearen x_{A7} - L(A) - x_{A8}-Schnitt der ursprünglichen Masche zu einem L_R macht:

(77) x_{A3} - L(A) - x_{A7} - L_{KOL} (A, C)/L_R(C) - $x_{Kollision2}$ - L_{KOL}(C,A)/ L_R(A) - x_{A8}
         - R_e(A)- x_{Mosch}

Oder in Worten: *A verlässt x_{A3}, um den Rückweg zu suchen, durchquert x_{A7}, wonach man C in gleicher Richtung in einem Gedränge zielstrebig durch $x_{Kollision2}$ gehen sieht, wodurch man die Empfindung hat, A werde auf seinem Weg nach $x_{Moschee}$ von C auf einer leicht anderen Route verfolgt.*
*

Da man als Zuschauer zuvor bereits vollauf damit beschäftigt war, zu erkennen, dass $x_{Kollision2}$ mit $x_{Kollision1}$ durch einen in C linearen L_R(C) verbunden ist, besitzt der Kollisionsanteil dieses Schnitts nur Nebenvalenz. Das heißt, er offeriert bloß eine zusätzliche Qualität, die vielleicht einzig erkennen lässt, dass sich A und C wegen der gleichen Parität und dem stattfindenden Gedränge in einem gerichteten Feld in gleicher Richtung bewegen. Aufgrund des geringen Kollisionspotenzials der Einstellungen würde jedenfalls keine Brücke von x_{A7} nach $x_{Kollision2}$ oder von $x_{Kollision2}$ nach x_{A8} geschlagen werden, sondern die Schnitte evozieren nur ein *Aneinander-Haften* in Art einer *Parallelverfolgung*. Nur: wer verfolgt wen? Um das eindeutig zu klären, wäre hilfreich, wenn C dann und wann nach vorn oder zur Seite schaut, als würde er A nicht aus den Augen verlieren wollen. Das würde den L_{KOL}(C,A)-Schnitt indes zum bereits von uns untersuchten brückenbildenden kollisionskontrollierenden Blick L_{BK}(C, A) machen.

In unserem Fall würde bei sauberer Arbeit mit den betreffenden Paritäten und Blickparitäten aber wohl auch ohne ausdrücklichen L_{BK}(C, A) klar werden, dass C sich hinter A befindet. Denn beim vorherigen kollisionskontrollierenden Blick R_{BK}(C, A) nach x_{A3} befand sich C definitiv noch hinter A. Und da C hinter A herblickte, nimmt man an, dass er sich an die Verfolgung machte. Während umgekehrt A kein besonderes Interesse an C entwickelt haben kann, weil er mit dem Finden des Rückwegs beschäftigt ist. Wenn man beide nacheinander zeigt, wird der Zuschauer deshalb eher annehmen, dass C der Verfolgende sei.

Das ist freilich eher theoretisch richtig. In der Praxis muss sich am Schneidetisch erweisen, ob es stimmt. Denn bei solchen Nuancen spielen Feinheiten in der Raumstruktur eine Rolle, die man mit unseren Abstraktionen, die ja nur Näherungen sind, nicht erfassen kann.

*

Auch das Inverse von Kollisionsschnitten ist, da deren Raumkonstruktionen stark vom Kollisionspotenzial abhängen, in allgemeiner Form nicht leicht zu benennen. Alles in Gegenrichtung? Bei gleichen Paritäten scheint es noch relativ übersichtlich zu sein. Aber wieder würde in den meisten Fällen keine Brücke entstehen, sondern nur das *Anhaftende* bestätigt werden.

*

Der vage, zum Teil auch *offen bleibende* Zustand aus Gleichung (77) schreit daher nach einem Rücksprung Q^- in die Totale, in welcher sich die Interaktionspartner dann (in diesem Fall, ohne dass A es bemerkt) in der gleichen Einstellung befinden. Die so entstehende Struktur könnte man einen *halboffenen Knoten* nennen. *Offene Knoten* würden insofern vorliegen, wenn beide Beteiligten einander nicht wahrnehmen, wenn die Verknotung also eine *Scheinverknotung* darstellt.

Interessant ist in diesem Zusammenhang auch noch der Begriff *antizipierte Verknotung*, wenn eine Person sich also in einer Situation befindet, in der die Verknotung mit einer anderen in den nächsten Einstellungen befürchtet oder erhofft wird. Dabei kommt es oft zur *leider nicht eingetretenen Verknotung*, falls nämlich der andere schon weitergezogen ist, wenn man in dem für die Verknotung anvisierten Raum erscheint. In topologischer Hinsicht ergibt sich dann eine rein räumliche *Verknüpfung*. Insofern kommt es bei jeder Verknotung zugleich zu einer Verknüpfung, aber nur bei manchen Verknüpfungen zusätzlich zu einer Verknotung. Und *,leider nicht eingetreten*' deshalb, weil man als Zuschauer bereits Vorfreude in die Verknotung investiert hatte, was eine *pränodiale Spannung* generiert. Gemäß dem Motto „Vorfreude ist die beste Freude" trägt das erstaunlich stark zur Beliebtheit von Filmen bei. Der einmal etablierte Verknotungswunsch führt jedenfalls - insbesondere wenn es im vorgesehen, nun bloß verknüpften Raum anspornende Relikte gegeben hat (Parfümgeruch, die noch warme Lagerfeuerasche) - oft zu einer länger andauernden *Verfolgung*, bei der man als Zuschauer engagiert mitfühlt.

*

In unserem Marrakesch-Fall würde ein halboffener Knoten die Raumrelationen stabilisieren, ohne dabei die pränodiale Spannung zu reduzieren. Ein ähnliches Bedürfnis nach verbindender Totale hatten wir bereits bei den kollisions-erwartenden Kollisionsschnitten kennengelernt, wo oft erst die Totale klärt, ob die betroffenen Personen sich aufeinander zu oder voneinander weg bewegen. Andererseits gibt es, wie wir in diesem Zusammenhang gleichfalls sahen, einige Kollisionsschnitte von derart hohem Kollisionspotenzial, dass sie, insbesondere in geordneten Umgebungen, trotzdem eindeutig Brücken bilden. Solche die es nicht tun, nennen wir fortan *offene Kollisionsschnitte* L_{KOP}. Offene Kollisionsschnitte erzeugen zwar keine Brücken, signalisieren aber immerhin ein (nicht ganz klares) *zeitgleiches Aneinanderhaften* der aneinandergefügten Raumsegmente. Brückenbildende Kollisionsschnitte bezeichnen wir als L_{KOB}.

***

E. KANONISCHE SCHNITTE: GEFÜGE UND GEFLECHTE

Damit haben wir sämtliche narrativen Schnitte untersucht, die zur Brückenbildung beitragen könnten. Fortan werden wir all die, die beidseitig aktivierte Brücken ermöglichen, als *brückenbildende* oder *kanonische Schnitte* bezeichnen. Das sind also zum einen ausnahmslos alle einfach und retardiert linearen Schnitte L_e und L_R, zudem die einfachen Blicke L_{BE}, die nachträglichen Blicke L_{BN}, die Blickinteraktionen L_{BI}, sowie die gewöhnlichen und die nachträglich kollisionskontrollierenden Blicke L_{BK} und L_{BKN}. Und schließlich die brückenbildenden (also die nichtoffenen) Kollisionsschnitte L_{KOB}, zu denen auch die subjektiven Kollisionsschnitte L_{KOS} gehören. Die mögliche beidseitige Aktivierung der Brücken impliziert, dass es zu jedem dieser kanonischen Schnitte auch einen inversen Schnitt gibt, der bereits zu den kanonischen gehört. Ist auch dieser explizit im infrage kommenden Gefüge enthalten, hat er Rückschnitt-Charakter, sodass er statt einem L mit einem R gekennzeichnet wird. Das sind insbesondere der einfache und der retardiert lineare Rückschnitt R_e und R_R, sowie die Rückschnittsform der Blickinteraktion R_{BI}. Da diese Rückschnitte zum Teil neue Brücken generieren, durch welche zusammengesetzte längere Wege unter Umständen stark verkürzt oder disjunkte Geflechte miteinander verknotet werden können, zählen wir sie ebenfalls zu den kanonischen Schnitten.
*

Andere Schnitt-Typen gehören dagegen nicht (oder nur in extremen Ausnahmefällen) dazu. Von den bislang untersuchten sind *nicht–kanonisch* die atmosphärischen und die Exoten (als Schnitte in Rückblenden, Träume, Visionen, Parallelwelten, etc.), aber auch offene Schnitt-Typen, wie der offene Rückschnitt R_{OP} und die offenen Kollisionsschnitte L_{KOB}, die, wie wir sahen, nur ein Aneinanderhaften signalisieren. Auch die direkten Rückschnitte R_D, R_{DD} und R_0 stiften keine Brücken, sondern sie springen nur zurück in einen bekannten Raum. Brückenstiftend werden sie nur, wenn sie zugleich retardiert linear sind, wenn sie also R_R-Charakter haben.
*

Doch zurück nach Marrakesch, wo die Endmasche G_{Masche} nun folgende Gestalt hat:

(78) $G_{Masche} = x_{A3} - L(A) - x_{A7} - L_{KOL}(A,C)/L_R(C) - x_{Kollision2} - L_{KOL}(C,A)/L_R(A)$
         $- x_{A8} - R_e(A) - x_{Mosch}$

In unserem Film schließt sich daran über einen $R_D(B)$ nach x_{Zim} das Einpersonen-Geflecht G_B meiner Frau an

(79) $G_B = x_{Zim} - R_e(B) - x_{Hot} - L(B) - x_{B1} - L(B) - x_{B2} - R_e(B) - x_{B1} - L(B) - x_{B3}$
         $- L(B) - x_{B4} - L(B) - x_{Tisch}$

Wonach es zur *Knotenbildung* von A und C an der Moschee x_{Mosch} kommt, wo C von A nach dem Weg gefragt wird, woraufhin, nach einem erinnerungsstabilisierenden Rückschnitt R_D auf B im Restaurant und über die Zwischenstation x_{A9}, die Neuverknotung von A und B an x_{Tisch} erfolgt:

(80) $R_D(A)/L_R(C) - x_{Mosch} - R_D(B) - x_{Tisch} - L_R(A) - x_{A9} - R_D(B)/R_e(A) - x_{Tisch}$

Der Gesamtfilm besteht also nunmehr aus 31 Einstellungen (die alle, damit keine Diskrepanzen entstehen, mit den richtigen Paritäten inszeniert werden müssen!) an 22 Schauplätzen. Und das von ihm generierte Geflecht m hat nach diesen 31 Einstellungen die Struktur von Abb. 150 a:

---

(81)   m (31) =

$x_{Zim}{}^1 - L(A) - x_{Hot}{}^2 - L(A) - x_{A1}{}^3 - L_{BE}(A) - x_{Blick1}{}^4 - L_R(A) - x_{A2}{}^5 - L_{BE}(A)/L_{BI}(A,C)$

$- x_{Blick2}{}^6 - R_{BI}(C,A)/L_{RB}(A) - x_{A3}{}^7 - L_R(C)/L_{BKN}(C,A) - x_{Kollision1}{}^8 - L_R(A) - x_{A4}{}^9$

$- L(A) - x_{Mosch}{}^{10} - R_e(A) - x_{A4}{}^{11} - R_e(A) - x_{A3}{}^{12} - L(A) - x_{A5}{}^{13} - L(A) - x_{A6}{}^{14} - R_e(A)$

$- x_{A3}{}^{15} - L(A) - x_{A7}{}^{16} - L_{KOL}(A,C)/L_R(C) - x_{Kollision2}{}^{17} - L_{KOL}(C,A)/L_R(A) - x_{A8}{}^{18}$

$- R_e(A) - x_{Mosch}{}^{19} - R_D(B) - x_{Zim}{}^{20} R_e(B) - x_{Hot}{}^{21} - L(B) - x_{B1}{}^{22} - L(B) - x_{B2}{}^{23} - R_e(B)$

$- x_{B1}{}^{24} - L(B) - x_{B3}{}^{25} - L(B) - x_{B4}{}^{26} - L(B) - x_{Tisch}{}^{27} - R_D(A)/L_R(C) - x_{Mosch}{}^{28} - R_D(B)$

$- x_{Tisch}{}^{29} - L_R(A) - x_{A9}{}^{30} - R_D(B)/R_e(A) - x_{Tisch}{}^{31}$

Abb. 150 a Die Gesamtstruktur der Marrakesch-Sequenz

---

wobei die oberen Indizes der Bildräume die Einstellungsnummer innerhalb des Gesamtgeflechts bezeichnen sollen. Es beginnt also mit x_{Zim} als Einstellung Nummer eins und endet mit x_{Tisch} als Einstellung Nummer 31.
*

Übersichtlicher lässt sich dies natürlich - ganz wie in der Graphen-Theorie - durch Diagramme wiedergeben, in denen man sich den topologischen Zusammenhang und die dazu benötigten Brücken in der Art von Abb. 150 b in Kompaktform vor Augen halten kann.

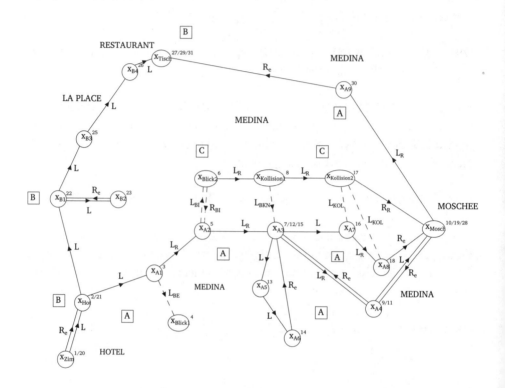

Abb. 150 b Marrakesch: Das Gesamt-Filmgeflecht m (32)

Darin lässt sich die Mehrzahl der besprochenen topologischen Strukturen sofort erfassen.[100] Zum einen erkennt man außer unseren ersten Einpersonen-Ketten K_A und K_B

$$(82) \quad K_A = x_{Zim} - L(A) - x_{Hot} - L(A) - x_{A1} - L(A) - x_{A2} - L(A) - x_{A3} - L(A) - x_{A4} - L(A) - x_{Mosch}$$

$$(83) \quad K_B = x_{Zim} - R_e(B) - x_{Hot} - L(B) - x_{B1} - L(B) - x_{B3} - L(B) - x_{B4} - L(B) - x_{Tisch}$$

---

100 Ähnliche Darstellungen finden sich in Nabokovs erwähnten (vergl. Fußnote Nr. 67) *Lectures on Literature* zu Jane Austens *Mansfield Park* (1814): Einer Karte Südenglands, auf der die Roman-Örtlichkeiten grob eingezeichnet sind (S. 11), folgt eine detaillierte Skizze von „*Sotherton Court*" und wie die Handlung sich dort entwickelt, sowie ein Grundriss des Haupthauses (S. 31 ff.), alles abgeleitet aus sorgfältiger Lektüre.

klar die *Blickausbuchtung*

(84) $x_{A1}{}^3 - x_{Blick1}{}^4$

sowie die *Sackgassen*

(85) $K_{A2} = x_{A3}{}^{12} - L(A) - x_{A5}{}^{13} - L(A) - x_{A6}{}^{14} - R_e(A) - x_{A3}{}^{15}$ und

(86) $K_{B2} = x_{B1}{}^{22} - L - x_{B2}{}^{23} - R_e - x_{B1}{}^{24}$

wobei K_{A2} sich wegen des abgekürzten Rückwegs

(87) $x_{A6}{}^{14} - R_e(A) - x_{A3}{}^{15}$

als *Dreiecksmasche* offenbart. Darüber hinaus registriert man, dass die wenigsten Verbindungen aus beidseitig aktivierten Brücken (gekennzeichnet durch doppelte Verbindungslinien) bestehen. Die meisten Brücken sind nur einseitig geöffnet, man muss sich die jeweils inversen potenziellen Rückschnitte R* also denken, mithilfe derer man zum Testen des Zusammenhangs Wege in beiden Richtungen konstruieren kann. Außerdem sieht man das (durch das Fehlen eines Richtungspfeils ausgedrückt) *bloß Anhaftende* der Kollisionsschnitte

(88) $x_{A7}{}^{16} - L_{KOL}(A, C)/L_R(C) - x_{Kollision2}{}^{17} - L_{KOL}(C, A)/ L_R(A) - x_{A8}{}^{18}$.

oder wie die einfach oder retardiert linearen Rückschnitte

(89) $x_{A6}{}^{14} - R_e(A) - x_{A3}{}^{15} ; x_{A8}{}^{18} - R_e(A) - x_{Mosch}{}^{19} ; x_{Kollision2}{}^{17} - R_R(C) - x_{Mosch}{}^{19}$

und $x_{A9}{}^{30} - R_e(A) - x_{Tisch}{}^{31}$

in bereits verbundenen Geflechten zusätzliche Brücken generieren, durch die sich die Geflechte verknoten. Und schließlich lässt sich, gewissermaßen als Negativum, noch ablesen, dass die direkten Rückschnitte in

(90) $x_{Mosch}{}^{19} - R_D(B) - x_{Zim}{}^{20}$ und $x_{Tisch}{}^{27} - R_D(A) - x_{Mosch}{}^{28}$, sowie
       $x_{Mosch}{}^{28} - R_D(B) - x_{Tisch}{}^{29}$

keinerlei brückenstiftende Spuren hinterlassen.
*

Wie müssen nun die Paritäten verteilt werden, damit der Zuschauer dieses Gefüge auch wirklich in etwa dieser Gestalt wahrnimmt? Da es sich im Wesentlichen um ein *Dreieck* mit dem Hotel, der Moschee und dem Restaurant als Eckpunkten handelt, empfiehlt es sich, beim Inszenieren die Regeln der Dreiecks-Konstruktion zu befolgen. Da sich die Verwirrtheit von A auf der Achse vom Hotel zur Moschee abspielt, erscheint sinnvoll, diese Achse als Grundlinie des Dreiecks zu wählen. Was bedeutet, dass sich die Kameraachsen in dem Außensektor unterhalb dieser Linie schneiden sollten, wie in den Abbildungen 111 und 112 für Dreiecke generell dargestellt wurde. Was wiederum heißt, dass Bewegungen vom Hotel zur Moschee positive Parität haben[101], Bewegungen von der Moschee Richtung Hotel hingegen negative.[102]

Des Weiteren müssen die Bewegungen von B vom Hotel zum Restaurant[103] gemäß dieser Dreieckskonstruktion ebenfalls positive Parität haben, diejenigen von der Moschee zum Restaurant hingegen negative[104]. Das bedeutet wiederum, dass die Verzweigungspunkte am Hotel und an der Moschee unmissverständlich inszeniert sein müssen. Am Hotel muss also, wie aus der Abbildung ersichtlich, deutlich werden, dass A den Ort x_{Hot} in einer anderen Richtung verließ, als B es dann tut. Das lässt sich z. B. dadurch bewerkstelligen, dass A in x_{Hot} bei x_{Hot}^{2} - L(A) - x_{A1}^{3} *positiv schwach V*-Parität hat und B in x_{Hot}^{21} - L(B) - x_{B1}^{22} *stark positive* Parität. Mit geografischen Gegebenheiten (etwa zwei verschiedenen Straßen) kann das augenfälliger werden.

Ebenso muss an der Moschee der Weg zum Restaurant ein anderer sein als der zuvor vergeblich versuchte Rückweg. Wenn A in x_{Mosch}^{28} in Richtung des Restaurants blickt, sollte der Blick also stärker negativ sein, als es die Bewegungsparität beim vorigen Rückwegversuch x_{Mosch}^{10} - R_e(A) - x_{A4}^{11} Richtung Hotel war. Auch hier wird die Verzweigung am deutlichsten, wenn die räumlichen Gegebenheiten sowohl einen nach links vorn als auch einen nach links hinten führenden Abgang gestatten. Soviel zur Grundkonstruktion.
*

Eine nicht unerhebliche Komplikation stellt das Verhalten von C dar. Da C sich parallel zu A bewegen soll, müssen seine Bewegungen von x_{Blick2} nach x_{Mosch} gleich-

---

101 Also alles in den Schnittketten x_{Hot} - L(A) - x_{A1} - L(A) - x_{A2} - L(A) - x_{A3} - L(A) - x_{A4} - L(A) - x_{Mosch} und x_{A3}^{15} - L(A) - x_{A7}^{16} - L_R(A) - x_{A8}^{18} - R_e(A) - x_{Mosch}^{19}

102 Alles in x_{Mosch}^{10} - R_e(A) - x_{A4}^{11} - R_e(A) - x_{A3}^{12} - L(A) - x_{A5}^{13} - L(A) - x_{A6}^{14}

103 Also alles in der Kette x_{Hot} - L(B) - x_{B1} - L(B) - x_{B3} - L(B) - x_{B4} - L(B) - x_{Tisch}

104 Das betrifft A in x_{Mosch}^{28}, wo er, nachdem C ihm den Weg wies, bereits in Richtung des Restaurants blicken könnte, und in x_{A10}^{30}.

falls positive Parität haben.[105] Das macht die Achse der Blickinteraktion L_{BI} - R_{BI} extrem wichtig, weil C dort erstmals erscheint. Man löst das am leichtesten, wenn man sich klarmacht, dass man es dabei mit einem *Unterdreieck* zu tun hat, dessen Eckpunkte x_{Blick2}, x_{A2} und x_{A3} bilden.

In der Schnittsequenz

$$(91) \quad L_R(A) - x_{A2}{}^5 - L_{BE}(A)/L_{BI}(A, C) - x_{Blick2}{}^6 - R_{BI}(C, A)/\ L_R(A) - x_{A3}{}^7 -$$
$$- L_R(C)/L_{BKN}(C, A) - x_{Kollision1}{}^8 - L_R(A) - x_{A4}{}^9$$

könnte A daher in $x_{A2}{}^5$ beim L_R mit *positiv schwach* V-Parität auftauchen, um von dort, ohne zum Halt zu kommen, *stark positiv* Richtung $x_{Blick2}{}^6$ zu blicken. Von wo C *negativ schwach* V beim R_{BI} zurückblickt,[106] wonach man A mit *positiv schwach* H-Parität in $x_{A3}{}^7$ erscheinen sieht, von wo er mit ebenfalls positiver Parität nach x_{A4} verschwinden könnte. Durch den an dieser Stelle eingeschnittenen nachträglichen L_{BKN} von C, der in $x_{Kollision1}{}^8$ nun positiv hinter A her zu blicken hätte, bis A mit positiver Parität per L_R in $x_{A4}{}^9$ erscheint, wird das verzögert. - Der Rest ist bezüglich der Paritäten wieder problemlos. C hat also beim ersten Erscheinen negative Blickparität, danach blickt und bewegt er sich wie A immer nach rechts, bis er A an der Moschee den Rückweg nach links hinten zeigt.

*

Ein wenig Sorgfalt muss auch in die Konstruktion der Ausbuchtungen und Sackgassen investiert werden. Einfach ist die von meiner Frau generierte und durch

$$(92) \quad L(B) - x_{B1}{}^{22} - L(B) - x_{B2}{}^{23} - R_e(B) - x_{B1}{}^{24}$$

beschriebene. Bei ihr bietet sich an, B in $x_{B1}{}^{22}$ mit *stark positiv* Parität erscheinen und diese mit einem Knick in *positiv schwach* V-Parität übergehen zu lassen. In $x_{B2}{}^{23}$ sieht man B dann umkehren, sodass sie in x_{B1} beim zweiten Mal, also in $x_{B1}{}^{24}$, mit negativer Parität auftaucht, um ihren Weg von dort, nach wieder einem Knick, mit positiver Parität Richtung $x_{B3}{}^{25}$ fortzusetzen. Die negative Parität der Sackgasse

$$(93) \quad x_{A3}{}^{12} - L(A) - x_{A5}{}^{13} - L(A) - x_{A6}{}^{14}$$

---

105 Also alle Bewegungen in der retardiert linearen Kette $x_{Blick2}{}^6$ - $L_R(C)$ - $x_{Kollision1}{}^8$ - $L_R(C)$ - $x_{Kollision2}{}^{17}$ - $L_R(C)$ - $x_{Mosch}{}^{28}$

106 Dabei sollte man, in direkter Fortsetzung von $x_{Blick2}{}^6$, sicherheitshalber eine Variante drehen, in der C, indem er die Blickparität wechselt, dem nach rechts sich bewegenden A nachblickt, wobei man die letzte Phase in einer Reserveoption u. U. später noch als nachträglichen Blick R_{BN} einschneiden könnte.

hatten wir ja bei der grundsätzlichen Dreieckskonstruktion bereits geklärt, wodurch der Rückweg $x_{A6}{}^{14}$ - $R_e(A)$ - $x_{A3}{}^{15}$ entgegengesetzte, also positive Parität erhalten muss. Und da die Blickausbuchtung $x_{A1}{}^3$ - $L_{BE}(A)$ - $x_{Blick1}{}^4$ in gleicher Richtung von der Route von A abzweigt wie die gerade untersuchte Sackgasse, muss A in $x_{A1}{}^3$ negative Blickparität haben, bevor er $x_{Blick1}{}^4$ erblickt.

*

Hauptkennzeichen unseres Dreipersonengeflechts sind aber zwei Schlingen. Bei der ersten, der A/B-Schlinge, verzweigen sich A und B gemäß Abb. 151 in $x_{Hot}{}^2$ bzw. $x_{Hot}{}^{21}$ vor dem Hotel und verknoten sich dann wieder[107] im Restaurant $x_{Tisch}{}^{31}$.

Bei der in Abb. 152 dargestellten A/C-Schlinge erfolgt die Verzweigung in Form einer Blickinteraktion L_{BI} in $x_{A2}{}^5$, wonach es, über die beiden Stabilisierungen L_{BKN} und L_{KOL}, dann zur Verknotung in $x_{Mosch}{}^{28}$ an der Moschee kommt.

Topologisch interessant ist auch die in Abb. 153 dargestellte selbsterzeugte *Masche*, welche die Desorientiertheit von A ausdrücken sollte.

*

Wie hängt die relativ simpel wirkende Struktur von Abb. 150 b nun mit unserem ursprünglichen so kompliziert anmutenden Formalismus zusammen? Ganz einfach: Da wir nur drei Helden haben und m (31) das Dreipersonen-Geflecht darstellt, woraus der Film M nach 31 Einstellungen besteht, können wir schreiben:

(94) $M\,(31) = {<}a^+, b^+, c^+ \,|\, m\,(31) \,|\, a^-, b^-, c^-{>}$

Wobei a^+, b^+, c^+ die Bewegungsvariablen der drei Helden A, B und C beim jeweils ersten Eintritt in M bezeichnen und a^-, b^-, c^- ihre Bewegungsvariablen bei ihrem letzten Erscheinen. Da A und B sowohl in der ersten als auch der letzten Einstellung auftauchen, gilt $N^+(A) = N^+(B) = 1$ sowie $N^-(A) = N^-(B) = 31$.

Da C wiederum erstmals in der sechsten und zum letzten Mal in der 28-ten Einstellung erscheint, gilt entsprechend $N^+(C) = 6$ sowie $N^-(C) = 28$.

---

107   Wobei am gefälligsten wäre, wenn A mit negativer Parität in $x_{Tisch}{}^{31}$ erschiene. Da Restaurants in der Regel nur einen Eingang haben, könnte dies aber zu einer Diskrepanz führen. Deshalb ist es besser, beim Schnitt $x_{A10}{}^{30}$ - $R_e(A)$ - $x_{Tisch}{}^{31}$ eine *Paritätsverletzung* in Kauf zu nehmen. Diese führt beim Zuschauer zum Eindruck eines *Knicks*. Und dieser ist folgerichtig, denn man würde vermuten, dass A, von $x_{A10}{}^{30}$ kommend, mit korrekt erhaltener negativer Parität erst den Restaurants-Eingang in x_{B4} aufgesucht hatte, um sich von dort (wie zuvor B in $x_{B4}{}^{26}$ - $L(B)$ - $x_{Tisch}{}^{27}$) mit positiver Parität zwecks Verknotung ins Innere mit x_{Tisch} zu begeben.

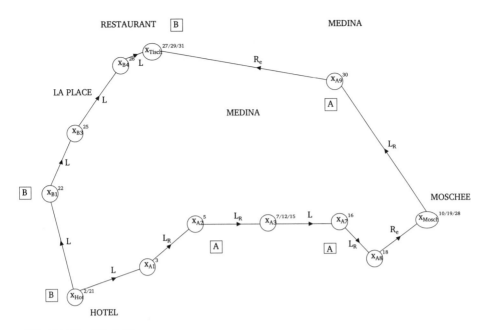

Abb. 151 Die A/B-Schlinge

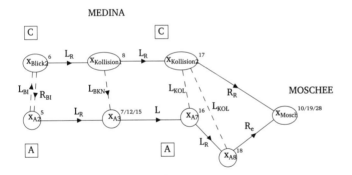

Abb. 152 Die A/C-Schlinge

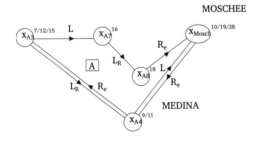

Abb. 153 Die A-Masche

E KANONISCHE SCHNITTE: GEFÜGE UND GEFLECHTE **393**

Das heißt, nach 31 Einstellungen gilt

(95) $a^+(31) = a^+(1)$ $b^+(31) = b^+(1)$ $c^+(31) = c^+(6)$

(96) $a^-(31) = a^-(31)$ $b^-(31) = b^-(31)$ $c^-(31) = c^-(28)$

und somit

(97) $M(31) = \langle a^+(1), b^+(1), c^+(6) \mid m(31) \mid a^-(31), b^-(31), c^-(28) \rangle$

Dieses Geflecht und die dazugehörigen Zahlen sind bei einem zu Ende projizierten Film natürlich nur von beschränktem Interesse. Dann hat der Zuschauer ihn abgehakt und davon behalten, was er seinen Faszinationen und Interessen gemäß wollte. Von erheblichem Belang sind diese Werte aber während der Projektion, wenn man versucht, das sich entfaltende Gefüge und seinen Zusammenhang zu verstehen. Dazu speichern wir als Zuschauer, wie mehrfach bereits gesehen, den momentanen Geflechtszustand und versuchen bei jedem neuen Schnitt, den neu erscheinenden Raum mit dem bereits wahrgenommenen zu verknüpfen. Wie sieht das im Detail aus? Als Beispiel möge der Filmzustand M (15) bis zur 15-ten Einstellung dienen. Dann gilt für das dazugehörige, bis dahin entstandene Filmgeflecht m (15)

(98)   m (15) =

$x_{Zim}{}^1 - L(A) - x_{Hot}{}^2 - L(A) - x_{A1}{}^3 - L_{BE}(A) - x_{Blick1}{}^4 - L_R(A) - x_{A2}{}^5 - L_{BE}(A)/L_{BI}(A, C) - x_{Blick2}{}^6 - R_{BI}(C, A)/ L_R(A) - x_{A3}{}^7 - L_R(C)/ L_{BKN}(C, A) - x_{Kollision1}{}^8 - L_R(A) - x_{A4}{}^9 - L(A) - x_{Mosch}{}^{10} - R_e(A) - x_{A4}{}^{11} - R_e(A) - x_{A3}{}^{12} - L(A) - x_{A5}{}^{13} - L(A) - x_{A6}{}^{14} - R_e(A) - x_{A3}{}^{15}$

und dementsprechend zunächst pauschal

(99) $M(15) = \langle a^+(15), b^+(15), c^+(15) / m(15) / a^-(15), b^-(15), c^-(15) \rangle$

Da sich sowohl A, B und C an dieser Stelle bereits im Film aufhalten, sind $a^+(15)$, $b^+(15)$, $c^+(15)$ identisch mit den Werten von a^+, b^+, c^+ am Film-Ende. Es gilt also weiterhin $N^+(A) = N^+(B) = 1$, sowie $N^+(C) = 6$. Da A zu diesem Zeitpunkt aber zuletzt in Einstellung 15 gesehen wurde, B zuletzt in Einstellung 1 und C in Einstellung 8, gilt jetzt $N^-(A) = 15$, sowie $N^-(B) = 1$ und $N^-(C) = 8$. Dementsprechend beschreibt $a^-(15)$ die Person A am Ende von Einstellung 15, $b^-(15)$ die Person am Ende von Einstellung 1 und $c^-(15)$ die Person C am Ende von Einstellung Nummer 8. Insofern gilt:

(100) $M(15) = \langle a^+(1), b^+(1), c^+(6) \mid m(15) \mid a^-(15), b^-(1), c^-(8)\rangle$

Die darauf folgende Einstellung s^{16} hat den Bildraum x_{A7} und enthält nur Person A, d. h.

(101) $s^{16} = \langle a^+ \mid x_{A7} \mid a^-\rangle$

Das heißt, für den Film gilt beim Schnitt

(102) $M(16) = M(15) : s^{16} =$
$\langle a^+(1), b^+(1), c^+(6) \mid m(15) \mid a^-(15), b^-(1), c^-(8)\rangle : \langle a^+ / x_{A7} / a^-\rangle$

Was zunächst bedeutet, dass der neue Schnitt in A linear ist und dass mögliche Verbindungen zu B und C momentan bedeutungslos sind. Da A außerdem in der letzten Einstellung, also Nummer 15, zu sehen war, handelt es sich um einen *einfach linearen Schnitt*, der gemäß den dafür entwickelten Paritätsregeln konstruiert werden muss. Es muss also A am Ende von Einstellung 15 mit A beim Erscheinen in Einstellung 16 verknüpft werden. Da wir wissen, wie das geschieht, wird $m(16)$ zu

(103) $m(16) = m(15) - L(A) - x_{A7}$

Und $M(16)$ zu

(104) $M(16) = \langle a^+(1), b^+(1), c^+(6) \mid m(16) \mid a^-(16), b^-(1), c^-(8)\rangle$

usw. usw.
*

Es ist natürlich die Frage, inwiefern dieses mathematische Modell der Filmwahrnehmung wirklichkeitsnah ist. Ich meine man muss dies auf drei Ebenen erwägen.

Zum einen würde ich sagen, dass es auf der Produktionsebene der Art recht nahe kommt, in der ein zu komplexer Rauminszenierung fähiger Regisseur seine Szenen vor den Dreharbeiten auflöst. Man darf dieses Produktionsstadium indes nicht mit dem Drehbuch verwechseln. Gewöhnlich werden solche Dinge in Drehbüchern nur pauschal und per Dialogführung abgehandelt, wo vielleicht noch notiert wird, wer eine Großaufnahme erhalten soll. Das reicht bei vielen Szenen, die nach der Schablone realisierbar sind (Standard-Blickinteraktionen mit rahmender Totale etc). Die räumliche Auflösung sich komplex entwickelnder Situationen benötigt aber dem konkreten Drehort exakt angepasste zusätzliche Skizzen und Diagramme, in denen Regisseur und Kameramann die Darstellerbewegungen und Kameraposition vor dem Drehen einzeichnen müssen, um später bei der Inszenierung nicht die Orientierung zu verlieren. Diese Diagramme haben notwendig eine gewisse Ähnlichkeit mit unseren. Dass man dann spontan noch weitere Einstellungen dreht, von denen man hofft, sie würden den Film optimieren, ist davon ganz unabhängig.

Noch dichter an der Wirklichkeit ist unser Modell bei der Arbeit am Schneidetisch, wenn man seinem Film also zu seiner endgültigen Gestalt verhilft. Dann schaut man sich sein Konstrukt ganz langsam immer wieder an und versucht mögliche Fehler in der Raumkonstruktion nach genau unserem Muster, bei dem man sich - als Stellvertreter eines künftigen Zuschauers, der den Film noch nicht kennt - immer wieder den aktuellen Geflechts-Zustand vergegenwärtigen muss, um Inplausibilitäten zu erkennen.

Und auf der dritten Ebene findet sich dieses Wahrnehmungsmodell beim Filmerlebnis wieder. Im Kino wird es vom Zuschauer zwar gewiss nicht in dieser Präzision nachvollzogen, aber ich meine, dass unser Gehirn Synapsen hat, in denen fast alle diese Verknüpfungen und Brücken reflexhaft in einem erstaunlich präzisen Ungefähr kalkuliert werden. Natürlich zählt man die Einstellungen nicht, aber man erhält sich ein Gefühl dafür, wann die Darsteller zum letzten Mal erschienen sind und wie ihr Abgang ausgesehen hat. Dieser Eindruck wird dazu benutzt, neue Einstellungen an das in unserem Bewusstsein bereits vorhandene Geflecht anzufügen.
*

Doch zurück zum Gesamtgeflecht des von uns skizzierten Films. Zusätzlich weist er jetzt eine zweite Schlinge auf. Dabei ist, wie wir sahen, die Schlingenzahl eines Films ein Maß für seine Durchkonstruiertheit, ein Maß also dafür, wie sehr darin mit den Tricks der klassischen Dramaturgie gearbeitet wird. Eine hohe Schlingenzahl erhöht den gefühlten Zusammenhalt eines Films, sie kann aber auch Überdruss erzeugen, wenn das Konstruierte etwas Überzogenes oder zu Deutliches annimmt, als habe man sich in einem Modellbaukasten bedient. Die Versuchung ist besonders groß in Historienfilmen, wo nachträglich Zusammenhänge konstruiert werden, die es in der gezeigten Intensität nie gegeben hat. Das Ganze bekommt dann bei allem Aufwand Puppenstubencharakter, und das Geschehen wird albern wirklichkeitsfern.

***

F. TOPOLOGISCHE FOLGERUNGEN

Mithilfe all dieser Überlegungen und Definitionen lassen sich einige Aussagen über filmische Gefüge semantisch stark vereinfachen. Einiges davon fassen wir nun zusammen:

Ein *Schnittgefüge* F mit Raumzeitstruktur f hatten wir als beliebig strukturierte Folge von Einstellungen definiert. Insofern stellt ein Film M mit Raumzeitstruktur m stets ein Schnittgefüge dar.

Die Raumzeitstruktur f eines Schnittgefüges F bezeichnen wir schlicht auch als *Gefüge*.

Ein Gefüge, das nur aus einer einzigen Einstellung besteht, nennen wir *trivial*.

Widerspruchsfrei in sich verbundene Gefüge nennen wir *Geflechte*. Das zu einem Geflecht g gehörenden Schnittgefüge G bezeichnen wir auch als *Schnittgeflecht*.

Dabei klammern wir den Begriff der Widerspruchsfreiheit (die vor allem mit der Abwesenheit von zeitlichen Diskrepanzen in der Schnittfolge zu tun hat) vorerst aus und stellen folgende einfache Sachen fest:

Ein Schnittgeflecht G der Struktur g ist mit einer Einstellung s mit Bildraum x *widerspruchsfrei verbunden*, wenn g : x wieder ein Geflecht bildet.

Das bedeutet, dass es zwischen mindestens einem Bildraum x_k aus g und dem Bildraum x von s eine Brücke geben muss. Was wiederum bedeutet, dass aus mindestens einer Einstellung aus G ein kanonischer Schnitt in den Bildraum von s führt. In diesem Fall sprechen wir auch von einer *kanonischen Verbindung*.
*

Satz:
Zwei Geflechte g_1 und g_2 sind *räumlich miteinander verbunden*, wenn einer der Bildräume x_{2k} aus g_2 bereits in g_1 enthalten ist, das heißt wenn es in zu einem wie auch immer gearteten Rückschnitt kommt, der von g_1 nach g_2 führt.

Sind g_1 und g_2 dagegen räumlich *nicht* miteinander verbunden, enthalten g_1 und g_2 also *keinen gemeinsamen Bildraum*, nennen wir die beiden Geflechte *disjunkt*.

Satz:

Zwei Geflechte G_1 und G_2 mit disjunkten Bildräumen sind genau dann miteinander verbunden, wenn es mindestens einen kanonischen (also brückenbildenden) Schnitt zwischen einem der x_{1i} des ersten Geflechts G_1 und einem der x_{2k} von G_2 gibt.

usw. usw.

*

Wichtig ist dabei die erwähnte Widerspruchsfreiheit, das heißt es darf bei der Geflechtskonstruktion nicht zu *Diskrepanzen* kommen. Da sich das Gefühl der Verbundenheit in Geflechten über die Art der linearen Prozesse darin einstellt, hängt die Widerspruchsfreiheit mit der Bedingung zusammen, dass die Einstellungen zeitlich so aufeinander folgen, dass die abgebildeten Vorgänge einer real möglichen Aufeinanderfolge nicht widersprechen. Die abgebildeten Filmzeiten müssen also eine zeitlich voranschreitend logische Folge bilden und ihr kausales Gewebe darf dabei nicht durch eventuell entstehende Diskrepanzen gestört werden.

*

Solche Diskrepanzen können aus den in Band 2 bei der Untersuchung linearer Schnitte untersuchten Diskrepanzen (Kap. J) hervorgehen: Ein diskrepanter kanonischer Schnitt wird auch in einem Geflecht nicht diskrepanzfrei sein. Doch es gibt auch Diskrepanzen, die erst durch das Geflecht entstehen. Wenn etwa bei zwei direkt benachbarten, per Tür verbundenen Zimmern, die in mehreren einfach kontinuierlichen Schnitten und Rückschnitten lückenlos verknüpft wurden, ein neuer Darsteller durch die gleiche Tür geht und sich dahinter plötzlich in einem ganz anderen Zimmer wiederfindet, führt das zu einer Konstruktionsdiskrepanz, wie sie nur in Fantasy-Filmen erlaubt ist.[108]

*

Manche Schnitte werden wiederum erst bei nachträglichen Überlappungen diskrepant und können dann ein ganzes Geflecht zerstören. Und natürlich kommt es leicht zu *diskrepanten Dreiecks-Konstruktionen*, die in Geflechtsteile hineinreichen, denen bereits eine andere Struktur eingeprägt wurde. Außerdem gibt es *lückenlos* gewordene Bereiche in Geflechten, also Segmente, in denen - wie in unserem

---

108 Interessant in Nabokovs *Lectures on Literature* (vergl. Fußnote Nr. 67 und Nr. 100) ist in diesem Zusammenhang der Grundriss der Wohnung des Gregor Samsa - „*The Samsa flat*" - aus Kafkas *Verwandlung* (S. 256). Die Wohnung wurde von Kafka offenbar so lückenlos kompakt beschrieben, dass auf Nabokovs Skizze keine Zwischenräume mehr bleiben. Narrative Abwechslung konnte daher nur entstehen, indem sich ein Insasse in einen - *Käfer* - verwandelt.

Tür-Beispiel - kein Platz mehr für andere Schnitt-Typen ist, schon gar nicht für Kollisionsschnitte mit sagen wir einer Eisenbahn.[109] Daher wird eine entwickelte Topologie wohl Begriffe wie ,*Das Geflechts-Innere*' definieren müssen, wo es eine so große ,*Geflechts-Dichte*' gibt, dass sich dort nur sehr schwer noch neue Schnitte unterbringen lassen, schon weil der Raum fehlt. Sodass Kollisionsschnitte etwa für *Geflechts-Flanken* reserviert sind, wo noch offene Räume zur Verfügung stehen. Wobei es bestimmt nicht ganz leicht sein wird, diese ,Flanken' mathematisch zu erfassen.
*

Kurzum, um all dies gültig zu definieren, braucht es eine noch präzisere Ausformulierung. Diese scheint wiederum ohne eine ausformulierte mathematische Anbindung an die Graphen-Theorie kaum möglich, da es bei zunehmender Geflechts-Komplexität immer wieder zu Überraschung kommen mag. Wobei man vermutlich erst einmal eine dem Bewusstsein angemessene Graphen-Theorie formulieren müsste - alles kein Kinderspiel (wenn's überhaupt möglich ist), was alles den Rahmen dieser Arbeit aber bei Weitem sprengt.

***

---

109 Aber auch hier scheinen für Träume andere Gesetzmäßigkeiten zu gelten. Es gibt darin zwar keine Schnitte, aber die Traum-Räume verschmieren sich oft so ineinander, dass an einer Stelle, an der man sich vor kurzen aufhielt, bei der Rückkehr plötzlich vollkommen andere Verhältnisse herrschen und es zu Vorkommnissen kommt, die fraglos diskrepanten Charakter haben. Vermutlich ist das ein Indiz dafür, dass unsere euklidische Raumorientierung eine späte Errungenschaft der Evolution darstellt, die bei der Traumarbeit oft überstimmt oder einfach vernachlässigt wird, weil, wie auch Freud es vermutet, archaischere Hirnschichten nach Ausdruck suchen. Insofern deutet sich hier an, dass es narrative Strukturen gibt, die weitgehend sprach- und raumunabhängig sind, die also nach einer Theorie der Narrativität verlangen, in denen der Raum eine disponible Größe ist. Mehr dazu in Band 2 dieser filmtheoretischen Schriften, *Gründzüge einer Topologie des Narrativen*

G. VERSCHRÄNKTE GEFLECHTE

Sieht man von atmosphärischen und exotischen Schnitten ab, bestehen die meisten Spielfilme aus einem einzigen widerspruchsfrei in sich zusammenhängenden Gefüge. Ihre Raumzeit-Strukturen bilden also ein *Geflecht*.

Mitunter kommt es jedoch zu Parallelhandlungen, die längere Zeit räumlich nichts miteinander zu tun haben. In solchen Phasen besteht der Film aus mehreren disjunkten, jeweils zusammenhängenden Untergeflechten. Das ist z. B. der Fall, wenn zwei disjunkte Einpersonen-Geflechte einfach aneinandergefügt werden. Gewöhnlich verbindet man diese Untergeflechte später dann aber per kanonischem Schnitt, wodurch der Film wieder ganz normal aus einem einzigen Geflecht besteht.
*

Manchmal werden solche Parallelhandlungen also nacheinander dargestellt. Oft werden sie aber auch parallelmontiert und verschränkt. Wegen der Häufigkeit von Parallelmontagen[110] benötigen wir auch dafür einen Formalismus. Damit dringen wir indes in einen topologisch derart vielfältig verschachtelten Bereich ein, dass er sich zu einer Elementaren Schnitt-Theorie ähnlich verhält wie die Vielfalt der Organischen Chemie zur relativen Übersichtlichkeit der Anorganischen.

Wir nennen ein Schnittgeflecht $G_1 = s_{11} : s_{12} : \ldots : s_{1m}$ mit einem zweiten Geflecht $G_2 = s_{21} : s_{22} : \ldots : s_{2n}$ *verschränkt* und bezeichnen diese Verschränkung als $G_1 * G_2$, wenn alle s_{1i} in der richtigen Reihenfolge vor, zwischen oder hinter die in ebenfalls richtiger Reihenfolge erscheinenden s_{2k} eingeschnitten worden sind.

Solche verschränkten Geflechte tauchen, wie gesagt, bei systematischen *Parallelmontagen* auf. Sie sind in allgemeiner Form schwer zu erfassen. Deshalb wollen wir uns damit begnügen, einige spezielle Verschränkungen darzustellen.
*

Es ist klar, dass man zwei Geflechte auf unterschiedliche Art verschränken kann. Betrachten wir die in Abb. 154 und 155 dargestellten simplen Geflechte $G_1 = s_{11} : s_{12}$ und $G_2 = s_{21} : s_{22} : s_{23}$, die aus einem bzw. zwei einfach linearen Schnitten bestehen,

---

110 In der englischen Literatur hat sich dafür der Begriff *„Cross-cutting"* eingebürgert, also „Quer-Schneiden", ein Begriff der vom Herstellungsakt ausgeht und nicht das entstandene Phänomen selbst beschreibt.

(105) $G_1 =$

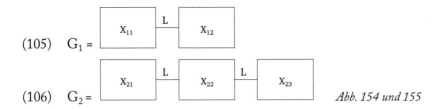

(106) $G_2 =$ *Abb. 154 und 155*

so gibt z. B. die Möglichkeit

(107) $G_1 * G_2 =$

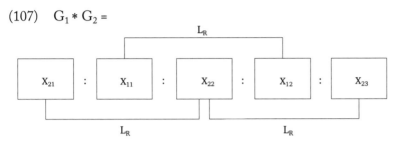

Abb. 156

Wir sehen, dass sich die einfach linearen L-Schnitte dabei allesamt in retardiert lineare L_R verwandelt haben, weil die Verschränkung den linearen Prozess unterbricht. Ebenso ist aber auch eine Verschränkung nach Abb. 157 möglich.

(108) $G_1 * G_2 =$

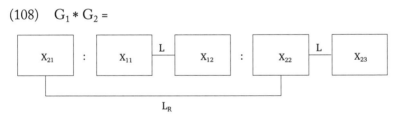

Abb. 157

Oder auch

(109) $G_1 * G_2 =$

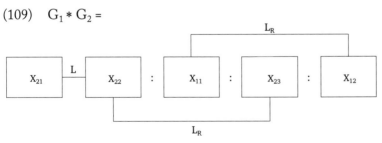

Abb. 158

Bei all diesen Verschränkungsbeispielen wird also zumindest ein L in einen L_R verwandelt. Es ist klar, dass nicht jeder einfach lineare Schnitt so etwas verträgt. Insbesondere entstehen Probleme, wenn $X_C T_C$-Schnitte oder Blicke auf diese Weise unterbrochen werden. Denn sobald etwas in eine als kontinuierlich empfundene T_C-Struktur eingeschoben wird, dehnt sich die Zeitstruktur an dieser Stelle, was z. B. alle Blicke sofort diskrepant werden lässt.

*

Die trivialste Verschränkung zweier Geflechte ist natürlich die durch Aneinanderschneiden. Im Fall unseres Beispiels ist sie in Abb. 159 dargestellt

(110) $G_1 * G_2 = G_1 : G_2 =$

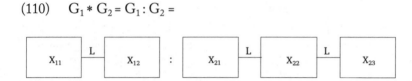

Abb. 159

Wenn G_1 mit G_2 verschränkt ist, ist auch G_2 mit G_1 verschränkt. Deshalb können wir fortan einfach von *verschränkten Geflechten* sprechen.

*

Ein Gefüge aus zwei verschränkten Geflechten G_1 und G_2 muss nicht notwendig wieder ein Geflecht ergeben, das heißt es kann auch *unzusammenhängend* sein, obwohl seine Bestandteile G_1 und G_2 jeweils zusammenhängen.

*

Wann aber genau sind zwei verschränkte Geflechte G_1 und G_2 zusammenhängend? Man kann sich dem sukzessiv nähern, denn es gelten folgende Sätze:

Satz 1:
Sind G_1 und G_2 *nicht* disjunkt (das heißt, wenn G_1 und G_2 mindestens einen gemeinsamen Raum x_k haben), bildet ihre Verschränkung $G_1 * G_2$ stets ebenfalls ein Geflecht.

Satz 2:
Gibt es zwischen zwei disjunkt verschränkten Geflechten G_1 und G_2 mindestens einen kanonischen (also brückenbildenden) Schnitt, der von G_1 in G_2 bzw. von G_2 in G_1 führt, ist auch das Gesamtgefüge $F = G_1 * G_2$ zusammenhängend, d. h. es bildet wieder ein Geflecht.

Satz 3:
Durch Verschränkung entstehende Geflechte können auch mehrfach verbunden sein.

*

Verschränkte Geflechte, die mehrfach (und insbesondere dann am Ende) verbunden werden, finden sich z. B. bei der bereits um 1905 entwickelten ‚Last Minute Rescue'. Im ersten Geflecht G_1 wird dabei die Situation einer Person oder Gruppe dargestellt, die in Bedrängnis gerät. Und G_2 zeigt Retter, die sich, verschränkt parallelmontiert mit G_1, den Bedrängten nähern, ohne dass sich Bedrängte und Retter zunächst in einer gemeinsamen Einstellung verknoten. Die fällige Verknotung wird bis zur finalen Rettung verschoben, die sich am Ende der Verschränkung einstellt, wenn etwa die Retter real im Bildraum der Bedrängten erscheinen. Oft werden die Geflechte indes schon vorher durch Blicke (oder Geräusche) verbunden.

*

In welchem Ausmaß Rückschnitte und Verschränkungen das narrative System strukturieren, lässt sich gut anhand von D. W. Griffiths „Her Terrible Ordeal" (ca. 10 Min, 1910) studieren, der bereits in der Einführung (Band I, Fußnote 39) angesprochen wurde. Der Film spielt an lediglich fünf verschiedenen Örtlichkeiten x_1 bis x_5:

x_1 - ein Büro
x_2 - die Straße davor
x_3 - eine etwas entferntere Straße
x_4 - das Innere eines Großraum-Safes direkt neben dem Büro
x_5 - ein Bahnhof

zwischen denen gemäß Abb. 160 mehr als 40-mal hin und her geschnitten wird:

$$x_1^1 - L - x_2^2 - R_D - x_1^3 - R_D - x_2^4 - R_e - x_1^5 : x_2^6 : x_1^7 : x_2^8 - L - x_3^9 : x_1^{10} - L$$
$$- x_4^{11} : x_2^{12} : x_1^{13} - R_D(A) - x_4^{14} : x_1^{15} - R_D(A) - x_4^{16} : x_1^{17} - R_D(A) - x_4^{18} : x_1^{19}$$
$$- L_R - x_5^{20} : x_1^{21} - R_D(A) - x_4^{22} : x_1^{23} : x_2^{24} - R_D(A) - x_4^{25} : x_5^{26} - R_D(A) - x_4^{27} :$$
$$x_2^{28} : x_1^{29} : x_2^{30} - R_D(A) - x_4^{31} : x_5^{32} : x_1^{33} : x_2^{34} : x_1^{35} : x_2^{36} - R_D(A) - x_4^{37} : x_3^{38} -$$
$$R_D(A) - x_4^{39} : x_2^{40} : x_1^{41} - R_D(A)/R_e - x_4^{42} - R_e - x_1^{43}$$

Abb. 160 Die Schnittstruktur von "Her Terrible Ordeal" (D. W. Griffith 1910)
(oberer Index = Einstellungsnummer, unterer Index = Örtlichkeit)

Dabei handelt es sich, wie zusätzlich notiert, anfangs (also in der Raumkonstruktionsphase) um einfach lineare und retardiert lineare L- und L_R-Schnitte. In der sofort einsetzenden Raumbenutzungsphase dominieren dagegen dann einfach lineare R_e-, bzw. retardiert lineare R_R- oder auch direkte R_D-Rückschnitte, von denen einige beispielhaft notiert sind.

Die Spannung speist sich daraus, dass ein im Safe x_4 eingeschlossenes Mädchen A vor dem Erstickungstod bewahrt werden soll. Dessen sich steigernde Agonie wird in mehreren Phasen in einer Null-Kette dargestellt

$$(111) \quad K_0(A) =$$

$$x_4{}^{11} - R_D(A) - x_4{}^{14} - R_D(A) - x_4{}^{16} - R_D(A) - x_4{}^{18} - R_D(A) - x_4{}^{22} - R_D(A) - x_4{}^{25} - R_D(A)$$
$$- x_4{}^{27} - R_D(A) - x_4{}^{31} - R_D(A) - x_4{}^{37} - R_D(A) - x_4{}^{39} - R_D - x_4{}^{42}$$

zu der zehnmal in Form direkter Rückschnitte R_D zurückgesprungen wird. Weil der Schlüssel zu dem Safe bei Personen gesucht werden muss, die sich infolge einer Reihe raffiniert gestaffelter Missverständnisse immer wieder in Einstellungen aufhalten, wo die Retter den Schlüsselträger jedes Mal knapp verpassen, kommt es erst zu einer Serie *sich leider nicht ereignender Verknotungen*. Wonach die Retter in der Figur

$$(112) \quad x_1{}^{41} - R_D(A)/R_e(\text{Retter}) - x_4{}^{42} - R_e(\text{Retter}) - x_1{}^{43}$$

mit dem endlich besorgten Schlüssel den Safe x_4 betreten und das Mädchen ins Büro x_1 zurückgeleiten, wo sich jedermann umarmt, sodass es zum *Happy End* kommt.

***

H. DIE PHÄNOMENOLOGIE VON PARALLELMONTAGEN

Fängt man an, über Parallelmontagen nachzudenken, ist es schwer, damit aufzuhören, so reich ist deren Phänomenologie. Sie strukturieren Filme in unglaubhaftem Ausmaß, vom Feinsten - wenn etwa eine leicht mysteriöse Einstellung an drei Stellen zart als kaum fassbares Leitmotiv platziert wird - bis zur gewissenlosesten politischen Manipulation. Schon in den simpelsten Parallelmontagen - also bereits, wenn man zwei isolierte Einstellungen verknüpft, die eigentlich nichts miteinander zu tun haben - steckt ein sonderbares Geheimnis. Sieht man sie nacheinander, passiert gar nichts. Aber sobald man sie verschränkt, wenn man jede Einstellung also zwei- oder dreimal sieht, entsteht oft ein sonderbares Ineinandergleiten, worin man sich als Zuschauer in kindlichem Staunen vergisst.

Vielleicht liegt es daran, dass wir Menschen höchstens zwei zugleich ablaufende Prozesse mit einiger Aufmerksamkeit analytisch verfolgen können. Im gewöhnlichen Leben ist es zum einen die Welt um einen herum und zum andren etwas, das man gern übersieht: *der eigene Körper*. Von diesem beziehen wir unsere Zeit-Taktungen. Die Begegnung mit unserer Umwelt ist eine stetige Parallelmontage von Welt und dem eigenen Körper.

Man kann argumentieren, dass, wenn unsere Gehirne jäh zwei parallel ablaufenden externen Ereignissen zu folgen haben, der Körper vergessen wird. Dass wir als Zuschauer in diesem Augenblick also vergessen, dass wir im Kino sitzen und unseren Leib nicht mehr spüren. Und exakt im Moment, in dem wir unsere Körper vergessen, begänne dann die Zeit der *Großen Illusion*, wie ein legendärer, das Grundmysterium des Kinos präzise benennender Film Jean Renoirs heißt.[111]

*

Und mit der großen Illusion beginnt im Kino die mysteriöse Herrschaft des Dürfens. Denn dann haben wir das Privileg, Ereignisse und Intimitäten bezeugen zu dürfen, an denen unsere realen Körper aus tausend Gründen nicht hätten teilhaben können. Wegen mangelnder Schönheit, mangelnden Mutes, mangelnder Kraft, mangelnder Ressourcen, mangelnder Bildung, mangelnder Eloquenz, mangelnder Gelegenheit, mangelnden Alters, aber auch mangelnder Jugend usw. usw. An irgendwas mangelt es auch den Reichsten, Schönsten und Begehrtesten, was übrigens eine der Kernbotschaften des Kinos ist.

---

111 Jean Renoir (1894-1979), *La grande illusion*, mit Jean Gabin (Frankreich 1937). Süßer sind von ihm *Partie de campagne* (1936) und *Le déjeneur sur l'herbe* (1957).

Aber es geht nicht nur um die bezeugten Ereignisse selbst. Von ebensolcher Wichtigkeit ist die Intensität des Wahrnehmens. Denn im Kino betrachten wir das Leinwandgeschehen mit einer Konzentration, die wir der Wirklichkeit gegenüber nur selten aufbringen, vielleicht weil wir in ihr fast die ganze Zeit in äußerst komplexer Manier mit der Beziehung *unserer Körper* zur uns umgebenden Welt beschäftigt sind. Wenn wir unsere Körper vergessen haben, beginnt dagegen eine teilnehmende und, wenn so will, sogar *heilige* Durchdringung der Leinwand-Wirklichkeit. Und durch die sorgfältig getaktete Mediatisierung der Ereignisse beginnen Menschen im Kino zu weinen, die in der Wirklichkeit nicht die Spur dazu neigen.
*

Dabei ist interessant, dass das Reich des Dürfens mit einer Reduktion von realem Können einhergeht. Denn sobald wir im Kino sitzen, wird unsere Freiheit, nach Belieben den eigenen Körper zu bewegen, massiv eingeschränkt. Man vergleiche das mit Opernbesuchen im achtzehnten Jahrhundert. Dort schaute man sich, wie etwa bei Casanova (oder sogar noch Stendhal) nachzulesen, die gleiche Oper oft mehrmals an, wobei man sich insbesondere im Parkett nur zuweilen auf das Bühnengeschehen konzentrierte. Stattdessen spazierte man ziemlich frei herum, um sich mit Leuten zu treffen, was die Musik zum bloßen Hintergrund anderer, das Bewegungspotential unserer Körper weiterhin nutzender Aktivitäten machte. Das hörte im neunzehnten Jahrhundert vollständig auf, als die Kunst zunehmend mehr Aufmerksamkeit verlangte. Was sich, nachdem es den Jahrmarkt verließ, aufs Kino übertrug. Indem wir die Freiheit unserer Körper an der Kinokasse abgeben, dürfen wir auf der Leinwand in heiliger Leibvergessenheit an einer Welt teilhaben, die uns sonst verschlossen bliebe.[112]
*

Wichtig ist allerdings auch der Aspekt der Öffentlichkeit. Es geht nämlich nicht nur um das Dürfen selbst, denn in seinen vier Wänden durfte man sich auch vor der großen Zeit des Kinos bereits mancherlei mit großer Intensität anschauen, wenn man verstand, es geheim zu halten. Und das gilt heute, im Zeitalter des Internets, das alles Mögliche zugänglich macht, vermehrt. Nein, wichtig daran ist die Öffentlichkeit. Erst ein gut gefülltes Kino, in dem alle Insassen leibvergessen in exakt parallelblickender Mit-Leidenschaft das Gleiche bezeugen, in dem alle sich also das

---

112 Dass solch „heilige Leibvergessenheit" blasphemische Akte herausfordert, verrät der Mythos der „Letzten Reihe", in die sich jugendliche Paare gern setzten, um dort vielleicht unbeobachtet zu knutschen. - Noch radikaler äußerst sich das in *Das Schweigen* von Ingmar Bergman (*Tystnaden*, mit Gunnel Lindblom und Ingrid Thulin, Schweden 1963), wo die Heldin in einem fast leeren Kino ein Paar bei Sexaktivitäten beobachtet, was sie so anekelt und inspiriert, dass sie sich kurz danach mit einem wildfremden Kellner einlässt.

eigentlich nicht Zugängliche, das insofern sogar Verbotene anschauen, erzeugt ein erhabenes, in der Isolation nicht zu gewinnendes, oft sogar süchtig machendes Extra-Freiheitsgefühl.

*

Der Genuss an diesem Teilhaben-Dürfen und die Lust an der Intensität, in der man es tut, scheinen sogar so groß zu sein, dass wir den Kinoraum, selbst wenn wir den Film für langweilig (oder sogar richtig schlecht) halten, nur äußerst selten verlassen. Tun wir es trotzdem, versuchen wir, dabei möglichst taktvoll zu sein. Wohl auch, weil wir dann, ganz im Sinn von Kants kategorischem Imperativ, insofern ein schlechtes Gewissen bekommen, als wir den anderen Zuschauern durch unseren Weggang den Glauben rauben, im Kino hätten sie einen privilegierten Status. Bereits indem wir ihnen durch unser plötzlich grobes Bewegen und die von uns verursachten Störgeräusche ihre eigene Körperlichkeit wieder bewusst machen, fallen sie brutal aus ihrem Illusionsraum heraus, wir verderben ihnen dann also für eine Weile das Spiel. Die einzige Art, sich dem Genuss, am Leinwandgeschehen teilhaben zu dürfen, guten Gewissens zu entziehen, besteht offenbar darin, gar nicht erst ins Kino zu gehen.

*

Wie vertrackt es ist, Parallelmontagen zwischen eigenem Körper und dem Wahrgenommenen genau zu erfassen, ist ausgezeichnet in Jean Piagets *Le développement de la notion du temps chez l'enfant* nachzulesen.[113] Darin sind etliche vorbildlich-analytische (auf Anregungen Albert Einsteins zurückgehende) Experimente dargestellt, bei denen das Zeitempfinden untersucht wird. Es stellt sich indes heraus, dass sehr schwer zu begreifen ist, was man da, sobald es um der filmischen Parallelmontage entsprechende externe Doppelreihen geht, eigentlich misst. Vor allem lassen sich die Resultate nie so exakt fixieren, dass man das nächste Experiment darauf aufbauen kann. Dabei wird auf das Zeitempfinden der Erwachsenen wohl vage rekurriert, aber es beschleicht einen das Gefühl, dass sich so zwar die Intelligenz des die Zeit Wahrnehmenden messen lässt, dass man aber nicht zu einer gesteigerten Erkenntnis gegenüber dem Wesen der Zeit-Wahrnehmung gelangt.

Daher bringt einen die Lektüre nicht einmal der Beantwortung der simpel anmutenden Frage näher, ob einem eine Eisenbahnfahrt kürzer vorkommt, wenn man in Fahrtrichtung sitzt. Weil man bei derlei oft gleich auf naturwissenschaftlich unbefriedigende *Bergsonismen* zurückgeworfen wird[114], gewinnt man am Ende den

---

113 Paris 1946 - deutsch: *Die Bildung des Zeitbegriffs beim Kinde*, Zürich 1955

114 Um das menschliche Zeitempfinden zu charakterisieren, prägte der französische Philosoph Henri Bergson (1859-1941) den in allen Erörterungen über Zeit bis heute in immer neuen Verkleidungen

äußerst sonderbaren Eindruck, filmische Parallelmontagen würden uns noch am ehesten den Eindruck von Gleichzeitigkeit vermitteln. Was zumindest Grund genug sein sollte, sie sorgfältiger zu untersuchen, als das in der Filmliteratur üblich ist.

*

Dass das menschliche Hirn bei der Erfassung von Doppelreihen schnell überfordert wird, lässt sich schön studieren, wenn man zwei parallel ablaufende Vorgänge auf zwei Monitoren verfolgt. Dann wird man mit den Augen immer hin und her springen, wobei die Sprungfrequenz von Zufällen abhängt. Man kann nie sicher sein, ob man nicht etwas anderes verpasst hat. Beim Betrachten von Doppelreihen stellt man eine interne Parallelmontage her.

*

Die Parallelmontage erzeugt getaktete Zeitbeziehungen zwischen untereinander nicht kausal verknüpften Reihen. In ihrer einfachsten Form ist sie identisch mit der fortgesetzten Rückschnitt-Montage, bei der per R_D zwischen zwei Schauplätzen x_1 und x_2 einfach hin und her geschnitten wird, ohne Personen auszutauschen. Dann handelt sich um die Verschränkung zweier personen-disjunkter Null-Ketten. Bestehen die Ketten aus möglichen T_N-Schnitten, wird es dabei kaum Probleme geben. Dann werden einfach zwei an zwei Orten sich entwickelnde Ereignisse parallelmontiert.[115]

*

Dass durch Verschränkungen sonderbare Zeitstrukturen entstehen können, demonstriert ein anderes Beispiel. Dazu zerschneiden wir die 15-Sekunden-Einstellung s_{Ski} eines mit positiver Parität von der Schanze abgehenden Skispringers S in vier lückenlos verbundene Teile: den Anlauf und Absprung s_{Ski}^{1}, eine erste Flugphase s_{Ski}^{2}, die zweite Flugphase s_{Ski}^{3} und schließlich die Landung s_{Ski}^{4}.

Schneidet man die vier Teile ohne Lücke wieder zusammen, entsteht durch s_{Ski1} : s_{Ski2} : s_{Ski3} : s_{Ski4} wieder das Urbild s_{Ski}. Weil dessen Bildraum x_{Ski} bei der Zerlegung keine Veränderung erfährt, handelt sich um eine Null-Kette K_{Ski}, die nur aus direkten Rückschnitten R_D auf x_{Ski} besteht

$$(113) \quad s_{Ski} = K_{Ski} = x_{Ski} - R_D(S) - x_{Ski} - R_D(S) - x_{Ski} - R_D(S) - x_{Ski}$$

---

hervorkriechenden Begriff der *durée*, der Dauer. Seinen Einfluss auf Marcel Proust (dessen Kusine, Louise Neuberger, er 1891 heiratete) kann man gar nicht überschätzen.

115   Ein häufig benutztes Beispiel mit zusätzlich Kausalität zwischen den Null-Ketten: A ist an eine Bombe gefesselt und versucht sich zu befreien, unterdes B in einiger Entfernung versucht, einen Zünder, der die Bombe per Sender zur Explosion bringen soll, zu entschärfen.

Jeder dieser Schnitte ist ein $X_0 T_{exp}$-Schnitt, das heißt, es kommt weder zu einer Raumverschiebung noch vergeht an der Schnittstelle zusätzliche Zeit.

Sei K_{Auto} nun eine Kette aus 4 linearen Distanzschnitten L_D eines Autos mit Fahrer A, der eine Wüste in vier Phasen mit ebenfalls positiver Parität durchquert

(114) $K_{Auto} = s_{A1} : s_{A2} : s_{A3} : s_{A4} = x_{A1} - L_D(A) - x_{A2} - L_D(A) - x_{A3} - L_{Dt}(A) - x_{A4}$

Hier ist jeder der Schnitte ein $X_D T_D$-Schnitt, was impliziert, dass zwischen den Einstellungen beträchtliche Zeit vergeht, insgesamt also - sicherheitshalber kann man das durch atmosphärische Diskontinuitäten abstützen - vielleicht zwei Tage.

Was passiert nun, wenn wir K_{Ski} und K_{Auto} verschränken?

Geschieht die Verschränkung per trivialem Aneinanderschnitt, entsteht kein Problem. Im Fall $K_{Ski} * K_{Auto} = K_{Ski} : K_{Auto}$ sehen wir halt 15 Sekunden lang S von der Schanze springen und dann das Auto viergliedrig eine Wüste durchqueren. Da es zwischen den Ketten keine kanonische Verbindung gibt, ist $K_{Ski} : s_{A1}$ ein komplizierter *kollisions-ausschließender Kollisionsschnitt* $L_{KOL}(S, A)$ mit potenziellem T_C-Charakter, durch den aber - jedenfalls wenn A und S verschiedene Personen sind - kein realer Gesamtraum aufgespannt wird, weil die Räume einfach zu verschieden sind. Das macht den Schnitt *offen*. Und sollte sich im Nachherein keine Verbindung ergeben, wird er sogar, wie bei der noch folgenden Untersuchung offener Schnitte gezeigt wird, zum sogenannten *echten Raumteiler* $E_T(S, A)$, nach welchem sich im Film zwei Parallelhandlungen entfalten können: eine mit dem Skispringer S, eine mit dem Autofahrer A.
*

Was passiert aber, wenn man die beiden Ketten nach folgendem Muster verschränkt?

(115) $K = K_{Auto} * K_{Ski} =$

$x_{21} - E_T(A, S) - x_{Ski} - L_{RD}(A) - x_{22} - R_D(S) - x_{Ski} - L_{RD}(A) - x_{23} - R_D(S) - x_{Ski} - L_{RDt}(A) - x_{24} - R_D(S) - x_{Ski}$

In Worten:

Man sieht ein Auto in die Wüste fahren, dann springt ein Skispringer nach einem raumteilenden Kollisionsschnitt E_T in gleicher Richtung von der Schanze. Dann fährt das

Auto nach einem retardiert linearen Distanzschnitt L_{RD} woanders durch die Wüste, der Skispringer fliegt, das Auto durchfährt eine andere Gegend, der Skiflieger fliegt weiter, das Auto erreicht das Wüstenende, der Skispringer landet. Fertig.

Was macht aber der Zuschauer daraus? Hat das Auto jetzt in 15 Sekunden die Wüste durchquert? Oder hat der Skispringer zwei Tage bis zur Landung gebraucht? Beides ergibt keinen Sinn und ein Kompromiss liegt auch nicht in Reichweite. Durch die Verschränkung ist also eine raumzeitlich nicht auflösbare zeitliche Diskrepanz entstanden, die einen gewiss nicht aus dem Kinosessel reißt.[116]
*

Nun werden die meisten Ketten bei ihrer Verschränkung kaum so extreme Diskrepanzen aufweisen, denn als Filmmacher wird man nur Ketten mit kompatibler Struktur verwenden. Das schließt *asynchrone atmosphärische Diskontinuitäten* aus, das heißt, wenn es in der einen Kette z. B. Nacht wird, darf in der verschränkten Kette nicht länger die Sonne scheinen. Zum anderen dürfen die Ketten zeitlich nicht so kompakt zusammenhängen wie der Flug unseres Skispringers: Beide Ketten müssen also potenzielle *Zeitschlitze* enthalten, in die man etwas einfügen kann, ohne die Kontinuitätserwartung beim Rücksprung zu zerstören. Das bedeutet, dass praktisch alle T_C-Schnitte nicht unterbrochen werden dürfen, also alle einfach kontinuierlichen, sowie sämtliche blicklinearen Schnitte, was außer den einfachen Blicken und der Blickinteraktion L_{BI} auch die kollisionskontrollierenden Blicke und die brückenbildenden Kollisionsschnitte einschließt.
*

Unproblematisch sind Einschübe dagegen gewöhnlich bei linearen $X_N T_N$ oder $X_D T_D$ Schnitten, bei retardiert linearen Schnitten L_R, bei retardierten Rückschnitten R_R und bei direktlinearen Rückschnitten R_D , jedenfalls solange bei diesen - anders als bei unserem Skispringer - keine kontinuierlichen Handlungen zerschnitten werden. Gut eignen sich daher T_N-Ketten, wie z. B. die beiden Marrakesch-Ketten von mir und meiner Frau, worin die Schnitte allesamt einfach linearen $X_N T_N$-Charakter haben:

$$(116) \quad K_A = x_{Zim} - L(A) - x_{Hot} - L(A) - x_{A1} - L(A) - x_{A2} - L(A) - x_{A3} - L(A) - x_{A4} - L(A) - x_{Mosch}$$

---

116 In einem Werbespot könnte die gerade angeführte diskrepante Verschränkung indes durchaus Platz finden. Dort - also im nichtnarrativen Kontext - könnte sie z. B. als visualisierte Metapher der folgenden Sprachfigur dienen: *„Mit unserem prachtvollen neuen Automodell können Sie Wüsten ebenso elegant durchqueren wie dieser Skispringer zu immerwährendem Ruhm fliegt."*

(117) $K_B = x_{Zim} - R_e(B) - x_{Hot} - L(B) - x_{B1} - L(B) - x_{B3} - L(B) - x_{B4} - L(B) - x_{Tisch}$

Wenn wir die Verschränkung mit K_A beginnen, können wir z. B. nach dem Erreichen von x_{A2} zeigen, wie sich B (also meine Frau) ebenfalls aufmacht. Wird das eine
Weile parallel montiert, verwandeln sich die betroffenen linearen Schnitte in retardiert lineare und die Verschränkung könnte insgesamt so aussehen:

(118) $K_A * K_B =$

$x_{Zim} - L(A) - x_{Hot} - L(A) - x_{A1} - L(A) - x_{A2} - R_R(B) - x_{Hot} - L(B) - x_{B1} - L_R(A) - x_{A3}$
$- L_R(B) - x_{B3} - L_R(A) - x_{A4} - L_R(B) - x_{B4} - L_R(A) - x_{Mosch} - L_R(B) - x_{Tisch}$

In der Projektion wird dann der Eindruck erweckt, A und B würden zur gleichen
Zeit durch Marrakesch irren. Da beide Ketten in etwa gleiche T_N-Struktur haben,
kommt es zeitlich zu keinerlei Problemen und so entsteht mit hoher Wahrscheinlichkeit keine Diskrepanz. Interessant ist, dass sich dabei in der topologischen
Struktur von Abb. 150 b nur die Reihenfolge einiger Einstellungen ändern würde
(was die betroffenen linearen Schnitte in retardiert lineare verwandelt), dass aber
die *räumliche Topologie* völlig *unverändert* bleibt. Diese ist also weitgehend *invariant*
gegenüber Verschränkungen von Untergeflechten. Das zu wissen ist sehr wichtig,
wenn man in Filmen Parallelmontagen erstellt, denn es nimmt einem die Arbeit ab,
es bei jeder Schnittmodifikation erneut nachprüfen zu müssen.
*

Das ist aber nur ein Teil der Wahrheit. Denn durch die Verschränkung, und das begreifen viele Filmmacher nicht, wird jeder Hin- und Hersprung zwischen den Untergeflechten (deren *interner* kausal-logischer Zusammenhang nun von retardiert
linearen L_R-Übergängen bestimmt wird) zugleich zum Kollisionsschnitt L_{KOL} (A,
B) bzw. $L_{KOL}(B, A)$. Da das beidseitige Kollisionspotenzial in unserem speziellen
Fall nur gering ist und beider Parität gleich, fällt das kaum auf, denn es handelt sich
nur um die *kollisions-ausschließende* offene Variante L_{KOP}, die keinerlei Brücken stiftet, sondern nur ein unklares In-der-Nähe-Sein. Wird die Abzweigung in x_{Hot} gut
inszeniert, der Punkt also, von dem ab A und B in verschiedene Richtung gehen,
werden sich A und B also weiter gemäß Abb. 150 b wie in einem für sie gebohrten
Tunnel mit transparenten Wänden etwa rechtwinklig voneinander wegbewegen.
*

Das ändert sich, wenn beide einander energischer suchen würden, insbesondere,
wenn die Verschränkung später erfolgt, wenn A also bei seinem Versuch, den Rückweg zu finden, bereits negative Parität angenommen hat. Dann kommt es unter

Umständen zu *kollisions-erwartenden Kollisionsschnitten* L_{KOL}, die in Konflikt mit der tunnelartig auseinanderführenden vorherigen Raumkonstruktion geraten. Ist der Kollisionswille superdeutlich, könnten sich die beiden sogar plötzlich mitten in der Medina treffen, obwohl die bisherige Raumkonstruktion eigentlich ein Auseinandergehen suggeriert hat. Dann wird das durch vorsichtige Additionen bestimmte rationale Raumempfinden durch eine reflexhaft emotionale Reaktion gewissermaßen überstimmt und es entsteht eine Raumdeformation, die man irgendwie akzeptiert.

*

Dabei kommt es zu einem zweiten Effekt, der mit dem ersten in Verbindung steht. Denn bei Kollisionsschnitten L_{KOL} hat man als Zuschauer stets ein T_C-Gefühl, das Gefühl also, an der Schnittstelle werde keine Zeit übersprungen. Und da ein Kollisionsschnitt dem nächsten folgt, meint man am Ende instinktiv, dass die wahrgenommene Projektionszeit von sagen wir zwei Minuten identisch mit der Zeit ist, die A und B in Marrakesch verbracht haben, und reibt sich die Augen. Denn natürlich hat man auch registriert, dass beide Ketten aus quasikontinuierlich retardierten Schnitten bestanden, die eine Raumzeit von wenigstens zehn Minuten generierten. Dass tatsächlich zehn Minuten vergangen sein sollen, will aber nur der rational die Zeit erfassende Teil unseres Gehirns wahrhaben, der zeitempfindende (vielleicht musikalische) Teil hat wegen der Verschränkung keinerlei Zeitsprünge bemerkt. Insofern scheinen langwierige Prozesse durch Verschränkungen im Film kürzer zu werden. *„Her terrible Ordeal"* hat eine Vorführzeit von nur knapp zehn Minuten, während man für die darin zurückgelegten Wege objektiv wohl über eine Stunde benötigen würde. Insgesamt hat man in der Summe nach der Projektion subjektiv das Gefühl, die Vorgänge hätten vielleicht eine halbe Stunde gedauert. Es kommt also zu einer Art Kompromiss.

Das ist sehr interessant. Denn dieser Kompromiss hat wohl damit zu tun, dass wir keinen präzisen Wahrnehmungsapparat für Doppelreihen haben und bei deren Betrachten an die Grenzen unserer intuitiv zuverlässigen Beurteilung gelangen. Bei einer ins Einzelne gehenden Analyse der Montagefiguren lässt sich also sehr wohl zeigen, wo die Zeit verschwand, aber diese genaue Analyse kann der Zuschauer während der Projektion nicht leisten. Daher spielt sich vieles auf der Leinwand weit schneller ab als in der Wirklichkeit, obwohl sich die Hauptakteure eher langsamer und gelassener als im wirklichen Leben zu verhalten scheinen. Vielleicht erzeugt dies aufseiten des Zuschauers - trotz seiner souveränen Schiedsrichter-Überlegenheit - ein spezielles Unterlegenheitsgefühl. Und darin mag eine weitere Wurzel des Starkults liegen, bei dem man sich einer Film-Erscheinung bedingungslos unterordnet. Charisma also durch empfundene zeitliche Überlegenheit des angebeteten

Objekts. Jeder parallelmontierte Schauspieler ist ein potenzieller Napoleon, der souverän fünf Sachen zugleich tun könnte.

*

Die Gefahr, dass Kollisionsschnitte L_{KOL} auch zu räumlichen Deformationen führen, wird geringer, wenn eine Person ortsresident bleibt, wenn sie also eine Null-Kette aufbaut. Null-Ketten dürfen dabei auch T_C-Schnitte enthalten, solange diese die Eigenschaft haben, auch als T_N-Schnitte nicht diskrepant zu werden. In so einer Null-Kette kann man z. B. eine Person A zeigen, die ihre Wohnung aufräumt oder ein Buch liest. Wird dies mit der $X_N T_N$-Kette einer Person B verschränkt, die eine Kleinstadt durchquert, entstehen keinerlei Probleme. Dann wird eben so lange aufgeräumt (oder das Buch gelesen) wie die Stadtdurchquerung dauert. Von der Logik her wird sich die zeitliche Struktur der zeitlich notwendig längeren Kette (wobei die Notwendigkeit durch die Kausalität der in ihr enthaltenen linearen Schnitte bedingt wird) durchsetzen. Die Zeitstruktur - es sei denn, es werden auffällige Diskontinuitäten gesetzt - wird also meistens durch die Bewegungskette bestimmt (wobei es, wie gerade beschrieben, mitunter zu einem Kompromiss kommt).

*

Eine Variante davon wäre ein Künstler C, der in vier Phasen ein Bild malt. Verschränkt man dies mit der gerade skizzierten $X_N T_N$-Kette einer einstündigen Stadtdurchquerung, entsteht der Eindruck, C habe sein Bild in genau dieser Stunde gemalt, selbst wenn er in Wirklichkeit vier Wochen benötigte. Der Maler erhält also per Montage das Attribut souveräner, mit erstem Griff sein Produkt erzeugender Künstlerschaft. Sähe man die vier Bildphasen direkt hintereinander, würden einem die Schnitte dagegen als Jump-Cuts auffallen. Und man stellt sich sofort die Frage, wie viel vom Arbeitsprozess weggelassen wurde. Die Parallelmontage verlieh dem Künstler also *Tempo-Genialität*. Und jemand, der sich in einem Film ernsthaft mit künstlerischer Substanz und deren zögerndem Fortschreiten auseinandersetzt, wird sich hüten, den Schöpfungsprozess durch Parallelmontagen fürs Publikum flüssiger zu machen.[117]

*

Man muss unterscheiden zwischen *verankerten Parallelmontagen*, in welchen die räumliche Verbindung der Stränge geklärt ist, und *offenen*, bei denen das noch nicht der Fall ist. Bei den offenen unterscheidet man wiederum zwischen solchen, bei

---

117 Sehr interessant zu beobachten in *Gerhard Richter Painting* von Corinna Belz (Deutschland 2011), wo derart vorsichtig parallelmontiert wird, dass man das Ungerichtete der Malanstrengungen noch spürt.

denen sich die Stränge im Lauf der Verschränkung verknoten (durch einen wie auch immer gearteten kanonischen Querbezug oder eine verbindende Totale), und weiterhin offen bleibenden. Unsere Marrakesch-Verschränkung war in x_{Hot} verankert, weil sowohl A als auch B das Hotel verließen. Es kam in x_{Hot} also zu einer *Verzweigung*, deren Stränge dann verschränkt wurden. Setzen wir den Film anschließend wie in unserem ersten Entwurf gemäß Abb. 150 b fort, würde es im Restaurant an x_{Tisch} dann wieder zu einer Verknotung der Stränge kommen. Unsere Skiflieger-Wüstendurchquerung-Verschränkung dagegen war offen und blieb es. Offene Verschränkungen werden oft benutzt, um Atmosphären zu verdichten. Wolken, Bäume oder das Meer werden also mehrfach in ein Geschehen eingeschnitten, um eine Gesamtstimmung zu intensivieren.[118]
*

In summa: Bei Verschränkungen wird das Setzen einer Zeitordnung immer kritisch, wenn zeitliche Doppelreihen vorliegen, worin zwar die einzelnen Reihen kausal oder beschleunigt kausal verknüpft sind, aber zwischen den Reihen keinerlei Quer-Kausalität existiert. Jeder Reihe kann also, solange man sie einzeln projiziert, ein konsistentes Raumzeit-Gefüge mit plausiblen Zeitsprüngen zugeordnet werden. Über die zeitliche Beziehung zwischen den Reihen lassen sich dagegen keine präzisen Aussagen machen, es sei denn, es ist eine fortlaufende Uhr einkopiert. Per Parallelmontage wird der Doppelreihe aber auch ohne einkopierte Uhr eine gemeinsame Zeitstruktur eingeprägt. Der Zuschauer importiert sie aus der Zeitstruktur der einzelnen Reihen, und zwar aus jeweils derjenigen, deren Zeitstruktur momentan dominanter wirkt. In der Summe deformiert dieses zeitliche Hin- und Hergeschalte, weil es in einem Schnitt-Kontinuum im Endeffekt ja nur eine einzige Zeit geben darf, das Zeitgefüge beider Einzelreihen. Und genau diese Deformation scheint der Ausdruck einer gewissen Unfähigkeit des menschlichen Gehirns zu sein, kausal nicht untereinander verknüpfte Doppelreihen synchron zu erfassen.

Da in den seltensten Fällen in beiden Reihen eine einkopierte Uhr existiert, die der Verschränkung präzise Synchronität verleihen könnte,[119] ist das nicht durch saube-

---

118 In Godards späten Filmen (etwa *Prénom Carmen*, Frankreich 1983) haben diese atmosphärischen Verschränkungen in ihrer Komplexität über lange Strecken so hohe Qualität, dass sie zum Großteil den eigentlichen Film ausmachen. Das degradiert die Handlungen der Akteure teilweise zu albernem Gehampel in einer brillanten atmosphärischen Komposition.

119 Bei Sportveranstaltungen mit vielen *Livekameras* liegen andere Verhältnisse vor. Dort kann man nach Herzenslust herumschneiden, ohne zeitliche Präzision einzubüßen. Als Zuschauer kriegt man dabei wohl die klarste Vorstellung von Gleichzeitigkeit. Doch das liegt bereits weit außerhalb der Spielfilmform. - Wobei die Gleichzeitigkeit interessanterweise auch da am besten durch ein parallelmontiertes *Nacheinander* ausgedrückt wird (erst zeigt man das Foul, dann die aufgezeichnete Reaktion des Trainers) und nicht durch ein Zugleich-Zeigen in Form von synchronem Nebeneinander-Stellen.

res Arbeiten zu kompensieren: Auch als Cutter vermag man sich nur am Vermeiden von Diskrepanzen zu orientieren, also an einem auf Gutdünken basierenden *passiven Prinzip*. Deshalb versucht man gern, zwischen den Doppelreihen eine stabilisierende Querkausalität zu etablieren, was übrigens auch in den erwähnten Kinderexperimenten Piagets sofort zu einem besseren Erfassen der Gleichzeitigkeit führt. Und da man sich realer Bewegungsträger dazu nicht bedienen kann (weil diese bereits in das Kausalgeflecht der Einzelreihen eingebunden sind), nimmt man virtuelle: Man macht es mit Blicken. Die einfachste Grundfigur dieser Querkausalität ist die systematische Schuss-Gegenschuss-Montage.

*

Trotz aller Verschränkungen bildet ein Spielfilm gewöhnlich ein in sich verbundenes Gefüge, also ein einziges Geflecht. Zugleich lässt sich jedes beliebige Gefüge in Untergeflechte zerlegen und als deren Verschränkung begreifen.

***

I. DER ZERTEILTHEITSGRAD VON FILMEN UND GEFÜGEN

Bisher haben wir uns bei der Verschränkung von Gefügen darauf konzentriert, die Form der Verbindungen zu beschreiben. Wir beschränkten uns also auf entstehende *Geflechte*, in denen definitionsgemäß alle Einstellungen durch Wege miteinander verbunden sind. Nun gibt es aber auch Gefüge, bei denen das nicht der Fall ist, bei denen also etliche Einstellungen mit dem Rest unverbunden verbleiben. Um auch diese Fälle charakterisieren zu können, müssen wir den *Zerteiltheitsgrad von Gefügen* in den Griff bekommen.
*

Wir haben die These aufgestellt, die Mehrzahl der Spielfilme bestehe trotz aller Verschränktheit im Wesentlichen aus jeweils einem einzigen in sich verbundenen Gefüge - also einem einzigen Geflecht. Es gibt indes Ausnahmen.

Um diese Ausnahmen zu erfassen, wollen wir den Spielfilmbegriff ein wenig ausweiten und die *Kinoveranstaltung als Ganzes* zu beschreiben versuchen, was die mögliche Zerteiltheit eines Filmgeschehens augenfällig machen wird. Bei Kinoveranstaltungen werden gewöhnlich mehrere Filme zusammengefasst. Einige machen das *Vorprogramm* aus, dem dann der sogenannte *Hauptfilm* folgt. Jeder der gezeigten Vorfilme - seien es Werbespots oder Ankündigungen anderer Filme, die sogenannten ‚*coming attractions*‘ - führt uns ein neues Gefüge vor Augen, das mit dem der anderen Vorfilme oder dem des Hauptfilms gewöhnlich nichts zu tun hat, das also davon in raumzeitlicher Hinsicht und bezüglich der darin agierenden Personen strikt getrennt bleibt.
*

Das gilt ebenso für Kurzfilmprogramme. In jedem Kurzfilm wird gewöhnlich ein mehr oder minder verbundenes Gefüge dargestellt, das mit dem, das der nächste Kurzfilm darbietet, gleichfalls nichts zu tun hat. Insofern ist die *Zerteiltheits-Zahl* des kompletten Filmprogramms, mit der wir dessen Zerteiltheitsgrad messen wollen, mindestens so hoch wie die Zahl der im Programm versammelten Kurzfilme.
*

Dies galt auch für die ersten Filmprogramme Edisons und der Lumières, die zur Kinovorführung gelangten. In diesen Programmen wurden mehrere Filme versammelt, die jeweils aus einer einzigen Einstellung bestanden. Jeder einzelne Film hatte

also die Zerteiltheits-Zahl Z = 1 und für ein Gesamtprogramm[120] aus n Filmen galt
Z = n.

*

Haben wir generell ein aus n Einstellungen bestehendes Schnittgefüge $G = s_1 : s_2 :$
$\dots s_n$ vorliegen, so wird dessen *minimale Zerteilheits-Zahl* offensichtlich stets 1 sein
und die *maximale* stets n, also gleich der Zahl der Einstellungen. Im ersten Fall
wäre das Raumzeit-Gefüge $g = x_1 : x_2 : \dots : x_n$ in sich verbunden, es bildet also ein
Geflecht. Im zweiten Fall (also dem von Z = n) ist dagegen jede der Einstellungen
von den anderen isoliert und hat keine Verbindung zu ihnen, was u.a. impliziert,
dass jeder Darsteller nur in einer einzigen Einstellung auftaucht. In diesem Fall
könnte man auch sagen, dass jede der Einstellungen ein *triviales Untergeflecht* bildet, das nur aus ihr selbst besteht.

*

Wenn wir zwei vollständige Filme $M_1 = s_{11} : s_{12} \dots : s_{1m}$ und $M_2 = s_{21} : s_{22} : \dots : s_{2n}$
aus m bzw. n Einstellungen mit ganz verschiedenen Darstellern und Räumlichkei-
ten vorliegen haben, wobei sowohl M_1 als auch M_2 *unzerteilt* sind (was heißt, dass
sie aus jeweils einem einzigen Geflecht bestehen, dass also $Z(M_1) = Z(M_2) = 1$ ist),
dann wird, wenn wir diese Filme per Schnitt in irgendeiner Form verschränken,
jede Verschränkung $M_1 * M_2$ die Zerteiltheits-Zahl Z = 2 haben.

Das heißt, jedes der x_{1k} aus m_1 wird *nicht* mit $m_2 = x_{21} : x_{22} : \dots : x_{2n}$ verbunden sein,
und keines der x_{2k} aus m_2 mit $m_1 = x_{11} : x_{12} : \dots : x_{1m}$. Wobei natürlich jedes x_{1k} weiterhin Teil des Geflechts m_1 und jedes x_{2k} Teil des Geflechts m_2 bleibt.

Man kann auch sagen, dass jedes x_{1k} in dem per Schnitt entstandenen Gesamtgefüge *Teil eines maximalen Untergeflechts* m_1 ist und jedes x_{2k} wiederum Teil des maximalen Untergeflechts m_2, wobei m_1 und m_2 disjunkt sind, also *nicht miteinander
verbunden*. Und dass das entstehende Gesamtgefüge $M = M_1 * M_2$ insofern aus
zwei verschränkten maximalen Untergeflechten m_1 und m_2 besteht und den Zer-
teiltsgrad Z = 2 hat.

*

Nun wird kaum jemand auf die Idee kommen, zwei vollständige Filme mit ganz
verschiedenen Darstellern per Schnitt auf diese Art zu verschränken. Wenngleich
die Filmgeschichte auch dafür - genannt seien „*Intolerance*" und Griffiths wegen

---

120 Dass sich in solchen Gesamtprogrammen trotz ihrer offenkundigen Zerteiltheit bereits Ansätze zu
einer intuitiven Schnitt-Theorie erkennen lassen, erläuterte Fußnote Nr. 40

seiner Modernität oft untersuchtes „*A Corner in Wheat*" Beispiele liefert.[121] Es passiert aber oft, dass, nachdem ein Film mit einem ersten Satz an Darstellern begann, auf eine zweite, bislang unbekannte Örtlichkeit geschnitten wird, worin andere Schauspieler agieren. In diesem Moment nimmt der Film die *aktuelle Zerteiltheits-Zahl* $Z = 2$ an. Fast immer kommt es, wie wir sehen werden, später zu einer Verbindung zwischen den zunächst voneinander getrennten Räumlichkeiten, sodass der Gesamtfilm am Ende wieder aus einem einzigen Geflecht mit $Z = 1$ besteht. Insofern ist es sinnvoll von der *aktuellen Zerteiltheits-Zahl* zu sprechen oder der *momentanen Zerteiltheit* eines Films.

*

Wie sich die Zerteiltheit eines Films im Projektionsverlauf dynamisch ändern kann, sei am Beispiel Abb. 161 erläutert. In einem aus n Einstellungen aufgebauten Gefüge wurden dort die Verbindungen der ersten fünf präzisiert. Zu Beginn besteht das Gefüge für den Zuschauer nur aus x_1. Es bildet also ein aus vorerst nur einer einzigen Einstellung bestehendes triviales Geflecht $g(t) = x_1$ der Zerteiltheit $Z = 1$. Im Verlauf der Projektion von x_2 merkt man dann, dass x_2 keine Verbindung zu x_1 hat (es handelt sich bei $s_1 : s_2$ also wohl um einen offenen Schnitt). Deshalb wird nun ein *nicht* in sich verbundenes Gesamtgefüge $g(t) = x_1 : x_2$ mit $Z = 2$ aufgespannt.

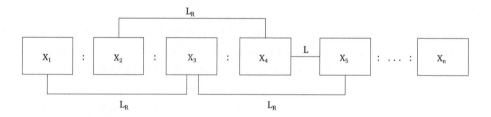

Abb. 161

Beim Erscheinen von x_3 erkennt man, dass der neue Raum zwar nicht mit x_2 verbunden ist, dafür aber per retardiert linearem Schnitt mit x_1, das heißt, für das momentan per Projektion entstandene Filmgefüge

$$g\,(t) = x_1 : x_2 : x_3$$

gilt weiterhin $Z = 2$. Beim Erscheinen von x_4 entdecken wir wiederum, dass x_4 mit

121 D. W. Griffith, *A Corner in Wheat*, mit James Kirkwood (USA 1909), vorzüglich analysiert durch Helmut Färber: *A Corner in Wheat*, München / Paris 1992; *Intolerance*, mit Lillian Gish (USA 1916)

x_2 durch einen L_R verbunden ist. Nun haben wir es also mit zwei verschränkten Geflechten $g_1 = x_1 : x_3$ und $g_2 = x_2 : x_4$ zu tun, die nicht miteinander verbunden sind, weshalb das Ganze (also $g(t) = g_1 * g_2$) weiterhin die Zerteiltheit $Z = 2$ hat.

All das ändert sich, wenn x_5 erscheint. Denn x_5 ist (per linearem Schnitt L) sowohl mit x_4 (und damit g_2), als auch (über den von x_3 ausgehenden retardiert linearen Schnitt L_R) mit g_1 verbunden. Was wiederum bedeutet, dass auch g_1 und g_2 nun verbunden sind, wodurch auch das momentane Gesamtgefüge

$$g(t) = x_1 : x_2 : x_3 : x_4 : x_5$$

in sich verbunden ist und ein Geflecht bildet, sodass $g(t)$ nunmehr die momentane Zerteiltheits-Zahl $Z = 1$ angenommen hat.
*

Interessant daran ist, dass die Reduktion der Zerteiltheit von 2 auf 1 mit einem *Knoten* in x_5 zu tun hat, der die bis dahin disjunkt verschränkten Geflechte $g_1 = x_1$-L_R-x_3 und $g_2 = x_2$-L_R-x_4 miteinander verbindet. Denn nach x_5 führt sowohl ein von x_4 ausgehender linearer Schnitt L als auch ein retardiert linearer L_R, der von x_3 ausgeht.
*

Um die Zerteiltheit von Gefügen zu reduzieren, kann man Geflechte auch auf andere Art miteinander verbinden. Wie Abb. 162 und 163 zu entnehmen ist, sind auch *Rückschnitte* dazu geeignet. In Abb. 162 wird das erste Geflecht

$$g_1 = x_1 - L_R - x_3$$

per *einfachem linearen Rückschnitt* R_e von x_4 nach x_5 ($= x_3$) mit $g_2 = x_2 - L_R - x_4$ verbunden, wodurch $Z = 1$ wird.

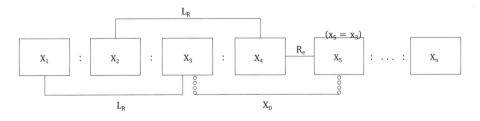

Abb. 162

In Abb. 163 dient wiederum ein *retardiert linearer Rückschnitt* R_R von x_3 nach x_5 (=x_2) zur Verbindung.

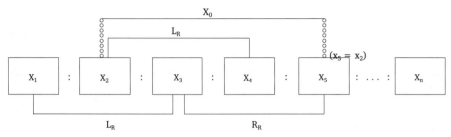

Abb. 163

Dementsprechend nennen wir zwei verschränkte Geflechte $G_1 * G_2$ miteinander verbunden, wenn es zwischen G_1 und G_2 an mindestens einer Stelle einen Übergang in Form eines kanonischen Schnitts gibt, der die Verbindung herstellt.

*

Ähnlich wie es eine triviale Verschränkung gibt, gibt es auch eine triviale Zerlegung, in die der einzelnen Einstellungen nämlich. Da eine einzelne Einstellung ein widerspruchsfreies und in sich geschlossenes Geflecht darstellt, gilt:

Jedes Gefüge F lässt sich in disjunkt verschränkte Geflechte zerlegen.

*

Daher wird es möglich, den Zusammenhang narrativer Systeme mithilfe ihrer Zerteiltheit zu klassifizieren. Darüber hinaus bietet dies einen Klassifizierungsmodus für verschiedene Filmtypen. Bei Spielfilmen können wir z. B. davon ausgehen, dass $Z = 1$ angestrebt wird. Gewöhnlich wird dies, wie wir sehen werden, nur durch atmosphärische Schnitte beeinträchtigt.

*

Auch insofern ist wichtig, sich über die Natur der Zerteiltheit eines Films Klarheit zu verschaffen. Dabei gilt folgender Satz:

Wenn $f = x_1 : x_2 : x_3 : \dots : x_n$ ein beliebiges n-Einstellungsgefüge mit Zerteiltheit Z ist, so lässt sich f stets als Verschränkung von genau Z maximalen *Untergeflechten*

$$f = g_1 * g_2 * \dots * g_Z$$

darstellen, die zueinander disjunkt sind und in ihrer Summe sämtliche in f enthaltenen Örtlichkeiten x_k enthalten.

Das beinhaltet, dass jedes dieser maximalen Untergeflechte g_k jeweils einen eigenen Satz von Darstellern hat, von denen keiner in einem der anderen g_K auftaucht. Denn erschiene ein Darsteller in zwei dieser Untergeflechte g_k und g_l, wären die beiden verbunden und nicht länger maximal. Das Untergeflecht g eines Gefüges f ist nur maximal, wenn aus ihm kein kanonischer Schnitt in ein Gefüge-Segment führt, das noch nicht Teil dieses maximalen Untergeflechts ist.

*

*We*gen ihrer theoretischen Bedeutung werden wir die maximalen Untergeflechte eines Gefüges im Folgenden verkürzt als ‚*Maximal-Geflechte*‘ dieses Gefüges bezeichnen.

*

Somit wird der Zerteiltheitsgrad Z eines Gefüges gleich der Zahl der Maximal-Geflechte, von deren Verschränktheit es generiert wird. Oder anders formuliert: Z ist identisch mit der *Mindestzahl* von disjunkten Untergeflechten, aus deren Verschränktheit es ohne Rest hervorgeht. Bei unzerteilten Gefügen (also solchen mit Z = 1) gilt natürlich, dass das Maximal-Geflecht dieses Gefüges identisch mit dem Gefüge selbst ist.

*

Bei der Zerlegung eines Geflechts der Zerteiltheit Z in Z verschränkte Maximal-Geflechte $f = g_1 * g_2 * \ldots * g_Z$ nennen wir g_1 das Anfangsgeflecht, g_Z das Endgeflecht, die erste Einstellung von g_1 die *Gefüge-Spitze* und die letzte von g_Z das *Gefüge-Ende*.

*

Die Verschränkung zweier Geflechte lässt nicht unbedingt ein neues Geflecht entstehen. Im Fall der einfachen Aneinanderreihung etwa können G_1 und G_2 ja unverbunden bleiben. Das Resultat der Verschränkung wäre dann ein nicht-zusammenhängendes Gesamtgefüge mit Z = 2

*

Als widerspruchsfrei bezeichnen wir Verschränkungen, wenn die per Verschränkung neu entstehenden linearen oder Rückschnitt-Operationen nicht in kausalen Widerspruch zueinander stehen. Im Folgenden meinen wir immer dann, wenn wir von verschränkten Gefügen reden, solche widerspruchsfreien Verschränkungen.

*

Das bezeichnet einen komplexen Sachverhalt, auf den wir hier im Detail nicht eingehen können. Ein Beispiel soll erläutern, wie es gemeint ist. Ein Widerspruch ist z. B. fast unvermeidbar, wenn zwei durch den gleichen Darsteller (in jedoch verschiedener Kleidung) verbundene Gefüge nichttrivial verschränkt werden. Schneidet man sie ineinander, wird im verschränkten Produkt mehrmals zwischen zwei Zeitpunkten, die jeweils durch einen Bekleidungszustand charakterisiert werden, hin- und her geschnitten. Da sich das nicht mit dem nach vorn drängenden Zeitgefühl des narrativen Systems verträgt, erscheint solche Verschränkung als nicht widerspruchsfrei.

*

Ebenso entstehen fast immer kausale Widersprüche, wenn kontinuierliche Prozesse des einen Gefüges durch Einstellungen aus dem anderen unterbrochen werden. Denn dann werden $X_C T_C$-Operationen wie z. B. Blicke retardiert und zu T_N- oder T_D-Operationen, die nicht recht funktionieren. Am leichtesten lassen sich widerspruchsfreie Verschränkungen bei Gefügen erzeugen, die zueinander darsteller- und raumfremd sind. Dabei empfiehlt es sich, an den Stellen zu schneiden und hineinzuschneiden, an denen T_N- oder T_D-Operationen stattfinden.

*

Soviel als Einführung in die durch Montage entstehenden komplexen topologischen Strukturen des narrativen Kinos.

***

III. OFFENE SCHNITTE

A. PHÄNOMENOLOGIE

EINFACH OFFENE SCHNITTE E_e, VERSCHRÄNKT OFFENE SCHNITTE E_V UND DER RAUMTEILER E_T

Wir haben bereits öfter den Begriff ‚*offener Schnitt*‘ benutzt, ohne genau zu definieren, worum es sich eigentlich handelt. Das ‚*Offene*‘ tauchte z. B. als *offene Blickinteraktion, offener Rückschnitt, offener Kollisionsschnitt* und vor allem als *offener $X_{C/N}$-Schnitt* auf, der bei der Interpretation einfacher und nachträglicher Blicke eine Rolle spielte. Stets ging es dabei um das Problem, dass bestimmte Schnitt-Typen erst nach einiger Zeit eindeutig zu identifizieren sind. Ist das schließlich der Fall, wird z. B. die offene Blickinteraktion zur konventionellen. Daran blieb vieles vage. Nachdem wir die *momentane Zerteiltheit* von Gefügen im Griff haben, ist es jedoch möglich, die offenen Schnitte endlich exakt zu erfassen.

*

Wir hatten gesagt, ein Schnittgeflecht G der Raumzeit-Struktur g sei mit einer Einstellung s mit Bildraum x *widerspruchsfrei verbunden*, wenn g : x wieder ein Geflecht bildet.

Bildet g : x dagegen *kein* Geflecht, sondern nur ein Gefüge, nennen wir den Schnitt G : s *offen* und bezeichnen x als an g ‚*nur angefügt*‘. Bei offenen Schnitten ist der angefügte neu erscheinende Bildraum x also *nicht* kanonisch mit dem vorherigen Geflecht g verbunden. Insofern hängt x zunächst verbindungslos im Raum. Gelegentlich sagen wir dann, die Verbindung von g und x sei ‚*nur offen*‘ und sprechen von einer *offenen Verbindung*. Offene Verbindungen sind also keine Verbindungen im eigentlichen Sinn (denn diese werden ja von kanonischen Schnitten erzeugt), sondern sie drücken nur eine Angefügtheit aus.

*

Wir nennen einen offenen Schnitt zwischen zwei Geflechten G_1 und G_2 ‚*einfach offen*‘ und bezeichnen ihn als E_e, wenn G_1 und G_2 kanonisch verbunden sind. Das bedeutet, dass G_1 zwar nicht mit der ersten Einstellung des Geflechts G_2 kanonisch verbunden ist (also nicht mit dessen *Spitze*), aber mit einer späteren. Bis zum Zeitpunkt der Verbindung hängt das zweite Geflecht G_2 also *noch unverbunden* mit ganz neuen Darstellern im Raum, es ist also an G_1 *nur angefügt* oder *offen verbunden*. Die kanonische Verbindung erfolgt erst im Nachhinein.

*

Als Beispiel für einen einfach offenen Schnitt E_e zwischen 2 Schnittgeflechten

(119) $G_1 = \langle a_{11}^+, a_{12}^+ ... a_{1s}^+ | g_1 | a_{11}^-, a_{12}^- ... a_{1s}^- \rangle$ und

(120) $G_2 = \langle a_{21}^+, a_{22}^+ ... a_{2t}^+ | g_2 | a_{21}^-, a_{22}^- ... a_{2t}^- \rangle$

aus m bzw. n Einstellungen mit dazugehörigem $g_1 = x_{11} : x_{12} : ... : x_{1m}$ und $g_2 = x_{21} : x_{22} : ... : x_{2n}$ kann Abb. 164 dienen. Darin ist zum einen zu sehen, dass x_{21} mit g_1 nicht durch eine Brücke verbunden ist, dass x_{21} also nur an g_1 *angefügt* ist und mit

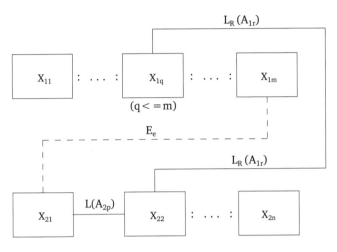

Abb. 164 Einfach offener Schnitt E_e mit unmittelbar folgendem L_R

bislang unbekannten Personen A_{2p} zunächst im Raum hängt. Und zum anderen, dass in x_{22} nach einem in einem der neuen A_{2p} linearen Schnitt x_{21} - $L(A_{2p})$ - x_{22} per retardiert linearem Schnitt $L_R (A_{1r})$ eine von x_{1q} ausgehende Verknotung mit einem A_{1r} aus G_1 erfolgt. Was wiederum eine kanonische Verbindung zwischen g_1 und g_2 generiert, die beiden Geflechte also kanonisch verbindet, nachdem die Verbindung zuvor *nur offen* gewesen ist, weil x_{21} an g_1 ja nur angefügt war.

*

Wir unterteilen die *einfach offenen Schnitte* E_e entsprechend der möglichen Nachbarschaft von x_{1m} und x_{21}, also je nachdem, ob man x_{1m} und x_{21} in X_C-, X_N- oder X_D-Relation zueinander vermutet, in *offene $X_{C/N}$-Schnitte* $E_{C/N}$ und *offene Distanzschnitte* E_D. Einfach offene Schnitte haben Ähnlichkeit mit dem offenen Rückschnitt R_{OP}, bei dem ja ebenfalls auf unbekannte Darsteller geschnitten wird, nur dass beim E_e zusätzlich der Raum unbekannt ist. Tatsächlich kann man bei einem E_e die beiden Geflechte auch über einen retardierten Rückschnitt R_R nach dem Muster von Abb. 165 verbinden:

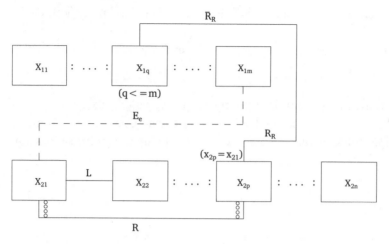

Abb. 165 Einfach offener Schnitt E_e mit bald folgendem R_R

In diesem Fall wird die nachträgliche Verbindung von g_1 und dem bloß angefügten x_{21} einerseits über den von x_{21} ausgehenden direkten oder zunächst leeren Rückschnitt (also über $R=R_D$ oder $R=R_0$) nach x_{2p} und andererseits den von x_{1q} nach x_{2p} führenden retardiert linearen Rückschnitt R_R gestiftet.[122] Insofern könnte man einfach offene Schnitte E_e etwas lax auch als *vorgezogene Rückschnitte* bezeichnen.
*

Solche Verbindung durch einen späteren, von g_1 ausgehenden Rückschnitt ist recht häufig. Beschreibt g_1 etwa eine Wohnung und x_{1q} darin ein Fenster, aus dem eine Person A blickt, kann man, nachdem sich im folgenden Raumgeflecht g_2 ein anderes Geschehen mit neuen Personen entfaltet, von x_{2p} in Form eines nachträglichen Blicks R_{BN} auf A am Fenster x_{1q} zurückschneiden. Dann entsteht der Eindruck, A blicke gerade auf das Geschehen in g_2. In diesem Moment wird g_2 vom Zuschauer als in Blickweite direkt außerhalb der Wohnung g_1 gelegen verortet.
*

Kommt es nach dem Schnitt $F_1 : F_2$ zwischen zwei Schnittgefügen F_1 und F_2 zu keinerlei kanonischer Verbindung zwischen den dazugehörigen Raumzeitgefügen f_1 und f_2, bleiben diese also voneinander getrennt, nennen wir den offenen Schnitt von F_1 nach F_2 einen ,*echten Raumteiler*' E_T.

Aus dieser Definition folgt sofort, dass ein Schnittgefüge F der Zerteiltheit Z mit dazugehörigem Raumzeitgefüge f genau Z *echte Raumteiler* E_T enthalten muss. Von

---

122 Wobei es im Fall des R_{D0} zu keiner Verknotung kommen würde

diesen werden die Z Maximal-Geflechte $g_1, g_2 \ldots g_Z$, aus deren Verschränktheit $f = g_1{}^* g_2{}^* \ldots {}^* g_Z$ hervorgeht, voneinander abgetrennt.

*

Ist der Schnitt $F_1 : F_2$ zwischen zwei Schnittgefügen F_1 und F_2 mit Zerteiltheit Z_1 und Z_2 ein *echter Raumteiler* E_T, dann hat das Gesamt-Schnittgefüge $F = F_1 : F_2$ die Zerteiltheit $Z = Z_1 + Z_2$. Es besteht dann also aus exakt Z_1 plus Z_2 verschränkten Maximal-Geflechten.

*

Einen offenen Schnitt $F_1 : F_2$ zwischen zwei Schnittgefügen F_1 und F_2 der Zerteiltheit Z_1 und Z_2 (das heißt $f_1 = g_{11}{}^* g_{12}{}^* \ldots {}^* g_{1Z_1}$ und $f_2 = g_{21}{}^* g_{22}{}^* \ldots {}^* g_{2Z_2}$) nennen wir ‚*verschränkt offen*‘ und bezeichnen ihn als E_V, wenn er weder *einfach offen* noch ein *echter Raumteiler* ist. Dann gibt es zwar keine kanonische Verbindung zwischen g_{1Z_1} und g_{21}, aber entweder eine von f_1 zu mindestens einem der g_{2k} mit $k > 1$ oder von f_2 mit mindestens einem der g_{1k} mit $k < Z_1$ oder beides.

*

Das klingt komplizierter als es oft ist. Ein einfacher Fall ist in Abb. 166 skizziert.

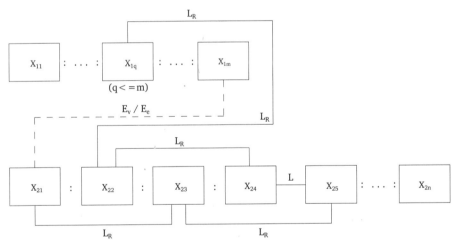

Abb. 166

Bis zum Erscheinen von x_{25} stellt darin $g_{21} = x_{21}\text{-}L_R\text{-}x_{23}$ das erste Maximal-Geflecht von f_2 dar, und $g_{22} = x_{22}\text{-}L_R\text{-}x_{24}$ das damit verschränkte zweite, welches wiederum per $x_{1q}\text{-}L_R\text{-}x_{22}$ mit f_1 verbunden ist. Bis dahin handelt es sich beim offenen Schnitt $F_1 : F_2$ also (wie gerade definiert) um einen *verschränkt offenen*, also um einen E_V. Nachdem g_{21} beim Erscheinen von x_{25} über $x_{23}\text{-}L_R\text{-}x_{25}$ und $x_{24}\text{-}L\text{-}x_{25}$ mit g_{22} verbunden wurde, wird der *verschränkt offene* E_V allerdings zum *einfach offenen Schnitt* E_e.

Mit anderen Worten: x_{21} wurde nach mehreren Einstellungen über Umwege doch mit f_1 kanonisch verbunden. Das muss aber nicht der Fall sein, das heißt g_{21} kann sich als echtes Maximal-Geflecht erweisen und mit dem Rest von f_2 weiterhin unverbunden bleiben.

*

Bei offenen Schnitten wird die momentane Zerteiltheits-Zahl eines Gefüges also zunächst um eins erhöht. Stellt sich nach weiteren Schnitten heraus, dass x_{21} Teil eines nichttrivialen Maximal-Geflechts g_{21} aus g_2 ist (wenn es sich bei s_{21} also nicht um eine isolierte Einstellung handelt), sagen wir, beim Schnitt $F_1 : F_2$ habe eine *nichtlineare Raumerweiterung* stattgefunden und bezeichnen ihn als *nichtlinear raumerweiternden Schnitt*. Stellt sich heraus, dass das x_{21} enthaltende Maximal-Geflecht g_{21} mit g_1 verbunden ist, reduziert sich die Zerteiltheits-Zahl wieder um eins und wir nennen den Schnitt $F_1 : F_2$ gemäß unserer vorherigen Definition *einfach offen* und bezeichnen ihn als E_e.

*

Diese Definitionen klingen kompliziert, beschreiben aber im narrativen System wegen der zahlreichen systematischen Parallelmontagen recht häufig auftauchende Sachverhalte. Bessere Übersicht bieten die Abbildungen 167a bis 167e, die die Zusammenhänge anhand zweier Raumzeitgefüge f_1 und f_2 mit Zerteiltheit $Z_1 = 3$ und $Z_2 = 3$ skizzieren. Wegen ihrer Zerteiltheit sind f_1 und f_2 also durch jeweils drei verschränkte Maximal-Geflechte gemäß $f_1 = g_{11}* g_{12}* g_{13}$ bzw. $f_2 = g_{21}* g_{22}* g_{23}$ darstellbar. In grafischer Form

Abb. 167a

und

Abb. 167b

Wenn nun bei einem Schnitt $F_1 : F_2$ weder der Raum noch die Personen der Gefüge-Spitze von f_2 (also der ersten in f_2 auftauchenden Einstellung) bereits aus f_1 bekannt sind, nennen wir den Schnitt *offen*.

Darüber hinaus nennen wir ihn *einfach offen*, wenn g_{13} und g_{21} gemäß Abb. 167c nachträglich verbunden werden.

Abb. 167c Der einfach offene Schnitt E_e

Verschränkt offen ist der offene Schnitt dagegen, wenn es zwar Verbindungen zwischen f_1 und f_2 gibt, aber, gemäß den acht möglichen Varianten in Abb. 167d, keine zwischen g_{13} und g_{21}.

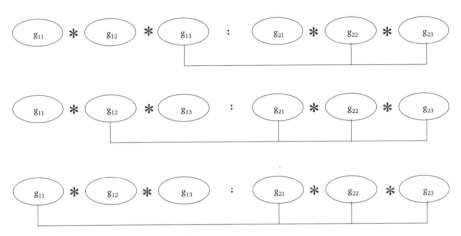

Abb. 167d Verschränkt offene Schnitte E_V

Das bedeutet, dass es bei verschränkt offenen Schnitten zwischen den verbundenen Maximal-Geflechten mindestens ein Untergeflecht gibt, das unverbunden im Raum hängen bleibt.

Beim echten Raumteiler gibt es dagegen gemäß Abb. 167e überhaupt keine Verbindung,

Abb. 167e Der echte Raumteiler E_T

sodass in unserem Fall für die Zerteiltheit Z des Gesamtschnittgefüges $F = F_1 : F_2$ gilt

$$Z = Z_1 + Z_2 = 6$$

***

B. OFFENE SCHNITTE IN DER PRAXIS

Obwohl wir sie als Zuschauer gemäß den skizzierten Mustern in den meisten Fällen ohne größere Mühe begreifen, sind die Raumzeit-Strukturen von parallelmontierten Gefügen, insbesondere wenn sie offene Schnitte enthalten, nicht einfach zu beschreiben. Denn schon beim scheinbar mühelosen Begreifen schleichen sich leicht erhebliche Fehler ein. So wirken Raumzeit-Strukturen in der Projektion oft vollkommen plausibel, die bei näherem Hinsehen diskrepant und geradezu widersinnig anmuten. Die Kunst des Filmschnitts besteht dann darin, solche objektiven Diskrepanzen durch verwirrendes Tempo in den Hintergrund zu schieben oder zu übertünchen. Manchmal reicht dazu Musik, ganz als nähme bereits Musik den Diskrepanzen ihren bösen wirklichkeitsvernichtenden Biss.

Einige Grundregeln sind indes recht klar.

Der *einfach offene Schnitt* E_e wird benutzt, um eine neue Örtlichkeit mit bislang unbekannten Personen mit einem bestehenden Gefüge f_1 zu verbinden. Er steht oft am Beginn einer neuen Interaktion eines Protagonisten mit im Film neuen Personen, die dadurch, dass für sie ein eigenes neues Gefüge $f_2 = x_{21} : x_{22} : \ldots : x_{2n}$ bereitgestellt wird, etwas geheimnisvoll wirken. Dabei wird die räumliche Relation von x_{21} zu f_1 zunächst nur vermutet. Erst wenn später ein kanonischer Schnitt aus f_1 in das x_{21} enthaltene Maximal-Geflecht g_{21} aus g_2 erfolgt, werden die räumlichen Beziehungen so klar, dass x_{21} als mit f_1 verbunden gilt. Dann handelt es sich beim E_e um einen *raumerweiternden Schnitt*. Entsprechend der vermuteten Nachbarschaft von x_{1m} und x_{21} unterteilten wir sie in *offene $X_{C/N}$-Schnitte* $E_{C/N}$ und *offene Distanzschnitte* E_D.

Bei *verschränkt offenen Schnitten* E_V wird der Anschlusspunkt durch eine Parallelmontage weiter verzögert, und es entsteht ein Spannungsmoment aus der Erwartung, dass die verschränkten Gefüge irgendwann endlich verbunden werden.

Wird die Spannung aufrechterhalten und findet kein Anschluss von g_2 an g_1 über eine wie immer geartete Verknüpfung statt, handelt es sich um einen *raumteilenden Schnitt* E_T. Das Unstabile (und wenn man so will sogar Heimtückische) am momentanen E_T besteht darin, dass er - und das gibt ihm seine spannungssteigernde Wirkung - jederzeit durch einen Anschluss an g_1 zum E_e oder E_V werden kann und sich dadurch als nur *scheinbarer Raumteiler* erweist.

*

Scheinbare Raumteiler werden oft benutzt, um eine neue Sequenz an neuem Ort mit neuen Protagonisten einzuführen. Irgendwann wird es im Film aber mit großer Wahrscheinlichkeit eine Verbindung zwischen dem alten Gefüge g_1 und den sich entfaltenden Strukturen des neuen Gefüges g_2 geben. Unter den verbindungsstiftenden kanonischen Schnitten sind dabei am häufigsten retardiert lineare L_R-Schnitte, die aus G_1 irgendwo in G_2 hinein führen, oder retardierte R_R-Rückschnitte, mithilfe derer einige der in G_2 neu erschienenen Personen ins alte Gefüge G_1 transferiert werden. Im Moment der Verbindung wird der scheinbare Raumteiler dann zum einfach offenen oder verschränkt offenen Schnitt E_e oder E_V.

*

Bei einer *echten Raumteilung* E_T gibt es keine personelle Verbindung zwischen den beiden Gefügen f_1 und f_2 und wir haben es mit zwei getrennten Welten zu tun, die fast immer in klarer X_D-Relation zueinander stehen. Das Getrennte wird freilich erst am Ende des Films irreversibel klar, bis dahin kann man immer noch vermuten und hoffen, es werde (und sei es per Fax, eine Video-Übertragung, Zwischentitel oder das Telefon) eine visuelle Verbindung entstehen. Vorher beziehen sich f_1 und f_2 nicht kausal-visuell aufeinander, sondern nur assoziativ gedanklich.

*

Das Vertrauen darauf, dass der Raumteiler zum raumerweiternden Schnitt wird, hält dabei das Interesse des Zuschauers am Leben - zumindest inhaltlich will er eine Verbindung. Wenn es also auch nach längerer Zeit keine Raumzeit-Brücke zwischen den Gefügen gibt, hat irgendein in Form eines inneren Monologs sich aufdrängender Gedanke die Verbindung zu schaffen. Beim ersten Auftauchen des Raumteilers ist man aber noch überzeugt, dass der Raumteiler raumerweiternd wird, dass es also eine visuelle Raumzeit-Verbindung zum Vorherigen geben wird.

*

Echte Raumteiler E_T, solche also, bei denen die Raumteilung bis zum Ende eines Films aufrecht erhalten bleibt, sind im Spielfilmgenre zwar äußerst selten, aber es gibt sie, wir erwähnten bereits Griffiths „*A Corner in Wheat*" und „*Intolerance*".[123] Meistens treffen wir *scheinbare Raumteiler* an, bei denen die momentane Erhöhung der Zerteiltheit bald wieder durch einen F_1 und F_2 verbindenden kanonischen Schnitt rückgängig gemacht wird, sodass sie sich, mitunter über die Zwischenform des E_V, in einen E_e verwandeln. In Dokumentarfilmen sind Raumteiler dagegen bei Schauplatzwechseln üblich. Dokumentarfilme haben oft einen hohen Zerteiltheitsgrad.

*

---

123 siehe Fußnote Nr. 121

Weil große Zerteiltheit Filme unübersichtlich macht, versucht man das durch Tricks zu reduzieren: Bewährt hat sich der Reporter, der nach dem Schauplatzwechsel per retardiert linearem Schnitt L_R mit Mikrofon erscheint. Das macht den Raumteiler E_T zu einem normal raumerweiternden offenen Schnitt E_e oder E_V, was die Zerteiltheit wieder reduziert. Eins der schöneren Beispiele für diese (durchs Fernsehen tief korrumpierte) Form findet sich in „*Das Gastmahl der Liebe*", wo Pasolini etliche Dutzend ganz verschiedener Menschen in den verschiedensten Regionen Italiens nach ihren Ansichten über die Liebe befragt.[124]

*

Ein anderer Trick besteht darin, Laien-Darsteller so in dokumentarische Geschehen einzubauen, als würden sie die über Monate gesammelte dokumentarische Substanz im Filmverlauf gerade bezeugen. Man konstruiert also aus dokumentarischem Material Spielfilme. Musterbildend (und unter Dokumentaristen vieldiskutiert) sind Flahertys „*Nanook of the North*" und „*Man of Aran*".[125]

*

Wenn man so will, stellt jeder Film einen Versuch dar, eine objektiv gefühlte Zerrissenheit der Welt zu reduzieren. Die Zerteiltheit eines Films ist Metapher dieser gefühlten Zerrissenheit. Zwar wissen wir alle, dass die Welt zusammenhängt, aber das ist für uns meist kaum mehr als ein den Raum generell definierender Gemeinplatz. Richtig zusammenhängend und unzerrissen empfinden wir Räume erst, wenn sie durch kausale Prozesse verknüpft sind. Und jeder Film - auch jedes Märchen, jeder Roman - stellt einen Versuch dar, möglichst viele kausale Prozesse in der Welt zu entdecken und sie dann auch darzustellen, weil man sich davon Einsichten über die Struktur unserer Welt erhofft.

*

Insofern erinnert uns jeder offene Schnitt daran, dass wir in einem Film etwas anderes als offene Verhältnisse wollen. Unser Wunsch den offenen Schnitt in einen kanonischen zu verwandeln entspricht einem tief gefühlten Bedürfnis, die Zerrissenheit der Welt durch den Zusammenhang einer Geschichte übersichtlich zu machen. Und wenn der neu angeschlossene Raum mit dem vorherigen Gefüge verbunden wird, empfinden wir das als Belohnung.

***

---

124 Pier Paolo Pasolini (1922-1975), *Comizi d'amore* (Italien 1963)
125 Robert Flaherty (1884-1951), *Nanook of the North* (USA 1922); *Man of Aran* (USA 1934)

C. DAS POSTULAT VON DER UNIVERSELLEN PRÄSENZ DES ZUSCHAUERS

Darin äußert sich eine Art Umkehr dessen, was man als das *Postulat von der universellen Präsenz des Zuschauers* bezeichnen kann: Von jedem Handlungsgefüge, das einem in einen Film begegnet, vermutet man, dass es zur Handlung beiträgt. Das Postulat fordert des Weiteren, dass alle für eine Handlung wesentlichen Aktionen auch dargestellt werden.

Oder in einer Variante: *Alles überhaupt in einem Film Dargestellte ist wesentlich.* Es muss also so dargestellt werden, dass es erkennbar einen Einfluss auf die Handelnden ausübt. Das bedeutet wiederum, dass es zumindest von einem der Helden des Films registriert zu werden hat. Und dann, also sobald es gesehen wird, ist es mit dem Hauptgefüge verbunden.
*

Die Interpretation des offenen Schnitts als *noch nicht mit dem Geschehen verbunden*, also mit der Antizipation einer späteren Verbindung, lässt sich ebenfalls über das Postulat von der universellen Präsenz des Zuschauers begreifen. Man kann argumentieren, dass man als Zuschauer die ganze Welt überschaut, dass einem die umfassende Totale aber vorläufig mitunter vorenthalten wird. Stattdessen sieht man aufeinanderfolgende Segmente, die den Gesetzen der voyeuristischen Montage gehorchen, nur dass die verbindende Totale vom Zuschauer gedacht und von ihm allmählich zusammengesetzt werden muss. Dass der Zuschauer ein Voyeur ist, der allen anderen in einem Film voyeuristisch Blickenden weit überlegen ist, klingt so gesehen fast wie eine Trivialität.
*

Das Interessante an der Wahrnehmung zerteilter Filmgefüge ist nicht zuletzt, dass man als Zuschauer auch mit diesen ganz gut zurechtkommt, also mit der topologischen Komplexität verschränkt offener Verbindungen, obwohl unsere Weltvorstellung ein unzerteilt Ganzes bildet. Insofern mag die Akzeptanz der Zerteiltheit mit unserer Fähigkeit zu tun haben, uns in die Weltvorstellung anderer Personen nachfühlend hineinzuversetzen, mit unserer Fähigkeit also zu Empathie. Wobei zusätzlich vielleicht der Verdacht in uns nagt, der Zusammenhalt der Welt, wie unser Ich ihn so schamlos uns vorgaukelt, könne von höchst prekärer Natur sein.
*

Der einfach offene Schnitt steht für ein mildes Nebeneinander-Sein, bei dem man das süße Wirken der Kausalität noch zu fühlen meint, ohne deren Pranken spüren zu müssen, mit denen sie unsere Freiheit so oft einschränkt. Er ist bereits Ausdruck der Gleichgültigkeit, die alles in einer Welt ausstrahlt, die nur sich selbst kennt und im echten Raumteiler Ausdruck findet, wo nur der Geist Zusammenhang stiftet, nicht das Gewebe der Welt selbst. Das Postulat von der universellen Präsenz des Zuschauers ist Ausdruck der Anwesenheit eines Gottes, der mit einer vertikalen Macht zusammenhangstiftend wirkt, wo die horizontale Welt-Kausalität ihre Kraft eingebüßt hat. Ein Rest der Wunderwelt, die den Reliquien der Heiligen einst innewohnte, die wohl auf der flachen Erde wirkten, ihre Spiritualität aber von oben bezogen, von der Heiligkeit des gewaltigsten aller Zuschauer, der sich im Kino zum Zuschauergott transformiert.

*

Der Zuschauer vollzieht stets Extrapolationen über das direkt Dargestellte hinaus. In jeder gesehenen Einstellung weist ein Zeigefinger auf einen Ausschnitt des Gesamtpanoramas, das sich ihm im Filmverlauf durch weiteres Fingerzeigen weiter erschließt. Diese Entmündigung macht bereit für die serielle Konsumption. Da uns in den konsumierten Produkten keine Wirklichkeit in ihrem Ist- oder War-Zustand begegnet, weil ihre Raumzeit-Gefüge von Grund auf deformiert sind, ist kaum Zufall, dass man die Produktionsstätten solcher Filme lange als Traumfabriken bezeichnete. Die Irrealität setzt nicht erst beim Starkult ein oder den verdrängten Wünschen, die Irrealität ist dem Entstehungsprozess immanent.[126]

*

Es liegt nahe, das Präsenzpostulat in Relation zum *Intendierten* zu sehen. Denn ohne Frage ist es auch Ausdruck einer gewissen Kooperation zwischen Filmherstellern und Publikum. Es ist sozusagen die Konvention, auf die beide Parteien vertrauen dürfen. Und je mehr Filme gemäß diesem Postulat produziert werden, desto mehr Vertrauen hat man darin.

*

Insofern erinnert es an die Bedeutung *des Intendierten in der Sprache*. Die wenigsten Sätze, mit denen wir uns verständigen, sind ja so eindeutig, dass sie als logisches Konstrukt verständlich sind. Stets muss der Adressat in Gedanken einiges aus dem Bedeutungskontext ergänzen. Falsche Grammatik wird dabei ebenso großzügig korrigiert wie unscharfes Vokabular durch präziseres ersetzt wird, wenn man meint,

---

126 Ähnlich in K. Wyborny, *Die Idee des Schnitts und das Raum-Zeit Bewusstsein 1908-1910* - Vortrag an der HfBK Hamburg im Mai 1974. Nachzulesen unter
http://wyborny.cinegraph.de/Wymac/ATYPEE/Vita/Aufsatz/Griffith.htm

den Sinn des Gemeinten erfasst zu haben. Was natürlich oft zu Missverständnissen führt, die das Gegenüber dann zu korrigieren hat.

Trotzdem habe ich nicht den Eindruck, dass es beim Film ähnlich läuft. Denn vieles daran ist keine Frage der Interpretation, sondern der Augenfälligkeit. Und nur bei augenfälliger Richtigkeit will das Raumkonstruieren funktionieren. Alles andere sind Behelfskonstruktionen. Inwieweit deren Logik derjenigen der Behelfskonstruktionen entspricht, mit deren Hilfe wir uns sprachlich verständlich machen, sei dahingestellt.

*

Das Präsenzpostulat führt auch dazu, dass Personen, außer in dezidiert dynamischen Situationen, bis zum Rückschnitt häufig eingefroren erscheinen, das heißt, wir finden Darsteller beim Rückschnitt (nach sagen wir sechs Sekunden) oft in der gleichen Position wieder, in der wir sie zuvor verließen. Ihnen wird insofern das Recht vorenthalten, sich in der Zeit, in der wir sie nicht beobachteten, frei zu bewegen. Tun sie es trotzdem, treffen wir sie danach also in veränderter Pose an (wobei man für die Änderung u. U. real kaum drei Sekunden benötigen würde), hat der Zuschauer den Verdacht, der Schnitt könnte diskontinuierlich sein, er zieht also in Betracht, dass inzwischen weit mehr Zeit vergangen ist - also vielleicht 30 oder 40 Sekunden.

Dieses Einfrieren führt zu einem Bewegungs-Ereignis Paradoxon. Obwohl sich die Darsteller während unserer Abwesenheit nicht oder nur sehr wenig bewegt haben, kommt es nach dem Rücksprung plötzlich zu einer Ereignisfülle: Türen werden geöffnet, Gardinen fangen an zu flattern, schöne Frauen beginnen zu weinen, weil der Rücksprung über das Präsenzpostulat motiviert sein muss. Auf diese Weise wird die Wirklichkeit bei fortgesetzten Rücksprüngen pulsartig an den Zuschauer herangetragen, und nur dieser eigenartige Wechsel von Ruhe und Bewegung vermittelt uns offenbar ein als kompakt empfundenes Raumzeit-Gefüge.

***

D. WEITERFÜHRENDES ZUR TOPOLOGIE

Ausweitungsideen zu etlichem gerade Angerissenen (nur gröbste Notizen)

Knotenfreie Geflechte: nur *Verzweigungen* und lineare Fortgänge nach dem Muster „Geht hinaus in die leere Welt und sprecht nicht mehr miteinander."
*

Verzweigungsfreie Geflechte: Nur einfach offene Schnitte und darauffolgende Knoten nach dem Muster ‚unbesiegbarer Held besiegt immer neue Gegner'. Méliès: *Von Paris nach Monte Carlo.*

Wahrscheinlich muss man zunächst einfach offen wirkende Schnitte schon als Verzweigungen bezeichnen, sogar wenn bereits in der gleichen Einstellung durch einen retardierten linearen Prozess eine Verknotung stattfindet. Auch wenn ein Darsteller einem zuvor nie gesehenen begegnet, könnte man sagen, es handele sich um virtuelle Verzweigung unmittelbar vor der Verknotung. Dann gälte also doch: *Kein Knoten ohne vorherige Verzweigung.*
*

Idee: dieses Theorem als Basis nehmen und so Verzweigungen definieren. Was ein Knoten ist, weiß schließlich jeder, das ist in unserer genetischen Masse verankert. Bei Verzweigungen ist es schon komplizierter, da muss man eine gewisse Übersicht haben. Sonst erlebt man sie nur als Abschied. Und als Auseinandergehen, das topologisch langweilig wirkt. Eine gute Verzweigung sollte also ein Versprechen oder eine Befürchtung enthalten, die sich auf mögliche Wiederverknotungen beziehen.
*

Betrifft Verschränkungen: Durch das rasche Hin- und Herspringen zwischen Schauplätzen entsteht im Zuschauer der Eindruck, er könne an allen Schauplätzen zur gleichen Zeit anwesend sein. Das beschränkt die zeitliche Länge seines Aufenthalts an den Einzel-Schauplätzen. Dadurch schwächt sich wiederum die Konzentrationsfähigkeit gegenüber der einzelnen Einstellung, was zu einer gewissen Ungeduld gegenüber längeren Einstellungen führt (denn dann macht sich der Körper im Kinosessel bemerkbar). Des weiteren führt die ständige Begegnung mit dieser Montageform zum *Postulat von der universellen räumlichen Präsenz des Zuschauers.* Ihm zufolge erwartet man nämlich, in einem Film an jeden Schauplatz geführt zu werden, der irgendeinen Bezug zum Geschehen hat. Dieses Postulat generiert die verbitternde Uniformität der seriell hergestellten heutigen narrativen Filme. Es führt zu immergleichen Örtlichkeiten, Motivationen und Hintergründen, sodass sich Hartmut Bitomskys Aussage, wir sähen im Kino eigentlich immer wieder die gleichen zwei oder drei Filme, daraus begründet.[127]

*

Satz: die *aktuelle maximale Verzweigungszahl eines Geflechtes* ist gleich der Zahl der in ihm enthaltenden Bewegungsträger (gilt aber z. B. nicht, wenn Rückschnitte in darstellerfreie Räume zulässig sind).

*

In $<a^{in+} \mid g \mid a^{out-}>$ ist die Zahl der a^{out-} die aktuelle maximale Verzweigungszahl eines Geflechts.

*

These: Die tatsächliche ist die aktuelle maximale minus der Zahl der in der letzten Einstellung vorhandenen.

*

Was ist mit *Leichen*? – Wie sieht die Wiederbegegnung mit einer Leiche aus? Als sei dies eine Herausforderung an das narrative System, gibt es eine Filmform, die genau das zum Thema hat (im Übrigen populärer als das ähnliche Genre in der Literatur).

*

Echte Knoten wären solche, wo die Verzweigung nicht virtuell ist, wo man also beide an der Verknotung Beteiligten 1.) schon einmal gesehen hat, und 2.) einer der beiden Beteiligten bei seinem letzten Erscheinen vom anderen getrennt war. Daraus könnte man eine echte Verknotungszahl bilden. *Echte Verknotungszahl* = Zahl der linearen Schnitte die gleichzeitig retardiert sind. Kann das sein? Interessant wäre in diesem Zusammenhang auch der Begriff der *Knotendichte*, also die Zahl der Knoten pro Zeiteinheit, als Mass für die zeitliche Durchkonstruiertheit eines Films.

*

Begriffsbildung *der aktuelle Held*: jemand dem eine Einstellung oder eine Kette gewidmet ist. Vielleicht auch lokaler Held.

*

---

127 Hartmut Bitomsky, *Die Röte des Rots von Technicolor*, Darmstadt 1972

Sei G_1 ein mit einem aktuellen Helden H_1 endendes Geflecht und s_2 mit G_1 durch einen Schnitt verbunden, der nicht in H_1 linear ist. Dann sagen wir, dass durch den Schnitt $G_1{:}s_2$ eine *betonte Verzweigung* erzeugt wird, wenn der Schnitt ein L_e, L_R, R_e, R_R oder R_D ist. Da in jedem dieser Schnitte ein linearer Übergang stattfindet, befindet sich in s_2 notwendig ein zweiter Held H_2.

*

Begriffsbildung: ein Geflecht, dessen letzte Einstellungen einen aktuellen Helden enthält, um klarzumachen, dass die letzte Einstellung nicht atmosphärisch ist, etc

*

Satz: *maximale Verknotungszahl* vielleicht in etwa gleich der Zahl der retardierten Schnitte plus der Zahl der in einfach offenen Schnitten neu auftauchenden Bewegungsträger. Kann das sein?

*

tatsächliche Verzweigung im Unterschied zu *möglicher*.

*

Und *vorbereiteter Knoten*: nach einer deutlichen Verzweigung. Das eliminiert all die trivialen Knoten, die schon dadurch entstehen, dass eine Person über einen Platz geht, wo es von Menschen wimmelt.

*

Schlinge: wenn ein Bewegungsträger, der sich verzweigt hatte, sich wieder mit jemandem verknotet. Vielleicht eingeschränkter so definieren, dass die Schlingenzahl gleich der Zahl der vorbereiteten Knoten ist. Ein doppelt retardierter Schnitt aus zwei Bildräumen in den Verknotungsraum, oder zugleich ein einfach linearer Schnitt aus dem einem Bildraum und ein retardiert linearer aus einem anderen.

*

Generell zu Schlingen: die scheinbare Zerteiltheit, die entstehen würde, wenn man die Verzweigungsstelle und das komplette Davor wegließe. Aktuelle Verzweigungszahl (bei betonten Verzweigungen) oder maximal mögliche = der Zahl der verschwundenen Darsteller.

*

Eine für Filme wirklich interessante Größe: die *Schlingenzahl*. Dabei muss man zwei Typen unterscheiden, die innersequentielle, die sich bereits erhöht, wenn nach einer Totale auf Schuss- und Gegenschuss wieder die Totale folgt. Und die narrative, in der man alle Zerlegungen der Totalen formal zu jeweils einer einzelnen Gesamt-Einstellung zusammenfasst. Die narrative Schlingenzahl ist dann Maß für die wirklichen räumlichen Trennungen und Wiedervereinigungen der Protagonisten. Ähnlich der Knotendichte ein Maß für die Schmiere des Plots.

*

Ideen: Zwei Geflechte F_1~F_2 bei Rollenwechsel. Was ist die Bedingung, dass die beiden Rollen zusammenpassen? Kein Zeitrücksprung in jeder der Rollen und Rückschnittkompatibilität? Wie ist die überhaupt ausdrückbar?

usw. usw. - alles nicht mehr ausgeführt: eine Welt für sich!

Das mag in seiner Gesamtheit klingen, als gäbe es keine Chance, dem narrativen System zu entrinnen. Aber ich denke, das ist falsch. Denn während ich mich immer mal wieder mit dieser Schnitt-Theorie befasste, hatte ich zwar nicht gerade den Eindruck, ich seziere hier mit kühlem Kopf eine schöne Leiche, aber mich verließ doch nie das Gefühl, es mit einem abgewirtschafteten Randkuriosum zu tun zu haben. So interessant wie das Einmaleins, doch mit einer Reihe von humoristischen Details. So als würden Kinder beim Einmaleins alberne Fehler machen.

Man hat viel von der Magie des Films geredet oder gar der Dämonie der Leinwand[128], und ich meine, diese ins Mythische greifende Filmqualität korrespondiert mit der Neigung von uns Zuschauern, das Körperliche der eigenen Person beim Betrachten narrativer Filme weitgehend zu vergessen, unterdes man sein geheimes Selbst auf wenig durchsichtige Weise ins dargebotene Handlungsgefüge integriert. Man hat versucht, dies auf eine Eigenschaft der ‚lebenden‘ Bilder selbst zu reduzieren, und behauptet, im Gegensatz zur statischen Photographie, die den ‚War-Zustand‘ von Ereignissen beschreibe, würden lebende Bilder den ‚Ist-Zustand‘ der Wirklichkeit beschwören, auch wenn sie vor langer Zeit hergestellt wurden. Und die Begegnung mit dem „ist" sei so schockierend, dass man sich als Zuschauer vergisst. Ich glaube aber eher, dieser das Irrationale streifende tranceartige Zustand wird vor allem durch systematische Parallelmontagen erzeugt.

***

---

128 legendären Rang hat z. B. Lottes Eisners *Dämonische Leinwand* (*L'Ecran Démoniaque*), eine Studie über den expressionistischen deutschen Stummfilm, Paris 1952; erweiterte, von der Verfasserin übersetzte deutsche Fassung Wiesbaden-Biebrich 1955

IV. ATMOSPHÄRISCHE SCHNITTE

Die Komplexität atmosphärischer Schnitte lässt aussichtslos erscheinen, sie in dieser Einführung in eine Schnitt-Theorie des Spielfilms auch nur annähernd vollständig abzuhandeln. Denn es kann ja jede beliebige Einstellung - sei sie nun repräsentativer oder nicht-repräsentativer Natur - so in das narrative Geschehen eingebaut werden, dass sie *bloß atmosphärisch* wirkt. Und das Kennzeichen des Atmosphärischen ist es gerade, dass darin keine einfachen narrativen Strukturen mehr zu entdecken sind, sondern dass man als Zuschauer *emotional* darauf reagiert. Deshalb bedarf eine Theorie atmosphärischer Schnitte im Grunde zunächst einmal einer Theorie (oder zumindest eines plausiblen Modells) der menschlichen Emotionalität und in welcher Manier sie mit Bildern interagiert. War es schon schwer genug, eine plausible Theorie der räumlichen Wahrnehmung zu entwickeln, wie man sie für das konventionell Narrative benötigt, scheint ein derartiges Unterfangen in Bezug darauf, wie man auf Bilder emotional reagiert, beim gegenwärtigen Forschungsstand aussichtslos.[129]

Daher hier nur einige Bemerkungen, die besonders simple Modi ansprechen, in denen man das Atmosphärische in narrativen Systemen des Öfteren antrifft.
*

Bei den meisten bloß atmosphärisch wirkenden Einstellungen ist von vornherein klar, dass sie nicht direkt zum Handlungsgefüge beitragen, sondern dramaturgisch höchstens dazu dienen, das Äquivalent eines Titels - z. B. *„Gleichzeitig in Paris"* oder *„Einige Tage später"* - entstehen zu lassen. Als Muster für *„Einige Zeit später"* seien die wunderschön flächigen Architektur-Bilder angeführt, durch welche einzelne Sequenzen in den Filmen Yasujiro Ozus zu einsetzend aufhellender Musik voneinander getrennt werden.[130] Nicht selten finden sich in Filmen aber auch Einstellungen, bei denen der atmosphärische Charakter zunächst unklar bleibt.

So gibt es bei repräsentativen atmosphärischen Einstellungen eine weiche Grenze zwischen *offenen* und *atmosphärischen* Schnitten, an der erst nachträglich klar wird,

---

129 Einen Begriff von der Komplexität des Unterfangens vermittelt Henri Bergson in *Les deux sources de la morale et de la religion* (1932), dt. Frankfurt am Main 1992, wo er sogar Schöpfung vor allem als Emotion bezeichnet, und anschließend erklärt, dass *„die Emotion, die ja zugleich Neugier, Wunsch und die vorweggenommene Freude an der Lösung bestimmter Probleme"* sei, im Kosmos des Menschlichen etwas ebenso Einzigartiges darstelle wie die Vorstellung: *„Sie ist es, die die Intelligenz vorwärts treibt, den Hindernissen zum Trotz. Sie ist es insbesondere, die die intellektuellen Elemente, mit denen sie sich verbinden soll, belebt oder vielmehr erst zum Leben bringt, die in jedem Moment zusammenballt, was sich mit ihnen wird organisieren können."* - Zitiert nach Johannes F. M. Schick, *Erlebte Wirklichkeit - Zum Verhältnis von Intuition zu Emotion bei Henri Bergson,* Münster 2012, S. 268 f

130 Yasujiro Ozu (1903-1963), zu seinen bekannteren Arbeiten gehört *Tokyo monogatari - Die Reise nach Tokio* (Japan 1953)

worum es sich handelt. Da sich bei beiden die Zerteiltheit Z erhöht, wird die Definition des Atmosphärischen in solchen Fällen oft nur in Abgrenzung zu den offenen Schnitten möglich.

Ist bei einem zunächst offen anmutenden Schnitt zwischen zwei Gefügen F_1 und F_2 die neu erscheinende Einstellung x_{21}, wie in Abb. 168 skizziert, *nicht* Teil eines nichttrivialen Maximal-Geflechts G_{21} von $F_2 = x_{21} : x_{22} : \ldots : x_{2n}$

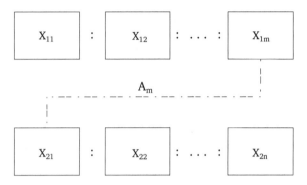

Abb. 168 Zwei atmosphärisch verbundene Gefüge

wird x_{21} also *nicht* durch einen kanonischen Schnitt oder sein Inverses an mindestens eine weitere Einstellung aus F_2 angeschlossen (etwa per nachträglichen Blick L_{BN}), nennen wir die nichtlineare Verbindung von F_1 zu F_2 einen *atmosphärischen Schnitt* A_m und die beiden Gefüge an dieser Stelle *atmosphärisch verbunden*.

Nach einem atmosphärischen Schnitt bleibt die Zerteiltheit des Films erhöht, während sie bei einfach offenen Schnitten bald wieder reduziert wird. Da aber definitionsgemäß kein Handlungsstrang in das atmosphärische Untergefüge führt (oder daraus heraus), ist die höhere Zerteiltheit für das narrative System irrelevant. Es ist insofern nur eine virtuelle Zerteiltheit, die wir auch als atmosphärisch bezeichnen können und beim realen Zerteiltheitsgrad nicht berücksichtigt zu werden braucht.
*

Atmosphärische Schnitte neigen zur *Clusterbildung*. Besonders häufig ist der *Ortscluster*, in dem eine Reihe heldenloser Einstellungen versammelt werden, die in ihrer Summe eine neu im Film auftauchende Lokalität atmosphärisch vorstellen. Oft erscheint der Name der Örtlichkeit zusätzlich als einbelichteter Titel, etwa in Form von: „*CIA-Hauptquartier - Langley Virgina*". Ist das nicht der Fall, muss sich der Zuschauer den Titel selbst zurückbasteln. Oft wird er per Dialog vorbereitet, wenn beispielsweise ein Protagonist sagt: „*Nächste Woche fahre ich nach Paris.*"
*

Manchmal kann man sogar von *atmosphärischen Ketten* sprechen, wenn nämlich einzelne Räume nacheinander abgebildet werden, die alle eine bestimmte Atmosphäre illustrieren. Solche Ketten tauchen z. B. gern bei Darstellungen des Frühlingsbeginns auf, aber auch bei Feuersbrünsten oder wenn in Katastrophenfilmen ein anonym wirkendes Desaster prägnant veranschaulicht werden soll.

Oft werden solche atmosphärischen Ketten mit Null-Ketten verschränkt: Wenn G_1 etwa eine atmosphärische Kette von heldenlosen Bildern eines Bombenangriffs ist und G_2 eine Null-Kette von Insassen eines Luftschutzbunkers, lässt sich G_1 mit G_2 per Parallelmontage verschränken, um so ein intensives subjektives Erleben des Bombenangriffs darzustellen, worin das Desaster die Anonymität verliert.
*

Die Erklärung atmosphärischer Schnitte mit allein raumzeitlichen Begriffen ist wenig ergiebig. Trotzdem bleibt der Heldenbegriff auch im Umfeld des Atmosphärischen von Relevanz, weil ein mehrfach auftauchender Held in einem atmosphärischen Cluster für eine gewisse Kohärenz sorgen kann.
*

Mitunter sind atmosphärische Cluster als nichtlineare Raumerweiterung gemeint, ohne dass man es gleich erkennt. Der Zusammenhang wird erst begriffen, wenn sich die atmosphärische Verbindung zu einem späteren Zeitpunkt in eine retardiert lineare verwandelt, wobei die Räume des atmosphärischen Clusters Teil eines sich erweiternden Geflechts werden. Beispiel: ein Held gelangt an einen Marktplatz, er sieht etwas, es folgen diverse heldenlose Impressionen. Dann wird der Held wieder aktiv und begegnet Personen, die im Vorigen bloß atmosphärische Qualitäten zu haben schienen, wonach sich die Handlung normal weiterentwickelt.
*

Oder der atmosphärische Schnitt dient als Allegorie (etliche Beispiele bei Eisenstein) oder ähnlich Kompliziertes, in das genauer einzudringen hier nicht der Platz ist. Die harmloseste und zugleich häufigste, meist banale Variante davon ist die atmosphärische Illustration eines - durch wen auch immer - zu Gehör gebrachten Textes. Interessant ist aber die präzise Synchronität zu einzelnen Worte, was sich zu Gedicht-Verfilmungen ausbauen lässt.
*

Häufige Figuren aus atmosphärischen Schnitten sind, abgesehen vom bereits beschriebenen *Ortscluster*, auch noch der *Raumcluster*, die *nicht-lineare Reisekette*, die *Ereigniskette* oder die *Bewusstseinskette*.

Der *Raumcluster* bildet einige unzusammenhängende heldenlose Szenen aus der Umgebung eines Helden ab. Oft nach einem ersten Blick. Also anders als der Ortscluster ganz ohne Einbindung späterer Helden.

Nicht-lineare Reiseketten bestehen aus einer Reihe von Einstellungen, die (zur Verdeutlichung mitunter unterbrochen von damit verschränkten retardiert quasikontinuierlichen oder Distanzschnitten) die Reise eines Helden beschreiben sollen, äquivalent zu Titeln vom Typ: *„Nach vielen Kilometern und einigen Tagen"*. Insofern sind Reiseketten atmosphärische Darstellungen von $X_D T_D$. Danach folgt der Anschluss ans vorherige Gefüge fast immer per retardiert linearen Schnitt L_R, bei Heimreisen oft in Rückschnittform.

Durch *Ereignisketten* wird oft eine größere Anstrengung beschrieben, z. B. der Aufbau des Zeitungsimperiums in *„Citizen Kane"*: Druckmaschinen, Zeitungsverkäufer, etc., ab und an tauchen auch Protagonisten des eigentlichen Handlungsgefüges auf, oft in Überblendungen.[131] Die Ereigniskette ist ein Zeichen dafür, dass man zwar Räume konstruieren könnte, es aber lieber lässt, weil es sich um Stationen einer längeren Anstrengung handelt, in denen Raum und Zeit kaum eine Rolle mehr spielen, nachdem die Anstrengung vollbracht ist. Am Ende bildet sich im Zuschauer ein narrativer Titel mit T_D-Qualität: *„Nach großen Anstrengungen ein paar Monate/Jahre später"*.

Eine Ereigniskette bildet auch das *Massaker*: verschiedene drastische Szenen mit kontinuierlicher Atmosphäre, aber heldenlos und daher nicht unbedingt zusammenhängend.

Der *Bewusstseinskette* geht oft die Großaufnahme eines *Helden* voraus. Dabei wird mehr als das gezeigt, was dieser Held gerade sieht, man bekommt nämlich einen Eindruck davon, was sich in seinem Kopf abspielt. Die Bewusstseinskette geht von der Beobachtung aus, dass man von der Wirklichkeit durch einen sonderbaren Transformationsprozess (manchmal in Form von Allegorienbildung) vor allem das wahrnimmt, was mit dem Zustand des eigenen Befindens korrespondiert. Jemand, der traurig ist, nimmt traurige Bilder deutlicher wahr, und selbst Heiteres wirkt, als verberge sich dahinter ein trauriges Geheimnis.

Ausgangspunkt der Bewusstseinskette ist oft der *atmosphärische Blick*: Ein Held sitzt auf einer Bank und schaut sich um, dann sieht man, was er sieht. Wird das Gesehene zum Porträt eines Bewusstseinszustands, wohnt ihm eine Neigung zum

---

131 Orson Welles (1915-1985), *Citizen Kane*, mit Joseph Cotten (USA 1941)

Clustern inne. Diese Cluster können sich leicht in *Tagträume* und *paranoide Vorstellungen* verwandeln. Es folgt meistens ein Rückschnitt auf den Helden oder der Beginn einer neuen Sequenz, die ans vorige Gefüge per retardiert linearem Schnitt angeschlossen ist. Parallel zu dieser Figur entsteht im Zuschauer der Titel *„Einige Zeit später"*, der durch den folgenden retardiert linearen Schnitt eine räumliche Komponente erhält.

*

Andere Formen wie z. B. die direkte Allegorie (ich erinnere mich an Einstellungen von den Puffern aufeinandertreffender Eisenbahnwaggons in Ichikawas *„Kagi"*, die den Sexualakt allegorisieren) sind deutlich seltener.[132]

*

Doch zugleich drängt das Atmosphärische in praktisch jede Pore, in jede Einstellung eines Films. Dort wirkt es als *unbewusst wahrgenommener Code*, der sich dem Narrativen überlagert und oft dessen emotionale Kernaussage bestimmt. Das Spektrum reicht von Primitiv-Trivial bis zum Subtilsten, das man mit Bildern anstellen kann. Dort, wo sich, gemäß Eisensteins Einsicht, Intellektualität und Sinnlichkeit maximalst durchdringen, beginnt die Komplexität des mit Bildern überhaupt Möglichen, das sich jeder systematischen Darstellung entzieht. Da will ich lieber schweigen.

***

---

132 Kon Ichikawa (1915-2008), *Kagi* (Japan 1959)

V. PARALLELE WELTEN

(Nur skizziert, da jedes der folgenden Kapitel ein eigenes Buch wert ist)

A. RÜCKBLENDEN

In einer Rückblende wird aus einer bereits entfalteten Film-Gegenwart in ein vergangenes Geschehen geschnitten. Dabei werden zwar meist recht kompakte Raumzeit-Geflechte konstruiert, doch an ihrem Ende wirkt die Rückblende dann wie eine geplatzte Seifenblase, nach der wieder ‚wirkliches' Gegenwarts-Geschehen beginnt. Erscheinen in Rückblenden bereits bekannte Räume der Film-Gegenwart, müssen deren bereits erkannte räumlichen Beziehungen natürlich erhalten bleiben. Ebenso müssen in der Rückblende entwickelte Raumkonstruktionen mit der Raumbenutzung in der danach wiedererrungenen ‚Gegenwart' kompatibel sein.
*

Eingeleitet werden Rückblenden in der Regel durch eine deutlich empfundene negative Diskontinuität, also einen plötzlichen T^{minus}-Schnitt in die Vergangenheit, der entweder

1. linear in einem Bewegungsträger ist, der nun jünger aussieht und zudem anders gekleidet ist, der insofern also bereits die negative Diskontinuität präsentiert. Oft wird der Rückblenden-Charakter durch einen zusätzlichen Kommentar gestützt: „Damals war ich jünger...", mit anderen Worten, durch einen Zwischentitel, der die T^{minus}-Operation erklärt.

2. als direkter Rückschnitt R_D in einen bereits bekannten Raum angesetzt wird, von dem aber sofort klar wird, dass man in der Zeit rückwärts geschritten sein muss, etwa weil etwa ein Kalender an der Wand hängt, weil die Verkehrsmittel plötzlich einer vergangenen Epoche angehören oder weil wiederum ein Sprecher es erklärt.

3. als offener Schnitt gesetzt wird, von dem, wie im vorigen Fall, ebenfalls klar wird, dass er in die Vergangenheit führt, wobei irgendwann dann bekannte Bewegungsträger in diskrepant linearen Schnitten in dieses Vergangenheitsgefüge eintreten.
*

Nach dem in die Vergangenheit führenden T^{minus}-Schnitt gelten wieder die üblichen Regeln von vorwärtsstrebender Zeit mit den dafür erforderlichen Raumzeit-Konstruktionen. Nach mehreren kürzeren Zeitsprüngen konventioneller Art, in denen das vergangene Zeitkontinuum zunehmend auch Bedeutungsraum gewinnt, wird die Rückblende mit einem großen Vorwärtssprung von zeitlich positiver Diskrepanz in die ‚Gegenwart' beendet, den Zeitpunkt also, an dem die Rückblende begann. Dabei entstehen mitunter beabsichtigte Paradoxien wie in Billy Wilders

„*Sunset Boulevard*", wo man erst am Film-Ende mitkriegt, dass der Ich-Erzähler ein Toter ist, den man zu Filmbeginn als Leiche in einem Swimmingpool sah.[133]

*

Gelegentlich gibt es extrem kurze Rückblenden aus einer oder wenigen Einstellungen, die man als Zwischenschnitte aus der Vergangenheit interpretieren soll. Sie wirken ähnlich wie atmosphärische Schnitte. Ihr Hauptzweck ist, einen Vergleich zwischen Gegenwart und Vergangenheit zu erzwingen. Darin steckt viel bisher im Kino kaum genutztes Potenzial.[134]

***

B. TRÄUME UND VISIONEN

Den Rückblenden ähnlich funktionieren in Filmen Träume und traumartige Sequenzen. Oft werden sie wie Rückblenden eingeführt, jedoch nicht mit einem recht präzis erfassbaren T^{minus}-Operator in die Vergangenheit, nach dem es wieder normal zugeht, sondern man folgt vielmehr einem $X^{Traum}T^{Traum}$-Operator in einen Fantasiebereich, der Teil einer unklaren Parallel-Welt ist. Denn innerhalb der Traum-Sequenz wirken oft weitere dieser $X^{Traum}T^{Traum}$-Fantasieoperatoren, sodass ein im konventionellen Sinne akausales Gefüge entsteht, das im Wesentlichen atmosphärisch wirkt.

Trotzdem kann es dabei im Sinne der Traumdeutung oder von damit verbundenen Assoziationsketten natürlich durchaus logisch und kausal zusammenhängend zugehen.

*

Im Unterschied zu rein atmosphärischen Schnittfolgen gibt es in Träumen und Visionen relativ solide Räume und erkennbare Bewegungsträger, deren Übergangsverhalten physikalisch logisch ist. Maya Derens „*At Land*" spielt komplett in einem derartigen logisch konstruierten Phantasie-Raum.[135] Im Spielfilm findet der Traum dann aber, ganz wie die Rückblende, ein präzises Ende, nach welchem die logische Raumzeit-Konstruktion wieder beginnt.

---

133 Billy Wilder (1906-2002), *Sunset Boulevard*, mit William Holden, Gloria Swanson und Erich von Stroheim (USA 1950)

134 Ein Archiv des in Rückblenden alles so Möglichen bietet (der ansonsten leider kaum inspirierte) *The Curious Case of Benjamin Button* von David Fincher (geb. 1962), mit Brad Pitt (USA 2008)

135 Maya Deren (1917-1961), *At Land* (USA 1944)

Wegen der möglichen alogischen Raumzeit-Struktur werden Film-Träume in der Regel peinlich sorgfältig eingeleitet, oft mit Wischblenden oder Protagonisten, die sich im Schlaf winden. Auch das Ende wird gewöhnlich extrem deutlich signalisiert.

*

Eigentlich öffnet sich in diesem Bereich für das narrative Kino ein enormes Potenzial, da man versuchen könnte, auf diese Art nicht bloß Träume, sondern sogar Bewusstseinsinhalte abzubilden. Es scheint indes nicht leicht zu sein, dies mit normal kausalen Raumzeit-Konstruktionen so zu verbinden, dass es vom Publikum akzeptiert wird. Die bisherigen Resultate wirken, verglichen jedenfalls mit dem intellektuellen Niveau des inneren Monologs in der Literatur, eher plump.

*

Längere Traumdarstellungen sind in Spielfilmen eher selten anzutreffen. Spektakuläre wie der Traum zu Beginn von Ingmar Bergmans „*Wilde Erdbeeren*" oder der von Dali entworfene in Hitchcocks „*Spellbound*" gehören zu den Ausnahmen.[136] Vielleicht liegt es daran, dass unsere Traumsubstanz zwar gewiss bildhafte Qualitäten hat, dass sich diese von real fotografierten Bildern jedoch erheblich unterscheidet.

*

Eines der Hauptprobleme bei der Umsetzung von Träumen ist, dass sich der Träumende im Traum fast nie - außer in Spiegeln oder etwa auf gefundenen Fotos - selber sieht. Und dass im wirklichen Schlaf von uns erlebte Traum-Räume je nach Aufmerksamkeitsschwerpunkt plötzlich unvorhersehbar in Segmenten verschwinden oder sich zu etwas ganz anderem ergänzen.

*

Ich weiß nicht, inwiefern die Topologie von Träumen wissenschaftlich erforscht ist oder ob es überhaupt schon Terminologien dafür gibt. Bei Anwendung der von uns entwickelten Terminologie scheint indes klar, dass wirkliche Träume strikt aus kontinuierlichen Einpersonen-Geflechten bestehen. Mit einem Ich-Protagonisten, der zwar mit anderen Protagonisten intensiv interagiert, der aber nur im Ausnahmefall selber als sichtbare Person erscheint. Obwohl es zugleich häufig zu Maskeraden kommt, in denen sich der Ich-Protagonist wie beim Karneval ein anderes Aussehen spendiert. Zu Schnitten kommt es in Träumen jedenfalls nur in Form von

---

136 Ingmar Bergman (1918-2007), *Wilde Erdbeeren*, mit Victor Sjöström und Ingrid Thulin (Schweden 1957); Alfred Hitchcock, *Spellbound* (deutsch: *Ich kämpfe um Dich*), mit Ingrid Bergman und Gregory Peck (USA 1945)

sonderbar abgestuften Überblendungen, bei denen sich das Sichtfeld des Träumenden in ein anderes Geschehen schiebt. Aufgrund der Abwesenheit klarer Schnitte kommt es zu keinerlei Verschränkungen oder Parallelmontagen. In der Summe ist ein wirklich geträumter Traum also etwas ziemlich Film-Unähnliches.

*

Häufiger finden sich in Filmen sogenannte *Tagträume*. Darin wird, meist im Anschluss an die Nahaufnahme des gleich Träumenden, ganz konventionell ein Geschehen inszeniert, das sich der Tagträumer in Form eines Kurzfilms vorstellt. In Kino-Tagträumen sind daher alle Schnitte des Kinos erlaubt, auch systematische Parallelmontagen in Form von Verschränkungen. Der Kino-Tagtraum ist indes nur eine Konvention. Denn er hat nur selten Ähnlichkeit mit unseren realen Tagträumen, bei denen das Bewusstsein auf sonderbare Weise minutenlang irgendwie wegdöst und sich Phantasievorstellungen überlässt, in welchen es, ganz wie im Schlaf-Traum, zu keinen Parallelmontagen kommt. Im Film endet der Tagtraum häufig wieder mit einer Großaufnahme, wonach gezeigt wird, wie der Träumer ins normale Leben zurückkehrt.

*

Hochinteressant sind natürlich gewisse zwischen Tagtraum und ‚Realität‘ sich abspielende Zwischenstufen, wenn etwa in Chaplins „*The Great Dictator*" der Diktator verträumt mit seinem Luftballon-Erdglobus spielt und dieser plötzlich zerplatzt.[137]

Aber wie gesagt: All dies ist ein eigenes Buch wert (und zahllose Doktorarbeiten). Auf jeden Fall hat das narrative Kino in diesen Zwischenstufen noch enormes Potenzial.

***

---

137 Charles Chaplin (1889-1977), *The Great Dictator*, mit Paulette Goddard (USA 1940)

C. UNTERBRECHUNGEN UND WERBESPOTS

Formal ähnlich, in der Wirkung jedoch radikal anders, sind Unterbrechungen, die man nicht dem Handlungsgefüge zurechnet, wie Werbespots, Unterbrechungen durch Filmrisse oder Rollenwechsel. Durch derartige Unterbrechung wird man als Zuschauer aus dem Film gerissen und ruckartig in eine Parallel-Welt versetzt, die man als Wirklichkeit bezeichnet, eine, in der sich die Filmwelt komplett als Illusion erweist. Interessant ist, dass man anschließend dennoch wieder in das Film-Geschehen eintauchen kann. Dann war die Unterbrechung ein böser Traum.

***

D. DAS FILM-ENDE

Unmöglich als *böser Traum* lässt sich allerdings der direkte Rückschnitt bezeichnen, der das Ende eines Films kennzeichnet, wenn man sich also wieder im gleichen Kinosessel vorfindet, in dem zu sitzen man vor der Vorstellung sich das Recht erwarb. Bei diesem Rückschnitt in die wirkliche Wirklichkeit geht etwas zu Ende, das sehr schwer zu fassen ist - spätestens in dem Moment, in dem man sich erhebt und dem Ausgang zustrebt, beginnt ein radikal Anderes. Dann wird der Film zum gewesenen Tagtraum, der einen, wenn man Glück gehabt hat, beschwingt durch die Wirklichkeit - eine Wirkung, wie sie Bruckner von seiner Musik erhoffte - heimreiten lässt.

***

ANHANG 1 - ÜBERSICHT DER UNTERSUCHTEN SCHNITT-TYPEN

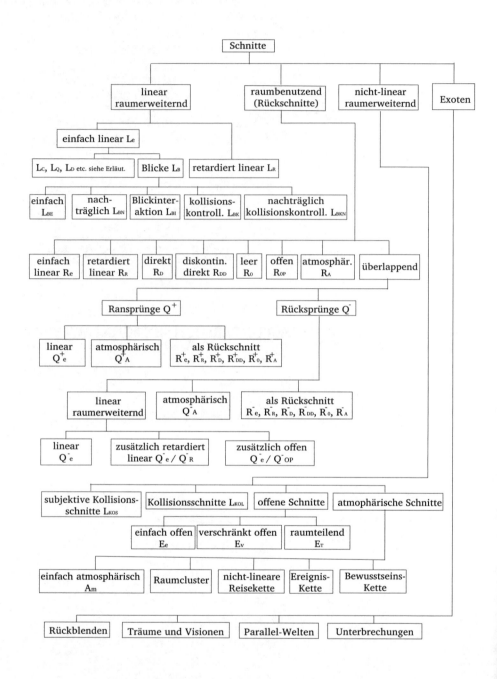

Abb. 169 Übersicht der untersuchten Schnitt-Typen

454

Erläuterung zu den einfach linearen Schnitten L_C, L_Q, L_D etc.: Diese Klasse enthält (vergl. Abb. 50) folgende von uns besprochenen Schnitt-Typen:

L_C einfacher kontinuierlicher Schnitt
L_{CR} in sich retardierter kontinuierlicher Schnitt
L_{CB} beschleunigter kontinuierlicher Schnitt
L_{CP} einfach kontinuierlich sein wollende Schnitte mit stärkeren Paritätsverletzungen
L_{CD} diskontinuierlich linearer X_C-Schnitt
L_B blicklinearer oder blickkontinuierlicher Schnitt
L_T telefonartiger Distanzschnitt
L_X telexartig gepufferter Distanzschnitt
L_Q einfacher quasikontinuierlicher Schnitt
L_{QR} in sich retardierter quasikontinuierlicher Schnitt
L_{QB} beschleunigter quasikontinuierlicher Schnitt
L_{QD} diskontinuierlich linearer X_N-Schnitt
L_D einfach linearer Distanzschnitt
L_{DR} in sich retardierter linearer Distanzschnitt
L_{DB} beschleunigt linearer Distanzschnitt
L_{DD} diskontinuierlich linearer Distanzschnitt

Die retardiert linearen Schnitte L_R werden unterteilt in

L_{RC} retardiert linearer X_C-Schnitt
L_{RQ} retardiert quasikontinuierlicher Schnitt
L_{RD} retardiert linearer Distanzschnitt
L_{RB} blickretardiert linearer Schnitt

Die einfach offenen Schnitte E_e zerlegen sich weiterhin in

$E_{C/N}$ offene $X_{C/N}$-Schnitte
E_D offene Distanzschnitte

Bei den Kollisionsschnitten L_{KOL} unterscheiden wir zusätzlich zwischen folgenden Typen:

L_{KOB} brückenbildender Kollisionsschnitt
L_{KOP} offener Kollisionsschnitt

wobei auch die L_{KOS}, also die subjektiven Kollisionsschnitte, zu den brückenbildenden gehören.

***

ANHANG 2

Englische Übersetzung der Kernbegriffe

(angefertigt für eine Vorlesungsreihe am California Instiutute of the Arts, Los Angeles)

Elementare Schnitt-Theorie des Spielfilms / Elementary Editing-Theory of Motion Pictures

Atmosphärisch atmospheric
   atmosphärischer Cluster atmospheric cluster
   atmosphärischer Code atmospheric code
   atmospärische Einstellung atmospheric shot
Atmosphärischer Schnitt A_m atmospheric cut
Aufmerksamkeit viewer attention
Aufnahme- und Wiedergabegeschwindigkeit
   recording and playback speed
Ausbuchtung protrusion
Belichtungszeit T_{exp} exposure time
Bewegung (math.) movement
Bewegungsachse axis of motion
Bewegungsträger carrier of motion
Bewegungsvariable variable of motion
Bildvektor image vector
Blicke gazes
   Blick mit dem Hinterkopf
      gaze with the back of an actors' head
   einfacher Blick L_{BE} simple gaze
   direkter Blick L_{BD} direct gaze
   Kollisions- oder kollisionskontrollierender Blick L_{BK}
      collision-controlling gaze
   kollisions-ausschließender Blick
      collision-excluding gaze
   kollisions-erwartender Blick
      collision-expecting gaze
   nachträglicher Blick L_{BN} delayed gaze
   nachträglich direkter Blick L_{BDN}
      delayed direct gaze
   nachträglicher Kollisions- oder kollisions-
   kontollierender Blick L_{BKN}
      delayed collision-controlling gaze
   nachträglich kollisions-ausschließender Blick
      delayed collision-excluding gaze
   nachträglich kollisions-erwartender Blick
      delayed collison-expecting gaze
   nachträglich neutraler Blick L_{BDON}
      delayed neutral gaze
   neutraler Blick L_{BD0} (= Blick direkt in die
   Kamera)
      neutral gaze (= into the camera)
   offener Blick open gaze
   starrer Blick rigid gaze, steady stare
   virtueller Blick virtual gaze
Blickinteraktionen L_{BI} gaze interaction
   30°-Blickinteraktion L_{BI30} 30°-gaze interaction
   in sich retardierte L_{BI} self-retarded L_{BI}
   inverse Blickinteraktion inverse gaze interaction
   klassische Blickinteraktion L_{BI} classical L_{BI}

   offene L_{BI} open L_{BI}
   unendliche Blickinteraktion neverending L_{BI}
   verallgemeinerte Blickinteraktion general L_{BI}
   virtuelle Blickinteraktion virtual L_{BI}
   blickkonjugiert gaze-conjugated
   blicklinearer Rückschnitt R_B gaze-linear returncut R_B
   blickretardierter linearer Schnitt L_{RB}
      gaze-retarded linear cut L_{RB}
Blickzeiger gaze pointer
Brücken bridges
disjunkte Schnitte disjoint cuts
diskontinuierlich linearer Schnitt discontinuous linear cut
   diskontinuierlich linearer X_C-Schnitt
      discontinuous linear X_C-cut
   diskontinuierlich linearer X_N-Schnitt
      discontinuous linear X_N-cut
Diskontinuitäten discontinuities
   atmosphärische Diskontinuität
      atmospheric discontinuity
   Diskontinuität der Bewegungsvariablen
      discontinuity in the variable of motion
   Erscheinungsdiskontinuitäten
      discontinuity in appearance
   Scheindiskontinuität fake discontinuity
   zeitliche Diskontinuität temporal discontinuity
Diskrepanz discrepancy
Dissonanz dissonance
Distanzschnitte L_D distance cuts
   einfach linearer L_D simple linear distance cut
   in sich retardierter L_D self-retarded L_D
   beschleunigter L_D accelerated L_D
   diskontinuierlich linearer L_D
      discontinuous linear L_D
Dreieckskonstruktionen triangle constructions
Feynmann-Diagramme Feynman diagrams
Fluchtreflex escape reflex
Geflechte nettings, space-time nettings
   disjunkte Geflechte disjoint nettings
   Einpersonen-Geflecht one-person netting
   kompaktes Geflecht compact netting
   Maximal-Geflecht maximal netting
   verschränkte Geflechte entangled nettings
Geometrische Raumverbindungen
   geometric space connections
Gefüge fabric, space-time fabric, "gefüge"
   Gefüge-Ende end of the fabric, fabric-end
   Gefüge-Spitze tip of the fabric, fabric-tip
Großaufnahme close-up
Handlungsgefüge fabric of action

Harmonielehre theory of harmony
Helden heroes
Heim home
  Heimat home
hyperkontinuierliche Schnitte hypercontinuous cuts
Jumpcut jump cut
Kamerabewegung camera movement
Kamerafahrt tracking shot
Kameraschwenk camera panning
Kanonische Schnitte canonic cuts
Kanonische Verbindung canonic connection
Kausalität causality
  antizipierende Kausalität anticipated causality
  Hyperkausalität hypercausality
  kausale Diagonale causal diagonal
  Kausalitätsgesetz law of causality
  Kausalitätsprinzip causality priciple
  kontextuelle Kausalität contuextual causality
Ketten chains
  atmosphärische Kette atmospheric chain
  Bewusstseinskette
    chain of states of consciousness
  einfache kontinuierliche Kette
    simple continuous chain
  Einpersonen-Kette one-person chain
  Ereigniskette event chain
  nicht-lineare Reisekette nonlinear travel chain
  Null-Kette zero-chain
Königsberger Brückenproblem
  Königsberg bridge problem
Kollisionspotenzial collision-potential
Kollisionsschnitte L_{KOL} collision cuts
  brückenbildender Kollisionsschnitt L_{KOB}
    bridge-generating collision cut
  inverser Kollisionsschnitt inverse collision cut
  offener Kollisionsschnitt L_{KOP} open collison cut
  nachträglicher Kollisionsschnitt
    delayed collision cut
  nachträglich subjektiver Kollisionsschnitt
    delayed subjective collision cut
  Parität-Null-Kollisionsschnitte
    parity zero collision cut
  subjektiver Kollisionsschnitt L_{KOS}
    subjective collison cut
Kontinuierlicher Schnitt L_C continuous cut
  einfacher L_C simple continuous cut
  in sich retardierter L_C self-retarded L_C
  beschleunigter L_C accelerated L_C
  kontinuierlich sein wollender Schnitt L_{CP}
    continuous cut attempt
Knoten knot, node, nodal point
  Knotendichte nodal density
  halboffener Knoten half-open knot or node
  offener Knoten open knot, open node
  pränodiale Spannung pre-nodal suspense
  Scheinverknotung fake knot, fake nodalisation
  Verknotung nodalisation

Verknotungsbedürfnis
  tendency, inclination towards nodalisation
Verknotungstyp type of knot, node
Koordinaten coordinates
  Koordinatensystem coordinate system
  Koordinaten-Transformation
    coordinate transformation
Masche single mesh
Montage montage
  amerikanische American montage
  halbamerikanische
    semi-American, semi-voyeuristic montage
  voyeuristische voyeuristic montage
  Parallelmontage parallel montage
  Rückschnitt-Montage returncut montage
  Schuss-Gegenschuss M. shot-reverseshot pattern
Nachbarschaft neighborhood, n. relationship
  möglicherweise unmittelbare potentially direct
  möglicherweise nahe potentially close
  wahrscheinlich nur entfernte
    seemingly only distant neighborhood
  tatsächlich unmittelbare X_C actually direct n.
  tatsächlich nahe X_N actually close n.
  tatsächlich nur entfernte X_D actually only distant n.
  zeitliche Nachbarschaften T_C, T_N, T_D
    temporal neighborhood-relationships
Offene Schnitte open cuts
  einfach offener Schnitt E_e simple open cut
  offene Blickinteraktion open gaze interaction
  offene Situation open situation
  offene Verbindung open connection
  offener Distanzschnitt E_D open distance cut
  offener $X_{C/N}$ - Schnitt open $X_{C/N}$ - cut
  raumteilend offener Schnitt E_T
    space-separating open cut
  verschränkt offener Schnitt E_V
    entangled open cut
Ortskoordinate space coordinate
Parallelmontage parallel montage, *cross-cutting*
  offene Parallelmontage open pm.
  verankerte Parallelmontage anchored pm.
  unendliche Parallelmontage neverending pm.
Parallele Welten parallel worlds
Parität parity (= *screen direction*)
  Blickparität gaze-parity
  Blickparitätsgesetz gaze-parity law
  Parität minus 1 parity-minus-one (= *screen left*)
  Parität Null parity-zero
  Parität-Null-Übergänge zero-parity transition
  Paritätsgesetz parity law
  Parität plus 1 parity-plus-one (= *screen right*)
Winkelparität angle-parity
Phi-Phänomen phi-phenomenon
Pixilations-Effekt pixilation effect
Protagonisten protagonist
  Super-Protagonisten super-protagonist
Quantenmechanik quantum mechanics

Quasikontinuierlicher Schnitt L_Q quasi-continuous cut
    einfacher L_Q simple quasi-continuous cut
    in sich retardierter L_Q self-retarded L_Q
    beschleunigter L_Q accelerated L_Q
Raum- und Zeitverschiebende Operatoren $X_C, X_N, X_D,$
    T_C, T_N, T_D space- and time-shifting operators
Raumteiler E_T open space-separator
    echter Raumteiler genuine space-separator
Raumzeit-Konstruktion space-time construction
Raumzeit-Operator space-time operator
Raumzeit-Titel space-time title
repräsentative Einstellung representational shot
retardierendes Moment retarding moment
Retardiert linearer Schnitt L_R retarded linear cut
    blickretardiert linearer Schnitt L_{RB}
        gaze-retarded linear cut
    retardiert linearer Distanzschnitt L_{RD}
        retarded linear distance cut
    retardiert linearer X_C-Schnitt L_{RC}
        retarded linear X_C-cut
    retardiert quasikontinuierlicher Schnitt L_{RQ}
        retarded quasi-continuous cut
Rückblenden flash-backs
Rückschnitte returncuts
    atmosphärischer Rückschnitt R_A
        atmospheric returncut
    direkter Rückschnitt R_D direct returncut
    diskontinuierlich direkter Rückschnitt R_{DD}
        discontinuous direct returncut
    einfach linearer Rückschnitt R_e
        simple linear returncut
    blicklinearer Rückschnitt R_B gaze-linear returncut
    einfach kontinuierlicher Rückschnitt R_C
        simple continuous returncut
    einfach quasikontinuierlicher Rückschnitt R_Q
        simple quasi-continuous returncut
    einfach linearer Distanz-Rückschnitt R_D
        simple linear distance returncut
    leerer Rückschnitt R_0 empty returncut
    offener Rückschnitt R_{OP} open returncurt

retardiert linearer Rückschnitt R_R 1
    retarded linear returncut
    vorgezogener Rückschnitt advanced returncut
Sackgassen dead-ends
Sakkaden saccades
Schlinge noose
Schlingenzahl noose number
Schnitte
    mehrwertige polyvalent cuts
    narrative narrative cuts
    raumbenutzende space-using cuts
    raumerzeugende space-generating cuts
    blicklineare gaze-linear cuts
Schuss-Gegeschuss-Verfahren
    shot-reverseshot pattern
Spannung, filmische filmic suspense
    pränodiale Spannung pre-nodal suspense
Statistische Mechanik statistical mechanics
Streumatrix-Formalismus scattering-matrix formalism
Streuprozess scattering process
subjective Kamera subjective camera
subjektive Sicht subjective view
Tagtraum daydream
T^{minus}-Schnitt T^{minus}-cut
Topologie topology
Totale long shot, total view
Überlappung overlap
Überlappender Schnitt Q overlapping cut
Verbundenheit connectedness
Verschränkung entanglement
Verzweigung branch point
Vielteilchen-Formalismus many-particle formalism
Visionen visions
virtuelle Bewegungsträger virtual carriers of motion
Weg route
    minimaler Weg minimal route
Zerteiltheit partitioning
    momentane Zerteiltheit present partitioning
    Zerteiltheitsgrad partitioning-degree
    Zerteiltheits-Zahl partitioning-number

keyphrases:

Normalisierung zur repräsentativen Einstellung
    Normalisation towards the representational shot
Von der spekulativen Fortsetzung zur möglichen Nachbarschaft
    From speculative continuity to potential neighbourhood relationships
Die Zerstörung der Gleichzeitigkeit und ihre Rekonstruktion
    The destruction of simultaneity and its reconstruction
Die Zerlegung der Totale - The decomposition of the total view (long shot, wide shot, vista shot)
Der Weg und das Heim - The Route and the Home
Blickkonjugierte Dreieckskonstruktion - Triangle construction by conjugated-gaze interactions
Elementare Topologie des Narrativen Systems - Elementary Topology of the Narrative System
Verzweigungen, Verknotungen und Schlingen - Branch points, knots (nodes), and nooses
Verbundenheit: Brücken und Wege - Connectedness: bridges and routes
Der Zerteiltheitsgrad von Filmgefügen - The partioning-degree of motion picture fabrics
Das Postulat von der universellen Präsenz des Zuschauers - The postulate of the viewer's universal presence

Sachindex

460

Inhalt

462

Nachbemerkung der Herausgeber der Buchreihe

Die Reihe *Ästhetik und Kulturphilosophie* ist ein Forum für Abhandlungen, Monographien und Essays, die Themen und Probleme der ästhetischen Erfahrung und der kritischen Selbstreflexion der Kultur behandeln. Sie stammen aus verschiedenen Disziplinen oder sind interdisziplinär angelegt; im Vordergrund stehen Arbeiten aus der Philosophie, sowie aus den angewandten Kunst-, Design-, Medien- und Kommunikationswissenschaften.

Der Begriff der Ästhetik steht dabei sowohl für (philosophische) Theorien der Kunst, als auch für Theorien der sinnlichen Wahrnehmung, wie sie in den humanwissenschaftlichen Disziplinen formuliert werden und als „Aisthesis"-Konzepte gegen die Beschränkung der Möglichkeiten und Reichweite sinnlicher Erkenntnis ins Spiel gebracht worden sind. Gedacht ist dabei an Konzepte ästhetischer Erfahrung im Sinne einer „allgemeinen Theorie der Wahrnehmung" (Gernot Böhme), deren Geltungsbereiche Natur, Alltagsleben und Kunst sind. Hier soll einerseits das entgrenzende Potential des Ästhetischen zur Geltung gebracht werden und andererseits eine kritische Auseinandersetzung mit der Ästhetisierung der Lebenswelt geführt werden.

In den Kultur- und Sozialwissenschaften wird heute die Pluralität der Kulturen beschrieben und (re-)konstruiert; naturalistische Kulturtheorien bestreiten den human-vernünftigen Eigensinn kultureller Praxis. Wir gehen hingegen davon aus, dass ein philosophischer Begriff der Kultur unerlässlich ist. Nur auf seiner Grundlage kann bestimmt werden, was den Kulturen gemeinsam ist, und nur auf einer solchen Grundlage können sie überhaupt beschrieben werden. Unter Kultur verstehen wir soziale Praxisformen, die symbolisch kodiert werden. Cultural Studies, Philosophie und Soziologie der symbolischen Formen, Phänomenologie und Semiotik sind dabei methodisch ebenso erforderlich, wie die kritische Theorie der Kultur und Gesellschaft. Die Perspektive ist die einer „kritischen Kulturphilosophie", die sich als „Element des kritischen Selbstbewusstseins der Kultur" versteht (Herbert Schnädelbach).

Mannheim/Würzburg
Thomas Friedrich, Gerhard Schweppenhäuser